U0521948

杜晓山文集

为欠发达农村地区和弱势群体服务

杜晓山 著

中国社会科学出版社

图书在版编目（CIP）数据

杜晓山文集：为欠发达农村地区和弱势群体服务／杜晓山著 . —北京：中国社会科学出版社，2022.10
ISBN 978-7-5227-0244-5

Ⅰ.①杜…　Ⅱ.①杜…　Ⅲ.①农业经济—中国—文集　Ⅳ.①F32-53

中国版本图书馆 CIP 数据核字（2022）第 089096 号

出 版 人	赵剑英	
责任编辑	刘晓红	
责任校对	周晓东	
责任印制	戴　宽	
出　　版	中国社会科学出版社	
社　　址	北京鼓楼西大街甲 158 号	
邮　　编	100720	
网　　址	http：//www.csspw.cn	
发 行 部	010-84083685	
门 市 部	010-84029450	
经　　销	新华书店及其他书店	
印刷装订	北京君升印刷有限公司	
版　　次	2022 年 10 月第 1 版	
印　　次	2022 年 10 月第 1 次印刷	
开　　本	710×1000　1/16	
印　　张	43.25	
字　　数	689 千字	
定　　价	238.00 元	

凡购买中国社会科学出版社图书，如有质量问题请与本社营销中心联系调换
电话：010-84083683
版权所有　侵权必究

序 一

吴晓灵

　　杜晓山先生是我在中国人民银行工作期间认识的一位为扶贫工作、小额信贷、农村金融和普惠金融呼吁并努力实践的学者。我被他执着地研究扶贫金融理论和执着地付诸实践的精神所感动。在他退休之后，将他近30年的研究成果汇编成集付印之际，我愿为之作序。

　　晓山先生与我有同样的经历，我们同在内蒙古插过队，1977年恢复高考制度后同样成为"文化大革命"后的首批大学生。1982年，时年35岁的杜晓山先生从中国人民大学商业经济专业毕业，被分配到中国社会科学院农村发展研究所，最初的研究领域之一是农村扶贫。

　　晓山先生在研究工作中发现我国扶贫领域的资金扶贫效率低、效益差，尤其是扶贫贷款资金难以到达真正的穷人，还贷率低。银行体系外的扶贫贷款机构严重依赖外部补贴或资金支撑才能生存。为什么越是需要钱的穷人越是贷不到款？在金融世界里，"义"与"利"果真就没有调和的空间吗？这个问题一直萦绕在他的头脑中。

　　20世纪80年代，晓山先生在一个国际研讨会上获悉了"穷人银行家"尤努斯的感人事迹，之后，还几次在国际研讨会上听尤努斯本人的演讲。尤努斯从最初27美元贷款成功帮助45名贫困妇女脱贫的实验，到后来创办孟加拉国乡村银行（Grameen Bank，在我国又被音译为格莱珉银行），现在已覆盖了全国的农村地区，帮助本国成千上万的贫困人群尤其是农村妇女脱贫。尤努斯的故事深深触动了晓山先生。他经过进一步研究，认为或许孟加拉国乡村银行模式是解决中国扶贫贷款难题的一个"好招儿"。自此以后，晓山先生和一些同事开始发表文章，传播和倡导这一崭新的模式。尽管对这个模式在中国是否适用有争论，能否成功也并没有把握，但晓山先生与刘文璞、张保民等社科院农发所的领导和同事在对我国农村贫困地区调研的基础上，还是决定在贫困农村试试，看看这一模式是否可行，并成立了中国社科院扶贫小额信贷试验研究课题组。课题组选定国家级贫困县之一河北易县作为课题组的扶贫小额信贷试验基地。晓山先生坚信，无论外界支持与否，这是理论与实践结合来帮助穷人的尝试。这个社会试验如果可以自负盈亏，自行持续运转，就可依靠机构自身帮助穷人借贷，而且招聘来的机构员工也可以有长期稳定的就业；如能借鉴推广，则对我国扶贫贷款机制和工作带来革命化的改变，惠及广大的低收入和贫困群体，助力他们脱贫致富。

1993年10月，晓山先生到孟加拉国乡村银行实地学习考察，还带去他们课题组的项目申请方案，并与尤努斯教授等进行了商谈，争取到了孟加拉国乡村银行信托基金（Grameen Trust）的5万美元分期拨付的低息贷款，同时，也申请到其他机构和个人对课题研究的无偿资助。之后不久，社科院课题组与国定贫困县河北省易县政府协商确定实验项目具体事宜，在易县成立了第一个扶贫经济合作社（以下简称扶贫社）。由此，我国开始了与国际规范接轨的公益性制度主义小额信贷扶贫的探索。

扶贫社小额信贷项目结合我国实际，把孟加拉国乡村银行全套操作模式复制了过来。晓山先生带领课题组先后在我国中西部6个贫困县进行了约20年的小额信贷扶贫实践试验，证明了孟加拉国乡村银行的模式在中国贫困地区农村是可行的，是可以保本微利、可持续发展的，进而证明了"穷人没有信用"和"扶贫小额信贷不可能自负盈亏"的逻辑是错误的。

在小额信贷项目运行过程中，也出现了一些挫折和问题，如试验项目后续扩大发展缺乏除捐赠外的合法资金来源，非持牌的公益信贷机构地位不明确，监管模式松散，难以长期有效运行等。但是，总体来看，扶贫小额信贷试验是成功的，实现了初期的设想，即持续地为欠发达农村地区的弱势和贫困群体服务，并达到自身保本微利和可持续发展。晓山先生课题组的小额信贷扶贫试验项目对我国扶贫信贷方式的创新、小额信贷发展以及农村金融服务机制创新都起到了很好的示范效应。自

1996年起，由政府或社会组织开展、国际机构援助的小额信贷项目也纷纷学习孟加拉国乡村银行模式开展扶贫活动，在我国先后有约300个项目试点，很多机构和人士到课题组在各处的试验点进行考察、学习和调研。自2004年起，连续多年的中央一号文件都要求发展农村小额信贷。可以说，试验研究项目取得了较为显著的经济绩效和社会绩效。正是晓山先生和"小额信贷人"多年的辛苦奔走与试验，让我们了解了尤努斯教授和孟加拉国乡村银行的核心思想，也让我们更加清醒地认识到中国农村金融特别是扶贫金融的痛点。

尽管如此，人们对于小额信贷的认识还是有一些模糊，特别是商业小额信贷日渐兴盛的时候，晓山先生根据其多年在小额信贷领域的研究和实践，结合国际社会对小额信贷的界定，他将小额信贷基本上分为两大类：福利主义小额信贷和制度主义小额信贷，前者是基于较为传统的扶贫理念，即穷人应给予低利率的补贴贷款，也可称为"输血"式小额信贷。后者则是目前国际的主流观点，主张以商业可持续的方式为穷人提供信贷服务，也称为"造血"式小额信贷。而制度主义小额信贷又细分为公益性制度主义小额信贷和商业性制度主义小额信贷。公益性制度主义小额信贷，既服务于弱势群体，又追求机构自身的可持续发展；商业性制度主义小额信贷，既服务于福利主义小额信贷和公益性制度主义小额信贷的客户群体，又服务于传统银行不愿或难以服务的群体，同时追求机构自身的利润最大化。

晓山先生不仅是我国公益性制度主义小额信贷的奠基人，也是我国普惠金融体系的最早倡导者。早在2006年，晓山先生创建的第一个小额信贷领域的行业协会类组织——中国小额信贷联盟与中国人民银行一起在联合国开发计划署的支持下翻译出版了联合国普惠金融蓝皮书《建设普惠金融体系》，同年，晓山先生还在学术期刊《中国农村经济》上发表了理论文章，系统介绍了普惠金融理念以及在我国如何构建普惠金融体系。他认为，我国要构建普惠金融体系要从农村着手，强调"道"与"术"的结合。所谓"道"，是指初心、使命，解决为什么做的问题；所谓"术"是指系统、机制，解决如何做的问题。构建普惠金融体系在具体实践中应当坚持逐利与弘义的平衡与统一。

晓山先生在开展"扶贫社"小额信贷扶贫试验的同时，也着眼于如何实现中国小额信贷行业的健康可持续发展。为此，他与同事发起并参与组建了前面提到的中国小额信贷联盟。2005年，中国社会科学院农村发展研究所、商务部中国国际经济技术交流中心和全国妇联妇女发展部在有关机构的支持下，联合发起成立了"中国小额信贷发展促进网络"，后于2010年更名为"中国小额信贷联盟"。晓山先生自中国小额信贷联盟成立以来一直担任理事长至今。这是我国第一个小额信贷行业协会性质的民间自律组织，成立初期，会员主要由公益性质的扶贫小额信贷组织构成，随着中国小额信贷行业的发展，小额信贷联盟逐渐吸收了从事小额信贷业务的商业银行和小额信贷公司等机构作为其会员。自成立以来，中国小额信贷联盟在政策倡导、行业自律、培训与技术支持、信息交流和筹资服务等领域开展了大量工作，为会员提供了卓有成效的服务。小额信贷联盟坚持农村金融领域实践，支持公益小额信贷机构发展，在普惠金融和小额信贷领域具有广泛的影响力。

回顾晓山先生近30年身体力行的小额信贷扶贫路，他本人及其带领的课题组撰写的调研报告、研究论文和科研专著成果十分丰富，引起了中国政府及社会各界对小额信贷的关注，扶贫小额信贷试点也获得了有关国务院和地方政府领导的好评，中国人民银行、银监会、国务院扶贫办等联合调研组也给予肯定。"星星之火，可以燎原。"在中国，小额信贷从一个新名词，到现在被全社会所熟识、认可和支持，从中央到地方政府对其发展予以政策倾斜，在此过程中晓山先生呕心沥血，功不可没。晓山先生和他的团队的工作获得多方授予的诸多荣誉和表彰。例如，2004年杜晓山先生荣获中国扶贫基金会和《人民日报》联合颁发的"中国消除贫困奖"。2004年和2009年杜晓山先生带领的扶贫小额信贷试验项目课题组两度荣获"中央国家机关'五一'劳动奖状"。2019年1月，杜晓山先生被《银行家》杂志评选为2018年十大普惠金融人物之一，获奖评语为"从小额信贷到普惠金融，杜晓山先生教授一直致力于如何满足中国弱势群体的金融需求，尤其是农村弱势群体的金融需求"。

今天读者看到的这本文集，集合了晓山先生过去30多年在小额信贷、农村金融、普惠金融等领域的理论与实践的成果。这本文集不仅让我们看到了晓山先生的济世情怀、坚定信念，也感受到了中国小额信贷人一路走来的艰辛与曲折，我真诚地希望我们的政府部门和监管部门能为普惠金融的发展创造更好的生态环境，给每一个想改变命运的人一个融资的机会，为他插上起飞的翅膀！

是为序。

中国人民银行原副行长 吴晓灵

2022 年 3 月 9 日

序 二

我很荣幸能为我在中国的多年好友杜晓山教授出版的文集写序。这是一本收录了杜晓山教授发表过的大部分主要文章的文集，内容丰富，涵盖了农村经济发展、小额信贷、微型金融、农村合作金融、普惠金融、扶贫等主题。

这些文章形式多样，包括从1987年至2021年的学术论文、调研报告、专著的重要章节、媒体访谈录以及国内研讨会论文等，共89篇文章。

这本文集全面地反映了从20世纪80年代末到21世纪初中国农村金融的发展演变，小额信贷从无到有，再到普惠金融体系的建立，从中可以看到小额信贷为中国的减贫和普惠金融事业做出的应有贡献。

1993年秋天，杜晓山教授代表中国社科院农村发展研究所来孟加拉国参加研讨会，参观考察了孟加拉国乡村银行（Grameen Bank，也有音译为格莱珉银行）的小额信贷模式，以确保他学习到正确的孟加拉国乡村银行模式。

1995年，我参加了在北京举办的联合国世界妇女大会。在这次访问中，我提请世界主要女性领导人们关注信贷在妇女生活中的重要性。中国领导人比以往任何时候都更加重视我们的工作。大会结束后，杜晓山教授邀请我参观了他和他的同事在中国河北省易县建立的第一个小额信贷试点项目，该项目得到了我们一个名为"孟加拉国乡村信托基金"（Grameen Trust）的机构的资金支持。该机构成立的目的是支持那些感兴趣的国家开展孟加拉国乡村银行模式小额信贷项目。河北这个项目开启了中国的小额信贷时代，而且发展如此之快。后来，我又受邀参观了杜教授和他的同事在河南省虞城由我们出资支持建立的另一个试验基地。杜晓山教授为了扶贫小额信贷事业，付出了大量心血，却面临着众多非议。访问结束后，我对他的试点项目给予了无条件地支持和认可，这不仅平息了对他的指责，也提振了他一往无前的信心。

为了验证孟加拉国乡村银行的小额信贷模式在中国是否能够有效地帮助穷人摆脱贫困，杜晓山教授与他的同事们先后在中国中西部地区的6个贫困县进行了20多年的扶贫小额信贷试验。这么多年来，我一直关注着杜晓山教授的试验。在杜教授遇到困难时，我和孟加拉国乡村信托基金会力所能及地从理念、技术和资金方面给予我们的全力支持。我成了他的项目和中国政府政策制定者的常客。在访问中，我了解到很多关于中国小额信贷项目所经历的困难和取得的进展。许多扶贫项目，包括小额信贷项目，都是由政府机构发起的。中国小额信贷联盟（CAM）的组建就是为了协调与小额信贷项目相关的政策与活动。现在回想起来，我感到特别欣慰，所有取得的进展都是因为杜教授敢于向未知的道路迈出第一步。我也很高兴地看到，杜教授的项目仍然初心不改，保有那份把贫困放进博物馆的坚韧和决心。

2006年，我在世界各地的小额信贷朋友都很激动地听到我和孟加拉国乡村银行获得诺贝尔和平奖的消息。当杜晓山教授得知这个消息后，他立即决定在北京组织一次由中国社会科学院农村发展研究所和孟加拉国乡村信托基金联合主办的国际小额信贷会议，并与杜晓山教授及其同事创办的中国小额信贷联盟年会合并举行。我被邀请作为主要嘉宾参会。会议地点定为钓鱼台国宾馆。在我访问期间，会议主办方充分利用了中国媒体和政府高层对我的高度关注。中国人民把这次诺贝尔奖看作给亚洲人的奖，因此也为我获得此奖而感到自豪。中国政府组织了一系列与总理和其他部长的高层会晤，包括外交部部长李肇星先生、商务部副部长易小准先生、中国人民银行副行长吴晓灵女士、国务院扶贫办主任刘坚先生以及中国银行业监督管理委员会官员等。

在中国的整个访问期间，我都成为每日新闻首页的重点人物。我被邀请接受中央电视台和几乎所有其他媒体的采访。听我的中国朋友说，由于多家媒体的相继报道，我的这次访问在中国掀起了一股关于小额信贷的讨论和行动的旋风，让小额信贷走进了寻常百姓家，成为家喻户晓的话题。

小额信贷从孟加拉国诞生以来，一直是世界范围内争论不休的话题，在中国也不例外。我已经习惯了，我会先用孟加拉国的具体示例，再用其他国家的经验数据不断地从不同的角度来回应这些问题。在向包括中国在内的全世界推广小额信贷的过程中，形成了三种类型的小额信贷：慈善小额信贷、商业小额信贷和社会企业小额信贷。

最初的孟加拉国乡村银行小额信贷是作为社会企业小额信贷而设立的，这意味着它是一个可持续发展的企业，但它唯一的目的是让穷人受益，而不是以任何财务形式让企业的发起人赚钱。它作为企业而存在并不是为了给发起人带来经济回报。社会企业被定义为一类解决社会问题的企业，其目的不在于让所有者从财务上获得收益。

随着孟加拉国乡村银行的成功，其他类型的小额信贷也应运而生。其中之一就是慈善小额信贷。它基于通过慈善开展扶贫的传统理念，即给予穷人补贴贷款，甚至是无息贷款。对于这一类别，可持续性从来都不是要考虑的问题。另一个出现的类别是商业小额信贷，这是我一直反对的。它成为所有投资者的最爱，因为他们看到了可以赚钱的新市场。我一直认为这会导致高利贷。小额信贷的出现是为了打击高利贷，而不是给他们提供一个有效的工具，成为更成功的高利贷者，因为他们关注的只是自己的利润最大化，而不是穷人的利益最大化。许多银行、一些非政府组织和国际投资者热情高涨地加入商业小额信贷的行列中来，他们宣称这是扩大小额信贷可获得性的最佳方式。但我却认为，这是让那些放高利贷者拥有银行地位的最有效方式，这会给穷人的利益造成永久性的损害。我总会问一个问题，如果我们的目标是保护穷人不受高利贷的剥削，那为什么我们允许高利贷不断扩张？

商业小额信贷已成为国际主流，得到了银行家和投资者的大力支持，他们希望利用小额信贷的方法，让他们有转型的机会，获取可观的利润，以满足他们的目的。

孟加拉国乡村银行与生俱来就是一家社会企业，并且一直会是一家社会企业。人们问小额信贷是否应该商业化。答案是否定的。小额信贷的设立是为了提升穷人的素质，特别是贫困妇女的素质，而商业小额信贷则恰恰相反。

2008年，在瑞士日内瓦举行的世界微型金融论坛上，我与哈佛大学的 Michael Chu 教授进行了面对面的辩论。杜晓山教授也参加了此次论坛，他非常支持我的观点，这对当时的观众产生了很大的影响。我在演讲中解释的观点是，我创建的小额信贷是为了以可持续的方式帮助最贫困的女性成长为小微企业家。我既没有想着用钱来做慈善事业，也没有试图从她们身上赚钱来让自己变得更富有。我认为，缺乏资金是贫困的主要原因。我致力于倡导对银行体系进行彻底的改革，通过制定银行法，允许创建社会企业银行，而不是用现有的银行法来阻碍它的出现。克服贫困需要根本性的体制和观念转变，不能寄希望于那些感觉良好的特定项目。

在扶贫小额信贷中，向客户收取的利率应该是多少？我对这个问题有一个标准的回应。我的回答是：不应该超过资金成本加 10% 的总和。如果你越过这条线，那你就进入了放高利贷的红色区域。

我听说，在孟加拉国乡村银行诞生近半个世纪后，一场争论仍在中国持续着。而争论的问题是应该支持什么样的小额信贷。对我来说，答案很清楚。小额信贷可以用来伤害穷人，也可以用来给穷人的生活带来积极的变化。一个人必须决定想要从中获得什么样的结果，然后再选择那个能实现这一结果的选项。一个人不可能种下一棵香蕉树，然后指望从中收获杧果。

小额信贷在中国的发展壮大离不开杜晓山教授的付出和引领。除了亲自试验小额信贷模式外，杜晓山教授还发起创立了中国第一家小额信贷行业协会类组织——中国小额信贷联盟，旨在推动中国小额信贷行业的健康可持续发展。2005 年，中国社会科学院农村发展研究所、商务部中国国际经济技术交流中心和中华全国妇女联合会妇女发展部共同发起设立了中国小额信贷联盟（当时称为"中国小额信贷发展促进网络"，2010 年正式更名为"中国小额信贷联盟"），杜晓山教授一直担任理事长。中国小额信贷联盟是具备行业协会性质的民间自律组织，从最初成立时会员以非政府组织小额信贷机构为主，发展到目前会员涵盖了从事各种小额信贷业务类型的金融机构和服务类中介组织。中国小额信贷联盟自成立以来，在为会员获取政策支持、开展会员行业自律、促进行业内外交流、提升会员机构素质能力、为政府建言献策以及帮会员引荐资金等方面发挥了应有的作用，为中国小额信贷的发展壮大奠定了基础。

杜晓山教授不仅是中国社会企业小额信贷的开拓者和引导者，也是中国扶贫金融体系的推动者和实践者。2006年，中国小额信贷联盟与联合国开发计划署和中国人民银行一起率先引进了联合国和世界银行提出的普惠金融体系概念，参与了联合国《建设普惠金融体系》蓝皮书的翻译工作。同年，杜晓山教授还在学术期刊《中国农村经济》上发表了中国第一篇系统介绍普惠金融体系的理论文章。此后，杜晓山教授一直致力于推动中国小额信贷和普惠金融的健康可持续发展，在普惠金融领域开展了大量的研究和倡导活动。

杜晓山教授认为"普惠金融根在农村"，农村普惠金融体系应该是一个满足或者适应农村多层次金融需求、功能完善、分工合理、产权明晰、管理科学、监管有效、竞争适度、优势互补、可持续发展的完整体系。用中国的一种说法，普惠金融体系的构建应是"道"与"术"的结合。所谓"道"，是指参与农村普惠金融体系建设的机构需要拥有真正的为民情怀或价值观，从客户而不是机构或个人的角度考虑问题；所谓"术"是指这些机构应该具备相应的运营技能和风控机制。普惠金融应坚持逐利与弘义的平衡与统一。杜晓山教授强调，构建普惠金融体系需要宏观、中观和微观层面的机构和个人都要不忘初心，牢记使命，初心是实现社会的公平正义，使命则是让弱势群体过上有尊严的生活，为最终实现共同富裕而努力。

杜晓山教授在退休以后依旧不辞劳苦地奔走在中国的田野乡间，把脉小额信贷和普惠金融发展过程中出现的新问题，仍然热情洋溢地为解决中国农户和小微企业"贷款难"问题而铿锵呼吁，始终笔耕不辍，为中国农村金融、普惠金融的发展建言献策。

在30年的小额信贷扶贫征程中，杜晓山教授以他的理想信念、实践活动和研究成果，影响和带动了一大批机构和人士投身到中国的小额信贷和普惠金融事业中来，还帮助了数以万计的农户、小微企业等弱势群体通过小额信贷项目获得贷款并逐步脱贫。

今天呈现在读者面前的这本文集，是杜晓山教授30多年的思考、实践、反思的成果，从中不仅可以看到杜晓山教授心系贫困群体、建设公平公正和共同富裕的社会主义现代化强国的思想历程，也可以领略中国小额信贷和普惠金融事业发展的艰难复杂过程。中国有句名言："路漫漫其修远兮，吾将上下而求索。"这正是杜晓山教授投身于以帮助底层大众脱贫来拯救世界这一伟大事业的真实写照。

我有幸能与杜晓山教授并肩作战。我们的工作才刚刚开始，前面的路仍荆棘密布。在这段旅程中，我们所有人将继续砥砺前行，直到我们的梦想实现——我们致力于创造一个三零世界——零净碳排放、零财富集中和零失业。我们邀请全世界的青年人从创建三零俱乐部开始，为建立一个三零世界奠定基础。小额信贷和社会企业将为他们提供创造这个新世界所需的工具。

写于 2022 年 2 月 28 日星期一
穆罕默德·尤努斯教授
孟加拉国乡村银行创始人
2006 年诺贝尔和平奖得主

杜晓山简历

杜晓山，中国社会科学院农村发展研究所二级研究员、教授，享受国务院政府特殊津贴；曾分别在中国社科院农村发展研究所和中国社科院科研局工作，现已退休；历任助理研究员、副研究员、研究员、教授，副处长、处长、所长助理、副局级学术秘书、所党委副书记、副所长、党委书记兼副所长；主要社会兼职包括中国社科院老专家协会副会长、中国小额信贷联盟原理事长、中国村镇银行论坛组委会副会长、中国社科院贫困问题研究中心原副主任、中国县镇经济交流促进会原会长；主要研究领域包括小额信贷和普惠金融、扶贫发展、农村金融、农村经济。

编选说明

由于所选文章时间跨度较大，其间，由于我国的语言文字发展变化较大，致使不同历史时期作者发表的文章，在语言文字规范方面存在较大差异。为了尽可能地保持作者个人的语言习惯、尊重历史，因此有必要声明以下几点编辑原则：

一、文章中有关 Grameen Bank 的表述有两种，即 Grameen Bank 意译为乡村银行，音译为孟加拉国格莱珉银行。

二、原文中有关孟加拉的表述统一为"孟加拉国"。

三、原文中有关"官办"的表述，指的是政府扶贫办或其他部门的干部兼职管理小额信贷机构/组织/项目，与"国营"的概念有所区别。

四、原文引用的参考文献版本、年份等不详者，除能够明确考证的版本、年份予以补全外，其他文献保持原貌。

五、原文中一些数据单位，由于年代久远无从查询，因此保持原貌。

六、由于年代久远，部分文章找不到出处，因此保持原貌。

目 录

一 小额信贷发展与普惠金融体系

《小额信贷原理及运作》引言 ································ 3
农村金融体系框架、农村信用社改革和小额信贷 ············ 15
进一步完善小额信贷扶贫管理体制 ························ 25
中国农村小额信贷的实践尝试 ···························· 29
小额信贷亟待政策扶持 ·································· 44
让农民贷款不再难 ······································ 47
小额信贷的发展与普惠金融体系框架 ······················ 49
小额信贷：小贷款　大战略
　　——2006年诺贝尔和平奖的启示 ······················ 57
服务弱势群体应发展普惠金融体系 ························ 63
非政府组织小额信贷机构可能的发展前景 ·················· 68
国家应建立小额信贷批发基金 ···························· 81
中国小额信贷的政策法规和机构发展现状 ·················· 86
我国小额信贷发展报告 ·································· 104
公益性小额信贷蓬勃发展仍困难重重 ······················ 117
关注小企业贷款和小额信贷问题 ·························· 123
中国公益小贷机构三大困局 ······························ 130
我国小额信贷的正确发展方向 ···························· 137
对小额信贷，不要神化，也不要妖魔化 ···················· 144

小额信贷的挑战与前景……………………………………… 152
社会企业道路
　　——公益性小额信贷组织转制问题初探……………… 159
对当前小额信贷及相关热点问题的思辨…………………… 165
财税政策对公益小额信贷支持不到位……………………… 173
我国小额信贷和普惠金融发展状况………………………… 184
对小额信贷与普惠金融在我国发展的感融………………… 192
小额信贷公司要练好内功抗严寒…………………………… 197
中国非营利性小额信贷组织研究…………………………… 202
我国公益性小额信贷组织是普惠金融健康发展的
　　重要补充力量……………………………………………… 213
我国公益性小额信贷组织发展问题研究…………………… 227
从小额信贷到普惠金融的思考……………………………… 246
谈谈小额信贷的类型和利率………………………………… 260
应加快我国公益性可持续小额信贷组织的推行…………… 266

二　农村金融与农村发展

亚太发展中国家的农民经济组织…………………………… 273
亚太发展中国家和地区的农业合作经济…………………… 283
和谐金融与社会主义新农村建设…………………………… 287
和谐金融和新农村建设……………………………………… 292
村镇银行带来了什么………………………………………… 302
农村金融机构缺乏服务意愿………………………………… 309
村镇银行应向中低收入农户倾斜…………………………… 319
运用财政和金融手段协调支持"三农"发展 ……………… 321
农村金融供需失衡需大力扭转……………………………… 330
金融机构要找准市场定位适应农村金融服务需求………… 335
影响村镇银行的主因：门槛较高　审批较严……………… 337
建立现代农村金融制度支持"三农"改革发展 …………… 342

中国梦，金融梦
　　——展望中国金融新十年 ………………………………… 349
发展普惠的农村新型合作金融 ………………………………… 360
加快发展农村普惠金融的若干思考和建议 …………………… 369
《微型金融机构的商业化、风险化与目标偏离：
　　理论与实证》序 ………………………………………… 373
切实贯彻中央关于供销合作社改革的《决定》
　　将有力推动农村经济发展 ……………………………… 379
普惠金融理论与实践的困惑和探究
　　——趋利性 VS 弘义性 ………………………………… 383
发展农村普惠金融的十大建言 ………………………………… 390
真正服务小微企业是普惠金融内在要求 ……………………… 398
普惠金融服务深度不够　针对贫困群体服务严重不足 ……… 402
普惠金融需做好供给侧金融素质教育 ………………………… 405
探索创业担保贷款可持续发展之路 …………………………… 410
普惠金融发展要"道""术"结合
　　——对话经济学家杜晓山 ……………………………… 418
发展公益性合作金融　补齐普惠金融短板 …………………… 422
金融服务　乡村振兴的务实策略 ……………………………… 425
补上合作金融短板　加强中小银行支农支小服务 …………… 431
中国村镇银行发展报告（2020）
　　——共享式规模化发展》序 …………………………… 435
疫情冲击下如何完善小微企业金融服务 ……………………… 441

三　缓贫、扶贫和脱贫攻坚战

试论建立以扶贫为宗旨的乡村金融组织 ……………………… 449
对扶贫贷款投资方向和运用的看法 …………………………… 459
对扶贫社式扶贫的思考 ………………………………………… 463
精准扶贫脱贫　走共同富裕之路 ……………………………… 473
多方举措让精准扶贫走完"最后一公里" …………………… 484

发展两类扶贫金融类组织 缓解商业金融扶贫困境……………… 488
精准扶贫脱贫要经得起实践和历史检验………………………… 492
精准扶贫脱贫实践的成就、挑战和建议………………………… 497
金融精准扶贫工作需要普惠金融发力…………………………… 503
关于政府政策支持金融扶贫的思考……………………………… 507
2019年诺贝尔经济学奖的争论与我国脱贫攻坚经验的思考 …… 519
谈决胜全面小康决战脱贫攻坚及金融服务脱贫………………… 524

四 小额信贷国际经验与国内扶贫小额信贷案例

孟加拉国的乡村银行及对我国的启示…………………………… 539
解决贫困农户贷款短缺和还贷率低的尝试
　　——GB模式在中国的初步实践 …………………………… 547
越南扶贫工作一瞥………………………………………………… 555
农村小额信贷：国际经验与国内扶贫社试点…………………… 559
政府扶贫小额信贷项目的出路何在
　　——陕西小额信贷扶贫工作调查报告…………………… 568
商业化、可持续小额信贷的新发展
　　——德国、阿尔巴尼亚和乌克兰小额信贷的
　　　研讨和考察……………………………………………… 577
孟加拉国的小额信贷及其探索与启示…………………………… 582
孟加拉国扶贫启发中国…………………………………………… 590
谁来扶助扶贫社…………………………………………………… 594
国外村基金项目的经验教训是什么……………………………… 597
印度尼西亚的经验表明：小额信贷能经受金融危机的考验
　　——在"中国农村改革的新起点：基本公共服务均等化
　　　与城乡一体化"国际论坛上的演讲 ………………… 603
中国小额信贷之父杜晓山：打造中国的格莱珉银行…………… 607
孟加拉国农村就业支持基金会（PKSF）及对
　　我国小额信贷发展的启示………………………………… 611
印度小额信贷危机及对我国的启示……………………………… 623

目 录

海南省农村信用社联合社考察报告……………………………632

执着地服务穷人：格莱珉银行的普惠金融实践及对我们的启示
　　——兼与《格莱珉银行变形记："从普惠金融到普通金融"》
　　商榷………………………………………………………643

专访杜晓山：普惠金融需要"可持续"，
　　格莱珉银行理念值得借鉴………………………………658

一　小额信贷发展与普惠金融体系

《小额信贷原理及运作》引言*

"小额信贷"（Microfinance）是指专向低收入阶层提供小额度的持续的信贷服务活动。这一概念，是伴随着在亚洲、非洲和拉丁美洲的发展中国家，以贫困群体和低收入阶层为服务对象的几种微型金融方法逐步取得成效和不断扩展而提出的。在这些方法中包括个人信贷、小组信贷、微型企业信贷和村银行信贷等多种不同模式。尽管在不同的国家和地区的小额信贷模式千差万别，但这类项目和机构有其一致的内涵。以贫困或低收入群体为其特定目标客户和提供适合这一阶层客户的金融产品服务，是小额信贷项目区别于正规金融和传统扶贫项目的本质特征；而这类为特定目标客户提供特殊金融产品服务的项目或机构，追求自身财务自立和持续性目标，构成它与一般政府或捐助机构长期补贴的发展项目和传统扶贫项目的本质差异。

各种模式的小额信贷均包括两个基本层次的含义：第一，为大量低收入（包括贫困）人口提供金融服务，即小额信贷项目一定规模的展开和服务于目标群体层的含义；第二，保证小额信贷机构自身的生存与发展，即小额信贷机构的持续性的含义。这两个既相互联系又相互矛盾的方面，构成了小额信贷的完整要素，两者缺一都不能称为完善或规范的小额信贷。从本质上说，小额信贷是将组织制度创新和金融创新的信贷活动与扶贫到户项目有机地结合成一体。

今日国际上公认取得成效的小额信贷项目多开始于20世纪七八十年代，实施小额信贷的组织机构主要是各类金融机构和非政府组织。金

---

* 本文与孙若梅合作。

融机构主要包括：国有商业银行、专门成立的小额信贷扶贫银行和由非政府组织实施的小额信贷项目演变成的股份制银行以及非正规金融中介服务组织，例如信贷联盟、协会、合作社等。

经过20多年的实践，特别是近10年有意义的发展，小额信贷已经出现从世界的某些区域扩展到几乎覆盖整个发展中世界和不少发达国家，从试点、效仿试点发展到建立在适应本地条件和需求基础上的不同规模和深度进行推广的趋势。目前就其展开规模而言：已有达到全国规模的样板；就其组织机构而言：有国家正规银行实施小额信贷成功的例证；有非政府组织服务于最贫困人口和实现机构自我生存双重目标的典型；有专门的小额信贷机构不断扩展业务的先锋；有专门成立特殊银行满足特殊需求的成功典范。尽管如此，规范和成功的小额信贷的历史还不长，在国际社会尚是一件新生事物，面临着各种各样的风险和挑战。这些成功的先行项目只是难得的、个别的典型？还是具有普遍推广意义？或者说，在什么前提下可以推广成功？仍没有一致肯定的答案。如何推动小额信贷从试点到推广制度化仍是需要探索的领域，诸多的问题有待于小额信贷的研究者和实践者来回答，而它的发展壮大则有赖于政府政策的支持。

扶贫攻坚目前是中国政府的重点工作之一，小额信贷在这一总体战略中是一种扶贫资金到贫困户的有效工具。

中国小额信贷，根据项目的宗旨和目标、资金来源和组织机构可分为两大类型：第一，以探索我国小额信贷服务和小额信贷扶贫的可行性、操作模式及政策建议为宗旨，主要依靠国际机构捐助或软贷款资金，以民间或半官半民组织形式操作的小额信贷试验项目；第二，借助小额信贷服务这一金融工具，以实现2000年扶贫攻坚任务为宗旨，主要依靠国家财政资金和扶贫贴息贷款为资金来源，政府机构和金融机构实施的扶贫资金到户的政策性小额信贷扶贫项目。

从20世纪90年代初开始在部分贫困地区先后开展小规模的小额信贷试验，主要着眼于尝试解决我国信贷资金扶贫工作中的一些突出问题，它们中间时间较早、规模较大、规范较好的包括中国社会科学院"扶贫社"项目，联合国开发计划署（UNDP）的四川和云南项目，世行四川阆中和陕西安康项目，陕西商洛地区政府"扶贫社"项目等。

据统计，到 1996 年底小额信贷试点项目资金规模 9000 万元，这些小额信贷扶贫试点项目的成效，引起相关部门和社会的关注。例如，始于 1993—1994 年年初的中国社会科学院农村发展研究所"扶贫社"项目已经基本实现项目当初设定的探索解决"贫困农户获贷难、国家贷款还款难和提供贷款服务机构生存难"的途径的目标，项目的成效显著且引起社会和政府的关注。经过几年的实践，中国社会科学院小额信贷项目在缓解贫困和增加农户收入方面效果明显。中国社会科学院的第四个小额信贷试验点陕西省丹凤"扶贫社"也成了后来在陕西全省全面展开的政府主导型小额信贷扶贫项目的先导和借鉴。当然，在此项目的实施过程中仍然面临许多理论上和实践中的难题，自身也有不完善之处，而且它目前还达不到规模经济的要求。试点项目仍在进一步的探索实践中。

根据我国政府扶贫政策和举措的变化，截至目前，我国小额信贷试点可分为两个阶段：第一，试点的初期阶段（1994 年年初至 1996 年 10 月），以上述第一大类型项目为主开展活动。这一阶段的明显特征是以探索小额信贷孟加拉国乡村银行（GB）式小额信贷项目在中国的可行性为基本目标，以半官方或民间机构实施，强调项目运作的规范化，基本上没有政府资金的介入。第二，试点的扩展阶段（1996 年 10 月至今），上述两大类型的项目在并行发展。这一阶段的明显特征是政府从资金、人力和组织方面推动借助小额信贷这一金融工具实现扶贫攻坚的目标，与此同时，第一大类型的项目也更意识到与国际规范接轨。

目前，在某些地区，城市小额信贷也开始起步，但仅仅是开始。

以解决扶贫资金使用效率和扶贫攻坚为主要目标的中国小额信贷项目，主要是在中共中央和国务院扶贫政策的框架和大背景下发展起来的。

1996 年 9 月，中共中央和国务院召开中央扶贫工作会议，在这次会议上明确要求贫困地区的各级党委、政府要把解决贫困户的温饱问题摆在一切工作的首位，各项工作都要围绕和服务于这个中心，而不能影响和干扰这个中心。同时强调加大扶贫资金的投入和资金到村到户以及各级党政一把手扶贫负责制度。中央的扶贫方针和政策与"扶贫社"小额信贷扶贫试点项目所追求的扶贫到户和保证扶贫资金的高回收率的目标是完全一致的,这样的宏观扶贫环境对"扶贫社"试点工作的开展和推广是极为有利的。自此,贫困地区各级党政领导和有关部门对扶贫开发,尤其对扶贫到村到户工作的重视程度和措施力度空前提高。这时,以借鉴孟加拉国乡村银行运作方式的扶贫项目,包括上述的社会科学院农发所与当地政府合作在河北易县,河南虞城、南召县和陕西省丹凤县试行的"扶贫社"项目,以及联合国开发计划署(UNDP)的四川仪陇县,云南麻里坡、金平县,西藏珠峰自然保护区四个县的类"扶贫社"项目,还有各地自办(包括国家资金和国际资金支持)的类似项目。例如,山西吕梁地区、四川阆中县和陕西安康等有关项目等,其"真扶贫、扶真贫"的指导思想的明确、管理方法的有效及其社会经济效益的显著等已被广泛认同。

1998年2月,国务院扶贫办召开全国扶贫到户工作座谈会,在这次会上国务委员、国务院扶贫开发领导小组组长陈俊生同志指出,小额信贷扶贫到户是有效扶贫形式,应该积极试点,稳步推广。他强调,借鉴国际组织经验,在我国实施的小额信贷扶贫是一种效果很好的方式。这种方式最重要的特点是扶贫资金直接到最贫困的农户,而且到期还贷率很好,平均在95%以上。会议指出,从1998年始,凡是没有进行小额信贷试点的省区,要积极进行试点工作;已进行试点的,要逐步推广;试点并取得成功的,可以稳步在较大范围内推广。

1998年5月,中共中央政治局委员、国务院副总理、国务院扶贫开发领导小组组长温家宝,在新一届国务院扶贫开发领导小组第一次全体会议上指出当前要重点做好以下三方面的工作,其中第二点是"要狠抓扶贫到户,重点抓好小额信贷试点和推广"。

中共中央、国务院有关部门1998年9月在做好当前农业和农村工作的通知中,对小额信贷扶贫工作提出方针:积极试点、认真总结规范,逐步发展推广。要认真贯彻落实国务院扶贫开发领导小组1998年2月召开的扶贫到户工作会议精神,总结和推广各种行之有效的扶贫到户经验,重点抓好小额信贷试点和推广。

1998年10月14日中国共产党第十五届中央委员会第三次全体会议通过的《中共中央关于农业和农村工作若干重大问题的决定》中指出:解决农村贫困人口的温饱问题,是一项紧迫而艰巨的任务。提出要

"总结推广小额信贷等扶贫资金到户的有效做法"。这是中央文件中首次肯定小额信贷是扶贫资金到户的有效做法。1999年中央扶贫开发工作大会再次强调小额信贷扶贫的作用，中发（99）10号文件进一步提出，小额信贷是一种有效的扶贫到户形式，要在总结经验、规范运作的基础上，积极稳妥地推行。

从1998年上半年开始，执行国家扶贫贴息贷款的职能由农业发展银行（国家政策性银行）转到农业银行（商业银行），这使1997年开始的政府扶贫办（下设扶贫社）代理农发行扶贫贴息贷款的方式受到冲击，但这同时又是机遇，因为商业银行的人士开始关注扶贫社式小额信贷项目，将有利于逐步建立小额信贷的监督体系和相关的制度及政策框架。到1998年6月，国家扶贫贴息贷款全部转归为农业银行管理，政府扶贫办开始从农行代理扶贫贴息贷款，1998年下半年政府型小额信贷扶贫项目迅速扩展。1998年年底，中国人民银行（以下简称央行）和农行有关人士对政府小额信贷项目进行考察调研，对政府扶贫办下设的扶贫社代理农行扶贫贴息贷款的合法性提出质疑，提出非金融机构不能代理和操作小额信贷这类实质是金融活动的业务。从1999年开始，扶贫贴息贷款全部改由农行直接发放到农户，政府扶贫办下设的扶贫社围绕农行与农户签订借贷合同、发放小额信贷提供服务，由政府扶贫社转轨到农行的工作已基本完成后，政府小额信贷扶贫项目仍然在体制上和宏观政策等方面面临着一定的问题和困境。由于管理体制的变动，国家扶贫贷款的实际到位时间大大推迟了。

截至目前，中国小额信贷发展注重的主要是扶贫功效和操作方面，而没有十分注重金融服务功能。也只有数量不多的小额信贷项目注意项目本身持续性发展的目标。至今，央行还没有出台专门针对小额信贷方面的政策，其金融服务功能没有得到重视，诸多小额信贷金融服务业务和机构的合法地位没有得到承认。

中国实施小额信贷的组织机构大体可分为四种类型：

一是双边或多边项目成立专门的机构（办公室）管理和操作外援资金，按照出资机构的要求和规章运作小额信贷项目。二是民间机构（非政府组织）实施小额信贷扶贫项目。三是政府部门成立专门机构管理和操作扶贫贴息贷款小额信贷扶贫项目。四是金融机构直接操作小额信贷项目。

不同组织机构实施的项目有各自的特征：一般来说，民间机构和外援项目重视社会发展和持续发展目标；政府项目注重发展速度和规模；金融机构的项目注重持续性、监督和风险控制。

由于小额信贷一个强有力的功能是可以帮助贫困户，而这是进入20世纪80年代以来中国政府不懈追求的目标和贫困地区的中心任务，应该说中国小额信贷的组织形式主要是由政府和民间机构相互交织、共同组织的专门办公机构。或者说，是在政府领导下或支持下的独立机构操作为主要组织形式，由政府和民间组织或称非政府组织合作或分别实施小额信贷项目。

最初中国小额信贷项目是以效仿孟加拉国乡村银行（GB）模式为雏形，在随后政府推广的小额信贷扶贫项目也是一种借鉴乡村银行（GB）模式的项目。与此同时，一些国际机构和双边合作项目在不断探索其他的方法。总体来讲，中国绝大多数项目是连带小组方式，强调社员相互合作和监督。典型的小组方法是：社员自愿组成5人小组（直系亲属不得在同一组内），一般6—8个组构建一个中心，分别选出组长和中心主任，小组成员间要互相帮助和监督，并发挥联保作用，形成自身内部的约束机制。每周（或根据还款频率而定：可能是每旬、每半月或每月）由中心主任召集中心会议，内容主要是检查项目落实和资金使用情况，办理放、还、存款手续，交流经验等。

另外，目前中国的小额信贷项目中也有直接给个人的贷款和类似于村银行形式的贷款。此外，中国小额信贷项目有的仅强调信贷服务，有的则仅是综合扶贫项目的一部分，还有的则不仅提供信贷服务还提供其他经济和社会发展活动。

中国小额信贷扶贫项目的目标群体的总体特征是贫困地区的贫困户，不少机构强调以贫困妇女为主要受益群体。根据项目的宗旨和目标、资金来源、实施机构等不同，目标群体强调的贫困程度和妇女比例有所差异。

以扶贫攻坚为宗旨、国家扶贫贴息贷款为主要资金来源的政府型小额信贷扶贫项目，其目标群体强调到达最贫困户，实际是以按政府组织登记的贫困户为基本目标群体，但不十分强调以妇女为主。例如，陕西省政府推动的小额信贷扶贫项目以登记的贫困户全体为目标对象。大多数外援项目和社科院"扶贫社"项目则非常强调以贫困妇女为主要目标群体。一些金融机构则只要求在贫困地区开展,并不强调目标客户一定是贫困户或贫困妇女。

大多数政府小额信贷项目贷款额度第一轮贷款是上限为1000元至2000元不等,贷款期限一年,分期还款,还款频率为1—4周,采取贴息贷款年利率,采取小组成员联保制度。不过,改由农行管理政府项目后,承贷人多由妇女改为男子,贷款期改为1—3年不等,还款期也改为季度、半年和一年一还不等。

外援和民间机构的小额信贷项目,第一轮贷款额度上限400—1000元不等,贷款期限3—12个月,有分期还款者,也有一次性还款者,分期还款的还款频率1—4周,利率差异很大。绝大多数采取小组成员联保制度,但也不排除给个人贷款的项目。

目前,中国小额信贷扶贫项目,包括政府项目和绝大多数外援及民间机构的项目基本都实行强制性储蓄,即以小组基金的形式,以此替代抵押担保。同时有些项目还实行按还款频率每次存款相当于贷款额的一定比例。例如:中国社会科学院"扶贫社"项目规定:每个借款人在借款时拿出贷款额的5%存入小组基金,每周每人还要在此基金中存入一元钱或贷款额度的0.1%。加拿大国际开发署(CIDA)新疆项目还将存款额与贷款额挂钩,规定存贷额比为1:10、1:8、1:6或1:4不等,依借贷额的增加而递减。

中国小额信贷的会计和财务管理体系和制度是逐步建立起来的,或者确切地说目前正处在逐步建立和完善的过程中。在1996年年底以前的试点初期阶段,几乎所有项目的关注点都集中在项目开展的层次,即集中在识别和动员贫困户,保证贷款到贫困户手中,保证高还贷率。当时绝大多数项目没有健全的会计制度和财务报告制度,没有完整或统一的损益表和资产负债表,没有统一的贷款质量和业务进展报表。以扶贫和社会发展为主要目标的小额信贷扶贫项目运作初期,大多数工作人员仅有社会发展的背景,而缺乏金融业务知识,财务人员业务素质低。相对而言,于1996年年底开始发放贷款的澳援青海项目,因为是地区农行操作,具备较强的金融操作和财务管理能力,具有相对完善的财务管理制度。

自1997年政府开始试点和推广项目以来，得到了地方金融机构（一般是当地农行或信用社）的帮助，逐步建立和完善会计制度和财务管理体系。中国社会科学院"扶贫社"项目通过国外小额信贷专家的培训，已经建立起相应的会计制度和财务管理体系，每月完成统一的财务报表（损益表和资产负债表），并按国际机构财务分析比率框架，进行财务比率分析。

现在，由于中国金融实行利率封顶政策，截至目前，中国的小额信贷无法遵循国际上小额信贷利率需高于商业利率的原则，也无法根据理论计算的利率进行操作。但这并不意味着我国小额信贷没有持续性的目标。经过5年的实践，中国先行的小额信贷试点项目已经有达到操作自负盈亏的典型，例如，中国社会科学院"扶贫社"项目在基层3个县的试点，到1997年年底开始达到操作自负盈亏，到1998年年底各县操作自负盈亏比率在120%—150%。另外，由地区农行操作的澳援青海项目目前也实现了操作的自负盈亏。它们是通过实行适当的利率政策、严格控制成本、提高工作效率和保证贷款质量而实现的。

从试图与国际模式接轨的中国小额信贷试点项目经过仅短短5年多的实践看，至少可以得到以下的若干启示和经验教训：

第一，小额信贷的生命力初步显现。中国的试点项目已显示出与我国实际相结合的、借鉴国际规范和成功小额信贷经验，实施扶贫小额信贷运作在理论上和实践中的生命力。小额信贷在我国能够服务于最贫困地区的农户和贫困户，并使绝大多数借贷户获益，并且，一些试点项目已经达到相当规模。只要有严肃认真的态度和严格的管理，小额信贷项目就能够实现相当高的还款率和信贷资金较快的周转率。实践也证明，只要目标明确、方法对，小额信贷完全可能而且至今也已有一些试验项目在不长的时间内实现机构自身的自负盈亏和持续发展，其中一个基本的前提是项目的贷款利率一般应与商业贷款利率相当。由于目前我国所有项目的资金来源都是软贷款或赠款，平均资金成本很低（一般不超过3%），要达到持续性目标的项目的实际利差在6%—10%以上。不过，我国所有的小额信贷项目至今还都依赖外部的技术支持，此费用没有完全计入操作成本。

第二，两种类型的项目面临着各自的问题。我国小额信贷发展的历史还很短，在各方面也都不可能很成熟，还有种种的问题值得研究和探讨。中国的小额信贷大体归结为两大类：一类为使用非官方资金，由民间或半官方运作，探索小额信贷扶贫模式的试验项目。另一类为实现扶贫攻坚目标，运用国家财政和扶贫贴息贷款，由政府和金融机构借助小额信贷方式运作的项目。这两类项目存在着各自的矛盾和问题。就目前阶段而言，第一类项目的主要矛盾是长期发展的合法性问题没有解决；第二类项目的主要问题是没有考虑到持续性发展的目标，而两者共同的问题是如何突破项目运行和财务两方面管理水平低的瓶颈制约。根据政府目前的政策，第一类项目由于利用的是非政府资金进行扶贫活动，不吸收社会存款，作为短期项目，可以进行，但如作为长期生存和发展的从事金融活动的机构，则有是否合法的问题。

对于第二类项目，即政府主导型项目，它的基本目标是为实现政府扶贫任务服务，它企图解决扶贫到户和还贷难问题，但它没有考虑确立项目和机构长期持续发展的目标和措施。如从"持续性"标准考虑，严格地说，这类项目不能称为规范或严格意义上的小额信贷项目，而将其称为扶贫项目可能更合适。另外，从这类项目的体制多变和不适应发展的形式、缺乏专职队伍建设、强调补贴利率政策等方面看，也说明其不具备持续性发展的目标。基于过去我国经济工作中存在的"一放就乱、一统就死"和农村合作基金会发展中问题丛生的教训，中央政府已明确这类项目的借贷关系应发生在农行和农户间，而政府主导的"扶贫社"或"工作站"应为中介服务机构。然而事实上，政府小额信贷扶贫项目目前由政府部门和农行联合发挥关键作用已是一种必然的和无可奈何的选择，现在，政府部门和农行金融业务部门间"两张皮"现象、相互指责的情况并不少见，因此两者能否以大局为重、协调配合是项目能否成功的关键因素之一。各地的实践也清楚地表明了这一点。然而，目前这种农行与政府共管小额信贷项目的体制的最要害的弊端是两者的责、权、利关系模糊不清或不对称，且难以监控，最终的结果很可能是造成贷款的回收率大幅下降，造成国家资财的大量浪费和流失。在目前扶贫攻坚阶段，现行政策还可维持，然而，从长远来看，这类项目如不从体制和管理制度上作出变化，将不可能保证扶贫信贷资金直接到贫困户、贷款的高还贷率和机构持续性发展这三个目标的实现。

另外，上述两类项目都共同普遍存在需要切实加强管理和提高工作人员素质等方面工作的问题，它包括各级人员要切实提高认识并负起责任，强调专职队伍建设，加强财务管理和工作人员培训，强化操作和财务方面的监督，制定行之有效的激励制约机制，真正解决政府项目的操作费用途径、坚持实行独立财务核算制度等方面的必要性工作。

在此，我们再就金融机构（包括农村信用社和农行系统）直接独立操作的小额信贷项目，以及由它们与政府机构开展的合作项目（本文中所说的第二类政府主导型项目）要取得成功应解决的若干问题谈几点意见。首先，要解决开展小额信贷业务思想认识方面的问题。金融机构开展小额信贷业务应出自内心自愿和主动，不能是由于上级政府要求它们这样做而不得不做。而且，在金融业务和产品设计及运营方面要适应目标客户的特点和要求，而不是照搬传统金融模式。其次，要解决自身在组织机构、人员、政策措施等方面的问题。在这些方面，至少要考虑的因素有：在金融机构母体内建立专门的小额信贷部门；物色合格的主管责任人；确保健全有效的信息管理系统和业务管理水平；借贷利率要能覆盖贷款业务的全部成本；将储蓄视为与借贷同样重要的业务；从银行外部招聘工作人员，或给工作人员以特别的专业培训。所有这些，都是为适应开展小额信贷业务并取得成功所必须考虑的问题。

通过对中国小额信贷5年多试点经验的研究，为了推动中国小额信贷朝着健康的方向发展，需要解决以下几个问题。

第一，发挥小额信贷的反贫困功能和金融服务功能。小额信贷是中国农村地区反贫困的一种现实的并具有巨大潜力的有效工具，政府政策制定者应将其放在适当的重要战略位置。

在现有基本解决温饱问题的基础上，拓宽服务对象和市场，根据不同地区不同客户的需求，提供有效的信贷服务，而不仅仅限于贫困地区的贫困农户。同时开展城市小额信贷的试点项目，探索为城镇微型和小型企业提供金融服务的方法。

积极开展不同方法的小额信贷试点，而不仅仅限于小组借贷方法，以满足不同地区和不同客户的需要；目前，多数项目在实践中已经在适当地对贷款额度、还款频率等做了调整，对此，应区别情况，分类指导。

第二，加强规范和监管。需要规范和扶持小额信贷试点项目，探索制定相应的规则和条例，加强监管；各类团体、组织有积极性的都应允许其开展项目活动，但要求其必须具备条件，符合规范，以形成良性竞争局面；如作为长期发展的项目机构，政府机构本身不宜操作小额信贷；对现有不同的项目，应视具体情况，采取区别对待的政策，经过调整或改造及完善，符合条件的，允许合法存在，并给予融资支持，以使中国小额信贷能够沿着健康的轨道发展，并将小额信贷纳入我国金融体制改革的总体设计中考虑。

第三，利率的灵活性。向借贷者发放贷款的利率应允许有较大的灵活性，原则上以正常的商业贷款利率为准进行活动。在21世纪开始后，应考虑取消或逐步取消扶贫贴息贷款的做法；积极拓宽资金来源的渠道，而不仅仅限于赠款和软贷款；增加利用商业渠道资金的试点项目。

第四，提供培训和技术支持。不断地进行管理人员和基层工作人员的培训，对项目提供有效的技术支持。

第五，实现从补贴性小额信贷到持续性小额信贷的转变。在中国，从补贴型的小额信贷项目转变为可持续性的项目的关键是经营策略和经营目标或称宗旨的转变。要从政治目标为主导转变为以经济和政治社会目标并进，从政府行为转变为顺应市场行为。在这两个不同的阶段，政府的政策和作用完全不同，完成政治任务需要依靠政府大量资金以至于人员和组织、宣传力量的注入，实现经济目标则主要需要政府的相应政策，两者不可混为一谈。

小额信贷作为金融工具具有扶贫功能，又可能实现自身的经济持续性，此时隐含的前提是以经济为重要目标。小额信贷项目非完全政府行为，也非完全市场行为，它在一定程度上依靠捐助机构或国家优惠政策，尤其是在项目的初期阶段，同时需要有健全的市场。持续性或财务自立要求的重要性在于将一个非市场问题转换为市场问题。持续性目标的设定，是诱导小额信贷机构实现向政府或捐助机构索取资金到在市场竞争中寻找资金的转变。因此，小额信贷扶贫和自身持续性的双重目标决定了它必须充分利用市场机制而非完全依靠市场机制。

总之，中国的小额信贷试验同国际上的小额信贷活动，包括与近邻的南亚及东南亚部分地区的大规模小额信贷机构和项目相比，在时间、规模、设计思想、运作主体和实施小额信贷的政策环境方面均有不同。中国的政治经济体制，经济和金融领域的不断改革以及地方政府职责权限的变化均使中国实施可持续小额信贷扶贫的政策环境具有独特的特点。然而，我们又必须认真研究、学习和借鉴国际小额信贷的成功经验和教训。

从国际社会小额信贷的发展轨迹和未来的发展趋势及我国小额信贷试点的进展及其贫困客户对适宜的金融服务的市场需求分析，可以预料：在不久的将来中国小额信贷将可能进入制度化建设阶段。其明显的标志应是政府对小额信贷政策的明朗和规范以及金融机构的介入；在强调小额信贷扶贫功能的同时强调金融服务功能；加强小额信贷机构能力建设；健全小额信贷机构的规范化财务管理体系和控制风险的能力；小额信贷的贷款本金从外援和政策性资金为主，逐步过渡到来自当地金融市场的资金占相当比重。

我们认为：截至目前，一些利用非政府资金以民间或半官方机构先行与国际规范接轨的小额信贷试验项目对我国小额信贷事业的发展起了先锋、示范和启迪的作用，而政府主导型的项目对快速和大规模利用信贷手段扶持贫困户发展做出了功不可没的贡献。然而，只要有适宜的政策环境，金融机构有可能成为小额信贷的主要力量，同时各类小额信贷的实施者在竞争和合作中会找到各自的位置，而最大的受益者是借贷客户。可以说，如要形成这种局面，政府的宏观政策将起着重要，甚至是根本性的作用。但这里需要指出，即便金融机构真能成为小额信贷发展的主要力量，那也将是一个逐步和长期的过程；而且，国际经验表明：正规金融机构的小额信贷项目的主要服务对象不是有生产能力的最贫困户。从这个意义上说，民营非正规银行类小额信贷组织有长远的扶贫使命和广阔的活动天地。

（原文为杜晓等著《小额信贷原理及运作》引言，
上海财经大学出版社2001年版）

农村金融体系框架、农村信用社改革和小额信贷

本文想就中国农村金融体系的框架、农村信用合作社在其间的作用，农村信用社改革思路及其与小额信贷的关系发表一些不一定成熟的看法，以供研讨。

一 中国农村金融体系框架

什么是合理的农村金融体系，我们目前在这方面的状况如何，这是我们在此要讨论的内容。

（一）农村金融体系现状概况

自 1996 年以来，如果撇开民间金融或借贷行为不谈，我国农村正规金融体系基本上形成了政策性功能、商业性功能和合作性功能相区别的三类金融机构，即分别设立了中国农业发展银行、农业银行和农村信用合作社。从形式上和一定程度的实际功能上看，已经初步并逐步形成了以农村信用社这种合作金融为基础，农业银行这种商业金融和农业发展银行这种政策金融各司其职，三者间彼此分工合作，相互配合的农村金融体系。而作为中央银行的中国人民银行则承担对它们实施政策指导和监督的功能。不过，笔者认为，这种农村金融体系框架的形成，目前仍处于初级发展阶段，而且有时仍有反复。

这种体系和改革方向应该说是合理的、正确的。它初步改变了我国农村金融机构长期以来政策性、商业性和合作性功能混淆不清、利益冲突、机构单一的局面。我国正规金融机构，过去只有农业银行和农村信用社。虽然农村一直存在相当数量的非正规金融组织，包括半官方机构，例如农村合作基金会、储蓄会、农经服务公司（站）等，以及广

泛存在的民间借贷，例如钱庄、标会等，但是农行和信用社在金融业务中占有绝对优势。从宏观上看，正规金融机构的单一性特征是明显的。如果考虑到信用社的国营性、商业性追求，则机构的单一性特点就更为突出。这种单一性的局面，在微观上导致了农行和信用社机构内部上述三种功能的冲突，使每种功能都无法充分发挥其作用，而在宏观上又形成了正规金融功能欠缺的局面。因此，上述1996年农村金融体系的改革符合社会主义市场经济发展的要求，而且从一些国际经验看，这也是合理的、正确的。

(二) 农村金融体系改革应解决的问题

迄今为止，我国农村金融体系的改革和健全还远没有完成。如果沿着上述思路继续深化改革，笔者认为，至少还应注意解决以下几方面的问题：

一是农村金融机构或结构的功能定位需要进一步明确和调整。应真正实现政策性、商业性、合作性三种金融并存，但主力军应是商业性金融。特别是现在农发行、农行、信用社三者的职能分工仍有混淆和冲突，因此产生了诸多难以协调的矛盾。农发行资金来源不足，业务单一，政策性金融作用有限；农行由于市场定位的变化，原来农村金融的主导地位不复存在；农村信用社组织形式单一、融资能力较差等弱点显著。譬如，农行现在还承担扶贫贷款等政策性银行的任务，这从职能分工上和农行在农村网点的收缩、战略方向的转移及商业银行的取向上都难以胜任，也进一步形成了农行资产和扶贫贷款质量的低下，亏损攀升，效率不高。再如，农发行还没有成为真正意义上的政策性银行，目前它主要负责粮棉等政策性贷款的运作，与政策性银行应发挥的提供政策性短期融资、长期融资和对欠发达地区区域发展所需融资的功能还有很大差距。因此，改革和调整的方向应是农发行切实承担起政策性融资的职能，重点服务于农业基础设施建设，农业综合开发，科技开发和推广，粮棉重点农产品以及扶贫、环境保护等项目资金需求的支持。农业银行的城市化导向和业务转移不一定是一个完全明智的决策和取向，然而其商业化银行的定位是正确的，无论对城市还是农村，农行应完全按照市场化、商业化方式运作，自主地对农村有市场、有效益的项目进行支持。而且应规定，它对农业经济的贷款要有一定比例。

二是农村信用社的功能和性质不够明晰。长期以来农村信用社实际上就是国营的并常有行政色彩的"二农行",其合作金融的"自愿、互助、互利、民主和低营利性"的资金和金融服务的性质体现不多。至于它是否能真正转变为符合国际通行的合作金融原则的机构,一段时期以来,一直争论很大。然而,它目前在农村金融实践中的基础地位和主力军作用是毋庸置疑的。据2001年数据,农村信用社发放的农业贷款占全部金融机构发放农业贷款的78%,农户贷款占全部金融机构农户贷款的95%以上(杨少俊,2002)。2001年对农业的贷款投入总量为800多亿元,主要是农村信用社的投入,其他金融机构投入量反而减少了一二十亿元(张功平,2002)。农村信用社各项贷款金额11971亿元,占金融机构贷款额的11%(《金融时报》2002年3月12日)。农村信用社的功能和性质定位的改革,看来还应因地制宜、分类指导、不能搞"一刀切"。农村信用社应进一步提高防范风险和支农服务水平,重点放在农户生产经营的资金支持上。然而,农业、农村、农民的发展需要有合作金融机构的支持则是肯定的,从国际发达国家和发展中国家以及我国的实际看,都需要有合作金融机构这一不可或缺的角色存在。现在的任务应是,创造宏观和微观条件,鼓励建立、发育和壮大真正意义上的合作金融组织为"三农"服务。

三是农村金融服务整体上不能满足"三农"的要求。过去农村的融资渠道有四大商业银行、农村信用社、合作基金会等多个渠道,现在基本上只剩农村信用社了。农村资金大量外流,影响农村资金的整体供应。邮政储蓄机构是分流农村资金的主要渠道。2001年该系统存款余额5911亿元,其中在县及县以下吸收3781亿元,直接流出农村。另外,国有商业银行吸储流出农村的资金也在2000亿—3000亿元(杨少俊,2002)。据刘健等对河南、山东和浙江农区的调研和相关资料表明,农村信用社的农业贷款只相当城市个人住房贷款的约1/2。山东农业至少有四成左右信贷资金缺口。浙江农业贷款缺口约为125亿元,对宁波万户农户问卷调查有59%的农户缺资金。河南滑县有约205个村成了"零贷款村"。河南南乐县农民李鹏良从信用社贷出1万元,实际只得4900元,因为要扣5000元做强制存款,再扣100元当股金。此外,为获得这笔1万元名义贷款,还需要再花近1000元请吃的钱。三省的民间高利贷广泛存在。温州民间借贷占整个农村资金市场总量的1/3。河南南乐县1999年来新增民间借贷额超过当地当年新增贷款规模。新野县民间借贷最高月息达3%。

要解决上述问题，重点要建立农村资金不流失的机制。降低邮政储蓄转存中央银行利率，并将从农村吸收的资金全部返还农村，其他各类银行从农村吸收的资金应规定一定比例用于农村，农行从农村吸储资金原则上也应绝大部分或全部用于农村。在进一步整顿、规范和监督的前提下，农村信用社存贷款利率可以先行放开。

四是忽视对非正规金融机构的引导、监督和促进其健康发展。重构农村金融体系的重要原则之一是融资供求功能匹配，培育新型金融组织。我国非正规金融机构发育层次低，运作极不规范，它们的正反面作用和效果都很突出，对它们要做具体分析。因此，在合理划分正规金融机构职能分工的基础上，应规范和培育民间机构，包括现有非正规机构的发展，以形成良性竞争的局面。这样做，将有利于实现农村金融服务体系的完整化和多元化。

促进非正规金融机构的健康成长，首先是要让它们从"地下"走到"地面"上来，要区别情况，分别处理。首先，应对这类机构的组织形式、财务制度、经营业务范围、进入和退出金融活动，分门别类地制定出标准明确的法规和监管制度。注意要适度放宽金融市场的准入条件。其次，对它们进行审核。凡是产权明确、具备金融资金额度、有合格业务经营人才、经营范围合理、符合法规和条例标准的，给予其合法身份。并根据不同性质的各类金融机构采用不同的监管手段进行监督和审计。

同样，对正规金融机构而言，除了需要制定和修订相应的制度和法规以外，有关管理部门的管理监督和审计也急待加强。

五是各类农村金融机构自身的资产质量和管理水平急需进一步提高。这是一个与农村金融体系这一宏观问题相关的微观问题，然而也是一个亟待解决的紧迫挑战。尤其我们现已加入WTO，外资金融机构的进入对我国金融机构已出现并将会继续形成冲击。农村各类金融机构现在较普遍地存在资产质量不高，亏损严重甚至资不抵债，运营效率低下，管理能力和素质欠缺等问题。将来还会遭遇客户资源、人才、中间业务、传统存贷业务、新兴电子商务、个性化新兴零售业务和服务手段等市场方面中外各类金融机构间的竞争。要应对上述挑战,农村金融机构加强竞争意识,实施体制、机制方面的改革和能力素质方面的提高则是当务之急。

二 农村信用社的改革和发展

农村金融体系的进一步改革,有赖于对现有农村信用社的改造重组。目前,农村信用社的突出问题是职能定位不清、产权虚置和内部管理机制残缺。因此,农村信用社的改革与发展应从这两个方面着手进行。

(一) 农村信用社的职能定位和产权制度改革

考虑农村信用社的改革和发展思路问题的根本出发点和落脚点应是正视我国农村现实,根据我国国情和农村金融服务的需求,改造现有的农村信用社。同时要制定规范,开放金融市场,培育大批名副其实的合作性农村信用社,以建立起一个多元化的、功能和机构布局合理的农村金融体系。

中华人民共和国成立后建立的农村信用社都是以行政指令组合而成的名义上的合作组织,从一开始就不符合"自愿、互助合作、民主管理"等合作制原则规范,经历了多次整顿、改革,现在合作金融的基本属性已经所剩无几。然而,这并不等于说我国不需要合作制农村信用社,或国际规范的农村信用社在我国无法生存。国际经验表明,许多发达国家,合作金融仍然是各国金融业中不可或缺的生气勃勃的重要组成部分。合作金融的必要性和存在生存、发展的空间就在于弱势群体可以通过团体合作、资金联合的方式,实现互助,解决单个社员不易解决的经济问题。今天,在我国广大农村地区,金融服务业面临的现实是:商业银行战略转向、机构网点收缩;政策性银行无力直接伸到最基层去顾及农户的金融需要;农村信用社也面临重组、改造,甚至撤并;民间借贷、地下钱庄日渐活跃。因此,完全有必要发育一大批农民自己的真正意义上的农村信用合作组织。对现有农村信用社也应区别情况进行可行的合理的改造。

现有农村信用社的改革和发展,原则上应根据我国不同地区经济发展水平和农村信用社自身的经济实力考虑其可能的发展方式。为此,央行应制定相关的转制标准以规范其改制。一般来说，在经济发展水平较高的地区，农村信用社实力较强。把这些现有的信用社进行重组，取消信用社两级法人制度，将若干经济、金融发展水平相近的信用社合并组建，转变为地域性农村商业银行，实行股份制改造，与目前我国大中城市的城市商业银行的改造类似，可能是一种可行和合理的选择。

对广大经济发展水平一般的农村地区而言，如农村信用社实力较强，可参考上述经济发达地区的做法，按照自愿选择的原则，重组为商业银行。一些信用社如愿意转化为互助性信用社，也是可行的，但更多的可以改组成股份合作制的信用社。股份合作制信用社应是农村居民和农村个体、私营企业按照协议，自愿入股组织成的信用社，基本上实行民主管理，按股分红，追求盈利和为社员服务并举。

贫困地区的信用社的业务工作主要应是支持农民的生产经营活动和脱贫缓贫工作，带有政策性业务成分。因此，它们的可能出路可以是：转变成股份合作制信用社或互助式信用社或转制成国家政策性银行农发行的基层网点机构。当然这样做的前提之一是农发行的业务范围应将国家长期、短期和扶贫等政策性业务完全担当起来。

这里需要指出的是，以上这些改革设想并不否定或排斥各地根据当地实际已推出或计划试行的种种改革尝试。笔者认为，只要对服务"三农"，尤其是服务于农户有利，同时又不会带来不可控的金融风险和社会不稳定，那么各种形式的金融和产权制度改革尝试都会利大于弊，都应允许进行。

除了以上这些改组改革的设想，借鉴国际经验，我国也完全可能发展一批名副其实的互助式农村信用合作社。按照规范的合作制原则在广大农村地区，尤其是在欠发达地区和贫困地区，由这样一批真正意义的互助性农村信用社填补由于国有银行收缩和现有农村信用社改造、撤并造成的金融服务空白和断层，是完全必要的、可能的。

然而，这样做的前提是应具备必要的宏观政策和微观治理条件，并应在总结试点的基础上，逐步推开。目前，可考虑尽快研究制定合作金融法，如条件还不成熟，可先出台有关的试行条例，使我国的合作金融在产权、机制、运作等方面有章可循。其次则要采取措施保证其在正确的轨道和方向上运行。

（二）农村信用社的内部管理机制的完善

我国农村信用社比较普遍地存在两个问题：一是信贷资产质量低下，拖欠率和风险贷款率高，蕴藏较大的金融风险。二是多数信用社处于亏损状态，财务风险高。另外，在中西部地区，普遍存在的问题还有农村信用社占有人民银行数额不小的再贷款。以上这些突出问题形成了一种"吸收存款—贷款沉淀和亏损及耗费占用—再吸储和人行再贷款补充"的恶性循环。

形成这些问题的主要原因有四条：一是产权主体虚置。农村信用社产权含混不清的状况导致法人治理中权利义务责任的严重失衡，引发了一系列侵害信用社利益的行为，如经营管理者的道德风险、滥用职务、粗放经营、滥用职工、加重农民负担、占挪资金、奢华消费等。二是"铁饭碗""大锅饭"的体制和分配机制。能进不能出、能上不能下和平均主义的制度，使干部、员工不思进取、亏公不亏私，严重缺乏责任感、危机感和改革进取心。三是业务素质普遍偏低。相对于其他银行金融机构，农村信用社的员工的文化程度、专业技术水平、业务能力差，且观念保守、知识老化。四是内部管理混乱，规章制度不健全或执行不力。贷款审批、运作制度不严、随意性大，财会制度不严密，财务管理不同程度存在漏洞。

针对目前农村信用社这种产权主体一时无法到位，经营管理者的责权利不对称情况和上述所列问题，应通过对其的权力约束和激励机制，加强内部风险防范和外部监管制度，以及选人用人机制等予以改善。要切实加强队伍建设，实行全员劳动合同制，推行绩效工资制，加大对员工的培训力度，完善人才引进机制，健全人才竞争机制。要建立健全和切实贯彻一整套内部控制管理办法，切实落实停止占用信贷资金和存款及贯彻节约费用的规定。切实实行查案追责的有关规定和新老不良贷款划开，分账管理的制度。

三　农村信用社与小额信贷

2002年年初召开的中央农村工作会议提出必须高度重视农民收入问题，并要求农村金融部门要改善金融服务，加大金融支农力度，要求农村信用社要牢固树立为"三农"服务的宗旨，集中资金扩大农业信贷投放，增加农户贷款，真正发挥农村金融主力军作用。要求信用社

"积极推行农户小额信用贷款和农户联保贷款方式"。央行也明确要求农村信用社全面推行农户小额信贷服务,使农民贷款难的问题得以改善。这项推动小额信贷发展的政策也与吸取前几年农村信用社及其他一些机构探索实践农户小额信贷方式的经验有关。

(一) 农村信用社推行小额信贷方向正确

农村信用社全面推行农户小额信贷意义重大,是件大好事。它促进信用社端正经营方向,转换经营机制,丰富和完善了信用社的真正内涵和构建体系,而且有利于缓解农户贷款难的问题,有利于抑制高利借贷,促进农村金融和社会稳定。

《金融时报》(2002年3月27日)报道,截至2001年年底,全国开办农户小额信用贷款的农村信用社机构达32000个,占信用社总数的70%以上,有25%的农户得到了此种贷款,10个农业大省的比例在40%以上。河南、山东两省已累计发放农户小额信贷证406万个,贷款金额436亿元,本息收回率和收息率达90%。另据该报3月31日消息:到2001年年末,川贵云三省农村信用社共有农业贷款余额524.46亿元,占贷款总额的53.9%,农户贷款余额403.81亿元,占农业贷款的77%。三省农信社共向1327万户农户发了贷款证,发证面达41.26%。农户贷款和小额信用贷款余额分别为403.81亿元和83.27亿元。川贵云三省农户小额信用贷款开办面分别为42.5%、38.6%和52%。云川两省开办面分别位居全国农村信用社贷款开办面的第三名和第五名。另据该报1月22日报道,西北五省农村信用社到2001年年末共有农户贷款244亿元,开办小额信用贷款的农信社占农信社总数的68%,开办联保小额信贷的占总数的39%,这两种贷款合计余额为39亿元,本息收回率平均在85%以上。

以上数据的可靠性和真实性似乎与个别地区的调查和反映的情况有些差异,有待于今后实践的检验。但加大对农户小额信用贷款的支持和服务,是一个积极的可喜可贺的趋势和走向。如能坚持向这一方向迈进,并切实加强管理,不断提高水平,那么我们所希望的"正规金融机构和银行将成为小额信贷的主力军,而非正规金融机构将成为重要方面军"的愿望和设想也将会在我国成为现实。

(二) 推行小额信贷工作值得注意的几个问题

目前，农村信用社小额信贷产品服务的开局势头不错，形势喜人，不过，我们应头脑清醒，加强管理，加强调查研究，不断发现问题，解决问题，改进和提高农户小额信贷的服务方式和工作质量，以求农户和农村信用社共赢的局面。

从目前的情况看，有一些值得重视的问题：一是不少地方对小额信贷的思想认识不到位或出于自身利益的考虑，认为这项工作费时费力，畏苦畏难，贯彻落实不积极不主动。二是有些地方工作简单化，片面追求速度和规模，忽视这项工作的规范和质量，管理和监督没跟上。三是有的信用社与当地政府的关系没有摆正，要么是不争取当地行政领导的支持，孤军奋战；要么是过分依赖政府，不实行自主经营选户放贷。四是一些信用社农户小额信用贷款的资金供求矛盾加大，急需科学测定资金需求与及时组织资金到位。五是防止大轰大嗡，不切实际的"大干快上"，结果是欲速则不达。应注意实事求是，量力而行，稳步推进，循序渐进。六是杜绝各种违章贷款、人情贷款、以贷谋私等行为的发生。做好不良贷款的清收和资产保全工作，降低金融风险。说到底，服务与监管并重应是农村信用社开展和推广农户小额信贷工作的宗旨。为此，要认真研究和吸取国际机构资助的小额信贷项目，以及自"八七"扶贫攻坚后期以来，政府主导型小额信贷工作中的经验教训，要及时发现信用社小额信贷工作中的新矛盾，并研究解决办法，真正帮助信用社和农户解决实际困难和问题。

在这里，笔者认为还有一个问题值得研究和商榷。中国人民银行规定农户小额信用贷款利率可以适当优惠（降低），中国人民银行行长戴相龙在2002年"两会"期间答记者问时表示，农村信用社吸储利率可以适当提高。这种吸储利率提高，而放贷利率降低的政策，固然可能对农户有利，但存贷利差的缩小，将可能使多数农村信用社本来就资产质量低下和亏损严重的经营状况进一步恶化，从长远看对农户也不利。我们知道，信用社开展小额信贷的运作成本比其他贷款要高，国内外经验表明，它应采用市场利率（略高于其他一般性贷款的利率），才可能实现运作机构和这项业务的可持续发展。因此，这种进一步缩小存贷利差的政策是违背市场经济运行规律的，是难以为继的。笔者认为，可行的方法应是在适当提高存款利率的同时，也相应地提高贷款利率，才是可行的办法。或者说，应实行在规范信用社业务经营和对其加强经营监管的基础上，相对其他金融机构，首先放开对信用社的利率管制；或者实行先加大其存贷利率浮动幅度，再逐步实现利率放开的政策。

最后，笔者认为，农村信用社的农户小额信用贷款业务是服务广大农民的善事好事，应该"虽善小也为之"，然而，它替代不了国家和一些国际机构开展的扶贫到户贷款项目的作用。因为，一般来说，我国农村信用社目前的性质决定了它不是"扶贫银行"，它的目标是盈利，它关注的重点和主要服务对象，基本上不包括有生产能力的最贫困农户。因此，扶贫小额信贷机构仍有其广阔的伸展身手的活动空间，但应切实注意处理好它们之间的关系。这也是本文提倡的要建立起一个合理的多元化的农村金融体系的应有之义。

（原文载于《中国农村经济》2002年第8期）

参考文献

中国人民银行：《农村信用合作社农户小额信用贷款管理指导意见》。

王自力：《试论农村金融改革的新思路》，《金融时报》2002年2月11日。

杨家才：《当前农村信用社经营管理的若干问题》，《金融时报》2002年3月11日。

杨少俊：《深化农村金融改革，改进农村金融服务》，《文稿》2002年3月。

王宝清：《切实用好农户小额信用贷款》，《金融时报》2002年3月27日。

孙工声：《推动农户小额信用贷款的现实思考》，《金融时报》2002年2月25日。

孙宗宽：《做出支农大文章》，《金融时报》2002年1月22日。

刘健等：《细探农民贷款难》，《经济参考报》2002年3月10日、2002年4月10日。

进一步完善小额信贷扶贫管理体制

在开展政府主导型小额信贷扶贫工作中，陕西省是历时最长、规模最大的省。但是目前小额信贷扶贫工作也出现了一些值得关注的问题：贷款质量严重下降，从过去的全省平均贷款回收率80%上下，下降到2001年的不到40%。从其他省份看，也不同程度地存在类似的问题。现对陕西小额信贷扶贫工作的调查分析报告如下。

一　当前小额信贷扶贫工作中存在的主要问题

（1）从总体上说，农行作为商业银行，从上到下都不愿意承担小额信贷扶贫这一政策性金融机构的任务。商业银行运作政策性业务没有独立的考核、评价标准和机制，使农行无动力去贯彻这一任务；而且要用吸收的存款去放贷，或从上级银行拆借资金，由于资金成本高，运作成本大，贴息不到位等，使农行感到做越多，亏损越多。由于小额信贷工作非常辛苦，又缺乏激励和约束机制，基层工作人员的积极性很难被调动起来。此外，农行本身正在进行城市化业务转向，农村基层网点、人员全面收缩、撤并，一个营业所3—4名信贷员，平均要管6个乡镇，无力做好小额信贷工作。

（2）农行和政府扶贫机构之间的矛盾进一步凸显。从扶贫社承贷承还转变为农行直接贷给农户，扶贫办（社）协助农行办理贷收款业务以来，双方或三方就存在摩擦。三方责权利关系不清晰，实际上也较难界定，因此只能靠相关各方的风格、人际关系，以及协调的技巧和能力。由于观点和利益的不同，协作有相当难度。目前在商洛市7县（区），只有丹凤和柞水两县的农行和扶贫办（社）还在合作协调收放贷款。其他县区彼此有意见，多数由农行自己在独立运作，然而农行又力不从心。

（3）扶贫社存在的问题也影响小额信贷的正常运行。扶贫社中的一部分干部是从机关分流而来，他们普遍对信贷业务不熟悉，影响其业务管理水平。此外，从 2000 年起，原陕西省用财政扶贫资金补贴扶贫社机构运作的资金已被国家审计署禁止，再加上农行应付的"两个 5"（收回本金额的 0.5% 和利息额的 5%）的服务费不能足额到位，使扶贫社的积极性大打折扣。也有一些扶贫社工作人员素质不高、责任心不强、主动性较差。

（4）自 2001 年以来，扶贫信贷资金到户的政策不如"八七"扶贫攻坚计划时那么受重视。尤其现在农行主张要支持产业化经营、龙头企业和基地建设，其对小额信贷扶贫到户的政策原则上是提高回收率，收回后可以再贷，但不主张再多增加贷款。2001 年农行仅完成了 4 亿元到户资金，为计划数的一半。而到户贷款往往不能及时投放，错过农户要求的时间。陕西省、市扶贫办的同志认为，如以年人均纯收入 865 元的标准统计，还有多数贫困户没有得到贷款。

（5）"展期贷款"等不当行为大增。展期贷款是对已到期应收但收不回的逾期贷款采取收息、换据的手段，办理续借（或称"转贷"）手续。这样做实际上掩盖了极大的金融风险，最终很可能成为呆账。商洛市 2001 年上报完成贷款投放 1.7 亿元，其中 8700 多万元是办理转贷。据商洛市扶贫办的同志说，2001 年全市还贷率，加上"转贷"或"展期"才 50% 左右。根据农行统计报表，2001 年年底商洛市各专项贷款余额为 9.88 亿元，正常贷款余额为 4.85 亿元，拖欠率为 51%。洛南县农行的同志也认为，展期贷款约占贷款余额的 50% 最终可能有 30% 以上的扶贫贷款收不回来。另外，已发现一些挪用和占用扶贫贴息贷款顶补常规贷款中的陈贷现象。

（6）到户贷款被挪作他用。丹凤县农行日前做过一次 638 户借款人的调查，发现存在的最大问题是用扶贫贷款归还旧债和向政府缴"三提五统"等款项。这两项合计有 298 户，占总户数的 47%；金额 79.1 万元，占贷款总额的 48%。丹凤县扶贫办负责人认为，从全县看，上述这两类情况约占 20%。洛南县农行的统计数据表明，到 2001 年年底，正常小额信贷余额（实际含重置贷款）3889 万元，有问题贷款

649万元。其问题包括以下几种情况：①垒大户的为181万元；②冒名顶替的为10万元；③认账不认还的（包括经营项目失败及上述丹凤县贷款中存在的问题）为230万元；④扶贫社没清理移交的本金为240多万元。

二　近期保证扶贫贷款发放到户和正常回收的政策建议

（1）统一思想认识，坚持扶贫贷款到户的思想不动摇，坚持扶贫贷款"放得出，收得回，有效益"的思想不动摇。继续加强党委对扶贫工作的领导，提倡顾全大局、相互理解，农行、政府、扶贫社三者间真诚加强合作协调，同时明确各自的责、权、利，共同把扶贫贷款用好、管好。

（2）选调德才素质合格的农行、扶贫社工作人员，经过培训，竞争上岗。要保证财政贴息的到位和扶贫社人员、农行专贷员的稳定，以及机构运作费用的补助。

（3）对贫困农户进行信用等级评定工作，并将此与贷款的发放资格、额度的大小等结合起来。同时，要加强对他们进行信用观念的教育。

（4）处理好发放扶贫贷款的质和量的关系。既不应盲目追求规模，更不应消极拖延不放贷。扶贫合作社只能充实加强，不能削弱、放任不管。

三　改进和完善政府实施小额信贷扶贫管理体制的建议

（1）重新审视扶贫资金的供给和使用方式。①扶贫贷款资金的供给应从基础货币中发放，而不应由农行自筹解决。扶贫信贷资金应稳定在近年的水平上，滚动使用，持续5—10年不变。②财政贴息可按3—5年考虑。贴息的方法也可考虑改为：农行按正常银行利率放贷，合格的获贷者由政府部门将贴息补到位。③在扶贫信贷资金中，明确划出一定的比例（至少超过60%）用于小额信贷。资金到户、服务到户的方针应在较长时期（10年内）坚持不变。

（2）建立小额信贷专职机构，行使市场化运作取向的政策性银行的职能。在从事小额信贷扶贫的金融部门（银行或信用社）内成立相对独立的小额信贷专职机构（专贷部），完全独立运行、独立核算，制定区别于银行与其他商业部门的运行和考核指标、标准和规则，并加强监管。

（3）在贫困地区乡一级建立由2—3人（小乡）到3—5人（大乡）组成的专职扶贫机构，兼任小额信贷的中介服务组织，实行独立核算，自负盈亏，并最终从政府公务员系列中脱离出来。如在贷款利率不能提高的情况下，操作费用可以采取银行拿一点、农户拿一点的办法解决，也可考虑从财政扶贫资金拿一点。这样做可以收到事半功倍的效果。

（4）逐步放开小额信贷的利率限制，使之向商业利率靠拢。信贷扶贫逐步推行市场化运作，可以使小额信贷专职机构逐步走上自负盈亏、持续发展的道路，也可以逐步减轻国家财政贴息的负担。实践证明，贫困农户能够接受市场利息，而且绝大多数人能够获利，但利率不能高于商业银行。

（5）成立专门服务于低收入贫困人口的"扶贫银行"或叫"济困银行"，这是解决目前矛盾和较长期扶贫济困的最好办法。国家拿出一定数量的资金，例如，100亿元或更多资金，建立扶贫济困银行，这样做还可能从国际和国内筹募到新的资金。小额信贷专职机构就可能是扶贫济困银行的雏形。"扶贫济困银行"可以是全国性的，也可以是中西部贫困地区地方性的，这样可形成多家"扶贫济困银行"共存的良性竞争局面。另外，那些已注册的非政府组织类扶贫机构和政府中介扶贫企业型机构，都可能发展成小型扶贫济困银行或信贷公司。这样，在我国就可形成一个在农村为低收入贫困农户提供资金和其他服务的小额信贷体系，它也将成为我国农村金融体系的一个重要的组成部分。

（原文载于《中国经贸导刊》2002年第18期）

中国农村小额信贷的实践尝试

摘　要：本文提出对可持续性小额信贷的概要理解，描述了中国小额信贷所经历的实践历程。本文试图分析中国农村小额信贷三个阶段的发展，三大组织类型及其多样化的形式，中央政府和央行的政策演进，小额信贷项目的运作方式，目标群体的定位，项目发展规模和金融产品，可持续状况等。本文对三大类型的小额信贷各自的主要问题做了分析，在此基础上，概括出对中国小额信贷的若干看法和可吸取的经验教训，并就项目机构的合法性、利率、模式的多样性、资金的来源、对项目的规范和监管等方面的问题提出有关的政策思考。

关键词：农村金融　小额信贷　扶贫　政策演进　可持续

一　小额信贷的基本含义

从国际流行观点看，小额信贷（Microfinance）是指专向中低收入阶层提供小额度的持续的信贷服务活动。以贫困或中低收入群体为特定目标客户并提供适合特定目标阶层客户的金融产品服务，是小额信贷项目区别于正规金融机构的常规金融服务以及传统扶贫项目的本质特征；而这类为特定目标客户提供特殊金融产品服务的项目或机构，追求自身财务自立和持续性目标，也构成它与一般政府或捐助机构长期补贴的发展项目和传统扶贫项目的本质差异。

国际主流观点认为，各种模式的小额信贷均包括两个基本层次的含义：第一，为大量低收入（包括贫困）人口提供金融服务；第二，保证小额信贷机构自身的生存与发展。这两个既相互联系又相互矛盾的方面，构成了小额信贷的完整要素，两者缺一都不能称为完善或规范的小额信贷。从本质上说，小额信贷是将组织制度创新和金融创新的信贷活动与扶贫到户（或扶持到户）项目有机地结合成一体的活动。

目前，国际上公认取得成效的小额信贷项目多开始于20世纪70—80年代，实施小额信贷的组织机构主要是各类金融机构和非政府组织。这些金融机构主要包括：国有商业银行、专门成立的小额信贷扶贫银行、由非政府组织实施小额信贷项目演变成的股份制银行，以及非正规金融中介服务组织，例如信贷联盟、协会、合作社等。

经过20多年的实践，特别是近10年的发展，小额信贷已经从世界的某些区域扩展到几乎覆盖整个发展中国家和一些发达国家。目前，就其展开的规模而言，已有达到全国规模的样板。就其组织机构而言，有国家正规银行实施小额信贷成功的例证；有非政府组织服务于最贫困人口并实现机构自我生存双重目标的典型；有不断扩展业务的专门小额信贷机构的先锋；有专门成立特殊银行以满足特殊需求的成功典范。尽管如此，规范和成功的小额信贷的历史还不长，成功的比例也不高，在国际社会尚属一件新生事物，仍面临着各种各样的风险和挑战。当前，各国在如何推动小额信贷从试点到推广再到制度化发展方面仍需要积极探索，诸多的问题正有待于小额信贷的研究者和实践者及政策制定者来回答。

二　中国小额信贷的实践

（一）概述

减缓贫困、实现小康，是中国政府的重点工作之一。在这一总体战略中，小额信贷是一种保证信贷资金到达贫困户及广大农民手中的有效工具。

1. 类型

当前，中国的小额信贷项目，根据项目的宗旨和目标、资金来源和组织机构，可分为三大类型：第一类主要是以探索我国小额信贷服务和小额信贷扶贫的可行性、操作模式及政策建议为宗旨，以国际机构捐助或软贷款为资金来源，以民间或半官半民组织形式为运作机构的小额信贷试验项目。第二类主要是借助小额信贷服务这一金融工具，以实现2000年扶贫攻坚和新世纪扶贫任务为宗旨，以国家财政资金和扶贫贴息贷款为资金来源，以政府机构和金融机构（主要是中国农业银行）

为运作机构的政策性小额信贷扶贫项目。第三类是农村信用社根据中央银行（中国人民银行）信贷扶持"三农"（农业、农村、农民）的要求，以农村信用社存款和中央银行再贷款为资金来源，在地方政府的配合下，开展的农户小额信用贷款和联保贷款。

2. 发展阶段

根据我国政府扶贫政策和扶持"三农"政策的变化和要求，到目前为止，我国小额信贷的发展大体可分为三个阶段：第一，试点的初期阶段（1994年年初至1996年10月）。在这一阶段，小额信贷试点主要是通过上述第一大类型项目来开展活动的。这一阶段的明显特征是，在资金来源方面，主要依靠国际捐助和软贷款，基本上没有政府资金的介入；人们重点探索的是孟加拉国乡村银行（Grameen Bank，GB）式小额信贷项目在中国的可行性；以半官方或民间机构运作，并注重项目运作的规范化。第二，项目的扩展阶段（1996年10月至2000年）。在这一阶段，上述前两大类型的项目并行发展。这一阶段的明显特征是，政府从资金、人力和组织方面积极推动，并借助小额信贷这一金融工具来实现扶贫攻坚的目标。与此同时，人们在实施第一大类型的项目时也更注意与国际规范接轨。第三，作为正规金融机构的农村信用社，在中国人民银行的推动下，全面试行并推广小额信贷活动阶段（2000年至今）。这一阶段的明显特征是，农村信用社作为农村正规金融机构逐步介入和快速扩展小额信贷试验，并以可能成为主力军的身份出现在小额信贷舞台。同时，上述前两大类型的项目有了很大分化，良莠不齐。此外，中央政府和中央银行对小额信贷表现出比以往更大的关注。

另外，大约从第二阶段开始，在某些地区，针对下岗失业低收入群体的城市小额信贷试验也开始起步，但仅仅是开始，规模有限。

（二）政策变化和合法性

最初，以解决扶贫资金使用效率和扶贫攻坚为主要目标的中国小额信贷项目，主要是在中共中央和国务院扶贫政策的大背景下发展起来的。21世纪以来，小额信贷已从扶贫扩大到为农村广大农户服务的范围。

1996年9月，中共中央和国务院召开中央扶贫工作会议，在这次会议上，中央明确要求贫困地区的各级党委、政府要把解决贫困户的温饱问题摆在一切工作的首位，各项工作都要围绕和服务于这个中心，而不能影响和干扰这个中心；同时，强调加大扶贫资金的投入和执行资金到村到户的制度以及各级党政一把手扶贫负责制度。中央的扶贫方针和政策与"扶贫社"等小额信贷扶贫试点项目所追求的扶贫到户和保证扶贫资金的高回收率的目标是完全一致的，这样的宏观扶贫环境对"扶贫社"等小额信贷扶贫试点工作的开展和推广是极为有利的。此后，贫困地区各级党政领导和有关部门对扶贫开发，尤其对扶贫到村到户工作的重视程度和措施力度空前提高。

1998年2月，国务院扶贫办召开全国扶贫到户工作座谈会，在这次会议上，国务委员、国务院扶贫开发领导小组组长陈俊生同志指出，小额信贷扶贫到户是一种有效的扶贫形式，应该积极试点，稳步推广。这种形式最重要的特点是扶贫资金直接到最贫困的农户，而且到期还贷率很好，平均在95%以上。这次会议指出，从当年开始，凡是没有进行小额信贷试点的省份，要积极进行试点工作；已进行试点的，要逐步推广；试点并取得成功的，可以在较大范围内稳步推广。

1998年10月14日中国共产党第十五届中央委员会第三次全体会议通过的《中共中央关于农业和农村工作若干重大问题的决定》中指出：解决农村贫困人口的温饱问题，是一项紧迫而艰巨的任务；并提出要总结推广小额信贷等扶贫资金到户的有效做法。这是中央文件中首次肯定小额信贷是扶贫资金到户的有效做法。1999年中央扶贫开发工作大会再次强调小额信贷扶贫的作用，中发（99）10号文件进一步提出，小额信贷是一种有效的扶贫到户形式，要在总结经验、规范运作的基础上，积极稳妥地推行。

1999年4月《中国农业银行"小额信贷"扶贫到户贷款管理办法》要求向贫困农户提供低息贷款时，无须农户提供抵押担保，基本的运作要求是小额短期、贷户联保、整贷零还。

中央政府在《中国农村十年扶贫开发纲要（2001—2010年）》中继续重申："积极稳妥地推广扶贫到户的小额信贷，支持贫困农户发展生产。"

1999年7月和2000年1月中央银行分别颁布了《农村信用社小额信用贷款管理暂行办法》和《农村信用社农户联保贷款管理指导意

见》,推动农村信用社实验开展小额信贷活动。

2001年12月中央银行又出台了《农村信用社农户小额信用贷款管理指导意见》,要求全面推行农户小额信贷,解决农户"贷款难"的问题。

从1998年上半年开始,上述第二大类项目由于其管理效率和金融合法性等问题的争论,导致了体制上的变化。最初,执行国家扶贫贴息贷款的职能由中国农业发展银行(国家政策性银行)转到中国农业银行(商业银行)。这使从1997年开始的一些省(区)政府扶贫办(下设"扶贫社")代理中国农业发展银行扶贫贴息贷款的方式受到冲击,但这同时又是机遇,因为商业银行的人士开始关注"扶贫社"式小额信贷项目,这将有利于逐步建立小额信贷的监督体系和相关的制度及政策框架。到1998年6月,国家扶贫贴息贷款全部转归中国农业银行管理,政府扶贫办(下设"扶贫社")开始从中国农业银行代理扶贫贴息贷款,1998年下半年政府小额信贷扶贫项目迅速扩展。1998年年底,中央银行和中国农业银行有关人士对政府小额信贷项目进行考察调研,对政府扶贫办下设的"扶贫社"代理中国农业银行扶贫贴息贷款的合法性提出质疑,提出非金融机构不能代理和操作小额信贷这类实质是金融活动的业务。从1999年开始,扶贫贴息贷款全部改由中国农业银行直接发放到农户,政府扶贫办下设的"扶贫社"围绕中国农业银行与农户签订借贷合同、发放小额信贷等活动提供服务,然而,政府小额信贷扶贫项目却仍然在体制上和宏观政策等方面面临着一定的问题和困境。由于管理体制的变动,国家扶贫贷款实际到位的时间大大推迟了。至于第一大类项目的金融合法性问题,至今仍未解决。

在中国人民银行的推动下,农村信用社的小额信贷项目在2002年得到了大发展,尽管有些农村信用社仍显得被动。据中国人民银行的统计,到2002年年底,全国有30710个农村信用社开办了此项目,占农村信用社总数的92.6%;两种小额信贷余额共近1000亿元,获贷农户5986万户;评定信用村46885个,信用乡镇1736个。

(三)组织机构

中国实施小额信贷的组织机构大体可分为四种类型。

1. 利用双边或多边项目成立专门的机构（办公室）来管理和操作外援资金，按照出资机构的要求和规章运作

按照这样的组织机构来运作的项目有联合国开发计划署（UNDP）的项目、世界银行资助的项目、联合国儿童基金会（UNICEF）的项目、执行期间的澳大利亚开发署（AusAID）青海项目、加拿大开发署（ClDA）的新疆项目等。

2. 利用民间机构（非政府组织）来实施小额信贷扶贫

由这样的组织机构运作的项目有中国社会科学院的"扶贫社"项目、香港乐施会的项目。

3. 由政府部门成立专门机构管理和操作扶贫贴息贷款

由这样的组织机构运作的项目有陕西、云南、四川和广西等的政府扶贫项目。

4. 由金融机构直接操作的小额信贷项目

例如，加拿大援助河北省滦平县农村信用社的小额信贷项目、澳大利亚援助青海项目执行期满后交到地区农业银行执行的项目，以及从2002年开始全国范围农村信用社开展的农户小额信用贷款和农户联保贷款。

不同组织机构实施的项目有各自的特征。一般来说，民间机构和外援项目重视社会发展和持续发展目标；政府项目注重发展速度和规模；金融机构的项目多数注重持续性和风险控制。

（四）项目运作方法

最初，中国小额信贷项目是效仿孟加拉国格莱珉银行模式，在随后政府推广的小额信贷扶贫项目也是一种借鉴 GB 模式的项目。与此同时，一些国际机构和双边合作项目也在不断探索其他的运作方法。总体来讲，中国绝大多数前两类的小额信贷扶贫项目采取连带小组方式，强调社员相互合作和监督。典型的小组方法是：社员自愿组成 5 人小组（直系亲属不得在同一组内），一般 6—8 个小组构建一个中心，分别选出组长和中心主任，小组成员间要互相帮助和监督，并发挥联保作用，形成自身内部的约束机制。每周（或根据还款频率而定，可能是每旬、每半月或每月）由中心主任召集会议，内容主要是检查项目落实和资金使用情况，办理放款、还款、存款手续，交流经验等。

另外，目前，中国的小额信贷扶贫项目中也有直接给个人的贷款和类似于国际村银行（Village Bank）形式的贷款。此外，中国的小额信贷扶贫项目有的仅强调信贷服务，有的则仅是综合扶贫项目的一部分，还有的则不仅提供信贷服务，而且提供与经济和社会发展活动相关的其他服务。

农村信用社小额信贷项目没有专门的扶贫功能。它的基本做法是将辖区内的农户区分为不同的信用等级，再据此决定贷款的额度（从1000元到20000元不等），一般实行整贷整还制。它实行农户信用贷款"一次核定、随用随贷、余额控制、周转使用"的政策，并提出建立信用村（镇）的标准。农村信用社的农户联保贷款则是在国外GB模式和国内项目基础上的一种改良。

（五）目标群体特征

中国小额信贷扶贫项目的目标群体总体上是贫困地区的贫困户，不少机构强调以贫困妇女为主要受益群体。农村信用社的小额信贷则以中等收入以上户为贷款主体。

以扶贫攻坚为宗旨、国家扶贫贴息贷款为主要资金来源的政府小额信贷扶贫项目，其目标群体是有生产能力的最贫困户，这实际上是以按政府组织登记的贫困户为基本目标群体，但不十分强调以妇女为主。例如，陕西省政府推动的小额信贷扶贫项目以登记的全体贫困户为目标对象。大多数外援项目和中国社会科学院"扶贫社"项目则非常强调以贫困妇女为主要目标群体。金融机构的项目［例如现与地方农业银行合作的澳援青海项目和信用社与加拿大合作金融机构"帝亚鼎"（DID）合作的滦平项目］则只要求项目在贫困地区开展，并不强调目标客户一定是贫困户或贫困妇女。农村信用社小额信贷项目的目标群体是农村所有有贷款需求并具备信用标准的全体农户，贷款者为家庭户主，一般为男性。

（六）发展规模

根据国务院扶贫开发领导小组办公室的统计，到1998年8月，政府小额信贷扶贫项目已经在全国22个省的605个县开展，发放贷款6亿元。到1998年年底，投入资金总计10多亿元。政府项目规模较大的省份为陕西省、云南省、四川省、广西壮族自治区、贵州省等。据中国农业银行统计，到 2001 年年底，累计发放扶贫到户贷款 250 亿元，余额 240 亿元，累计扶持贫困农户 1715 万户。

据统计，联合国系统执行的项目〔包括联合国开发计划署（UNDP）、联合国儿童基金会（UNICEF）、国际农发基金（IFAD）、世界粮食计划署（WFP）、世界劳工组织（ILO）、联合国人口基金（UNFPA）等项目〕和世界银行（WB）项目，到 1998 年年底在我国 22 个省（份）的 150 个县开展，资金总额约 10 亿元。

双边机构和民间机构的项目主要包括：澳援（AusAID）青海海东项目，资金规模 1200 万元；加援（CIDA）新疆项目，资金规模 300 多万元，孟加拉国格莱珉信托投资公司（GT）和福特基金会等支持的中国社会科学院"扶贫社"项目，资金规模 1500 万元；香港乐施会（Oxfam）的云南和贵州项目，资金 120 万元；德国技术咨询公司（GTZ）的江西山江湖项目，资金规模 60 万元；加援河北滦平信用社项目，资金规模 100 万元。

农村信用社大规模小额信贷项目始于 2002 年。当年发放农户小额信用贷款 967 亿元，年底余额 754.7 亿元；发放农户联保贷款 475.1 亿元，年底余额 253.3 亿元。农村信用社小额信贷规模远远超过外援项目和政府主导型项目。

（七）金融行为

1. 贷款产品

大多数政府小额信贷项目，第一轮贷款额度上限为 1000—2000 元不等，贷款期限为 1 年，分期还款，还款频率为 1—4 周，贴息贷款年利率 2.88%—7.2%，采取小组成员联保制度。不过，政府项目改由农业银行管理后，承贷人多由妇女改为男子，贷款期改为 1 年至 3 年不等，还款期也改为季度、半年或一年一还等。

多数外援和民间机构的小额信贷项目，第一轮贷款额度上限为 400—1000 元不等，贷款期限为 3—12 个月；有分期还款者，也有一次性还款者；分期还款的还款频率为 1—4 周，利率一般为 6%—20%，绝大多数采取小组成员联保制度，但也不排除给个人贷款的项目。农村信用社小额信贷项目根据所划定的不同信用等级（一般为 3—4 级），贷款额度从 1000 元、2000—10000 元、20000 元不等。贷款期限从几个月到 1 年、2 年，一般为整贷整还，利率与农村信用社其他贷款大体相同。

2. 储蓄产品

目前，政府项目和绝大多数外援及民间机构的中国小额信贷扶贫项目，基本上都实行强制性储蓄，即以小组基金的形式替代抵押担保。同时，有些项目还实行按还款频率每次存入相当于贷款额的一定比例的存款。例如，中国社会科学院"扶贫社"项目规定：每个借款人在借款时拿出贷款额的 5%存入小组基金，每周每人还要在此基金中存入 1 元钱或贷款额度的 0.1%。加援新疆项目还将存款额与贷款额挂钩，规定每轮贷款时的存贷比分别为 1∶10、1∶8、1∶6 或 1∶4 不等，依借贷额的增加而递减。农村信用社鼓励农户储蓄，但没有小额信贷与储蓄挂钩的要求。

3. 财务管理

农村信用社小额信贷的财务管理与它的其他贷款的财务管理没有什么大的差别，相对而言管理比较健全。中国其他小额信贷的财会制度和财务管理体系则是逐步建立起来的。在 1996 年年底以前的试点初期阶段，几乎所有项目的关注点都集中在项目开展的层次上，即集中在识别和动员贫困户，保证贷款到达贫困户手中，保证高还贷率。当时，绝大多数项目没有健全的会计制度和财务报告制度，没有完整或统一的损益表和资产负债表，没有统一的贷款质量和业务进展报表。以扶贫和社会发展为主要目标的小额信贷扶贫项目，在运作初期，大多数工作人员仅有社会发展方面的背景，而缺乏金融业务知识，财务人员业务素质低。相对而言，于 1996 年年底开始发放贷款的澳援青海项目，因为是由地区农业银行操作，因而具备较强的金融操作和财务管理能力，具有相对完善的财务管理制度。

自 1997 年政府开始参与试点和推广项目以来，小额信贷项目得到了地方金融机构（一般是当地农业银行或农村信用社）的帮助，逐步建立和完善会计制度和财务管理体系。中国社会科学院"扶贫社"项目通过国外小额信贷专家的培训，已经建立起相应的会计制度和财务管理体系，每月完成统一的财务报表，并按国际机构"小企业教育促进项目"（SEEP）财务比率分析框架，进行财务比率分析。

4. 持续性

现在由于我国金融实行的是利率封顶政策，因此，到目前为止，中国的小额信贷无法遵循国际上小额信贷利率需高于商业利率的原则，也无法根据理论计算的利率进行操作。但这并不意味着我国小额信贷没有持续性的目标。目前，农村信用社开展的小额信贷项目中，运作规范、资产运营质量较高者，可以达到农村信用社和农户"双赢"的局面。另外，经过几年的实践，中国先行的小额信贷试点项目已经有达到操作自负盈亏的典型。例如，中国社会科学院"扶贫社"项目在3个县的试点，到1997年年底基层"扶贫社"（县、乡级）开始达到操作自负盈亏，到1998年年底各县操作自负盈亏比率即利费收入／（资金成本＋操作成本）在120%—150%（不过，其中1个县的试点后来出现了严重的拖欠、欺诈和违纪违法问题）。另外，由地区农业银行操作的澳援青海海东项目目前也实现了操作的自负盈亏。这些项目是通过实行适当的利率政策、严格控制成本、提高工作效率和保证贷款质量而实现这一目标的。

三 小额信贷项目的启示和政策思考

（一）启示

从中国小额信贷项目近10年的实践和尝试看，至少可以得到以下的启示和经验教训：

1. 小额信贷的生命力初步显现，不过，中型和大型小额信贷项目至今还未出现

中国的试点项目已初步显示小额信贷在理论上和实践中的生命力。小额信贷在我国能够服务于最贫困地区的农户和贫困户，并使绝大多数借贷户获益，一些试点项目已经达到相当规模。只要有严肃认真的态度和严格的管理，小额信贷项目能够实现相当高的还款率和信贷资金较快的周转率。实践也证明，只要有适宜的宏观环境，目标明确，方法对头，小额信贷完全可能实现机构自身的自负盈亏和持续发展，其中一个基本的前提是项目的贷款利率一般应与商业贷款利率相当。我国目前所有项目的资金来源都是软贷款、存款或赠款，平均资金成本很低（一般不超过3%），而项目要达到持续性目标，实际利差一般应在6%—10%。不过，我国所有的小额信贷项目至今还都依赖外部的技术支持，

此费用没有完全计入操作成本。

2. 三种类型的项目面临着各自的问题，而三者共同的问题是如何突破项目运行和财务两方面管理水平低的"瓶颈"制约

我国小额信贷发展的历史还很短，在各方面也都不可能很成熟，还有种种问题值得研究和探讨。以笔者的观点，简言之，就目前阶段而言，第一类项目的主要矛盾是长期发展的合法性问题没有解决。根据政府目前的政策，这一类项目由于利用的是非政府资金，主要是外援资金进行扶贫活动，不吸收社会存款，作为短期项目，可以进行有适当灵活性的收取贷款利费的运作活动，但要作为长期生存和发展的从事金融活动的机构，则存在金融机构合法性的问题。在此类项目的实施过程中，资金运作机构仍然面临许多理论上和实践中的难题；在自身运营和管理方面也存在大量不完善之处；另外，这类项目本身目前也还达不到规模经济的要求，而规模扩大后，监管能力和项目运营质量又面临严重挑战。这类试点项目目前仍在探索之中。

对于第二类项目，即政府主导型项目，它的主要问题是没有考虑到持续性发展的目标。它的基本目标是为实现政府扶贫任务服务，并试图解决扶贫到户和"还贷难"的问题，但它没有考虑确立项目和机构长期持续性发展的目标和相关措施。如果从"持续性"的标准考虑，严格地说，这类项目不能称为规范或严格意义上的小额信贷项目，而将其称为扶贫项目可能更合适。另外，从这类项目的体制多变和不适应形势的发展、缺乏专职队伍建设、强调补贴利率政策等方面看，它也不具备持续性发展的目标。基于过去我国经济工作中存在的"一放就乱、一统就死"和农村合作基金会发展中问题丛生的教训，中央政府已明确这类项目的借贷关系应发生在农业银行和农户之间，而政府主导的"扶贫社"或"工作站"应为中介服务机构。然而事实上，政府小额信贷扶贫项目目前由政府部门和农业银行联合发挥作用已是一种必然的和无可奈何的选择。现在，政府部门和农业银行金融业务部门之间存在"两张皮"的现象，相互指责的情况并不少见，因此，两者能否以大局为重、协调配合，是项目能否成功的关键因素之一。各地的实践也清楚地表明了这一点。然而，目前这种农业银行与政府共管小额信贷项目的体制的最要害的弊端是，两者的责、权、利关系模糊不清或不对称，且

难以监控,最终的结果很可能是贷款的回收率大幅下降,造成国家资财的大量浪费和流失。从长远看,这类项目如果不从体制和管理制度上做出调整,将不可能保证扶贫信贷资金直接到达贫困户、贷款的高还贷率和机构持续性发展这三个目标的实现。

另外,上述两类项目都普遍存在体制上的"政企不分、权责不清"和机制上的"铁饭碗""大锅饭"的问题,以及需要切实加强管理和提高工作人员素质等方面的问题。要像国有企业改革那样,向"政企分开、产权明晰、权责分明、管理科学"的方向发展,切实采取措施,做到各级人员能真正提高认识并负起责任,加强专职队伍建设,尤其是加强工作人员培训和能力建设,强化对操作和财务方面的监督和管理,制定行之有效的激励机制和制约机制,真正解决保障政府项目操作费用的来源、实行独立财务核算制度等方面的问题。

第三类项目的主要问题是能否主动接受和认真运作小额信贷项目并能保证项目的运营质量。这类项目包括金融机构(农村信用社和农业银行系统)直接独立操作的小额信贷项目以及由它们与政府机构开展的合作项目。这类项目如果要取得成功应解决以下若干问题:第一,要解决开展小额信贷业务思想认识方面的问题。金融机构开展小额信贷业务应出自内心自愿和主动,不能是由于上级政府要求它们这样做而不得不做。而且,在金融业务和产品设计及运营方面要适应目标客户的特点和要求,而不是照搬传统金融模式。第二,防止操之过急、欲速则不达的做法。第三,要处理好与当地政府在运作小额信贷项目中的关系,防止重蹈第二类政府主导型项目的覆辙。第四,要解决自身在组织机构、人员、政策措施等方面的问题,包括一些信用社管理水平低和资产质量不高的问题。在这些方面,至少要考虑的因素有:在金融机构母体内制定专门的运作小额信贷的政策和措施;物色合格的主管责任人;确保健全有效的信息管理系统和较高的业务管理水平;借贷利率要能覆盖贷款业务的全部成本;将储蓄视为与借贷同样重要的业务;从银行外部招聘工作人员,或给工作人员以特别的专业培训等。所有这些,都是为适应开展小额信贷业务并取得成功的需要所必须考虑的问题。

(二)政策思考

通过对中国小额信贷多年试点经验的研究,为了推动中国小额信贷朝着健康的方向发展，现提出以下原则性的政策建议。

1. 发挥小额信贷服务于反贫困和广大农户的功能

小额信贷是中国农村地区反贫困的一种现实的并具有巨大潜力的有效工具，政府政策制定者应将其放在适当的重要战略位置。一是在现在基本解决温饱问题的基础上，拓宽其服务对象和市场，根据不同地区不同客户的需求，提供有效的信贷服务；同时，开展城市小额信贷的试点项目，探索为城镇微型和小型企业提供金融服务的方法。二是积极开展不同模式的小额信贷试点，而不仅仅限于某一种模式或某些具体的借贷方法，以满足不同地区和不同客户的需要。

2. 加强规范并寻求适宜的监管方法

需要规范和扶持小额信贷试点项目，探索制定相应的规则和条例，寻求适宜的监管方法。各类团体、组织有积极性开展"只贷不存"小额信贷活动的，都应从法律上允许其开展项目活动。当然，要求其具备基本条件，符合规范，以形成良性竞争的局面。对吸收社会存款的机构则应从严掌握。如果作为长期发展的项目机构，政府机构本身不宜操作小额信贷。对现有不同的项目，应视具体情况，采取区别对待的政策，经过调整或改造及完善，符合条件的，允许其合法存在，并给予融资支持，以使中国小额信贷能够沿着健康的轨道发展，并将小额信贷纳入我国金融体制改革的总体设计中。

3. 实行灵活的利率

向借贷者发放贷款的利率应允许有较大的灵活性，这是小额信贷项目能否可持续发展的关键因素之一。今后，应考虑取消或逐步取消扶贫贴息贷款的做法；积极拓宽资金来源的渠道，而不仅仅限于赠款和软贷款；增加利用商业性资金的试点项目。

4. 提供培训和技术支持

要不断进行管理人员和基层工作人员的培训，对项目提供有效的技术支持。要强化对全社会信用意识的教育和良好信用环境的建设。

5. 从指导思想、政策、运营管理上实现从补贴性小额信贷到可持续性小额信贷的转变

在中国，从补贴性的小额信贷项目转变为可持续性的项目，关键是经营策略和经营目标或宗旨的转变。要从政治目标为主导转变为经济和

政治、社会目标并进，从政府行为转变为顺应市场行为。在这两个不同的阶段，政府的政策和作用完全不同。完成政治任务需要依靠政府大量资金以至于人员和组织、机构以及宣传力量的注入，而实现经济目标则主要需要政府的相应政策，两者不可混为一谈。

（三）前景

小额信贷作为金融工具具有扶贫和助农功能，又可能实现自身的经济可持续性，这里隐含的前提是既要尊重经济规律又要考虑社会公益事业发展的要求。小额信贷项目既非完全政府行为，也非完全市场行为，它在一定程度上依靠捐助机构或国家优惠政策，尤其是在项目的初期阶段，但同时又需要有健全的市场法则。可持续性或财务自立的重要性在于将一个非市场问题转换为市场问题。可持续性目标的设定，是为了诱导小额信贷机构实现从向政府或捐助机构索取资金到在市场竞争中寻找资金的转变。因此，小额信贷扶贫和自身可持续性的双重目标决定了它必须充分利用市场机制，又非完全依靠市场机制。

总之，中国的小额信贷试验同国际上的小额信贷活动，包括与邻近的南亚及东南亚部分地区的大规模小额信贷机构和项目相比，在时间、规模、设计思想、运作主体和实施小额信贷的政策环境方面均有不同。中国的政治经济体制、经济领域尤其是金融领域的不断改革以及地方政府职责权限的变化均使中国实施可持续小额信贷扶贫的政策环境具有独特的特点。然而，我们又必须认真研究、学习和借鉴国际小额信贷的成功经验和教训。

从国际社会小额信贷的发展轨迹、未来的发展趋势和我国小额信贷实践尝试的进展及其各类客户对适宜的金融服务的市场需求分析，可以预料，在不久的将来，中国小额信贷将可能进入制度化建设阶段。其明显的标志应是：政府对小额信贷政策的明朗和规范以及金融机构的大规模介入；在强调小额信贷扶贫和助农功能的同时强调其金融服务功能；加强小额信贷机构服务能力的建设；健全小额信贷机构的规范化的财务管理体系并提高其控制风险的能力；小额信贷的贷款本金从以外援和政策性资金为主，逐步过渡到来自当地金融市场的资金占相当比重。

笔者认为，到目前为止，一些利用非政府资金以民间或半官方机构运作并先行与国际规范接轨的小额信贷试验项目对我国小额信贷事业的发展起了先锋、示范和启迪的作用，而政府主导型的项目和农村信用社小额信贷项目对快速和大规模利用信贷手段扶持贫困户和广大农户发展做出了不可磨灭的贡献。然而，只要有适宜的政策环境，正规金融机构有可能成为小额信贷的主要力量，同时，各类小额信贷的实施者在竞争和合作中会找到各自的位置，而最大的受益者是借贷客户。可以说，如要形成这种局面，政府的宏观政策将起着重要的甚至是根本性的作用。但这里需要指出，国际经验表明，即便正规金融机构真的能成为小额信贷发展的主要力量（至今，其运作小额信贷的时间还太短，还不宜做结论），正规金融机构的小额信贷项目的主要服务对象也不是有生产能力的贫困户。从这个意义上说，民营非正规银行类的小额信贷组织有长远的扶贫使命和广阔的活动天地。

（原文载于《中国农村经济》2004年第8期）

参考文献

《中共中央国务院关于尽快解决农村贫困人口温饱问题的决定》，1996年10月23日。

《中共中央关于农业和农村工作若干重大问题的决定》，1998年10月14日。

《中国农村十年扶贫开发纲要》（2001—2010年）。

《农村信用社农户联保贷款管理指导意见》，2001年1月。

《农村信用社农户小额信用贷款管理指导意见》，2002年12月。

杜晓山、孙若梅：《中国小额信贷的实践和政策思考》，《财贸经济》2000年第7期。

小额信贷亟待政策扶持

在有关部门的大力支持下，我国民间非金融机构十几年来所做的小额信贷扶贫活动，从国内外筹集了 10 多亿元人民币，相继投到全国 300 多个市县，为帮助农民走出贫困做出了积极贡献。但目前小额信贷发展也遇到了一些新情况，如何克服这些困难，进一步发挥小额信贷的积极作用？中国社会科学院农村发展研究所党委书记、副所长杜晓山在接受记者专访时认为，小额信贷亟待政策扶持。

记者（田永胜）： 首先祝贺您牵头的中国社会科学院课题组荣获首届"中国消除贫困创新奖"。我国非金融机构从事小额信贷大约走过了 10 年的历程。那么，小额信贷给农民带来了哪些好处？目前的发展情况如何？

杜： 我们从 20 世纪 80 年代后期开始研究小额信贷，90 年代初引进国外的小额信贷，并按照国际主流小额信贷标准进行实践。从这个角度看，这是中国的第一个非金融机构小额信贷项目。小额信贷提高了借贷农民的经济社会地位、自信心。例如，很多民营小额信贷的服务对象 90%以上是贫困妇女，几轮贷款之后，她们的收入增加了，社会地位、家庭地位也有了变化。多年来，包括中国社会科学院、联合国发展署、国际农业发展基金、中国扶贫基金会、全国妇联、儿童基金会和其他国际援助的非金融机构的小额信贷组织在全国约 300 个县做过类似的项目。这类民间或半政府项目机构利用社会筹资，专门向中低收入群体和贫困户（多数为妇女）提供小额信贷扶贫活动，资金总额 10 多亿元人民币。但从总体来看，这些小额信贷成功的不多，失败的不少。主要在还贷率方面和机构的可持续发展方面遇到了诸多问题，项目运作还得依靠外部不断地注入资金。即使是做得好的，我们与国外相互比较也还有差距。

记者：大家在开始搞小额信贷的时候，肯定是希望做成功的，为什么会"失败的不少"？

杜：我认为主要有这么几个原因：首先，是否在理念上接受国际的标准；其次，从实践中看，更加重要的是制度安排以及人员的素质，仅仅有扶贫的宗旨、意愿、热情还不够，内部人力资源的素质、管理水平、组织结构、管理体制和机制等是否能够适应我国小额信贷发展的要求也非常重要。绝大多数小额信贷机构的主要管理人员或是来自非专业性的社会招聘人士，或是以政府官员兼职担任，而且把行政官员的管理方式套用到小额信贷这种企业经营型的管理上。而且，这类机构有时还会遇到政府官员的干预，当小额信贷小规模的时候，机构的人员非常负责，一般能管好项目，而贷款规模扩大之后，一个员工要负责好多客户，再加上知识、能力、技术的欠缺，就容易出问题。

记者：从发展的外部环境看，哪些因素制约了小额信贷的发展？

杜：从外部环境看，影响小额信贷的因素至少有如下几点：一是非银行机构从事小额信贷是否有合法地位；二是政策对小额信贷的支持程度、宽紧程度；三是当地政府的态度、行为的影响；四是其他项目或小额信贷项目彼此间的影响；五是宏观经济环境的影响，例如农副产品的供求状况、通货膨胀率高低的影响；六是资金来源的制约；七是当地自然地理环境的影响。此外，当地的信用环境如何对小额信贷也有很大影响。在这些制约因素中，民营小额信贷机构长期发展的合法性和相关利率政策是最重要的。从国内政策的角度看，对民营小额信贷机构至今还没有正式的法规。这样一来，这类机构在做事的时候就会受到各方面的干扰，有时甚至连群众都不理解。

记者：您认为目前小额信贷合法化是否具备条件？

杜：我认为，由于目前几乎所有这些机构均不吸收社会存款，与原来的农村合作基金会不同，因此基本没有社会金融风险，至多只会出现贷款收不回，机构倒闭的问题，不会影响社会稳定。国内外的经验也证明了这一点。从某种意义上看，小额信贷还推动了农村金融体制的改革。无论是从理论上还是实践中看，对这类不吸收社会存款的民间或半政府小额信贷机构，现在已具备了给予适当定位和合法身份的条件和时机。我们希望有关部门，例如中国人民银行、银监会给民营的小额信贷机构适当的法律地位和鼓励其健康发展的优惠政策。如果怕看不准，哪怕出个暂行规定也好。合法地位问题解决了，就能有力地促进小额信贷的发展。

记者：是否可以说这类小额信贷机构已经发展到关键阶段，有政策扶持就可以促进其健康发展？

杜：是的。由于大部分民间或半政府小额信贷项目是国际组织援助开展的，其中很多项目目前正陆续或已经结项，而且，所有民间或半政府小额信贷机构都面临机构、人员、资金和业务如何继续保全和发展的问题，因此建立可持续的小额信贷机构是当务之急。这关系到原有的成果是否能够得到巩固和发展、原有的和更多潜在受益贫困人口是否能够得到继续扶持、作为金融创新和扶贫手段的小额信贷业务是否能长期发展的问题。而且，如果有了这类非银行小额信贷机构的法规政策，将有助于农村信贷资金供给的增加，还有利于形成信贷资源的合理配置和可能的良性金融竞争局面的形成。2005年是联合国规定的"国际小额信贷年"，我国作为联合国中最重要、最负责任的国家之一，应该有更大的作为。

（原文载于《光明日报》2004年11月16日）

让农民贷款不再难

买种子、买肥料样样要花钱，偏偏农民最缺钱。农民需要钱时怎么办？如何改善农村金融环境，从制度上保证农民贷到生产、生活急需的资金？记者（于猛）就此采访了中国社会科学院农村发展研究所副所长杜晓山研究员。

杜晓山说，农民需要钱，首选向亲友借，其次选择贷款。农民要贷到款也不容易，首先是金融机构要有"本钱"放贷。过去农民贷款有四大商业银行、农信社、合作基金会等多个渠道，现在基本上只剩农信社了。由于商业银行的竞争，农村资金出现向城市集中的趋势，信用社吸纳不到足够的资金。作为支农的主力军，农信社一方面要承担发放支农贷款、扶持农村经济发展的重任，另一方面却是自身实力不足、无钱支农。

杜晓山说，解决农信社资金来源是保证农民贷到需要资金的"头等大事"。中央对这个问题很重视，1999年，中国人民银行开始对农信社发放低息支农再贷款，由农信社以优惠的利息贷给农民。到2002年年底，中国人民银行支农再贷款额度已经达到960亿元，虽然再贷款每年都大幅度增加，但与日益增长的农民贷款的需求相比，仍相去甚远。要根本解决问题，需要建立一个机制，把农村的资金留在农村。为解决这个问题，农信社的利率市场化改革举措已经展开，实行浮动利率的农信社可以在国家基准利率的基础上，对存款利率最高浮动50%，贷款利率浮动范围为0.9—2.3倍。利息高了，吸储能力就会增强。

信用社有了钱，怎么贷到农民手里？杜晓山介绍说，1999年，中国人民银行推出了农村小额信贷业务。截至目前，全国绝大多数的农信社开办了小额信用贷款,农业贷款余额增长出现了前所未有的迅猛势头。小额信贷范围较广,不仅种植、养殖等生产类可以申请贷款,购置生活用品、建房、治病等消费类也可申请贷款。贷款不以实物、资金来担保,而以农户的信誉担保。总体上说,中国农民讲究信誉,有信誉保证,还款是有保障的。

有农民会问,更大额度的贷款怎么办?现在,不少农信社推出了农户联保贷款,即从事规模经营的农民通过几户联合担保的形式,可拿到更大额度的贷款。现在,农信社运作的小额信贷仍存在额小、面广、点多、业务量大与农信社追求利润目标的矛盾,如果要取得农信社和农户双赢的局面,探索并搞好农信社的改革和发展是根本前提。

要让参与小额信贷的金融机构能赚钱,杜晓山说,由于受农业生产周期长、见效慢,还款预期难以把握等因素影响,使农信社在经营小额信贷上风险较大。农信社小额信贷要学习国际规范小额信贷的成功经验。例如,对借贷户的表现实施奖惩机制,及时还贷者能及时获得新贷款,而且贷款额度一次比一次多,并实行利息返还。国际上开展的小额信贷项目,不少要对贷款户进行业务培训。我国的农民同样亟待培训,他们不但要了解新技术,特别要学会如何与市场打交道。建议各级政府及相关部门共同担负起对农民培训的重任。有了较好的培训,就能大大提高投资项目的成功率。

杜晓山说,农信社的小额信用贷款业务是服务广大农民的善事好事,应该"虽善小也为之"。然而,它替代不了国家和一些国际机构开展的扶贫到户贷款项目的作用。因为,农信社不是"扶贫银行",它的目标是盈利,它的主要服务对象基本上不包括无力还款的最贫困农户。因此,还要积极发展扶贫小额信贷机构,建立起多元化的农村金融体系。

(原文载于《人民日报》2005年5月15日)

小额信贷的发展与普惠金融体系框架

近年来，我国各种类型的小额信贷有了长足的发展，形势喜人。中央2005年和2006年两个中央一号文件对小额信贷的政策指向也越发清晰。但是，我们又必须清醒地看到，在这个领域，我们与国际先进水平的差距。现在，让我们来关注一下国际小额信贷的发展状况，思考一下对我国的小额信贷发展有什么样的启迪或借鉴作用。

根据世界银行"扶贫协商小组"（是一个专门的小额信贷工作部门，英文简称CGAP）新近出版的名为《服务于所有的人——建设普惠性金融体系》一书的观点，特向读者概要地介绍什么是世行CGAP认为的小额信贷的基本原则、服务对象、发展历史和现状，以及目前国际最新流行的"普惠性金融体系"的基本概念。以笔者的看法，CGAP是当今制度主义小额信贷，既强调小额信贷的社会发展目标，也强调机构本身的可持续发展的倡导者。制度主义小额信贷也是当今的主流学派，它是相对于福利主义小额信贷这一传统学派而言的。福利主义小额信贷强调小额信贷的扶贫目标和宗旨，但不强调机构本身的可持续发展。

世界银行CGAP是一个制定小额信贷标准、规范运行手段、提供培训和咨询服务的全球性资源中心。它现有的31个成员组织，包括多边和双边国际援助机构及私营捐助者，致力于建设包括服务穷人在内的普惠性金融体系。

一 小额信贷的历史

在久远的过去，一些国家中就有各种形式的储蓄和贷款小组存在。在中世纪的1462年，意大利就有第一家国营的典当行，以应对社会上的高利贷。1515年罗马教皇就授权典当行的利率要覆盖运营成本。

在18世纪70年代,"爱尔兰贷款基金系统"成立,向没有抵押的贫困农户提供小额信贷。运营高峰时,每年给20%的爱尔兰家庭提供贷款。

在19世纪80年代,德国建立了信贷合作社。自1865年起,合作社运动在欧洲和北美快速发展,还最终发展到发展中国家。

在20世纪初期,这些类型在拉丁美洲得到本地化的发展。

在20世纪50—70年代,一些国家的国有政策性金融机构和农民合作社努力扩大农业信贷,这些机构获得低息贷款,再以补贴利率贷给借贷户。这些政策银行由于低利率无法覆盖成本,损失了绝大多数的资本金。

在20世纪70年代初,当今小额信贷(信贷)诞生了,一些试验项目向贫困妇女提供小额信贷开展微型生产经营活动。这些先驱者包括孟加拉国乡村银行(Grameen Bank)、拉美的行动国际(ACCION International)和印度的自我就业妇女协会(SEWA)银行。

在20世纪80年代,世界小额信贷项目在不断改进创新。例如,印度尼西亚的名为BRI的国有商业银行改造传统的模式,不断使自己的农村信贷部(BRI-UD)成为能覆盖成本(通过合理利率)和达到高还贷率的小额信贷和农村金融机构,使它能可持续发展并且能够服务于大规模的客户群体。

在20世纪90年代初,"小额贷款"开始被"小额信贷"所取代。也就是说小额信贷不只是贷款,而且还提供储蓄、保险和汇款结算等服务。

现在,传统小额信贷和较大规模的金融体系的边界开始模糊,在一些国家,银行和一些商业机构也正在进行小额信贷经营。人们越来越强调应建立起为穷人服务的完整或普惠性金融体系。

二 小额信贷的服务对象和基本原则

(一)服务对象

小额信贷的服务对象大约包括下述6类人中的3类。一般来说,社会人群可分为6类:赤贫者、极贫者、贫者困、脆弱的非贫困者、一般收入者和富裕者。小额信贷一般覆盖其中的3类:极贫者、贫者困和脆弱的非贫困者。

其中的赤贫者约占贫困线以下人口的10%;极贫者占比为40%;

贫困者占比为50%。此为理论意义上的说法，实践中则复杂得多。而且，有的小额信贷机构已将服务对象扩展到小企业甚至中型企业。

（二）基本原则

小额信贷的基本原则是：①穷人需要多样化的金融服务，不仅仅是贷款，例如，还包括储蓄、保险和资金结算等；②小额信贷是与贫困斗争的有力工具；③小额信贷意味着要建设为穷人服务的金融体系；④小额信贷能够实现自负盈亏，而且如果它的目标是服务于非常大规模的穷人，它也必须这样做，也就是说，它的服务收费应足以覆盖其运营的一切成本；⑤小额信贷的目标在于建立持久的地方金融机构；⑥小额信贷并不是万能的，对于那些没有收入或还贷手段的赤贫者，其他形式的扶持可能更有效；⑦利率封顶的限制政策，由于使穷人难以得到贷款而伤害了他们，小额信贷的成本高于大额贷款，利率封顶使小额信贷机构难以覆盖其运营成本，因此不利于对穷人贷款的供给；⑧政府的职责应是使金融服务有效，而不是自己去提供金融服务，政府自己几乎不可能良好地运作贷款业务，但它能营造良好的政策支持环境；⑨捐助者的资金与私营资本应是互补而不是竞争的关系，捐助者的补贴应设计为一定时期的支持，尤其是在机构启动时提供支持，以使它顺利发展到能够吸引私人资金的投入；⑩小额信贷发展的主要瓶颈是缺少强有力的机构和经营管理团队，捐助者的支持应集中在能力培训和提升上；⑪小额信贷的成长也有赖于小额信贷机构自己关注、测定、提高和披露其运作业绩，小额信贷机构的经营和财务报表不仅能帮助各有关方判断该机构的成本和效益，而且也有助于它改进运作水平。小额信贷机构需要发展准确和可比较的财务运营报告，例如还贷和自负盈亏状况，也需要社会发展状况指标，例如服务客户的数量和客户的贫困状况。

三 小额信贷的现状

国际小额信贷在过去的30年已取得令人刮目相看的成就，它已表明，穷人是可靠和可持续的客户，也产生了一批专为穷人服务的有实力的机构，而且开始吸引私营部门的兴趣。

正如20世纪90年代"小额贷款"的称呼让位给"小额信贷"，现在很多人在提议和倡导"小额信贷"的名称也应取消。这些人辩称，应对为贫困群体金融服务所面临的挑战，不同类型金融服务提供者，而不仅仅是专门的小额信贷机构,应该承认穷人和低收入客户是这些服务提供者自己可持续的经营业务的组成部分。人们对"微型"或"小额"这一词汇,往往会联想某些"小的"或"边缘"的概念。但在今天,小额信贷不应被边缘化或理解为金融体系中的窄狭空间。在发展中国家,它的潜在市场实在是太大了。

今天,将小额信贷有机整合到更大的金融体系中的进程正在开始,然而,这一进程在各地区和各国并不平衡。在一些国家,传统的小额信贷与更大的金融体系的边界也开始变得模糊。一方面,许多专门的小额信贷机构努力地在基层耕耘,也不断地扩展更大的服务规模;另一方面,商业银行和其他正规金融机构也不断地面向低端市场,以到达更多的比较贫困和偏远地区的客户。这些不同机构对服务对象的选择开始交会在一起时,它们也履行了自己服务于更广大客户群体的诺言。

尽管今天的小额信贷取得了非凡的成就,但它任重道远的使命是如何保证所有需要金融服务的群体都能获得应有的服务。今天,普惠性金融体系,尤其是针对贫困群体的金融服务仍面临三个主要的挑战:①为大规模的群体的金融需求扩展高质量的金融服务(规模);②不断地拓深更贫困和更偏远地区的客户群体(深度);③降低客户群体和金融服务提供者双方的成本(成本效益比)。今天的小额信贷面对的问题是:我们如何能战胜上述挑战?可能的答案是:通过为穷人的金融服务作为每个国家主流金融体系的有机组成部分。

四 全球发展中国家各大区域小额信贷的基本特点

(一)亚洲

1. 特点

亚洲小额信贷,一般来说,具有较强烈的社会发展使命的定位和导向。它也更强调在人口较集中的农村地区开展金融服务。除了一些机构提供多样化的金融服务外,更多的机构集中于贷款服务。亚洲的两个人口巨人——中国和印度,相对于它们的人口,可持续发展的小额信贷很少,最大原因是政府长期以来习惯于广泛干预金融服务。孟加拉国和印度尼西亚在小额信贷发展方面是两个巨人。但两者采取的却是完全不同的方法:孟加拉国非政府组织(NGO),尤其是大型NGO小额信贷机构和其他传统小额信贷多以社会使命为主,它们服务于2460万客户。

印度尼西亚名为"人民银行"（BRI）的国有控股商业银行，近年来进行了部分民营化，它是印度尼西亚小额信贷的"领头羊"，也是世界上最大的小额信贷机构，它以商业化的方式运作。

2. 趋势

近年来，印度的小额信贷已开始起飞。一些商业银行与传统的以社区为基础的自助小组进行合作，向贫困客户群体提供金融服务。

（二）拉丁美洲

1. 特点

拉丁美洲，就全球各大区域而言，有最长的开展商业化可持续性小额信贷的传统。该地区绝大多数小额信贷客户得到的金融服务来自已获许可的金融机构。在一些国家，尤其在城市，机构间具有越来越激烈的竞争状态。在其中的一些国家，由于竞争，贷款利率大幅度下降。例如，在玻利维亚，利率已由20世纪90年代的50%下降到2004年的21%左右。

2. 趋势

在多数金融机构集中开展小额信贷的同时，一些领头的机构则越来越注意提供多样化的金融服务，其中包括储蓄和对国际、国内资金汇付结算的管理。在一些国家，尽管市场的渗透性和多样化的服务达到一定水平，但一些大国，例如墨西哥和巴西，还有很大的提供"供给"服务的空间和机会，在这些国家的一些中小城市和农村地区，小额信贷还很薄弱。

（三）东欧和中亚

1. 特点

东欧和中亚地区是小额信贷的后来者，并且小额信贷机构以非政府组织和其他一些机构为主，主要从事贷款业务。当然也有些例外，例如比较著名的在几个国家都经营的ProCredit Bank对客户提供多样化的金融服务。该地区的小额信贷与世界其他地方相比有不同的特点。例如，由于该地区相对较高的收入和教育水平，本地区机构提供的贷款额度较大。此外，很多机构比其他地区机构已更快地实现了金融自负盈亏。

2. 趋势

对机构未来可持续发展的主要威胁是机构运作的高成本，以及能否脱离捐助依赖，而转为与金融体系的连接。

（四）非洲（撒哈拉以南地区）

1. 特点

相对其他地区，非洲小额信贷发育程度低，并且运作成本较高。在大多数非洲国家，只有很少数人口有银行账户。即使在南非这个经济最发达的国家，也只有一半的成年人有银行账户。在另外两个主要国家肯尼亚和尼日利亚，大多数的自我就业者没有得到银行服务，这两个国家分别只有11%和10%的人有银行账户。在非洲法语国家，信用合作社是主体模式，拥有几十万名客户。除南非以外的英语国家，也有大量的信用合作社，但相对于世界其他区域，专门的非政府组织小额信贷机构在这些国家更多。

2. 趋势

近年来，正规银行已开始进入小额信贷市场，例如肯尼亚的 Equity Bank、南非的 Teba Bank 等。

（五）中东和北非

1. 特点

在中东和北非地区，70%的小额信贷机构是非政府组织，依靠捐助者的资助。本地区的小额信贷在很大程度上被视为慈善性的，而没有作为普惠性金融体系的一部分。尽管如此，一些商业银行，尤其在埃及，正在开始面向这一低端金融市场和开发为穷人的金融服务。

2. 趋势

小额信贷正以平均年均50%的速度增长。不过，这种增长在很大程度上依靠两个国家的变化：摩洛哥和埃及。摩洛哥的两个小额信贷机构有超过30万名的客户，埃及的商业银行正在以"降低贷款规模"的方式开展相关活动，即设立内部专门部门，从事小额信贷业务。

五 普惠性金融体系框架

普惠性金融体系框架认同的是只有将包括穷人在内的金融服务有机地融入于微观、中观和宏观三个层面的金融体系，才能使过去被排斥于金融服务之外的大规模客户群体获益。最终，这种包容性的金融体系能够对发展中国家中的绝大多数人，包括对过去难以被覆盖的更贫困和更偏远地区的客户开放金融市场。

(一) 客户层面

贫困和低收入客户是这一金融体系的中心之一,他们对金融服务的需求决定着金融体系各个层面的行动。

(二) 微观层面

金融体系的脊梁仍然为零售金融服务的提供者,它直接向穷人和低收入者提供服务。这些微观层面的服务提供者应包括从民间借贷到商业银行以及位于它的中间的各种类型。

微观层面的内容大体包括:

(1) 机构的战略定位清晰及其与实际工作的一致性:知道它在向何处去吗?它的宗旨、目标体现在实际工作中有无现实良好的表现?它的行动和项目与宗旨、目标是否持续相符?

(2) 员工能力强:是否有足够的合格素质的员工,能运用正确的技术技能设计和管理合适的项目。

(3) 机构适宜的业务知识和管理水平,包括机构治理结构、内控机制、产品设计、激励奖惩机制等。能否从自己和他人处学到经验教训。

(4) 结果:①"良好的经济技术(财务)的衡量指标"。②社会发展的功能和作用,对客户及当地社区的影响。

结果的可信度:对运作项目和运行状况的透明度、真实度。

(5) 合适的工具、途径:机构能否有正确的方式、类型和途径、工具直接与外部(政府、机构等)协作。

(三) 中观层面

这一层面主要指基础性的金融设施和一系列的能使微观金融服务提供者实现降低交易成本、扩大服务规模和深度、提高技能、促进透明的要求。这涵盖了很多的金融服务相关者和活动,例如审计师、评级机构、专业业务网络、行业协会、征信机构、结算支付系统、信息技术、技术咨询服务、培训,等等。这些服务实体可以是跨国界的、地区性的或全球性组织。

中观层面的内容大体包括:

(1) 金融基础设施、支付和结算系统的状况。

(2) 信息和透明度。它包括信息管理系统、内控、外审、运行情况测定、评估（级）小额信贷机构或一般机构的评级机构、机构间比较标准运行和报告标准等。

（3）培训。培训包括：财务管理、战略业务计划和财务计划、信贷员培训、专门小额信贷机构信贷技术、非政府组织转型为正规小额信贷机构、信息技术管理、人力资源培训/管理、市场现实、新产品开发、风险管理、业务流程计划（Mapping）、品牌/市场营销、成本和定价等。

（4）网络和协会。它的功能包括：政策倡导、信息交流传播、能力建设、运行监管、金融中介（筹备）等。

（四）宏观层面

如要使可持续性的小额信贷蓬勃繁荣发展，就必须有适宜的法规和政策框架。中国人民银行（金融监管当局）、财政部和其他相关政府机构是主要的宏观层面的参与者。它包括中央、地方政策法规支持、财税政策、机构合法性、利率政策、批发融资政策、信用环境、政府的作用，例如政府是否直接介入小额信贷的运营等。

虽然到目前为止，小额信贷一直在不同程度上依赖国际捐助者的资助，但是为贫困群体服务的金融体系还是有赖于建设本国的金融市场，应鼓励竞争，培育大量有实力、可持续的金融服务供给者为贫困和低收入客户服务。这些服务供给者应正常地从国内的融资来源获得资金，例如公众储蓄、批发贷款融资或资本市场的投资等。当然在已成功挖掘国内资源的同时，国际资金在扩展金融服务方面仍可能继续发挥作用。事实上，国际资金对上述所有微观、中观和宏观三个层面的金融体系的启动，以及对加速推动建设国内体系的进程，都是能够有所为的。

（原文载于《中国农村经济》2006年第8期）

参考文献

Brigit Helms, *Access for All-Building Inclusive Financial Systems*, Published by CGAP, The World Bank, 2006.

小额信贷：小贷款　大战略

——2006年诺贝尔和平奖的启示

2006年的诺贝尔和平奖颁发给了孟加拉国的穆罕默德·尤努斯教授及其创建的乡村银行（Grameen Bank，GB），而且他应我们中国小额信贷发展促进网络的邀请，参加了小额信贷国际研讨会及我院农发所主办的介绍乡村银行第二代运营创新模式的培训活动。他和他创建的"穷人银行"是世界小额信贷的开创者。他的获奖以及他的中国之行，在世界，也在我国刮起了一股"小额信贷"的旋风，引起了人们对"小额信贷"，尤其是扶贫小额信贷的好奇和关注，这既有利于对小额信贷理念、知识的普及和该事业的推动，对于我国和全世界投身小额信贷扶贫的人士和组织也都是极大的鼓舞。

一　小额信贷的理念和实践与构建和谐社会是完全一致的

我们对诺贝尔和平奖的颁发对象并不一定是认同的，但对2006年尤努斯和孟加拉国乡村银行的获奖却十分的赞同，应该说这确是实至名归。他们30年来一直致力于发展服务于穷人的小额信贷事业，并将他们的经验推向全世界，帮助数以百万穷人摆脱了贫困。事实上直至今天，人们对小额信贷仍有很多不同的看法，但这次他和乡村银行的获奖，说明国际社会、政府和民众在相当程度上认同和赞赏他们的贡献和成就。实际上联合国宣布2005年为"国际小额信贷年"也说明了同样的问题。倡导和平、发展的世界，就要找到使大部分人摆脱贫困的办法，小额信贷就是这样的办法之一。所以，我们说小额信贷是"小额贷款、大战略"。

我国政府正在以"五统筹"的科学发展观为指针，努力倡导和构建社会主义和谐社会。当前影响社会和谐的重大矛盾和问题也包括就业不足、收入分配不均，而且贫富差距仍在扩大之中。因此应从制度层面更加注重社会公平正义，努力扩大就业，包括自我就业的渠道和方法，着力提高低收入者收入水平，遏制乃至缩小贫富差距，促进共同富裕。而小额信贷，尤其是专事扶贫的小额信贷在这些方面能发挥极大的正面作用。它实际上是一种扶贫制度和金融制度的改革与创新。从体制上说，小额信贷就是将组织制度创新和金融创新的信贷活动与扶贫到户项目有机结合成一体的活动，也是一种具有经济发展和社会发展功能相融合意义的发展工具。现在越来越多的人在期待具有"小额贷款、大战略"意义的小额信贷能为以人为本的科学发展观的贯彻和社会主义和谐社会的构建做出应有的贡献。

二　小额信贷本质上是普惠性金融体系的理念和实践

简言之，小额信贷就是为穷人提供金融服务。而普惠性金融体系认同的是将所有需要金融服务的人，包括过去难以得到金融服务的更贫困和更偏远地区的群体，都能获得各种应有的金融服务。孟加拉国乡村银行是这一实践的典范。然而，当今传统金融机构在不同程度上没有意识到或做不到这一点，因此，如何转变传统观念，倡导小额信贷和普惠性金融体系有着重要的现实意义。

有种观点认为，小额信贷不属于金融活动，小额信贷机构不是金融或准金融机构。其实这种说法在逻辑上是有问题的，因为小额信贷从完整意义上包括为穷人提供所需的存、贷、保险、结算等服务。即使对只贷不存的小额信贷而言，也是一种贷款金融服务行为。所以，小额信贷机构理所当然的是从事某些金融活动的机构。

在认识上和实践中，一般人往往容易将小额信贷视为一种边缘的、小规模的、游击队式或不入流的扶贫或非正规金融活动。然而，当今世界小额信贷经过30年的发展进步，在一些国家和地区它已成为一支不可忽视的经济社会力量。不过，从总体上看，目前它已占有和开发的市场仅为其潜在市场的一小部分。应该看到，前瞻性、战略性的选择是将小额信贷有机整合到更大的金融体系中，尽管这一进程在各地区和各国并不平衡，例如我国就属于发展滞后的国家之一。世界上一些国家、地区各种传统的小额信贷与中大型的金融机构在尝试吸收彼此的长处和优势，向对方的运作领域延伸，它们的服务对象和手段开始交叉融合，各种服务机构性质的边界也开始变得模糊。世界上这种趋势已越来越清晰，并在加速运动中。

普惠性金融体系理念就是要将小额信贷视为主流或整体金融体系的不可或缺的一个有机组成部分。小额信贷绝不应边缘化，因为按一天1美元的收入或消费作为贫困的衡量标准，在中国有1亿多人口，在世界有十多亿人口，而他们正是小额信贷的服务对象。如果主流金融体系不能为如此多人数的这类群体提供他们所需的金融服务，那么这样的金融体系能称为完整的金融体系吗？因此，完整的金融体系应为包容性的，普遍惠及于一切需要金融服务的社会群体，尤其应惠顾于被传统金融体系所忽视的贫困群体。也就是说，创建普惠性金融体系的理念应是我们倡导的理念和追求。这应为主流金融体系从思想深处真正认同，并应将此理念付诸实践。从这个意义上说，小额信贷乃至普惠性金融体系的理念和实践同样体现了"小额贷款、大战略"的重大意义。

三 孟加拉国乡村银行是公益性可持续发展小额信贷的杰出典范

世界，包括中国在内的小额信贷，大体可分为两大类：福利性和制度性小额信贷。福利性小额信贷是一种传统的模式，其规范的要求是追求贷款资金应有效地直接借贷于穷人，但它不追求服务机构自身的可持续发展。制度性（或制度主义）小额信贷是当今世界的主流观点，它要求共同实现两个目标：较大规模的服务于目标客户群体，同时也实现服务机构自身在组织和财务上的可持续发展。而制度性小额信贷又可再分为两个分支：公益性和商业性的机构。公益性制度主义小额信贷以服务穷人为目标客户，而商业性小额信贷则服务于更宽泛的目标群体，包括企业在内，而且以追求利润为主要或重要目标。孟加拉国乡村银行是世界上历史最长最杰出最大规模的公益性可持续性发展的小额信贷的代表之一。而20世纪80年代改革后的印度尼西亚国有股份制商业银行"人民银行农村信贷部"（BRI-UD）是公认的商业性可持续小额信贷的代表之一。然而，它在1980年改革之前，则是福利性小额信贷的运作思路，而且运作得并不成功。

我国的小额信贷实践，对上述几种类型都有所体现。例如，农行开展的扶贫小额信贷就是典型的福利性小额信贷。我国现存的100多个非政府半政府小额信贷机构中多数追求的是公益性可持续发展的小额信贷，但做得出色的并不多，规模也十分有限。农信社和新近在5省试点的民营商业性小额信贷公司则大体属商业性可持续发展的小额信贷类。

今天，我们正在建设社会主义新农村，它需要大量的资金，尤其是信贷资金的投入，针对"三农"的任何资金投入都是需要的，值得欢迎的。但在新农村建设、全面小康社会建设以及和谐社会创建中的难点、重点在农村，尤其在中西部农村，特别是贫困和中低收入农户。因此，如何能在我国大范围健康创建和发展像乡村银行那样既能服务于贫困群体又能使信贷服务机构盈利的金融机构和体系，即建立普惠性金融体系，则应是我们的崇高追求目标。

四 值得研究借鉴的创新扶贫金融模式

孟加拉国乡村银行经过30年的发展拓新，它的运营理念和模式业绩，被实践证明是成功的。它的理念和实践很多是反传统金融的，是具创新性的。其中一些主要特点至少有：穷人获得贷款是穷人应有的人权；对穷人小额信贷应实行无抵押担保的信用贷款；穷人是最守信用的，而使这点能得以体现的根本之举是小额信贷机构的能力，这样的机构应是个对穷人友善、方便又具有高运营和管理质量的组织；五人小组的规模是比较合理有效的互助形式；借贷人小组互助有利于降低放贷和借贷者双方的风险；分期还贷，尤其实行每周等额或不等额还贷也具有上述的意义；对穷人只要他们遵守纪律正常还贷，就应连续循环给予贷款，一直帮助他们脱贫致富；贷款服务的主要对象是贫困妇女，因为她们是贫困者中最贫困的人，而且一般说她们的信用度更高，更关心自己的家庭而不是自己，另外这也有利于改变她们的思想意识和提高她们在家庭和社会中的经济社会地位。

在借贷利率和方便客户服务方面，乡村银行（GB）也是具有独特的反传统性。在利率方面，乡村银行总体上既不主张补贴利率，采取风险定价机制，也反对对穷人实行高利率政策。它的基本原则是：以商业银行市场利率为参照，而不以私人借贷的高利率为标尺，执行的是银行和借贷者都可以接受的利率。一般来说，在实际执行中，存贷利率差不超过10%。例如，目前乡村银行执行的存款利率为12%，而贷款利率为20%。在客户服务方面，它实行多样化的方便穷人的存、贷款及保险服务，也发放较低利率的住房和助学（尤其照顾女孩）贷款，甚至无息的乞丐贷款，这些贷款的亏损由正常贷款的盈利所覆盖。据说，乡村银行1995年后除了3年亏损外，其他年份都是盈利的。它以平等友好的态度和最简洁方便的方式向穷人提供上门服务。这些反传统的制度设计和操作方式既有利于穷人，又保证了银行的可持续发展。孟加拉国乡村银行的这些理念和实践已传播到包括中国在内的几十个国家，实践证明是可行且有效的，是值得认真学习借鉴的。

在此也值得说明的是，我们赞赏乡村银行，并不是排斥其他机构和模式。事实上，不同的国家、地区，不同类型的金融机构，甚至是同一类机构，应有符合当地和自身特点的运营创新模式。不能以一种方式否定另一种方式，不可生搬硬套，而应实事求是，自具特色，并提倡百花齐放，竞争互补。即使乡村银行自身，它的运作方式也已由第一代模式逐步递进发展到第二代对穷人更人性化的模式。

五　应加快我国小额信贷的推行

2004—2006年中央三个一号文件都对农村金融改革和发展提出了全面、概括的要求，同时对小额信贷的发展也有明确的指向，鼓励大力推动，试行多种模式，保证健康发展。2006年的中央一号文件还特别提出有关部门应尽快制定具体管理办法。

应该说在实际推行小额信贷的工作中，由于担心过去20世纪90年代"农村合作基金会"教训的重演，有关方面对小额信贷的认识在思想上不统一，在行动上似谨慎有余、放活不够。其实，大家应注意一个基本的事实，这就是自90年代中前期由中国社科院农发所开始试行乡村银行模式以来，全国已先后存在过300多家非政府半政府小额信贷扶贫项目，估计现存的还有100多家，但可以说几乎没有一家发生过像"农村合作基金会"那样高息吸储高息放贷的违规违法现象。也就是说，现有的这些机构，除了由于各种主客观原因消亡的之外，基本上为贫困和中低收入弱势群体提供贷款服务，都在真心实意地、艰苦而努力地工作着，尽管它们的资金和能力十分有限。另外，虽然中国人民银行在努力推动5省商业性小额信贷的试点，但有关政策仍不够明晰。因此，建议中央有关部门，或者在中央有关部门的授权下，各省有关部门尽快出台有利于推动我国小额信贷发展的政策，应提倡不同地区不同类型的机构试点，鼓励适度竞争，奖优罚劣。

中央关于创建和谐社会的战略要求和孟加拉国乡村银行扶贫小额信贷的成功经验以及我国公益性小额信贷 10 多年的试点实践，更应成为推动我国公益性可持续的扶贫小额信贷发展的有利条件及现实要求。如果我国针对贫困弱势群体的小额信贷能出现若干个像乡村银行那样的大中型专事扶贫的可持续发展的小额信贷机构，那将是一个怎样令人欣喜的局面。

目前，如要推动扶贫小额信贷机构的健康大规模发展，从宏观政策层面，以笔者之见应主要解决的问题是：一是出台相应的鼓励小额信贷健康发展的政策，给予它们合法身份和适宜的地位。二是为它们疏通适宜的融资渠道和资金支持，例如建立专门为之服务的批发基金组织。三是提供改善机构管理、提高人员素质的技术支持。四是鼓励建立促使小额信贷机构健康发展的行业自律组织。总之，国家应用多种方法帮助发展公益性可持续性小额信贷的健康发展，因为扶贫小额信贷的发展对创建和谐社会是不可缺少的组成部分。

（原文载于《中国社会科学报》2006 年 12 月 26 日）

服务弱势群体应发展普惠金融体系

传统的金融业不关注对弱势群体的金融服务而要争取高端客户，但对这部分弱势群体在金融领域的服务上，不管是政府还是金融机构能起到怎样的作用？在浙江的沿海发达地区，如新昌县这样的百强县，仍存在金融服务供给严重不足的问题，更不要说我国中西部农村地区的金融服务了。然而，问题的另一方面是，金融行业如果不按照商业化运作，不争取科学化发展，是不可持续的。因此，怎么使金融行业既可持续，又能关注弱势群体，是中国政府和各相关方都应严肃认真思考和解决的重要问题。一个金融企业如何做到既实现自身的经济效益的目标，又能在服务弱势群体方面有所作为是本文要探讨的主题。

一　重视对弱势群体的金融服务

目前，学者或政府已基本取得一个共识：我国广大的农村地区，主要是中西部地区的金融服务，尤其是贫困地区的金融服务，普遍存在金融机构和基础设施覆盖率低，甚至有不少空白、供给严重不足、竞争很不充分的问题。当然，金融企业因为成本高、风险大、效益低等原因在那些地方没法发展，这无可厚非。但是，如果我们不在意愿上、技术上解决金融机构"难贷款"问题，怎么能够解决中西部，甚至浙江的百强县都面临的农民"贷款难"问题？一般来说，如果金融机构帮助强者，强者会更强，但是如果不帮助弱者，那么贫富差距则会越来越大。这就是说，作为金融机构应该改变经营理念，也就是说有没有意愿去帮助弱势群体。包头商业银行有句话叫：没有不还款的客户，只有做不好的银行。他们给自己定位，认为与大商业银行竞争，对大企业放贷或单笔大额度贷款的投放不是他们的优势。因此，要找自己的生存和发展之路，同时又愿意去帮助弱势群体也体现了金融企业自己的社会责任。

是否要找新的市场，也就是为小企业、微小企业和农户服务，是很多这样类似的银行尤其是地域性的、社区性的银行要思考的议题。也就是这类银行是否确定市民、农民是他们的基本客户，小企业是他们的核心客户这样一个市场的定位问题。

"普惠金融"这个词是近两年国际上开始流行的，在国内，除了中国社会科学院的一些学者在倡导这个理念和实践外，国家层面的学者和金融界也开始讨论和提倡这个普惠金融体系的理念。普惠金融体系是包容性的，指普遍惠及那些弱势的群体、弱势的地区、弱势的产业的金融服务的制度、组织和市场。

小额信贷本身有个发展过程，国际上越来越把小额信贷称为普惠金融体系，亦即帮助那些落后的地区和弱势的群体，使他们能得到这样的服务。从国内来说，曾有农行领导提出"弱势金融"的概念和理论，就是指服务于弱势地区、弱势产业、弱势群体的金融，实际上也是在说普惠金融。这说明银行业高管层面，已经意识到这个事情是我们国家和谐社会发展的一个重要的方面，金融企业、政府，包括一般人、学者也都在倡导普惠金融。

二 改善对弱势群体的金融服务技术

过去很多银行业界人士说，我们也服务了一些中小客户、小企业，可为什么我们不能够做好？是因为他们的管理水平不高，技术路线不对。其实，金融机构做这种弱势群体的服务，对刚刚创业的小企业，刚刚摆脱温饱的，甚至还没有摆脱温饱的穷人提供金融服务，无论从理念、理论还是从实践，都是可行的，只是不同的机构可以有不同的市场定位，不同的客户群体。

中国有13亿人口，没有被金融机构或产品服务覆盖的人口很多。也就是说，小额信贷和普惠金融的市场很大。现在需要的是成熟的技术、高效的收益、不断完善和优化的管理，同时强化机构本身的队伍的培养、成长，这样就完全有可能把为弱势群体有效服务做成自己的品牌。

包头商业银行确定要把微小额信贷款的比例从30%扩大到70%以上，也就是银行将来的定位就定在这里。根据银监会的规定，500万元以下的贷款叫小企业贷款。包头商业银行现在做的微小企业贷款基本上是每笔5万元的,两年实践做了几千户,放贷两亿元,不仅没有坏账,而且还盈利。

也许大家比较感兴趣孟加拉国乡村银行(以下简称GB)是怎么能够盈利的?GB现在存款利率是12%(年息),贷款的利息是20%(年息),存贷利差是8个百分点,而孟加拉国国内的商业银行(包括农村的),一般贷款利息是16%(年息)。GB有8个百分点的存贷利差,就能够保证自己的盈利。而且它用盈利来的钱对农户发放的教育贷款和住房贷款都是低利率的,分别为3%和4%的年利率,所以是赔钱的,而乞丐的贷款是零利率,也是赔钱的,但由于GB整体是赚钱的,所以可以做成这种公益性的,又可持续发展的银行,我们把这种银行称为公益性可持续发展的小额信贷银行。

GB的创新表现在,认为贷款是穷人的人权,以妇女为主要服务对象,而且执行的是无抵押担保的信用贷款,坚信穷人是守信用的,要做到这一点,作为这种机构就要对穷人友善、方便以及运行和管理的高质量。它采取五人小组互助的形式,最初要互相担保,后来连互相担保都不需要了,每人负责每人的贷款。强调分期还贷的方法;对不违规的客户实行持续循环贷款和其他正向激励的制度;执行可覆盖成本,客户能承受的利率政策等。

三 创新对弱势群体服务的金融制度

笔者认为,每一种创新后面都有大量的理论或者说事实支撑,以保证制度的成功。从包头商业银行等机构的成功来看,至少有以下四点经验可以借鉴:

(一)重分析,轻抵押

银监会规定,资产不超过1000万元或是年销售额不超过3000万元属于小企业。小企业贷款每笔不超过500万元。包头商业银行采取的做法是,留出30%做一般大企业、基础设施贷款,剩下的70%里面又对半分,一半针对弱小的市民和一般的个私户贷款,另一半做专门针对小企业的单笔几十万元或几百万元的贷款。它把自己的业务分成几类,基本指导思想就是对客户"重分析,轻抵押",这套创新制度就是解决如何真正分析和判断客户或潜在客户既愿意还钱又有能力还钱这个问题。

例如，考察客户有没有还贷的意愿和诚信度，以及考核其还贷的能力，主要是客户的现金流和应收账款是否可靠。从客户家庭正在经营的业务和能力考虑其是否能还贷，这是科学分析的结果。从家庭和生意两方面一起分析，对小企业和微小企业来说，家庭的生产和生活是融为一体的，所以要作为一个金融单元对待，并在这个基础上进行考核。信贷员在调研考察的基础上制作一个他判断为真实可靠的利润损益表和资产负债表，同时要进行交叉的检验，利用交叉检验的方式来检验客户信息的真实性和可信性。

（二）有效的管理和控制

信贷员的责任制。每笔贷款以 4 万元计，根据能力大小，每个信贷员负责的客户不超过 200 个。实行差别的授权系统。这主要指不同的信贷员有不同的能力，以不同信贷员的能力和经验，授权可以放多少钱的贷款。不可以对客户拿要物品，不能搞不正当的事情。采取分期还贷和灵活还贷的方式，这都是有清晰规定的。信贷员是贷款的操作实施者，可以做运行分析，但没有决策权。银行相关主管有决策权，但无操作实施权。实行严格的两权分离和制衡机制，这也是审贷会制度，并实行一票否决制。这是科学的管理制度所要求的。

针对小企业或微小企业贷款，银行要求企业有 3 个月以上进行经营实践的历史，有持续稳定的现金流，然后再对客户本人开展真实性情况的分析判断和对现金流量的分析判断，这些都是特定的技术。

（三）坚持服务第一，客户至上的经营理念

"没有不好的客户，只有不好的银行。"意思是说断定某个客户是不是真心实意想借钱又能还钱，关键在于金融机构有没有能力分析、判断。这就催生了快速审贷法。审贷会有非常简洁又严格的审贷制度，审贷会一般由两名信贷员和他们的主管组成，可随时召开，可否贷款决定在七天之内就能给出，这对于客户来说是十分便利的。

对小企业客户的资料必须严格保密，这点与 GB 不同。GB 针对的是贫困的群体，他们几乎是一无所有，那些是完全公开透明的管理还贷制度。而对于小企业贷款一定要对客户保密，不能和任何不相关的人透露小企业客户的情况。这是银行对客户负责和有诚信的表现。

此外，系统的培训很重要。培训内容包括行业的道德、行业行为的规范和准则的培训，业务的培训，能力的培训。此外，还有准备承担工作的辛苦和劳累及如何认真地执行流程的培训。相信这些经过培训的信贷人员能够更好地服务于小企业客户。

（四）独立的部门及制度

对于商业银行不管是做小额信贷，或者小企业贷款，还是微小企业贷款、农户贷款、市民贷款，一定要有独立的部门、独立的制度、独立的考核、封闭运行，而且对信贷工作人员要有正面的激励和奖赏惩处机制。

专门的微贷管理部门，独立的微贷队伍，对部门的考核人员的选择都是有非常特定的考核办法。注重贷款的笔数，但是不注重放这笔钱的数额，注重的是放出去款能不能收回来，贷款的质量及管理能力都是对信贷员和业务人员的考核要点。

（原文载于《农村金融研究》2008年第2期）

非政府组织小额信贷机构可能的发展前景

摘　要：本文分析了非政府组织小额信贷机构性质的利弊和它商业性目标与扶贫目标之间的关系，认为其优势在于为弱势群体提供金融服务以及在探索金融服务的创新模式方面具有低成本研究和实践的功能，而其弱势主要是实施大规模扩展和可持续发展难度较大。本文重点探讨了非政府组织小额信贷机构发展前景的多种可能选择。它包括：成长为强壮的非政府组织小额信贷机构，定位成社区资金互助组织，转变为非银行金融机构，转型为小额信贷银行，以及开展与正规金融机构多样化的合作形式等。本文同时指出，非政府组织小额信贷机构无论做出何种选择，都需要考虑自身的状况和政府政策法规的支持等因素。

关键词：非政府组织小额信贷机构　商业性　扶贫目标　发展前景

非政府组织（NGO）小额信贷机构（MFI）有何优势和劣势？它是否具有生存力？它可能的出路和发展前景是什么？对这些问题，国内外各方面人士都有不同看法。笔者根据所收集到的一些文献以及自己的判断与实践，对此做一些阐述和分析。

一　对非政府组织小额信贷机构性质的利弊和商业性与扶贫目标关系的讨论

（一）非政府组织小额信贷机构性质的利弊

非政府组织是小额信贷的先锋和开拓者。它们的出现是为了填补银行不能有效地为穷人服务的空白，它们倡导了小额信贷的产生。而且，就国际范围而言，早在20世纪80年代中期，非政府组织小额信贷机构就开始着手提高金融的可持续性。要想长期为大量的穷人服务，就必须要保证金融机构的可持续性。可持续性保证了小额信贷业务的开展和对穷人金融服务的延续。世界银行扶贫协商小组（CGAP）估计，全世界目前提供金融服务的非政府组织小额信贷机构约有9000个。

经过30年的历程和履行为穷人服务的使命，当今非政府组织小额信贷机构至少在两方面具有优势：①为越来越多的穷人和弱势群体找寻新的服务方式；②筹集资金，以有创新的思想服务于更多的人群。其他小额信贷机构却不一定具有这些研究和发展功能。而且，需要非政府组织小额信贷机构这种新的金融实体存在，它们将构造一个充满竞争的金融体系，同时为被忽略的市场主体尤其是穷人和微小企业服务，非政府组织小额信贷机构提供了这种可能性。它们利用较少的资源和较低的成本就能为大量的客户服务，并因此分散了风险。

一些非政府组织小额信贷机构致力于全部或主要提供小额信贷服务，而另一些则是将小额信贷作为其服务的一部分。就机构数量而言，全世界发展中国家的小额信贷机构大多数是非政府组织小额信贷机构。在孟加拉国，2460万小额信贷客户中的60%由非政府组织小额信贷机构提供服务。

尽管非政府组织小额信贷机构明确引导了小额信贷的发展，但它们仍然面临着诸多的限制，大多数并不能发展壮大起来。它们通常依赖于捐赠，特别是那些较小的小额信贷机构更是如此。因为这些机构的领导成员并不代表投放资金的股东和所有者的权益，这些机构的管理结构不能适应信用关系，并缺乏合理的所有权关系。它们可提供的金融服务的范围也是有限的。非政府组织小额信贷机构通常不能合法地动员储蓄，储蓄职能限于银行和受监管的其他中介机构，例如信用合作社、资金互助社（见表1）。

表1　　　　　各类金融服务机构的优缺点

机构类型	每种机构包括	优点	缺点
会员制	自助团体（SHG） 金融服务协会（FSA） 村银行（CVECA） 金融合作组织	本土化 低操作成本 接近贫穷和偏远地区 会员共享利润	不易管理（借款者不还款、垄断管理）； 在许多国家，缺乏有效的金融监管； 会员业务范围的限制 有限的金融产品

续表

机构类型	每种机构包括	优点	缺点
非政府组织	国际分支机构 国内的非政府组织	对贫困客户的了解 社会目标的驱动 愿意作为先驱者并可以承担风险	依赖于捐赠 服务范围的限制：有限的或非自愿的储蓄 范围小（除南亚外） 许多情况下成本很高（但也有许多例外）
正规金融机构	国有银行 乡村或社区银行 非银行金融机构 主流商业银行	服务范围广 广泛的分支机构和销售终端 自有资本 技术和创新方面的投资	追求利润会影响社会目标 很难触及贫穷和偏远客户 产品往往不能满足穷人的需求

注：CVECA = Caisses Villageoises d'Épagne et de Crédit Autogérées，意即村储蓄与信贷银行机构，或简称为"村银行"。

(二) 商业性与扶贫目标关系的讨论

提供小额信贷的非政府组织小额信贷机构在20世纪90年代中期以来的10年中，其发展呈现出两种有些对立的趋势：商业化和扶贫开发。一些主要的非政府组织小额信贷机构越来越显现出商业化的趋势。其原因在于寻求可持续性，不再依赖于捐赠者，而以商业化融资来源和商业化运作管理促进发展并为更多的穷人服务。事实上，来自被称为小额信贷信息交流公司（MIX）的国际机构的统计数据表明，收益可以弥补成本的那些可持续的小额信贷机构要比不可持续的机构拥有多得多的客户。2003年146家非政府组织小额信贷机构的数据显示，其中只有一半（53%）是可持续的，但是，这些可持续的机构多为大型机构，拥有这146家机构客户总数的90%以上。

非政府组织小额信贷机构成功的商业化运作表明，小额信贷是一个好的、可以盈利的行业。但是，对不同的非政府组织小额信贷机构来说，商业化是不同的。对于提供多种服务（通常是为了社会目标）的非政府组织小额信贷机构来说，商业化意味着将其小额信贷活动专业化，在操作上和财务上将其从其他服务中分离出来。对于一个专门的非政府组织小额信贷机构来说，笔者认为，商业化可以有两种含义：一种是从理念上和实践中都将自己办成一个在组织和财务上都可持续发展的非政府组织小额信贷机构，另一种是将其转化成为正规的金融中介机构。在小额信贷中，"转化"或"转型"是指一个非营利组织或者非政府组织转变成为正规的金融机构。

商业化趋势，尤其是后一种含义的商业化，引发了对小额信贷机构"宗旨和目标偏移"的担忧，也即担心随着商业化的深入，非政府组织小额信贷机构会放弃它们以往的贫穷客户。这种担忧在"转化"的小额信贷机构上尤其突出。营利性一般是任何一个正规金融机构的主要目标。有些人断言，在盈利的基础上做小额信贷的唯一办法就是吸收较易得到、较富有的客户，他们有较大额的存贷款需求。这是否会造成"目标偏移"？确有这种可能，但也不一定。在某些情况下，平均贷款额随着小额信贷机构的发展而增加，且小额信贷机构变得越来越商业化，表明较富有的客户被包括进来，但是，这并不必然意味着贫穷客户被抛弃，而且贫穷客户的绝对数可能会随着服务客户总量的增加而增多。

另外，较大的贷款额也意味着已有客户的偿债能力增强了。时间一久，越来越多的客户成为循环借款者（相对于拥有较小信贷款额的初次借款者而言）。在这种状况下，平均贷款额将会增加，即使小额信贷机构一点也没有改变其客户中贫穷客户的比重。在其他情况下，比如菲律宾的非政府组织小额信贷机构——农业与农村发展中心（CARD）转变或"转化"为银行后，其平均贷款额仍然很小，却保持盈利。过去几年中，农业与农村发展中心，银行的单笔贷款额一直保持在菲律宾年人均国民收入的20%以下。

小额信贷机构真的能触及贫困人口并保持盈利吗？直观上看，这两个目标的冲突是显而易见的——较富有的客户其贷款额较大，故交易量大但交易次数较少，似乎比较容易管理。然而，有些机构却可以同时达到两个目标。比如，根据名为"小额信贷公告"的机构公布的2003年数据，231家机构中有139家盈利（即使在减少了捐赠之后）。在这139家中，41家将其客户定位于最贫穷的客户，其平均盈利水平却高于139家的平均盈利水平。这41家的客户大概是其他可持续小额信贷机构的总非政府组织小额信贷机构可能的发展前景客户的3倍多。小额信贷信息交流公司最近的数据分析表明，贷款规模与盈利之间没有必然的关系。这就意味着贷款规模较大的机构不一定就能盈利。这些数据足以证明，为穷人服务也是可以盈利的，或者至少可以说，为最贫穷的人服务并不必然比为那些不太贫穷的人服务盈利更少。

在其中一些非政府组织小额信贷机构逐渐商业化的同时，许多其他非政府组织小额信贷机构却在触及更贫穷或更偏远的客户、高危人群、遭受冲突或自然灾害的人们，它们更强调机构的社会发展职能。这种扩展贫穷客户范围的趋势并不一定与商业化和可持续性的目标冲突，但是，为这类客户服务可能要花费更长的时间和进行更艰苦的努力才能弥补成本，从而达到可持续性的目标。

考虑到商业化和扩展贫穷客户范围这两种趋势，问题在于：在建立普惠金融体系的过程中，国际和国内的非政府组织小额信贷机构到底扮演什么样的角色？它们可以被用来扩展客户的数量吗？在法律上，一般来说，它们是不允许动员储蓄的，那么，非政府组织小额信贷机构如何能提供贫穷客户所需的各种服务？这些来自管理、捐赠依赖方面的限制可以被轻易被突破吗？对于这些问题的回答和作为金融服务提供者的非政府组织小额信贷机构在未来的作用，在小额信贷业界还没有达成一致意见。

（三）非政府组织小额信贷机构是否和何时"转型"

并非所有的非政府组织小额信贷机构都需要"转型"为正规的金融中介机构。一般来说，"转型"或"转化"仅在这些情况下才需要：①要求多样化经营和更为稳定的资金来源；②机构想吸收公众存款；③机构较快地扩大规模或成为大型机构。

"转型"的小额信贷机构必须限制在那些经过评估具有足够技术、管理和信贷能力的机构之内。首先，"转型"是一种手段，通过这种手段，优秀的非正规小额信贷机构能扩大它们的服务和融资来源。不应试图迫使管理低下的小额信贷机构做这种尝试，因为这种尝试需要有扎实的金融业务作基础。实际上，扎实的金融业务应该是"转型"的前提条件，而不是成为一个正规金融中介机构的结果。其次，由于管理上存在问题，"转型"的小额信贷机构其风险水平通常已经很高，而承担对于风险已经很高的机构的监管将会违反监管部门的审慎原则。最后，监管非吸收存款机构往往既不是监管部门的职责，也不是它的授权范围。

"转型"并不一定能证明正规金融中介机构优于小额信贷机构。根据玻利维亚的经验，"转型"提高了私募金融基金的信用水平，拓宽了融资来源。然而，在除了信用之外还缺乏金融服务供给的情况下，私募金融基金和非政府组织小额信贷机构之间的能力差异非常小，因为二者提供信贷的效率差不多。而且，虽然存在非政府组织小额信贷机构所有权不清的问题，但解决了所有权问题的营利性银行并不一定在扩大小额信贷客户和保持信贷资产质量方面表现出明显的优势。

二　非政府组织小额信贷机构发展前景的可能选择

非政府组织小额信贷机构发展前景的可能选择在中国目前基本上还处于研究、讨论阶段，实践探索还很少。本文在此将运用一些国际的经验和案例进行探讨。而且，无论何种选择都需有政府政策法规的支持。

（一）发展成强壮的非政府组织小额信贷机构

从以上讨论可以看到，机构"转型"并不必然需要淘汰非政府组织小额信贷机构。实际上，非政府组织小额信贷机构能够继续作为信贷提供者在为那些被正规金融机构所忽视的客户提供服务方面发挥重要作用，尤其是那些特别偏远或贫穷地区的客户。非政府组织小额信贷机构还能在发展和检测金融服务的新技术和新产品中发挥作用，这些新技术和新产品的发展和检测成本对于正规金融非政府组织小额信贷机构可能的发展前景机构来说太高。

而且，在机构人员业务知识和管理水准不够高，以及政府政策不明朗或没有有利于小额信贷机构发展的外部政策环境的条件下，非政府组织性质的小额信贷机构形式，有利于获得低成本的资金来源，有利于争取时间和机会，提高能力，锻炼队伍，夯实基础，蓄势待发。一旦时机成熟，它们就可以迅速占据有利位置，成为一个强壮的专事扶贫的非政府组织小额信贷机构或者转变为其他类型的机构。目前世界上最著名的非政府组织小额信贷机构包括孟加拉国乡村发展委员会（BRAC）、孟加拉国社会促进协会（ASA）和拥有560万客户的孟加拉国PROSHIKA。

在中国，非政府组织小额信贷机构至今仍无合法的地位和融资渠道，机构也都是小型的，且总体上业务和管理水平不高。这些因素制约着中国非政府组织小额信贷机构做大做强。

（二）转变为社区资金互助组织

许多（但不是全部）定位于贫穷客户的非政府组织小额信贷机构由非正规或半正规会员制组织转变而来，还有的由借贷团体模式转变而来，也可将其视为非政府组织小额信贷机构的一种形式，而且，非政府组织小额信贷机构还可转为会员制资金互助组织。这样的例子包括国际社区援助基金会（FINCA）的村银行（Village Bank），总部设在美国、名为帕克特（Pact）的国际非政府组织的"值得"（WORTH）模式和"关怀国际"（Care International）的 MMD（Mata Masu Dubara，即迁居的妇女）项目。后两个项目的功能与亚洲一些国家农民的互助小组（SHG）很相似（见表1）。

国际社区援助基金会开创了小额信贷村银行模式。它是一种双层组织：将10—50个邻居组成一个团体，将自己的投入和村银行成员的股金储蓄相结合，制定管理规则，然后决定谁来贷款和贷款规模。贷款规模从50美元到500美元不等。到2003年，国际社区援助基金会体系中已经有15个附属机构，分布在美洲、非洲和亚洲的14个国家。国际社区援助基金会通过1800多个村银行为5万多名借款者服务。除了为借款者服务外，国际社区援助基金会村银行模式的作用还在于使许多其他机构接受并仿效它。Pact 是一个国际的非政府组织，致力于各地组织的能力建设，它在尼泊尔南部建立了一个乡村银行。2003年，它们的总储蓄额接近400万美元。"关怀国际"的"迁居的妇女"（MMD）项目在2003年的计划使尼日尔7万名贫穷妇女通过她们自己所在的社区组织被纳入一个长期的存贷体系中。

村基金、农民资金互助组织等在中国也有各种试点。中国银行业监督管理委员会2006年12月关于降低金融业进入门槛、允许建立三类新型金融机构（乡村银行、贷款公司和农村资金合作社）的"新政"中包括有关组建农民资金互助社的政策。这也可以成为目前中国非政府组织小额信贷机构发展的选项之一。

（三）转变为非银行金融机构

一些非政府组织小额信贷机构转变成为正规的金融机构（见表1），尤其是在拉丁美洲一些国家（玻利维亚、秘鲁）、东欧、肯尼亚，还有现在的乌干达等国。迄今为止的经验表明，尽管成本巨大，但是，转变过程使这些小额信贷机构可以提供更好的服务，改善其融资过程，并从长期看最终能增加其客户。机构改造的主要挑战有：所有权和治理结构；资产和负债的转移；运作、政策和制度；人力资源。

非政府组织小额信贷机构可以转变成为专事小额信贷的非银行金融机构（NBFI），一是可能解决合法化问题，二是解决融资来源问题。例如，玻利维亚的私募金融基金中的5个机构就为多于25万个客户提供了小额信贷。其他例子包括墨西哥的Compartarnos和印度的Share，二者都从非政府组织小额信贷机构转化为非银行金融机构，而且都非常成功。Compartarnos是拉丁美洲最大的专业小额信贷机构，截至2004年年底拥有大约31万个贫穷妇女借款者，资产超过1.34亿美元。现在，它也正在转变为小额信贷银行。Share是印度较好的小额信贷机构之一，到2004年中已经有接近30万个客户，资产超过1600万美元。从法律和管理的角度考虑，它作为非银行金融机构比改制成银行更容易得到监管当局的许可，但是，通常在法律上对非银行金融机构可提供的服务范围限制更严格。例如，作为金融类贷款公司，Share和Compartamos都不能动员储蓄。另外，从玻利维亚的经验看，私募金融基金与非政府组织小额信贷机构在所有权结构的优劣上并无明显差别。

也可考虑将中国现有的和将来还会出现的非政府组织小额信贷机构转变为中国人民银行目前正在5省试点的商业性小额信贷公司类的机构。当然，它们服务的目标群体定位可做各种调整。不过，问题在于至今这些试点的商业性小额信贷公司也都面临没有合法身份和缺少融资来源的问题。

（四）转变为小额信贷银行

专业的小额信贷银行包括转变后的非政府组织小额信贷机构或非银行金融机构，以及专门提供小额信贷的银行。最著名的小额信贷银行之一大概就是玻利维亚的"阳光银行"（BancoSol，也有译成"团结银行"的），它由非政府组织小额信贷机构转变而来。自20世纪80年代中后期起，经过5年的运营，"促进和发展微型企业基金会"（PRODEM）成为一个非常成功的非政府组织小额信贷项目，拥有22000个客户、4个地区机构、7个分支机构以及116名雇员。它的信贷资产数量达到

460万美元，坏账率仅有0.2%。这个时候，PRODEM领导集团认识到，在非政府组织非营利机构现有可利用金融资源的水平和类型下，PRODEM将不可能维持加速增长的势头。利息收入虽足够负担经营费用，但仍然满足不了资产迅速扩张的需要。尽管PRODEM做出了成功和广泛的筹款努力，贷款和捐赠仍然有限。借贷者对贷款的需求以及能使PRODEM满意的资金需要量，远远超过了任何捐赠者愿意提供的数量。PRODEM意识到解决扩张问题的最佳途径是成立商业银行。

1992年，"阳光银行"被批准转变为商业银行。其股权构成是：PRODEM拥有60%的份额，"行动国际"（ACCION）、Calmeadow基金会和私人投资者拥有40%的份额。在与PRODEM的协议中，经营上已经达到自给自足的4个地区机构和7个分支机构被转交给了"阳光银行"①。第一年，"阳光银行"集中于扩大它的信贷经营业务。在经过13个月的经营，到1993年4月，"阳光银行"的分支机构增加到16个，有效客户达到44000个，信贷资产达到1100万美元，贷款坏账率不到1%。

"阳光银行"是世界上第一家专门提供小额信贷的私人商业银行。1997年，它成为第一家向其股东发放红利的小额信贷银行。如今，"阳光银行"已经拥有47000个客户，依然是玻利维亚在小额信贷方面的领军机构。2005年，"行动国际"加入了一家购买了"阳光银行"47%股份的投资财团。

还有一些其他成功的事例。菲律宾农业与农村发展中心于1990年1月开始小额信贷运作。它主要服务于无地妇女，采用以小组为客户基础的孟加拉国格莱珉银行模式。1997年9月1日，农业与农村发展中心农村银行成立，成为在菲律宾由非政府组织小额信贷机构转变为银行运作的第一者。

在柬埔寨，有一个成功的可持续发展的小额信贷机构，名为"地方经济发展机构协会"（ACLEDA）。它建于1993年，最初是非政府组织小额信贷机构，获得联合国开发计划署（UNDP）和丹麦政府的种子

---

① 此协议一直到1995年。PRODEM转交给"阳光银行"4个地区机构和33个分支机构。PRODEM则作为非政府组织和其5个分支机构在农村地区继续运营。

资本，2004 年已改造成有 137 个营业所的 ACIEDA 银行，其客户覆盖面居全国第 3 位。2005 年，该银行已发放 13.6 万笔贷款，额度为 8700 万美元，在全国的市场份额为 14%。

南斯拉夫蒙特尼格罗机会银行（OBM）的前身是蒙特尼格罗小额信贷（MCM）机构，它在 1999 年创建的时候也是非政府组织小额信贷机构，其转变的初衷是要转变为商业银行。到 2002 年，蒙特尼格罗机会银行成为正规银行。它在计算机体系、人力资源、银行业务和存款动员方面做了重大的投资。这也引发了更新总部和分支机构、安置保险库和安全设备、雇用新的人员和实行新的程序方面的投入成本。2003 年，蒙特尼格罗机会银行的收益已经可以弥补其成本，拥有客户 5700 个，资产接近 1700 万美元。这家银行有 13 个普通股股东。美国的一个非政府组织小额信贷机构"机会国际"拥有其 75% 的普通股股份和 100% 的优先股股份。其他股东有拉波（Rabo）投资咨询服务公司（Rabo 银行集团的一部分）和荷兰、英国、美国的个人，他们的股份份额占少数。

中国银行业监督管理委员会 2006 年 12 月"新政"中也包括组建村镇银行的政策。这也可以成为目前中国非政府组织小额信贷机构发展的选项之一。但是，从政策层面看，可能的障碍主要是非政府组织机构社团法人的身份不允许其参股村镇银行，根据目前的规定，只允许企业法人和自然人入股。从非政府组织小额信贷机构自身和现有境内银行的角度看，非政府组织小额信贷机构是否能够转变为小额信贷银行，取决于彼此有无合作的意向和可能。即使非政府组织小额信贷机构自己想独立转型成为小额信贷银行，但是至今，中国还没有诞生这样的政策法规。

（五）与正规金融机构合作

在很大程度上，银行和其他正规金融机构由于历史原因无力或者不愿意向穷人提供小额信贷服务。但是，非政府组织小额信贷机构可以与正规金融机构尤其是具有某些社会目标的银行合作，这种合作拥有创建普惠金融体系的巨大潜力。银行通常有广泛的分支机构，有提供包括储蓄和转账等在内的多种服务的能力，还有可供投资于信息管理系统和技术等基础设施的资金。正规金融机构可以利用这些优势为广大穷人服务，无论是通过它们自己的力量还是与其他金融服务提供者如非政府组织小额信贷机构合作。非政府组织小额信贷机构与正规金融机构的合作方式还可以包括正规金融机构收购非政府组织小额信贷机构的贷款资产、对非政府组织小额信贷机构资本金进行投资等。

印度第二大银行 ICICI 银行 2004 年的总资产约为 330 亿美元，拥有 530 个分支机构和柜台，还有 1880 多个自动柜员机。ICICI 银行的小额信贷业务正在大幅度发展。一方面，由于政府管理部门规定，所有银行都要优先给部门贷款，ICICI 银行在 2001 年通过向专业小额信贷机构提供批发贷款进入小额信贷市场；另一方面，它还准备建立乡村体系作为金融服务的网点，与作为贷款服务代理的小额信贷机构合作。ICICI 银行将非政府组织小额信贷机构和其他专业的小额信贷机构视为合作伙伴，共同进入低收入群体市场。经过两年的发展，ICICI 银行的小额信贷资产从 1600 万美元增长至 6300 万美元，预计该市场的资产潜力有 10 亿美元。

印度国家农业与农村发展银行（NABARD）于 1992 年启动了著名的"银行与自助小组连接"的小额信贷模式。其中有一种形式为"银行—非政府组织小额信贷机构—联保小组—成员"。在这种运作方式中，非政府组织小额信贷机构充当了接受贷款和发放再贷款的职能和作用。

在中国，目前从制度层面上，政策不允许金融机构向只放贷不吸储的非政府组织小额信贷机构贷款或转贷款。这是非政府组织小额信贷机构可持续发展的主要障碍之一。不过，国家开发银行已经开始向中国扶贫基金会的小额信贷机构贷款，并允许其转贷款。人们期待监管部门尽快从制度层面放开相关政策。

三 结论

非政府组织小额信贷机构的长处在于它能为穷人和弱势群体提供金融服务，而传统金融机构一般不愿意或做不到这点。非政府组织小额信贷机构能以较低的成本和风险以及创新的思维和实践探索服务于更多的人群。这也是它的社会发展和创新研究功能。同时，它还能在金融市场上与其他金融机构共存，彼此间起适度竞争和优势互补的作用。然而，它的弱点往往在于产权不明晰，资金来源依赖于捐赠机构，实施大规模扩展和可持续发展难度较大。

非政府组织小额信贷机构近 10 年来有商业化发展和扩展贫穷客户范围这两种不同的趋势。商业化运作表明小额信贷是可以盈利的行业。追求商业化和追求扶贫这两者是有冲突的。但是，国际经验也证明，有些机构却可以同时达到这两个目标。不过，为贫穷客户服务可能要花更长的时间和更艰苦的努力才能弥补成本，从而实现既扶贫又可持续发展的目标。

根据国际经验和中国的实际，非政府组织小额信贷机构的发展有多样化的前景选择。它可能的发展选择有：成长为强壮的非政府组织小额信贷机构，定位成社区资金互助组织，转变为非银行金融机构和小额信贷银行，以及与正规金融机构开展多样化的合作等。但是，无论选择何种发展模式，至少都需要考虑非政府组织小额信贷机构自身的能力和水平以及外部的发展环境，而且都需要有政府政策法规的支持。

（原文载于《中国农村经济》2006 年第 8 期）

参考文献

杜晓山等：《中国小额信贷十年》，社会科学文献出版社 2006 年版。

杜晓山：《小额信贷与农村妇女发展》，载《2006—2007 年：中国性别平等与妇女发展报告》，社会科学文献出版社 2008 年版。

焦瑾璞等：《农村金融体制和政府扶持政策国际比较》，中国财政经济出版社 2007 年版。

中国银行业监督管理委员会《关于印发〈村镇银行管理暂行规定〉的通知》（银监发〔2007〕5 号）。

中国银行业监督管理委员会《关于印发〈农村资金互助社管理暂行规定〉的通知》（银监发〔2007〕7 号）。

中国银行业监督管理委员会《关于调整放宽农村地区银行业金融机构准入政策更好支持社会主义新农村建设的若干意见》（银监发〔2006〕90 号）。

焦瑾璞等：《小额信贷和农村金融》，中国金融出版社 2006 年版。

王曙光等:《农村金融学》,北京大学出版社 2008 年版。

杜晓山:《对外资投资中国小额信贷可能性的看法》(未定稿),2008 年。

Arelis Gomez、Gemu-Tabares、Robert Vogd:《小额信贷的监管:玻利维亚案例研究》,刘永平译,2005 年 4 月。

Helms, Brigit, *Access for AU Building Inclusive Financial Systems*, Published by CGA The World Bank, 2006.

国家应建立小额信贷批发基金

中国社会科学院农村发展研究所党委书记、副所长杜晓山是我国小额信贷理论和实践的开拓者。早在 20 世纪 80 年代就开始研究孟加拉国乡村银行的贷款模式，并于 1994 年将孟加拉模式首次引入中国，在河北易县等地的试验取得成功。他和同事一起创建了"扶贫经济合作社"；创立了小额信贷系统的运行模式和管理制度；同时在研究方法上也有所创新，把"行动—研究项目"的方法引入社会科学研究中，被称为"中国小额信贷之父"。近日，本刊记者（周学勤、徐乐俊）对他进行了专访。

记者（周学勤、徐乐俊）：我们知道您是国内小额信贷最早的实践者，是什么促使您从事小额扶贫信贷的研究和实践？

杜晓山：20 世纪 80 年代中期，我开始关注扶贫工作。在研究中我发现，我国的扶贫一直是政府主导，虽然政府很下力气，可是从资金的角度看，效率和有效性都有问题。整体来看，我国贷款扶贫主要存在以下三难：一是扶贫贷款到目标群体的手里难，资金的渗漏现象很严重；二是扶贫贷款的回收难，还款率很低；三是运作机构的可持续性发展难，机构本身生存要依赖补贴。

能不能为扶贫小额信贷找到一种既有效又可持续的模式呢？在对国内外扶贫贷款的研究过程中，我们注意到孟加拉国乡村银行。孟加拉国乡村银行从 1976 年开始做实验，1983 年被国家批准为乡村银行，它的贷款对象都是游民或者失地、少地的农民，边缘的少地农民，所以它是名副其实的穷人银行。那么，穷人银行能不能解决这三个问题？从实践中看，它有效地解决了这三个问题。因此，我们决定将孟加拉国乡村银行模式引入中国。

1993年，我到孟加拉国考察了10来天，在乡村银行的一个营业所住了5天，现场考察它们的运作模式。尽管当时还存在一些争论，但实践是检验真理的唯一标准。因为孟加拉国和中国贫困农村的现状很相似。他们的实践能成功，我觉得我们可以试一试。1994年，孟加拉国乡村银行模式正式引入中国。我们找到离北京最近的一个国家级贫困县——易县，在那里建立扶贫经济合作社，进行试验。启动资金来自孟加国拉乡村银行的5万美元贷款和福特基金会捐赠的5万美元研究经费。后来扩展到河南虞城县、南召县，陕西丹凤县，河北涞水县和四川金堂县，都是国家级或者省级贫困县。

记者：扶贫社是如何操作的？

杜晓山：我们主要针对有借款愿望的中低收入农户发放贷款。首先你要遵守我们扶贫社的规则，组成5人保小组。然后六七个小组组成一个大组，达到30—80人。因为农村的流动性差，基本上都是知根知底，并且工作人员是当地招聘的，因此贷款的违约率很低。贷款的起点额度是一户1000元，一年期。第二年是1500元，第三年是2000元，逐年递增。小额信贷有一个基本原则：只要他按期还款了，就应该循环地借钱给他，而且一期比一期大。但是我们没有更多的资金，所以搞了一个封顶，现在能到3000元左右。我们在涞水县也做了个别尝试，一户搞2万元，只试验了几户。

记者：扶贫社给当地带来了什么？发展现状如何？

杜晓山：就河北易县来说，扶贫社现在可以维持在每年支持5000户左右，截至目前，先后累计扶持2万多户，其中妇女占比为83%，直接受益人口达到65000人，累计发放贷款6000多万元，还贷率在90%多，每年纯利润几万元到十几万元。易县扶贫社在易县境内13个乡镇累计发展中心170个，累计发展小组3226个。在占全县41%的村建立了扶贫社的基层组织——中心和小组。扶贫社项目已经取得了很大的成绩，基本上具备了可持续发展条件。此外，南召扶贫社的规模与易县相当，累计盈利已有100多万元，还款率基本保持在95%以上，是目前中国国内做得最好的小额信贷机构之一。

记者：为什么妇女借贷占绝大多数？

杜晓山：因为我们的目标，不仅仅是借钱给你。还有一个社会发展的目标，就是帮助妇女解决家庭和社会地位的问题，提高妇女的自信自强自立自尊的观念。这种发展的观点，不仅仅是借钱的问题。刚开始的时候，有很多人不理解，认为男人是户主，借贷应该更加方便。我们就给他们做解释工作，虽然借钱的是老婆，但是借的钱还是夫妻共同使用，最后绝大多数人都消除了顾虑。

记者：您认为公益性小额信贷应该怎样定位？

杜晓山：按我的判断，公益性小额信贷机构应起到一个"鲇鱼效应"，激活一潭死水，在小额信贷市场引入创新和压力，起到服务低端客户和推动金融改革的作用。它自身或许不会成为主体，但是至少会成为一个有机组成部分。做得好可能会发展成为一个重要组成部分。即使做得一般，也会在贫困地区、中西部的空白地区和竞争不充分的地区成为重要组成部分。就像孟加拉国乡村银行，它开始在几个村进行实验，慢慢扩展到几个省，现在是全国农村最大的银行之一，覆盖孟加拉国全国，金融资本在孟加拉国的银行处于中等规模，在客户的数量上是第一位。

记者：为什么很多机构在小额信贷上都铩羽而归？

杜晓山：都有各自的问题。总体上来说，我认为，从机构的角度要解决两个问题：第一个是到底愿不愿意做，第二个是有没有把小额信贷做好的能力，包括资金来源、管理能力和自我生存能力。意愿和能力，缺一不可。

很多商业银行没有愿望做，却被迫去做，肯定做不好。商业机构是追逐利润的，既然在农村经营利润低、条件差，它们怎么能好好做呢？所以真正肯在农村经营穷人金融的，主要是一些公益性机构，但是它们也面临问题。例如一些社会组织，既不懂金融，又没有资金，所以也有困难。而有一些有能力、懂金融的机构，却遭遇合法性问题。虽然连续5个中央一号文件鼓励各种形式的小额信贷，但是相关法规没有跟上，公益性民间小额信贷机构合法性受到质疑。

金融机构的业务要有适当分工。四大商业银行不都从农村撤离了吗，这也有合理性，大银行就应该从事大业务，农村的业务就留给中小银行和贷款机构去做。不过，现在农行重返农村，并探索大银行做

"惠农卡"农户小额信贷业务,是非常值得肯定的。要有适度的竞争,要从政策和资金来源上扶持一批小额信贷机构,让它们经营好,充分发挥它们的"鲇鱼效应"。有了适度竞争,那些带政府背景的金融机构的服务自然也得跟上。

记者:我们注意到您在厦门的一次会议上建议国家建立小额信贷批发基金,用于支持小额扶贫信贷机构,您为什么呼吁建立此类基金?

杜晓山:这也是国外的经验,在孟加拉国有一个PKSF批发小额信贷机构。他们有一个基金,就是专门支持本国的零售小额信贷机构。因为零售小额信贷机构只放贷不吸储,所以存在融资的问题。我为什么呼吁要建立小额信贷批发基金,就是因为国内的小额信贷机构没有融资渠道。建立小额信贷批发基金,可以由农发行或者国开行来管理,对各种小额信贷机构施行分类指导。

这个基金应该具备资金能力、技术能力、评估能力,能够调查小额信贷机构的运作状况。给够资格的机构发放贷款,对于有缺欠的机构可以提供技术支持,帮助改进。不管是什么模式,只要是做小额信贷的,有利于经济和客户的收入提高的,基金就应该支持。大型的小额信贷机构,可以用纯商业的办法来解决问题;小型的小额信贷机构,在贷款上提供一个较低的利率;对于一些弱小的,但是有前景的,管理良好的小额信贷机构,我们可以给你很低的利率无偿的技术支持,将你扶上马送一程。用这种方式能够很好地解决零售小额信贷机构的资金问题和能力建设问题,目前我们国内有100多个公益性(扶贫)小额信贷组织。

记者:扶贫小额信贷的发展还面临哪些政策限制,政策面应该如何引导?

杜晓山:近两年来,在中央政府主管部门的主导下,农村金融改革的步伐明显加快,取得了显著成效。不过,如何帮助解决中西部地区,尤其是贫困地区的贫困和弱势群体的金融服务问题尚无明显进展。2006年中央一号文件特别提出有关部门应尽快制定包括社团法人在内的小额信贷机构的具体管理办法,2007年和2008年中央一号文件也重申"积极培育小额信贷组织"。温家宝同志近几年来也一直要求支持鼓励各种类型小额信贷组织的发展。然而,至今有关政策条规,特别是对鼓励扶贫小额信贷组织健康发展的政策仍未出台。

小额信贷机构是否能健康发展，主要有两方面的因素：一个是小额信贷机构自身业务水平和能力建设，另一个是宏观政策环境。而目前这两方面都有程度不同的欠缺。只有对现有和将来建立的小额信贷机构进行更加有效的内外部管理和适宜的政策支持，才能促进其健康发展，发挥其应有作用。当前妨碍民营小额信贷健康发展的政策环境主要是机构缺乏合法身份和适宜的地位，以及没有资金来源和融资渠道，因此很难扩大规模和可持续发展。

我们认为，无论是从理论上还是实践中看，对这类不吸收社会存款的民间或半政府小额信贷机构，现在都已具备了给予适当定位和合法身份的条件和时机。有了政府适当的鼓励政策，将肯定会吸引更多的国内外机构、人士和资金投入这类扶贫小额信贷活动的行列中，而且，这必将会带动这类扶贫小额信贷组织更多、更快、更健康地发展。这将是一项利国利民又无社会和金融风险的好政策。

（原文载于《农村工作通讯》2008年第19期）

中国小额信贷的政策法规和机构发展现状

本文拟就中国小额信贷的发展阶段和政策法规做一个概括。还拟从小额信贷组织机构类型的角度，对中国小额信贷的发展现状，以及中国公益性小额信贷组织可能的发展前途的选择，做一些分析和探讨。

一 中国小额信贷的发展阶段

根据中国政府扶贫政策和扶持"三农"政策的变化和要求，到目前为止，当今中国小额信贷的发展大体可分为四个阶段：第一，小额信贷项目或机构试验的初期阶段（1993年至1996年9月）。在这一阶段，小额信贷试点是由社会团体或非政府组织主要利用国外和自筹资金进行小范围试验。这一阶段的明显特征是，在资金来源方面，主要依靠国际捐助和软贷款，基本上没有政府资金的介入；人们重点探索的是孟加拉国格莱珉（Grameen Bank）式小额信贷项目在中国的可行性；以半官方或民间机构进行运作，并注重项目运作的规范化。

在这一阶段，对小额信贷，没有相关的政府政策和法律依据。如果说有任何依据的话，则是国家整体的扶贫政策和扶贫任务以及一些项目与国际捐助机构签订的扶贫项目协议。

第二，项目的扩展阶段（1996年9月至2000年）。在这一阶段，是由社会团体或非政府组织主要利用国外资金继续进行试验，以及以政府和指定银行（农发行/农行）操作、以使用国内扶贫资金为主，在贫困地区较大范围内推广。上述两大类型的项目并行发展。这一阶段的明显特征是，政府从资金、人力和组织方面积极推动，并借助小额信贷这一金融工具来实现"八七"扶贫攻坚计划的目标。与此同时，一些社会组织在实施项目时也更注意与国际规范的接轨。

在这一阶段，国家主要从扶贫有效手段的角度看待小额信贷。扶贫政策从20世纪90年代中前期明确要求扶贫资金到户，到90年代中后期认可小额信贷是扶贫到户和缓贫脱贫的有效手段，要求予以推广。

第三，农村正规金融机构全面介入和各类项目可能进入制度化建设阶段（2000—2005年）。作为正规金融机构的农村信用社，在中国人民银行的推动下，全面试行并推广小额信贷活动。从2000年起，农村信用社开始农户小额信用贷款和农户联保贷款试点。此外，针对下岗失业低收入群体的城市小额信贷试验也开始起步。这一阶段的明显特征是农信社作为农村正规金融机构逐步介入和快速扩展小额信贷试验，并以主力军的身份出现在小额信贷舞台。同时，上述前两大类型的小额信贷项目有了很大分化，参差不齐。

在这一阶段，中央政府和中国人民银行对小额信贷表现出比以往更大的关注。出台了推动城乡正规金融机构开展小额信贷项目的政策法规，并进一步研究相关政策法规制定方面的问题。

第四，中央管理部门鼓励民营和海外资本进入，试行商业性小额信贷机构活动（2005年至今）。2005年中国人民银行推动在欠发达中西部地区5省份开展了7个只贷不存的民营小额信贷公司的试点。2006年末银监会出台了放宽金融机构准入门槛的"新政"，包括在欠发达中西部地区6省份试行村镇银行、贷款公司和农村资金互助社，并于2008年起，将此实验推广到全国31个省份。此外，邮政储蓄银行被批准成立，并首先试行小额信贷业务。这一阶段的明显特征是，有关管理部门试图从法规上承认和鼓励民营和外资资金进入欠发达地区，要求新成立的邮储银行从小额信贷入手，重点开展农村金融服务。试图以增量资金弥补农村地区金融供给不足和竞争不充分的问题。

在这一阶段，中央有关管理当局明显加快了出台小额信贷政策法规的进度。不过，有关政策法规有待完善。而且，对社会组织开展的公益性制度主义小额信贷，至今还没有明确的政策法规。

二 小额信贷的政策法规变化和合法性

（一）政策法规演变

最初在20世纪90年代中前期，我国的小额信贷项目或组织是公益性的，自发的、零散的试验和实践，基本上没有政策层面的直接支持。后来在 90 年代中后期，以解决扶贫资金使用效率和扶贫攻坚为主要目标的中国小额信贷项目，主要是在中共中央和国务院扶贫政策的大背景下发展起来的。21 世纪以来，小额信贷已从扶贫扩大到为农村广大农户和个体私营户及微小企业服务的范围，逐步有了政府相关政策法规的支持。

在上述小额信贷发展的 1996 年 9 月至 2000 年的第二阶段时期，有关重要政策如下。1996 年 9 月，中共中央和国务院召开中央扶贫工作会议，强调加大扶贫资金的投入和执行资金的到村到户的制度。1998 年 2 月，国务院扶贫办召开全国扶贫到户工作座谈会。会议指出，凡是没有进行小额信贷试点的省区，要积极进行试点工作；已进行试点的，要逐步推广；试点并取得成功的，可以稳步在较大范围内推广。1998 年 10 月 14 日《中共中央关于农业和农村工作若干重大问题的决定》指出：解决农村贫困人口的温饱问题，是一项紧迫而艰巨的任务。提出要"总结推广小额信贷等扶贫资金到户的有效做法"。这是在中共中央文件中首次肯定小额信贷是扶贫资金到户的有效做法。1999 年中央扶贫开发工作大会再次强调小额信贷扶贫的作用，中发（99）10 号文件进一步提出，小额信贷是一种有效的扶贫到户形式，要在总结经验、规范运作的基础上，积极稳妥地推行。

在上述小额信贷发展的 2000—2005 年的第三阶段时期，有关重要政策法规如下。中央政府在《中国农村十年扶贫开发纲要（2001—2010 年）》中继续重申："积极稳妥地推广扶贫到户的小额信贷，支持贫困农户发展生产。"1999 年 7 月，中国人民银行发布了《农村信用社农户小额信用贷款管理暂行办法》；2000 年 1 月，中国人民银行的《农村信用合作社农户联保贷款管理指导意见》借鉴了非政府组织和准政府组织小额信贷的制度设计，如小组联保、强制储蓄、小组基金、分期还款和连续贷款等；2001 年 12 月，中国人民银行发布了《农村信用合作社小额信用贷款管理指导意见》，要求农信社大力推广农户小额信用贷款；2002 年 4 月，中国人民银行下发《关于进一步做好农户小额信用贷款发放和改进支农服务工作的通知》，再次强调农信社开展农户小额信贷工作，并要求加强对农信社小额信贷的支持。2004 年中央一号文件要求农村信用社利用小额信贷支持农业生产,"继续扩大农户小额信用贷款和农户联保贷款"。

在上述小额信贷发展的从 2005 年起至今的第四阶段时期,有关重要政策法规如下。2005 年中央一号文件第一次明确提出:培育竞争性的农村金融市场,有关部门要抓紧制定农村新办多种所有制金融机构的准入条件和监管办法,在有效防范金融风险的前提下,尽快启动试点工作。有条件的地方,可以探索建立更加贴近农民和农村需要、由自然人或企业发起的小额信贷组织。2006 年中央一号文件要求"大力培育由自然人、企业法人或社团法人发起的小额信贷组织,有关部门要抓紧制定管理办法"。第一次明确地将社会组织开展的以社团法人为形式的小额信贷机构纳入政策支持范围。2007 年中央一号文件要求"加快制定农村金融整体改革方案,努力形成商业金融、合作金融、政策性金融和小额信贷组织互为补充、功能齐备的农村金融体系"。第一次明确地将小额信贷纳入农村金融体系当中。2007 年年初召开的全国第三次金融工作会议也明确提出,完善农村金融体系,鼓励和支持发展适合农村需求特点的多种所有制金融组织,积极培育多种形式的小额信贷组织。2008 年中央一号文件进一步要求"积极培育小额信贷组织,鼓励发展信用贷款和联保贷款"。

同时,我国金融主管部门的行为有了更积极的变化,一些行政法规也加快出台。2005 年,中国人民银行推动在中西部五省进行 7 家小额信贷公司试点,中国人民银行小额信贷课题组于 2006 年出版了《小额信贷公司指导手册》。2006 年 12 月,银监会出台了《关于调整放宽农村地区银行业金融机构准入政策,更好支持社会主义新农村建设的若干意见》,推出建立村镇银行、贷款公司和农村资金互助社 3 种新型金融机构试点的"新政"。2007 年银监会颁布了《村镇银行管理暂行规定》《贷款公司管理暂行规定》《农村资金互助社管理暂行规定》等法规,并且在 6 个省进行试点,2008 年试点扩大到了 31 个省份。2008 年 4—5 月,银监会和中国人民银行先后联合发布了《关于村镇银行、贷款公司、农村资金互助社、小额信贷公司有关政策的通知》和《关于小额信贷公司试点的指导意见》,明确了小额信贷公司从事小额信贷业务的主管部门、合法地位、市场准入、融资和监管等相关政策规定。

(二) 政策法规发展特点

1. 政策法规制定滞后，现有提速势头

我国的小额信贷政策法规经历了一个先滞后，再缓慢、逐步放开并有反复，以及加速制定和仍需改善的过程。这个过程大体经历了：从不认同或持观望态度，到承认其小额信贷扶贫到户的有效作用，到支持试点和确认小额信贷的支农作用，到中央要求建立多种所有制形式的小额信贷机构，再到中央明确小额信贷是农村金融体系的有机组成部分和要积极培育发展，以及相关管理部门仍需进一步完善法规。我国的当代小额信贷发展比发展历史早的国家晚了约20年，还处于发展的初级阶段。属于广义小额信贷（microfinance）的小额保险（micro-insurance）在我国还是空白。不过，从倡导普惠金融体系理念和发展的角度说，我国几乎与国外齐步。此外，与小额信贷政策相比，我国的相关法规的建设显得相当缓慢，只是在2006年、2007年突然加速，但仍有待进一步完善。

2. 重商业性小额信贷，轻公益性小额信贷

至今，小额信贷法规都只是针对正规的商业性银行机构和新型金融机构的，没有任何具体的关于公益性（扶贫性质）小额信贷业务或机构的规范性的法规性文件。公益性小额信贷组织能够生存和发展到今天，主要是依靠中央和地方各级政府的不完全衔接的政策和不同组织机构的自身生命力。应该指出的是，对于构建和谐社会和发展普惠金融有重要意义，在小额信贷发展历史和进程中一直起先锋、创新作用的公益性制度主义小额信贷，至今没有政府政策法规的支持鼓励，既是很不公平、很不应该的，也是没有充分道理的。

3. 有关管理部门应加强沟通，协调一致

政府政策法规的支持鼓励，是小额信贷发展的决定条件之一。在我国，这些政府部门至少包括中国人民银行、银监会、财政部、扶贫办、税务总局等，当然，也包括地方各级政府和相关部门。有关管理部门应加强沟通、达成共识、协调一致，推动各类小额信贷健康、有序、大规模的发展。

三 各类小额信贷的供给机构类型

(一) 非政府（NGO）公益性小额信贷组织

这类社会组织的兴起始于1993年。开始由中国社科院和茅于轼等

个人分别发起,先后存在过分布在 300 多个县市的项目或组织(也包括乐施会、宣明会等海外 NGO 直接管理的少量机构),目前尚存有 100 多个。资金和技术援助规模最大的外援机构是联合国计划开发署和儿童基金会,它们分别援助了五六十个中西部贫困县的扶贫小额信贷项目或组织。这类社会组织的服务和分布范围遍及全国很多省区,尤其在贫困地区(贫困县)农村开展活动。目标客户是中等和低收入及贫困农户。有部分组织以妇女为全部或主要客户。这类机构在城市很少。不过,天津妇联主持操作的下岗女工小额信贷项目是城市中做得突出的一个。

贷款的运作方式以小组信贷为主,而个人借贷方式和"村银行"(Village Bank)方式少。还款方式既有分期还贷,也有采用整还贷款的方法的。一般来说,贷款无须抵押担保。多采用小组联保方式运营。有的机构还有预存小组基金和实行强制性存款或风险金的要求。

在农村的项目,平均贷款额 1000—5000 元/笔不等。在城市一般是每笔 3000 元、5000 元、8000 元等。贷款年利率和费用为 3%—18% 不等。就贷款对象而言,可区分为:不分性别;以妇女为主;以男人为主。几乎无吸收存款、汇款等其他产品。

这类组织的贷款规模没有权威的统计,估算约有十多亿元。它们的资产质量和可持续性好坏不等。现有的 100 多个机构中,有 20 多个相对较好,还贷率大于 95%。达到操作自负盈亏的有十几个。

这类组织所面临的挑战主要有三个:机构的合法性和适宜的地位;融资资格和渠道,绝大多数机构几乎无新资金来源;机构工作人员素质普遍偏低、业务能力和管理水平不足。另外,还有产权和治理结构、内部强势人控制的可能性、内部制衡机制、组织凝聚力问题、资金有效管理和周转(操作和财务管理的健全)、大规模扩展后的质量、外部监管是否有效等问题。

(二)农行/农发行(国有银行)开展的扶贫贴息小额信贷

农行/农发行(国有银行)开展的扶贫贴息小额信贷项目,在开始时是配合中国政府的"八七"扶贫计划而推出的。

比较大规模的开展从 1997 年起,在全国广大贫困地区(县)进行。目标客户为中低收入和贫困农户。2000 年后,规模有了较大程度的缩减,而且多以企业为贷款对象。目前有消息称,2008 年起农业银行计划发放金穗惠农卡,它也具有对广大农户发放小额信贷的功能。

农行20世纪90年代实施的小额信贷的运作方式多以小组借贷方式进行。还款方式既有分期还贷,也有整还贷款的方法。贷款无须抵押担保。多采用小组联保方式运营。平均贷款为1000—5000元/笔不等。客户贷款的年利率为2.21%—3.00%,甚至无息费,由中央和地方政府补贴利息。几乎无吸收存款、汇款等其他产品。

这类组织的贷款规模,从看到的资料(焦瑾璞等,2007),贷款余额为381亿元(是否全部为直接到户的贷款不详)。客户以穷人(户主)为主。从性别上看,以男性为主。与妇联合作的项目则以妇女为主。至于扶贫贴息小额信贷的资产质量,不同的时间、地区和机构好坏不等,但总体上看是比较差的,应该说财务上不可持续。

这类项目所面临的挑战主要是:相关组织和人员开展此项目的愿望不足;缺乏相关的业务知识和管理能力,人手网点不足;与相关的政府合作机构(如扶贫办、妇联、科委等)关系往往不协调,存在"两张皮"现象;项目不可持续。

(三)农信社开展的农户小额信贷项目

农信社现有8000多家法人机构,据称约90%的农信社开展了小额信贷业务。开展的农户小额信贷项目可划分为三类:小额信用贷款;联保贷款;抵押担保贷款。前两类是中国人民银行于1999—2000年发文要求农信社试行和推广。农信社自2000年起从江西婺源县开始试点,后逐步向全国推开。客户对象采用评定信用等级的方式分类,确定发放对象和数额。一般以当地个体私营户,富裕、中等以上农户为主,也包括部分贫困户。

贷款方式分别有信用贷款、联保贷款、个人抵押担保贷款(额度大些的),以及"企业+农户"等。贷款额度按等级一般分为:1000—3000元、3000—8000元、8000元—3万元等,当然,不同地区额度的分类各不相同。而且,联保贷款的额度一般比信用贷款更高些。贷款年利率按中国人民银行的规定执行,即在基准利率的0.9—2.3倍,要求最好低于一般贷款利率。其他产品可以有存款、汇款等各类银行业务。

目前的农户信用贷款和联保贷款余额规模为3000多亿元,据说有7000万农户。贷款户以男人为主(户主),也有一些少量的信用社开始与妇联合作，以妇女为客户放贷。

各个信用社的贷款还贷率与可持续性差别很大。好、中、差的都有。一般的社所开展的小额信贷的还贷率在80%上下。

这类项目所面临的挑战主要是：小额信贷的额小、面广、点多、业务量大和工作艰苦与农信社人少和追求利润目标的矛盾；支农业务的政策性和利率限制与农信社商业性和可持续发展追求的矛盾。信用社与当地乡村干部的责权利关系不清；对开展此项目业务的"应付"或"一窝蜂"倾向；对贷前、贷中、贷后和可能的贷款风险，审定管理不严；偏爱放大户、"垒大户"，"扶富不扶贫"的倾向；一些信用社资产质量差、管理粗放；农信社人力、业务和管理水平，资金供给等与产品类型、贷款额度增大、期限灵活等不相适应；有些农信社不善于借鉴国际规范小额信贷技术。例如，奖惩激励机制、分期灵活还贷、循环贷款等。

表1　　　　　　　　中国农村小额信贷若干情况

项目分类	起始时间	目标客户	财务可持续目标	金融合法地位	年利率	贷款规模（目前余额）
国际援助、社会团体（民营半民营）项目	20世纪90年代初	贫困户、中低收入户；有的以妇女为主	有的项目有此目标	无允许项目期间试验	高低不等	约2亿元
政府主导型项目（农行与政府部门合作）	20世纪90年代中后期	贫困户、中低收入户；妇联主持的，以妇女为对象	无此目标，有财政补贴	有	3%以下贴息贷款	380亿元
农村信用社信用和联保贷款	2000年起	所有合格的农户，以男性客户为主	有此目标	有	基准利率可适当上浮	3000亿多元

注：笔者根据资料整理成此表。

（四）城市商业银行和担保公司开展的小额信贷项目

2002年起中国人民银行要求在城市开展下岗工人小额担保贷款。一般来说，此项目由城市商业银行和担保公司协作承担。担保公司或财政担保基金承担全部或80%的风险。有的要求借款人找反担保人。担保机构收取1%的管理费。银行以基准利率放贷，由财政贴补息，借贷人不支付利息或利率很低。

贷款额度平均2万元左右，最高10万—15万元，低的在5000—1万元。还贷方式多样化，例如，可整贷整还，也可整贷零还。

现在此贷款项目的客户范围已扩大到大学毕业生、军队转业、失地农民和低收入创业者。贷款对象不分性别，有的银行客户男女各占50%左右。目前，投放额近百亿元。其他产品可以有存款、汇款等各类银行业务。该项目目前的贷款余额约100亿元，资产质量多数还可以。据说不良率在10%左右。可持续性差，因为依靠财政高度补贴。

它面临的挑战是：商业银行的意愿，是被动执行还是主动积极贯彻；是否掌握适宜的技能和探索创新；由于贷款客户风险较大，能否接受和实施此类业务的新理念和新技能及管理能力是首要的挑战。其次，长期依靠国家补贴是否可行，也是令人担心的。

（五）只贷不存的小额信贷公司试点

自2005年起，中国人民银行又发起由民间资本筹集建立的只贷不存的小额信贷公司试点（MCC）。试点在中西部5个省份的5个县开展，总共建立了7个公司。有些地方政府和外资机构也效仿建立了相似的公司。

MCC的客户对象为当地农户、居民（含个体、私营户）、企业等。贷款技术和产品多与信用社相似。贷款多数需要抵押或担保，平均贷款额约10万元/笔，各机构或同一机构的不同客户额度高低不等，少的几千元，多的几十万元。贷款年利率平均大于20%。MCC无其他金融产品，也不可以吸收存款。

MCC的注册资本金为1700万—5000万元不等。目前只能在本县域内经营。贷款放得多的MCC，已达近亿元，而少的仅几百万元。累计发放几亿元。总的来说，资产质量不错。从报表上看，这7个MCC多数在财务上有可持续性，到2007年年底只有一个MCC亏损。

MCC面临的挑战是：贷款技术和产品基本照办传统方式，几乎无创新和进步。有的MCC运营不规范，为股东自己放贷。倾向放大额贷款（超出了小额信贷的范围）。股东之间矛盾冲突。融资无渠道或融资规模限制过严。不可以跨县域，规模扩展有困难。

（六）村镇银行开展的小额信贷

2006年年底，银监会公布了在6个省份36个县开展村镇银行、贷款公司和农村资金互助社三类新金融机构试点。2008年这三类新金融机构试点扩大到31个省份，每个省可先选择少量的点进行试验。到2008年3月，总共12个省成立了25家村镇银行，4家贷款公司，9家农村资金互助社。这38家机构累计发放农户贷款4.45亿元，农村企业贷款2.1亿元（戴丽丽，2008）。

村镇银行建于2007年，由发起银行控股，至少占有20%的股份。可由它独资或与自然人、企业法人合股组建而成的股份制银行。单个自然人、企业法人最多不得占有超过10%的股份。

村镇银行只在县域（需有300万元注册资本金）或乡镇范围（需有100万元注册资本金）内经营。其客户目标和操作方式及经营业务范围基本与农信社相似。笔者认为，村镇银行并不一定就是小额信贷机构。从贷款的角度看，只有一部分额度低于10万元的，才可称为小额信贷。但是，人们很难看到它的小额信贷规模是多少。从看到的报道，村镇银行资产质量多数不错。到2007年年末，有2家村镇银行已盈利。

它面临的挑战和问题是：存在大股东或原银行控制、放大额、贷款违规放出县域、产品创新不足、吸收存款难等。现在值得探讨的一些问题有是否应考虑不必由银行控股；适当扩大规模，在达到一定经营水平后，允许出县到市；有效监控；等等。

（七）农村资金互助社

农村资金互助社实际上与原来就存在的"村基金"类型的小额信贷机构相似［属于上述的第一类"非政府（NGO）公益性小额信贷组织"中的一种分类型，例如在20世纪90年代后期贵州威宁县草海自然保护区就建立了70多个村级资金互助社］，只是银监会允许合乎条件的机构注册了。2006年开始，国务院扶贫办在14个省份140个贫困村也开展了建立"村级发展互助资金"试点工作。

银监会自2007年起在6个省份试点，农村资金互助社可视为合作或股份合作金融。分村级（需有10万元注册资本金）和乡镇级（需有30万元注册资本金）农村资金互助社两类。所有者和服务对象是入股的当地农户、居民和企业。用个体或小组借贷方式操作，可在入股成员内存款和借贷。

农村资金互助社，包括未注册的民营"村基金"类型的小额信贷机构面临的问题和挑战是：注册和正规化后，经营成本提高；无配套的优惠政策；实施不必要的审慎监管要求；难以获得融资来源（虽然政策上允许）；人员素质和管理水平的提升；内部强势人控制的可能性；内部制衡机制；组织凝聚力问题；资金有效管理和周转（操作和财务管理的健全）；大规模扩展后的质量；外部监管是否有效；等等。

案例说明：吉林省梨树县（非贫困县）×××农民资金互助社，于2007年以10万元注册，其中7万多元按管理部门要求，配备安保设施和专职会计。为此，资金已用去一大半。后来又争取获得20余万元的银行委托贷款资金。但是，如要达到财务上的自负盈亏和可持续发展还有很长的路要走。

（八）银行派生的贷款公司

银监会规定，银行派生的贷款公司需有50万元注册金才可以成立。始于2007年，现有4家。

笔者认为，银行派生的贷款公司并不一定就是小额信贷机构。从贷款的角度看，只有一部分额度低于10万元的，才可称为小额信贷。到目前为止，此类银行派生的贷款公司似乎发展并不很快。事实上，此类贷款公司与中国人民银行发起的小额信贷公司（见上述机构类型5）除了发起者不同，从业务范围上并无大的区别。不过，它的资金量有限，有赖于母银行或其他融资渠道的支持。

（九）农村金融机构扶贫贴息小额信贷项目

从2004年开始，国务院扶贫办、财政部开展扶贫到户贷款贴息方式改革试点。主要做法是：将部分中央财政贴息资金拨付给地方，由地方自主选择承贷金融机构发放扶贫贷款。被选定的金融机构绝大多数是农信社，也有少数是农业银行。并将贴息资金直接核补给贷款贫困农户或发放到户贷款的金融机构，在贴息其内按4%（2005年为5%）年利率补贴利息。这项改革试点在全国选择了11个省份33个重点县开展，2005年进一步扩大到22个省份的200个县，两年来引导信贷资金投入20亿元左右。从2005年起，在4个省份8个县又配套开展了建立"奖补资金"推进小额信贷到户的试点。

据国务院扶贫办统计，从实施效果看，试点县到户贷款总量都有较大幅度的提高，贴息资金引导的扶贫贷款基本上都贷给贫困农户，到期贷款回收率大幅提高，多数县达到90%以上，最低的1个县也达到了74%，贫困农户增收效果明显。2006年开始，将到户贷款贴息资金全部下放到592个重点县，由县选择金融机构发放并与其直接结算贴息，引导到户贷款59.2亿元。

农村金融机构扶贫贴息小额信贷项目面临的挑战是：目标偏离，有的农村金融机构没有积极性；项目有没有可持续性还有待观察。

（十）邮政储蓄银行的小额信贷试点

2006年中央政府批准成立邮储银行，而邮政储蓄机构过去只开展邮政和储蓄业务。邮储银行同年开始开展小额信贷试点工作。最初，在建立机构和充实、培养合格人员的同时，在全国各地先逐步试行小额质押贷款，自2006年上半年起国家邮政局邮政储汇局开办了邮政储蓄定期存单小额质押贷款业务试点，现在该业务已在其全国系统内铺开。在取得经验后，又在6个省份分别进行自然人和企业法人的小额信用贷款的试点，现正在进一步扩大试验范围。邮政储蓄银行通过小额信贷形式，促进邮储资金返回农村。

为了控制风险，目前小额质押贷款每笔贷款额度为1000—100000元，不过，第一批试点的三省的贷款额度已提高到50万元。放贷金额原则上不超过所质押定期存单本金的90%，贷款期限最多不超过1年。借款用款可用于个人消费、生产经营周转等，但不得用于证券、期货等方面的交易。

银监会2007年5月批准邮储银行可开展小额无抵押贷款，在陕西、河南等7个省份开展试点，单一借款人的最高授信额度不得超过50万元。邮储银行于6月在河南正式启动此贷款业务，产品分商户联保贷款（每个商户最高贷款额暂为5万元）和农户联保贷款（每个农户最高贷款额暂为3万元）。

目前，邮储银行存款规模1.7万亿元，规模居全国第五。它开展的小额质押贷款和小额信用贷款试点，贷款余额1000多亿元。小额信用贷款已在十几个省份开展试点，贷款达到1.1亿元，总体情况良好，基本上都属于正常贷款。邮储银行正在向银监会申请，逐步向全国推广。

其他产品可以有存款、汇款等各类银行业务。

邮政储蓄银行小额信贷业务所面临的挑战是：贷款业务知识和管理水平欠缺，人员素质有待进一步提高和各类各层次人才急需大量充实。

（十一）商业银行进行的微小额信贷款试点

2005年国家开发银行与世界银行合作先后引入欧洲开发银行等开展目标群体为微小企业和难以获得贷款弱势群体的小额信贷项目的试点。试点在分别在浙江台州、内蒙古包头、辽宁本溪、安徽马鞍山等十几个城市和农村商行进行。至今贷款十几亿元。也有一些商行自己在开展类似的业务。

这类业务的贷款额度在几千元/笔至几万元/笔，多数机构目前平均约50000元/笔。实行的是无须或灵活抵押担保贷款方式。各试点机构本项目的资产质量都很好，不良率均在1%以下。

另外一个案例：哈尔滨商业银行是自己试点本项业务的商行。它对农户的小额信贷是市场化的，而非补贴式的。单笔贷款在2万—10万元，平均额度为3万元。采用联保或担保人担保的方式。城市微小企业贷款，对客户采用灵活担保方式，平均8万元/笔，也可联保，均要求以自然人身份申请。

商业银行进行的微小额信贷款所面临的挑战是：领导和员工团队是否能转变观念，愿意开展此项业务，能否配备和培养合格人才，以及能否学习掌握相关技能和保证成功的必备要求。

表2　　　　　　　各类小额信贷项目的情况比较

机构类型	历史	地区和客户	贷款方式		年利率	其他产品		规模（元）	客户性别	资产质量	可持续性
			抵押	平均贷款额（元）		存款	汇款				
1. NGO	1993年起	全国中低收入和贫困群体	无	几千	3%—18%	无	无	十几亿	不分性别或主要为妇女	参差不齐	好的占少数
2. 农行	1996年起	同上	无	几千为主	2%—3%或无息	无	无	几百亿	以男性为主	总体差	不可持续

续表

机构类型	历史	地区和客户	贷款方式 抵押	平均贷款额（元）	年利率	其他产品 存款	汇款	规模（元）	客户性别	资产质量	可持续性
3. 农信社	1999—2000年起	全国各类农户	无；较大客户要	几千一万	基准利率的0.9-2.3倍	有	有	几千亿	同上	参差不齐	参差不齐
4. 城商行	2002年起	城市下岗工人	担保公司	几千一几万	无息或低息	有	有	近百亿	同上或妇女占半	参差不齐	不可持续
5. 小额贷款公司	2005年起	5省、农民、微小企业	要	几千一几十万	14%—28% 平均21%	无	无	几亿	同上	较好	较好
6. 村镇银行	2006年起	6省客户同上	要	几千一几十万	同农信社	有	无	1亿—2亿	同上	总体较好	总体趋势好
7. 农民资金互助社	2006年起	6省乡、村人社农民、企业	无	几千	同农信社	有	无	几百万	同上	总体较好	不佳
8. 贷款公司	2006年起	6省客户同"5"	要	同"5"类	同农信社	无	无	几百万	同上	不详	不详
9. 农信社扶贫贷款	2004年起	同"2"	无	几千	基准利率以下	有	可	不详	同上	多数好	靠补贴
10. 邮储银行	2006年起	同"3"	质押和无抵押	几千一几十万	同农信社	有	有	分别百亿和1亿多	同上	总体较好	趋势较好
11. 城商行、农商行微贷试点	2005年起	十几个地区	无	几万为主	20%上下	有	有	约20亿	同上	较好	可持续

注：笔者根据资料整理。

四 公益性小额信贷机构发展前景的可能选择

(一) 发展成强壮的公益性小额信贷机构

机构"转型"并不必然需要淘汰公益性或非政府组织小额信贷机构。实际上,它们能够继续作为信贷提供者在为那些被正规金融机构忽视的客户提供服务方面发挥重要作用,尤其是那些特别偏远或贫穷地区的客户。公益性或非政府组织小额信贷机构还能在发展和检测金融服务的新技术新产品中发挥作用,这些新技术新产品的发展和检测成本对于正规机构来说太高。

而且,在机构人员业务知识和管理水准不够高,以及政府政策不明朗或没有有利于小额信贷机构发展的外部政策环境时,公益性或非政府组织性质的小额信贷机构形式,有利于获得低成本的资金来源,有利于争取时间和机会,提高能力,锻炼队伍,夯实基础,蓄势待发。一旦时机成熟,它们就可以迅速占据有利位置,成为一个强壮的专事扶贫的非政府组织小额信贷机构或者转变为其他类型的机构。目前世界上最著名的非政府组织小额信贷机构包括孟加拉国乡村发展委员会(BRAC)、孟加拉国社会促进协会(ASA)和拥有560万客户的孟加拉国PROSHI-KA。它们都取得了极为突出的社会经济成就。

我国的公益性或非政府组织小额信贷机构至今仍无合法地位和融资渠道,机构也都是小型的,且总体上业务和管理水平不高。而且政府基本上没有支持鼓励公益性小额信贷机构发展的具体政策措施,这些因素是我国公益性或非政府组织小额信贷机构做大做强的制约条件。这些制约因素急待突破。

(二) 社区资金互助组织

许多(但不是全部)定位于贫穷客户的公益性或非政府组织小额信贷机构由非正规或半正规会员制组织转变而来,还有的由借贷团体模式转变而来,也可将其视为非政府组织小额信贷机构的一种形式,而且还可将非政府组织转为会员制资金互助组织。

村基金、农民资金互助组织等在我国有各种试点。中国银行业监督管理委员会2006年12月降低金融业进入门槛允许建立三类新型金融机构(乡村银行、贷款公司和农村资金合作社)的改革"新政"中包括农民资金互助社组建的政策。这也可以成为目前我国公益性或非政府组织小额信贷机构发展的选项之一。

（三）转变为非银行金融机构

也可考虑将我国现有的和将来还会出现的公益性或非政府组织小额信贷机构转变为中国人民银行目前正在5个省份试点的商业性小额信贷公司类的机构。当然，它们服务的目标群体定位可做各种调整。不过，问题在于这些试点的商业性小额信贷公司也都面临没有正式合法身份和缺少融资来源的问题。不过，目前银监会和中国人民银行出台的小额信贷公司的指导意见（银监会2008年23号文件）对上述没有合法身份和缺少融资来源的问题，提出了可能的解决方案。文件也指出，此指导意见也适用于社会组织。这对公益性或非政府组织小额信贷机构的转型，提供了一种可能的前途选择。

（四）转变为小额信贷银行

中国银行业监督委员会2006年12月"新政"中也包括组建村镇银行的政策。这也可以成为目前我国公益性或非政府组织小额信贷机构发展的选项之一。但是，从政策层面，可能的障碍主要是非政府组织机构社团法人的身份不允许其参股村镇银行，根据目前的规定，只允许企业法人和自然人入股。从公益性或非政府组织小额信贷机构自身和现有境内银行的角度看，彼此有无合作转变成小额信贷的意向和可能。即使公益性或非政府组织小额信贷机构自己想转型成为独立小额信贷银行，但是至今，我国还没有诞生这样的政策法规。

（五）与正规金融机构合作和设立公益性小额信贷批发基金

在我国，目前从制度层面上，政策不允许金融机构向只放贷不吸储的公益性或非政府组织小额信贷机构贷款或转贷款。这是公益性或非政府组织小额信贷机构可持续发展的主要障碍之一。不过，国家开发银行已经开始向中国扶贫基金会的小额信贷机构贷款，并允许其转贷款。人们期待监管部门尽快从制度层面放开相关政策。

另外，可以考虑由国家设立专门的公益性小额信贷批发基金，并由政策性银行经营管理，以支持鼓励公益性小额信贷机构的健康发展，应该说是一种很好的政策措施。国外已经有很成功的此类经验。

（六）建立控股公司实现规范化和规模化

由于小额信贷公司和村镇银行都只能在本县域内经营，如要使公益性小额信贷机构做大做强，实现规范化和规模化经营，可以考虑建立有相同理念和经营管理能力的控股公司的方法解决这一个问题。不过，这一设想的实现仍有赖于政府政策的支持。就像孟加拉国乡村银行那样，政府给予了特别的许可。

（未发表）

参考文献

杜晓山：《中国的小额信贷发展和政策法规》，给世行 CGAP 论文。英文稿见 www.cgap.org/regulation.

杜晓山：《中国农村小额信贷的实践尝试》，《中国农村经济》2004年第8期。

杜晓山：《中国小额信贷的供给状况》，中国小额信贷研讨会论文，2008年。

杜晓山等：《中国小额信贷十年》，中国社会科学文献出版社2006年版。

焦瑾璞等：《小额信贷和农村金融》，中国金融出版社2006年版。

《农村信用社农户联保贷款管理指导意见》，2001年1月。

《农村信用社农户小额信用贷款管理指导意见》，2002年12月。

王曙光等：《农村金融学》，北京大学出版社2008年版。

《中共中央关于农业和农村工作若干重大问题的决定》，1998年10月14日。

《中共中央国务院关于尽快解决农村贫困人口温饱问题的决定》，1996年10月23日。

《中国农村十年扶贫开发纲要（2001—2010年）》。

中国人民银行小额信贷专题组编：《小额信贷公司指导手册》，中国金融出版社2006年版。

中国银行业监督管理委员会、中国人民银行：《关于小额信贷公司试点的指导意见》（银监发〔2008〕23号）。

中国银行业监督管理委员会：《关于调整放宽农村地区银行业金融机构准入政策更好支持社会主义新农村建设的若干意见》（银监发〔2006〕90号）。

中国银行业监督管理委员会：《关于印发〈村镇银行管理暂行规定〉的通知》（银监发〔2007〕5号）。

中国银行业监督管理委员会：《关于印发〈农村资金互助社管理暂行规定〉的通知》（银监发〔2007〕7号）。

我国小额信贷发展报告

一 中国小额信贷的发展阶段

根据中国政府扶贫政策和扶持"三农"政策的变化和要求，到目前为止，当今中国小额信贷的发展大体可分为四个阶段：

第一，小额信贷项目或机构试验的初期阶段（1993年至1996年9月）。在这一阶段，小额信贷试点是由社会团体或非政府组织主要利用国外和自筹资金进行小范围试验。这一阶段的明显特征是，在资金来源方面，主要依靠国际捐助和软贷款，基本上没有政府资金的介入；人们重点探索的是孟加拉国乡村银行（Grameen Bank）式小额信贷项目在中国的可行性；以半官方或民间机构进行运作，并注重项目运作的规范化。

在这一阶段，没有相关的政府政策和法律依据针对小额信贷，仅有国家整体的扶贫政策和扶贫任务以及某些项目与国际捐助机构签订的扶贫项目协议作为参考。

第二，项目的扩展阶段（1996年9月至2000年）。在这一阶段，主要是由社会团体或非政府组织利用国外资金继续进行试验，以及由政府和指定银行（农发行/农行）操作、以国内扶贫资金为主，在贫困地区较大范围内推广，两大类型的项目并行发展。这一阶段的明显特征是，政府从资金、人力和组织方面积极推动，并借助小额信贷这一金融工具来实现"八七"扶贫攻坚计划的目标。与此同时，一些社会组织在实施项目时也更注意与国际规范的接轨。

在这一阶段，国家主要从扶贫有效手段的角度看待小额信贷。扶贫政策从20世纪90年代中前期明确要求扶贫资金到户，到90年代中后期认可小额信贷是扶贫到户和缓贫脱贫的有效手段，要求予以推广。

第三，农村正规金融机构全面介入和各类项目可能进入制度化建设阶段（2000—2005年）。作为正规金融机构的农村信用社，在中国人民银行的推动下，全面试行并推广小额信贷活动。从2000年起，农村信用社开始农户小额信用贷款和农户联保贷款试点。此外，针对下岗失业低收入群体的城市小额信贷试验也开始起步。这一阶段的明显特征是农信社作为农村正规金融机构逐步介入和快速扩展小额信贷试验，并以主力军的身份出现在小额信贷舞台上。同时，上述前两大类型的小额信贷项目有了很大分化，良莠不齐。

在这一阶段，中央政府和中国人民银行对小额信贷表现出比以往更大的关注，出台了推动城乡正规金融机构开展小额信贷项目的政策法规，并进一步研究相关政策法规制定方面的问题。

第四，中央管理部门鼓励民营和海外资本进入，试行商业性小额信贷机构活动（2005年至今）。2005年中国人民银行在欠发达中西部地区5省份推动开展了7个只贷不存的民营小额信贷公司的试点。2006年年末银监会出台了放宽金融机构准入门槛的"新政"，包括在欠发达中西部地区6省份试行村镇银行、贷款公司和农村资金互助社，并于2008年起，将此试验推广到全国31个省份。此外，邮政储蓄银行被批准成立，并首先试行小额信贷业务。这一阶段的明显特征是，有关管理部门试图从法规上承认和鼓励民营和外资资金进入欠发达地区，要求新成立的邮储银行从小额信贷入手，重点开展农村金融服务，试图以增量资金弥补农村地区金融供给不足和竞争不充分的问题。

在这一阶段，中央有关管理部门明显加快了出台小额信贷政策法规的进度。不过，有关政策法规仍有待完善，而且，对社会组织开展的公益性制度主义小额信贷，至今还没有明确的政策法规。

二 小额信贷的政策变化和合法性

（一）政策法规演变

在20世纪90年代中前期，我国的小额信贷项目或组织是公益性的、自发的、零散的试验和实践，基本上没有政策层面的直接支持；到了90年代中后期，以解决扶贫资金使用效率和扶贫攻坚为主要目标的中国小额信贷项目，主要是在中共中央和国务院扶贫政策的大背景下发展起来的；进入21世纪以来，小额信贷已从扶贫扩大到为农村广大农户和个体私营户及小微企业服务的范围，逐步有了政府相关政策法规的支持。

在上述小额信贷发展的1996年9月至2000年的第二阶段，有关重要政策如下：1996年9月，中共中央和国务院召开中央扶贫工作会议，强调加大扶贫资金的投入和执行资金的到村到户制度。1998年2月，国务院扶贫办召开全国扶贫到户工作座谈会。会议指出，凡是没有进行小额信贷试点的省区，要积极进行试点工作；已进行试点的，要逐步推广；试点并取得成功的，可以稳步在较大范围内推广。1998年10月14日《中共中央关于农业和农村工作若干重大问题的决定》指出：解决农村贫困人口的温饱问题，是一项紧迫而艰巨的任务，提出要"总结推广小额信贷等扶贫资金到户的有效做法"。这是在中共中央文件中首次肯定小额信贷是扶贫资金到户的有效做法。1999年中央扶贫开发工作大会再次强调小额信贷的扶贫作用，中发（99）10号文件进一步提出，小额信贷是一种有效的扶贫到户形式，要在总结经验、规范运作的基础上，积极稳妥地推行。

在上述小额信贷发展的2000—2005年的第三阶段，有关重要政策法规如下：中央政府在中国农村十年扶贫开发纲要（2001—2010年）中继续重申："积极稳妥地推广扶贫到户的小额信贷，支持贫困农户发展生产。"1999年7月，中国人民银行发布了《农村信用社农户小额信用贷款管理暂行办法》。2000年1月，中国人民银行的《农村信用合作社农户联保贷款管理指导意见》借鉴了非政府组织和准政府组织小额信贷的制度设计，如小组联保、强制储蓄、小组基金、分期还款和连续贷款等。2001年12月，中国人民银行发布了《农村信用合作社小额信用贷款管理指导意见》，要求农信社大力推广农户小额信用贷款。2002年4月，中国人民银行下发了《关于进一步做好农户小额信用贷款发放和改进支农服务工作的通知》，再次强调农信社开展农户小额信贷工作，并要求加强对农信社小额信贷的支持。2004年中央一号文件要求农村信用社利用小额信贷支持农业生产，"继续扩大农户小额信用贷款和农户联保贷款"。

在上述小额信贷发展从2005年起至今的第四阶段，有关重要政策法规如下：2005年中央一号文件第一次明确提出，培育竞争性的农村金融市场，有关部门要抓紧制定农村兴办多种所有制金融机构的准入条件和监管办法，在有效防范金融风险的前提下，尽快启动试点工作。有条件的地方，可以探索建立更加贴近农民和农村需要、由自然人或企业发起的小额信贷组织。2006年中央一号文件要求"大力培育由自然人、企业法人或社团法人发起的小额信贷组织，有关部门要抓紧制定管理办法"。第一次明确地将社会组织开展的以社团法人为形式的小额信贷机构纳入政策支持范围。2007年中央一号文件要求"加快制定农村金融整体改革方案，努力形成商业金融、合作金融、政策性金融和小额信贷组织互为补充、功能齐备的农村金融体系"。第一次明确地将小额信贷纳入农村金融体系当中。2007年年初召开的全国第三次金融工作会议也明确提出，完善农村金融体系，鼓励和支持发展适合农村需求特点的多种所有制金融组织，积极培育多种形式的小额信贷组织。2008年中央一号文件进一步要求"积极培育小额信贷组织，鼓励发展信用贷款和联保贷款"。2008年党的十七届三中全会《中共中央关于推进农村改革发展若干重大问题的决定》提出："加强监管，大力发展小额信贷，鼓励发展适合农村特点和需要的各种微型金融服务。允许农村小型金融组织从金融机构融入资金。允许有条件的农民专业合作社开展信用合作。"

同时，我国金融主管部门的行为有了更积极的变化，一些行政法规也加快出台。2005年，中国人民银行在中西部5省份推动7家小额信贷公司试点，中国人民银行小额信贷课题组于2006年出版了《小额信贷公司指导手册》。2006年12月，银监会出台了《关于调整放宽农村地区银行业金融机构准入政策，更好支持社会主义新农村建设的若干意见》，推出建立村镇银行、贷款公司和农村资金互助社3种新型金融机构试点的"新政"。2007年银监会颁布了《村镇银行管理暂行规定》《贷款公司管理暂行规定》《农村资金互助社管理暂行规定》等法规，并且在6个省份进行试点，2008年试点扩大到了31个省份。2008年4—5月，银监会和中国人民银行先后联合发布《关于村镇银行、贷款公司、农村资金互助社、小额信贷公司有关政策的通知》和《关于小额信贷公司试点的指导意见》，明确小额信贷公司从事小额信贷业务的主管部门、合法地位、市场准入、融资和监管等相关政策规定。

(二) 政策法规发展特点

1. 政策法规制定滞后，现有提速势头

我国的小额信贷政策法规经历了一个先滞后、再缓慢、逐步放开并有反复，以及加速制定和仍需改善的过程。这个过程大体经历了：从不认同或持观望态度，到承认小额信贷扶贫到户的有效作用，到支持试点和确认小额信贷的支农作用，到中央要求建立多种所有制形式的小额信贷机构，再到中央明确小额信贷是农村金融体系的有机组成部分。

我国的当代小额信贷发展比发展历史早的国家晚了约20年，目前还处于发展的初级阶段。不过，从倡导普惠金融体系理念和发展的角度说，我国几乎与国外齐步。此外，与小额信贷政策相比，我国的相关法规建设显得相当缓慢。

2. 重商业性小额信贷，轻公益性小额信贷

至今，小额信贷法规都只是针对正规的商业性银行机构和新型金融机构，没有任何具体的关于公益性（扶贫性质）小额信贷业务或机构的正式的法规性文件。应该指出的是，公益性小额信贷对构建和谐社会和发展普惠金融有重要意义，在小额信贷发展历史和进程中一直起先锋、创新作用的公益性的小额信贷，至今没有政府政策法规的支持鼓励，是很不公平也很不应该的。

3. 有关管理部门应加强沟通，协调一致

政府政策法规的支持鼓励，是小额信贷发展的决定条件之一。在我国，这些政府部门至少包括人民银行、银监会、财政部、扶贫办、税务总局等，当然，也包括地方各级政府和相关部门。有关管理部门应加强沟通、达成共识、协调一致，推动各类小额信贷健康、有序、大规模地发展。

三 各类小额信贷的供给机构类型

(一) 社会组织和非政府（NGO）公益性小额信贷组织

这类社会组织的兴起始于1993年。开始由中国社会科学院等发起，先后存在过分布在300多个县市的项目或组织（也包括乐施会、宣明会等海外NGO直接管理的少量机构），目前尚存100多个。资金和技术援助规模最大的外援机构是联合国计划开发署和儿童基金会，它们分别

援助了五六十个中西部贫困县的扶贫小额信贷项目或组织。这类社会组织的服务和分布范围遍及全国很多省份，以贫困地区（贫困县）的农村为主。他们的目标客户是中等和低收入及贫困农户。

贷款的运作方式以小组信贷为主，而个人借贷方式和村银行（Village Bank）方式少。还款方式既有分期还贷，也采用整还贷款的方法。一般来说，贷款无须抵押担保，多采用小组联保方式运营。有的机构还有预存小组基金和实行强制性存款或风险金的要求。

在农村的项目，平均贷款额1000—5000元/笔不等。在城市一般是每笔3000元、5000元、8000元等。贷款年利率和费用为3%—18%不等。就贷款对象而言，可区分为：不分性别；以妇女为主；以男人为主。几乎无吸收存款、汇款等其他产品。

这类组织的贷款规模没有权威的统计，估算有10多亿元。它们的资产质量和可持续性好坏差别很大。现有的100多个机构中，有二十几个相对较好，还贷率大于95%；达到营运自负盈亏的有十几个。这类组织所面临的挑战主要有三个：机构的合法性和适宜的地位有待争取；融资资格和渠道缺失，绝大多数机构几乎无资金新来源；机构工作人员素质普遍偏低，业务能力和管理水平不足。另外，还有产权和治理结构、内部控制、内部制衡机制、组织凝聚力、资金有效管理和周转（操作和财务管理的健全）、大规模扩展后的质量保证、外部监管是否有效等问题。

（二）农行/农发行（国有银行）开展的扶贫贴息小额信贷

农行/农发行（国有银行）开展的扶贫贴息小额信贷项目，在开始时是配合中国政府的"八七"扶贫计划而推出的。

比较大规模地开展是从1997年开始，在全国广大贫困地区（县）进行的。目标客户为中低收入和贫困农户。2000年以后，规模有了较大程度的缩减，而且多以企业为贷款对象。2008年起中国农业银行开始发放金穗惠农卡，现已发放几百万张，它也具有对广大合格农户发放小额信贷的核心功能。

农行20世纪90年代实施的小额信贷的运作方式多以小组借贷方式进行。还款方式既有分期还贷，也有整还贷款。贷款无须抵押担保，多采用小组联保方式运营。平均贷款额为1000—5000元/笔。客户贷款的年利率为 2.21%—3.00%，甚至无息费，由中央和地方政府补贴利息，几乎无吸收存款、汇款等其他产品。

这类组织的贷款规模，从已有的资料来看，贷款余额为 381 亿元（是否全部为直接到户的贷款不详）。客户以穷人（户主）为主。从性别上看，以男性为主。与妇联合作的项目则以妇女为主。

至于扶贫贴息小额信贷的资产质量，不同的时间、地区和机构好坏差别很大，但总体上看是比较差的，应该说财务上不可持续。

这类项目所面临的挑战主要是：相关组织和人员开展此项目的愿望不足；缺乏相关的业务知识和管理能力；网点人手不足；与相关的政府合作机构（如扶贫办、妇联、科委等）关系往往不协调，存在两张皮现象；项目不可持续。人们期待，现在开发的"惠农卡"小额信贷业务能吸取过去的教训，防止重蹈覆辙。

（三）农信社开展的农户小额信贷项目

农信社现有 8000 多家法人机构，据称约 90% 农信社开展了小额信贷业务。笔者将其开展的农户小额信贷项目界定为三类：小额信用贷款、联保贷款、抵押担保贷款。前两类是中国人民银行于 1999—2000 年发文要求农信社试行和推广的。农信社自 2000 年起从江西婺源县开始试点，后逐步向全国推开。客户对象采用评定信用等级的方式分类，确定发放对象和数额。一般以当地个体私营户、富裕、中等以上农户为主，也包括部分贫困户。

贷款方式分别有信用贷款、联保贷款、个人抵押担保贷款（额度大的），以及"企业+农户"等。贷款额度按等级一般分为：1000—3000 元；3000—8000 元；8000—3 万元等，当然，不同地区额度的分类标准各不相同。而且，联保贷款的额度一般比信用贷款额度更大。贷款年利率按中国人民银行的规定执行，即是基准利率的 0.9—2.3 倍，要求最好低于一般贷款利率。其他产品可以有存款、汇款等各类银行产品。

目前的农户信用贷款和联保贷款余额为 3000 多亿元，据统计，贷款农户有 7000 万户。贷款户以男人为主（户主），也有少量的信用社开始与妇联合作，以妇女为客户放贷。

各个信用社的贷款还贷率与可持续性差别很大。一般的信用社所开展的小额信贷的还贷率在80%左右。

这类项目所面临的挑战主要是：小额信贷的额小、面广、点多、业务量大和工作艰苦与农信社人少且追求利润的目标矛盾；支农业务的政策性和利率限制与农信社商业性和可持续发展追求的矛盾；信用社与当地乡村干部的责权利关系不清，对开展此项目业务有"应付"或"一窝蜂"倾向；对贷前、贷中、贷后和可能的贷款风险，审定管理不严；偏爱放大户、垒大户，"扶富不扶贫"的倾向；一些信用社资产质量差、管理粗放；农信社人力、业务和管理水平、资金供给等与产品类型、贷款额度增大、期限灵活等不相适应；有些农信社不善于借鉴国际上规范小额信贷的技术，例如，奖惩激励机制、分期灵活还贷、循环贷款等。

（四）城市商业银行和担保公司开展的小额信贷项目

2002年起中国人民银行要求在城市开展下岗工人小额担保贷款。一般来说，此项目由城市商业银行和担保公司协作承担。担保公司或财政担保基金承担全部或80%的风险，有的要求借款人找反担保人，担保机构收取1%的管理费。银行以基准利率放贷，由财政贴补息，借贷人不支付利息或利率很低。贷款额度平均2万元，最高10万—15万元，低的在5000—1万元。还贷方式多样化，例如，可整贷整还，也可整贷零还。

现在此贷款项目的客户范围已扩大到大学毕业生、军队转业人员、失地农民和低收入创业者。贷款对象不分性别，有的银行客户男女各占50%左右。该项目目前的贷款余额约150亿元，资产质量整体还不错，据说不良率在10%左右，但是这类贷款可持续性差，因为它需要依靠财政高额补贴。

它面临的挑战是：商业银行的意愿，是被动执行还是主动积极贯彻；是否掌握适宜的技能和探索创新能力；由于贷款客户风险较大，能否接受和实施此类业务的新理念和新技能及管理能力是首要的挑战。其次，长期依靠国家补贴是否可行，也是令人担心的。

（五）只贷不存的商业小额信贷公司试点

自2005年起，中国人民银行又发起由民间资本筹集建立的只贷不存的商业小额信贷公司试点。试点在中西部5省份的5个县开展，总共建立了 7 个公司。据不完全统计,现已建立了 100 多个这样的机构,注册资本金较多的可达 1 亿—2 亿元。

商业小额信贷公司的客户对象为当地农户、居民(含个体、私营户)、企业等。贷款技术和产品多与信用社相似。贷款多数需要抵押或担保,平均贷款额约 10 万元/笔,各机构或同一机构的不同客户额度高低不等,少的几千元,多的几十万元。贷款年利率平均大于 20%。公司无其他金融产品,也不可以吸收存款。

中国人民银行试点的 7 个商业小额信贷公司的注册资本金为 1700 万—5000 万元不等。目前只能在本县域内经营。贷款投放多的商业小额信贷公司,贷款额已达近亿元,而少的仅几百万元。累计共发放十几亿元。总的来说,资产质量不错。从报表上看,这 7 个商业小额信贷公司多数在财务上有可持续性,到 2007 年年底还只有一个商业小额信贷公司亏损。

商业小额信贷公司面临的挑战是:贷款技术和产品基本照搬传统方式,几乎无创新和进步;有的商业小额信贷公司运营不规范,为股东自己放贷;倾向放大额贷款(超出了小额信贷的范围);股东之间矛盾冲突;融资无渠道或融资规模限制过严;不可以跨县域经营,规模扩展有困难;需要防范非法集资和变相吸收公众存款等问题。

(六)村镇银行开展的小额信贷

2006 年年底,银监会宣布在 6 省份 36 个县开展村镇银行、贷款公司和农村资金互助社三类新型金融机构试点。2008 年这三类新型金融机构试点扩大到 31 个省份,每个省可先选择少量的点进行试验。到 2008 年 3 月,总共 12 个省份成立了 25 家村镇银行、4 家贷款公司、9 家农村资金互助社。这 38 家机构累计发放农户贷款 4.45 亿元,农村企业贷款 2.1 亿元。到 2008 年年底共约建立了 100 家三类新型金融机构,贷款余额有几十亿元。

村镇银行建于 2007 年,由发起银行控股,至少占有 20% 的股份,是由它独资或与自然人、企业法人合股组建而成的股份制银行。单个自然人、企业法人最多不得占有超过 10% 的股份。

村镇银行只在县域(需有 300 万元注册资本金)或乡镇范围(需有 100 万元注册资本金)内经营。其客户目标和操作方式及经营业务范围基本与农信社相似。笔者认为，村镇银行并不一定就是小额信贷机构。从贷款的角度看，只有额度低于 10 万元的，才可称为小额信贷。但是在村镇银行，人们很难看到它的小额信贷规模是多少。从看到的报道中发现，村镇银行资产质量多数不错。到 2007 年年末，有两家村镇银行已盈利。

它面临的挑战和问题是：存在大股东或原银行控制；贷款违规放出县域；产品创新不足；吸收存款难等。现在值得探讨的一些问题有：是否可以不规定控股银行；适当扩大规模，在达到一定经营水平后，允许出县到市；如何使监控更有效等。

（七）农村资金互助社

农村资金互助社实际上与原来就存在的"村基金"类型的小额信贷机构相似［即属于上述的第一类"非政府（NGO）公益性小额信贷组织"中的一种分类型］，例如在 20 世纪 90 年代后期贵州威宁县草海自然保护区就建立了 70 多个村级资金互助社，只是符合了银监会的机构注册规定。2006 年开始，国务院扶贫办在 14 个省份 140 个贫困村也开展了建立"村级发展互助资金"试点的工作。

自 2007 年起银监会在 6 个省份试点，农村资金互助社可视为合作或股份合作制金融，分村级（需有 10 万元注册资本金）和乡镇级（需有 30 万元注册资本金）农村资金互助社两类。所有者和服务对象是入股的当地农户、居民和企业。用个体或小组借贷方式操作，可在入股成员内存款和借贷。

农村资金互助社，包括未注册的民营"村基金"类型的小额信贷机构面临的问题和挑战是：难以获得融资来源（虽然政策上允许）；人员素质和管理水平需要提升；内部强势人控制的可能性较大；内部制衡机制缺乏；组织凝聚力不够；资金有效管理和周转（操作和财务管理的健全）有待提升；大规模扩展后的质量存在问题；外部监管是否有效；注册和正规化后，如何控制经营成本的提高；无配套的优惠政策；审慎监管要求的实施有无必要等。

可以通过一个案例来说明。吉林省梨树县（非贫困县）某农民资金互助社，于 2007 年以 10 万元注册成立。在注册资本中 7 万多元按管理部门要求，配备了安保设施和专职会计。为此，资金已用去一大半。

后来又争取获得 20 余万元的银行委托贷款资金。但是如要达到财务上的自负盈亏和可持续发展还有很长的路要走。

表 1　　　　　　　中国农村小额信贷若干情况

项目分类	起始时间	目标客户	财务可持续目标	金融合法地位	年利率	贷款规模目前余额
国际援助、社会团体（民营半民营项目）	20 世纪 90 年代初	贫困户、中低收入户；有的以妇女为主	有的项目有此目标	无允许项目期间试验	高低不等	约 2 亿元
政府主导型项目（农行与政府部门合作）	20 世纪 90 年代中后期	贫困户、中低收入户妇联主持的，以妇女为对象	无此目标，有财政补贴	有	3% 以下贴息贷款	超过 380 亿元
农村信用社信用和联保贷款	2000 年起	所有合格的农户；以男性客户为主	有此目标	有	基准利率可适当上浮	3000 多亿元

注：笔者根据资料整理出此表。

（八）银行派生的贷款公司

银监会规定，银行派生的贷款公司需有 50 万元注册资金才可以成立。这一业务始于 2007 年，国内现有 4 家。另外花旗银行也在筹办 2 家贷款公司。

到目前为止，此类银行派生的贷款公司似乎发展并不是很快。事实上，此类贷款公司与中国人民银行发起的小额信贷公司除了发起者不同，从业务范围上并无大的区别。不过，它的资金量有限，有赖于母银行或其他融资渠道的支持。

（九）农村金融机构扶贫贴息小额信贷项目

从 2004 年开始，国务院扶贫办、财政部开展扶贫到户贷款贴息方式改革试点。主要做法是：将部分中央财政贴息资金拨付给地方，由地方自主选择承贷金融机构发放扶贫贷款。被选定的金融机构绝大多数是农信社，也有少数是农业银行。这些贷款的贴息资金直接被核补给贷款贫困农户或发放到户贷款的金融机构，在贴息期内按 4%（2005 年为

5%）年利率补贴利息。这项改革试点在全国选择了 11 个省的 33 个重点县开展，2005 年进一步扩大到 22 个省份的 200 个县，两年来引导信贷资金投入 20 亿元左右。从 2005 年起，在 4 省份 8 个县又配套开展了建立"奖补资金"推进小额信贷到户的试点。

据国务院扶贫办统计，从实施效果看，试点县到户贷款总量都有较大幅度的提高，贴息资金引导的扶贫贷款基本上都贷给贫困农户，到期贷款回收率大幅提高，多数县达到 90% 以上，最低的 1 个县也达到了 74%，贫困农户增收效果明显。2006 年开始，将到户贷款贴息资金全部下放到 592 个重点县，由县选择金融机构发放并与其直接结算贴息，引导到户贷款 59.2 亿元。

农村金融机构扶贫贴息小额信贷项目面临的挑战是：目标偏离，有的农村金融机构没有积极性；项目有没有可持续性还有待观察。

（十）邮政储蓄银行的小额信贷试点

2006 年中央政府批准成立邮储银行，而邮政储蓄机构过去只开展邮政和储蓄业务。邮储银行同年开始开展小额信贷试点工作。最初，在建立机构和充实、培养合格人员的同时，在全国各地先逐步试行小额质押贷款，自 2006 年上半年起国家邮政局邮政储汇局开办了邮政储蓄定期存单小额质押贷款业务试点，现在该业务已在全国系统内铺开。在取得经验后，又在 6 个省份分别进行自然人和企业法人的小额信用贷款的试点，现正在全国进一步扩大试点范围。邮政储蓄银行通过小额信贷形式，促进邮储资金返回农村。

为了控制风险，目前小额质押贷款每笔贷款额度为 1000—10 万元，不过，第一批试点的 3 个省份的贷款额度已提高到 50 万元。放贷金额原则上不超过所质押定期存单本金的 90%，贷款期限最多不超过 1 年。借款可用于个人消费、生产经营周转等，但不得用于证券、期货等方面的交易。

银监会 2007 年 5 月批准邮储银行可开展小额无抵押贷款，在陕西、河南等 7 省份开展试点，单一借款人的最高授信额度不得超过 50 万元。邮储银行于 2007 年 6 月在河南正式启动此贷款业务，产品分商户联保贷款（每个商户最高贷款额暂为 5 万元）和农户联保贷款（每个农户最高贷款额暂为 3 万元）。

目前，邮储银行存款规模约 2 万亿元，规模居全国第 5 位。它开展的小额质押贷款和小额信用贷款试点，贷款余额 1000 多亿元。小额信用贷款已在十多个省份开展试点，贷款达到 1 亿多元，总体情况良好，基本上都属于正常贷款。邮储银行正在向银监会申请，逐步向全国推广。其他产品可以有存款、汇款等各类银行业务。

邮政储蓄银行小额信贷业务所面临的挑战是：贷款业务知识和管理水平欠缺；人员素质有待进一步提高和各类各层次人才急需大量充实。

（十一）商业银行进行的微小额信贷款试点

2005 年国家开发银行与世界银行合作，先后引入针对小微企业和难以获得贷款的弱势群体的小额信贷项目试点。该试点分别在浙江台州、内蒙古包头、辽宁本溪、安徽马鞍山等 12 个城市和农商行进行。至今贷款已有十几亿元。也有一些商行自己在开展类似的业务。

这类业务的贷款额度每笔为几千元至几万元。实行的是无须抵押或灵活抵押担保贷款方式。各试点机构本项目的资产质量都很好，不良率均在 1% 以下。

哈尔滨商业银行就是一家在城乡试点本项业务的商行。它对农户的小额信贷是市场化的，而非补贴式的。单笔贷款在 2 万—10 万元，平均额度为 3 万元，采用联保或担保人担保的方式。城市小微企业贷款，对客户采用灵活担保方式，平均 8 万元/笔，也可联保，均要求以自然人身份申请。

商业银行进行的微小额信贷款所面临的挑战是：领导和员工团队是否能转变观念，愿意开展此项业务；能否配备和培养合格人才以及能否学习掌握相关技能和具备成功的必备要求。

（原文载于《农村金融研究》2009 年第 2 期）

公益性小额信贷蓬勃发展仍困难重重

在国际金融危机的"海啸"中,中国并不能如各国友人所愿,成为世界各国的"救生船"。"自救"成为2009年中国经济发展的主题。与此同时,具有强大发展潜力和开发潜力而且数额巨大的中国农民成为挽救中国经济的主角。小额信贷作为繁荣农村金融市场的重要举措被寄予了厚望。"中国小额信贷的先行者"、中国社会科学院农村发展研究所副所长杜晓山认为,中国小额信贷仍然处于初级阶段。虽然商业性的小额信贷已经做得比较成功,但是公益性小额信贷的发展仍然面临重重困难。

中国小额信贷发展十几年未形成规模,不是它不适合中国实际,而是缺乏实质性的政策支持。

《中国扶贫》(杨凤平、姜旭):有人说,小额信贷在中国都已经发展十多年却成不了规模,说明小额信贷的模式不适合中国。您对此有何看法?

杜晓山:我的看法是:商业化的小额信贷,不管是银行还是只放贷不吸储的小额信贷公司,虽然有些取得了部分不错的业绩,然而,现在中国的扶贫或者针对穷人的小额信贷,虽然它们发展的历史最早,仍然没有很大的规模,没有取得令人满意的业绩。这是由于中国公益性制度主义(以服务中低收入和贫困群体为宗旨,又追求自身可持续发展的)小额信贷机构的发展缺乏最重要的三个条件。第一个是合法性问题;第二个是没有融资渠道;第三个是内部管理水平普遍不够高。

虽然中央政策,从几个中央一号文件,到金融工作会议,包括党的十七届三中全会的决定都提到了对各种类型的小额信贷、微型金融，要鼓励他们发展，要对他们融资给予便利。但我们仍然没能看到真正的政策法规的落实。所以就算做得再好，也局限在一个县里可以做，规模较少，不可能像孟加拉国乡村银行那样，成为全国范围内专门服务于穷人的小额信贷机构。既然孟加拉国能做，为什么中国不能做？中国人是世界上最聪明、最勇敢、最智慧的民族之一，为什么不会产生中国的孟加拉国乡村银行？我认为，这是因为政策层面上有着重大缺陷。这个问题不解决，中国的小额信贷的业务、银行或者是产品、机构，无法做大、做强。所以要讲小额信贷成败的原因，我认为应该分开来讲。目前商业性的小额信贷发展得不错，但是还需要调整政策，最大的缺陷就是在帮助穷人的小额信贷的业务、机构和产品的发展上，我们的相关的主管部门，有很大的工作缺陷。

15年过去了，中国的小额信贷机构仍然处于合理不合法的尴尬境地。从中央政府、中央文件的层面来说，小额信贷机构的存在是既合法也合理。但是从政策法规角度来说，它是合理而不合法。

《**中国扶贫**》：当今中国小额信贷机构或组织的法律地位如何？

杜晓山：现在从中央政府、中央文件的层面来说，小额信贷机构的存在是既合法也合理。但是从政策法规角度来说，是合理而不合法。从法律角度来说，这是一个很模糊的"灰色地带"，比如我们社会科学院看过几个案子，有的法官在审理时说，这个属于没有经过政府批准进行金融活动，缺乏法律支持。但是，由于社科院的特殊性，我们拿到三个文件，都是1999年拿到的，第一个是中国人民银行允许我们进行试验的文件，第二个是国务院扶贫办允许我们继续实践，鼓励我们做可持续发展小额信贷试验的文件，第三个文件是国务院批转给我们的同意文件。所以社科院在打官司的时候，就凭着这三个文件。在审理我们的案件时，法官判决贷款户不还钱是违反所签订合同的，认定社会科学院的几个基层小额信贷机构具备合法性。当然，这只是针对社科院而言，其他机构不存在我们这个情况。在遇到类似问题的时候，就很难办。而且我们的三个文件也不是法律，只是特许的一个特例，所以合理而不合法。因此，其他的机构在做小额信贷的时候，这个风险就会形成很多的压力。

虽然目前法律没有保障，但是现在好在捣乱的人越来越少了。因为现在大家看到的电视、听到的广播等，都是支持小额信贷，所以人们对于小额信贷的认识越来越清晰了。尤其中央文件多次提到鼓励发展各种类型的小额信贷组织。但是一拿起法律就没话讲了，不能说中央文件拿来了，中央文件也得说明依据相关法律。

小额信贷行业普遍出现"资金饥渴"，呼唤批发基金能早日实现。

《中国扶贫》：资金不足作为阻碍小额信贷发展的一个重要因素，您认为未来小额信贷的主要资金来源有哪些？

杜晓山：我认为批发基金是重要的资金来源。批发资金可以来自国家财政资金、扶贫资金、国家政策性银行。国家通过批发基金，把钱批发给运行较好的小额信贷机构。这是一个很好的渠道，也是外国的经验。党的十七届三中全会提出，县以内的银行新吸收的存款，主要用于本地、本县发放贷款。如果这些银行自身亲自开展小额信贷方面的业务，可以把钱通过批发资金的形式，委托这些机构来做。印度的大型商业银行 ICICI 就是这样一个机构。ICICI 把用于开展小额信贷业务的资金批发或委托给小型的非政府组织小额信贷机构，也包括小型的地方机构，让它们来做小额信贷。这样，既解决了自己网点不足，又扩大了市场面，增加了盈利水平，同时也解决了低收入群体的消费愿望，同时解决了小型机构自己生存，以及帮助穷人宗旨的实现，是一个"多赢"的局面，政府也完全乐于见到这样的局面出现。

当然国际援助机构愿意给钱，也很好。我认为，这些是最为可行的，现在马上就能启动，直接解决问题。其实这些办法，非常简单，没有什么难的，只要有一个负责同志，做出这样的指示，有关部门协商具体落实就能做了。如果这样做，我们现有的小额信贷发展促进网络可以协助完成。我们的网络现在有 80 多个小额信贷机构，还有我们这些研究机构、商务部、全国妇联，这些人都在做小额信贷，他们都懂小额信贷，我们就能够指导、帮助这些小额信贷机构，获得批发资金，或者帮助政府有关管理部门，来协助他们鉴别、辅助和监督，把这个事情做起来。我认为一点儿也不难，关键有没有人想这个事情，尤其是有决策权的领导，想不想做这个事情。

当小额信贷机构规模小的时候，人是发展的主导因素，但是当机构

发展起来，规模变大了，完善的制度就成为其关键。

《中国扶贫》：我们常说成事在人，谋事在天。您认为小额信贷成功或者失败，人的因素起着什么作用？

杜晓山：我认为，人和制度，是小额信贷成功缺一不可的因素。人和制度是什么意思呢？就拿我们社会科学院自己的经验。1993年我们在河北省易县做扶贫社，试验小额信贷在中国行不行得通。刚开始出现了很多问题，归根结底就是人的问题。人的问题解决了，我们就能正常发展了。

同样是小额信贷，在规模很小的时候，人非常重要，工作人员敬业、认真、真心实意地扶贫，艰苦努力地工作，取得非常漂亮的成绩。但是当规模大了以后，我们遇见了很多的在规模小的时候没有出现的问题，赖账、拖欠，还有人搞一些内外合谋的事情。我认为拖欠或者拖欠之类的事情，主要还是机构内部的问题。内部工作人员不敬业，思想意识不端正。这时候，完善的内部管理制度可以帮助机构规范员工的行为。

当机构或者组织规模大以后，必须依靠制度来规范管理和监督行为，没有制度，单靠人盯人的管理，不但效率低，作用也不明显。机构或组织内部除了建立相应的管理制度，还要执行这些制度。内审制度，监督的人必须到位，这样才不会出现许多违规的事情。邓小平同志讲过一句话，好的制度能够防止坏人做坏事，没有好的制度，或者说没有制度，好人也可能变成坏人。没有制度约束的权力必然导致腐败，导致落后。因此，小额信贷的成败，人和制度缺一不可。制度是由人制定、修改、执行的，但制度又是制约人的，是规则性的东西。

小额信贷的相关制度包括两个层面：一是小额信贷机构或组织内部的制度；二是国家层面上的制度。从国家的角度，国家制定的制度、法规和政策，既要支持小额信贷的发展，又要防范金融风险。

依据小额信贷机构的性质不同，采取不监管、非审慎监管、审慎监管三种不同的监管方式，既节省监管成本，又实现了有效监管。

《中国扶贫》：刚才您谈到，发展和防范风险的问题，一些机构，我们希望能够融资，吸收存款，对于它自身的发展来说，是一个很好的事情，但是从国家角度考虑，需要保证农民权益，所以监管是一个很重要的因素。您认为我国应该采取怎样的监管制度？

杜晓山：从国际经验来看，对待小额信贷机构的监管可以同时采取以下三种政策：一是不监管，二是非审慎监管，三是审慎监管。这三种政策是针对不同的小额信贷机构提出的相关政策。不监管，主要是针对不吸储，规模较少的社会组织和非政府组织。无论是福利主义的还是制度主义的小额信贷组织，如果资金来自捐赠的款，而且规模不大，都可以实施不监管制度。因为这些社会组织和非政府组织只放贷不吸储，不存在风险，最糟的情况是机构缺乏资金，停止运作，没有监管的必要。

对于一些范围少，只是社员内部吸收存款的小额信贷机构或者只放贷不吸储的小额信贷组织，可以采用非审慎监管制度实施监管，例如现在那些100多个非政府组织或社会组织开展的公益性小额信贷机构，再如农村的村级资金互助社，其中包括国务院在贫困村推行的村级资金互助社，或者村级互助资金，这些小额信贷的形式就可以采取非审慎监管。因为这只是在社员范围内的吸储和放贷，不出村，范围很小，而且采取成员内部封闭式运作，所以不需要审慎监管。非审慎监管可以避免过于烦琐的监管工作，有利于本土小额信贷机构和组织的成立与发展。采取非审慎监管的组织或机构，只需定期向监管部门报表，并建立举报制度，不定期地现场监管，就可以达到较好的监管效果。用这种办法能够发展大量的村级资金互助社和社会组织开展的公益性小额信贷机构，如易县这样，还有扶贫基金会等100多个类似的机构，它们都不吸收存款，不需要审慎监管。一年或者半年报一次报表，有举报制度，除非违规了，不严重的给予警告、整改，否则就关掉，这种就是非审慎监管。

第三种就是审慎监管制度。对于那些吸收存款类的小额信贷机构，不管是针对穷人的还是针对小企业和小企业以下的商业性的小额信贷机构，只要吸收存款，都需要采取审慎监管制度。

小额信贷协会的成立，能够分担部分政府职能，但是也要防范协会的违规操作。

《中国扶贫》：您曾说过，这个监管机构，可以不是人民银行，或者是其他机构，甚至可以考虑成立小额信贷相关协会。您认为相关协会将怎样承担监管职能？

杜晓山：无论是审慎监管，还是非审慎监管，还是不监管，如果国家赋予小额信贷相关协会一定的监管职能的话，就可以帮助主管部门，节省主管部门很多的工作量。因为协会能够经常来往于这些组织之间，可以使信息更对称，及时发现问题、通报问题、解决问题，并向主管部门报告，协助主管部门解决问题。

国际上很流行普惠金融体系，我们也一直在倡导。普惠金融体系就是帮助一切需要金融服务的群体，不论他是穷人富人还是一般人，都应该给予他金融服务。也就是说，给所有具有金融服务需求的机构、个人，提供公平正义的服务享用权机会，这是普惠金融体系的基本概念，也就是重点强调帮助穷人，得不到传统银行帮助的那些人，这就是小额信贷的理论和实践的延伸和提升，出现了普惠金融体系。但是，如果要做好普惠金融，要解决四个层面问题。

第一个层面也是最低层面，也就是我们需要金融服务帮助的穷人。第二个层面是那些小额信贷的零售机构，不管它是银行还是只放贷不吸储的机构或者是一些民间借贷组织。第三个层面是网络、协会，这叫中观层面，就是中介服务层面。这些中观层面就是为微观层面服务的，该层面包括协会、网络、咨询机构、培训机构、审计、评级机构、征信系统，如中国人民银行建立的个人信用等级，银行成立批发基金等这些就叫作中观层面。第四个是宏观层面，包括政府、主管部门、政策法规，还有国家的整个经济社会环境，主要是指政策法规方面。所以，我们谈普惠金融体系，实际上是对小额信贷、微型金融的一种理念、理论和实践的延伸和提炼。

小额信贷相关的协会是中观层面里面的一个部分，这样定位就很清楚了。协会能做什么？从普惠金融的五个层面来看就很清楚了，一是行业自律；二是为微观层面的小额信贷零售机构服务；三是协助审计、监管，完成政策研究、政策咨询；四是为小额信贷机构推荐批发资金信息，同时为提供资金批发的银行或部门协助考察小额信贷机构；五是为小额信贷零售机构争取和维护合法权益，争取政府政策法规的支持。

（原文载于《中国扶贫杂志》2009年第5期）

关注小企业贷款和小额信贷问题

根据中国银行业监督管理委员会（以下简称"银监会"）公布的数据，2009年上半年，我国银行业金融机构新增本外币贷款7.72万亿元，同比增幅为32.8%，其中中小企业贷款增幅高于全部企业贷款平均增幅。6月末，银行业金融机构中小企业人民币贷款余额为13.7万亿元，占全部企业贷款的比重为54.3%。比年初增加2.7万亿元，比年初增长24.1%，比全部企业贷款平均增幅高1.5个百分点。从这些数据来看，好像在信贷增量中中小企业的融资状况有所改善。就此，日前记者采访了中国社会科学院农村发展研究所副所长杜晓山研究员，他从小企业信贷、农信社改革、新型农村金融机构的发展等多个方面阐述了自己的观点。

一 小企业在天量信贷中是否"受益"

记者（柳立）： 有关调查发现，天量信贷对改善大型国企资金状况确有积极成效，但众多小企业正为"融资难"叫苦不迭。一方面，银行及其主管部门宣称中小企业贷款状况改善；另一方面，贷款难的呼声不绝于耳。这种令人困惑的现象长期存在，为什么？

杜晓山： 有资料显示，在2009年一季度中小企业贷款合计占比为52.5%，仅从这个数据看，好像中小企业的贷款占相当大的比重。但是，进一步分析发现，银行新增贷款中大企业得到的比重是47%，中型企业是44%，小企业只有8.5%。有报道称，银行放贷对象主要集中在年销售收入3000万元以上的企业，这些基本上都是中型以上企业。中国民营经济研究会会长谢经荣认为，目前中型企业融资难问题已基本解决，而占企业总数99%的小企业绝大多数与信贷无缘，而且，以数据说明多数小企业的资产质量、经营效益、市场信誉并不差。可见，笼统地谈中小企业贷款难问题容易掩盖主要矛盾。中小企业贷款难主要难在小企业贷款，当然也包括更小型的微小企业贷款。我认为不应泛泛而谈中小企业贷款难，应突出研究和重点解决小企业贷款难的问题。

二　关于农信社改革

记者： 大银行主要服务于大客户大项目，中小银行主要服务于中小客户，而说到面向"三农"，服务"三农"，我们必定会谈到农信社和农信社改革，请您谈谈这方面的情况。

杜晓山： 关于农信社改革，从看到的银监会等部委计划公布的改革方案的框架内容，我十分赞同，如能切实贯彻落实，将会解决很多亟须解决的问题。

我认为目前至少应该注意三个问题。一是就全国总体而言，应坚持县联社独立法人地位，坚决否定转变成省级联社一级法人的改革方向。因为历史经验证明法人层级设置得越高，其信贷服务离"三农"（尤其是农户）越远。现在有的已改为省级联社的，已经明显显示出放大不放小和脱离"三农"的非良好表现和倾向。一般来说，大银行主要服务于大客户大项目，中小银行主要服务于中小客户，这基本上是个规律。坚持县级联社法人制度有利于限制资金外流，有利于将资金留在农村和服务"三农"的目标的实现。美国有3亿人口，近9000家银行（这次金融危机破产了百家以上），多数是中小银行。我国有13亿人口，约3000家银行（以农村信用社县级联社一级法人改革完成后的情况计）。我国不缺大银行，主要缺的是小银行，尤其缺少为农民服务的银行。农信社应成为能有效为农民服务的主力军。

二是今后，应注意切实做到政企分开，注意省政府与省联社的职责安排。而省联社逐步变成主要向社员社提供服务的金融企业（实行行业自律、管理、服务的机构）。当然，省联社的历史作用不容抹杀，其监管职能在相当长的时间内仍要保留。

三是切实提高县联社自我管理和约束能力。现在相当多的县联社自我管理和约束能力差，法人治理有效性不足，内部控制和风险防控能力薄弱，资产质量差，风险隐患突出。应按照股份制方向，优化股权结构，着力解决股东分散、股权不稳定和内部人员的控制问题。建立形式灵活、结构规范、运行科学、治理有效的法人治理模式。

三 统筹考虑新型农村金融机构的发展

记者：银监会于2009年7月底下发了《新型农村金融机构2009—2011年总体工作安排》，计划在未来3年将再设1299家新型农村金融机构，意在进一步改善农村地区银行业金融机构网点覆盖率低，金融服务供不应求甚至空白，竞争不充分的状况。请谈谈您的想法。

杜晓山：这种发展速度可进一步加快。暂且先不考虑乡镇金融服务设施不充分的建设问题，仅就县市级行政区域看，我国有2000多个县市，如两年多内在每个县市建设2—3家新型农村金融机构（这里说的新型农村金融机构包括三种：村镇银行、贷款公司和农村资金互助社），这一设想并不算多，那么，全国就应该有6000—9000家，而目前的发展目标只是这一数量的1/5—1/7，显然过于保守，似应加快进度。

记者：截至2009年6月末，全国已有118家新型农村金融机构开业，其中村镇银行100家、贷款公司7家、农村资金互助社11家。已开业机构实收资本47.33亿元，存款余额131亿元，贷款余额98亿元，累计发放农户贷款55亿元，发放中小企业贷款82亿元。与此相对比，根据看到的调查数据，自2008年银监会与中国人民银行发布《关于小额信贷公司试点的指导意见》以来，截至2009年7月底，仅一年多，全国小额信贷公司已有600—800家。我们大家现在都很关注小额信贷公司未来的发展前景。

杜晓山：我认为，与前面所提到的新型农村金融机构发展相比，小额信贷公司发展迅速，潜力巨大。

由于小额信贷公司的具体实施政策由各省市自治区政府制定，因此，各地的注册资本金要求不完全相同。从目前情况来看，大部分省市自治区小额信贷公司的实收资本都在3000万元以上。按此计算，以保守数据600家小额信贷公司计，现有小额信贷公司的实收资本就是180亿元。尽管还没有关于小额信贷公司信贷发放量的整体权威统计数据，但是从各地小额信贷公司放贷资金不够用的情况判断，目前小额信贷公司不仅实收资本远远大于新型农村金融机构，其向中小企业发放的贷款量也远远大于上述的新型农村金融机构。而且，全国现在申请待批的小额信贷公司有500多家。

尽管小额信贷公司存在一些问题，比如没有完全落实服务"三农"的政策意图。但是，这是可以加以引导的和约束的，这也是银监会出台《小额信贷公司改制设立村镇银行暂行规定》（以下简称《暂行规定》）的背景之一。目前，小额信贷公司的发展态势显示出民间信贷资本的巨大冲动力和潜力，如果平均每个县有2家小额信贷公司，全国就会有4000多家，那么，启动的民间信贷资金的总量将是上千亿元，可以较有效地补充银行对农村信贷投放的不足。

2009年6月，银监会下发的关于小额信贷公司转制村镇银行的《暂行规定》曾引起社会广泛议论。该规定设定了小额信贷公司转制成为村镇银行的条件，包括涉农贷款的比例、风险覆盖和不良资产等新的监管指标，并坚持要求由银行业金融机构作为主发起人。我认为，目前在监管部门的人力资源的数量和能力不足的情况下，从控制风险、引导小额信贷公司规范经营和贯彻落实政策目标的角度看，《暂行规定》是正确的。不过，这使许多当初抱着有朝一日能开村镇银行的小额信贷公司发起人非常失望。

我赞成在当前的形势下，转制成村镇银行条件应严些、门槛要高些，但是，对只放贷不吸储的小额信贷公司应放开另一条路，即只要它真正运作良好，就满足它的融资需求，扩大融资杠杆率，给予足够的批发资金，鼓励它做大做强。实际上这在国外，早已有较成熟的实践。

支持和引导好小额信贷公司发展对规范民间借贷，启动民间投资，提高金融服务的适度竞争水平，解决小企业融资难等问题都具有重要意义。所以，应该鼓励各地因地制宜，制定约束与激励相容的政策，包括适当扩大小额信贷公司融资的杠杆率，促进小额信贷公司健康发展。现在规定的杠杆率是1∶0.5，实质上是限制而不是鼓励发展的政策。同时，应将小额信贷公司的发展纳入金融发展规划中。

四 填补乡镇金融空白

记者：相关部门的数据显示，截至2009年6月末，全国仍有2945个乡镇没有银行业金融机构营业网点，这些乡镇分布在27个省（区、市），其中，西部地区2367个，中部地区287个。此外，全国还有20个省份的708个乡镇没有任何金融服务，占金融机构空白乡镇总数的24%。而据中国人民银行公布的《农村金融服务报告》显示，我国尚有约9000个乡镇仅有一个营业网点。您是怎样看待这些数据的？

杜晓山：这表明，金融服务严重不足的乡镇占全国乡镇总数的1/3。特别是在欠发达地区和贫困地区，在较偏远的乡镇和村庄，目前当地群众享受不到满意的基础性金融服务。这一问题长久以来也一直阻碍着我国农村金融改革的步伐，困扰着各地方经济的可持续发展。为此，银监会提出力争用3年时间实现全国乡镇基础性金融服务全覆盖。

目前，我国城乡二元经济结构并未得以改变，农户的经济行为和借贷行为是一致的，带有明显的小农经济特征。同时，快速的工业化和城镇化又在瓦解着传统农村的社会结构。我国农村地区可大致分为四类：贫困、传统（欠发达）、发达和现代农区。在此，我们可以引用清华大学经管学院农村金融研究课题组的部分研究成果，简要描述农村地区，尤其是贫困和传统（欠发达）农村地区金融改革和发展的一些意见。根据我们的研究，从总体上我是认同该研究报告的观点的。

从金融需求的角度看，农户在金融机构进行储蓄是最常选择的资金处理方式。农户对现金，采用自己保存或其他处理方式，在贫困农区所占比例最大。想借贷的农户比例在这四类农区中，由贫困农区、传统（欠发达）农区到发达农区、现代农区呈递减规律。

在所有这四类农区中，亲友邻里（55%）和信用社（36%）均为最重要的两种借贷方式（占所有借贷农户的85%以上）。选择其他方式（如高利贷）进行借贷的比例随着农区发展水平的提高逐渐降低。

各农区农户借贷都以投资性借贷需求为主，大额消费性需求为辅。消费性需求，因收入水平低，贫困农区在该项上所占比例最高，为41.8%。另外，三类农区水平接近，略高于20%。

从金融供给的角度看，金融服务严重不足，特别是在欠发达地区和贫困地区。迄今为止，贫困农区（社会组织）非政府小额信贷机构的实验比较成功。报告认为，贫困农区应以政策性金融和合作性金融为主，发展资金互助组织。

该报告建议：四类不同区域均应以县为基本单元，也可设想以县为单元，将农村地区划分为上述四类区域，同一县域内的农户也应划分为小企业主农户、富裕农户、中等收入农户、贫困农户、特困农户等几类。引导不同金融机构满足不同金融需求，建立多层次、广覆盖、可持续的农村金融服务体系。要建立较为规范的金融机构之间的资金批发市场。建立统一的农村信用制度和评价体系。明确各级政府在金融发展中的定位和支持作用。改善农村金融法制环境。

我对该报告的意见基本是认同的，也对银监会提出力争用三年时间实现全国乡镇基础性金融服务全覆盖全力拥护。而要实现这一目标，非多方合力不可，尤其需要相关政府、金融监管部门、金融机构等同心协力才可。

另外，我想专门就社会组织开展的扶贫（公益性）小额信贷机构的发展和对金融服务空白或严重不足地区的作用讲点意见。实践证明，这类组织机构有一般金融机构不愿意或发挥不了的特殊作用。

在农村地区，尤其是边远落后的国家级和省级贫困县地区，我国还活跃着百多家存活期5—10年、以扶贫为主要任务又追求自负盈亏和可持续发展的各种公益性小额信贷组织（这些机构的自有资金少则百万元，多则千万元，平均一二百万元）。另外，自2006年以来，国务院扶贫办和财政部正在贫困村试行扶贫互助资金项目（每村15万元，实际上这也是小额信贷活动的一种形式）。这些小额信贷组织和项目专注于中低收入和贫困群体的贷款服务，所有的单户贷款余额不超过几千元至几万元，运作良好的已实现了自负盈亏。而且，与传统金融机构相比，它们运营成本低、效率高，它们基本上都设在国定和省定贫困县，有不少服务于金融空白乡镇。它们只放贷不吸储，基本没有金融风险。中国小额信贷发展促进网络2008年年报显示，其50家公益性小额信贷组织成员当年的贷款余额有几亿元。尽管它们规模较小，但是信贷方式灵活，尤其是较有效地解决了当地部分中低收入、贫困人口和微小企业的融资需求，然而资金供给规模远远不能满足实际需求。它们对其他金融机构起到了互补的作用，对民间高利贷则起挤压和替代的作用，理应大力提倡和支持。但是，这类组织在法律上从事小额信贷的合法身份和融资渠道问题至今没有解决，由此带来很多问题，如缺乏资金、难以引进优秀人才等，困扰其发展。

为了真正地尽快改善农村地区银行业金融机构网点覆盖率低、金融服务空白、竞争不充分的状况，就应该将鼓励发展小银行、小额信贷公司以及其他公益性小额信贷组织（包括扶贫资金互助项目）纳入农村金融发展规划当中一并综合考虑，并给予必要的政策引导和支持。

（原文载于《金融时报》2009年12月3日）

中国公益小贷机构三大困局

印度小额信贷危机发生后,同样正在尝试市场化运营的中国小额信贷是否会潜伏类似危机?尤努斯模式是否面临挑战?

对此,中国社会科学院农村发展研究所研究员、中国小额信贷联盟理事长杜晓山在接受《21世纪经济论坛报》专访时称,印度发生的小额信贷危机和尤努斯模式不能混为一谈。

作为首先将孟加拉国乡村银行小额信贷模式引入中国的先行者,杜晓山认为,尤努斯身体力行的是公益性制度主义的小额信贷,倡导"社会企业"的理念,而发生危机的是商业性制度主义的小额信贷,两者有本质区别(前者以服务穷人为最大目的,而后者往往以赚取商业利润为最大目的)。

站在尤努斯一派的观点来看,印度发生的问题是忽视了穷人的权益。尤努斯非常反对大赚穷人的钱,他认为真正的小额信贷,或主体的小额信贷应该是制度主义的小额信贷,所有小额信贷都应同时评价其财务绩效和社会绩效。中国目前公益制度主义小额信贷和商业制度主义小额信贷并存,高利率问题尚不严重,但是内部管理和外部风险依然存在。"小额信贷是一个脆弱的行业,在中国处于起步或初级阶段,需要国家更多政策的支持"。

一 定义真正小额信贷

国际上主流观点(包括著名的CGAP)认为,单笔放贷额小于或等于本国本地区人均GDP的2.5—5倍的贷款,可以称为小额信贷,贷款额高于这一数字的只能算是普惠金融。

《21世纪经济论坛报》(范璟,以下简称《21世纪》):很多人谈论小额信贷,怎么去界定小额信贷和其他信贷的区别?

杜晓山:首先要澄清小额信贷的概念,它包括储蓄、贷款、汇款、保险等,现在我国很多人谈的小额信贷实际上是普惠金融。举例来说,小额信贷公司属于小额信贷中的贷款方,小额信贷公司的单笔几百万元甚至几千万元的贷款也称之为小额信贷,这点我根本不认同。国际上主流观点(包括著名的CGAP)认为,单笔放贷额小于或等于本国本地区人均GDP的2.5—5倍的贷款,可以称为小额信贷,贷款额高于这一数字的只能算是普惠金融。当然,普惠金融也是应大力倡导的,它有利于解决弱势群体和小企业金融服务不足的问题。按照中国人均GDP 3700美元计算,2.5倍是6.25万元,5倍是13万元,我认为,目前单笔贷款额大约在10万元以下可以称为小额信贷;反之应算普惠金融。当然,中国是个大国,各地经济社会发展水平差异又很大,东部、中部、西部地区的单笔贷款额标准可有所差别。

《21世纪》:还有一个概念常常被提到,就是微型金融,它和小额信贷有什么区别?

杜晓山:从额度和为服务穷人的目标来看,小额信贷和微型金融是一样的,但微型金融的业务范围不仅是信贷市场或银行市场,也包括保险、证券,只是微型而已。但无论是小额信贷、微型金融还是普惠金融,有一点是一样的,都是针对传统银行不服务的弱势群体,为弱势群体和弱势贫困地区提供金融服务。

《21世纪》:现在中国的小额信贷现状如何?可以分为哪几种?

杜晓山:小额信贷的分类有很多种,可以从性质上、服务对象上,也可以从放贷形态、放贷种类上去分。按性质分,分成两大类,福利主义和制度主义。福利主义只讲公益性、完全不考虑机构是否可持续发展,而制度主义则稍微复杂一点,可以分为公益性制度主义和商业性制度主义,只要追求的目标之一是机构的可持续发展,也就是说收入能够覆盖成本的就叫制度主义。公益性制度主义指以帮助穷人为目的的小额信贷,而商业性制度主义指以获得利润为目的的小额信贷,比如印度发生危机的小额信贷公司和银行,如SKS,或者中国的商业性小额信贷公司。现在中国最缺乏的,是公益性制度主义的小额信贷机构。

《21世纪》:在中国,哪些机构或主体从事小额信贷业务,市场格局如何？

杜晓山：按照机构类型，开展小额信贷零售业务的机构大致分为：国际和国内资金支持的非政府组织或社会组织、资金互助或信贷联盟、专门小额借贷机构和金融服务中介以及正规银行。在中国，具体到不同的机构，可以大体分为10类，其中农信社的小额信贷最多，有4000多亿元，占了60%—70%的市场份额，其次是农行、邮政储蓄银行和小额信贷公司，分别有1000多亿元的贷款，其他的贷款都只有几百亿元、几十亿元或十几亿元。

但就像我说的，目前在我国，真正意义上的小额信贷的主体应是上述单笔低于10万元的贷款和公益性制度主义的小额信贷。因为大多数商业性制度主义的小额信贷目的是追求利润，所以我看到大部分信贷机构热衷于中小企业的贷款，而不是农户贷款。可以放几千万元的就不放几百万元、可以放几百万元的就不放几十万元、可以放几十万元的就不放几万元，这是现状。我不是说这不对，这也很需要，但小企业贷款是普惠金融的范围。

《21世纪》：那么公益性制度主义的小额信贷市场有多大？目前满足了多少？

杜晓山：中国现在大约有1000个国家级和省级的扶贫开发重点县，我觉得每个县需要2—3个公益性制度主义小额信贷机构，按照2个算的话，就是2000个。现在这样的小额信贷机构有100个，可以算作200个。也就是说，如以县为单位，专门针对中国贫困人口开展的小额信贷机构目前满足了大约10%的市场。不过，这没有加上单笔贷款额比较小的农信社等机构。

二 中国小额信贷危机潜在风险

可持续发展的制度主义小额信贷的利率不应高于本国商业贷款利率10个百分点，这个经验数据可能是比较合理的。

《21世纪》：资金是贷款公司的"血液"，也是发展的"瓶颈"之一。随着小额信贷公司的大量诞生，资金可以多渠道筹措，但也带来风险。中国的小额信贷机构的筹资渠道主要有哪些，是否有风险投资的进入，是否会出现和印度类似的问题？

杜晓山：筹资渠道主要有四种：捐赠、财政补贴、企业资本和自然人投入，如是银行，则主要靠存款。不同的机构筹资渠道不同，非政府组织或社会组织主要通过捐赠或者机构（世行、GT、GF-USA等）的软贷款等筹资，正规金融机构主要通过存款筹资。

中国已经有风险投资进入小额信贷领域，但不多，有几家，主要是投在小额信贷公司（MCC）。

印度的问题不光是风险投资进入的原因，还有很多其他内外部的因素。我不反对商业性制度主义的小额信贷，但是反对他们大赚穷人的钱。赚钱可以，但是不要去多赚穷人的钱，穷人是很脆弱的。不只是印度，导致印度小额信贷危机的因素是小额信贷都可能要面对的。

《21世纪》：印度小额信贷的问题出在哪里？

杜晓山：我先说我们遇到的例子，你就知道问题出在哪里。

我们基本上照搬了乡村银行（格莱珉银行）的模式，在实践中发现并证实制度和人是缺一不可的。

例如，培训环节，扶贫社（相当于信贷分社）主任应该监督每一个农户，培训好了没有？最重要的事情之一是要知道你的信贷员诚信、品格和能力情况。但是往往在这方面都没有做到位。别人说培训过了，没问题，他也不去看，就签字，贷款就放了，放了结果发现不是那么回事。尤其是当信贷员的诚信、个人品质有问题的时候他就做假账，而我们的监督机制到不了位，没有一个一个去监督检查、实地考察。当信贷员和会计合起来做假账，或者是合起来和客户做假账，问题就大了。

我们的试验点就出过这样的问题。有些农户不还钱只是问题之一，关键还是看你的内部管理。如果你不把还钱当真，农户一看，这不就跟过去农信社放钱一样吗，我不还他拿我也没招，这就事大了。但如果只出现一个农户有这种情况的时候，立刻去处理解决，让他知道这是不能碰的，必须还，就有可能追回来。

所以实际上最重要的问题是两个，一个是制度，能够执行得较好的制度，另一个是人，可以执行制度的好的人。客户可能会出问题，但如果是个别问题那不可怕，就怕你制度不完善，人不好，让客户形成了一种印象，也就是现在印度的情况。另外，外部给你很大的干扰，鼓动借款人不要还钱，这形成一个潮流之后，那就非常难以弥补坏账，到那时候，费了九牛二虎之力也不一定能收回来多少钱。

印度安德拉邦的小额信贷集中度太高，客户过度负债，利率偏高，股东和管理层和投资人收益偏高，外部的负面压力大，机构的能力建设跟不上贷款规模扩展的速度等，都是出问题的原因。

《21世纪》：也有人认为，信贷危机的主要原因是利率太高了，你是否赞同？

杜晓山：利率太高了是原因之一，利率高导致这个行业发展太快，还有，指导思想不当，管理体系跟不上去，也给反对小额信贷的人口实，煽动借款人不还钱，这都是导致危机的原因。但是利率到底高不高呢？这和各个地方的实际情况有关。利率决定于资金成本、运营成本、呆账准备、利润率、通胀率等。还有竞争状况、政府政策、历史文化方面的因素等。比如有的国家银行的贷款利率就很高，或者特别缺资金，民间高利贷很严重，那么小额信贷的利率可能比较高，总之产生危机的因素是多方面的，很复杂。不过，国际上有一种观点，可持续发展的制度主义小额信贷的利率不应高于本国商业贷款利率10个百分点，这个经验数据可能是比较合理的。

《21世纪》：中国小额信贷的利率情况如何，会不会太高？

杜晓山：各个机构的贷款利率情况不一样，从3%—18%都有，也有高于20%或更高的。从回报情况看，小额信贷公司的利润率最高，股本回报率最好的大概在20%，大部分回报率5%—10%，刚刚起步不久的，可能在2%—3%。目前总的规模不大，所以这个还不是什么太大的问题，但将来会怎样不好说。

《21世纪》：世界银行下属的CGAP人员告诉我，印度信贷危机的一个原因是小额信贷公司不能够吸收存款，所以导致一条腿走路，如果吸收了存款，就可以解决这个问题。世界上也有一些国家的小额信贷机构最终成功转变为银行。你是否赞同这个观点？这会不会是中国小额信贷机构未来的发展方向之一？

杜晓山：有人这么认为，但我认为，不是什么机构都可以随随便便吸收存款的。现在不吸收存款，尚且发生了这么大的问题，如果吸收了存款，管理体系跟不上去，危害不是更大？的确国际上有一些小额信贷机构转变为银行，在中国也可以这样做，但要具备条件。目前规定较严，按照法规规定，由正规银行发起可以转变为村镇银行。

《21世纪》：用什么方式来保证小额信贷的偿还？

杜晓山：小额信贷机构主要通过两种方式发放贷款，一种是完全通过信用方式，另一种是抵押或者担保贷款。还款方式也可以分为两大种：一种是分期，如每周、每月还款；另一种是一次性还款。

采取抵押或者担保贷款的方式放出的贷款，抵押物或担保人是一种保障，比如小额信贷公司原则上要抵押担保。而信用发放的贷款主要是分期还贷，这种方式本身可以保证及时发现风险。此外，还有很多手段，比如循环放贷。因为穷人缺钱，只要还钱，第二笔可以给你更高额度的钱，这是对你的激励。还有小组联保，或者小组互助发放贷款。再如，如果你还款情况好，给你减低利息。还有精神上的鼓励，比如格莱珉银行有很多社会活动，鼓励大家向你学习，给你颁奖。

从内部说，对信贷员的放贷和收贷都有激励和惩处机制，并且有制度保证出了问题及时发现、及时解决。总之，要有合理有效的风险防控机制。

三 政策亟待明朗

法律地位上，它到底是一个什么样的身份？现在没有说法，中央鼓励发展各类小额信贷，但没有具体政策规定。

《21世纪》：中国应采取哪些措施防范类似印度小额信贷的危机？

杜晓山：目前就我国而言应该在现有政策基础上，一方面继续推动小额信贷发展，防止出现误解和逆转，另一方面注意发展节奏，突出"稳步"和"健康"的原则，注意行业发展的健康和监管的有效。还特别应注意要均衡发展商业性小额信贷和公益性小额信贷，加大对公益性制度主义小额信贷的支持力度，以利于推动普惠金融体系的健全发展。

另外，要加强小额信贷行业基础设施和相关中介的建设这一薄弱环节，例如，健全和更好发挥现有"中国小额信贷联盟"这种"准行业协会"和"行业协会"的作用，分别设立公益性小额信贷机构和商业性小额信贷机构的批发基金，都是可考虑采取的措施。

《21世纪》：未来中国小额信贷的发展方向在哪里？

杜晓山：我前面说过，真正愿意服务于中低收入和贫困群体客户的小额信贷的是公益性制度主义小额信贷，国家应该给予更多的支持和鼓励。另外，各种小额信贷的发展都要支持，并同时关注解决它们的财务绩效和社会绩效问题，这才是正确的发展方向。

《21世纪》：目前公益性制度主义小额信贷机构遇到的问题主要有哪些？

杜晓山：最主要的问题有三个：一是法律地位，它到底是一个什么样的身份，现在没有说法，中央鼓励发展各类小额信贷，但没有具体政策规定。二是融资渠道。公益性制度主义的小额信贷机构在中国现有一百多个，基本上最短的历史也得有六七年，最长的有十几年，像中国社会科学院和扶贫基金会、商务部的有些小额信贷机构都是十几年的历史，但是没有制度性的融资来源，全是靠自筹，捐助人给一点，或者是别人愿意的贷一点，靠个人关系去找。政府、银行都不提供资金，任由自生自灭。三是能力建设，现在的"瓶颈"之一是业务能力不足，现有各种给农民工或银行职员提供资助或免费提供培训，但是公益性制度主义小额信贷机构没人管。

《21世纪》：什么样的政策支持会有实际的帮助？

杜晓山：我觉得给一个指导意见就可以，可以参照2008年23号文件的办法，不需要银监会和人民银行具体管。就是在一定条件下，由地方政府具体实施和鼓励发展。条件尽量宽松，但必须是要真正搞公益的，只要是真正扶贫的，政府提供各种优惠政策，在注册、融资、培训、免税、资金支持等方面给予支持。

《21世纪》：在理想的状态，小额信贷在中国的金融体系中应该处于什么样的地位？起到什么样的作用？

杜晓山：起到补充又是不可或缺的作用，服务于弱势群体、微小企业、个私户和一般农户。普惠金融则加上小企业。公益性制度主义小额信贷帮助当地的中低收入和贫困农民。而商业性制度主义小额信贷则服务于中等以上收入的农户以至于扩展到小企业。

（原文载于《21世纪经济论坛报》2010年12月1日）

我国小额信贷的正确发展方向

2010年10月发生在印度安德拉邦的小额信贷危机给印度全国以及世界上其他地区的小额信贷机构都敲响了警钟。安德拉邦的事态目前还在发展。日前,记者采访了中国社会科学院农村发展研究所研究员、中国小额信贷联盟理事长杜晓山,他向我们介绍了事件的背景和基本情况以及自己的看法。

一 2010年10月:印度小额信贷危机凸显

记者（柳立）: 2010年10月在印度小额信贷中心——安德拉邦发生了小额信贷危机,请您详细介绍一下危机发生的情况。

杜晓山: 2005—2006年,安德拉邦23个县中的一个县出现危机。地方政府关闭了4家小额信贷机构的50家分支机构,主要理由是这些机构实施非道义收债、非法经营（如吸储）、管理不善与追逐高额利润。此次事件的冲突最终得以平息,小额信贷机构一致同意遵守中央政府与印度储备银行通过的《从业条例》,中央政府与印度储备银行也承认小额信贷机构向低收入人口提供信贷的重要作用。

然而,自此之后,小额信贷机构模式与自助小组模式之间的竞争造成的抗衡不断升级。小额信贷机构与自助小组模式常常在同一个村庄同时出现,存在明显的竞争。2010年早期SKS首次公募,一方面显示了小额信贷机构模式的巨大潜力以及由此带来的金融普惠的强大机会,另一方面又凸显了潜在的高额利润以及丰厚的管理回报。

2010年6月SKS首次公募引发了媒体的关注,不同媒体对此进行了多角度的分析。2010年夏季的进一步报道,将小额信贷机构的经营与安德拉邦的某些自杀事件联系了起来。这种情形导致2010年10月初安德拉邦管理当局通过了《安德拉邦保护妇女自助组织免遭小额信贷机构剥削条例》。该条例试图为小额信贷机构设立一系列新管理条件，但它营造了一种阻碍小额信贷机构的基层经营的环境，使安德拉邦小额信贷机构的贷款回收受到了严重影响。

由于贷款回收率降低，安德拉邦小额信贷机构面临着更大的风险，从而难以从商业银行来筹措贷款资金，也难以进行股权融资。小额信贷机构难以有效获得资金，会面临流动性短缺与清偿能力不足。结果是，穷人认识到要摆脱不稳定生活，需要依靠信贷服务，但是这些信贷服务却不得不消失。

由于邦级政客抓住机会大肆煽动，客户不还款现象愈演愈烈，而小额信贷机构的员工仍然害怕和观望，在安德拉邦的很多地区无法继续正常的经营。这种氛围促使客户质疑他们的还款责任，对小额信贷机构与自助小组的还款率而言，都造成了潜在的长期恶果。

同样，身处安德拉邦之外的股东，也对邦政府与小额信贷机构之间的冲突以及对媒体的密集报道评论做出反应。尽管迄今为止没有出现任何公开声明，但是作为非银行金融公司的管理机构的印度储备银行，已经组织了一个委员会，试图深入研究全国范围内一系列小额信贷问题，包括重新审视作为优先部门借贷的小额信贷机构贷款的等级水平。印度财政部一方面支持小额信贷机构不断涌现，并重视小额信贷的作用。另一方面，财政部推动小额信贷机构改善经营办法，降低贷款利率，实行更严格的监管。金融市场已经有所反应，SKS股票价格直线下跌。在当前环境下，不可能很快再次出现小额信贷机构的首次公募。

近年来，小额信贷的盈利水平与私人收益率已经引发了政治关注，也引发了产业的声誉管理问题——小额信贷产业的存在正是通过服务穷人来造福社会。小额信贷机构的发起人以及投资者获得高额回报的潜力，这正像2010年6月底以来有关SKS首次公募的报道所显示的那样，恶化了利率水平的有关问题，而利率水平长期以来一直是政治焦点以及公共关系的焦点。

现在小额信贷产业与各类股东已开始协商讨论，以确保安德拉邦小额信贷产业得以生存，并建设性地向前推进。作为与邦政府对话的一部分，小额信贷机构决定降低贷款利率，重新安排债务结构。发放了多数贷款的几家最大贷款商说，它们将把利率控制在24%左右，并成立一只基金来帮助困难借款人重新制定还款时间表。协商使小额信贷机构得以继续开展部分放贷以及收款业务，但是在很大程度上，信贷人员仍然不能开展正常的贷款清收活动。

二 小额信贷未来发展模式

记者：八年前，小额信贷产业的核心问题是寻求一种模式：既向低收入人口大量开展金融服务，又能实现金融可持续。您认为这种模式在未来是否应当改变？

杜晓山：在今天，我们看到了这一目标取得了很大的进展。在全球范围内，包括印度，小额信贷运动已经证明：可以向农村贫困人口提供大规模的金融服务，而不依赖任何补贴。因此，今天数百万贫困家庭获得了贷款，同样也获得了有效管理家庭金融的储蓄、保险与汇兑等金融服务。然而，在全世界范围内仍然有27亿人无法获得正规金融服务，而正规金融却比非正规金融更为安全、成本也更低廉。仍然需要优先确保没有获得金融服务的低收入人口获得这些服务，包括印度大量的穷人。

然而，我们仍然可以看到仅放贷不吸储的小额信贷模式的局限，以及过快增长造成的缺陷的后果。安德拉邦小额信贷的发展，彰显了近年来在其他地方高速增长的小额信贷市场中也已出现的一些问题。

在印度，投资者强调增长，重视高增长率产生的较高价值，对小额信贷的迅速扩张产生了很强的激励。这种激励从小额信贷机构的高层管理者，传递到中间管理层，直到一线的信贷经理人。这些阶梯连接式的激励引发了扭曲良好银行准则的行为，造成了如下一些需要指出的脆弱性：

其一，在高度集中的市场中，信贷的迅速扩张以及丧失信贷准则，可能造成更高水平的负债，带来更大的风险。增长可能扭曲信贷准则，引起贷款额的不健康增加，在审贷过程中不守程序，导致信贷过分供应。在基层层面，仅仅激励了发放以及回收贷款，而对审慎审贷或者消费者保护激励不足。

其二，增长超越了金融服务提供者的内控能力，使他们易于面临技术不足、办法欠缺、人员摩擦与轮换率不正常等问题。

其三，依赖单一的贷款服务，由于借款人与小额信贷机构没有存款联系，造成印度小额信贷机构的资产质量尤其脆弱。同时，小额信贷机构严重依赖一般银行债务（包括资本市场工具的组合），使印度小额信贷机构在市场困难时易于面临再融资风险。

上述脆弱性对小额信贷行业提出了有待解决的一些关键问题。

首先，在机构层面：如何评价金融服务提供者的股东、管理层以及信贷人员的激励，以确保长期财务持续性？要使他们理解持续性不仅仅来自股东价值，而且还来自客户提供的高额价值。

专业化小额信贷机构模式怎样才能可持续？投资者与小额信贷机构可以怎样做，才能确保机构可持续增长、避免市场过熟或者客户过度负债？如何才能鼓励社会化的投资者，使他们将投资从少量的过熟的市场转移到全球范围缺乏金融服务的地区？

然后，在市场层面：当涉及信贷信息共享问题，以及就文化上可以接受的清收办法、纠纷处置制度等问题建立行为模式时，自我管理有效吗？

要支持不断增加的贷款供应者，并且保护客户，需要什么类型的正规市场基础设施？贫困人口可以承受的生产性债务的合理水平是什么？

关注点如何才能前移和转向信贷危机的预防？为了更多地集中在理解客户的金融服务需要，需要采取什么措施？要保护消费者，保证消费者的财务能力，形成更好的农户决策，监管当局与政策制定者可以起到什么作用？政策制定者如何平衡广泛获得金融服务与保护消费者利益之间的矛盾？

这些问题涉及更大的话题：如何向更多的人开展高质量的服务，同时又能对消费者提供恰当的保护？真正服务于贫困客户需要的普惠金融，一个重要的理念是：责任不仅仅存在金融服务提供者身上，同样存在于政策制定者、捐赠者与投资者以及全球小额信贷界，以确保各个层面恰当的治理政策、经营政策与激励结构；也存在于恰当的消费者保护上，以提供高质量的服务。随着地区市场趋于成熟，为穷人开展金融服务的模式必须变化，以支持覆盖面的健康增长，并开发出穷人需要的各种类型的金融产品。

三 对我国小额信贷发展的启示

记者：这次在印度尤其在其发展最兴旺的、占全国 28 个邦小额信贷份额 30%以上的安德拉邦出现的小额信贷危机的主要原因是什么？

杜晓山：从我们知道的信息判断，最大的动因是非政府组织转型成商业化小额信贷机构或直接成立的商业性小额信贷机构一味追求股东、投资者和管理层的高回报，实行高利率高利润率做法，损害弱势借款人的权益并造成较严重的后果，政府和外部强行不当干预，形成"多输"的局面。印度安德拉邦的小额信贷集中度太高，客户过度负债，不当追讨债，贷款利率偏高，股东和管理层和投资人收益偏高，外部的负面压力大，机构的风险防控和能力建设有意无意地跟不上贷款规模扩展的速度等，都是出问题的原因。对印度小额信贷危机，我们应该继续进行跟踪了解和分析，以正确总结出经验教训。

记者：在我国，可以开展小额信贷业务的机构有哪些？小额信贷在金融体系中起到了什么作用？如何看待小额信贷的未来？

杜晓山：在中国，按照机构类型，开展小额信贷零售业务的机构可以大致分为以下四大类，它们分别是国际和国内资金支持的非政府组织或社会组织、资金互助或信贷联盟、专门小额借贷机构和金融服务中介以及正规银行。这种情况与印度大体相似。在中国具体到不同的运作机构和活动形式，可以大体分为 10 多类，其中农信社的小额信贷最多，余额为 4000 多亿元，占了 60%—70%的市场规模；其次是农行、邮政储蓄银行和小额信贷公司，分别有 1000 多亿元的贷款；其他的贷款都只有几百亿元、几十亿元或十几亿元。

但是就像我们所认同的，目前在我国，真正意义上的小额信贷的主体是单笔低于 10 万元的贷款和公益性制度主义的小额信贷（包括合作金融性质的资金互助社）。因为大多数商业性制度主义的小额信贷目的是追求利润，所以我看到的是大部分信贷机构热衷于中小企业的贷款，而不是农户贷款。可以放几千万元的不放几百万元的贷款、可以放几百万元的不放几十万元的贷款、可以放几十万元的不放几万元的贷款，这是现状。当然，这也很需要，但这不是小额信贷，而是小企业贷款，是普惠金融的范围。

小额信贷在中国的金融体系中应该起到补充又是不可或缺的作用，

服务于弱势群体、小微企业、个私户和一般农户。普惠金融则加上小企业。公益性制度主义小额信贷（包括合作金融性质的资金互助社）帮助当地的中低收入和贫困农民。而商业性制度主义小额信贷则服务于中等以上收入的农户以至于扩展到小企业。在某些时候某些地区福利性小额信贷也是需要的。

就中国目前的情况看，应该在现有政策基础上，一方面继续坚定不移地推动小额信贷发展，商业性小额信贷和公益性小额信贷都需要，防止出现对小额信贷的误解和健康发展势头的逆转。另一方面注意发展的节奏，突出"稳步"和"健康"的原则，注意行业发展的健康和监管的有效。对于小额信贷，应注意防止两个倾向，即一方面不要神化小额信贷，另一方面也不要妖魔化小额信贷。要防止一种倾向掩盖另一种倾向，一种极端走向另一种极端。

当前，我们特别应注意小额信贷发展的"两个"均衡性。一要均衡发展商业性小额信贷和公益性小额信贷，加大对公益性制度主义小额信贷这一"短板"的支持力度，以利于推动普惠金融体系的健全发展。二要均衡注意小额信贷机构的财务绩效和社会绩效。也就是说，衡量和评价任何一个小额信贷机构，必须有两个底线，即财务绩效和社会绩效两个标准。印度现在的危机，从宏观上看，与监管部门对小额信贷过度商业化和运营机构不注意社会绩效缺乏有效监管有关。

从政策监管的层面，还应注意平衡分配和引导资源，提高小额信贷发展薄弱地区的资源配置；有关部门应加强认识和工作上的沟通和协调一致；对不同机构实行差异化的监管；正确引导和发挥媒体舆论的作用；进行金融教育培训；培养良好的信用环境，建立健全征信系统和信息管理系统；加强金融消费者权益保护；等等。

当前，各种类型的小额信贷都应支持，并同时关注解决它们的财务绩效和社会绩效问题，这才是我国小额信贷的正确发展方向。真正愿意服务于中低收入和贫困群体客户的小额信贷的是公益性制度主义小额信贷，应该给予更多的支持和鼓励。我们期待政府和社会能更多地关注和支持公益性制度主义小额信贷的发展。因为迄今为止，相对于福利主义小额信贷和商业性制度主义小额信贷，它仍然没有得到政府具体的政策法规的支持，它缺少合法地位，没有稳定的制度性融资来源，也缺乏能力建设的培训支援。支持公益性制度主义小额信贷的发展是构建和谐社会的重要手段之一。当然，公益性制度主义小额信贷机构自身一定要争气、要做到名副其实，即自身的财务绩效和社会绩效都经得起检验。

（原文载于《金融时报》2011年1月24日）

对小额信贷，不要神化，也不要妖魔化

被称为"穷人的银行家"的尤努斯因为在孟加拉国创立小额信贷银行而备受全球瞩目，并因此获得诺贝尔奖。

1976年，尤努斯在孟加拉国的一个乡村对42名最穷的农户进行每人贷款27美元的小额信贷实验，逐步建立起格莱珉银行。30多年来，格莱珉模式帮助了数百万贫困人口，其中96%是女性，大部分借款人及其家庭由此脱离了贫困线。之后，这种模式在50个国家得到成功复制，联合国还将2005年命名为"小额信贷年"。

但是最近，尤努斯本人和他的小额信贷银行却遭到了不少的质疑。

首先是2010年，在邻国印度发生了小额信贷危机。这场危机开始于2010年10月，印度安德拉邦的部分小额信贷人暂停了还贷计划，并导致数起妇女自杀事件的发生，从而爆发危机。世界银行将危机原因归结于政府干预。但也有业内人士提出，问题在于小额信贷机构发展过快，没有做好客户前期的调研工作，使不少贫困的借贷者过度负债，最终导致无法偿还。

同时，小额信贷在其发源地孟加拉国内部，也碰到了大问题。2010年年末，该国总理公开指责小额信贷是"从穷人身上吸血"的行为。批评者表示，咄咄逼人的放贷已经将小额信贷转变为"穷人的陷阱"，后者不得不苦苦偿还利率在20%—50%的贷款。这些批评促使有关当局制定了27%的利率上限。针对小额信贷的行动并没有就此结束。作为金融部门监管机构的孟加拉国中国人民银行宣称，格莱珉银行创始人尤努斯已年事太高，不适合再担任银行董事总经理的职务。不过，银行内部并没有理会解除尤努斯职务的命令。

最新消息显示，尤努斯很可能退休。因为在连续两天推迟宣判日期后，孟加拉国高等法院已经作出裁定：尤努斯担任格莱珉银行总经理一职不合法，驳回尤努斯之前的上诉请求。这也就意味着此前孟加拉国中国人民银行解聘尤努斯的行为已经获得了孟加拉国高等法院的认可。尤努斯的代表律师表示，将与尤努斯商量是否上诉至孟加拉国最高法院。

可以想见，未来一段时间，围绕着格莱珉银行的权力争夺可能仍旧会持续下去。更让尤努斯本人担忧的是，小额信贷的概念被肆无忌惮地滥用，任何地方、任何传统放高利贷者都能轻易地声称，他们是小额信贷的推广者，原本希望用来打击高利贷的小额信贷现在却被用来赋予高利贷者体面的身份。

危机面前，我们到底应该如何来看待小额信贷？这种模式是好是坏？如何来规范它？这场危机又将对小额信贷的发展产生怎样的影响？中国社会科学院农村发展研究所研究员、中国小额信贷联盟理事长，被称为"中国小额信贷之父"的杜晓山就此接受了《文汇报》记者的专访。

一　过度追求利润导致小额信贷危机

《文汇报》（田晓玲）：您能否首先给我们的读者回顾一下，小额信贷当初是如何发展起来的？

杜晓山（以下简称杜）：在传统扶贫、慈善的基础上，包括尤努斯在内的许多人，甚至拉美的一些人士，几乎同时想到了把"输血"和"造血"过程结合起来。一般的捐赠、扶贫是无偿的、一次性的，可能产生好效果，也可能产生负面效果，比如被扶持对象的"等""靠""要"、不思进取等。而小额信贷的"造血"功能，可以给借款人一定的压力，又给予一定的支持，从而使资金循环起来，能够帮助更多的人产生更多的财富。这是扶贫的创新。

从生产要素组合来说，贫困的人有正常的体力和脑力，缺的是生产资料和资金；贷款就弥补了这一缺陷，形成了比较好的要素组合，产生出一定的经济效应和社会效应。它既是一种经济行为，又具有其社会目标，把两者很好地结合起来了。

《文汇报》：小额信贷当初为什么会在孟加拉国、印度这样的国家特别受欢迎呢？

杜： 因为这些国家的贫困程度很高，穷人想借钱也借不到，传统银行不肯借，国家也很穷。孟加拉国的贫困人口占总人口的50%，印度的贫困率为30%—40%。小额信贷模式针对的是银行不放款、慈善捐赠不可持续且数量有限、不能激励贫困人口发挥潜能等问题。因此，小额信贷得到了全世界发展中国家贫困人口的拥护，后来，又慢慢发展到国家层面、国际组织层面，大家都认同这个好办法。

《文汇报》： 为什么发展到今天，小额信贷会遭遇那么严重的危机？这一过程中究竟发生了什么？历史上有过类似问题吗？

杜： 其实，历史上一直有类似问题出现，只是规模没有这次严重。比如，1999年在玻利维亚；2004—2008年，在拉美的厄瓜多尔、亚洲的巴基斯坦、中欧东亚的波黑、非洲的摩洛哥，就是当今印度小额信贷危机的预演。当时，这些国家和印度一样发展极快，商业性动机非常强，内控机制缺失，能力建设跟不上规模的发展，再加上外部的政治因素、宗教因素、媒体渲染，造成了巨大的负面压力。

印度的问题也不是2010年才出现的，2006年就已经出现过类似情况，只不过是区域性的，影响很小。这次则扩展到整个安德拉邦，并蔓延开来。安德拉邦的小额信贷规模占到印度全国28个邦的30%，份额非常大。这也说明发展不平衡的问题在印度特别突出。

对于安德拉邦反映出来的问题，有人说是发展过度、恶性竞争所致；也有人认为，即使在安德拉邦，穷人依然还有很多，小额信贷仍旧满足不了人们的资金需求。不管怎么说，其中肯定有太多的机构抢占有限市场，采取不理性行为，为了扩大规模恶性竞争抢夺客户，导致客户过度负债，这些机构又坚持比较严厉的、不妥当的收贷行为，从而把一个简单问题扩展为一个大的社会问题，政治家、媒体随后介入干预，最终造成大家"多输"的局面。

《文汇报》： 为什么过度的竞争仍旧满足不了穷人的资金需求？

杜： 竞争的结果本来应该是降低利率、有利于穷人的，但是，安德拉邦的小额信贷尽管发达，利率居然还是降不下来。过度竞争并没有使穷人得利，反而使投资者、股东从中获利。

安德拉邦的妇女自助小组在20世纪80年代就开始形成，政府也非常支持这种模式；90年代商业化小额信贷机构开始出现。印度的小额信贷和中国的模式一样，大致可分三类：第一类是公益性福利主义模式，有政府补贴、担保等支持；第二类是公益性的制度主义模式，像格莱珉银行，没有政府补贴，按照商业市场利率运作，机构自负盈亏，目的是帮助穷人、妇女，追求社会利益最大化；第三类是商业性小额信贷模式，以追求利润为主。印度这次小额信贷危机，就主要出在这第三类模式上。

《文汇报》：小额信贷危机的产生，有没有制度设计层面上的原因呢？

杜：从制度层面上讲，有行业和政治层面的因素，即外部的制度因素，也有操作层面的因素，即内部的制度因素。实际上，内外部因素都出现了一些问题，比如，监管不到位，资源不是均分到各个邦和地区，而是集中于一地，政府的调控能力差。此外，金融教育不到位，消费者保护没有设计出好的制度与之匹配，就算有了制度，没有执行也等于零。

二 尽管有曲折，小额信贷依然是好的理念

《文汇报》：小额信贷在遭遇危机的同时，我们也看到了印度SKS小额信贷银行上市在即的新闻。有人认为，这一新兴行业的利润非常高，一些小额信贷公司利润的年增幅甚至达到了100%。这是否已经背离了尤努斯模式帮助穷人的初衷？

杜：SKS一开始是非营利组织（NPO），后来转型为商业性小额信贷。小额信贷行业内部在商业性小额信贷和公益性小额信贷，以及利率高低、利润多少、对穷人的态度等问题上，实际上仍旧有非常大的争论。尤努斯本人是坚决反对商业性小额信贷的。但是商业性小额信贷理论提出，公益性小额信贷利润不高，资金来源有限，就需要依靠政府，如果政府本身没有能力大量投资，那么就不能更多地帮助穷人。而借助商业化运作，有了更好的业务表现，就可以在帮助穷人的同时，给投资者、经营者更好的经济回报，从而吸引更多的资金，帮助更多的穷人获得贷款。

公益性小额信贷的信奉者则质疑利润最大化的小额信贷方式，认为让穷人承担过高的利息是不公正的，穷人本身就很脆弱。同时，公益性小额信贷也不纯粹是信贷或经济行为，他们还为穷人提供其他的帮助，

比如孟加拉国乡村银行就有 16 条农村发展条例，其中包括社会发展的目标和任务。很多公益性小额信贷还为穷人提供技术咨询和支持，以及教育、卫生方面的咨询。孟加拉国乡村银行在利率并不是很高的情况下仍能赚钱，这些盈利部分用于自身发展，部分则用于纯公益项目，比如给乞丐免息放贷。所以，它不是纯金融活动，而是包括了很多社会活动，这是商业性小额信贷机构做不到的。

《文汇报》：那么，从实际进程看，商业性小额信贷的发展规模是不是比公益性小额信贷要快得多？在您看来，这种形式在帮助穷人方面是否一定不可取呢？

杜：我个人认为各类小额信贷都要发展。各种小额信贷模式都要有人支持，因为市场有分工，各有各的用处。但我反对从低端客户或穷人那里赚太多的钱。穷人的利益要得到保护。中国现在的商业性小额信贷公司，实际上并不是小额信贷，而是小企业贷款，这部分也很重要，是普惠金融的组成部分。中国也有福利性的小额信贷，它们需要政府和外部的大量补助才能生存，所以，这就不是一个长久的、制度性的模式，而只能是阶段性的。国内也有公益性、制度性的类似机构，有 100 多个，历史也都很长了。

但是，不管什么样的小额信贷，都不应该以利润最大化为目标。我们的使命是帮助贫困人口解决金融服务难的问题。商业性小额信贷可以盈利多一点，但是也不可以太高。像印度 10 个最大的商业性小额信贷机构，其资本回报率达到 30%，有的甚至超过 100%，而当地商业银行的回报率只有 11% 左右。这很不正常。过度追求利润，就会完全不考虑自身应有的社会使命。

《文汇报》：根据您的判断，一系列负面事件的发生，会不会对小额信贷的发展产生不良影响？类似印度的小额信贷危机会不会进一步造成信任危机，进而影响小额信贷的推广？

杜：实际上，负面影响已经产生。有业内人士指出，印度的小额信贷 2010 年业务指标非常好，但 2011 年会很糟糕。2010 年 10 月问题凸显以后，小额信贷行业遭受了重大打击。从外部来说，人们对小额信贷的看法也产生了分歧，不了解内情的人就会说，这是剥削行为。印度中央银行会不会再给予支持，把小额信贷列为优先贷款部门，也很难说。

总之，从2010年10月到现在，局面并不好，小额信贷处于萎缩停滞状态，坏账率大幅上升，穷人得到的贷款也越来越少。负面影响是肯定存在的。

《文汇报》：尤努斯是小额信贷模式的创始人，他本人受到质疑，会对这一模式的发展产生影响吗？

杜：尤努斯是公益性制度主义的第一代言人。小额信贷危机出现后，国际上的小额信贷机构发出了类似征询函，包括三个问题：第一，你认为孟加拉国对尤努斯的处理对不对？第二，如果他真的被解聘，会对孟加拉国乡村银行产生影响吗？第三，小额信贷的前途，会不会因为这一事件产生影响？我听到很多不同的意见。

我个人的看法是：尤努斯是否退出格莱珉银行，要尊重他本人和格莱珉董事会的意见；如果尤努斯退出格莱珉银行，其手下的人力量依然很稳定，那么仍旧会按照尤努斯模式来运作，但是，孟加拉国政府如果想把这一民营机构国有化，那就肯定要发生变化；小额信贷的前途不会因这一事件受到影响，小额信贷依然是好的理念，尽管有曲折，尽管它不是"万能药"，不能单靠它就解决所有问题。所以，对小额信贷，既不要神化，也不要妖魔化。一定要辩证客观地评价它的作用。尤努斯如果退出格莱珉银行，对小额信贷会带来影响，但不是根本性的影响，因为小额信贷的理念已经被社会、业界、政府和国际组织所接受。

三 有帮助穷人的意愿，才会做这个事情

《文汇报》：您被称为"中国的小额信贷之父"。是不是都是理想主义的实践者在践行这一事业？小额信贷在中国的发展现状如何？

杜：中国小额信贷的发展远不如印度和孟加拉国成熟，它们两国的小额信贷加起来，超过全世界小额信贷客户数的50%以上。不过，这一统计不包括我们的农村信用社。现在，我国公益性制度主义的小额信贷有30多亿元，小额信贷公司有1900个，客户数有25万户次，贷款余额在1000亿元左右。与商业信贷相比，差距还很大。

小额信贷起步初期，很可能需要理想主义，但是它发展到今天，情形不一样了。初期从国外引进这种理念和实践，由国际组织出资，请国内外专家设计，模式基本上是参考格莱珉模式和拉美模式，一般都是找政府的扶贫办合作，是当作外援项目来做的。从事这一项目的中国人肯

定要接受这种理念。说理想主义也好，价值观的体现也好，至少，有了帮助穷人的意愿，才会做这个事情。

《文汇报》：根据您的实践和观察，我国小额信贷的"短板"在哪里？它有没有碰到什么特殊的问题？

杜：公益性制度主义的小额信贷，是我国小额信贷的"短板"。目前，要特别扶持这一部分小额信贷的发展。从印度的教训可以看出，纯商业性的小额信贷如果不能规范，就可能走过头，造成"多输"，最终损害穷人的利益。公益性小额信贷实际上可以弥补这一问题。

我国小额信贷发展的特殊性在于，我们的社会组织发展仍然滞后，社会组织的发育、管理、监督以及对其社会地位的承认、政策支撑，甚至包括其自身能力的建设，都有很大的缺陷。我们和孟加拉国、印度、拉美国家的最大差距，就在于社会管理。我国的"十二五"规划中，社会管理可能是突出问题。社会组织特别薄弱，从业人数和力量微乎其微，是中国最特殊的地方。

《文汇报》：在中国的城市化进程中，人口不断从农村转移到城市，这对小额信贷的发展有没有影响？

杜：这种情况在某些地区已经出现。但在中国那么广大的地区，这一问题目前不是主要矛盾。到将来某个时期，小额信贷可能要做出业务调整，也就是走出农村，到城郊接合部，或者到城市的下岗工人中去发展。

现在，我们的商业性小额信贷还没有走到最穷的地方去，真正在穷乡僻壤的，是公益性小额信贷，但规模太小。我们的国家级、省级贫困县有1000个，而公益性小额信贷机构只有200个。我们倡导不要过度竞争，也不要垄断，一个贫困县如果有2个小额信贷机构，全国就是2000个，缺口显然还非常大。

《文汇报》：现在，中国政府注重改善民生。在您看来，我们应该期待什么样的公共政策，来对小额信贷的"金融扶贫"给予实质性的支持？

杜：2008年，银监会出台《关于小额信贷公司的指导意见》后，商业性小额信贷公司开始蓬勃发展起来，尽管各地发展仍旧不平衡。现在亟须出台的，是对公益性小额信贷机构的区别化指导意见。

现阶段，至少应当由财政部为主导，协同其他监管部门，出台公益性扶贫小额信贷批发基金的决定或项目，以此来缓解目前公益性小额信贷面临的制度性融资渠道缺乏、批发基金难的问题。由此可以产生正向激励机制，让不够规范的机构能够成长起来，社会上愿意做善事的人也可以投入基金来帮助穷人，同时缓解小额信贷能力建设不足的问题。

（原文载于《文汇报》2011年3月14日）

小额信贷的挑战与前景

对小额信贷的理解，不同的人有很大的差异。2000年后，在我国随着中央政府对小额信贷关注度的提高，及相关部门出台了不少涉及此方面的政策法规，再加上孟加拉国乡村银行和其创始人尤努斯教授获得2006年诺贝尔和平奖，小额信贷逐步为越来越多的人所知晓和谈论，搞小额信贷似乎成了时髦。因此，有必要对小额信贷和相关概念及一些热点问题做些探讨或澄清，以供大家做进一步的思考和讨论。

一　小额信贷和普惠金融

（一）小额信贷机构性质的分类

对不同性质（指主要考察"是否扶贫"和"是否长期依赖补贴"这两方面）小额信贷的分类，笔者持以下观点。世界，包括中国在内的小额信贷基本上分为两大类：福利主义小额信贷和制度主义小额信贷。前者是基于较为传统的理念，即穷人应给予低利率贷款资金的补贴和扶持，也可称"输血"式小额信贷。后者则是目前国际的主流观点，主张以商业化运作方式（保障机构自身的收入大于支出）提供信贷服务，也称为"造血"式小额信贷。

小额信贷的分类，无论是中国还是世界，基本上可分为三类：福利主义小额信贷，既服务于弱势群体又享受外部资助或补贴；公益性制度主义小额信贷，既服务于弱势群体，又追求机构自身自负盈亏和可持续发展；商业性小额信贷，既服务群体高于前两者的，但传统银行不愿或难以服务的群体，又追求机构自身利润最大化的小额信贷机构。

各种类型的小额信贷都有长处和短处，及其适用性。福利主义小额信贷的长处是对弱势群体的即期优惠扶持十分清楚，但是它存在的问题也是明显的。这种模式的缺陷主要是政府支付成本高、效率低下、易由强势群体侵占利益、弱势群体增加依赖、易发设租"寻租"、难以可持续发展等。因此，世界当今的小额信贷的主流已逐渐过渡到制度主义小额信贷。然而，往往是一种倾向掩盖另一种倾向，现在人们普遍热衷商业性制度主义小额信贷，却在有意无意地忽视公益性制度主义小额信贷。但2010年10月以来印度安德拉邦商业性小额信贷公司所造成的印度小额信贷行业的严重危机则是深刻的教训。因此，如何吸取印度的教训，如何关注和真正支持我国公益性制度主义小额信贷的生存环境和健康发展，是一个需要大力呼吁、倡导和解决的突出问题。

（二）从小额信贷到普惠金融

按目前国际业内主流观点和世界银行有关教科书的标准，小额信贷（Microcredit）的单笔放贷额度应不高于本国或本地区人均GDP/GNI的2.5倍。如印度的商业小额信贷单笔额度一般不超过1000美元，我国若以此为标准，单笔贷款额不应超过七八万元人民币。我国目前4000多个商业性小额信贷公司的主体与印度商业性小额信贷机构是有很大区别的。我国的小额信贷公司平均贷款额在七八十万元到一百多万元，单笔贷款额有的在几百万元，甚至上千万元。严格意义上讲，这不是小额信贷，而是小企业贷款。小企业贷款已不属于学理上的小额信贷（小额存款、贷款、结算汇转、保险等服务）中的小额信贷的概念，而应将其归于国际上也在宣传倡导（我国近年来也在大力倡导）的"普惠金融"（inclusive financial systems）的概念和范畴之内。普惠金融实际上是小额信贷概念的延伸和扩展。简单或通俗地说："普惠金融＝小额信贷＋小企业金融服务。"目前，我国人们常说的"草根金融"基本上就属于"普惠金融"的概念和范畴。

普惠性金融体系框架认同的是只有将包括穷人在内的金融服务有机地融入微观、中观和宏观三个层面的金融体系，过去被排斥在金融服务之外的大规模客户群体才能获益。最终，这种包容性的金融体系能够对发展中国家的绝大多数人，包括过去难以到达的更贫困和更偏远地区的客户开放金融市场。在这三个层面上，我国均处于发展的初级阶段，需要做的事情还有很多。

1. 客户层面

贫困和中低收入客户及小微企业是这一金融体系的中心,它们对金融服务的需求决定着金融体系各个层面的行动。

2. 微观层面

金融体系的脊梁仍然为零售金融服务的提供者,它直接向穷人和中低收入者及小微企业提供服务。这些微观层面的服务提供者应包括从民间借贷到商业银行以及位于它的中间的各种机构类型。

3. 中观层面

这一层面包括基础性的金融设施和一系列的能使金融服务提供者实现降低交易成本、扩大服务规模和深度、提高技能、促进透明的中介。这涵盖了很多的金融服务相关者和活动,例如审计师、评级机构、专业业务网络、行业协会、征信机构、结算支付系统、信息技术、技术咨询服务、培训等。

4. 宏观层面

如要使可持续性的小额信贷和普惠金融蓬勃繁荣发展,就必须有适宜的法规和政策框架。金融监管当局、财政部和其他相关政府机构是主要的宏观层面的参与者。

二 印度安德拉邦小额信贷危机及启示

自 2010 年 10 月以来,印度安德拉邦(Andhra Pradesh)出现了小额信贷的重大危机,至今,后遗症严重。此事件是全球小额信贷行业近年来最重大的事件。与中国的情况相似,印度小额信贷在各地区的发展是很不平衡的。印度小额信贷危机其实主要表现为安德拉邦小额信贷的危机,它又主要是商业性小额信贷机构所引发的危机。在印度 28 个邦里,在南部的安德拉邦小额信贷业务的规模占 30% 强,其他南部两个邦又占 20%。安德拉邦私营商业性小额信贷机构在其内外部追求高盈利目标的动机驱使下,彼此间竞争激烈,而且它也与政府主导的"妇女自助小组+银行"项目激烈竞争,形成了小额信贷客户多渠道获贷和过度负债,进而还贷困难。而私营小额信贷机构不适当的催收行为造成了一些较严重负面的社会后果,先后有几十位小额信贷客户自杀,再加上媒体的渲染和政府政客不当干预,客户逃废债行为愈演愈烈,机构信贷风险激增,股东与融资机构信心动摇,市场信贷额度锐减,不良率剧增，造成了多输的局面。

从印度的教训看，地方政府的不当处置，对小额信贷事业的发展起到了促退的作用，最终使弱势农村中下收入和贫困农户的金融服务再次受到严重损害。印度中央银行在本次危机中出台的新规比地方政府要好，但其中仍有不少规定不利于小额信贷行业的发展。因此，我们在这方面的经验教训主要应是：有统一协调的双层监管机制；监管部门的政策法规既要防范金融风险和保护消费者权益，又要有利于小额信贷机构的发展。也就是说，要有支持鼓励小额信贷事业健康发展的规制和执行力。

印度安德拉邦这次小额信贷危机出问题的主要是商业性小额信贷机构。实际上国际和私人资本看中和进入的也就是这类小额信贷机构。印度一些进行了商业性改制转型的公益小额信贷机构和一开始就设立为商业性的小额信贷机构，它们的问题是过度的商业性，忘记了小额信贷机构自身应有的社会功能属性。小额信贷本质上是社会发展属性和金融经济属性相融合的产物，要体现两者的特性，应求得矛盾的平衡和统一，这也使它既区别于扶贫社会项目和一般金融活动，又与这两者相关联。

就中国目前的情况看，对于政府和监管部门而言，应该在现有政策基础上，一方面继续坚定不移地推动小额信贷和普惠金融的发展，商业性小额信贷和公益性小额信贷都需要，防止出现对小额信贷的误解和健康发展势头的逆转。另一方面注意发展的节奏，突出"稳步"和"健康"的原则，注意行业发展的健康和监管的有效。

当前，我们特别应注意小额信贷发展的"两个"均衡性。一要均衡发展商业性小额信贷和公益性小额信贷，加大对公益性制度主义小额信贷这一"短板"的支持力度，以利于推动普惠金融体系的健全发展。二要均衡注意小额信贷机构的财务绩效和社会绩效。也就是说，衡量和评价任何一个小额信贷机构，必须有两个底线，即财务绩效和社会绩效两个标准。印度现在的危机，从宏观上看，与监管部门对小额信贷过度商业化和运营机构不注意社会绩效的行为缺乏有效监管有关。

从政策监管的层面，还应注意平衡分配和引导资源，提高小额信贷发展薄弱地区的资源配置；有关部门应加强认识和工作上的沟通和协调一致；对不同机构实行差异化的监管；正确引导和发挥媒体舆论的作用；进行金融教育培训；培养良好的信用环境，建立健全征信系统和信息管理系统；加强金融消费者权益保护；从整体上考虑建设小额信贷这个行业，包括发展金融基础设施建设和支持性中介服务提供者，例如评级机构、培训和能力建设机构、管理信息系统和信息技术提供者、行业协会；等等。

笔者认为，各种类型的小额信贷都应支持，并同时关注解决它们的财务绩效和社会绩效问题，这才是我国小额信贷的正确发展方向。真正愿意服务于中低收入和贫困群体客户的小额信贷的是公益性制度主义小额信贷，应该给予更多的支持和鼓励。因为迄今为止，相对于福利主义小额信贷和商业性制度主义小额信贷，公益性制度名义小额信贷仍然没有得到政府具体的政策法规的支持。

（一）对商业小额信贷公司融资和监管服务的观察

印度小额信贷机构除了名为SKS公司的大型小额信贷公司已上市融资外，其他机构的融资来源有增资扩股、捐赠、国内外投资以及印度商业银行的贷款。在印度，政府对商业银行有向优先部门提供贷款的要求，而优先部门包括零售小额信贷机构。

另外，小额信贷公司上市融资是否是好的经验是值得进一步研究的问题。据所看到的资料，目前国际上上市的开展小额信贷活动的机构有印度尼西亚的国有控股商行"人民银行"（BRI）、墨西哥的Campartamas（由非政府组织转变为小额信贷公司再成为商业银行）、印度的SKS小额信贷公司和肯尼亚的一家小额信贷机构，但国际上对墨西哥和印度这两家上市机构有着极大的争论，有人批评它们过于商业化了。

我国的小额信贷公司按规定可以从银行贷到不超过资本金50%的贷款。这里有两个问题：一是融资杠杆率是否过低？国外的规定和经验是杠杆率可逐步扩大到4倍以至更高。二是很多地方实际上很难贷到银行贷款。因此，我们实际上要从这两方面进行改善。当然，如果小额信贷公司有条件转变为小额信贷银行，融资问题将可能较好地得以解决，但要注意防止产生其他防控风险的新问题。

如何解决上述融资和有效监管问题，根据对我国一些省份小额信贷公司工作的了解，笔者认为，江苏省政府金融办的经验值得借鉴。江苏的经验主要是对小额信贷公司的进入门槛严格审定，注意对相关人员进行约谈、培训和辅导，并强调对小额信贷公司的规范和服务。政府从指导思想上和具体举措上要求、鼓励和支持小额信贷公司为"三农"和小微企业服务，从制定较完整的政策、各项规章制度上规范小额信贷公司的运作和行为，同时从财税政策等方面给予优惠。在抓规范的同时强调为其提供服务。其中十分突出的一项举措是由政府出资建立起全省统一的电算化信息管理系统。这套系统包括监管机构、小额信贷公司和借贷客户三个层面的运行、财务和其他必要信息，有效地从源头上控制了小额信贷公司信息的透明、真实及规范，也体现了对其的有效服务。目前，江苏金融办已进一步制定规则，正对全省的小额信贷公司开展从"3个A到1个C不"同等级的机构评定工作。由于有对小额信贷公司的真实情况的把握，政府协调和说服商业银行向优良的小额信贷公司提供贷款。由于有政府的公信力和对小额信贷公司真实情况的掌握，在江苏的国有控股大型银行和地方商业银行都十分积极热情地为小额信贷公司提供贷款。由此，基本解决或缓解了小额信贷公司融资难的问题，较好实现了"多赢"的局面。现在，江苏金融办还在根据形势的变化，不断调整监管服务方式，引导小额信贷公司试验创新产品。

（二）商业银行做好小微贷款业务的基本条件

从海外目前的情况看，小微型贷款或普惠金融服务能否成为商业银行的主流业务，在实践中要做具体分析。各国的情况有很大的差异，这与各国政府的政策法规和商业银行是否有真正的意愿、商业银行的战略定位及做好小微贷款的技能和机制有最直接的关系。因为从常规上说，小微贷款的成本高、风险大、收益低而且辛苦劳累，与常规商业银行的目标追求及运行机制是相违的。

从国内外的经验看，商业银行要做好小微贷款业务是有一些共性的。首先，要将它作为商业银行决策和管理层的坚定意愿和战略定位，并使之成为全体员工的一种企业文化。其次，要将这一目标追求真正落实体现在机构实际运行的一系列与之相适应的机构设置、规章制度、体制机制上。例如，在商业银行内部或另外设立专门的从事小微贷款的部门和机构，其高管和员工构成、产品开发、运行机制、风险防控和考核机制等均应有自身的特点。

人员构成上除该部门高管是在小微贷上有意愿、有能力、有经验的领导外，一般员工多从刚从事该微贷业务、有一定学历的年轻人群中选聘，并进行系统的理念、文化和实践的培训锻炼。在产品开发上，有小组、个人和村银行等不同类贷款。产品设计的一种选择是提供简单、标准化的产品，形成低成本的标准流程，另一种选择是通过提供定制产品，体现优良、不同需求的客户服务，要在这两种选择中寻求适当平衡；还应有层级制的利率结构。在风险控制上，由于客户缺少抵押担保，因此关键在于通过了解各种软硬信息，考核和掌握借贷人的还贷意愿和还贷能力，结合客户的实际现金流做出贷款和还贷安排。当然还要注意市场风险。从操作风险的角度，加强内部管理，注重员工的品行道德规范，防止欺诈等行为，要注意政策和程序的简单一致性，要有有效的管理信息系统、明确的授权层次和信贷管理制度；"四只眼"制度、员工轮换、内审制度等。人力资源管理上，要有有效的激励和约束机制，例如对信贷员的薪酬，应考虑当月发放贷款的笔数，而非主要是发放金额；未偿还贷款余额的笔数和金额；第一次借贷客户的贷款笔数；按风险和注销比率衡量的贷款质量等。

三 我国小额信贷和普惠金融发展的挑战和前途

对我国，乃至全球，小额信贷和普惠金融发展的根本挑战有三个：一是如何扩大它的规模，即帮助更多的弱势群体；二是如何到达更深的深度，即帮助更穷的穷人；三是如何保证良好的成本效益比，即服务的可持续发展。政府和监管当局通过支持鼓励向微小企业贷款和小额信贷发展的财税政策、货币政策和监管政策等，促进市场竞争，鼓励面向微小、面向农村、面向弱势，给商业银行开展小额信贷业务的压力和动力。而商业银行则应有差异化、特色化的发展战略和发展思路。在这方面，我国已有一批商业银行正在探索并已取得较显著的成绩。

另外，要从宏观上考察我国的小额信贷和普惠金融事业的现实和可能的发展潜力。可以预见，正规金融机构，包括农村信用社系统，肯定是主力军。但只要政策对头，再加上小额信贷业自身的努力，各种类型的小额信贷组织仍是一支重要的力量，而且有各自的优势。因此，我们应该认识到我国小额信贷和普惠金融的发展也要遵循多层次、广覆盖、可持续的原则，以服务于不同层级金融市场的需求。

（原文载于《中国金融》2012年第11期）

社会企业道路

——公益性小额信贷组织转制问题初探

孙同全博士是小额信贷研究领域的专家,他撰写的专著《社会企业道路——公益性小额信贷组织转制问题初探》,在较深入研究的基础上,对国内外公益性小额信贷组织和社会企业及两者的关系从理论和实践的层面进行了详尽的讨论、剖析和总结。他书中阐述的观点和论述,笔者相当的认同和赞赏,而且也从书中获取了不少新鲜的营养。

笔者认为,世界包括中国在内的小额信贷就性质(指主要考察"是否扶贫"和"是否长期依赖补贴"这两方面)进行区分,基本上分为两大类:公益性小额信贷和商业性小额信贷,而公益性小额信贷又可以分为福利主义的和制度主义的两个分支。公益性小额信贷的宗旨目标是运用金融手段扶贫和帮助弱势群体。也就是说,从目的或目标群体上看,福利主义小额信贷和公益性制度主义小额信贷都是为了扶贫和助弱的社会目标,可以统归为公益性小额信贷。其中,福利主义小额信贷依靠补贴,而制度主义小额信贷要求自负盈亏和可持续发展。除了公益性制度主义外,还有商业性制度主义。商业性制度主义小额信贷也称为商业性小额信贷,它没有必然的扶贫使命,服务的客户群体更广泛,并以追求利润尽可能多或最大化为目标。简言之,小额信贷从性质上区分,大体可分为公益性福利主义、公益性制度主义和商业性制度主义三类小额信贷。

福利主义小额信贷是一种传统的农村金融服务模式或此模式的变异,其规范的要求是追求贷款资金应有效地直接借贷于穷人(而不是贷款给企业,再由企业雇用穷人),但它不追求服务机构自身的可持续发展。制度主义小额信贷是当今世界的主流流派，它要求共同实现两个目标：较大规模地服务于目标客户群体，同时也实现服务机构自身在组织和财务上的可持续发展。

各种类型的小额信贷都有长处和短处，福利主义小额信贷的长处是对弱势群体的即期优惠扶持（包括低利率甚至零利率）十分清楚，传统上也易为人们所理解和穷人所接受。但它可能的问题也是明显的。这种模式的缺陷主要是政府支付成本高；效率低下；强势群体侵占利益；弱势群体增加依赖；易发设租寻租和腐败行为；难以在组织和财务上可持续发展，难以长期有效支持扶贫，等等。因此，世界当今的小额信贷的主流已逐渐过渡到制度主义小额信贷，即追求组织和财务上可持续发展的小额信贷。但是，往往是一种倾向掩盖另一种倾向，在现在人们普遍热衷于商业性制度主义小额信贷（追求高利率、高利润）时，却在有意无意地忽视公益性制度主义小额信贷。如何关注和真正支持公益性制度主义小额信贷的生存环境和健康发展，尤其在我国的现在，是一个需要大力呼吁、倡导和解决的突出问题。

笔者在5年前曾撰写过一篇文章《公益性小额信贷机构发展前景的可能选择》，文章认为，公益性小额信贷机构一般由社会团体或社会组织组成，也常被称为非政府组织小额信贷机构。它们发展前景的可能选择在中国目前基本上还处于研究、讨论阶段，实践探索还很少。笔者根据国际经验和国内的实际进行了一些探讨。而且认为无论何种选择都需有政府政策法规的支持。笔者认为：

一是发展成强壮的公益性小额信贷机构。机构"转型"并不必然需要淘汰公益性或非政府组织小额信贷机构。实际上，它们能够继续作为信贷提供者在为那些被正规金融机构忽视的客户提供服务方面发挥重要作用，尤其是那些特别偏远或贫穷地区的客户。公益性或非政府组织小额信贷机构还能在发展和检测金融服务的新技术新产品中发挥作用，这些新技术新产品的发展和检测成本对于正规机构来说往往太高。

二是发展成社区资金互助组织。许多（但不是全部）定位于贫穷客户的公益性或非政府组织小额信贷机构由非正规或半正规会员制资金组织转变而来，还有的由借贷团体模式转变而来，同时，也可将这些资金组织视为公益性或非政府组织小额信贷机构的一种形式，而且，还可将公益性或非政府组织转化为会员制资金互助组织。这样的例子包括国际社区援助基金会（FINCA）的村银行（Village Bank）和"关怀国际"（Care International）的 MMD（Mata Masu Dubara，即迁居的妇女）项目。这些项目的功能与亚洲一些国家农民的互助小组（SHG）很相似。

三是转变为非银行金融机构。公益性或非政府组织小额信贷机构可以转型成为专事小额信贷的非银行金融机构，在我国，这样可能解决合法化问题，又能在一定程度上解决融资来源问题。机构改造的主要挑战有：所有权和治理结构；资产和负债的转移；运作、政策和制度；人力资源。从法律和管理的角度考虑，它作为非银行金融机构比改制成银行更容易得到监管当局的许可，但是，通常在法律上对非银行金融机构可提供的服务范围限制更严格。

四是转变为小额信贷银行。专业的小额信贷银行包括转型后的公益性或非政府组织小额信贷机构或非银行金融机构，以及专门提供小额信贷的银行。最著名的小额信贷银行之一大概就是玻利维亚的"阳光银行"（BancoSol，也有译成团结银行的），它由非政府组织小额信贷机构转化而来。从公益性或非政府组织小额信贷机构自身和现有境内银行的角度看，彼此有无合作转变成小额信贷银行的意向和可能还不得知晓。即使公益性或非政府组织小额信贷机构自己想独立转型成为小额信贷银行，但是至今，我国还没有诞生这样的政策法规。

五是与正规金融机构合作。在很大程度上，银行和其他正规金融机构由于种种原因无力或者不愿意向穷人提供小额信贷服务。但是，非政府组织小额信贷机构可以与正规金融机构，尤其是具有某些社会目标的银行和金融机构合作，这种合作拥有创建普惠金融体系的巨大潜力。正规金融机构通过向专业小额信贷机构提供批发贷款进入小额信贷市场。另外，它还可以建立乡村体系作为金融服务的网点，与作为贷款服务代理的小额信贷机构合作。

笔者认为，我国公益性小额信贷存在的意义和优势在于社会发展的宗旨目标，如果转型改制成商业性盈利目标机构，则基本上没有什么大的意义。因为，我国不缺商业性的金融机构，改制成小微商业金融机构对社会的实际作用微乎其微，而目前和将来我国却亟须公益性小额信贷组织，尤其公益性制度主义小额信贷机构为弱势群体提供持续服务。对社会的公平正义和弱势群体获得服务，公益性小额信贷的作用和意义重大。我十分同意孙同全在书中所说的观点：不管组织制度如何演变，作为公益性组织的小额信贷机构都应该坚持社会公益为其核心目标，同时兼顾投资者、内部员工以及其他利益相关者的利益。

孙同全书中提出的公益性小额信贷组织转制可以探讨走社会企业的道路，这一思路与笔者曾撰文认为公益性小额信贷机构的新定位可以是社会企业的思路不谋而合。笔者认为，尤努斯与他的同事创建和倡导的孟加拉国乡村银行的最大特点和最大创新之处不是开办了一般的公益性制度主义小额信贷组织和其金融产品和服务方式及各项机制的创新，而是从理论上和实践中创建了一个全新的社会企业。孟加拉国乡村银行现在的所有者（股东）主要是借款的贫困妇女和少数男性穷人，他们是银行董事会的主体，占有银行95%以上的股份，而且每个股东（借款人）的股份是相等的，剩余的不到5%的股份归政府所有。而包括尤努斯在内的银行所有管理者和员工都只是领取工薪的银行雇员，是为股东服务的。这也是经典或原始纯真意义上的合作金融的一种形式。尤努斯并不只是认为，小额信贷机构不应赚穷人的钱，他更看重的是倡导和践行"社会企业"的理念和实践。我国公益性小额信贷组织最初是于20世纪90年代从借鉴孟加拉国乡村银行而产生的，然而在我国，至今仍没有出现像孟加拉国乡村银行那样富有崇高"利他"精神的理想主义的、具有严格意义上的社会企业性质的公益性小额信贷机构，这不能不说是一个令人遗憾的缺欠。

社会企业就是用商业的手段创新性地解决社会问题。它的基本特征是：公益性的宗旨目标，商业性的运作手段（为了机构和财务的可持续），而且企业利润主要或全部用于公益和扩大再生产。也就是说，虽然企业的股东和管理人员经营盈利，但是并不以此为目的，股东不分红或分红远低于市场平均水平，经营目的在于解决社会问题，盈利是作为长期从事社会事业的手段。因此，对于小额信贷机构，尤努斯呼吁："请从中产阶级消费者那里获取利润！如有可能，请充分利用你的金融地位优势！但不要把同样的思想应用在穷人身上……如果他们脱贫了，就像对待普通顾客一样对待他们，但在这之前请不要这样。"社会企业的观念、理论和实践在我国还起步不久，需要大力宣扬和推进。市场规律不只用于利己,也可用于利他。世界和社会是多维的,各国的发展模式和不同的人群的追求是多样化的。先公后私、利己与利他兼顾,也是社会主义的本质要求。温家宝也说过:"亚当·斯密写过两部有名的著作,一本叫《道德情操论》,另一本叫《国富论》。《国富论》是讲市场经济这只'看不见的手'。《道德情操论》中有一段话很精彩,他说如果社会财富只聚集在少数人手中,那是不公平的,而且注定是不得人心的,必将造成社会的不稳定。我觉得这个话是对的,所以要讲公平,要把正义作为社会主义国家的首要价值。"亚当·斯密在生命的晚期还在不断精心修改《道德情操论》。

所以,笔者认为,应该在鼓励支持发展各种类型的小额信贷和普惠金融的同时,大力倡导、宣传和支持追求扶贫和自身可持续发展"双底线标准"(财务绩效和社会绩效)的社会企业型的公益性制度主义小额信贷。这一类小额信贷既可消除福利主义模式的弊端,也能避免商业小额信贷的弱点,以及遏制和替代高利贷,而不是产生和实施高利贷。因此,观察和评论一个小额信贷机构时,同时考核它的财务绩效和社会绩效(或社会使命)指标,才能对该机构有一个比较完整的了解,从而形成一个比较全面的结论。目前,国际上小额信贷业内已较普遍地认同和接受要倡导和实施小额信贷机构的"双底线标准",并在努力发展和完善相关的评价指标体系。

社会企业可以分布于经济、社会、文化多个领域,例如生产、医疗、教育、环保和扶贫等。本书主要讨论社会企业与公益性小额信贷机构的关系。福利主义小额信贷一直依赖外部资金补贴支撑,否则不可持续,所以福利主义小额信贷不属于但可以改制成社会企业,而一般的公益性制度主义小额信贷可视为宽泛意义上的社会企业,但与尤努斯认定的严格意义上的社会企业尚有一定的差距。因此,笔者特别希望我国也能出现像孟加拉国乡村银行那样富有崇高"利他"精神的理想主义、具有严格意义上的社会企业性质的公益性小额信贷机构。希望有志者能为之而努力!

公益性小额信贷和社会企业的健康、可持续发展需要解决内部和外部的种种制约因素,需要我们大家共同的不懈努力。当前和今后一段时间,特别需要政府政策法规的支持,正像孙同全提出的:迫切需要解决的问题是相关的政策法规严重缺失和滞后的问题。解决了政策法规的问题,公益性小额信贷机构走社会企业的道路可能不会再那么艰难。人们在翘首以待!

这本书论述深入浅出、内容丰富、思路开阔、见解独到。以笔者之见,这本书对于业内人士和学者及有兴趣者是很有探讨和启迪意义的,值得一读。

(原文为孙同全、潘忠著《社会企业道路——公益性小额信贷组织转制问题初探》序言,社会科学文献出版社2013年版)

对当前小额信贷及相关热点问题的思辨

对小额信贷的理解和重视程度，不同的人有很大的差异。虽然当代国际小额信贷在20世纪70年代开始出现和发展，而在我国，1990年才出现，2000年前谈小额信贷的人很少，只有一些涉及扶贫贷款的人和机构才会谈论它。2000年后，随着中央政府对小额信贷关注度的提高，及相关部门出台了不少涉及此方面的政策法规，再加上孟加拉国乡村银行（又称格莱珉银行）和其创始人尤努斯教授获得2006年诺贝尔和平奖以及尤努斯在获奖一周内即来华访问，小额信贷逐步为越来越多的人所知晓和谈论，搞小额信贷似乎成了时髦，很多人和很多不同类型的机构都自称在开展小额信贷。有的机构单笔贷款额度几千元是小额信贷，有的机构单笔贷款额度达几百万元也称是小额信贷；给贫困群体的贷款是小额信贷，给中小企业的也被称为小额信贷；非政府组织以扶贫为目的的被称为小额信贷，商业机构以营利为目的的也被称为小额信贷；国家优惠政策鼓励的称为小额信贷，没有国家优惠政策支持的也被称为小额信贷。一时间，小额信贷的概念变得扑朔迷离，让人不知所从。本文对小额信贷及相关的一些基本问题作出分析，试图澄清小额信贷原有和应有之义，供大家做进一步的思考和探讨。

一　关于小额信贷对象和额度

笔者根据自己的观察、学习和研究认为，小额信贷除了人们经常提到的提供小额存、贷、汇、保险等各种金融服务的特征和含义外，至少要强调小额信贷的应有之义，包括以下两点：第一，关于服务对象。如果把人群分为富裕、中等和贫困三类，那么小额信贷服务的应是后两类，这两类也是传统金融机构不愿或不能提供金融服务的弱势群体，这一点是当代小额信贷之所以产生的原因,也是它的出发点和落脚点。第二,关于单笔贷款额度。如果按目前世界银行有关教科书的标准或国际业内主流观点,则单笔小额信贷的额度应不高于本国或本地区人均 GDP/GNI 的 2.5 倍。如果我们考虑到我国现实而再放宽标准,可以不超过人均 GDP 的 5 倍为限。

2011 年我国人均 GDP 为 35083 元,如果以不超过人均 GDP 为标准,则平均而言,我国小额信贷概念中的贷款业务的单笔发放额度就不能超过 36000 元;如果按照世界银行的标准,以 2.5 倍计,则不超过 9 万元;如果以 5 倍计,则不超过 18 万元。由于我国不同地区经济水平存在巨大差距,所以在不同的地区小额信贷的额度应该有所区别,以上海、甘肃、贵州、黑龙江和安徽(分别位于我国东西南北中不同地区)2011 年的人均 GDP 来计算这些地区的小额信贷额度的上限,可以发现最高的上海的上限可以是最低的贵州的 5.5 倍。

实际上,人们对小额信贷的单笔贷款额度争论很多,而且,商业性金融机构发放的被称为"小额信贷"的贷款往往大于上述的各种额度,有的甚至是当地人均 GDP 几十倍或上百倍的也被称为"小额信贷"。当然,有人不同意笔者举例提出的 5 倍,可能争论说应 10 倍,或说只要相对银行贷款而言,额度较小的贷款,就可以称小额信贷。对这些观点,当然可以讨论,但是笔者不表赞同,因为这样看,似乎不够严谨和科学,随意性太大,而且在实践中或制定相关政策时也难以界定和规范。

严格来说,超过当地人均 GDP 一定倍数的贷款,不能称为小额信贷,而只能称为小企业贷款。小额信贷与小企业贷款或中小企业贷款是有区别的。工信部等六部委 2011 年出台的各行业中、小、微型企业的界定标准,是对不同类型企业划分的详尽具体的界定。当然,目前也有比较简捷易行的一般性标准,例如,银监会把对资产在 1000 万元以下或年销售额在 3000 万元以下的企业发放的单笔 500 万元以下的贷款,称为小企业贷款。也有称 500 万元以上 2000 万元以下的贷款为中型企业贷款。在我国信贷服务中,中小企业贷款都是"短板",都是国家政策鼓励的,亟须加强的。但它们与小额信贷概念中的小额信贷是两回事,它们的市场客户主体不同,不能混为一谈。

二 关于小额信贷与普惠金融

近几年一个新的名词进入小额信贷话题，就是普惠金融。在一定程度上，它也是国内外为回答人们对"什么是小额信贷"的困惑和争论而提出的一种理论和实践解决方案。什么是普惠金融，它与小额信贷什么关系？与现有的金融体系是什么关系？

为了回答这类问题，我们首先需要澄清四个概念——小额贷款、小额信贷、普惠金融体系、金融体系。对小额贷款，上述的讨论已讲清楚了，它只涉及微型金融业务中的贷款业务。而小额信贷，国内也称为微型金融或小微金融等，它不只是贷款，还包括小额的存款、贷款、汇款和保险等各种金融服务。普惠金融体系，从狭义上说，它是小额信贷的发展和延伸，除了小额信贷的业务外，还包括对小企业的金融服务。所以，小企业贷款和金融服务实际上属于普惠金融的范畴。简单或通俗地说，普惠金融=小额信贷+小企业金融服务。目前人们常说的"草根金融"或小微金融基本上就属于"普惠金融"的概念和范畴。而且，作为一个"体系"，普惠金融除了微观层面的零售金融服务外，还包括中观层面（金融基础设施和中介服务机构）和宏观层面（政府政策法规）的支持。而金融体系则是就一国一个地区的整个金融服务的制度、市场、机构等的总体而言，它涵盖了前三个概念，而前三者是它的一小部分，但却是不可或缺的重要的组成部分。现在业内也有一种观点认为，从广义上说，普惠金融就应该是金融体系本身，因为金融体系本身具有公共产品或至少具有准公共产品性质。

三 关于小额信贷的目的和利率

时下有一种广泛的看法，既然小额信贷是帮助弱势人群脱贫致富的，就应该不收利息或少收利息，如果收取了等同于或超过银行利率的利息，就是高利贷，就是剥削穷人；还有另一种认识，小额信贷额度小、成本高、风险难测，就应高利率，有人甚至宣称高利贷合理。笔者认为，这样的认识均不够全面。

根据小额信贷的目的和利率，基本上可以将小额信贷分为两大类，福利主义小额信贷和制度主义小额信贷。前者是基于较为传统的理念，即穷人应给予低利率贷款资金的补贴和扶持，也可称"输血"式小额信贷。后者则是目前国际的主流观点，主张以商业化运作方式（保障自身的收入大于支出）提供信贷服务，也称为"造血"式小额信贷。

福利主义小额信贷是传统的农村金融服务模式或此模式的变异，其规范的要求是追求贷款资金应有效地直接借贷于穷人（而不是贷款给企业，再由企业雇用穷人），但它不追求服务机构自身的可持续发展。制度主义小额信贷是当今世界的主流流派，它要求共同实现两个目标——较大规模地服务于目标客户群体，同时也实现服务机构自身在组织和财务上的可持续发展。

值得注意而人们却往往忽视或容易混淆的是，制度性小额信贷又可再分为两类，公益性和商业性。公益性制度主义小额信贷以服务穷人为目标客户。商业性制度主义小额信贷则服务于更宽泛的目标群体，包括企业在内，而且以追求利润为主要或重要目标。孟加拉国乡村银行是世界上历时最长、最杰出和规模最大的公益性可持续性发展的小额信贷的代表之一。印度尼西亚国有股份制商业银行"人民银行"的"农村信贷部"、玻利维亚"团结银行"等是国际公认的商业性可持续小额信贷的代表。就我国目前而言，失业人员、妇女创业小额担保贷款和农村贫困农户小额贴息贷款等是福利主义小额信贷；扶贫基金会旗下中和农信小额信贷等100多个活动于中西部贫困县的小额信贷组织属于公益性制度主义小额信贷；农信社、农行惠农卡、邮政储蓄银行的小额信贷基本属于商业性小额信贷；小额信贷公司的小额度的贷款也是商业性小额信贷，而其发放的小企业贷款则属于普惠金融的范畴。

从目的或目标群体上看，福利主义小额信贷和公益性制度主义小额信贷都是为了扶贫，可以统归为公益性小额信贷，只是前者依靠补贴，后者主张自负盈亏和可持续发展。商业性小额信贷也就是上述的商业性制度主义小额信贷，它没有或缺乏扶贫的使命，服务的客户群体更广泛，并以追求利润尽可能多或最大化为目标。

各种类型的小额信贷都有长处和短处，福利主义小额信贷的长处是对弱势群体的即期优惠扶持（包括低利率甚至零利率）十分清楚，传统上也易为人们所理解和令穷人所接受。但是它存在的问题也是明显的。这种模式的缺陷主要是政府支付成本高；效率低下；强势群体侵占利益；弱势群体增加依赖；易发设租寻租和腐败行为；难以可持续发展,因此难以长期有效支持扶贫,等等。因此,世界当今的小额信贷的主流已逐渐过渡到制度主义小额信贷。但是,往往是一种倾向掩盖另一种倾向,在现在人们普遍热衷商业性制度主义小额信贷(高利率高利润)时,却在有意无意地忽视公益性制度主义小额信贷。如何关注和真正支持公益性制度主义小额信贷的生存环境和健康发展,尤其在现在,是一个需要大力呼吁、倡导和解决的突出问题。

在这里,我们重点讨论一下制度主义小额信贷的相关问题。制度主义小额信贷要争取自身的收支平衡或较高收入和可持续发展,从技术层面考虑,可采取的多种方法中,提高利率是最有效最直接的手段。以追求利润为主的商业性小额信贷公司,即使排除发放的实际是小企业贷款外,往往也追求尽量放大额和高利率的贷款,以争取高收入高利润,他们的目标群体一般锁定在中上社会群体。但是公益性制度主义小额信贷以服务穷人为目标客户,并不以利润最大化为目的,是否也应该是高利率?

自2010年10月起,印度小额信贷最兴旺的安德拉邦(占全国28个邦小额信贷份额的30%以上)发生了多起小额信贷客户因负债过多而自杀的恶性事件,造成印度小额信贷的重大危机,至今后遗症严重,引起国际社会高度关注。这是国际小额信贷界最近的一次重大事件。危机的重要原因之一是那里的商业性(包括从公益性小额信贷转型成商业性的)小额信贷机构股东和管理层追求高回报,实行高利率,并对借款人重复贷款,造成弱势借款人过度负债,不堪重负。在墨西哥,有一个在国际上备受争议的著名小额信贷机构"COMPARTAMOS",它的年利率超过85%(不包括客户支付的15%的税率),股东年回报率为55%,是比较典型的高利贷。

以尤努斯为代表的"穷人小额信贷"的实践和倡导者则坚决反对高利贷的做法。他不认同墨西哥信贷机构(康帕多银行)和印度一些商业性小额信贷机构高利率的做法。他认为,小额信贷应关注贫困,无须抵押、利率不应太高但应自负盈亏可持续发展(孟加拉国乡村银行的一般存款和贷款利率分别为12%和20%)。尤努斯身体力行和倡导的是公益性制度主义的小额信贷,他认为,小额信贷的贷款利率可以分为绿、黄、红三个区,收入覆盖了所有成本之后加10个百分点以内的利润率是在绿区内，是合理可行的；从10个百分点加到15个百分点以内，在黄区内，尚可容忍；加了超过15个以上的百分点，就进入了红区，是不可接受的。孟加拉国乡村银行一般贷款的名义年利率为10%，实际年利率约20%（尚未扣除成本），是在绿区之内。教育和住房贷款更低，而对占借款总客户数1%以上的乞丐贷款则为零利率，这些低利率的贷款亏损则由一般贷款所获利润弥补。

四　关于公益性小额信贷机构的新定位：社会企业

尤努斯与他的同事创建和倡导的乡村银行最大特点和最大创新之处不是开办了一般的公益性制度主义小额信贷组织和其金融产品和服务方式及各项机制的创新，而是从理论上和实践中创建了一个全新的社会企业。乡村银行现在的所有者（股东）主要是借款的贫困妇女和一些男性穷人，他们占有银行95%以上的股份，而且每个股东（借款人的股份是相等的），剩余的不到5%的股份归政府所有。而包括尤努斯在内的银行所有管理者和员工都只是领取工薪的银行雇员，是为股东服务的。这也是真正的合作金融的一种形式。尤努斯并不只是认为，不应赚穷人的钱，他更看重的是倡导和践行"社会企业"的理念和实践。

社会企业就是用商业的手段创新性地解决社会问题。它的基本特征是，公益性的宗旨目标，商业性的运作手段（为了机构和财务的可持续），而且企业利润主要或全部用于公益和扩大再生产。也就是说，虽然企业的股东和管理人员经营盈利，但是并不以此为目的，股东不分红或分红远低于市场平均水平，经营目的在于解决社会问题，盈利是作为长期从事社会事业的手段。因此，对于小额信贷机构，尤努斯呼吁："请从中产阶级消费者那里获取利润！如有可能，请充分利用你的金融地位优势！但不要把同样的思想应用在穷人身上……如果他们脱贫了，就像对待普通顾客一样对待他们，但在这之前请不要这样。"社会企业的观念在我国还刚刚开始，需要大力宣扬和推进。市场规律不唯用于自利或利己，亦可用于利他。先公后私、利己与利他兼顾，也是社会主义的本质要求。温家宝也说过："亚当·斯密写过两部有名的著作，一本叫《道德情操论》，另一本叫《国富论》。《国富论》是讲市场经济这只'看不见的手'。《道德情操论》中有一段话很精彩，他说如果社会财富只聚集在少数人手中，那是不公平的，而且注定是不得人心的，必将造成社会的不稳定。我觉得这个话是对的,所以要讲公平,要把正义作为社会主义国家的首要价值。"

所以,笔者认为,应该在鼓励支持发展各种类型的小额信贷和普惠金融的同时,大力提倡、宣传和支持追求扶贫和自身可持续发展"双底线标准"的社会企业型的公益性制度主义小额信贷。这一类小额信贷既可消除福利主义模式的弊端,也能遏制和替代高利贷,而不是产生和实施高利贷。因此,观察和评论一个小额信贷机构时,同时考核它的财务绩效和社会绩效(或社会使命)指标,才能对该机构有一个比较完整的了解,从而形成一个比较全面的结论。目前,国际上小额信贷业内已较普遍地认同和接受要倡导和实施小额信贷机构的"双底线标准",即财务绩效和社会绩效,并在努力发展和完善相关的评价指标体系。

五 关于公益性制度主义小额信贷的扶持政策

面对当前蓬勃发展的小额信贷公司和其他从事小额信贷的商业性金融机构,我国公益性制度主义小额信贷近几年来发展迟缓,甚至有些萎缩。这背后有机构自身素质的原因,机构自身必须予以充分重视和立足自身努力解决,但是制度环境不佳也是重要的深层原因。尽管公益性制度主义小额信贷机构追求自身可持续发展和扶贫的双重目标,可能也制定了覆盖成本的利率,但是实证研究发现,在贫困地区为贫困人口提供小额信贷服务的成本很高,如果完全用经营利润来弥补,需要实行的利率可能就很高,尤其在经营前期阶段,这对穷人发展不利。因此,这类小额信贷机构需要各方面的扶持和政策支持,以减轻机构和客户的负担,加强机构和人员的能力,保证机构健康可持续发展。政府扶持的成本很低,而经济社会效益,尤其是社会效益,则会十分明显。政府政策支持和扶持的形式可以多种多样,至少可以包括以下几个方面:

一是税收优惠。从事公益事业本应该得到税收优惠支持,这是全世界的通行做法。

二是人员培训补贴。没有稳定和高素质的人员队伍,就不可能有高质量的业务成绩。培训不仅是提高管理人员能力的手段,也是员工的福利和激励手段。

三是优惠批发贷款。目前我国公益性小额信贷机构都是"只贷不存"的非商业组织,没有大量低成本的融资,不可能扩大服务规模,也难以实现自身可持续发展。政府出面组织建立优惠的批发资金也是国际上的成功经验,我们应该学习借鉴。在我国,由于目前公益性小额信贷机构有限,只要有一两个亿的资金就可以大见成效。

四是初创期的资助和风险补偿资金。目前,一两千万元也就足够。这也是国际一般通行的做法,应该成为公共财政政策的一部分。

五是制定管理条例。最好和简易的方法是制定类似于2008年针对商业小额信贷公司那样的指导意见和管理办法,对公益性小额信贷机构的发展做出通盘考虑,而且上述几点意见也可并入其中一起安排。

(原文载于《金融时报》2013年3月4日)

财税政策对公益小额信贷支持不到位

摘要: 2014年12月23日,由中和农信主办的微聚2014第6期"资产证券化,公益小额信贷的融资创新"论坛在北京召开,和讯网对论坛进行图文报道。中国社科院贫困研究中心研究员杜晓山在论坛中表示,公益小额信贷的发展在外部来看有三个约束条件:一是没有适宜的法律地位,名不正则言不顺;二是融资难和融资贵,小微企业"融资难、融资贵",公益性的、可持续发展的小额信贷组织也同样面临融资难、融资贵的问题;三是外部环境对这类小额信贷组织的政策支持不到位,这种支持包括人才、资金、财税政策等。

各位下午好,我的发言主要想从公益性小额信贷资金来源的利弊得失的几个方面来探讨一些可能的发展方向,同时,也呼吁一些政府政策的支持。我谈的这一部分的问题,如果我们中国政府能够很好解决的话,我们的担心就没有了。就是因为至今,中国政府在这方面做得不够,所以我觉得,我们面临的探索还有很多。

刚才刘克崮行长提了一个意见,他说草根金融体系的框架设计是三大支柱,两大支持。三大支柱是机构、产品和监管,两大支持是政府政策扶持和社会公共服务。我看了一下他提的这几条理由和几个方面,机构、产品可能是我们机构内部的事,但也包括外部的事,包括机构本身允许不允许成立。但是其他的监管,政府政策和社会公共服务的支持都是机构外部的条件。现在扶贫类的小微金融机构,中和农信刘冬文他们实际上是扶贫金融小额信贷组这么一个定位。实际上在这一块,如果是刘行长的说法比较合适的话,咱们都能看到我国外部环境怎样。为什么中国的可持续发展的公益扶贫小额信贷，我把它称为公益性制度主义小额信贷（公益性目的、市场化运作、可持续发展的机构），发展得那么缓慢？目前的约束条件和根源主要在外部，目前阶段，外部的问题是主要矛盾。不是说内部的管理、人员素质的提高不重要，很重要，中和农信能走到今天，就是因为内部管理越来越规范，越来越制度化，越来越提高。但是为什么我认为从整体上说，公益性制度主义小额信贷组织发展得那么慢？为什么融资那么困难？可以说是外面的政策大环境造成的。

在目前阶段，就我个人从事这个研究，包括一部分的实践，我认为中国小额信贷走到今天，从20世纪90年代初到2014年12月23日是20年，实际上外部环境都很艰难，这是一个基本的评论。当然现在的环境比过去好多了，但是仍然非常不理想，这是我想表明的一个基本观点。

现在讨论这么多的事，实际上小额信贷的发展，公益性小额信贷或者扶贫类、可持续的市场化运作的小额信贷，它是不需要外部长期资金援助的，可以做到像孟加拉国乡村银行那样小额信贷组织，就是需要内部和外部一整套的框架来支持。我的发言主要讨论的议题不是外部环境，但我首先想到的，我们今天这个融资渠道问题跟外部环境是紧密相关的，所以，我国小额信贷发展目前的外部环境实在太有必要做出进一步调整了，这种调整现在远远不够，今天我点到为止。

下面说一说公益性制度主义小额信贷组织融资的可能性渠道问题。刚才我讲到，从它的发展的外部因素来看有三个约束条件：一是没有适宜的法律地位，包括中和农信在内，加上其他的公益小额信贷，这个问题没有解决。正是因为没有适宜的法律地位，因此很多事情名不正则言不顺，师出无名，正规金融机构或什么单位都可以把你否决掉，说你没有这个资格，没有规定你合法的身份，我怎么给你融资或合作？没法办。我是搞农村研究的，举个例子，现在农村不少人都是黑户，没有经过计划生育部门批准，你生的孩子户口上不了。公益性制度主义小额信贷也一样，公益小额信贷组织户口上不了。二是融资难和融资贵，小微企业"融资难、融资贵"，公益性扶贫类的、可持续发展的小额信贷组织也是"融资难、融资贵"。三是外部对这一类小额信贷组织，政策支持根本不到位。包括人才和组织方方面面的培养提升，资金、财税政策等，基本上也是缺位的。所以扶贫公益性又追求可持续，而不是政府长期补贴的小额信贷，我们叫公益性制度小额信贷，至今在我国，它基本上还是任其自生自灭的状况。

20年以前如此，今天依然如此。这件事情说了20年了还没有解决，但是我们可以欣慰地说，"普惠金融"这个词被接受的情况为什么现在比过去好了？因为从中央到基层，对普惠金融这个理念越来越被接受了，中央文件提出，发展普惠金融。对小额信贷，它实际上是指对普惠金融中应服务最底端的那部分群体的金融服务，从2004年至2014年的中央一号文件，就是有关"三农"工作的那个文件，每年都提到小额信贷，或者是小微金融。但是就像刚才贝老师说的，对小微金融，不同的人理解起来差别很大，不知道什么是真正的小微金融。真正服务到底端的这个小微金融，几千元、几万元贷款的这种小微金融，不知道正规金融机构，或者说监管部门懂不懂该怎么做怎么支持，也可能是不屑一顾。只有目的纯真的公益性小额信贷机构，包括农民资金互助社在全心全意地践行。说到贫困村资金互助这一块，我认为财政部和国务院扶贫办做了一件好事，真正在做扶贫金融这一块。那个贫困村资金互助项目现在合起来有50亿元的规模，有2万个贫困村左右，主要在我国中西部贫困农村地区。总的来说，贫困村资金互助社的运作还说得过去，但是有一部分不行。贫困村资金互助社是合作金融、扶贫金融，应该要很好地保留下来，因地制宜、区别对待，将其发展成可持续的扶贫类的新型合作金融组织，千万不要再重蹈到今天已有20年的公益性制度主义小额信贷任其自生自灭的覆辙。贫困村资金互助社是从2006年开始试行的，而公益小额信贷则已做了20年，前后加起来有几百个，现在除了冬文这100个外，好坏都算上可能还剩下100个，运作好的也就是二三十个，这是自生自灭的结果。做得好自己做，做不好自己灭，政府基本上没有大作为，消失了就消失了。然而，就像刚才刘克崮行长讲的，一个资本主义国家孟加拉国，人家可以做成格莱珉银行那个样子，为什么我们社会主义国家不能做成这样？我认为这个问题确实值得政府反思，这是很没有道理的事情。

现在讲我们公益小额信贷组织内部的融资问题，"融资难、融资贵"，包括资产证券化，我听中和农信的同事跟我讲，这是他们商业化融资里面成本最低的一种。这说明什么问题？这说明其他融资方法成本很高，其他融资渠道有什么？从银行借款，还要抵押担保，这是一种办法。另外，信托也可以做，融资成本都高于这个。中和农信的资产证券化融资成本是年化6.4%，农信社借给农民的资金，正常的农户贷款是10%上下，各省份的情况不完全一样，基本上是这么一个水平。公益性的小额信贷他们借来的是6.4%，再放贷出去，机构要养活自己一帮人和正常的运营费用，还要做到保本微利，可持续发展，否则全亏了，就不可能可持续地做下去了。你说他要放多少的利率？这就是一个问题。他都不要求资本回报是10%，只要资本回报1%和2%，你说要放出去要多少贷款利息？当然对农户借贷来说利息也要高上去。刚才贝老师说了，对农户来说他能承受，因为他从银行借不到。他如果能在银行借10%年息的贷款，为什么要到中和农信和其他追求公益性可持续发展的这些小微机构来借更高利率的钱？因为这儿的借款是16%左右的年息，甚至可能还高一点。我能借到10%利率的为什么借16%的？借不到16%的，就到民间去借30%，甚至是40%，那就更高了。

我们为什么利率下不来？其实在这个问题上，对于利率市场化这个问题，我有些不同看法。对公益性小额信贷怎么利率市场化，我觉得值得研究。从经济学的角度利率市场化对扶贫的小额信贷，政策上不应该有所真正的合理的表现吗？你借出来给一个机构是百分之六点几，如果不是这个资产证券化，其他的渠道都是百分之七点几。跟银行借，那个时候基准利率是6.5%，再加上1%—2%，或者是3%的担保你说多少？就是个利率和费用成本。做信托也比这个高，但是实际上我们的信托里面是有公益信托那么一说的，问题是有人给你做公益信托吗？没有。就是完全按照商业市场化的规律，对公益性的机构按市场化的办法走，目前我国政策性金融没有开展对贫困农户的贷款业务，有也是个别的，而且"寻租"现象非常严重，规模非常有限。公益性制度主义小额信贷这种模式是很好的，但是就我个人的观点，它对贫困农户的贷款利率应该是在农信社贷款利率的基础上略高一点，这是合理的，因为这可以屏蔽掉富人。因为富人一看在中和农信这类机构借贷比在农信社借贷贵，而且还要分期还款，那我到农信社去借。农信社肯定借给他，因为是富人，可以有抵押，有担保，人家一看我是这个村子里的富人，农信社就借给他。但在我国目前，问题是做不到这点，所以这是我们大政策出了问题。

对待这样的公益小额信贷机构，应该是政策性金融，或者是财政在某种程度上给他支持，他拿到的是低成本的资金，要求他去做扶贫的、低端的农户贷款，利率略高于农信社，不要搞得太高。搞得太高，现在不要说业外人士不能够理解，甚至是骂这些机构，包括中和农信，说你们是高利贷，骂他们是高利贷，那社会上什么不是高利贷？业内的人，对我来说，我是干这一行的，我也觉得对农民不公平，对贫困农民不公平。凭什么富人拿农信社的利率借钱，穷人要拿高于农信社几乎翻一番的利率来借钱？这是什么制度？我认为这就是不公平。

那么怎么解决这个问题？就是你借给中和农信这样机构的利率要低，让他借出去的利率比农信社略高一点就行了。这就是从机制上防止了富人来侵占穷人的利益，而且穷人又低成本地获得了国家的资金，或者是公益性机构的资金，这才是一个公平的社会，是一个好制度、好机制的选择，我们做得到吗？本来这个事情不难，但是我们做不到，这是一个融资来源。

刚才说了捐款，这是最简单的，但这是有限的，也是不可持续的。我刚才说的几百个，就是20世纪90年代国际组织外资为主的公益性小额信贷项目，一个项目/机构100万元人民币左右本金的扶贫小额信贷机构，这个陆陆续续成立了几百个。但是刚才说了，自生自灭的结果剩不了太多，没有人关注它的可持续性。外国援助项目一般是3—5年，他就撤了不管了，在3—5年时间里面，他派外部的专家，给你无偿的技术辅导。但是人家就管到这儿为止就走了，就交给当地政府了，但是当地政府就是这么一种状态。

我联想到2006年到今天的贫困村资金互助项目，这是中国政府自己做的事，一个村给15万元资金，扶贫办有一整套管理制度，现在有50亿元的规模，2万个村。当然发展好坏状态不完全一样，但是我强烈认为，这是一个合作金融的现实基础，如果我们继续采取一个自生自灭的态度，这2万个村也就慢慢地消失了，难道应该让它再消失吗？如这样做，是极不负责任的！2014年的中央一号文件专门特别提出鼓励新型农村合作金融的发展,有三大段有关金融支持"三农"的话,中间这一段专门讲这个。这个合作金融,除了指发展现在全国各地的合规的农村资金互助社和合作社等类型的信用合作,我刚才讲的扶贫金融和我们今天这个主题是连在一起的,而且是有政府财政系统和扶贫系统在支持做的,我们难道不应该把这个保存下来,发展下去,作为一种落实2014年中央一号文件在贫困地区合作金融的一个最现实、最有基础的,也是有条件发展的一个保证吗?这是顺便谈到这个问题的时候,我想起来这么一个事情。

其实我刚才讲中和农信有人说它利率高,中国扶贫基金会的段应碧会长就说我们确实遇到这个问题,怎么利率能够再低一点?但是我们没有办法,这是个问题。好事怎么能做得好呢?能不能低一点?这主要不是我们自己的事,这是外部环境的问题,是政策支持的问题。那时候我跟刘克崮同志说,他是行长,给中和农信他们2个亿的授信,我说你的利率太高了,基准利率6.5%。他说我们也得活,我们不能赔钱给。这个就是中央财政的事了,或者是政策性金融的事,你就要承担这个事情。然而,这些都没有考虑和解决。国开行的借贷条件是必须是基准利率6.5%,借不借就是这些,这还是最讲社会责任的。还要两到三个百分点的担保,还要有这个。其实在国际上最有经验,运作了小几十年的,就是各种对只放贷不吸储小额信贷机构的批发基金,这个经验在国际上做扶贫的也好,做我国现在小额信贷公司的这种,做小微企业的,都可以用批发基金的方式。当正规金融不能够很好地支持这些刚刚产生的,处于初创期的这些机构的时候,批发基金是最好的一种方式。如果后面你的正规金融能够接得上,而且政策比较合理的话,那我批发基金的功能就可以慢慢地消退,但遗憾的是,我们国家没有运用批发基金这个经验。

刚才说孟加拉国做得好的是乡村银行这个扶贫小额信贷机构,是公益的可持续的,小额信贷的。孟加拉国还出了一个批发基金,叫作PKSF,这仍然是一个世界上最有名的,专门针对公益小额信贷的,或者是扶贫小额信贷、零售小额信贷的批发基金机构,这个也是极其成功的。它的背景是政府支持,政府派人进去,财政部拿钱,中国人民银行以非常低的利率,甚至是无息的资金放进去,财政是拨钱。因为他本国是一个穷国，所以世界银行、联合国系统赠给他也行，低息贷款也行，用这一套机制，就解决了不是银行类的扶贫小额信贷的资金来源和能力建设问题。我刚才讲了，法律地位、融资和能力建设，PKSF解决不了这些小额信贷机构的法律地位，但解决了后面我讲的两个问题，融资难和融资贵的问题解决了，给你技术支持，针对不同的机构采取不同的办法，你成熟度高了，我利率也高一点，但是让你能接受，可持续。刚刚初创的，利率很低，而且我还能做到自身的可持续。有政府的背景，这个基金就在这儿。正是有政府的背景，所以很多的私营机构如果想做一点公益的，就把钱投在这儿，不用费力找一个一个的零售小额信贷机构。放在这个基金，由它统一地考察全国范围谁好谁不好，这都有一套完整的评估和支持的机制。

这一套东西我们为什么不能用？我在2000年就在媒体上介绍这个经验，包括我跟财政部的同志也谈这个办法，财政部有些领导接受，但是咱们的环节特别多，到某一个环节卡住下不去了。其实这些很多好的东西，我们这样的国家不能够做到，确实我们内心是非常纠结。一个这样的社会，我们讲的是普惠金融，讲的是共同致富，或者帮助弱势群体，缩小差距。但是我们的行动和行为能不能表现得更扎实一点？更实际一点？

刚才讲到信托和企业债券，信托我刚才已经讲了，中和农信的同志大概咨询过，成本比较高，所以他们没有再做，当然再细致的我没有问。企业债券小额信贷公司可以做，中小微企业可以做，但是那个成本也不低，而且从目前来看，目前公益性的小额信贷机构还没有，因为从管理上来说，中和农信是最好的，或者是最好的之一，所以别的小额信贷要再去谈这些事更难。所以现在能做到这一块，是因为他们的资产质量得到了认同才能够做资产证券化。

再往下走，融资的渠道就是贝老师说的，走到21世纪可能要和互联网金融联系起来，那就是P2P或者众筹之类的。P2P实际上过去我们也听到过一些，宜信的宜农贷中和农信也在搞自己的P2P，但是目前我得到的信息，只在员工内部集资来做这一块，没有到社会上。现在有一个社会上的，自身说想做公益P2P的，来帮助公益小额信贷融资的，两个星期前有一个机构，也是做商业出身的人，有两个人，也有国际金融背景的来找我，说可行不可行，说了很多。后来他就说我这儿融资的如果是公益小额信贷机构通过 P2P 的形式，借贷的要 7% 的年利率。我说你 7% 给刘冬文他能接受，但是已经不低了。你给别的公益性小额信贷，都是小规模机构的，它的规模要比中和农信小得多，你用 7% 谁敢借？我刚才讲了，我们融资贵的问题没解决。他说我这是公益的 7%，我要是不公益的，那就是 10% 以上。7% 我就已经够公益了，我说你这个公益的，没人借，你要跟我讨论的话，我认为不行，你自己试试，你去找公益性小额信贷机构谈。

当然这是民间行为，不是政府行为。他说我要做社会企业，我来帮助融资。就我的观察，当然我说这个也不是你的责任，最主要的还是政府的支持，有这种环境，你愿意来做这个事是好事。你如果是个大老板，或者能够从大老板那里筹资，你就是来做这一块公益的。你做公益就低一点。我给大家举一个例子，孟加拉国乡村银行与达能公司合作做社会企业。达能是纯商业公司，因为尤努斯得到了诺贝尔和平奖，于是达能的老板就找尤努斯，说我来帮助你，咱们俩搞一点什么合作，尤努斯说你愿意帮助我做社会企业吗？但没有回报。他们两个谈的结果是达能同意了，他为什么同意？是树立企业的社会形象，或社会责任。那是个跨国公司，有的是钱，给你融资几千万元，搞一个酸奶公司，做酸奶的，达能是乳业公司，乳业是他的专长，我给你几千万元，给你投资。尤努斯说，你给我贷款，咱俩说个条件。你贷给我这么多钱，5 年到期了你拿走，只能说你投入多少钱拿走多少钱，一分钱的利息都没有，通货膨胀率都不能算进去。

举例说，现在投 5000 万元，5 年之后通货膨胀率，一年是 2% 的话，10% 就上去了。你说我还要加上 10%，这个是不可能的。5 年之后就是 5000 万元，你干不干，达能老板说我干。他为什么？是为了形象好，因为 5000 万元对他来说不是事，他可以赚几十个亿，5000 万元算什么？白送给你也是 5000 万元，更不说我 5 年可以把这 5000 万元拿回来，我只是没有收益而已。所以这个社会企业和美国、欧洲的那些社会企业还不是一个概念。尤努斯说的社会企业，英文是 Social Business，他说和现在社会上流传的不是一个意思，那个是可以有收益的，只是收益少。我这个你要跟我做，咱们讲清楚了，一分钱回报没有，不做就算了，做就这么走。所以尤努斯那个银行本身是一个公益性的机构，他还有很多其他的社会企业，做其他的产业，刚才讲的酸奶，还有农副产品加工，农产品养殖业、纺织业等。他们现在纺织业成本很低，在中国的很多纺织业都跑到他们那里去了，非常便宜。酸奶他为什么能做得便宜呢？就是因为保证质量，但是简包装，酸奶比如赚5毛钱，他可以做到这个，保证质量没有问题，只是简包装，成本低，而且用的是贫困农户做工人，贫困妇女的工资待遇可能就会比城里招来的人工资还低一点。这个我没有考察过，总之就是这么个意思。这就说明社会企业是可以做的，问题是我们国家还没有做到。至少社会企业这个理念有些人是可以接受的，但是我们社会现在对这一方面的事情，真正在践行上可能差得太多了，这跟一般人对这个事物的理解支持和政府对这一类事物的倡导不足也有关。

批发基金和P2P的事情，宜农贷现在做得怎么样我不敢说。大家都知道宜信，宜信是商业性的、赚大钱了，他做得好不好、对不对，人们有不同的看法。但是宜农贷知道我们支持公益性小额信贷，唐宁来找我们的时候说宜农贷是这样，公益性小额信贷的客户没钱，他把客户的需求贴在网上，社会上有公益心的人可以投，可以满足他3000元、5000元的需求，也可以投几百元，可以大家凑。例如有3个客户，一个要5000元、一个要1万元，一个要3000元，你可以一个人投，把这三个都包了，也可以只投一个客户甚至更少。但是你的回报很少，你的回报只有1%—2%，就是一年以后本金给你，你拿1%—2%的收入，这是宜农贷。我说这个事情可以做，他确实做了，当然后来做得怎么样我没有参与，我们推荐了不少的公益性小额信贷机构给他，他确实和其中的一些公益性小额信贷机构就这么做起来了。他当然自己直接做不了，他就把公益性小额信贷推荐的客户到他的网上一发布，满足了这个钱就到了公益性小额信贷那里了，就按照公益性小额信贷的模式去运作。其实这是一种方式，当然现在的众筹还有网上银行，这一套互联网金融的做法，其实都是到最偏僻的地方，正规金融机构做不下去的地方，网点不能覆盖的，机构设置要亏损的，都有很多办法，可以在某种程度上解决，至少缓解这些问题，所以这也是一个渠道，也是可以做的。

我认为还可以搞资金互助，这也是一个资金来源。中和农信现在没有做这个,举例说,我看有些公益性机构在做。比如公益性机构有一笔不多的钱,利用尤努斯他们的模式在放贷,因为融不到钱,就在村一级对一些贫困农户说服动员他们,你们组成自己的资金互助。你们先在自己内部利用这些互助资金周转,指导农户运作良好后,如钱不够,公益性机构有几百万元,或者几千万元,你不够的时候我再贷给你。这样的话,就等于把两层机构结合起来,这实际上在我们国内已经有这样的机构在运作了。当然运作得好或不好,状况不完全一样。这也是一种方式,就是解决一个外部融资太贵怎么办的问题,用这种方式缓解一个资金来源特别有限的问题。

其他的就是社会资本投资者,例如天使投资、风险投资基金。刚才贝老师说国际上有那么多的渠道,但是在2000年以后,我国小额信贷公司发展得很兴旺的时候,在四五千家,现在发展到8000多家了。有大量的国际资本跑到中国来考察,他们对公益不感兴趣,他们对商业性小额信贷公司很感兴趣,因为那是纯商业的。但是我今天看到的,没有几家真正落地的,他们看来看去还是认为中国的环境不行,赚不着钱,连商业的都赚不着钱,他还投公益吗?我看很多当时国际上,美国和欧洲的都打着社会投资基金(Social Investment Fund),但是一个渠道,没有落实下来。他认为中国的环境,包括能赚钱的机会不多,这是他们的观点。确实对于他们的投资者来说,回报率要在10%或者是20%,如果是纯商业的,要在30%。公益的我问过,你们的社会投资基金回报要求多少?回答是10%,做得到吗?我觉得难。刘冬文他们现在都做不到这一条。这么大规模的做不到,别的小机构还能做到吗?根本做不到,所以他不感兴趣。真正的社会投资我看国际上那些人,在中国目前的环境下可能不容易,也不是说绝对不可以。例如长期入股,或者说债权融资,或者说股权融资,这都是可能的。但是他仍然需要外部环境,或者说这个机构自身的水平,或者说你的规模。因为我们的小额信贷公司只许在一个县里,发展不大,在一个县里能发展多大?几亿元、十几亿元了不起了。人家的城商行、农商行都是几十亿元、几百亿元的规模,都没投,也许是没让他投。

很多事情不是那么简单,但是我确实认为要靠社会上有这个意愿想帮助穷人的,同时也要有这种公益的理念和技能,像冬文他们的中和农信和做得好的公益性小额信贷组织，不管外面怎么样，我就按照我认定的方向做下去。

还有一个就是我强烈地呼吁，我们的政府、我们的监管部门应该拿出实际的行动来支持这一类机构的发展。当然从哲学的角度来说，有位才能有为，同时反过来说，有为才能有位。所以从内部来说我们要争取有为，争取到我们的地位。而从政府宏观的角度来说，是你要给他合适的地位和位置，让他去做政府真正愿意让他去做的，政府支持的事情，让他更好地发挥作用，这就是内外关系的一种辩证关系。

（原文载于《和讯财经》2014年12月29日）

我国小额信贷和普惠金融发展状况

笔者在此讨论一下对我国小额信贷和普惠金融发展状况的看法。小额信贷本质上是普惠性金融体系的理念和实践。普惠性金融体系认同的是使所有需要金融服务的人，包括过去难以得到金融服务的更贫困和更偏远地区的群体，都能获得各种应有的金融服务。然而，传统金融机构在不同程度上没有意识到或做不到这一点，因此，如何转变传统观念，倡导小额信贷和普惠性金融体系有重要的现实意义。

一 关于小额信贷与普惠金融的概念

近几年作为新名词进入与小额信贷有关的话题，就是"普惠金融"。在一定程度上，它也是国内外为回答人们对"什么是小额信贷"的困惑和争论而提出的一种理论和实践解决方案。什么是普惠金融，它与小额信贷什么关系？与现有的金融体系是什么关系？

为了回答这类问题，我们首先需要澄清四个概念：小额贷款、小额信贷、普惠金融体系、金融体系。对小额贷款（或微型贷款 microcredit），它只涉及微型金融业务中的贷款业务。而小额信贷（microfinance），国内也称为微型金融或微小金融等，它不只是贷款，而且包括小额的存款、贷款、汇款和保险等各种金融服务。普惠金融体系（Inclusive Financial System），从狭义上说，它是小额信贷的发展和延伸，除了小额信贷的业务外，还包括对小企业的金融服务。所以，小企业贷款和金融服务实际上属于普惠金融的范畴。简单或通俗地说，普惠金融=小额信贷+小企业金融服务。目前，我国人们常说的"草根金融"或小微金融（小企业和微型企业金融服务）基本上就属于"普惠金融"的概念和范畴。而金融体系（Financial System）则是就一国一个地区的整个金融服务的制度、市场、机构等的总体而言，它涵盖了小额贷款、小额信贷、普惠金融体系三个概念，而这三者是它的一部分，但却是不可或缺的重要的有机组成部分。

现在业内也有一种观点认为，从广义上说，普惠金融就应该是金融体系本身，因为金融体系本身具有公共产品或至少具有准公共产品性质。从这个意义上说，普惠金融是指能有效、全方位地为社会所有阶层和群体提供服务的金融体系，实际上就是让所有老百姓享受更多的金融服务，更好地支持实体经济发展。

以上提到，普惠金融体系从狭义上说是小额信贷的发展和延伸。它除了小额信贷业务外，还包括对小企业的金融服务。现在中国国内很多人自认为谈论的小额信贷，实际上是在谈论普惠金融。

二 普惠金融的三个特征和三个层次

我理解的狭义上说的普惠金融有以下三个特征：普惠金融应该更多地关注弱势地区和弱势群体，比如农村地区和农民群体，普惠金融的根在农村、在"三农"，当然也包括城市下岗失业人员等；各类金融机构和服务供给方，应该不断地提高服务质量和服务覆盖面；鼓励各种类型和形态的金融机构参与普惠金融，包括正规金融机构、小额信贷公司、保险机构、非营利的扶贫组织、民间借贷等都应该参与其中。

作为一个完整的"体系"，普惠金融有微观、中观、宏观三个层面的要求。除了微观层面的各种类型和形式的零售金融服务外，还包括中观层面（金融基础设施和中介服务机构）和宏观层面（政府政策法规）的支持。

三 小额信贷的服务对象和量的规定性

对于小额信贷，除了人们经常提到的提供小额存、贷、汇、保险等各种金融服务的特征和含义外，要强调小额信贷的应有之义，至少包括以下两点：第一，关于服务对象。如果把人群分为富裕、中等和贫困三类，那么小额信贷服务的应是后两类，这两类也是传统金融机构不愿或不能提供金融服务的弱势群体，这一点是当代小额信贷之所以产生的原因，也是它的出发点和落脚点。第二，关于单笔贷款额度。如果按目前世界银行有关教科书的标准或国际业内主流观点，则单笔小额信贷的额度应不高于本国或本地区人均GDP/GNI的2.5倍。以2011年为例，我国人均GDP为35000多元，如果按照世界银行的标准，以2.5倍计，则不超过9万元。不过，由于我国幅员辽阔，不同地区经济水平存在巨大差距，所以在不同的地区小额信贷的额度应该有所区别，以上海和贵州2011年的人均GDP的2.5倍来计算这两个地区的小额信贷额度的上限，可以发现我国人均GDP最高的上海的小额信贷的上限可以是人均GDP最低的贵州的5.5倍。所以，小企业贷款不能成为小额信贷，实际上属于普惠金融的范畴。

四 普惠金融体系面临的挑战

就我国而言，普惠金融体系三个层面的理论研究和实践均有待进一步的深化完善。从微观层面上来说，目前我国正规金融机构主要是大、中、小银行业金融机构和新型金融机构（村镇银行、贷款公司和农村资金互助社及小额信贷公司等）涉及普惠金融的业务有了不同程度的发展，而他们开展的主要是商业性的小额信贷和小微企业金融服务。其次，包括部分政策性或称福利性（有外在的持续补贴和担保）产品业务。再次，我国目前公益性制度主义小额信贷，也就是扶贫类的、以市场规则运行、追求供给机构自身自负盈亏和可持续发展的小额信贷，以及民间借贷的小额信贷。目前，我国微观层面机构的运营规范多处于较为滞后的状况，各类小额信贷业务或机构的改革和发展有很多值得改善的空间。从中观层面上说，我国的普惠金融体系的欠缺则尤为明显，例如征信制度、信用环境、行业协会和网络、批发机构、电算化管理信息系统、培训、咨询、评估和评级等的金融服务中介和基础设施建设均应建立和健全起来。从宏观层面上来说，中央和地方政府及监管当局的相关政策法规仍有待进一步的调整和改善，也包括是对公益性制度主义小额信贷和民间融资的小额信贷的具体政策法规的制定、支持和规范，应尽早提到日程上来。在这方面不能不说是个较大缺陷。

就总体而言，对我国普惠金融体系的贯彻落实的主要挑战，类似于国际社会，主要体现在以下三方面：一是金融服务的广度，即规模是否能够最大限度地扩展到一切有金融服务需求的群体和地区；二是金融服务的深度，即能否涵盖过去没有享受过或较少享受金融服务的弱势和贫困群体，也就是低端客户市场中的底端，即穷人是否能获得金融服务的公平正义的享用权利和机会；三是金融服务的性价比或成本效益比究竟如何？是否能以较少的投入和成本获取更大的经济和社会效益，同时保证金融服务机构自身的可持续性。或者说，最大的挑战也可概括为：如何实现社会业绩（目标群体受益）和经济业绩（机构体系可持续发展）双重最佳。我们如何能战胜上述挑战？可能的答案是：通过将为穷人和弱势群体的金融服务，即将小额信贷和普惠金融作为国家主流金融体系的有机组成部分。

五 小额信贷的三种类型

简言之，小额信贷的分类，无论中国还是世界，基本上可分为三类：福利主义小额信贷（有人称其为政策性小额信贷），既服务于弱势群体又享受外部资助或补贴；公益性制度主义小额信贷，既服务于弱势群体，又追求机构自身自负盈亏和可持续发展；商业性小额信贷，既服务群体高于前两者的，但传统银行不愿或难以服务的群体，又追求机构自身利润最大化的小额信贷机构。

各种类型的小额信贷都有长处和短处，及其适用性。福利主义小额信贷的长处是对弱势群体的即期优惠扶持十分清楚，但这种模式的缺陷主要是政府支付成本高、效率低下、易由强势群体侵占利益、弱势群体增加依赖、易发设租寻租、难以可持续发展等。而现在人们普遍热衷商业性制度主义小额信贷，却在有意无意地忽视公益性制度主义小额信贷。

就我国目前而言，失业人员、妇女创业小额担保贷款和农村贫困农户小额贴息贷款等是福利主义小额信贷；扶贫基金会旗下中和农信小额信贷等200多个活动于中西部贫困县的社会组织或已转制为"公司"的小额信贷组织属于公益性制度主义小额信贷；农信社、农行惠农卡、邮政储蓄银行、村镇银行等开展的小额信贷业务基本属于商业性小额信贷；小额信贷公司的小额度的贷款也是商业性小额信贷，而其发放的小企业贷款则属于普惠金融的范畴。

六 应扶持发展社会企业型小额信贷

以尤努斯为代表的"穷人小额信贷"的理论和实践的倡导者则坚决反对高利贷的做法。他不认同墨西哥信贷机构（康帕多银行）和印度一些像 SKS 那样的商业性小额信贷机构高利率的做法。他认为,小额信贷应关注贫困,无须抵押、利率不应太高但应自负盈亏可持续发展[孟加拉国乡村银行(Grameen Bank)的一般存款和贷款利率分别为12%和20%]。尤努斯身体力行和倡导的是公益性制度主义的小额信贷,他认为,小额信贷的贷款利率可以分为绿、黄、红三个区,收入覆盖了所有成本之后的利率加 10 个百分点以内的利润率是在绿区内,是合理可行的;从 10 个百分点加到 15 个百分点以内,在黄区内,尚可容忍;加了超过 15 个以上的百分点,就进入了红区,是不可接受的。孟加拉国乡村银行一般贷款的名义年利率为 10%,实际年利率约 20%(尚未扣除成本),是在绿区之内。它的教育和住房贷款更低,而对其占有效借款(有贷款余额)的总客户数 800 多万户的 1% 以上的乞丐贷款则为零利率,这些低利率的贷款业务形成的亏损则由一般贷款业务所获利润弥补。

尤努斯与他的同事创建和倡导的乡村银行最大特点和最大创新之处不只是创新性地开办了公益性制度主义小额信贷组织和其金融产品和服务方式及各项机制的创新,而更主要的是从理论和实践上创建了一个全新的社会企业。乡村银行现在的所有者(股东)主要是借款的贫困妇女和一些男性穷人,他们占有银行 95% 以上的股份,而且每个股东(借款人)的股份是相等的,剩余的不到 5% 的股份归政府所有。而包括尤努斯在内的银行所有管理者和员工都只是领取工薪的银行雇员,不是股东,是为股东服务的。这也是真正的合作金融的一种形式。尤努斯并不只是认为不应赚穷人的钱,他更看重的是倡导和践行"社会企业"的理念和实践。不能不遗憾地说,在我国到目前为止,包括公益性制度主义小额信贷组织在内,也还没有出现一家像孟加拉国乡村银行那样的真正完全由穷人为所有者的"社会企业"型的小额信贷组织。

社会企业就是用商业的手段创新性地解决社会问题。它的基本特征是:公益性的宗旨目标,商业性的运作手段(为了机构和财务的可持续),而且企业利润主要或全部用于公益和扩大再生产。也就是说,虽然企业的股东和管理人员经营盈利,但是并不以此为目的,股东不分红或分红远低于市场平均水平,经营目的在于解决社会问题,盈利是作为长期从事社会事业的手段。因此,对于开展小额信贷活动的机构,尤努斯呼吁:"请从中产阶级消费者那里获取利润!如有可能,请充分利用你的金融地位优势!但不要把同样的思想应用在穷人身上……如果他们脱贫了,就像对待普通顾客一样对待他们,但在这之前请不要这样。"

所以,笔者认为,应该在鼓励支持发展各种类型的小额信贷和普惠金融的同时,大力提倡、宣传和支持追求扶贫助弱和自身可持续发展"双底线标准"的社会企业型的公益性制度主义小额信贷。这一类小额信贷既可消除福利主义模式的弊端,也能遏制和替代高利贷,而不是产生和实施高利贷。因此,观察和评论一个小额信贷机构时,同时考核它的财务(业务)绩效和社会绩效(或社会使命)指标,才能对该机构有一个比较完整的了解,从而形成一个比较全面的结论。目前,国际上小额信贷业内已较普遍地认同和接受要倡导和实施小额信贷机构的"双底线标准",即财务(业务)绩效和社会绩效,并在努力发展和完善相关的评价指标体系。

迄今为止,中国当代小额信贷的发展已取得十分显著的成绩,但总体上仍处于初创发展期。对小额信贷和普惠性金融体系理念的认识以及在实践中的贯彻才刚刚开始,与各利益相关方对此达成共识和政策落实及运作实施还有相当的距离。小额保险刚刚起步,即使在信贷市场上,尽管不少金融机构都在讨论小额信贷,也在以各种方式探讨小额信贷业务,但是,真正具有健全小额信贷理念和实践而关注弱势、服务微小的机构仍然有限。并且,即使是那些关注弱势和服务微小的机构中,较多机构的创新能力也不足、风险控制办法不到位,要做到这项业务的可持续发展更有待考验。

近年来,中国政府一些小额信贷政策法规的出台对于推动小额信贷的发展,功不可没。然而,中国支持各类小额信贷健康发展的政策法规还相对滞后,尚待健全和完善。尤其是对公益性制度主义小额信贷组织,至今相关主管部门还没有出台任何具体的支持和鼓励发展的政策法规,不能不说是一大缺陷。

七 中国小额信贷如何可持续发展

中国小额信贷和普惠金融的可持续发展,从政府和监管的层面看,当前应注意平衡分配和引导资源,提高小额信贷发展薄弱地区的资源配置;相关主管部门间应加强认识和工作上的沟通和协调一致,同等重视商业性小额信贷和公益性小额信贷的发展；加大对公益性制度主义小额信贷这一"短板"的支持力度；对不同机构实行差异化的监管；正确引导和发挥媒体舆论的作用；进行金融教育培训；从政策法规上制度性地鼓励扶持和规范各类小额信贷和小微企业金融服务的健康发展，有利于推动普惠金融体系的健全发展。应从整体上考虑建设小额信贷这个行业，包括发展金融基础设施建设和支持性中介服务提供者，例如评级机构、培训和能力建设机构、管理信息系统和信息技术提供者、行业协会等。

从我国目前各种开展小额信贷业务机构的角度，社会组织开展的公益性小额信贷应解决的主要问题是：法律地位、资金来源、人员专业素质和管理水平的能力建设。享受政府或外部长期资金支持和补贴的福利性小额信贷（如失业人员和妇女创业小额贴息担保贷款、农村扶贫贴息贷款）应解决的问题是：政府资金规模的局限；很多商业银行不积极参与实施；多部门间的协调；项目持续性；供求双方的道德风险问题。商业性小额信贷机构应解决的问题是：融资渠道不畅；融资比例过低；业务技术流程和产品创新不足；单笔额度过大（平均100万元）；防范违规操作和道德风险（抽逃资本金、利率偏高、变相吸储、利益相关人贷款、暴力追债等）。商业银行做小额信贷业务，要解决战略定位、意愿、专营部门和技能、团队建设及运营机制等问题。各类农村资金互助社应解决治理和管理水平差、强势群体侵占利益、不可持续或产生非法吸储、集资，扰乱金融秩序等问题。对于"人人贷"（P2P）等民间小额借贷，则应引导、规范，扬其长、避其短；注意防止变相吸收公众存款和非法集资的违法行为；建立自律和外部监管制度等问题。

可以预见，正规金融机构，包括农村信用社系统，肯定是小额信贷和普惠性金融的主力军。但只要政策法规对头，再加上小额信贷业自身的努力，各种其他类型的小额信贷组织仍是一支重要的力量，而且有各自的优势。因此，我们应该认识到中国小额信贷和普惠金融的发展也要遵循多层次、广覆盖、可持续的原则，以服务于不同层级金融市场的需求。

附：商业银行如何做好小微贷款业务

从海外目前的情况看，小型微型贷款或普惠金融服务能否成为商业银行的主流业务，在实践中要做具体分析。各国的情况有很大的差异，这与各国政府的政策法规和商业银行是否有真正的意愿、商业银行的战略定位及做好小微贷款的技能和机制有最直接的关系。因为从常规上说，小微贷款的成本高、风险大、收益低而且辛苦劳累，与常规商业银行的目标追求及运行机制是相违背的。

从国内外的经验看，商业银行要做好小微贷款业务是有一些共性的。首先，要将它作为商业银行决策和管理层的坚定意愿和战略定位，并使之成为全体员工的一种企业文化。其次，要将这一目标追求真正落实体现在机构实际运行的一系列与之相适应的机构设置、规章制度、体制机制上。例如，在商业银行内部或另外设立专门从事小额贷款的部门和机构，其高管和员工构成、产品开发、运行机制、风险防控和考核机制等均应有自身的特点。

人员构成上除该部门高管是在微贷上有意愿、有能力、有经验的领导外，一般员工多从刚从事该微贷业务、有一定学历的年轻人群中选聘，并进行系统的理念、文化和实践的培训锻炼。在产品开发上，有小组、个人和村银行等不同类贷款。产品设计的一种选择是提供简单、标准化的产品，形成低成本的标准流程，另一种选择是通过提供定制产品，体现优良、不同需求的客户服务，要在这两种选择中寻求适当平衡；还应有层级制的利率结构。在风险控制上，由于客户缺少抵押担保，因此关键在于通过了解各种软硬信息，考核和掌握借贷人的还贷意愿和还贷能力，结合客户的实际现金流做出贷款和还贷安排。当然还要注意市场风险。从操作风险的角度，加强内部管理，注重员工的品行道德规范，防止欺诈等行为，要注意政策和程序的简单一致性，要有有效的管理信息系统、明确的授权层次和信贷管理制度；"四只眼"制度、员工轮换、内审制度等。人力资源管理上，要有有效的激励和约束机制，例如对信贷员的薪酬，应考虑当月发放贷款的笔数，而非主要是发放金额；未偿还贷款余额的笔数和金额；第一次借贷客户的贷款笔数；按风险和注销比率衡量的贷款质量。

（原文载于《金融世界》2015年第2期）

对小额信贷与普惠金融在我国发展的感触

为什么越是需要钱的穷人越是贷不到款？在金融世界里，"义"与"利"果真就没有调和的空间？很久以来，我一直在思考这样的问题。

一　我们的小额信贷研究和实践尝试

在经过内蒙古插队 10 年后，作为恢复高考制度后的第一届大学毕业生，1982 年，时年 35 岁的我从中国人民大学商业经济专业毕业后，被分配到中国社会科学院农村发展研究所，最初从事扶贫领域的研究。在研究工作中发现我国扶贫领域的资金扶贫效率低、效益差，尤其扶贫贷款存在的主要问题是资金难以到达穷人，还贷率低，以及扶贫贷款机构严重依赖外部补贴或资金支撑才能生存。

尤努斯的故事深深触动了我。那是 20 世纪 80 年代中后期，在一个国际研讨会上，我第一次通过文字"邂逅"了尤努斯。尤努斯在走访一个村庄时发现，其实只需 27 美元，就可以让 42 个有贷款需求的穷人购买原料，维持小生意，就可以改变他们的命运！由此，他一手创办起孟加拉国乡村银行（或称格莱珉银行），坚持贷款只给穷人中的穷人。我惊讶地发现，这个乡村银行，完全借贷给无抵押担保的穷人，还款率却高达 98% 以上，而且每个基层营业点都能自负盈亏。这完全颠覆了几百年来银行业的信贷哲学。此后，我一直在关注乡村银行的发展动态。

我隐隐感到，或许孟加拉国乡村银行模式是解决中国扶贫贷款的一个"好招儿"。我开始在期刊、报纸上发表文章，传播这一崭新的模式。尽管对这个模式在我国是否适用有争论，能否成功我们也并没有把握,但我与我所刘文璞、张保民等领导和同事还是决定在我国贫困农村试试,看这一模式是否可行。当时我内心里有一个想法特别强烈,万一这套办法可行,外界无论支持或不支持,它都可以自行运转,靠机构自己的力量帮助穷人。如能借鉴推广,则对我国扶贫贷款机制和工作带来革命化的改变,惠及广大的低收入和贫困群体,助力他们脱贫致富。

1993年10月,我到孟加拉国乡村银行实地学习考察,还带去我们课题组的申请项目初步方案并与尤努斯教授等进行了座谈和讨论。在他和他的团队的支持下,我们争取到孟加拉国乡村银行信托基金的5万美元分期拨付的低息贷款,同时,也申请获得福特基金会5万美元的课题无偿资助。之后不久,我们社会科学院课题组与国定贫困县易县政府协商确定实验项目具体事宜。

我们"扶贫社"小额信贷项目几乎原封不动地把孟加拉国全套操作模式拷贝过来:以妇女为主体,5人小组联保,每周分期还钱,按照贷款额的5%收取小组基金和强制储蓄作为风险基金,按期还款以后还可以接着贷并可以提高借款金额,可以无限期地循环贷款……出于一种善良的愿望做事当然很重要,但我们欠缺专业的知识、能力和管理水准,内控机制、运作程序都有非常多的漏洞和毛病。我们与基层运营团队不断在实践中学习改进。总的来说,20多年来,尽管有挫折和问题,我们在几个贫困县开展的扶贫小额信贷试验却是成功的。

二 小额信贷在我国的发展壮大

之后,从1996年起,由政府或社会组织开展、国际机构援助的小额信贷项目也纷纷学习孟加拉国乡村银行模式开展扶贫活动,先后有约300个试点。紧接着,1996—1997年,国务院扶贫办与农行为落实"八七"扶贫计划也借鉴乡村银行模式,由政府部门负责运作贴息担保小额信贷扶贫到户工作。自2000年起,中国人民银行要求农信社系统开展农户小额信贷工作,农信社成为农户小额信贷的主力军。2005年至今,中央监管部门鼓励民营和海外资本进入,试行商业性小额信贷活动。接着村镇银行、邮储银行、农村资金互助社等也加入小额信贷的行列。在城市,针对下岗失业低收入群体的城市贴息担保等方式的小额信贷也开展起来。党中央和国家领导人从政策和讲话中都十分重视发展小额信贷,从2004年起,中央每年的一号文件都是谈"三农",都要求发展农村小额信贷。

在开展"扶贫社"扶贫小额信贷试验的日子里，我们也在积极推动我国小额信贷领域合力和自律的发展，参与组建小额信贷联盟。为了推动小额信贷的健康可持续发展，我们社会科学院农村发展所、商务部国际技术经济交流中心和全国妇联妇女发展部于2005年共同发起建立了中国小额信贷联盟。这是我国第一个小额信贷行业自律协会类组织，我们联盟在推动我国小额信贷和普惠金融发展方面，一直发挥着应尽的责任和作用，在行业内有一定的声誉度。

三 普惠金融的兴起和发展

2005年联合国和世界银行分别在推动小额信贷的基础上，进一步提出和倡导普惠金融的概念、理论和实践。我们小额信贷联盟是我国第一家发起倡导普惠金融的组织，联盟发起组织了联合国《普惠金融绿皮书》的翻译出版。我本人于2006年在我国学术杂志上发表了介绍普惠金融体系的学术理论文章。我在思考长期困惑我的一个问题：在经济和金融世界里，"义"与"利"难道就没有调和或兼顾的空间？那段时期在媒体上看到时任中国人民银行研究局副局长焦瑾璞，以及时任农行董事长项俊波也在大力宣传倡导普惠金融。

党中央、国务院十分重视推动普惠金融的发展。2013年11月党的十八届三中全会提出了"发展普惠金融"的目标。2015年12月，国务院发布了《推进普惠金融发展规划（2016—2020年）》，指出要发展普惠金融，立足机会平等要求和商业可持续原则，以可负担的成本为有金融服务需求的社会各阶层和群体提供适当、有效的金融服务，其中，小微企业、农民、城镇低收入人群、贫困人群和残疾人、老年人等特殊群体是普惠金融重点服务对象，增进社会公平和社会和谐，促进全面建成小康社会。2016年的G20杭州峰会中国政府又提出数字普惠金融八项高级原则。总的来说，至此，普惠金融在理念、理论和发展原则及路径上已经清晰明确了。现在，国人也正在从好奇到普及的转换中。

从2005年至今，我任小额信贷联盟理事长，我们联盟推动小额信贷的可持续发展，并积极配合政府有关部门促进普惠金融体系的建设。在推进普惠金融方面，我们小额信贷联盟在成立之初就引入联合国和世界银行建设普惠金融体系概念，进行国内推广，发展十几年时间，小额信贷联盟的宗旨和使命就是致力推动我国小额信贷和普惠金融的健康可持续发展。国务院正式发布的《推进普惠金融发展规划（2016—2020年）》，意味着普惠金融在中国有了顶层设计，我们小额信贷联盟也受邀参与制订《规划》时的意见征求和制定后的宣传推广。

近年来互联网金融兴起，小额信贷联盟早在 2012 年年底就召集部分 P2P 网贷平台颁布并签署了国内首个 P2P 小额信贷信息中介机构自律公约。近两年在行业监管政策落地前后，小额信贷联盟多次组织 P2P 网贷机构讨论行业相关问题，一直致力于推动行业自律的工作。

四 笔者的几点感言

笔者认为，普惠金融体系实际上是在总结小额信贷和微型金融发展经验的基础上将零散的小额信贷产品和机构服务发展成为金融整体发展战略一部分的"微型金融产业"和外延的适度扩展，也就是构建一个系统性的小额信贷或微型金融及适度扩展服务对象的金融服务网络体系。因而可见，普惠金融体系和理论的产生是合乎历史发展逻辑的，是对小额信贷扶贫理论认识的提炼、深化和发展。从这个意义上讲，普惠性金融体系是对小额信贷理论和实践的新的更高层面的理论概括和发展。简言之，普惠金融是小额信贷的发展和延伸，即普惠金融＝小额信贷+小企业金融服务。

笔者认为，西方"理性经济人"理论有其正负两面作用，它不应是指导经济学的主导理论。就普惠金融而言，这一理论的负面作用就更大。我认同的是：小额信贷（微型金融）、普惠金融，要在政府政策支持的基础上进行市场化操作，走保本微利的可持续发展之路。金融机构开展普惠金融和数字普惠金融至少都应贯彻经济效益与社会责任平衡的原则，即义利伴生准则。

笔者认为，普惠金融服务，对服务的供给方而言是一种责任，对需求方而言是一种权利。金融服务覆盖到最广大的有需求的人群，金融触角深及社会需求的最底层，才能够达到普惠金融的基本含义。一个健康的金融体系，应该惠及所有有需求的人。所有有金融需求的人，都有权利得到他应该得到的有效金融服务。富人可以贷到钱，穷人贷不到钱，这是说不通的。

当前我国乃至全球，小额信贷和普惠金融发展面临的根本挑战是三个：一是如何扩大它的规模，即帮助更多的弱势群体；二是如何到达更深的深度，即帮助更穷的穷人；三是如何保证良好的成本效益比，即服务的可持续发展。

我国普惠金融的发展仍处于初级阶段。我国的金融网点覆盖、账户覆盖，包括支付等做得好，就是说我们处于国际的中上水平，但短板是对弱势群体的融资服务。发展存在严重的不平衡，我国大多数地区普惠金融发展还处于比较低的水平。为此，我也多次提及普惠金融发展的具体建议。

笔者认为，可以预见，发展普惠金融，正规金融机构，包括农村信用社系统，肯定是主力军。但只要政策对头，再加上小额信贷业自身的努力，各种类型的小额信贷组织仍是一支重要的力量，而且有各自的优势。应注意鼓励非营利性可持续的扶贫小额信贷组织和合作金融这些短板的规范发展。

发展普惠金融既要运用传统金融业态，也要利用POS机、手机银行、网上银行等新科技手段，还要运用网贷等互联网金融/移动互联网金融等新型数字金融业态。另外，过去合作金融的主要形式是农信社，当前全国正在开展农信社改制转轨，但不应一刀切地把农信社全部变成农商行，应因社制宜，部分保留农村合作金融的形态，并努力发展新型合作金融形态。

（原文载于《金融世界》2016年第12期）

小额信贷公司要练好内功抗严寒

从 2014 年开始，小额信贷公司增速放缓，陷入发展"瓶颈"期，并逐渐暴露更多问题。随着我国经济增速下行、银行业务下沉、同业竞争加剧以及 P2P 网贷平台对优质客户的争夺，小额信贷公司的经营压力陡增。统计数据显示，小额信贷公司从 2014 年开始，相比 2011—2013 年每年增加近 2000 家的速度增速已经明显放缓，2015 年总数比 2014 年仅增加了 119 家，贷款余额不增反减。

究竟是何种因素致使小额信贷公司面临发展"瓶颈"，面对当前复杂多变的国内外经济和金融环境，小额信贷公司有何应对之策。针对小额信贷行业发展面临的诸多热点问题，记者采访了中国社会科学院农村发展所研究员、中国小额信贷联盟理事长杜晓山。

记者（庞东梅）： 小额信贷公司面临哪些挑战？除了客观因素之外，影响小额信贷公司发展的主观因素是什么？

杜晓山： 随着国内经济增速放缓，小额信贷公司不良贷款及坏账开始出现。经济下行是造成大量不良贷款的主要原因，但另一个不容忽视的事实是，银行等金融机构的业务下沉，同行之间竞争加剧，典当、民间借贷、P2P 平台等与小额信贷公司争抢优质客户，这些原因都导致小额信贷公司面临的竞争越来越激烈，优质客户就这么多，随着竞争的加剧，自然会导致不良贷款增加。

主观内因的缺陷是小额信贷机构发展的主要"瓶颈"。外因是条件，内因是根本。运营良好的小额信贷公司具有以下共同特点：制度完善、管理规范、经营状况良好、风险控制到位、具备可持续发展能力、具有小额信贷意识和社会责任、经营服务具有鲜明特色，起到了行业模范带头作用。而违规经营、高息放贷、虚假担保、抽逃资本金、关联交易、非法集资、账外经营、暴力追债……部分小额信贷公司的违规行为严重影响了小额信贷行业的形象。

从小额信贷机构自身的体制机制和管理理念、管理水平看，至少有以下短板：治理结构不完善（所有权、经营权和监督权的分离和制约）；市场战略目标不明确（追求、信念、价值观，小额信贷的"社会性"属性和小额信贷公司的"商业性"追求之间存在的矛盾，经济效益与社会效益的平衡；长期目标是什么：做还是不做？贷款公司还是银行？收益目标？）；市场定位不清晰（客户对象模糊）；高管和员工敬业、专业水平有缺陷；产品设计和服务手段创新不足；业务流程不完善和风控能力弱；激励约束机制差等。

很多小额信贷公司管理水平较低，操作不规范，治理结构有待完善。一是财务制度、贷款管理方法和贷款流程还处于摸索及修正的阶段，这不仅增加了小额信贷公司的经营风险，还制约了其业务的广泛延伸。二是专业人才匮乏。小额信贷公司的股东及发起人缺乏金融机构的管理经验，其从业人员的文化水平参差不齐，业务技能水平普遍较差。三是制度不完善、随意性较大，违规业务操作时有发生。四是治理结构欠佳，有效制衡存在较大缺陷；不能严格依照公司制或股份制原则管理。五是信息管理系统落后。公司的实体规模和资本有限，信息管理系统不易完善；工作效率较低并且错误率较高。

记者：正如您所言"主观内因的缺陷是小额信贷机构发展的主要瓶颈"，那么小额信贷公司应该如何来克服这一问题？

杜晓山：练好"内功"是根本。一方面，打造企业的核心竞争力。从内因的视角看，小额信贷公司的练好"内功"，实际上是指要打造企业的核心竞争力。这里我引述一些专家的观点，列举若干。核心竞争力中的企业文化、理念、价值观、形象、创新、特色、人才和信息是其中的8个着力点，其主要作用是为企业核心竞争力的形成提供深厚基础和必要保障。再有结构、机制、规模、战略、品牌、关系和制度，还有服务、质量、成本、营销、技术和能力，这些都是核心竞争力的要素。这些要素，也可以用"道与术""纲与目"的辩证关系来表述。例如，企业文化、理念、价值观可归集到"道"或"纲"，而其他的则多为

"术"或"目"。

另一方面,明确自身定位,探索服务小微企业的商业模式。自身的定位,与企业文化、理念、价值观直接相关。至少企业要肩负社会责任实现"多赢"效果,而绝不是仅仅为企业获取利润的最大化。

社会的多维性,决定了人的追求、信念、价值观的多维性。利己与利他,个人、企业与社会,追求利润与社会责任,经济绩效与社会绩效,社会企业与商业企业,锦上添花与雪中送炭……这些在很大程度上决定企业的性质和发展命运。中国小微企业与欧美小微企业的平均生存年限的差别大。

一般而言,商业企业以"永续经营,服务社会"为发展理念,在取得一定经济效益的同时,更加追求社会效益的最大化,切实肩负起企业应有的社会责任。

小额信贷公司的客户应当定位在传统金融机构所没有或难以覆盖的小微企业和农户等弱势群体,即普惠金融的服务对象。根据对当前金融市场的分析,找准市场定位和业务发展方向,与其跟有实力的银行去争夺大客户市场,既不符合小额信贷政策,也不具有竞争实力。

只有将有限的信贷资金用于支持因自身条件缺乏而难以从商业银行融资的"三农"、小微企业、个体工商户和城镇居民这个具有巨大发展潜力的市场上,才是小额信贷公司的发展之道。新常态下,小额信贷公司要回归"支农支小"的经营本质,做与银行不一样的信贷业务,要尽量避开"高大上"的银行客户,创设自己的业务和产品,培养自己的客户群体。需要针对小微企业和弱势群体的不同金融需求,为不同的金融机构找到为小微企业服务的商业定位与可行的商业模式。笔者认为,小额信贷公司运营模式或将有两大趋势,类银行模式和小额分散模式。

例如,孟加拉国乡村银行模式(针对农村贫困客户);德国 IPC 模式中国化(主要针对小微企业)。再如,小额信贷公司以核心公司股东为核心的供应链模式。

记者:除了打造企业的核心竞争力和明确定位之外,您认为小额信贷公司还应如何练好"内功"?

杜晓山:练好"内功",加强风控能力和团队建设。搞好团队建设,练好"内功"提高风险控制能力是小额信贷公司最核心的竞争力,一支优秀的团队是小额信贷公司经营的基础,小额信贷公司是否有持续发展的能力,要看其在经济下行期的生存和发展能力。团队建设和风控能力无疑是未来小额信贷公司参与市场竞争的两大法宝。

公司应将企业文化、人力资本提高、员工队伍能力建设作为公司可持续发展的重要环节。公司的员工通过各种类型的学习培训,在品行操守、职业道德和业务处理能力上提高,熟悉微型和普惠金融的概念、原理和方法,具备更好的财务分析能力,能够运用小微金融的分析工具,鉴别成功的小微金融机构运作模式,提高业务技能,形成一支品德操守、业务素质过硬的专业团队。使信贷业务做到专业化调查、专业化分析、专业化放贷、专业化管理。

公司应遵循审慎经营、稳健发展、持续创新、互助互利的经营原则;立足恪尽职守、规范专业、热情服务、团结协作的企业精神;以客户满意为标准,以优质服务为核心的服务理念,不断提高经营管理水平和核心竞争力。服务科学化,管理制度化,灵活、方便、快捷地为客户服务。

完善防范机制规避信贷风险。为培育全员风险管理意识,确保信贷资金安全,公司设立审贷委员会、风险控制委员会、风控部等部门,建立健全各项风控制度。

公司应根据客户实际情况,建立一套"重信用,重偿还能力和持续经营能力"的信贷评估机制,充分信任其信用价值,并不只看重抵押物(IPC技术本土化)。通过软、硬信息(如"三品""三表")分析判断其还贷意愿和能力。考察其经营现状、现金流和发展前景等因素来决定贷与不贷和贷多贷少,给客户量身定制贷款期限、还款方式等,最大限度地满足客户不同情况的资金需求,打破相对于银行贷款一些条条框框的限制。只要客户信用良好,贷款用途真实,具备第一还款来源,发展前景好,其资金需求应能获得满足。同时,办贷中充分发挥小额信贷公司"快"的优势,制定不同贷款金额的发放时间。

一是完善对客户的评价机制。开展贷前调查论证,对客户进行综合评估分析;坚持双人调查、实地查看、真实反映的原则办理每笔贷款,使公开办贷、廉洁办贷成为信贷人员的自觉行为,保证客户信息的真实、全面、准确。二是坚持"小额、分散"的信贷政策，坚持贷款"三性"原则，杜绝"垒大户"、客户相对单一等现象的发生。所有贷款注重第一还款来源，同时关注第二还款来源；为客户约定还款计划，采取按月或按季减少贷款金额，避免信贷资金损失。三是抓贷后监管防控风险。做到了贷款发放后的首次跟踪检查、日常检查、定期和不定期贷后检查，并有书面贷后检查报告。分析影响信贷资金安全的各种因素，正确判断客户总体风险状况，及时采取相应的预防或补救措施，保证信贷资金的安全。

  同时，还要整合资源，加强与外部合作。加强与协会、同行、金融机构、担保机构的外部合作。以和金融机构合作为例，可以开发一些联合贷款、助贷、接力贷等产品。另外，优秀小额信贷公司之间也可以组成行业联盟，针对某一区域特定产业开发相应的信贷产品。

  此外，创新商业模式，打造金融产业链。小额信贷公司应当把成长型的小微企业作为自己的首选客户，把资金投向国家鼓励、引导的行业和产业，小额信贷公司应该把握住当前新农村建设、城乡一体化、2020年全面建成小康社会等蕴含的巨大商机，在结合自身情况及当地经营环境的情况下，创新商业模式，打造适合自己的金融产业链，把小额信贷公司的牌照用好、用活，只有这样，小额信贷公司才能更具有生命力。就商业模式而言，"小额信贷+私募股权投资""小额信贷+担保""小额信贷+P2P""小额信贷+私募股权投资+担保"、小额信贷公司做金融外包等商业模式都可以考虑和借鉴。

（原文载于《金融时报》2016年4月16日）

中国非营利性小额信贷组织研究

本报告是专门研究我国公益小额信贷或非营利性小额信贷①的发展及政策法规问题的专著。因此，首先需要界定它的含义。以笔者的认识，概要地理解小额信贷至少有两个基本要求：一是要服务于传统金融机构过去不愿意或难以服务的弱势群体和金融市场底端客户。世界银行"扶贫协商小组"（CGAP）认为，小额信贷服务的客户群体应是除去最贫困的赤贫者外的各类贫困户和刚刚跨过贫困县的低收入以及中等收入群体。不过，孟加拉国格莱珉银行（Grameen Bank）则已将本国农村最贫困的乞丐也作为其服务的对象。

二是国际主流观点（CGAP 的兄弟网站 www.mix.com，也是最著名的小额信贷信息收集和分析机构，被称为 MIX 的小额信贷信息交流网络）认为，小额信贷诸多业务（如存款、支付、汇款、保险、租赁）中的贷款业务是有额度限制的，即单笔贷款额度应是本国或本地区人均国民收入（GNI）（在我国多用人均国内生产总值 GDP）的 2.5 倍以下。像我国这样地域广大，经济发展水平差异悬殊的大国，各省区的单笔贷款额度的限额应有较大差别。

世界上，包括中国在内，小额信贷以考察其是否有扶贫的使命和不依靠外部补贴的可持续发展的两个目标衡量，大体可分为三种类型：一是福利主义小额信贷（以扶贫为目的但其依靠外部补贴、担保）；二是公益性制度主义小额信贷（有扶贫的使命，同时追求保本微利和可持

---

① 此处所说公益小额信贷，是指社会目标优先或具有明确社会目标、目的的小额信贷；非营利是指不以逐利或利润最大化为目标但要实现自负盈亏。

续发展）；三是商业性小额信贷（无须有扶贫的宗旨，只要有服务较低端的客户目标即可，但追求自身的利润为主要目的）。

本报告讨论和研究的公益/非营利性小额信贷就是上文所述的公益性制度主义小额信贷。它服务于中低收入和贫困群体客户的有效金融需求，这类小贷组织多数还对客户提供不同的非金融服务需求。对我国公益小额信贷组织的单笔贷款应多大合适？它的保本微利可持续发展如何衡量？这些问题可能需要进一步具体化，但现在争论依然不少。

该项研究的主要目的是想为政府监管部门、业内人士、科研人员和有兴趣的读者等各有关方面全面系统地了解我国公益性制度主义（或称为非营利性）小额信贷组织的作用和发展情况，以使有关政府部门和监管当局认识到非营利小额信贷组织是我国普惠金融体系中应有的组织机构类型和重要组成部分。然而，由于这类组织机构受各种内外部因素的制约和影响，尤其是政策法规方面的欠缺，虽然它们取得了一定的成效，但总体发展并不理想。

就我国非营利小贷组织发展实践所做的研究，至少可以得出以下判断。非营利性小额信贷组织是我国当代小额信贷、微型金融和普惠金融发展过程中的先驱，最早的实践者，第一个"吃螃蟹"的人；它们是真心实意、一心一意、任劳任怨地倡导、支持、践行扶贫小额信贷和普惠金融的实践者和"铺路石"。他们自始至终真心实意地为普惠金融客户分层中的中低端群体提供服务，过去已经、现在正在，并且将来还将继续做出应有的贡献；实践和历史已经证明，我国非营利小贷组织与国际同类组织一样，在微观上（自身的经营运作上）是成功的，其中一些机构得到了政府领导人和一些监管部门负责人的肯定。但在宏观上是不成功的。

我们希望该研究能有利于推动政府和监管部门倡导、支持这类非营利小额信贷组织的政策法规的出台，并能为相关的政策法规提供有益的参考意见。我们认为，针对非营利小贷组织的政策法规的制定应主要包括适宜的法律地位和监管措施、制度性的融资来源、财税政策和机构建立初期的能力建设和资金支持等内容。

为了便于读者对这部专著的内容有个简要、概括的了解，在此对报告的部分重要内容做一简述。本报告的主要内容包括八个部分。

（1）国际非政府组织小额信贷机构述评。为解决金融排斥问题，为贫困和低收入群体提供更加有效的金融服务，国际组织、研究机构、发展中国家政府、金融机构等一直在进行探索和创新。在创新过程中，非营利小额信贷组织发挥了重要的先导和开拓作用，但也因制度约束较难大规模可持续发展，须经商业化/市场化改制获得合法地位、资金来源和专业人才，在不改变宗旨和服务对象的同时，实现商业可持续发展。在这个过程中，既有成功经验，也有失败教训。有必要比较总结并加以借鉴。

非政府小额信贷机构的发展不仅是小额信贷行业发展的结果，其大背景是非政府组织在全球发展事业中地位的不断提升和加强。非政府组织最初在国际发展事务中只是接受委托承担工作的角色，现在已经日益发展成为与官方发展援助机构并驾齐驱的具有独立地位的庞大力量。非政府小额信贷机构的作用主要包括两个方面：一是小额信贷市场拓荒者；二是可为穷人提供更多、更好的服务。

非政府组织小额信贷机构面临商业化/市场化改制的挑战。成功的商业化/市场化改制的关键因素包括：①有利于小额信贷机构的监管制度和政策。②非政府小额信贷机构具有改制的基础。③主要利益相关方的一致承诺是成功转型的关键。④需要高水平的顾问团队。⑤股权结构与董事会席位安排。⑥未来规划和新机构管理体系的开发。

但与庞大的未被满足的农村金融市场相比，中国小额信贷的发展严重滞后，落后于国际小额信贷发展水平。主要表现在几个方面：第一，我国还没有产生如格莱珉银行那样大规模的成功的小额信贷机构；第二，我国小额信贷行业还没有形成成熟的标准化的风险管理模式和经营模式；第三，我国也还没有形成针对小额信贷机构的有效的监管制度；第四，非营利性小额信贷机构始终没有得到政府和市场的广泛认可；第五，合作金融组织在中国依旧是空白。

（2）中国非营利性小额信贷的产生与发展。我国与国际现代规范小额信贷接轨、系统建立起较完整的小额信贷制度的专门机构始于20世纪90年代中前期，也就是中国社会科学院农村发展研究所于1993年引入了孟加拉国格莱珉银行模式，在河北省国家级贫困县易县作为试点开始的。本报告介绍了我国非政府小额信贷机构和项目发展的情况。重点讨论了中国社会科学院"扶贫经济合作社"小额信贷扶贫项目；联合国开发计划署（以下简称"UNDP"）/商务部交流中心扶贫小额信贷项目；中和农信从小额信贷项目到小微金融机构；重庆市开州区民丰互助合作会小额信贷；来源于非政府组织的宁夏东方惠民小额贷款股份有限公司；陕西西乡县妇女发展协会；内蒙古乌审旗妇女发展协会。

本报告还阐述了我国小额信贷的政策法规变化。与公益/非营利性小额信贷组织有直接相关的政策是2006年中央一号文件，要求"大力培育由自然人、企业法人或社团法人发起的小额贷款组织，有关部门要抓紧制定管理办法"。2013年党的十八届三中全会又把"发展普惠金融"第一次正式写入党的决议。国务院于2015年颁布的《推进普惠金融发展规划（2016—2020年）》明确提出，"通过法律法规明确从事扶贫小额信贷业务的组织或机构的定位"。可惜的是，这些有关公益小额信贷组织的政策至今难以真正落实。然而，国务院和地方政府及有关政府部门对一些公益小贷组织有若干肯定性圈批指示，在不同程度上支持了一些公益小额信贷组织的生存和发展。

（3）中国非营利性小额信贷机构发展环境的变化。我国农村发展的不平衡、不充分问题依然严重，相对贫困和多维贫困凸显。尽管2020年中国将消除绝对贫困现象，但是，贫困问题依然长期存在。一是如果提高贫困线标准，中国贫困问题仍然比较严重。二是贫富差距仍然有所扩大。而且城市贫困与农民工贫困问题将逐渐凸显。农村金融市场供给仍然严重不足，中低收入农户难以获得正规金融机构服务。2020年后，城乡相对贫困与多维贫困将成为中国贫困的主要形态。公益性小额信贷的目标对象本来就包括相对贫困群体，为他们提供获得金融服务的机会，还向他们提供金融知识培训以及生产生活技能等非金融知识，提高他们的发展能力。

在中国的金融体系中不缺乏大型银行，中小型农村金融机构数量也很庞大，但是缺乏不以营利为目的的社会企业性质的金融服务组织。只有这样的组织才能克服政府失灵和市场失灵，专注地为低收入阶层服务。因此，在适合农业农村特点的农村金融体系中，服务中低收入人群的公益性小额信贷机构是重要的组成部分。公益性小额信贷是普惠金融的发端，是普惠金融的天然组成部分。中国普惠金融事业的发展给公益性小额信贷组织带来巨大需求和市场空间。

（4）中国非营利性小额信贷组织制度变迁。2008年至今，非营利小额信贷项目机构化基本解决了小额信贷项目持续扶贫的问题，但是没有解决这些机构不具备合法金融机构身份，难以对外融资等问题，妨碍了这些机构的发展壮大和服务能力。本报告对中国三个主要的小额信贷管理系统和三个具有代表性的小额信贷机构的治理机制变迁进行了回顾与总结。

中国非营利性小额信贷机构不断改制的目的基本上可以概括为两点：一是获得合法的放贷资格，二是突破融资限制。但是，这两个问题的解决是为了能够合法合规地开展小额信贷业务，而且能够扩大资金规模，服务更多低收入人口。因此，评价改制成功与否，不仅要看上述两个问题是否得到解决，同时，还要看是否坚持了原来的扶贫目标或者惠及了更多低收入人口。只有实现了这三个目标，才能够说改制是成功的。

我国一些非营利性小额信贷机构的改制并没有偏离最初的扶贫目标，反而随着资金规模的扩大和人员专业化程度的提高，服务到了更多中低收入人群。所以，至今中国非营利性小额信贷商业化或股份化改制尚未显现对原定的社会发展目标的偏离或明显偏离。一方面是这些机构对社会发展目标的坚持，另一方面也说明了面向中低收入人群的小额信贷市场具有可持续性的商业开发价值。

（5）中国非营利性小额信贷组织的业务模式及其变化。在小额信贷机构不断发展和完善的过程中，逐渐分化出以利润最大化为目标的商业小额信贷机构和以社会公益、扶贫助困为使命的非营利性小额信贷机构。非营利性小额信贷机构在保持自身一定可持续发展能力的同时，更加关注社会绩效，致力于向小微企业、贫困边远地区农户以及城乡低收入家庭这些被排斥在商业金融机构之外的弱势群体提供信贷支持。

非营利性小额信贷机构注重产品和服务模式的可持续发展，产品和服务模式更加多元化、联保担保贷款比重增加、反担保门槛适当降低、女性客户更受关注、"一站式"服务更便捷、非金融服务更丰富，为促进普惠金融和社会创业就业的发展做出了积极有效的探索。

一些非营利性小额信贷机构运用大数据、云计算等信息技术将小微客户的还款意愿、还款能力、家庭特征以及社会网络等特征数据化，例如，中和农信项目管理有限公司对接中国人民银行征信中心，引入发票、银联流水等渠道信息分析客户的还款能力，通过互联网信贷的信用评价情况量化客户的还款意愿等，对客户信息数据库进行及时更新，实时跟踪现有客户群体，努力挖掘潜在客户，利用金融科技提高非营利性小额信贷机构的风险识别能力以促进可持续发展。

（6）中国非营利性小额信贷组织的财务绩效。对31家非营利性小额信贷机构样本的财务绩效分析表明，非营利性小额信贷组织经营规模在不断扩大，贷款额度为5万元以下的贷款规模扩张最快。利润水平总体上升，个体存在很大差异。2014—2017年机构的资本利润率和资产利润率有所下降。2017年平均运营自负盈亏比率达到99.17%，与正常目标100%基本持平，处于正常水平。

一是经营效率分析。运营费用比率是运营费用与平均贷款余额的比值，比值越低，经营效率越高。2017年非营利性小额信贷机构总体平均运营费用比率为12.58%，低于国际标准的15%，平均财务费用比率9.84%。

二是人力资源的经营效率略有下降。2013—2017年非营利性小额信贷机构信贷员人均管理的贷款余额和客户数量有所下降。18家机构提供了信贷员人均管理的客户数量情况，7家机构每个信贷员管理的客户数量超过平均值，有10家机构每个信贷员管理的客户数量为100人以下，4家机构每个信贷员管理的客户数量为100—200人，4家机构每个信贷员管理的客户数量为200人以上。每个信贷员年底管理的贷款余额在100万—500万元的机构有9家，占50%；每个信贷员年底管理的贷款余额在100万元以下的机构有5家，占27.8%；每个信贷员年底管理的贷款余额在500万元以上的机构有4家，占22.2%。2013—2017年，不同资产规模下的信贷员人均管理贷款余额数量不同。资产规模在1000万—1亿元的非营利性小额信贷机构的信贷员人均管理贷款余额数量最多。资产规模在500万元以下的非营利性小额信贷机构的信贷员人均管理贷款余额数量最少。资产规模大于1亿元的非营利性小额信贷机构的信贷员人均管理客户数量最多，规模小于500万元的非营利性小额信贷机构的信贷员人均管理客户的数量呈下降趋势。

三是信贷质量分析。逾期贷款率有所下降，14家机构提供了2017年的逾期贷款率。2017年非营利性小额信贷机构的逾期贷款率分布中，逾期贷款率低于10%的机构有9家，占比为64.29%。逾期贷款率在10%—30%、30%—50%的非营利性小额信贷机构数量各占14.28%，信贷质量有待进一步提高。逾期贷款率高于50%的非营利性小额信贷机构占比7.14%，信贷质量较差，需及时控制风险。

四是注销贷款比率普遍较低。31家样本非营利性小额信贷机构中，2017年只有宁夏东方惠民小额贷款股份有限公司注销贷款比率为1.3%，其余机构的注销贷款比率均为零，表明了非营利性小额信贷机构客户的违约风险普遍较低。

五是贷款损失准备金率大幅上升。在2017年高达17.74%，增长了70.5%，表明非营利性小额信贷机构不断强化自身风险管理意识，提高风险控制能力。

（7）中国非营利性小额信贷组织的社会绩效。对于非政府组织小额信贷机构而言，社会使命是它们存在的理由。而如何衡量这些机构是否实现了其社会使命，国际小额信贷领域引入了社会绩效的理念。

小额信贷领域的社会绩效就是小额信贷机构通过经营管理实现其社会目标所达成的结果。例如，惠及目标客户、满足客户需求、改善客户生活等。这与小额信贷的财务目标相对应，被称为小额信贷的双目标，也叫作双重底线，即小额信贷机构在帮助贫困、低收入和微型企业等弱势群体摆脱困境（社会目标）的同时也要实现自身的商业可持续发展（财务目标）。

一般而言，小额信贷机构的社会目标需要包括：针对目标客户提高可持续金融服务的覆盖广度和深度；提高目标客户获得金融服务的质量和适当性；为目标客户及其家人和所在社区创造利益，满足他们的基本需求；提高小额信贷机构对于员工、客户以及所服务社区的社会责任。

小额信贷机构开展社会绩效管理，必须将社会绩效的理念融入小额信贷机构的宗旨目标、战略规划、经营管理、规章制度等体系中，从而实现社会目标，提升机构的整体绩效水平。

从31家机构所提交章程中的宗旨来看，非营利性小额信贷机构的宗旨和目标基本上都是以社会目标为主，个别机构兼顾了员工利益。所有非营利性小额信贷机构，无论其组织形式如何，在其经营和发展的过程中都非常注重帮助弱势群体、促进社区发展以及社会和谐进步。

此次收集统计的31家调查问卷中，其中12家非营利性小额信贷机构除了信贷服务外，还为客户提供了其他非金融服务，主要可以概括为以下几种：农业技术培训、慈善公益活动、土地托管、农资统购统销、文化娱乐活动、电商服务、妇女赋能和能力建设培训、妇女保健、儿童教育、传统美德孝道培训等。

有16家机构已在联盟网站签署了客户保护公约，并且签署客户保护公约的机构中有2家机构也分别接受过小额信贷评级（Micro Finanza Rating）和格莱珉银行的客户保护评估或评级。信用贷款和联保贷款是非营利性小额信贷机构的主要贷款担保方式。有1家接受过中国小额信贷联盟的社会绩效评估。

2017年数据中显示，有3家机构2017年累计贷款发放额已达数亿元或数十亿元，11家机构2017年累计贷款发放额在千万元以上不等，13家机构贷款规模在百万元以上不等，1家机构贷款规模在40多万元。

31家机构2017年的数据显示，有1家机构2017年年底有效客户数达38万人，1家机构客户数约2万人，2家机构在4800人以上，6家机构客户数在1000—3000人，其他机构客户数在50—999人不等。有19家机构为农牧户提供贷款，其中6家机构的客户均为农牧户，其他12家机构提供了一定比例的农牧户贷款，农牧户贷款笔数占个人贷款笔数为11%—99%不等，农牧户贷款金额占比也从32%—97%不等。2017年数据显示，有1家非营利性小额信贷机构的最高单笔贷款额为300万元，1家机构的最高单笔贷款额5000元，大部分机构的最高单笔贷款额在5万元以内。非营利性小额信贷机构基本上以3万元以下的贷款业务为主，通过小额度从而覆盖更多的人群。9家机构的客户涉及建档立卡贫困户，涉及建档立卡户共计10950户。其中，有1家机构25%的客户均为建档立卡贫困户。

从初建到现在，非营利性小额信贷机构在中国已有20多年的发展历史。他们一直坚持为当地弱势群体服务，通过小额信贷业务帮助贫困对象摆脱贫困，不仅帮贫困人口经济上脱贫，而且精神上也能够脱贫，所以非营利性小额信贷机构在扶贫攻坚中发挥着重要的作用，是中国脱贫攻坚战中不可忽视的一股力量。

综合来看，非营利性小额信贷机构在推动普惠金融发展，促进社会公平与和谐，以及国家减贫战略中发挥着不可替代的作用。但非营利性小额信贷机构在自身能力建设、服务广度和深度，以及客户保护等方面仍需要进一步努力。

（8）中国非营利性小额信贷组织研究的结论和政策思考。真正规范的公益性制度主义小额信贷组织是发展普惠金融最忠实的支持者和践行者，它们从内心深处全心全意拥护普惠金融，自发自觉、不讲条件地服务于普惠金融服务目标群体中的中低端和贫困客户。追求保本微利和组织与财务可持续发展的公益性制度主义小额信贷组织和合作金融机构（规范运作的这两类组织又可称为"社会企业"类组织）的目标任务是服务于低端弱势和贫困群体的经济社会发展和社员权益的保障，有其特有的优势和作用。

我国非营利性/公益性小额信贷组织在当代历史上（20世纪90年代中前期至今）对农村扶弱扶贫和城市创业就业起过重要作用且产生着积极影响。它们与商业性小贷公司和其他放贷组织在目标宗旨、机构性质、服务对象、服务内容和方式等方面有着很大区别，是中国特色普惠金融体系的重要组成部分。它们绝大多数设在国家和省重点扶贫开发县，服务于那里的低端群体。不过，从组织和财务可持续发展的角度观察，这类组织不同机构的运营目标和经营状况有较大的差异。

这类小额信贷机构的发展面临许多困难，除了其自身业务水平和能力制约之外，最重要的是缺少支持其大规模、可持续发展的法规政策和监管以及融资等必要的制度安排。由于这些机构大部分资本金规模较小，难以满足目前各地对小贷公司注册资本金的要求，因此难以小额贷款公司形式注册获得合法放贷资格；也因此缺乏制度性、持续性的资金来源和融资渠道。我国的公益性小额信贷组织生存和发展状况总体上堪忧。

我国非营利性/公益性小额信贷组织总体上没有发展壮大的原因。总的说来，从外部条件看，政府重视程度低、缺少政策支持，无合法的法律地位，无制度性稳定的融资渠道，缺少机构早期的扶持政策和资金支持。从内部状况看，多数组织和资金规模小，治理结构不健全，人员业务素质弱，风险内控机制差。但主要矛盾是政策制度上的障碍。

我国非营利性/公益性小额信贷组织，除少数机构在不同程度上获得政府的支持或扶持以外，多年来基本上处于自生自灭的状态。在我国，非营利性小额信贷组织成败的原因多样，但实践证明，其自身的微观因素十分重要，但其没有在广大欠发达农村地区形成燎原之势，与我国在宏观的政策法规上有重大缺陷有关，使其难以不断发展壮大，使其不能有效地以普惠金融的理念和实践在金融扶弱扶贫上发挥示范性的作用。总体上说，我国非营利性/公益性制度主义小额信贷组织在微观上是成功的，宏观上则不成功。

我国对小额信贷机构的政策表现至今是重商业性小额信贷，轻公益性小额信贷，或将两者混为一谈。其实，两者在机构性质、理念追求、目标宗旨、服务对象、服务内容和方式等方面有很大区别，因此对非营利性/公益性制度主义小额信贷要做专门规定。对微型金融发展应注意：商业性和公益性小额信贷的平衡发展，对任何小额信贷机构的评价都要有双底线，即财务绩效和社会绩效并重的考核标准，当然，又不能等同要求。

政策建议如下：

一是对政府和监管部门。①政策法规应明确从事扶贫小额信贷业务的组织或机构的法律身份和定位。建议在《小额贷款公司管理条例》中，增加有关非营利性小额信贷组织的专门条款。②建议在我国中西部设立"穷人/平民银行"。③政府支持为规范的、资产质量正常的非营利性/公益性制度主义小额信贷组织解决制度性融资渠道。④提供税收优惠政策支持。⑤为发展初期、符合条件的公益性小额信贷组织提供适量启动经费和技术支持，以帮助它们顺利度过初创期和提高经营管理水平。

二是对非营利性/公益小额信贷组织。①不忘初心、坚守定位，坚持为城乡弱势和贫困群体提供服务。坚持逐利与弘义的平衡、"道"与"术"的统一，在有效服务目标群体的基础上，实行机构自身的保本微利和可持续发展。②完善治理结构，苦练内功，提高业务素质和金融科技水平，与其他金融机构差异化定位和发展，发挥优势和错位竞争，健全运营流程、防控风险和激励约束的制度与机制。③加强非营利性/公益小额信贷组织之间、非营利性/公益小贷组织与其他类型金融机构及行业协会类组织之间的交流与合作,交流信息和分享经验教训,创新产品和服务方式。

衷心期盼本报告的问世能对推动我国非营利性/公益小额信贷组织的健康可持续发展,尤其能在推动政府出台相关政策法规方面有所裨益。让我们大家共同努力,不忘初心、牢记使命,推动我国小额信贷、普惠金融进一步的发展壮大贡献我们应尽的责任和力量。

(原文载于杜晓山等著《中国非营利性小额信贷机构发展研究》,中国社会科学出版社 2019 年版)

我国公益性小额信贷组织是普惠金融健康发展的重要补充力量

一 若干结论性意见

（一）公益小额信贷组织自觉自愿服务于普惠金融的低端群体

2015年经党中央批准，国务院颁布了《推进普惠金融发展规划（2016—2020年）》（以下简称《规划》）。《规划》确立了推进普惠金融发展的指导思想、基本原则和发展目标，对普惠金融服务机构、产品创新、基础设施、法律法规和教育宣传等方面提出了一系列政策措施和保障手段。

《规划》明确提出：发展普惠金融，目的（总体目标）就是要提升金融服务的覆盖率、可得性、满意度，满足人民群众日益增长的金融需求，特别是要让农民、小微企业、城镇低收入人群、贫困人群和残疾人、老年人等及时获取价格合理、便捷安全的金融服务。普惠金融的供给方是由各类可能的金融服务者组成的，在我国，只贷不存的小额信贷机构是普惠金融供给方的重要组成部分，尤其是具有社会企业性质特征（以社会发展为宗旨和目标、进行市场化运作、获得的利润主要用于扩大再生产或社会发展）的真正规范的公益性制度主义小额信贷组织是发展普惠金融最忠实的支持者和践行者，它们从内心深处全心全意拥护普惠金融，自发自觉、不讲条件地服务于普惠金融服务目标群体中的中低端和贫困客户。

我们认为，世界上，包括中国在内，小额信贷大体可分为三种类型，即福利主义小额信贷；公益性制度主义小额信贷；商业性小额信贷。福利型/政策性小额信贷与非营利性/公益性制度主义扶贫小额信贷机构一样，都具有体现政府战略意图和政策目的，即扶弱扶贫使命的特征和宗旨，但前者却需要长期依赖政府或外部的资金补贴，无论政府还是民间社会开展的福利主义小额信贷都是不可持续的，还可能诱发其他负面作用。它本身属于特惠金融的概念。当然，为金融服务政府脱贫攻坚战，实现2020年消灭绝对贫困的战略意图和政策目标，福利主义小额信贷可以也应该作为阶段性或特定时期的举措实施，但不应作为长期战略和措施施行。

商业性小额信贷机构追求自身的利润，其服务的目标群体难以到达低端弱势和贫困群体，而追求保本微利和组织与财务可持续发展的公益性制度主义小额信贷组织和合作金融机构（规范运作的这两类组织又可称为"社会企业"类组织）的目标任务是服务于低端弱势和贫困群体的经济社会发展和社员权益的保障，有其特有的优势和作用。

我国非营利性/公益性小额信贷组织在当代历史上（20世纪90年代中前期起至今）对农村扶弱扶贫和城市创业就业起过重要作用且至今依旧发挥积极影响。它们与商业性小贷公司和其他放贷组织在目标宗旨、机构性质、服务对象、服务内容和方式等方面有着很大区别，是中国特色普惠金融体系的重要组成部分。它们绝大多数设在国家和省重点扶贫开发县，服务于那里的低端群体。不过，从组织和财务可持续发展的角度观察，这类组织的不同机构的运营目标和经营状况有较大的差异。

这些组织多借鉴孟加拉国"乡村银行"模式，现存的非营利性/公益性小额信贷组织均有5—20年的历史。一般由社团组织、社会组织（不少依托政府机构）建立，它们利用社会筹资，专向中低收入群体和贫困户（多数为妇女）提供小额信贷服务，只发放几千元至几万元贷款，且只发放贷款不吸收社会存款。它们扶弱扶贫的社会效益显著，每个县的项目已覆盖了几千户至上万户不等的低收入农户。它们中的多数也在探索可持续发展之路，其中的不少机构已基本具备了既扶弱扶贫又达到组织和财务上的可持续发展（保本微利）的水平。它们与政府财政支持的贫困村互助资金项目一样扶贫，而且，经历了时间考验，与后者相比，服务更专业，规模更大。它们开展的针对低端弱势群体和贫困群体的小额贷款活动是商业性金融（包括类金融）机构在没有财政补贴的前提下至今都基本没有也不会去涉足的，因此，它们是践行服务普惠金融中的底端群体的不可多得的主要金融供给方。

但是，这类小额信贷机构的发展面临许多困难，除了其自身业务水平和能力制约之外，最重要的是缺少支持其大规模、可持续发展的法规政策和监管以及融资等必要的制度安排。由于这些机构大部分资本金规模较小，难以满足目前各地对小贷公司注册资本金的要求，因此难以小额贷款公司形式注册获得合法放贷资格；也因此缺乏制度性持续性的资金来源和融资渠道。很难扩大服务规模和覆盖面，也难以可持续地为低收入群体提供小额信贷服务。

（二）公益性小额信贷组织的成败原因

公益性小额信贷组织自20世纪90年代中前期到21世纪初先后在我国中西部贫困地区出现过300多个项目机构，但由于种种原因，除去一些可持续发展的组织机构能基本维持现状或规模有所扩展，个别的，如中国扶贫基金会下属的中和农信和其他几个机构较快速发展壮大外，多数项目机构不断萎缩或者已经消亡。这是十分可惜的，这也使我国的公益性小额信贷组织没有像有些国家的扶贫小额信贷机构那样成长壮大，我国的公益性小额信贷组织生存和发展状况总体上堪忧。

我国公益性小额信贷组织总体上没有发展壮大的原因，总的说来，从外部条件看，政府重视程度低、缺少政策支持，无合法的法律地位，无制度性稳定的融资渠道，缺少机构早期的扶持政策和资金支持。从内部状况看，多数组织的资金规模小，治理结构不健全，人员业务素质弱，风险内控机制差。但主要矛盾是政府宏观政策制度上的障碍。

我国的公益性小额信贷组织，除少数机构在不同程度上获得政府的支持或扶持之外，多年来基本上处于自生自灭的状态。在我国，小额信贷组织成败的原因多样，但实践证明，其自身的微观因素十分重要，但其没有在广大欠发达农村地区形成燎原之势，与我国在宏观的政策法规上有重大缺陷有关，使其难以发展壮大，使其不能有效地以普惠金融的理念和实践在金融扶弱扶贫上发挥示范性的作用。

公益性小额信贷组织自身成败的主要因素。公益性小额信贷项目或机构的成败，从机构内部因素看，首先是否有为弱势群体提供金融服务的情怀、追求、信念、价值观，也可称为"道"，现在人们也称为"文化"。然后再是专业知识、能力和技术，包括数字技术和金融科技，也就是"术"。也可以说,成功的首要条件是需要德才兼备,以德为先的领头人和团队。"道"和"术"缺一不可,相辅相成。

(1) 成功组织机构的主要经验如下:一是健全了上层专业专职管理办公室/总部和人员,机构带头人和领导团队的德才素质尤为重要。完善了管理、监督、服务、协调和培训基层运营机构和人员的体制机制。能较有效地贯彻落实组织机构的文化和有关规章制度及运行、激励约束机制。

二是当地政府发文真心支持,但不干预具体业务活动,并同意项目机构在当地注册为一个合法机构。能协调当地各方配合支持,至少不干扰项目/机构运营,与项目外来上级管理机构协同合作,保证项目/机构的正常发展。

三是当地基层项目管理团队专职专业化,有较强的德才素质,对小额信贷项目的开展和机构的可持续发展尽心尽力,并在实践中不断提高管理能力和业务素质。

四是完善了管理、监督、服务、协调和培训基层运营机构和人员的体制机制,能较有效地贯彻落实组织机构的文化和有关规章制度及运行、激励约束机制。

(2) 最终趋于失败和消亡的项目/机构的主要问题如下:一是项目上层管理部门缺乏有效监管,鞭长莫及,监管不到位;地方层面没有专门的、专业的运营机构和外部监管,主管人员来自政府部门,并没有真正做到专职,难以独立运营,对小额信贷不专业和/或人员变动比较频繁,出了问题没有明确有效的问责机制。

二是体制不顺。项目/机构上层管理部门与地方政府对项目的开展和持续发展难以协调一致,实际是"两张皮"。地方政府往往对外来资金,感兴趣的是对当地投入的好处,对需要持续严格监督管理的事则兴趣会大大缩水。一般来说,地方官员没有持续性地关注和支持项目可持续发展的愿望,一任官员一个想法。

三是地方主管部门及其人员迫使或串通项目办滥用项目资金。

四是对具备可持续发展潜力的项目/机构,缺少政策法规的合法性问题往往才真正表现出是个大问题。

五是随着国家经济的发展和金融服务条件的改善,联合国小额信贷项目，如开发计划署、儿童基金会、粮食计划署等，数量多、分布散、规模小、管理能力弱，其作用和重要性明显下降。这也使地方政府的积极性进一步下降。

六是人员能力不足是个问题，但在项目初期不是关键性问题，由于项目资金量不大，专业管理要求不是很高，关键是认真负责的工作精神和行动，以及防控风险的机制。不过，对长期发展的机构而言，人员能力是个大问题。

七是资金短缺对可持续发展的机构而言是大问题，但在项目开始的若干年内也不是关键性问题。最重要的应是能搞好风控，将已有的资金管好，否则钱多了，则可能会出现更多更大的问题。在项目发展过程中，风控水平低、管不好人和资金才是个大的关键性问题。

（三）总体上说，我国公益性制度主义小额信贷组织在微观上是成功的，宏观上则不成功

（1）公益性制度主义小额信贷组织微观上有不少成功的案例。我国公益性制度主义小额信贷组织模拟、借鉴国际成功经验，起步于20世纪90年代中前期，25年的实践证明规范的公益性制度主义小额信贷组织在服务于弱势和贫困群体金融需求方面是成功的。它们始终不忘初心、牢记使命、踏踏实实、真心实意、默默无闻地服务于它们的目标群体，而且，实现了保本微利、可持续地服务于目标客户。

例如，中国扶贫基金会下属的中和农信这样的公益性小贷机构，它已发展到约300个县，贷款余额60多亿元，有效客户40多万户，就是个模范的公益性可持续发展的小额信贷组织。它做到了保本微利和可持续发展，它的资本回报率才百分之一点几，也不需政府长期补贴，贷款不良率在1%上下。它从市场融资，但是至今没有适宜的法律身份。如果政策能给它扶贫再贷款，它还可以给穷人的贷款利率再降低，使穷人受益更大，它自身也保证保本微利。中和农信这样的机构，如果政策允许，完全可能做成中国的GB式的"穷人银行"。如果不能做成"穷人银行"，延续现在这样的公益性小贷组织也可行，它还在不断发展壮大。而且它也在金融创新，运用金融科技，不断地与时俱进。中和农信在治理结构、人员、风控、奖惩机制、文化环境建设、技术保障等方面都不断地改善。因为国务院有关领导肯定了它，它才能这么做下去。但

是至今它仍然没有适宜的法律地位，总部没有任何的金融牌照。

我国现在还有一些发展历史较长的公益性小额信贷组织，只是规模没有中和农信这么大。例如，宁夏东方惠民小贷现在是三四亿元的贷款余额，重庆开州民丰合作会也是三四亿元的贷款余额。东方惠民小贷的经验得到自治区政府的认同，开州民丰合作会的经验是重庆市委市政府发文认可的。重庆市政府鼓励在本市贫困县推动，现在复制借鉴它的也有一两个试点。但是，这些有益经验由于缺少国家层面有关政策法规的支持，也难以借鉴推广到全国欠发达地区。例如，陕西有三个较好的公益型小贷组织，分别在西乡、蒲城、淳化县，这三个都是妇联的前主任负责管理运作，服务对象全是低收入妇女，机构资金艰难地依靠自筹，没有或很少拿到政府的财政支持，但是照样在任劳任怨地扶贫，而且扶持的多是很贫困的妇女，单笔贷款只有几千元至一两万元人民币。贫困妇女在农信社和银行难以借到贷款，只能在这些公益小贷机构拿到贷款。在这些机构的支持下，穷人慢慢地发展起来。这些机构放的贷款余额现在是两三千万元，也做到了保本微利。像这类真正的勤勤恳恳地干、默默无闻地帮助了很多低收入贫困妇女，而且都已经存在了十几年了，一直没有适宜的合法地位，并且现在融资也很困难，但是穷人贷款需求又极大。而且，现在的地方监管部门还说其不合法，要求其解散。这使机构面临可能消失的前景，管理和工作人员很困惑、很难办，甚至积劳成疾。这种状况是很不合理、很不公平的。至今在政府宏观政策上没有真正致力于鼓励这类组织的发展，这是需要中央和地方政府有关部门认真反思的。这些历史长、敢创新、愿扶贫、谋持续的公益小额信贷组织应该得到政策法规的实质性支持，鼓励在一些公益小贷做得不错的地方和广大的贫困农村地区借鉴推广。

表1 我国公益性制度主义小额信贷组织举例（截至 2018 年年底）

机构名称	内蒙古乌审旗贫困地区社会发展小额信贷管理中心	内蒙古赤峰市昭乌达妇女可持续发展协会	陕西省西乡县妇女发展协会	重庆市开州区民丰互助合作会
设立放贷时间（年）	1996	1998	2005	1997

续表

机构名称	内蒙古乌审旗贫困地区社会发展小额信贷管理中心	内蒙古赤峰市昭乌达妇女可持续发展协会	陕西省西乡县妇女发展协会	重庆市开州区民丰互助合作会
运作情况	只在本县	5个县	只在本县	只在本县
员工数（人）	7	38	40	102
累计放贷总额（万元）	6505.8	55000	28000	50100
贷款总客户/笔数	26622户	50000户	22344笔	21.1万笔
现有贷款余额（万元）	610	3891	3547	33100
有效客户数（户）	1424	4289	1342	5891
妇女客户占比（%）	100	100	98	59
平均贷款额（万元）	0.42	1.02	2.59	5.6
年贷款利率	9.6%	13.6%—16.7%	12.72%	10.98‰
不良贷款或风险贷款率（%）	0	1.70	0.17	1.90
ROA（资产回报率）（%）	6.3	4.81	4.84	3.0（2017）
ROE（资本回报率）（%）	6.3	11.94	15.9	11.0（2017）

让我们再来看一个有经典意义也可以说是对银行业有讽刺意味的案例。在我国西南地区某超百万人口的贫困县有11个银行业金融机构（含中国农业发展银行和国有大银行、地方农村商业银行、城市商业银行及村镇银行）以及商业小额公司，同时有一个历史较长的公益性小额信贷组织。据当地人民银行的统计，2014年年底这个县的这个公益小贷组织在农村的农户贷款余额1.8亿元（占其全部贷款余额的73%，其他为小微企业贷款），比全县11家银行机构的全部农户贷款余额还高出3800万元，不良贷款率控制在1%以下。当时成为该县农村的农户信贷服务的重要力量，甚至可以说主要力量。然而，极不公平的是由于它不是注册的金融机构，现在仍不能享受与金融机构同样税收政策，税负负担高于金融机构，而且，还有人说它非法。

总体而言，从微观层面，在中国具有扶弱扶贫性质的公益性小贷，实践证明是可以成功，是可以保本微利可持续发展的，这有实例证明。

只要公益性小额信贷机构真心实意扶弱扶贫，努力克服内部微观层面的管理问题，公益性小额信贷机构甚至在贷款资金只有几百万元的水平上就能实现自负盈亏，这对于商业银行来说是不可想象的。

（2）公益性制度主义小额信贷组织发展"瓶颈"主要在于宏观政策法规难以落实。2015年年底国务院颁布的《推进普惠金融发展规划（2016—2020年）》明确提出，"通过法律法规明确从事扶贫小额信贷业务的组织或机构的定位"。至今，这类真心实意扶弱扶贫又追求可持续发展的公益性小贷组织的法律地位和制度性融资渠道等问题仍然没有解决。

其实，我们有不少学者，包括监管部门的一些领导长期以来一直在倡导、呼吁和建议在政策法规上支持公益性小额信贷组织的发展。2015年8月，国务院法制办发布《非存款类放贷组织条例（征求意见稿）》，向全社会公开征求意见，我们在多项意见中也重点提出过应考虑解决这类非营利性/公益性小额贷款组织发展所面临问题的意见。2018年"两会"前，我们与人大代表、社科院农发所所长共同提交提案，希望相关部门尽快解决此问题。

为了解研究这类非营利性/公益性小额贷款组织的发展状况，中国人民银行2014年曾牵头银监会、中国社会科学院和国务院扶贫办四部委组织对中国社会科学院扶贫小额信贷组织和中和农信小额信贷组织做过调研，我们作为试点项目/机构成员，也参与了调研和提供调研报告的意见。四部委调研报告肯定了这类公益性组织对小额信贷扶贫和普惠金融的一定作用，并将调研报告和建议提交给国务院。李克强总理和两位副总理等国务院领导对此报告有过肯定性圈批，国务院办公厅文件在回复此报告的意见中明确建议中国人民银行商有关部门在制定《非存款类放贷组织条例》时，要考虑对此类机构安排专门规定。其实，中央和国务院领导对一些表现突出的公益性小额信贷组织也是十分关心并要求有关部门认真考虑解决它们的发展"瓶颈"。例如，我们可以看一下国务院领导对中和农信的法律地位等问题的意见要旨。

2015年3月，国务院副秘书长根据有关主管副总理的批示精神，召集农业部、中国人民银行、审计署、银监会、扶贫办和开发银行有关负责同志，专题研究中国扶贫基金会小额信贷资质等有关问题。会议形成的专题报告，也已经获得总理和副总理等领导同志的圈批。

会议形成的专题报告指出：党中央、国务院高度重视扶贫开发工作，习近平总书记和李克强总理多次做出重要指示批示，要求精准扶贫、精准脱贫。有关主管和副总理也曾做出批示，对基金会开展小额信贷"瞄准农户"的做法予以肯定，要求有关部门给予指导和支持。基金会小额信贷项目开展近20年来，对扶持贫困农户发展产业、促进就业增收发挥了一定作用。有关方面应从实际出发，按照"在发展中规范、在规范中发展"的原则，支持其创新发展。

但是很遗憾，这些指示和意见至今还没有得到完全有效贯彻执行，或者说只是解决了部分问题，使矛盾有所缓解。根据中国人民银行和银监会两部门的建议，中和农信成立地方全资小额贷款公司，逐步将县农户自立服务社的放贷业务转给小贷公司。2015年年底起，中和农信陆续成立内蒙古、海南、重庆、湖南农村小贷公司，将德阳市中和农信小贷公司变更为四川省中和农信小贷公司，收购甘肃临夏州和政县金麦小贷公司，将其更名为临夏州和政县中和农信小贷公司。经海南、重庆两地金融办批准，中和农信在这两地的小贷公司可通过互联网放贷。自2017年4月起，中和农信贷款全部通过其全资小贷公司发放，以这种方式解决放贷资质问题。

我国对小额信贷机构的政策表现迄今为止是重商业性小额信贷，轻公益性小额信贷，或将两者混为一谈。其实，两者在机构性质、理念追求、目标宗旨、服务对象、服务内容和方式等方面有着很大区别，因此对公益性制度主义小额信贷要做专门规定。对微型金融发展应注意：商业性和公益性小额信贷的平衡发展，对任何小额信贷机构的评价都要有双底线，即财务绩效和社会绩效并重的考核标准，当然，又不能等同要求。

二 政策建议与思考

（一）对政府和监管部门

（1）政策法规应明确从事扶贫小额信贷业务的组织或机构的定位。有关中央和地方监督管理部门应进一步加强沟通、达成共识、协调一致，推动各类小额信贷健康、有序地发展。政府和监管部门的政策法规应实实在在地支持和规范公益性小额信贷组织的发展。真切希望和再次呼吁与建议，如果计划 2019 年将出台的《非存款类放贷组织条例》还不能对做出对公益性小额信贷组织的专门安排规定，仍继续强烈希望在此条例的下位法条例《小额贷款公司管理条例》出台时，要对此类机构安排专门规定。

这类不吸收社会存款的非营利性/公益性扶贫小额信贷机构（衡量的标准目前是否可以是：该机构的平均单笔贷款和单户贷款余额均不超过 10 万元人民币）是建立多层次、广覆盖、低成本、可持续的农村普惠金融服务体系的重要组成部分，在当前和未来实施乡村振兴战略中，应规范引导其有序发展，并在政策上给予相应的支持。为此，建议在《小额贷款公司管理条例》中，增加有关非营利性小额信贷组织的专门条款，并将"中国人民银行依据本条例并商有关部门，对社会团体、基金会和民办非企业单位等社会组织开展的小额贷款业务制定非营利性小额贷款业务监管办法"纳入《小额贷款公司管理条例》之中。

具体建议如下：①在条例当中增加一项有关非营利性/公益性小额信贷组织的条款。对这类机构的性质做明确定义，在禁止吸收存款等政策红线之外，对这类机构的设立、运营和监管采取差异化对待。例如，可以由地方金融办批准，在当地民政部门（或工商管理部门）注册；注册资金可以低至 300 万元。②达到一定条件的，可以提供优惠融资和财税政策的支持。③由财政部提供种子资金，筹集各渠道来源资金建立非营利性小额信贷批发基金，解决融资来源问题。④可以对良好的机构提供支农和扶贫再贷款。⑤成立这类机构专门的行业自律组织（如像中国小额信贷联盟这类组织）对这类机构进行指导和支持。

如条例中无法明确上述内容，建议在条例中增加一条：对于非营利性质的公益性扶贫类小额信贷组织，国务院金融监督管理机构应与相关部门协商，制定有别于商业小额贷款公司的专门规定和政策。

（2）建议在我国中西部设立"穷人银行/平民银行"。我国应该借鉴国际经验，建立我们自己的"穷人银行/平民银行"，目前可以在一定范围内进行试点工作，例如选择中和农信部分网点进行改制试点，当然也可以设立新试点银行机构。

孟加拉国乡村银行建立于 1983 年，但它源于 1976 年尤努斯教授团队对农村贫困妇女小额贷款的试验。经过全国农村多地的扶贫小额信贷成功试点，孟加拉国政府 1983 年批准设立名为"乡村银行/格莱珉银行"的专为农村低端群体服务的"穷人银行"。该银行获得政府的支持，开设时，政府作为大股东加入，对银行实施免税政策，由既有信仰和情怀又有专业经营管理能力的尤努斯为首的团队负责市场化的经营管理。值得强调的是，该银行现在的大股东是那些获得贷款的以贫困妇女为主的低端客户（每人的股份相同），政府的股份降至 25%，而包括尤努斯在内的所有银行员工自始至终都不是股东，只是为客户服务的银行雇员。可以看得出，这是一个政府支持的专为穷人服务的合作制银行。我国原来的农村信用社在一定程度上与此银行相似，是为农民服务的合作制银行，但初心已变，正已转变为追求利润的商业银行了。我国中西部农村目前与未来一段长时间，缺少的就是宗旨和目标为低端弱势和贫困群体服务的社会企业性质的公益性和合作性银行。

我国将于 2020 年解决农村绝对贫困问题，实现全面建成小康社会的目标。但是，相对贫困、地区差距和城乡差异还将长期存在。作为中国共产党领导的社会主义国家，我们的宗旨是公平正义地为人民群众的共同富裕服务。孟加拉国这样一个欠发达国家能出一个专为穷人服务的乡村银行，我们社会主义的中国为什么产生不了？对此，我们应该认真反思。我国 2020 年消灭绝对贫困后，中西部农村地区仍还有大量的在贫困线附近的农户，还有返贫户，大量的中低收入农村群体需要金融服务，这种欠发达的状况需要长期不懈的努力才能得以改变。而且，2018 年年底中央经济工作会议要求，研究解决那些收入水平略高于建档立卡贫困户的群体缺乏政策支持等新问题。金融扶弱扶贫需要滴水穿石、久久为功。

对这部分群体，我们不可能长期运用目前特惠金融的手段，也不应用追求高利润的手段，而应用普惠金融的手段重点解决目前和将来难以服务这部分群体的金融需求。针对这部分低端群体，从过去和目前商业金融机构的表现看，这些机构是不愿意也难以服务到的。只要政府和监管部门真正重视和支持，我国不缺乏有为金融类社会企业贡献自身力量的志士仁人领衔从事此项崇高的使命。

（3）政府支持建立为公益性制度主义小额信贷组织的融资机制。只贷不存的公益性小额信贷组织除了缺乏适宜的法律地位外，融资来源是发展的重大"瓶颈"。只要政府政策支持，可能有多种融资渠道。一是由财政部提供种子资金，筹集各渠道来源资金建立公益性小额信贷批发基金。二是允许金融机构向公益性小额信贷机构提供融资，按穿透监管原则，将金融机构提供的融资额计入其支农支小贷款的统计范围。三是允许公益性小额信贷机构为金融机构助贷。因为面向公益性小额信贷机构服务的弱势群体，金融机构缺乏获客与风控能力，但是具有资金能力；而公益性小额信贷机构具有服务弱势群体的人员和能力，因而有更好的获客与风控能力，可以与金融机构形成优势互补。公益性小额信贷机构与金融机构的助贷合作能够比较好地解决弱势群体融资难的问题，同时由于金融机构的融资成本较低，也就相应地降低了借款者的融资成本。四是对良好的机构可以提供支农和扶贫再贷款。

只贷不存的公益性制度主义小额信贷组织除了缺乏适宜的法律地位外，融资来源是发展的重大"瓶颈"。只要政府政策支持，可能有多种融资渠道。不过根据过往的实践经验，在实践中，商业金融机构仍不容易愿意为这类相对弱小的公益性机构提供批发融资。因此，根据国际经验，建立小额信贷批发基金是一个可行、有效的途径。小额信贷批发基金可以同时服务于商业性小额贷款机构和公益性小额贷款机构，但对这两类不同性质的零售机构应有不同的规则、条件和要求。也可以对这两类零售机构分别设立不同的批发基金。以下，我们重点讨论公益性小额信贷批发基金的建立。孟加拉国政府支持并投入种子资金设立的名为PKSF的批发基金机构又是一个可借鉴的成功模式。

公益性小额信贷批发基金由政府批准设立，管理机构可以设在政策性或商业银行内，进行专业化管理。基金资金来源于政府先期投资的基础上，吸收社会投资或由商业银行提供小比例的利息收入资金。基金设立的前期准备工作，主要包括：设计基金设立及管理方案；成立基金管理委员会，制定并设立各项管理制度；制定批发资金投资准则和具体投资条件。具体可以考虑如下安排。

批发基金管理机构与中国小额信贷联盟等机构合作，可以主要开展以下工作。第一，共同开展机构客户挑选、放款、监督与贷款回收。具体流程为：①通过招标方式初步挑选符合资格的小额信贷机构；②通过实地评估最终确定可以获得投资的机构，制订投资方案并注资，使该机构资金规模可以得到自负盈亏的水平并盈利；③跟踪评估，保证机构有效运用投资资金；④到期回收，根据需要继续提供资金，直到该机构可以获得其他规模更大且稳定的资金来源。

第二，建立行业数据信息平台，收集、汇总、分析和发布小额信贷机构社会绩效和经营绩效信息，提供给金融监管部门、投资者以及其他利益相关方参考。

第三，制定和推行行业标准，促进行业自律。与其他小额信贷行业类协会合作，根据国际经验和国内情况，制定小额信贷管理手册与行业标准，并在机构客户中推广使用。此外，与评估评级机构合作，开展机构评估和评级，通过外部监督，加强行业自律。

第四，加强批发机构自身能力建设，并为小额信贷机构提供技术支持和培训。一方面，要接受外部技术和资金支持，加强机构自身能力建设；另一方面，要与其他行业协会和培训机构合作，编制小额信贷培训教材，资助培训活动，同时为小额信贷机构提供技术支持。

（4）为发展初期、符合条件的公益性小额信贷组织提供适量启动经费和技术支持，以帮助它们顺利度过初创期和提高经营管理水平。

（5）税收政策支持。对于公益小贷组织贷款应与金融机构一视同仁，享受政府已出台的免征增值税政策。而且，由于公益小贷组织发放的均为小额度贷款，成本高、收入少，因此，建议对其发放10万元以下的农户小额贷款利息收入，所得税按30%计征；发放5万元以下的农户小额贷款利息收入，所得税按15%计征，在西部农村地区的，可考虑免征。

（二）对公益小额信贷组织

（1）不忘初心、坚守定位，坚持为城乡弱势和贫困群体提供服务。坚持逐利与弘义的平衡、"道"与"术"的统一，在有效服务目标群体的基础上，实行机构自身的保本微利和可持续发展。

（2）完善治理结构，苦练内功，提高业务素质和金融科技水平，与其他金融机构差异化定位和发展，发挥优势和错位竞争，健全运营流程、防控风险和激励约束的制度与机制。

（3）加强公益小额信贷组织之间、公益小贷组织与其他类型金融机构及行业协会类组织之间的交流与合作，交流信息和分享经验教训，创新产品和服务方式。

（三）公益小额信贷组织可能的转型发展方向

公益小额信贷组织可能的发展方向大体可以分为：①继续公益性社会组织（NGO）的身份，但应成为一个精、特、优的强身健体的机构；②转型为小额贷款公司；③转变为村镇银行；④与商业银行合作开展小额信贷业务；⑤成为控股跨县域的小额贷款机构；⑥转变为资金互助社；⑦具备一定基础的，可以考虑在我国中西部农村欠发达和贫困地区设立为像孟加拉国"乡村银行/格莱珉银行"那样的专门为中低收入和贫困农户服务的"穷人银行—脱贫致富银行"等。说到底，一方面需要机构自身素质的不断提升，另一方面需要政府政策法规的调整和支持。

不管机构如何转型升级，都应该坚持公益性（社会性）和（或）社会企业的方向。之所以如此，是因为我国不缺商业性金融机构，缺的是公益性制度主义小额信贷组织。如果将现在所有公益性小额信贷组织的年贷款规模加总约为百亿或千亿元，只相当于一个中小型商业性金融机构的贷款规模。但这些公益性小额信贷组织对贫困地区中低收入和贫困群体的贷款服务可以达到有效客户约百万人/户（以平均1万—10万元/人计），起到了十分有益的补充支持作用。而商业性机构基本不愿去贫困县发展，即使商业性机构到了那里，也不会主动服务当地中低收入和贫困群体。公益性小额信贷组织在这方面有特殊的优势和作用。

（原文载于杜晓山等著《中国非营利性小额信贷机构发展研究》，中国社会科学出版社2019年版）

我国公益性小额信贷组织发展问题研究

一 非营利性小额信贷组织产生的背景

中国政府自 20 世纪 80 年代开展有组织、有计划、大规模的农村扶贫开发，信贷扶贫自此一直是扶贫开发工作的重要举措。扶贫信贷资金开始于 1986 年，目的是支持全国重点贫困县开发经济、发展生产，解决群众的温饱问题。

中国社会科学院农村发展研究所（以下简称"农发所"）的一些科研人员也致力于贫困问题研究。在研究过程中，我们认为长期困扰我国的信贷扶贫工作而不得解决的顽疾至少有三个：一是扶贫信贷很难直接到贫困群众手中；二是不管是谁获得扶贫贷款，还贷率都不高；三是发放扶贫贷款的机构都需要依赖政府财政或外部资金补贴才能运行，没有可持续自负盈亏运作的意愿和能力。国务院扶贫办的同志在谈扶贫信贷资金管理存在的问题时，表达了类似的意见，[①] 认为从扶贫工作的角度看，扶贫资金到户难；从经营银行的角度看，扶贫资金的资产质量比较差；从国家财政的角度看，大量支出看不到效果；从贫困农户的角度看，申请扶贫信贷资金难度很大。

农发所一些研究贫困问题的学者在与国内外同行交流和看到的资料中，也注意到国际小额信贷的信贷扶贫的种种做法、模式和经验，如拉美一些国家的"村银行"（Village Banking）模式，印度及东南亚一些国家"银行+妇女合作小组"模式、印度尼西亚国有控股银行"人民银

---

① 刘福合、苏国霞：《扶贫信贷资金的历史、现状和未来》，载《中国小额信贷十年》，社会科学文献出版社 2005 年版，第 25—26 页。

行农村信贷部"（BRI-DU）的小微企业和农户信贷模式，玻利维亚的"阳光银行/团结银行"的弱势群体的信贷模式，等等。在种种模式中，我们从20世纪80年代起就特别关注和跟踪孟加拉国"乡村银行"或称"格莱珉银行"（Grameen Bank，以下简称"乡村银行"）的扶贫小额信贷模式，因为从信贷扶贫的目标对象和机构可持续以持久提供农村贫困群体金融服务的视角，它已有效地解决了上述我们所观察到而又长期难以解决的我国信贷扶贫工作中的三个顽疾。

在这里我们再讨论乡村银行是一家什么样的银行，有人质疑它没有真正做到保本微利和可持续发展。因为它早期接受了大量国外捐助，捐助额超过了其盈利额。但这实际上是前期的情况，后来局面就完全改变了。它在20世纪90年代开始拒绝接受捐助和软（低息）贷款，已实现真正的保本微利和财务上的可持续，它既无补贴和亏损，也不追求高利润，真正实现了社会企业的宗旨和目标，部分利润用于借贷客户为主的股东分红（它现在股东的75%为借贷中低收入和贫困客户，而且每个股东的股份是相同的，另外25%为政府股份，在银行设立初期政府占大股），而包括尤努斯在内的所有银行工作人员只是雇员，没有任何股份，只领取工作薪酬，真正在乡村银行内实现了人民是主人，员工是公仆"理想社会"的追求。而且乡村银行是一个真正名副其实政府政策支持下的专为穷人服务的合作金融机构。

再看看20世纪90年代初我国政府扶贫贴息贷款的使用情况。当时贷款主要提供给企业。再由企业吸收贫困户就业，但扶贫效果并不理想，扶贫资金和效益难以到户。这是摆在政府和学者面前的一道难题，国务院扶贫办同志的调研报告认为，[①] 扶贫贷款支持龙头企业带动贫困农户存在的问题主要有：一是没有解决目标瞄准问题，真正的贫困农户很难或较难受益。二是资金效率低效益差。直接到户的贷款3000元左右即可帮助一个农户解决温饱，增加收入，而企业带动的平均费用要高出许多倍。例如，内蒙古"龙头企业+农户"提高收益，人均投资需约8000元，安徽规定"企业+贫困农户就业"，可以得到10万元贷款。

---

① 刘福合、苏国霞：《扶贫信贷资金的历史、现状和未来》，载《中国小额信贷十年》，社会科学文献出版社2005年版，第33页。

而且政府与农行开展的扶贫贴息贷款的不良率过高。[①] 截至 2002 年年底，农行扶贫信贷资金中不良贷款余额 344 亿元，占比高达 38%，其中到户的不良贷款比例为 60%。1998—2000 年，江西省到期扶贫贷款总额为 13 亿元，按期回收额 1.2 亿元，还款率只有 9%。

二　公益/非营利性小额信贷组织的发展历程

我国与国际现代规范小额信贷接轨、系统建立起较完整的小额信贷制度的专门机构始于 20 世纪 90 年代中前期，也就是中国社会科学院农村发展研究所于 1993 年引入了孟加拉国格莱珉银行模式，在河北省国家级贫困县易县作为试点开始。虽然在 20 世纪 80 年代至 90 年代初，一些国际多边和双边援助机构在我国从事扶贫项目中也使用过一些信贷扶贫手段，但都是非典型的小额信贷，而只是运用了小额信贷的某些广泛做法。中华人民共和国成立之初的农村信用社也为农民提供小额信贷，但后来随着追求商业的目标，越来越远离弱势农户。我国公益性制度主义小额信贷的主体绝大多数是借鉴学习 20 世纪 70 年代孟加拉国格莱珉银行前身的扶贫小额信贷试点及后来乡村银行不断创新发展的模式。当然国际上成功的可持续发展的小额信贷模式还有其他不同类型，但从扶贫和最体现"问题导向"解决当时我国信贷扶贫中存在的问题的视角看，乡村银行有更好的针对性、系统性、有效性。

1993 年，中国社会科学院农村发展研究所课题组首先将与国际规范接轨的孟加拉国乡村银行小额信贷模式引入了中国，首先在河北省易县开展试点，成立了"扶贫经济合作社"。随后又在河南省虞城县和南召县、陕西省丹凤县和河北省涞水县，以及四川省金堂县（委托四川省扶贫办培训中心管理）建立了以孟加拉国乡村银行的小额信贷为借鉴的贷款模式的"扶贫经济合作社"（以下简称"扶贫社"）小额信贷项目试点。1995 年开始，联合国开发计划署（UNDP）和中国国际经济技术交流中心先后在全国 17 个省 48 个县（市）试点以扶贫等为目标的小额信贷项目。1996 年中国西部人力资源开发中心/中国扶贫基金会开展了两个世界银行秦巴扶贫项目小额信贷试点项目，发展到今天中

---

① 刘福合、苏国霞：《扶贫信贷资金的历史、现状和未来》，载《中国小额信贷十年》，社会科学文献出版社 2005 年版，第 25 页。

国扶贫基金会与其他国内外股东运营管理的约 300 个县的以服务中低收入和贫困农户为目标的小额信贷项目。之后，陆续产生了主要在中西部农村贫困和欠发达地区开展的、以外援资金为主，包括部分国内政府和民间资金，由社会组织/民间组织或政府项目办管理的扶贫小额信贷项目。

然而，公益性制度主义小额信贷组织的资金来源较单一、数量小，而且不稳定。根据中国小额信贷发展促进网络[①]提供的 40 多个成员组织的数据，初始资金 71.7%源于国际援助，作为配套资金，政府投入占 19.6%，社会捐赠占 6.5%，商业资金占 2.2%。到 2005 年，这些机构的资金结构显示，对国际机构援助的依赖程度几乎没有变化，仍占 70%，社会捐赠占的比重增加到 10.6%，政府投入的比率下降，为 12.8%，负债从无到有，比重达 4.3%（杜晓山等，2008）。即使到目前，相当一部分公益性小额信贷机构资金仍主要来源于捐赠资金、银行批发贷款和少量的政府扶贫资金。而 2005 年后，国际援助资金逐渐减少，加剧了公益性小额信贷机构的经营困难。

我国农村资金互助社实际上与国内外原来就存在的"村基金"类型的小额信贷机构相似（属于社会组织开展的"公益性小额信贷组织"中的一种分类型，例如在 20 世纪 90 年代后期贵州省威宁县草海自然保护区就建立了 70 多个村级资金互助社/村基金项目），只是银监会允许合乎条件的 50 个机构注册。从 2006 年开始至今，国务院扶贫办在约 2 万个贫困村也开展了建立"村级发展互助资金"试点工作。本研究讨论的公益小额信贷不包括资金互助社类型的组织形式。

截至 2001 年，我国非政府小额信贷的机构和项目发展的情况如表 1 所示。

表 1 中几个有代表性的由不同发起和运营机构运作的公益性制度主义小额信贷组织的发展状况如下。

（一）中国社会科学院扶贫经济合作社小额信贷扶贫项目

扶贫经济合作社（以下简称"扶贫社"）小额信贷扶贫项目是中

[①] 现已经更名为"中国小额信贷联盟"。杜晓山等：《中国公益性小额信贷》，社会科学文献出版社 2008 年版。

国社会科学院农村发展研究所在1993年开始实施的一项"行动—研究计划"。1993—1994年为项目筹备阶段，1994年5月正式向第一批30户先后发放了贷款。

表1　中国早期小额信贷项目基本情况（截至2001年）

	小额信贷项目/机构	开始年份(年)	项目县数(个)	管理机构
国际多边机构捐赠项目	联合国开发计划署（UNDP）	1995	48	中国国际经济技术交流中心
	联合国儿童基金会，其中：			中华全国妇女联合会
	SPPA项目	1996	25	
	LPAC项目	2001	43	
	联合国人口基金会	1999	15	
	世界银行秦巴扶贫项目小额信贷试点项目	1996	2	中国西部人力资源开发中心/中国扶贫基金会
	国际农业发展基金	1980	95	
	国际劳工组织	1997	8	劳动部
双边捐赠项目	澳大利亚发展署	1995	3	青海海东农行
	德国技术合作公司（GTZ）	1997	3	江西山江湖委员会
	国际非政府组织	开始年份(年)	项目县数(个)	管理机构
香港乐施会	香港世界宣明会			
	国际鹤类组织	1994	1	贵州草海管理局
	国际小母牛项目			
	国际计划	2001	5	地方妇联
	国内非政府组织	开始年份(年)	项目县数(个)	管理机构
	中国社会科学院扶贫经济合作社	1993	4	中国社会科学院农村发展研究所课题组
	幸福工程——救助贫困母亲行动	1995	57	中国人口福利基金会、中国计划生育协会

续表

国内非政府组织	开始年份(年)	项目县数(个)	管理机构
母亲小额循环贷款项目	1996		中华全国妇女联合会
山西临县小额贷款	1993	1	北京富平学校
中国扶贫基金会	1996	8	中国扶贫基金会小额信贷项目部
爱德基金会	1996	1	盐池县沙地资源开发协会/盐池县妇女发展协会

注：世界银行秦巴扶贫项目的小额信贷试点项目最初由中国西部人力资源中心负责管理，2000年由中国扶贫基金会接手管理。

资料来源：程恩江、徐忠：《中国小额信贷发展报告》，《财经》2006年第10期。转引自吴国宝《小额信贷在中国》，中国财政经济出版社2013年版。

扶贫社课题组由一批从事贫困问题和农村发展的研究人员组成。在长期的调查和研究中，课题组的学者发现，尽管中国政府自20世纪80年代开始开展大规模扶贫工作以来，从政策、制度与组织形式上进行了卓有成效的工作，取得了重大成就。但在1994年时，扶贫工作中以下问题仍很突出：以区域发展为主要目标，以项目（经济实体或能人）带穷人的贴息贷款政策，从实践效果看，与实现2000年基本解决我国农村贫困人群温饱问题的要求不相适应，有必要在扶贫方针和资金使用方向上作必要调整，加大扶贫资金直接到户的力度。

课题组首次在中国正式引进和使用小额贷款这一概念，借鉴孟加拉国乡村银行小额信贷扶贫项目的成功经验，并按照与国际接轨的模式运作，试图探索解决中国扶贫工作（扶贫资金使用）中现实难题，可归纳为三个目标的实现：探索解决贫困农户获贷难、还款难和运作扶贫贷款机构自身独立生存难的困境。

1994年年初至1995年11月，扶贫社小额信贷项目与当地政府达成协议，分别在河北省易县和河南省虞城县及南召县民政局注册为社团组织，建立起三个县级扶贫社，使项目快速且有效率地运作起来。双方协议中的一项重要原则是"政府支持但不干预"。贷款有效且稳妥地到达真正贫困户手中，同时保证高还贷率。与此同时，扶贫社项目注重组织建设、完善各项规章制度和加强管理，强调实现财务自立和持续性目标。扶贫社的资金来源主要是孟加拉国乡村银行信托基金低息贷款、杨麟先生本人和他拉来的捐款、福特基金会等资助款。

试点项目的宗旨和目标：扶贫社项目的宗旨是通过提供信贷服务，改善贫困农户特别是贫困妇女的经济状况和社会地位。以有效的方法提供适宜的产品和服务，为中国的小额信贷领域提供可借鉴的经验。逐步增强小额贷款机构的能力，使之成为一个具有持续性发展的为弱势和贫困群体提供小额贷款的组织。

中长期目标：帮助贫困妇女；实现相当规模；保持高按时还款率；实现金融自负盈亏；为中国其他的小额信贷项目提供样板和借鉴，为政府的政策提供建议。

短期目标（1994年项目执行初期的具体目标）规模：在3—5年内建立3个县的县级营业所，每个营业所发展1500名成员；还款：还款率95%—98%；持续性：营业所在3—5年内实现操作的自负盈亏。课题组研究任务：通过试验，探索小额信贷在中国扶贫工作中的可行性和有效性。

到1997年年底扶贫社已经按时或提前实现了1994年项目初期的目标。3个县扶贫社分别都发展了1500名以上的客户，且实现了操作自负盈亏，1998年扶贫社开始扩展项目规模。1999年扶贫社项目开展制定了新目标，进一步巩固已有成果并提高机构素质和扩大项目规模。扶贫社小额信贷项目采用民间机构专职化的形式运作。专职工作人员绝大多数是从社会上公开招聘的。

扶贫社从管理角度可分为三个层次：总部、县扶贫社、基层扶贫分社。扶贫社北京总部，行政上隶属中国社会科学院农村发展研究所，由挂靠农村发展研究所的中国社会科学院贫困问题研究中心运作，总部负责扶贫社项目的设计、筹资、内部管理和控制、培训、监督等各项业务工作。

各县扶贫社为在各项目县民政部门注册的独立社团法人，所在县政府承担支持和协助管理项目的责任，以利扶贫社能沿着正确的轨道顺利发展，但不干预和插手项目的具体事务。

扶贫社业务上接受总部的指导、监督和领导。扶贫社初期聘任县政府干部为专职主任（后来有的县则由社会招聘人士担任），工作人员全部是社会招聘和专职的。扶贫社在初期阶段设县社，后来规模扩大后设县社和基层社两级，县社在主任的领导下，负责本地区的业务开展；基层社主要指导社员小组和中心的组成，参加中心周会，监督贷款的执行、回收及处罚等事宜。

扶贫社的合法地位问题。初期与地方政府签订协议，政府支持试点工作，并在县民政局注册为社团法人。从1999年起，中国社会科学院向国务院提交报告，国务院、中国人民银行和国务院扶贫办批准中国社会科学院贫困问题研究中心开展小额信贷扶贫试验。2004年，经北京市民政局批准成立北京市农发扶贫基金会，顶替中国社会科学院贫困问题研究中心开展小额信贷扶贫试验。

合法性曾一度是困扰扶贫社扩展的障碍。中国社会科学院扶贫社以行动研究项目的形式、利用国外资金进行的中国第一个小额信贷试点，试点项目多次得到国务院有关领导人的认可和肯定。随着项目规模的扩大，其金融扶贫服务的性质需要得到中国人民银行和国家有关部门的认可。为解决扶贫社的合法性，1999年中国社会科学院向国务院办公厅、中国人民银行和国务院扶贫办呈报《关于建立中国社会科学院小额信贷扶贫科研试验基地的请示》，得到了批准。国务院的批复：同意按目前方式继续开展小额信贷扶贫试验，有关业务接受中国人民银行和有关政府部门的监督指导。中国人民银行的复函是：国家有关法律、法规规定：未经中国人民银行批准，任何单位和个人不得从事金融业务。为发挥社会科学领域探讨科技扶贫新方式的作用，中国人民银行总行同意中国社会科学院试验基地按目前方式继续试验。国务院扶贫办批复的总体意见是："……为进一步探索小额信贷在实践中的运行与发展问题，特别是研究小额信贷及其运作管理组织的可持续发展问题，我办同意你院按现有方式继续试验……"

扶贫社项目，除了转交给陕西省丹凤县政府部门管理的项目几年后停办了外，基本都实现了项目试点的目标：服务于贫困地区农村中低收入和贫困群体并实现机构自身的保本微利和可持续发展。然而，由于后续发展中存在资本金不足、管理制度不健全、监管缺失等诸多问题，为了扶贫社的长期可持续发展,又由于中国社会科学院农村发展研究所课题组和中和农信双方对小额信贷理念的理解以及宗旨的一致性,课题组决定与中和农信合作,在2013年前后将原来由其直接管理的部分扶贫经济合作社交由中和农信管理,发挥中和农信在经营管理、资金规模等方面的优势,以更好地促进扶贫社的可持续发展。对其他不愿意转交到中和农信管理的基层县项目机构则按中国人民银行总行要求,交由当地政府相关部门监管。

(二)联合国开发计划署(以下简称"UNDP")/商务部中国国际经济技术交流中心扶贫小额信贷项目[①]

(1)项目试点阶段(1995—2000年)。1993—2000年,商务部中国国际经济技术交流中心(以下简称"交流中心")作为项目执行机构与UNDP合作,通过一个"伞"形的"扶贫发展方案"在全国17个省和自治区的48个贫困县开展了综合扶贫项目,其中包括扶贫小额信贷的试点内容。2000年又在天津市开展了城市下岗女工小额信贷试点。到2000年,UNDP扶贫项目总投入1994万美元,其中小额信贷循环资金投入约7000万元人民币,直接扶持超过9万个贫困农户。

因中国社会科学院农村发展研究所在河北易县开展的孟加拉乡村银行的小额信贷模式(以下简称"GB模式")试点获得成功,并得到中央领导肯定,UNDP项目从1995年开始统一按照GB模式开展小额信贷试点,以妇女为主要对象,提供小额联保贷款。项目分别在省级和县级建立了项目管理办公室,负责项目实施的具体管理运营。在48个县中,有10个县是与科技部合作开展的扶贫项目,由科技部成立的项目管理办公室负责监管,交流中心没有直接参与管理。

为支持交流中心开展小额信贷管理,UNDP于1996年设立了扶贫方案支持项目(CPR/96/201),该项目于1997年由交流中心派人牵头组建了小额信贷管理团队——扶贫项目支持与协调办公室(以下简称"SCO"),编制了统一的小额信贷管理手册和电算化的管理信息系统。

(2)项目巩固阶段(2001—2005年)。2000年,交流中心和UN-

[①] 白澄宇:《联合国开发计划署援建小额信贷项目发展历程》,载《从小额信贷到普惠金融——中国小额信贷发展二十五周年回顾与展望纪念文集》,中国社会科学出版社2018年版。

DP 决定继续加强对小额信贷试点的管理，促进小额信贷在中国的推广。为此设立了两个项目。一是综合扶贫项目（CPR/01/201），其中包括小额信贷子项目，内容是通过 SCO 继续管理 UNDP 小额信贷项目机构，并为其提供技术支持。二是可持续小额信贷扶贫（SMAP）（CPR/01/210），内容是在原有小额信贷机构中挑选出 4 个最优秀的机构（赤峰、定西、仪陇、兴仁）进行重点支持，希望将其打造成为大规模和可持续的小额信贷机构。

为解决 UNDP 小额信贷项目试点的小额信贷经营的合法性问题，交流中心于 2000 年通过商务部给中国人民银行和国务院扶贫办去函，就"继续开展 UNDP 小额信贷试点问题"征求意见，均得到对方支持。中国人民银行在回复中同意 UNDP 项目试点地区继续开展小额信贷业务，相当于提供了特许经营权。因项目结束后项目办不能长期存在，各县项目办陆续改制为在当地民政部门注册的社团组织。

（3）项目后续发展阶段（2005 年至今）。2005 年至今依然维持了由 SCO 对小额信贷机构进行管理的方式。

为解决项目建立的非营利性小额信贷机构的可持续发展问题，交流中心在 2008 年曾经提出通过建立资产管理公司对小额信贷机构进行改造，升级为小额贷款公司。因其内部愿意，此项计划未能实施。基于这个策略，交流中心帮助天津市和湖南湘西州小额信贷机构参与成立了小额贷款公司，通过小额贷款公司继续开展业务。

2018 年，UNDP 与交流中心在小额信贷机构后续发展问题上最终达成共识，决定对小额信贷机构进行"脱钩"，聘请专家对小额信贷机构进行评估，针对不同机构的具体情况制订后续发展方案，然后将小额信贷循环资金的产权移交给小额信贷机构。UNDP 和交流中心将为愿意参与改制的机构提供技术支持。

（三）中和农信从小额信贷项目到小微金融机构[①]

（1）1996—1999 年模式探索。1996 年，外资中心实施的世界银行贷款秦巴山区扶贫项目启动，其中包括在四川阆中和陕西安康试点的小

---

① 刘冬文：《从小额信贷项目到小微金融机构》，载《从小额信贷到普惠金融——中国小额信贷发展二十五周年回顾与展望纪念文集》，中国社会科学出版社 2018 年版。

额信贷分项目。当时，孟加拉国尤努斯教授创立的乡村银行模式（GB模式）正风靡全国，不少贫困地区都在试点与推广。

秦巴扶贫项目是世界银行支持中国进行贫困社区综合开发的第二期项目，其主要特征是在秦巴山区选择 26 个贫困县中的特困村，同时进行基础设施、教育卫生、种养殖业、劳务输出、乡镇企业等多方面的综合性一体化开发。在这个大项目中，安排了四川阆中和陕西安康两个县级市进行小额信贷试点，资金规划的总规模为 400 万美元（每个县 200 万美元，其中世界银行投入 100 万美元，地方政府配套 100 万美元）。项目的目的是通过小额信贷方式，帮助贫困农户发展产业，增加收入，提高能力。此外，该项目也是为开展农村小额信贷业务摸索经验，探索路子，待成功后向更多贫困地区推广。

（2）2000—2004 年初步扩张。2000 年，经国务院扶贫办和世界银行批准，中国扶贫基金会全面接管上述小额信贷项目，并组建小额信贷项目部。2001 年，国务院扶贫办发文批准基金会在更多贫困县开展小额信贷扶贫试点。此后，基金会先后在 10 个县开展了小额信贷项目。

受当时的政策限制，基金会不能在地方设立下属机构。因此，基金会只能和地方扶贫办合作，由扶贫办在当地注册一个社团机构作为小额信贷操作机构，并交由基金会具体管理。这种体制导致出现了双重管理，县级操作机构会同时接受来自基金会和地方扶贫办的双重指令，导致政令不畅，管理失效，难以保证县级机构的持续稳健发展。2004 年年底，基金会只剩下了 4 个小额信贷项目县。

（3）2005—2008 年改制转型。2004 年下半年，国家出台新的《基金会管理条例》，允许基金会成立下属机构。此时，基金会领导果断地决定对小额信贷项目进行改制转型。最大的改变就是由基金会直接在县里注册成立直属机构，并以此作为小额信贷项目的县级实施机构。这种改制，从根本上解决了县级机构双重管理的问题，使基金会在小额信贷项目上的责权利得到统一。2005 年 6 月，基金会在辽宁省康平县成立第一家直属小额信贷分支机构。2005 年 9 月，原来的四家老分支机构也改制成为基金会的直属机构。

此外，基金会小额信贷项目先后从国家开发银行和渣打银行获得批发贷款支持，改变了过去完全依赖捐赠或政府资金的局面。截至 2008

年年底,基金会的小额信贷业务覆盖 17 个县,贷款余额 1 亿元。

(4) 2009 年以后独立运行。随着基金会小额信贷项目的规模越来越大,也已经实现了业务的自我可持续运营,基金会觉得将小额信贷部独立出来的时机已经成熟。

2008 年 11 月 18 日,基金会将小额信贷部独立为中和农信项目管理有限公司(以下简称"中和农信"),下辖 17 个县级分支机构,贷款本金 1 亿元。自 2009 年起,中和农信公司开始独立经营,独立核算,实现了由项目型小额信贷向机构型小额信贷的转变。2010 年 6 月,红杉资本和 IFC 入股中和农信。2016 年年底,蚂蚁金服和天天向上基金入股中和农信。通过这些新股东的加入,使中和农信的治理结构更加合理,融资渠道更加多元,技术能力更加先进,公司业务得到长足发展。

截至 2018 年 12 月底,中和农信公司的小额信贷业务共涉及 20 个省 313 个县,其中 64% 是国家或省级贫困县(2015 年贫困县占比为 83%)。公司现有员工 4970 多人,其中 90% 是县及以下工作人员,大部分来自当地农村。自基金会实施小额信贷项目以来,累计发放贷款 250 万笔,407 亿元。目前,现有贷款余额 90 亿元,贷款客户 36 万户。平均单笔贷款 2.5 万元,逾期 30 天以上的风险贷款率为 0.9%。至此,中和农信已成为国内最大的农村小额信贷机构。

(四) 重庆市开州区民丰互助合作会小额信贷[①]

1997 年,全国推广孟加拉国格莱珉银行 GB 信贷扶贫模式,重庆市扶贫领导小组批准将开县作为首个试点县。开县扶贫开发公司负责人作为自然人发起,在开县民政局登记注册成立开县开发扶贫社,承担开县扶贫开发公司农户小额信贷扶贫工作,其业务主管部门为开县扶贫办。

2001 年,中国扶贫基金会选定开县开展农村小额信贷扶贫试点,开县开发扶贫社负责人作为自然人发起,在开县民政局登记注册成立开县农户自立能力建设支持性服务社,承接开县开发扶贫社所有业务。

2003 年,中国扶贫基金会支持力度开始弱化,一直合作运行到 2006 年,开县农户自立能力建设支持性服务社与中国扶贫基金会脱钩。

---

① 钱峰:《不忘宗旨创新发展》,载《从小额信贷到普惠金融——中国小额信贷发展二十五周年回顾与展望纪念文集》,中国社会科学出版社 2018 年版。

同时，2006年以后，重庆市扶贫办、财政局停止发放对全市小额信贷机构的财政经费补贴，全市30多家类似组织由于缺乏工作经费而停止运行并陆续关停。

2008年，开县农户自立能力建设支持性服务社由于经费困难、亏损较大，也面临停止运行的局面。为谋求稳定和发展，经股权改革将开县农户自立能力建设支持性服务社更名为开县民丰互助合作会。2016年，开县撤县设区更名为重庆市开州区民丰互助合作会。

2008年8月，由47名员工共出资76万元作为注册资本金在民政登记注册，同时将开县农户自立能力建设支持性服务社更名为开县民丰互助合作会。股权改革让员工成为股东，员工工作积极性高涨，内部管理及经营走上正轨。改制后，随着信贷规模逐年增大，合作会先后多次面向社会增资扩股，目前，共有股东200人，注册资本金5000多万元。

2009年，合作会通过"推行会员制，开展资金互助"。其具体做法是：符合条件的农户由1名当家理财人提出申请，缴纳100—2000元身份会费办理会员证成为合作会会员。会员可按缴纳身份会费1∶50放大向合作会申请贷款，会员多余的闲散资金可自愿缴入合作会作为互助金，并在会员间开展资金互助。吸纳的互助金以所在乡镇分会为考核单位，70%投放到所属乡镇分会会员，其余30%交总会作为备付金。对会员缴纳的互助金及身份会费，合作会按照银行同期同档次存款利率标准支付资金占用费，并可享有合作会收益奖励，存入互助金的会员不承担经营风险。目前，会员会费及互助金达到3.5亿多元。会员会费及互助金成为合作会信贷资金的主要来源，很好地解决了小额信贷资金规模小、后续资金不足的问题。会员会费及互助金通过合作会这个平台支持了分会辖区内其他会员的发展，缴纳会费及互助金的会员能获得资金占用费和奖励收益。会员制和资金互助的推行，增强了合作会与会员、会员与会员的互助合作关系，实现了共赢。

目前，合作会总资产47145万元，其中所有者权益8587万元（含实收资本和资本公积6129万元），资产负债率为81.8%，资产回报率为3%，净资产收益率为11%。现有员工126人，下设19个乡（镇）分会（25个营业网点）、515个社级农户自治中心，可为近23万农户、80万农民提供小额金融服务。合作会现有会员35057户，贷款余额

35633.36万元、6560户（其中，农户会员贷款21827.15万元、6070户，占比分别为61.25%和92.5%；小微企业贷款13806.21万元、490户占比分别为38.7%和7.5%）。逾期率和不良率分别为2.62%和1.45%。

（五）从非政府组织到宁夏东方惠民小额贷款股份有限公司[①]

宁夏东方惠民小额贷款股份有限公司（以下简称"惠民公司"）是国内第一家由NGO改制为小额信贷公司的机构，成立于2008年年底，其发展经历：

第一阶段（1996—1999年）：探索阶段。以政府性质的项目办公室为操作主体。在爱德基金会资助的"盐池县爱德治沙与社区综合发展项目"基础上，成立盐池县政府外援项目办公室，按照一次借贷2000元，以6%的年化利息，两年分四次还清，在盐池县路记梁村、井沟、沙边子村等少数几个自然村实施，放款额度只有6万元。

第二阶段（2000—2004年7月）：模式基本框架形成，操作主体为社团组织——协会。1999年年底，在爱德基金会、中国农业大学、中国小额信贷发展促进网络（现为中国小额信贷联盟）支持下，成立了社团组织盐池县妇女发展协会，学习孟加拉国乡村银行模式，形成了盐池县小额信贷模式基本框架。截至2004年，有效贷款客户达1506户，贷款余额为286.15万元。

第三阶段（2004年8月至2008年10月）：推广复制。2004年8月成立民办非企业单位——盐池县小额信贷服务中心，管理项目。2007年，通过宁夏回族自治区金融办协调，服务中心通过政府平台从国家开发银行宁夏分行得到1000万元贷款支持，机构进入了快速推广阶段。截至2008年10月，服务中心有效贷款客户达3000户，贷款余额为1500万元。

第四阶段（2008年10月至今）：业务快速发展。2008年10月，由盐池县妇女发展协会（爱德基金会提供资助）、宁夏扶贫与环境改造中心（嘉道理基金会提供资助）两家NGO发起，吸收宁夏绿海公司、宁

[①] 龙治普：《中国公益小额信贷的实践探索》，载《从小额信贷到普惠金融——中国小额信贷发展二十五周年回顾与展望纪念文集》，中国社会科学出版社2018年版。

夏众工电器公司两家企业参股，组建了股份制企业——宁夏东方惠民小额贷款有限责任公司。2009年3月业务扩展至同心县。2015年，国有企业东方邦信资本管理有限公司参股，并启动上市计划，公司更名为宁夏东方惠民小额贷款股份有限公司（以下简称"东方惠民"），业务拓展至宁夏南部山区的其他7个贫困县。在2017年通过与兰州邦信公司合作，在甘肃省和政县成立了和政子公司，业务向六盘山贫困片区的其他地区拓展。

至2018年7月底，东方惠民总资产达到5.6亿元，建成分支机构8家，子公司3家。员工人数达到220余人；公司贷款规模达到5亿元，有效贷款客户数24400人，其中女性客户占97%，户均贷款额度2万元，贷款回收率始终保持在99.5%左右。

东方惠民经历了政府办公室、社会团体、民办非企业单位、企业四种机构形式，进一步的发展目标是打造中国一流的乡村银行。其发展几乎经历了国内所有小额信贷的机构形式。从目前的情况看，改制是成功的，一方面，实现了微利基础上的可持续发展，客户数量、贷款余额、收入、利润、员工人数等指标均有大幅度增加；另一方面，产生了显著的社会效益，累计支持5万以上农户，实现了6万以上的农村劳动力的自就业；在支持农户增收、提升客户能力、推动农村文化建设方面取得了显著的成绩，被地方政府树立为信贷扶贫的样板。这也对行业发挥了积极的引领作用。

（六）陕西西乡县妇女发展协会[①]

自2005年以来，国际计划与陕西省妇联合作，支持陕西省佳县、榆阳、蒲城、西乡和淳化5个区县妇联分别建立了妇女发展协会，专门开展以当地中低收入妇女为主要目标的小额信贷扶贫活动。西乡县妇女发展协会（以下简称"协会"）于2005年10月8日在县民政局依法登记注册，国际计划出资164.4万元人民币作为启动资金，成为陕南唯一一家专门帮助贫困妇女发展的小额信贷机构，专门为西乡县金融服务相对缺失的贫困妇女提供小额信贷扶贫服务，帮助妇女实

---

① 孙同全、谭红：《汉中西乡妇女发展协会》，载《优秀微型金融机构案例选编》，中国金融出版社2015年版。

现自立、自强。

协会于 2012 年 3 月经民政部门批准成立为民办非企业机构。自 2005—2007 年为协会初创期，收支不平衡。2008 年至今为协会发展期，收支平衡且略有盈余。协会与陕西省妇女研究会、陕西省妇女儿童基金会、南都基金会、宜信惠民投资管理有限公司、招商局慈善基金会、国家开发银行陕西分行、全国妇女发展基金会、北京友成普融信息咨询有限公司等 15 家机构成功合作，先后累计融得长短期借款 1500 万元。截至 2018 年年底，协会累计放贷总额 2.6 亿元，贷款总笔数 22344 笔，现有贷款余额 3547 万元，有效客户数 1342 人，平均单笔贷款额度为 2.59 元，贷款利率（年利率）12.72%，不良/风险贷款 0.17%，资产回报率 4.84%，资本回报率 15.9%。

协会在开展扶贫帮困的各项活动中，也获得了社会各界爱心人士的支持与帮助，2010 年通过天津市妇女儿童基金会、美国胡佛慈善基金会及各界爱心人士的捐赠，共同资助孤残儿童、留守儿童及事实孤儿，累计达 180 万元。2011 年，得到友成普融和协会共同资助大学生 12.5 万元。协会贷款客户中 98% 为农村妇女，90% 属于低收入农户。

（七）内蒙古乌审旗妇女发展协会[①]

乌审旗联合国儿基会 SPPA 项目于 1996 年实施，项目全称为中国—联合国合作方案—贫困地区社会发展项目。2001 年，乌审旗在原 SPPA 项目办的基础上，设立了乌审旗贫困地区社会发展小额信贷管理中心。该项目的宗旨是通过小额信贷创收活动提高贫困妇女的家庭收入，使其更好地照顾子女，改善她们的生活，同时通过组织实施项目活动，提高项目妇女管理和经营能力，提高她们的整体素质，以提高其社会地位。

联合国儿基会 SPPA 项目在全国 13 个省 25 个旗（县）实施，内蒙古自治区唯一的仅有乌审旗。乌审旗项目工作及项目参与妇女在家庭经济建设与社会发展方面做出显著的成绩，稳步进入项目实施的自我约束与持续发展时期。截至 2018 年 12 月 30 日，全旗 5 个项目苏木镇共有项目贷款妇女 1424 名，她们分属 61 个妇女大组，225 个小组，项目基

[①] 摘编自乌审旗贫困地区社会发展小额信贷管理中心葵花女士提供的资料，2018 年。

金开始投入189.6万元发展到610万元,累计发放贷款总额6505.8万元,累计贷款客户数26622人。SPPA项目贷款额度为每个组员2000—5000元,期限为12个月,执行年利率9.6%,资产回报率6.3%,资本回报率6.3%,实现了小额信贷组织的可持续发展。

这些贷款妇女经过项目培训后,组成5—6人的小组,5—6个小组又组成一个大组。民主选出大小组长、会计、出纳,制订出个人创收计划后得到贷款支持。20多年来借贷妇女无恶意拖欠,几乎一天不差地还款。其SPPA项目办还组织开展各类培训,除了收集妇女组员储蓄,还经常自发组织开展各类娱乐活动、技能培训、扶弱帮困、交流经验等。

三 我国小额信贷的政策法规变化

20世纪90年代中前期,中国的小额信贷项目或组织是公益性的、自发的、零散的试验和实践,基本上没有政策层面的直接支持。后来在90年代中后期,以解决扶贫资金使用效率和解决贫困农户温饱问题为主要目标的中国小额信贷项目,主要是在中共中央和国务院扶贫政策的大背景下发展起来的。

21世纪以来,小额信贷已从扶贫扩大到为农村广大农户和个体私营户及微小企业,以至小微企业服务的普惠金融的范围,逐步有了政府相关政策法规的支持。

2005年1月,在联合国开发署项目支持下,中国人民银行与商务部国际经济技术交流中心合作研究的成果《中国小额信贷发展研究》出版。该报告充分肯定了国际和国内扶贫小额信贷组织对扶贫与金融发展的作用,指出了非营利性小额信贷机构在法律地位和可持续性方面存在的问题,明确提出"对小额贷款组织采取多种形式开展的小额信贷应予以规范,给予其合理的法律地位"。报告还提出成立行业协会开展自律,对小额信贷组织给予税收优惠和资金支持等政策建议。这个报告的建议推动了小额贷款公司政策的出台。

从2005年起至今,党和政府发布了一系列有关小额信贷发展的重要政策法规,同时,中国金融主管部门的行为有了更积极的变化,一些行政法规也加快出台。不过,与公益/非营利性小额信贷组织有直接相关的政策是2006年中央一号文件,要求"大力培育由自然人、企业法人或社团法人发起的小额贷款组织，有关部门要抓紧制定管理办法"。2013年党的十八届三中全会又把"发展普惠金融"第一次正式写入党的决议。国务院于2015年颁布的《推进普惠金融发展规划（2016—2020年）》明确提出，"通过法律法规明确从事扶贫小额信贷业务的组织或机构的定位"。可惜的是，这些有关公益小额信贷组织的政策至今难以真正落实。2008年，银监会和中国人民银行正式联合发布《关于小额贷款公司试点的指导意见》，但是意见忽略了应考虑到的公益小贷组织扶贫的初衷，各省均将小额贷款公司设置了较高的注册门槛，将其当作普通放贷机构进行推动，而绝大多数公益小额信贷组织的资金根本达不到这个最低门槛，而且，如果加上税收，那么公益小贷组织则大大削弱其资金实力，甚至难以持续运营下去。而且，对这类专门扶弱扶贫的公益性小额信贷组织是十分不公正、不合理的。中国人民银行课题组2003年研究报告《中国小额信贷发展报告》原本希望把公益小额信贷机构改制为小额贷款公司的计划也因此遇到障碍。

然而，国务院和地方政府及有关政府部门对一些公益小贷组织有若干肯定性圈批指示，在不同程度上支持了一些公益小额信贷组织的生存和发展。例如，对中国社会科学院小额信贷项目试点，李鹏总理、李克强总理、姜春云副总理、陈俊生副总理、马凯副总理（时任国务院秘书长）、刘延东副总理等均有过肯定性圈批指示。1999年中国社会科学院向国务院办公厅、中国人民银行和国务院扶贫办呈报《关于建立中国社科院小额信贷扶贫科研试验基地的请示》，分别得到国务院办公厅、中国人民银行、国务院扶贫办的批准。国务院批复：同意按目前方式继续开展小额信贷扶贫试验，有关业务接受中国人民银行和有关政府部门的监督指导。

中和农信公司小额信贷得到李克强总理、马凯、汪洋、刘延东副总理等的圈批指示。国家税务总局批准其在农村地区开展的小额贷款享受税收免征待遇。

商务部就继续开展UNDP小额信贷试点问题给中国人民银行和国务院扶贫办去函，均得到对方支持。中国人民银行在回复中同意商务部交流中心开展的UNDP项目试点地区继续开展小额信贷业务。

重庆市开州区民丰互助合作会小额信贷获得重庆市市委、市政府的肯定，提出应在其他相关县推广。市和县相关政府部门及人行重庆分支发文响应。宁夏东方惠民小贷公司得到自治区党委主要负责人充分肯定，并是公益小额信贷组织第一家转制为小额贷款公司的机构。其他的一些公益小额信贷组织也不同程度地获得当地省市县政府的肯定和支持。

然而，遗憾的是，尽管包括我们在内的学者和一些有关部门负责人士不停地呼吁，可是，除了宁夏东方惠民小贷公司已有合法的小额贷款公司身份，其他的所有公益小额信贷组织从整体机构上至今都没有法规层面上的合法身份。例如，中和农信公司小额信贷在一些省区获得了当地金融办的批准注册为小额贷款公司，然而，虽然有国务院领导解决其法律地位的批示并经多次努力，中和农信公司却始终没有获得国家有关监管部门对其合法放贷机构资质和身份的批准。

再如，关于对公益小额信贷组织应予以专门政策法规的规定问题。中国人民银行2014年曾牵头银监会、中国社会科学院、国务院扶贫办四部委对社会科学院和中和农信小额信贷机构组织过专门调研，并将调研报告和建议提交国务院，其中的一条建议就是对这类非营利性小额放贷组织在《非存款类放贷组织条例》中进行专门规定。经李克强总理、马凯、刘延东等国务院领导同志圈批，国务院办公厅文件批复同意四部委报告的建议，并明确建议中国人民银行等有关部门在制定《非存款类放贷组织条例》时，要对此类机构做出专门规定。而且，经党中央批准，在2015年12月国务院颁布的《推进普惠金融发展规划（2016—2020年）》的"五、完善普惠金融法律法规体系"的"（二）确立各类普惠金融服务主体法律规范"中也提道："通过法律法规明确从事扶贫小额信贷业务的组织或机构的定位。"然而，法律地位的问题至今仍没有解决。我们认为，根据上述文件精神和我国小额信贷开展的实践，确有必要对非营利性小额放贷组织在政策法规上做出专门规定。

（原文载于杜晓山等著《中国非营利性小额信贷机构发展研究》，中国社会科学出版社2019年版）

从小额信贷到普惠金融的思考

2018年是我国借鉴国际规范开展现代小额信贷25年,以及党中央、国务院已经将发展普惠金融作为国家发展战略取得实质性重要进展并正处于力争尽快成为该领域国际领先者地位的关键时期。本文试图就我国小额信贷和现在的普惠金融的发展中的若干重要问题谈一点自己的看法和思考,以作为对这个有重要意义时刻的纪念和我国小额信贷和普惠金融进一步发展取得更大成就的祝愿。

一 对小额信贷、微型金融与普惠金融概念的理解及彼此关系

(一)对小额信贷、微型金融的理解

首先,对于小额信贷与微型金融是叫法的不同,还是两个不同的概念?对此,国内外都有争论。就笔者个人的理解,这两个中文的不同叫法,实际上都源于对英文 microcredit 和 microfinance 的理解和翻译。国际现代小额信贷起步于20世纪70年代。英文前者的中文直译是"微型贷款"或"微型信贷",而英文后者是"微型金融",金融的含义宽于贷款或信贷,因为它还包括保险、支付、汇款、租赁等多种内容,因此,这样看,后者的概念更宽泛,两者是有差异的。

不过,国际上有业内人士也常把两者相同或相似看待。例如,从1997年开始由世界银行扶贫协商小组(CGAP)组织召开每年一届、延续多年的国际(全球或分大洲)名为"Microcredit Summit"的小额信贷高峰会,讨论的议题就涵盖了存款、贷款、保险、汇款等微型金融方方面面的内容。笔者在本文就不再严格区分两者,而就用"小额信贷"一词宽泛地包含了微型金融的内容。

那怎么理解小额信贷或微型金融呢?笔者认为,至少有两个基本要

求。第一个要求：小额信贷要服务于传统银行和金融机构过去不愿或难以服务的弱势群体和低端客户。世界银行"扶贫协商小组"（CGAP）认为，小额信贷服务的客户群体应是除去最贫困的赤贫户外的各类贫困户和刚刚跨过贫困线的低收入以及中等收入群体。然而在现实中，客户群体的范围实际上被大大扩展了。换一个角度说，本文下面要讨论的普惠金融的服务对象是小微企业及城乡弱势和贫困群体、残疾人、老年人、妇女，其中普惠金融服务目标群体中的低端人群就是小额信贷应该覆盖的最弱势客户群体。

第二个要求，国际主流观点（CGAP 的兄弟网站 www.mix.com）认为，小额信贷诸多业务中的贷款业务是有额度界限的。它认为，就单笔贷款额度而言应在本国/本地区人均 GDP/GNI 的 2.5 倍以下。对像我国这样的经济发展程度差异大的大国，各地区应有不同的具体额度。

（二）对普惠金融概念的理解

普惠金融是从英文 Inclusive Finance 翻译过来的，国内也有人认为应翻译成包容性金融，也有人称其为小微金融。按笔者的理解，普惠金融的实质是全方位服务于传统金融过去不愿或难以服务的弱势群体且能实现金融供给方自身可持续发展的金融体系，它是对传统金融所谓"二八定律"（商业银行 80%的利润源于数量仅占 20%高端客户）的叛逆，重点服务于所谓的"长尾客户"。而且，它是由微观、中观和宏观层面组成的完整金融体系。

普惠金融是小额信贷/微型金融的发展和延伸。简言之，普惠金融＝小额信贷+小企业金融服务，即"微型+小型金融服务"。

普惠金融实践和理论的产生是合乎历史发展逻辑的，是对小额信贷扶贫实践和理论认识的提炼、深化和发展。从这个意义上讲，普惠性金融体系是对小额信贷理论和实践的新的更高层面的理论概括和发展。

普惠金融体系实际上是在总结小额信贷和微型金融发展经验的基础上将零散的小额信贷产品和服务方式发展成为金融整体发展战略一部分的"微型金融产业"内涵和外延的适度扩展，也就是构建一个系统性的小额信贷或微型金融及适度扩展服务对象的金融服务网络体系。

（三）我国小额信贷到普惠金融的发展阶段

无论国际或国内，普惠金融都是从实践到理论深化的过程。最初，被更广泛使用的是小额信贷/微型金融。在弱势群体得到小额信贷/微型金融资助,经济实力增强后,他们对金融服务的要求也在增强。联合国、世界银行和业内人士对小额信贷/微型金融的基本定义就不再够用了,这个概念随之被突破、发展及延伸,于是"普惠金融"形成。这本身既是个实践过程,也是一个理论界定过程。

以笔者的看法,国内普惠金融发展到目前,可以分作三个阶段。第一阶段是从1993年至1996年,主体是非正规金融系统的组织机构在运作。主要是国际援助力量、民间社会组织和我国部分政府系统试图解决农户特别是农村地区中低收入农户的小额信贷问题,这也算是中国现代小额信贷学习借鉴国外经验运营,或者就更大范围而言,普惠金融的起步阶段。

1997年到2005年进入第二阶段,中国人民银行和正规金融机构也作为主体加入,而且正规金融机构从此成为普惠金融的主力军。我国在1994年提出并实施"国家八七扶贫攻坚计划"。1997年,国家层面正式接纳了小额信贷/微型金融的理念,意图借鉴国内外经验开展扶贫小额信贷试验,政府大规模地在全国贫困地区以政府贴息、担保和农行本金进行对贫困农户的扶贫小额信贷。小额信贷/微型金融的理念在这个过程中被广泛接受了。2000年前后,中国人民银行发文要求农信社开展小额信贷业务。对农户进行信用评级并发放对应额度小额信贷以及格莱珉银行式的小组模式小额信贷被广泛实践。2005年,中国人民银行推出小额信贷公司试点,后来又和银监会共同推出了在全国推广小额信贷公司试点的指导意见。

2006年至今是第三阶段,中央政府和有关部门开始倡导和推动普惠金融发展。2005年,联合国正式提出"普惠金融"概念;2006年,中国人民银行课题组和小额信贷联盟联合翻译了联合国2005年"建设普惠金融体系"蓝皮书,标志着中国政府对其正式接纳。2012年时任国家主席胡锦涛在墨西哥举办的在二十国集团峰会上第一次在公开场合正式使用普惠金融概念。2013年习近平总书记主持中国共产党十八届三中全会通过的《中共中央关于全面深化改革若干重大问题的决定》正式提出"发展普惠金融。鼓励金融创新,丰富金融市场层次和产品"(第三部分第12条),此后,在我国普惠金融的理念、理论和实践得以快速倡导和发展。

二 对小额信贷进一步的讨论

（一）小额信贷的分类

对不同性质（指主要考察"是否扶贫"和"是否长期依赖补贴"这两方面）小额信贷的分类，笔者持以下观点：

无论中国还是世界，基本上可分为三类：一是福利主义（又称政策性）小额信贷，既服务于弱势群体又享受外部资助或补贴，但它不追求服务机构自身的可持续发展；二是公益性制度主义小额信贷，既服务于弱势群体，又追求机构自身自负盈亏和可持续发展；三是商业性小额信贷，服务可能高于前两者，但传统银行不愿或难以服务的群体，又追求机构自身高利润的小额信贷机构。

其实，小额信贷并非是什么新概念，古今中外皆莫能外，例如，我国的农信社，自成立之初，就为农户提供小额存贷款，但后来随着商业化目标的追求，逐渐远离弱势农户。现代规范意义上的小额信贷，起源于20世纪70年代，最早的有拉美的村银行（Village Bank）、孟加拉国乡村银行/格莱珉银行成立前的扶贫小额信贷试点等。乡村银行/格莱珉银行始终不忘初心、牢记使命，现在已发展成为世界上历史最长、最杰出、最大规模的公益性/非营利性可持续性发展的小额信贷的代表之一。而印度尼西亚国有股份制商业银行"人民银行农村信贷部"（BRI-UD）则是公认的商业性可持续小额信贷的代表之一。政府主导和补贴的小额信贷是福利型小额信贷。中国的各种组织机构开展的小额信贷实践，对上述几种分类都有所体现。

（二）我国不同组织机构开展的小额信贷服务

我国改革开放后不同的组织机构开展的小额信贷按设立或开展时间前后看大体有以下几种类型。

1. 社会组织（包括妇联系统）开展的公益性小额信贷

大体开始于20世纪90年代中前期，主要借鉴孟加拉乡村银行/格莱珉银行的贷款产品和服务方式。先后出现过约300个项目/组织，后来逐渐萎缩，但至今仍有一批不忘初心，实现保本微利和可持续发展的小额信贷组织，有的还在不断发展壮大。

2. 农行/农发行与国务院扶贫办系统合作开展的扶贫贴息小额信贷

比较大规模地开展从 1997 年起，服务于"八七"扶贫计划。贷款由政府贴息和担保。多采用小组联保方式运营。平均贷款为 1000—5000 元/笔不等。到 2000 年除个别省份外，项目在全国范围内基本结束。

2007 年起，农行回归"三农"业务，开展了"惠农卡"农户小额信贷业务，目前配合国家脱贫攻坚战，也开展扶贫小额信贷活动。

3. 农信社系统（包括农商行和农合行）开展的农户小额信贷项目

农信社历史上就有农户小额信贷活动，但变化多端。从 2000 年起，中国人民银行发文要求其规范开展小额信贷。自此，农信社及后来改制的农合行和农商行成为我国农村小额信贷的主体。主要有四类产品：小额信用贷款、联保贷款、抵押担保贷款、扶贫小额贴息担保贷款。

4. 城市商业银行+担保公司开展的小额信贷项目

2002 年起，中国人民银行要求在城市开展下岗工人小额担保贷款，现在已扩展到失业人员，并与人社和妇联、共青团等系统合作开展的小额信贷。一般来说，此项目由人社部系统与城市商业银行和担保公司合作开展，也有些地方由妇联、共青团等系统协作承担。

5. 只贷不存的小额信贷公司的小额信贷

自 2005 年，中国人民银行发起由民间资本筹集建立的只贷不存的小额信贷公司在中西部 5 个省份的 5 个县开展试点，自 2008 年起，推广到全国。现有 8000 多家，贷款余额 9000 多亿元，表现良莠不齐。

6. 村镇银行

2006 年年底，银监会公布了在 6 个省份开展村镇银行、贷款公司和农村资金互助社三类新金融机构试点。2008 年这三类新金融机构试点扩大到 31 个省份。村镇银行建于 2007 年，由发起银行控股，由它独资或与自然人、企业法人合股组建而成的股份制银行。其客户目标和操作方式及经营业务范围基本与农信社相似。从贷款的角度看，只有一部分额度低于一定额度（如不同省份 10 万—50 万元的），才可称为小额信贷。

7. 农村资金互助社和贫困村资金互助项目/组织

自 2007 年起银监会发起在 6 个省份试点，后推广到全国。现有 48

家银监会批准的机构还在运营。各地还有未经银监会批准的各类资金互助组织上千家。2006年开始由财政部和扶贫办系统开展贫困村资金互助项目/组织试点,以财政投入资金为主,共有50多亿元,曾在全国有2万多个贫困村开展,现在多数已经消失。

8. 邮政储蓄银行的小额信贷

2006年中央政府批准成立邮储银行,过去只开展邮政和储蓄业务。同年开始开展小额信贷试点工作。银监会2007年5月批准邮储银行可开展小额无抵押贷款,在陕西、河南等7省份开展试点,单一借款人的最高授信额度不得超过50万元。现在,全国开展。

9. 股份制商业银行

一些股份制商业银行开拓城乡小额信贷业务取得了显著成绩,突出的有国开行与世界银行等在2005年开始试点的12家城乡商业银行,如台州商行、包头商行、马鞍山农商行。国开行的12家试点具有高盈利性和高成长性的潜力,但其中多数机构已停止此项目。现在更多的商行在推广已属于普惠金融范畴的小微企业贷款业务。

10. 人对人(P2P)和金融科技企业

始于2006年,通过互联网电子信息平台和基层运作组织架构,将借款人的相关信息公布,出资人与借贷人建立借贷关系。最多时发展到五六千家,发展良莠不齐,现已萎缩到一千多家,目前还在整顿规范之中。现在有一些金融科技企业,如阿里、腾讯、京东在发展壮大。

11. 民营银行

近几年经银监会批准设立的十来家银行,其中有几家主要开展小额信贷业务。例如微众银行,平均单笔贷款额在几万元,发展很快,而且贷款质量远高于现有商业银行。

12. 民间借贷

既有邻里互助、正常利率借贷,也有高利贷借贷。长期以来延续不断的各式民间借贷活动一直存在和延续,表现良莠不齐。

各种类型的小额信贷都有长处和短处及其适用性,其中也混杂有非法集资和欺诈行为。福利主义小额信贷的长处是对弱势群体的即期优惠扶持十分清楚,但它可能的问题也是明显的。这种模式的缺陷主要是政府或援助机构支付成本高、效率低下、易由强势群体侵占利益、弱势群体增加依赖、易发设租寻租、难以可持续发展等。

因此,世界当今的小额信贷的主流已逐渐过渡到主张市场化运作和可持续发展的制度主义小额信贷。然而,往往是一种倾向掩盖另一种倾向,现在人们普遍热衷商业性制度主义小额信贷,却在有意无意地忽视公益性制度主义小额信贷,我国在实践和政策法规上存在类似的问题。

三 对普惠金融的进一步讨论

(一) 普惠金融具有三个特点、分为三个层次、面临三个挑战

三个特点。一是该金融体系应为包容性,合理、公平、正义地普遍惠及于一切需要金融服务的地区和社会群体,尤其能为易被传统金融体系所忽视的欠发达地区和弱势及贫困群体提供各种所需的、便捷的、具有合理价格的有效金融服务。二是一般应拥有健全治理结构、管理水平、具备财务和组织上可持续发展能力的金融供给机构。三是拥有多样化(包括一系列私营、非营利性及公共金融服务)的提供者。

三个层次。微观层面。普惠金融体系中的零售金融服务的提供者,它直接向穷人、低收入者和小微企业提供服务。这些微观层面的服务提供者应包括从民间借贷到商业金融机构以及位于它们之间的各种类型的供给方。

中观层面。这一层面包括基础性的金融设施和一系列的能使零售金融服务提供者实现降低交易成本、扩大服务规模和深度、提高技能、促进服务透明要求的中介者。这涵盖了很多的金融服务相关者和活动,例如审计师、评级机构、行业协会、征信机构、结算支付系统、信息技术、技术咨询服务、批发机构、培训机构,等等。这些服务实体也可以是跨国界的、地区性的或全球性组织。

宏观层面。如要使可持续性的小额信贷和普惠金融蓬勃繁荣发展,就必须有适宜的法规和政策框架。中国人民银行及其他金融监管当局、财政部和其他相关政府机构是主要的宏观层面的参与者。各级地方政府也是重要的参与者。

三个主要挑战。①为大规模的目标群体的金融需求扩展高质量的金融服务(规模);②不断地拓深更贫困和更偏远地区的客户群体(深度);③降低客户群体和金融服务提供者双方的成本(成本效益比)。最大的挑战也可概括为:如何实现社会业绩(目标群体受益)和经济

业绩（机构体系可持续发展）双重最佳。

（二）我国普惠金融，尤其是农村普惠金融发展的基本成绩与弱点

2015年年底国务院颁布的《推进普惠金融发展规划（2016—2020年）》对在我国发展普惠金融的方方面面都有了迄今为止最权威的全面表述和要求。我国政府在2016年杭州G20峰会上又专门就数字普惠金融高级原则做了倡导和阐述。在具体实践中，多年来我国已涌现出不少有创新意义的案例。笔者认为，正确地理解普惠金融，需要清楚它是一个完整的普惠金融体系，它有上述多方面的要求和特征，但结合我国推行普惠金融工作中出现的问题实际，但至少应记住两条最基本和本质性的要求和特征，一是它的主要金融服务对象是小微企业、城市弱势群体、农民、贫困人群、老年人、残疾人，需有效解决服务他们的覆盖面、可获性、满意度问题。二是金融服务供给方自身能保本微利和可持续发展。

经过各方的共同努力，我国目前普惠金融发展取得显著成就，已呈现出服务主体多元、服务覆盖面较广、移动互联网支付使用率较高的特点，人均持有银行账户（存款）数量、银行网点密度等基础金融服务水平已达到国际中上游水平，移动支付技术处于先进水平。金融科技产业蓬勃发展，不仅为金融服务不足群体提供了获取金融服务的途径，也促使传统金融服务提供者积极探索数字驱动的商业模式。这些是十分喜人的成绩，我们应继续努力，巩固成果，更上一层楼。

同时，我们也应十分清醒地认识到我国普惠金融发展仍面临诸多问题与挑战：对普惠金融的认识仍有诸多的差异和误区，普惠金融服务地区和机构发展不平衡、不充分，小微企业和弱势群体融资难、融资贵的问题突出，金融资源向经济发达地区、城市地区集中的特征明显；农村金融仍是我国金融体系中最薄弱的环节；普惠金融宏观、中观和微观体系不健全，金融法律法规体系仍不完善，金融基础设施建设有待加强；"数字鸿沟"问题凸显；普惠金融的商业可持续性有待提高等问题。这些短板应是今后力争提高我国普惠金融发展水平的主攻方向和重点。我们还要特别关注低收入和贫困群体的覆盖率和服务深度不足这一短板问题的解决。

我国普惠金融的发展使命任重而道远。针对上述问题与挑战，笔者

就其中几点谈些看法。

（三）在理论和实践上防范两种倾向，注意普惠金融中的"道"与"术"、逐利与弘义的平衡与统一

笔者认同中国人民银行副行长潘功胜所言（人民论坛网，2015年3月16日），微型金融、普惠金融要在政府政策支持的基础上进行市场化操作，走保本微利的可持续发展之路。当然，就笔者所知，不少人对"保本微利"的提法不赞成。

对普惠金融而言，走保本微利的可持续发展之路，既不主张长期依赖补贴式的福利性金融，又不主张商业利润最大化式的金融，而是要兼顾金融供求双方利益的平衡，金融供给方兼顾自身的经济效益和社会效益间的平衡，也是逐利性和弘义性之间的平衡、"道"与"术"的平衡。"道"是指情怀、使命或价值观，而"术"是指所具备的专业技能和风控手段。这两对平衡对立统一、相辅相成。

（1）对偏颇的"理性经济人"理论的批判是有重要现实意义的。在我国的现实经济领域，无论对政府和监管当局，还是商业性企业，或是教学和学术研究界，以至社会公众和媒体，都应该进行认识、理念和理论上的梳理或纠偏，不应再像过去人们经常看到的现象那样，把商业企业追求利润最大化，而忽视社会责任和道德视为理所当然、无可非议、天经地义的。

西方经济学"理性经济人"的理论假设是有局限性的，尤其与普惠金融理论不相容。西方经济学理论的"理性经济人"假设（"完全自私经济人假设"）是很多企业追求利润最大化的理论支撑。但是，这个假设受到有识之士的质疑。除了孟加拉国乡村银行创始人尤努斯教授对经济学中"理性经济人"假设做出了深刻的批判之外，国内外其他经济学家也有类似的深刻分析。阿玛蒂亚·森认为，发展是人的发展，"经济学应该关注现实的人"，具体说是现实人的自由；理性经济人像"跛脚的驴"。

我国学界也有不少的专家学者已对"理性经济人"理论的偏颇予以了批驳。例如学者程恩富（《中国社会科学》2007年第1期）提出了"利己和利他经济人假设"的基本命题。认为依据人类实践和问题导向，并受马克思的思想启迪，必须确立一种新"经济人"假说和理

论,即"利己和利他经济人假设"(或称"己他双性经济人假设"),其方法论和哲学基础是整体主义、唯物主义和现实主义的。

(2)普惠金融的特性之一是发展的可持续性,而运用特惠金融的手段不具可持续性。我国目前主要是靠用依赖补贴式的特惠金融的手段来弥补普惠金融最底端客户即贫困群体金融服务不足的缺陷。在特定的空间时间,针对特定的政策目标和服务群体,运用特惠金融的方式是必要的、可行的,但它本身有固有的缺陷,例如财政压力大,效率效益低,不可持续,易产生穷人的"等、靠、要",易造成目标群体偏移,易引发寻租腐败等。

普惠金融的运作机制恰恰可以避免这些缺陷,但真正能做好普惠金融服务深度的工作,却绝非易事,需要从宏观、中观、微观三个层面统筹协调地系统地解决相关问题。不过,孟加拉国乡村银行/格莱珉银行的经验(政府政策支持和入股以及贫困客户作为股东的主体参与决策和管理的合作银行)是我们可以借鉴的一个榜样。我们这样的社会主义制度国家,完全应该诞生出我们自己的"乡村银行",更好地以金融服务于扶贫脱贫攻坚重任,而且从长远的视角,为共享经济、共同富裕做贡献。

(四)只增加农村中小金融机构以及鼓励竞争的方式不能解决普惠金融发展的痛点、难点

现在有人说金融支农不够,主要是我们农村中小金融机构少,因此对策应是增加中小涉农金融机构,增加竞争,这样就可以提供普惠金融服务了。目前我们的政策上也是采取这种办法,即增设中小涉农金融机构,增加机构竞争,这从逻辑和实践上似乎是有一定道理。普惠金融服务对象是弱势群体,因为竞争加剧了,金融机构的服务对象只好往下、往过去没有或少有服务的低端客户走。但是实际上,基本上可以说这种设想并不能达到服务低需求的目的。

从笔者个人的观察,目前在农村金融市场,在金融机构类型供给侧结构性改革上有重要缺陷。现在鼓励设立发展的全是商业性金融机构(包括农信社的农商行改革方向),它们都有尽量追求利润和做大贷款的冲动和目标,因此,在支持普惠金融,尤其是普惠金融的低端客户上,效果不理想,看来也不愿意和不可能服务普惠金融的低端客户。据

汪小亚的报告（2018年7月7日《中华合作时报》农村金融论坛），2017年年底农信社系统（含农信社907家、农商行1262家、农合行33家）的涉农贷款比例为60%，相比2007年年末下降6.49个百分点，未改变总体下降的趋势。她提到，据中国人民银行出版的《中国农村金融服务报告》：近年来农商行数量虽然不断在增加，但支农的力度和质量却有所下降。刘克崮认为（2018年8月5日首届中国普惠金融创新发展峰会）应减少使用"三农""涉农"等过于宽泛的概念，多使用"贫困农户""普通农户"等精准概念，现在许多高速公路、电厂装在"涉农""三农"统计中。

从理论和现实来看，上述做法不能解决可持续发展的方法，实现服务普惠金融的中低端客户金融需求的政策和社会目标。我们不排除有情怀、有社会责任的商业金融机构在响应党中央号召，帮助推动普惠金融的发展，但即便如此，它们也很难以普惠金融可持续发展的理念和要求惠及普惠金融客户中的中低端群体。他们至今为止主要依赖政府财政补贴的特惠金融来做此项工作，而不是用普惠金融的理念和实践来做。

解决这个问题当然是一项系统工程，包括建立征信、支付、信息化，监管货币政策、财税政策一系列措施和手段，但是在这里提两点笔者认为应该解决的，而现在可能不被那么重视的问题。

（1）对带有社会企业性质的公益性或非营利性的金融组织和合作金融组织，应从政策上倡导、鼓励和规范发展。这两类可能是我们应该在供给侧结构性改革过程中要补上短板的重要环节。现在从政策上并没有看到在这方面有明显的作为和成效。

例如，从2006年起，在贫困地区鼓励发展贫困村资金互助项目，贫困村资金互助项目/社是财政部和国务院扶贫办及地方政府拿出了近50亿元，在1.2万个贫困村开展，但到现在还生存多少不知道，没有看到任何统计数字。我们看到的是很多地方这个项目和机构早已不复存在。这就是拿国家和人民的钱不当钱，随便做做而已，停了散了无所谓。这是对国家和人民不负责任，有关部门和地方政府没有担当，没有责任心，也没人管。

再例如中和农信、重庆开县民丰互助合作会、陕西西乡妇女发展协会，在浙江和其他一些省规范的"三位一体"的合作社，部分的甘肃、宁夏、陕西的贫困村资金互助社等。这些组织是这两类机构里相对做得好的典范，但是它们至今却没有受到足够的重视和制度性支持，甚至连合法地位都没有，更不要说融资来源了。

因为社会企业类组织，即合作性金融和非营利性金融组织的工作宗旨和目标是不追求利润，而是保本微利和可持续地为社员的权益服务和为中低收入农户提供金融服务，所以，从体制、制度和"道"的层面，相对于商业金融机构，它们开展普惠金融是自觉自愿、有优势的，有特殊作用的。而一般商业金融在这方面是有缺陷的，所以笔者主张机构多元化发展。而我们这方面的多元没有实现。政府更需要出台政策，鼓励和支持有"道"的人或机构更积极地参与普惠金融的推动工作中来。

当然，这些合作性金融和非营利性金融组织自身要始终注意的是不忘初心、牢记使命，规范发展以及不断提高运营管理能力和水平。《推进普惠金融发展规划（2016—2020年）》明确提出，"通过法律法规明确从事扶贫小额信贷业务的组织或机构的定位"。这类组织机构中，笔者认为一些表现比较好的现在在政策法规上就应宣传、鼓励并予以制度性稳定性支持。

（2）对商业性金融机构怎么解决"支农支小"问题呢？解决的办法主要应该在政府和监管当局的政策法规上，要发挥"指挥棒"和风向标的作用。

对商业性金融机构怎么解决支农支小难的问题，笔者认为应改变考评标准和办法。现在对它们的考核主要是业务指标，或者财务绩效指标，相应地给予评定和奖惩。应该改为同时考核它们的业务绩效和社会绩效，在理论上要拨乱反正，要指明，追求利润最大化的理论是有局限性的，这种理论只是美英经济学理论，不应该作为主流理论，同是西方发达经济体的德国就不认同这种理论。在实践中，我们应增加考核评价普惠金融所要求的覆盖率、可得性和满意度等问题的指标体系，监督跟踪体系、评价体系、奖惩体系。

如果能把现在这样以考核财务绩效为主的"指挥棒"改变成考核评价普惠金融所要求的覆盖率、可得性和满意度等要求，也可以说同时考核业务绩效和社会绩效的指标体系的"指挥棒"，商业机构也就不得不改变它们现在脱农,追求高利润,追求大项目,追求往城里发展的冲动,我认为这是我们政策导向上的问题。

(五)注意解决数字普惠金融的"数字鸿沟"问题

在充分肯定我国当前金融科技在提高效率、降低成本、提升精准度等方面,对于普惠金融有重大推动作用的同时,要关注和解决现存的"数字鸿沟"问题。我国数字普惠金融的发展确实很快,但我们必须同时关注和缓解已有的,并且可能进一步扩大的"数字鸿沟"的问题。弱势群体缺乏数字技术的知识和技能,可能与金融数据化时代和主流社会的差距越来越大。目前,科技发展对普惠金融的贯彻有一定的局限性,包括数字鸿沟依然存在,在中国贫困和偏远的农村,依然有一群人并不拥有任何数字设备,哪怕是一部几百元的智能手机,而他们可能在强调数字金融的当下,被整体忽略。

中西部农村,中老年群体年龄段,数字化的程度低。缺少互联网宽带(一项大学调查西部若干省样本贫困户宽带入户率为零)、计算机设备,智能手机的普及率不充分,这是硬件方面的问题;从软件的角度,农民对数字化金融的认识、知识、技能、掌控,尤其是年龄超出20世纪八九十年代出生的群体以外的农村群体能否适应,仍有较大的差异。欠发达地区农村软件硬件设备不行,尤其是中西部贫困地区,这方面差得很远。

即使在东部地区的浙江,台州银行行长黄军民表示(《21世纪经济报道》2017年3月21日):"从目前来看,互联网大数据并不能完全解决小微企业的风控问题,尤其在农村金融领域,农民对先进工具的使用能力相对较弱,我们把网点开到乡镇甚至村里去,上门教他们使用,普及金融知识,这个他们更能接受。而对纯线上的接受程度更弱。我们认为线下网点加线上系统工具,能更好满足农民的需求。"

(原文载于杜晓山、刘文璞主编《从小额信贷到普惠金融——中国小额信贷发展二十五周年回顾与展望纪念文集》中国社会科学出版2018年版)

参考文献

程恩富：《现代马克思主义政治经济学的四大理论假设》，《中国社会科学》2007年第1期。

默罕默德·尤努斯等：《企业的未来——构建社会企业的创想》，中信出版社2011年版，第1页。

人民论坛网：《中国人民银行副行长潘功胜谈普惠金融的几个误区》，2015年3月16日。

杜晓山：《发展农村普惠金融的思路和对策》，载《中国农村金融发展报告2014》，中国发展出版社2014年版，第12页。

杜晓山：《普惠金融理论与实践的困惑和探究：驱利性VS弘义性》，《金融时报》2015年8月24日。

杜晓山：《注意发展两类扶贫金融类组织　缓解商业金融扶贫困境》，《金融时报》2017年1月5日。

黄军民：《大数据不能完全解决小微风控问题》，《21世纪经济报道》2017年3月21日。

刘克崮：《建立多层次中国普惠金融体系》，人民网—财经频道，2018年8月5日。

冯燕：《五措并举推进普惠金融再上新台阶》，人民网，2018年8月5日。

马绍刚：《中国普惠金融创新与发展峰会发言》，人民网，2018年8月5日。

谈谈小额信贷的类型和利率

对小额信贷的理解，不同的人有很大的差异。在我国，2000年前谈小额信贷的人很少，只有一些涉及扶贫贷款的人和机构才会谈论它。2000年后，随着中央政府对小额信贷关注度的提高，及相关部门出台了不少涉及此方面的政策法规，再加上孟加拉国"乡村银行"和其创始人尤努斯教授获得2006年诺贝尔和平奖，小额信贷逐步为越来越多的人所知晓和谈论，搞小额信贷似乎成了时髦，很多人和机构还都自称在开展小额信贷。因此，有必要对小额信贷的一些基本性的问题做些探讨或澄清，以供大家做进一步的思考和讨论。

一 小额信贷是否有额度的规定

笔者根据自己的观察和理解认为，小额信贷除了人们经常提到的提供小额存、贷、汇、保险等各种金融服务的特征和含义外，至少要强调小额信贷的应有之义还包括两点：①帮助传统金融机构不愿或不能提供金融服务的弱势群体；这一点是当代小额信贷之所以产生的原因，也是它最初的出发点和落脚点。②按目前世界银行有关教科书的标准或业内主流观点认为，从贷款的角度，即小额贷款的放贷额度应不高于本国或本地区人均GDP的2.5倍。如果我们考虑到现实而再放宽些标准，则是不超过人均GDP高一点的倍数（如5倍以内）。

我们可以举例说明。关于服务于弱势群体，我们如果把人群分为富裕、中等和贫困三类，那么小额信贷服务的应是后两类，当然还可以做进一步细致的划分。关于放贷额度，以我国为例，现在我国人均GDP大约3000美元，大体折合为2万元人民币，暂且把这一数据看成代表了我国中部地区目前的发展水平。如果以不超过人均GDP为标准，则在我国中部地区，小额信贷的单笔发放额度就不能超过 2 万元。如果以不超过人均 GDP 的 5 倍计，则大体为 10 万元人民币。那么，当前在我国中部地区，大约 10 万元应该是单笔小额信贷的上限。实际上，人们对此的争论很多，而且，商业金融机构发放的被称为"小额贷款"的贷款，往往大于这一额度，有的甚至远远大于此的贷款也被称为"小额贷款"。但是，严格地说，超过当地人均 GDP 一定倍数的贷款，不能称为小额信贷，而只能称为小企业贷款。当然，有人不同意笔者举例提出的 5 倍，可能争论说应 10 倍，或说只要相对银行贷款而言，额度较小的贷款，就可以称小额信贷。对这些观点，当然可以讨论，但是笔者不表赞同，因为这样看，似乎不够严谨和科学，随意性太大，而且在实践中也难以界定和规范。

小额贷款与小企业贷款或中小企业贷款是有区别的。当然，在我国信贷服务中，它们都是"短板"，都是急需加强的。例如就像银监会把对资产在 1000 万元以下，或年销售额在 3000 万元以下的企业，发放 500 万元以下的贷款，称为小企业贷款。也有称 500 万元以上 2000 万元以下的贷款为中型企业贷款。这些贷款是国家政策鼓励的小企业贷款和中小企业贷款，是十分重要的、有益的，但与小额信贷是两回事，它们的市场客户主体不同，不能混为一谈。小企业贷款实际上属于普惠金融的范畴。

因此，实际上我们讨论的问题涉及四个概念：小额贷款、小额信贷、普惠金融体系、金融体系。对小额贷款（microcredit），上述的讨论已讲清楚了。对小额信贷（microfinance），也称微型金融，它不只是贷款或银行业务，而是提供小额存、贷、汇、保险等各种金融服务的含义。对普惠金融体系（inclusive financial systems），它是小额信贷的发展和延伸，除了小额信贷的业务外，还包括对小企业的金融服务。而且，作为一个"体系"，除了微观层面的零售金融服务外，还包括中观层面（金融基础设施和中介机构）和宏观层面（政府政策法规）的支持完善。而金融体系（financial system）则是就一国一个地区的整个金融服务的制度、市场、机构等的总体而言的。它涵盖了前三者，而前三者则是它的一小部分，然而却是不可或缺的重要的有机组成部分。

二　小额信贷机构性质的分类

对不同性质（主要考察"是否扶贫"和"是否长期依赖补贴"这两方面）小额信贷的分类，笔者持以下观点。世界，包括中国在内的小额信贷基本上分为两大类：福利主义小额信贷和制度主义小额信贷。前者是基于较为传统的理念，即穷人应给予低利率贷款资金的补贴和扶持，也可称"输血式"小额信贷。后者则是目前国际的主流观点，主张以商业化运作方式（保障自身的收入大于支出）提供信贷服务，也称为"造血式"小额信贷。

笔者认为，福利主义小额信贷是一种传统的农村金融服务模式或此模式的变异，其规范的要求是追求贷款资金应有效地直接借贷于穷人（而不是贷款给企业，再由企业雇佣穷人），但它不追求服务机构自身的可持续发展。制度主义小额信贷是当今世界的主流流派，它要求共同实现两个目标：较大规模地服务于目标客户群体，同时也实现服务机构自身在组织和财务上的可持续发展。

值得注意而人们却往往忽视或容易混淆的是，制度性小额信贷又可再分为两个分支：公益性和商业性的机构。公益性制度主义小额信贷以服务穷人为目标客户。商业性制度主义小额信贷则服务于更宽泛的目标群体，包括企业在内，而且以追求利润为主要或重要目标。孟加拉国"乡村银行"（Grameen Bank）是世界上历史最长、最杰出和规模最大的公益性可持续性发展的小额信贷的代表之一。印度尼西亚国有股份制商业银行"人民银行"的"农村信贷部"（BRI-UD）、玻利维亚"团结银行"（BancoSol）等是国际公认的商业性可持续小额信贷的代表。

当然，还可以有另一种分法，即大类可分成公益性小额信贷和商业性小额信贷，而公益性小额信贷又可以分为福利主义的和制度主义的两个分支。这种划分实际上是上述第一种划分的重组，两种划分没有本质的区分。公益性小额信贷的宗旨是扶贫，其中，福利主义依靠补贴，而制度主义要求自负盈亏。商业性小额信贷也就是上述的商业性制度主义小额信贷，它没有扶贫的使命，服务的客户群体更广泛，并以追求利润尽可能多或最大化为目标。

各种类型的小额信贷都有长处和短处，福利主义小额信贷的长处是对弱势群体的即期优惠扶持十分清楚，传统上也易为人们所理解和穷人所接受。但它可能的问题也是明显的。这种模式的缺陷主要是政府支付成本高；效率低下；强势群体侵占利益；弱势群体增加依赖；易发设租寻租；难以可持续发展，因此难以长期有效支持扶贫；等等。因此，世界当今的小额信贷的主流已逐渐过渡到制度主义小额信贷。但是，往往是一种倾向掩盖另一种倾向，在现在人们普遍热衷商业性制度主义小额信贷时，却在有意无意地忽视公益性制度主义小额信贷。如何关注和真正支持公益性制度主义小额信贷的生存环境和健康发展，尤其在我国的现在，是一个需要大力呼吁、倡导和解决的突出问题。

在这里，我们重点讨论一下制度主义小额信贷的相关问题。制度主义小额信贷要争取自身的收支平衡或较高收入和可持续发展，从技术层面考虑，可采取的多种方法中，提高利率是最有效、最直接的手段。以追求利润为主的商业性小额信贷公司，即使排除发放的实际是小企业贷款外，往往也追求尽量放大额和高利率的贷款，以争取高收入、高利润，它们的目标群体一般锁定在中上社会群体。但是公益性制度主义小额信贷以服务穷人为目标客户，并不以利润最大化为目的，是否也应该是高利率呢？

国外目前有一种十分强大的舆论或理论，为小额信贷机构的高利率（指高于我国目前规定的基准贷款利率4倍以上的利率），如40%以上，甚至70%以上的年利率辩护（据笔者的观察，我国目前这种情况还不突出）。对此，即使国际小额信贷行业内也有激烈的争论。主张这种类似高利贷做法的人认为，征收较高的利率能帮助小额信贷机构尽快实现自负盈亏，可帮助更多的人，认为高利率还使机构在全球金融市场更有竞争力，从而吸引更多的投资者，使小额信贷机构将业务扩张到全球的穷人。而且，认为高利率能带来大额贷款，从而创建较大的企业，可以为更多的穷人创造就业机会，等等。

近期印度小额信贷，尤其在其发展最兴旺的安德拉邦（占全国28个邦小额信贷份额的30%以上），出现了重大危机。就笔者知道的信息进行判断，最大的动因是机构追求股东和管理层的高回报，实行高利率高利润率做法，损害弱势借款人的权益并造成较严重的后果，政府和外部强行不当干预，形成"多输"的局面。印度安德拉邦的小额信贷集中度太高，客户过度负债，利率偏高，股东和管理层和投资人收益偏高，外部的负面压力大，机构的能力建设跟不上贷款规模扩展的速度等，都是出问题的原因。对印度小额信贷危机，我们应该继续进行跟踪了解和分析，以正确总结出经验教训。

以尤努斯为代表的"穷人小额信贷"流派则坚决反对高利贷的做法。他不认同当年墨西哥名为 COMPARTAMOS 的小额信贷机构和当前印度 SKS 等机构高利率的做法。他认为小额信贷应关注贫困，无须抵押、利率不应太高（孟加拉国乡村银行的一般存款和贷款率分别为12%和20%）。尤努斯身体力行的是公益性制度主义的小额信贷，而且还倡导"社会企业"的理念和实践。他说："请从中产阶级消费者那里获取利润！如有可能，请充分利用你的金融地位优势！但不要把同样的思想应用在穷人身上……如果他们脱贫了，就像对待普通顾客一样对待他们，但在这之前请不要这样。"他表示，像很多小额信贷同行一样，他也深信小额信贷的模式有很多种，只有在这些模式都进行试验后才能获得最大的成功，并知道哪些模式有用，哪些没用。只要我们有着共同的目标——穷人通过自身努力实现脱贫，就一定能够找到很多合作和相互支持的平台[①]。当然，国际上对如何看小额信贷的商业化问题争论依然激烈，分歧依然很大，而且，还有不少人没有决定支持这场争论双方的哪一方。

三 公益性制度主义小额信贷的利率及应注意的问题

笔者认为，扶贫公益性制度主义小额信贷既不同于长期享用补贴式的低利率的福利主义模式的理念，也反对一味地高利率的纯商业目的（以利润最大化为目标）的做法，因为你针对的和想要帮助的是中低收入和贫困群体。不要把自己混同于目前我们国内正在推行的一般的商业小额信贷公司（当然鼓励这种公司的发展是十分必要的），这两者的宗旨目标是不一样的。扶贫公益性制度主义小额信贷实行的应是能够覆盖机构自身成本和适当利润的利率，以可扩大再生产。一方面，它不能采用补贴式的低利率运作；另一方面，它的任务是遏制和替代高利贷，而

---

① 有兴趣的读者可以参见 www.microfinanceforum.org 上的 "Report on the debate between Muhammad Yunus and Michael Chu organized by the World Microfinance Forum Geneva on the occasion of its 1st International Symposium, 1-2 October 2008"（英文版）。

不是产生和实施高利贷。它的贷款利率应介于两者之间，并努力提高效率、降低成本，在可能的条件下更多地让利于客户。其实在这方面，政府可以有很大的作为。

公益性制度主义小额信贷肩负着光荣神圣而又艰巨的使命。它要以服务于广大中低收入和贫困群体为使命，并使他们获取尽可能多的经济和社会效益，同时为了能长久持续地为这些群体服务，它自身也要做到组织和财务上的可持续发展。利率政策是它能否健康运行的重要因素之一。因此，观察和评论一个小额信贷机构时，同时考核它的经济财务指标和社会发展（或社会使命）指标，就能得到一个比较完整的形象，就能得出一个比较全面的结论。

我们期待政府和社会能更多地关注和支持公益性制度主义小额信贷的发展。因为迄今为止，相对于福利主义小额信贷和商业性制度主义小额信贷，它仍然没有得到政府具体的政策法规的支持，它缺少合法地位，没有稳定的制度性融资来源，也缺乏能力建设的培训支援。支持公益性制度主义小额信贷的发展是构建和谐社会的重要手段之一。当然，公益性制度主义小额信贷机构自身一定要争气、要做到名副其实。

从目前的情况看，我们应该在现有政策基础上，一方面继续坚定不移地推动小额信贷发展，防止出现对小额信贷的误解和健康发展势头的逆转；另一方面注意发展的节奏，突出"稳步"和"健康"的原则，注意行业发展的健康和监管的有效。

当前，我们特别应注意小额信贷发展的"两个"均衡性。一要均衡发展商业性小额信贷和公益性小额信贷，加大对公益性制度主义小额信贷这一"短板"的支持力度，以利于推动普惠金融体系的健全发展。二要均衡注意小额信贷机构的财务绩效和社会绩效。衡量和评价任何一个小额信贷机构，必须有两个底线，即财务绩效和社会绩效两个标准。

（原文载于《江苏银行业》2010年第6期）

应加快我国公益性可持续小额信贷组织的推行

2004—2007年四个中央一号文件对农村金融改革和发展提出了全面、概括的要求，同时对小额信贷的发展也有明确的指向，鼓励大力推动，试行多种模式，保证健康发展。2006年的中央一号文件还特别提出有关部门应尽快制定小额信贷机构的具体管理办法，不过，至今有关政策条规仍未出台。笔者在此重点就民营半民营可持续发展的扶贫（公益性）小额信贷的政策谈些意见。

自1994年以来，中国社会科学院等一批扶贫小额信贷项目在我国已有十多年的实践经历，也积累了一定的经验教训。这里所说的民间或半政府机构是指那些从组织形态上看，属半政府性质或民间性质的机构。这类机构专向中低收入群体和贫困户（多数为妇女）提供小额信贷服务。它们利用社会筹资，其中主要是国（海）外机构和人士的捐助，开展只发放贷款不吸收社会存款的小额信贷扶贫活动。它们大体覆盖了二三百个国（省）定贫困县，资金总额十多个亿。这些项目从信贷规模看，以县为单位，有的已达五六百万元以上，有的仅十几万元。从运营方式看，主要是效仿或借鉴著名的孟加拉国乡村银行（GB）等模式，实行小组或联保小组方式，也有的项目直接给个人贷款。典型的小组方法是：社员自愿组成4—7人小组（直系亲属不得在同一组内），几个小组再组建一个中心，民主选出组长和中心主任，小组成员间要互相帮助和监督。每笔信用贷款额在几百元到几千元。贷款期限一般为3—12个月；有分期还款者，也有一次性还款者；分期还款的还款频率不等。贷款利率一般为6%—20%。从管理水平上看，有的已建立比较完善的运作管理制度，有的则很粗放。从项目的经营模式看，多数为借鉴国外小额信贷主流规范模式，开展以扶贫为目标的单一信贷业务，有的则是把小额信贷作为社区发展综合项目的一部分。从经营业绩上看，有的运营资产质量和自负盈亏状况较好，多数一般化，有的则较差。然而，它们的共同和突出特点是扶贫的社会效益较为显著，它们中的多数也在探索可持续发展之路。

目前我国中低收入和贫困农户普遍缺乏贷款服务（没有金融机构和只有一个金融机构的乡镇还有一万多个），而农信社、中国人民银行目前正在5个省份进行的商业化小额信贷公司的试点和银监会新出台的"村镇银行"等政策一般不服务贫困户，解决不了这方面的问题，而这些民间或半政府机构基本都设立在国定和省定贫困县，可以弥补这方面的缺陷。而且它们的存在，既有利于推动农村农户信贷服务市场竞争局面的形成，也有利于抑制民间高利贷活动。

我国小额信贷机构是否可持续发展，主要有两方面的因素：一个是小额信贷机构自身业务水平和能力建设，另一个是宏观政策环境。而目前这两方面都有程度不同的欠缺。只有对现有和将来建立的小额信贷机构进行更加有效的内外部管理和适宜的政策支持，才能促进其健康发展。当前妨碍民营扶贫小额信贷健康发展的政策环境主要是机构缺乏合法身份和适宜的地位，以及没有融资渠道，因此很难扩大规模和可持续发展。可以预见，只要政策适宜，扶贫可持续发展的小额信贷组织一定会如雨后春笋般地健康成长起来。

无论从理论还是实践上看，对这类不吸收社会存款的扶贫民间或半政府小额信贷机构，现在都已具备了给予适当定位和合法身份的条件和时机。有了政府适当的鼓励政策，将肯定会吸引更多的国内外机构、人士和资金投入这类扶贫小额信贷活动的行列中来。这将是一项利国利民又基本无社会和金融风险的好政策。

应该说在实际推行小额信贷的工作中，由于担心20世纪90年代"农村合作基金会"教训的重演，有关方面对小额信贷的认识在思想上不统一，在行动上似谨慎有余、放活不够。其实，大家应注意这样一个基本的事实，这就是自90年代早期以来，全国已先后存在过300多家非政府半政府小额信贷扶贫项目，估计现存的还有100多家，但可以说几乎没有一家发生过像"农村合作基金会"那样高息吸储高息放贷的违规违法现象。也就是说，现有的这些扶贫小额信贷机构，为贫困和中低收入弱势群体获得贷款服务，基本上都在真心实意、艰苦努力地工作着，尽管它们的资金和能力十分有限。

推动我国小额信贷发展的政策建议。中央关于创建和谐社会的战略要求和孟加拉国乡村银行扶贫小额信贷的成功经验以及我国公益性小额信贷10多年的试点实践，应成为推动我国可持续的扶贫小额信贷发展的有利条件及现实要求。建议中央有关部门（中国人民银行、银监会和财政部等），或者在中央有关部门的授权下，各省有关部门尽快出台有利于推动我国小额信贷发展的政策。应提倡不同地区不同类型的机构试点，鼓励适度竞争，并切实实施奖优罚劣的政策措施，形成有效的正向激励机制。以下建议不一定周全，但可以作为进一步讨论的基础。

一　原则性建议

目前，如要推动扶贫小额信贷机构，或称公益性可持续发展的小额信贷（实际上村级农民资金互助组织也是小额信贷的一种形式）的健康大规模发展，从政府宏观政策层面，以笔者之见应主要解决的问题是：第一，针对微观层面的瓶颈：出台相应的鼓励小额信贷机构健康发展的政策，例如制定暂行管理条例，给予它们合法身份和适宜的地位。第二，针对中观层面的瓶颈：①为规范合格的零售小额信贷机构疏通适宜的融资渠道和资金支持。利用国外和财政与金融资金，建立专门为之服务的批发基金组织，例如像孟加拉国的批发小额信贷机构PKSF，或将此基金设在政策性银行，由它（或它们）发放、管理和监督。②提供改善机构管理、提高人员素质的技术支持和培训机会或资金。③鼓励建立促使小额信贷机构健康发展的行业自律组织，例如，健全现已自发组建成的"小额信贷发展促进网络"，同时这类机构还可以作为监管部门的助手。第三，针对宏观层面的瓶颈：组建适宜的精干的非审慎监管机构。总之，国家应用多种方法帮助可持续性扶贫小额信贷的健康发展，因为扶贫小额信贷的发展对创建和谐社会是不可缺少的组成部分。

如果金融监管部门认为此类扶贫小额信贷组织不应由它们考虑和管理，建议中央和国务院从国家财政扶贫资金（每年约150亿元）中先切出1亿—2亿元做个试验。将此款借贷给一些实践证明运作良好的扶贫小额信贷机构或补充它们的资本金。如果成功，国家财政扶贫资金可高效率地周转使用，同时也救活了机构（或帮助建立更多的机构）和扶持了更多的贫困农户，形成了多赢的良性循环局面。

二　具体建议

除了以上原则性建议外，还有以下具体建议。

第一，对于那些有一定规模和实力、经营历史达到一定年限（如五年以上）并有优良业绩的机构，应给予一定金融业务的合法经营权，并在中国人民银行和银监会的指导下，通过行业自律的方式加以监管。根据各机构的经营状况，可允许其在发放贷款基础上具有以下经营权。

其一，利用这类机构普遍实行的会（成）员制度，在会（成）员范围内开展合作信贷性质的储蓄业务，并加以会（成）员存款额不高于贷款余额75%的限制，并建立完善的准备金制度。

其二，允许其以公平竞争，例如招投标方式，利用批发基金、中国人民银行政策性再贷款和商业银行的转贷资金开展小额信贷业务；允许其接受其他政策性银行或商业银行的委托开展小额信贷业务；允许其接受和利用境内外金融机构的低息贷款开展小额信贷业务，或与之合作开展小额信贷业务。

其三，允许其在工商或民政注册。申请上述经营权的小额信贷机构应该至少具备以下基本条件。一是具有至少100万元人民币的信贷资本金。二是拥有专职、专业的合格高管从业人员。三是有独立的专门机构、固定的经营场所和业务范围。四是有连续3年良好的经营业绩。

第二，对于民营机构经营的商业性利率小额信贷，允许其按照合理的市场利率开展小额信贷经营活动。

第三，给予这类扶贫（如单笔/单个借贷户贷款不超过5万元人民币）的小额信贷机构一些特殊的优惠政策。一是对于扶贫小额信贷机构一律免税，减少其经营成本。二是鼓励先进，对业绩好的扶贫小额信贷机构给予适当的财政补贴。三是建立小额信贷担保基金。四是提供培训经费或组织相应培训，提高业务、思想素质和能力：小额信贷机构人员自身的培训；政府部门承担协助对贷款农户的技术等方面的培训。五是获得低成本融资的便利。

第四，在中央金融监管部门指导下，建立相应的行业协会，对小额信贷扶贫业务进行自律型监管。现已组建成的小额信贷发展促进网络可能会成为一个好平台。

  对不吸收存款的小额信贷项目,应适用非审慎监管的政策。面对成百上千个小型项目,由中国人民银行监管是不必要、不现实的。而小额信贷行业协会,挂靠有关部门,在中央金融监管部门指导和授权下对小额信贷机构可进行行业自律。协会应开展以下业务。一是行业自律:应按照协会制定的有关标准加强管理,对加入协会的小额信贷机构进行评估,定期收集各机构财务信息和经营状况,并定期向中央金融监管部门和有关部门报告。二是就小额信贷发展的政策问题与中央金融监管部门和政府有关部门进行协调,寻求政策和法律等方面的支持,为小额信贷的发展提供良好的政策环境。开展小额信贷政策研究,为小额信贷发展的政策和监管措施提供决策依据。三是根据国际和国内小额信贷发展的经验,制定小额信贷操作指南和有关行业标准。四是为各小额信贷机构提供培训等技术支持,提高它们的管理能力。五是如果条件具备,还可以根据经营业绩等行业标准对小额信贷机构进行评级,并根据不同经营等级帮助小额信贷机构开展相关的金融业务。

(未发表)

二　农村金融与农村发展

亚太发展中国家的农民经济组织[*]

亚太发展中心于 1986 年 7 月在马来西亚吉隆坡召开了"农民组织和农村贫困农民"学术讨论会。会议表明，农民合作组织在亚洲第三世界国家都有不同程度的发展。如果这些组织具备当地经济、社会等适宜存在和发展的条件，并能得到正确的指导，它们可以成为农村经济社会发展的一种动力。

一 农民合作组织发展的历史

这些国家和地区的农民合作组织一般在 20 世纪初以信用合作社形式出现。当时规模小、目标单一。第二次世界大战前后发展很快，但由于国家（地区）和社区的经济社会条件的变化，合作组织合并成为包括信贷、购销、加工等多目标的合作社，规模较大，但数量急剧减少。

孟加拉国最古老和数量最多的一种农民组织是农业信用团体。1912 年后建立了中央合作银行，其主要任务是向合作组织提供资金援助。1947 年独立后，从事信贷、购销、加工、技术推广、灌溉管理等多目标的合作社网络建立起来，重点还是农业信贷，主要由政府等外部机构提供资金。1962 年，政府制定了继续支持合作社发展的政策，中央银行开始向合作社提供贷款。从 20 世纪 60 年代初，以村为基础的"传统"的（单一目标的小社）基层农业合作社数量增加，同时，多目标的"两个层次"（基层社和它的上层合作社联盟）的合作社也有所发展。1971 年后，政府在全国范围推进农民的"两个层次"的合作社。并采取措施将这两种类型的合作社合并，但它们仍继续并存。除此之

---

[*] 本文采用英文缩写字母表示组织的中文名称。

外，还有从事供销和加工的甘蔗生产者和牛奶生产者合作社以及一些非政府部门组织的农民团体。

为了满足小农、濒于破产农民和无地劳动力的需要，1976年政府发起了"小农发展计划"运动（SFDP）；"格拉珉银行"（GB）也将无地农民组织起来。所有这些农民组织都是由外部机构发起，并依靠他们，首先是政府来提供贷款、供给和服务。因而资金基础薄弱，特别是具有较长历史的合作社的偿还能力很差。

印度农民组织的形式包括：①农民合作社；②法定的农村机构，③自愿组织。从严格意义上看，法定机构不是农民组织，它们只补充农民组织的活动。而自愿组织，多数从事农民教育和启蒙工作，并通过宣传等活动保护农民利益。其中一些是非政治性的并得到政府的支持，而其他的则与各种政党相联系。"一五"计划（1950—1956年）的实施使初级农业信用社数目和社员数量快速增长。"二五"时期最重要的发展是建立了国家合作社开发部、货栈仓储部门和全国农业信贷基金。在此期间，基层社的销售活动和产品的加工活动受到特别重视。"三五"计划的主要目标是在所有村庄建立农业信用社，促进合作社销售、加工及信贷。"四五"计划时合作社重建的一个重要方面是介绍作物贷款制度，这是一种为发展合作社农产品销售和加工，减少超期贷款，以及补充合作银行和合作组织的资金的强化项目。"五五"计划时，除了强调给小农信贷外，其他重要目标是加强农业合作社信贷、供销和加工的网络。"五五"计划末，所有村庄都有了合作社，但农业贷出款的增长率，由于超期信贷拖欠而下降了。"六五"计划的重点是扶持贫困农民，并在信贷分配、经销制度和主要消费品供应方面，扩大合作社的作用。

印度合作运动现已从提供贷款这一有限活动领域发展成进行多种活动的庞大部门。多目标的村庄小型农业社，和资金密集型的大型合作社并存。由于政府加紧参与和领导，合作社的组织结构也已经历重大变化：从村一级，逐步发展到包括初级社、地区社、邦级和国家级在内的全国性组织。

马来西亚的农民组织可分为农民自有和半官方两种类型。

农民自有组织中主要有两种：农民合作社和农民联盟。第二次世界大战后，政府逐步致力于协调不同功能合作社（信贷、加工、销售）的活动，旨在使合作社发挥更大作用，促进农村的发展。合作化的过程由于政府的变更曾放慢过，1955—1963 年以后加快了合作化的步伐，开始强调农民联盟（它产生于 1958 年年初，负责农业推广并补充合作社的职能）。1963 年后，农民联盟与"地区开发"战略（把资源集中在有良好经济增长潜力的地区）相配合，下与农户通过"小农机构"相连，上与州和全国性农联相连。1973 年，官方建立了农民组织总署，其主要作用是协调合作社与农民联盟的活动；通过经济高增长潜力地区的农民组织进行经济和社会活动。1975 年由于维持合作社和农民联盟的松散联合的企图失败，政府决定，将两者完全合并。

在政府创办的半官方的农民组织中，最重要的是：①橡胶行业（重种）委员会［RI（R）B］，目标是促进大农场和小自耕农更新老橡胶树；②马来西亚橡胶研究所（RRIM），旨在改进技术、促进销售和技术推广；③联邦土地开发总署（FELDA），为小自耕农橡胶栽培土地的开发服务；④1973 年建立的 RISDA。由 RI（R）B 和 RRIM 的小自耕农咨询公司（SHSA）联合组成，以协调橡胶小农的现代化发展进程。另外，还有（RRIM）通过 SHAS 组织的小组工作中心（GPC），以及 RISDA 的 PPPK（橡胶农民的一种组织）。政府近年来已决定将 PPPK 并入合作社。

南朝鲜合作化进程经历了三个阶段。第一阶段从 1945—1955 年，由于朝鲜战争和政治动乱，实际上停止了。第二阶段始于 1957 年，多目标（信用、销售）初级社在村一级建立起来，但规模太小。第三阶段开始于 1970 年，合作社通过合并，在乡一级进行重建。县级业务只搞信贷，故殖民时期的三级体制（村、县和国家级）重组为两级，即乡初级社和国家级协会，县合作社成为国家协会的分部。

1961 年全国农业联盟建立后，信贷和销售的职能合并了。由于政府控制利润所得，合作社销售活动基本没有获利。通过信贷、销售活动的结合，全国农业信贷联盟（NACF）对农业发展作出重大贡献。但由于复杂的决策程序，它的负担也很重，作为一种解决方法，畜牧部门于 1981 年与全国农业信贷联盟（NACF）分离，成为独立的联盟。

南朝鲜乡社的信贷活动活跃，它可以从成员存款中解决短期信贷需求。NACF 的资金，主要来源于存款、银行、政府特别项目的存入资金和国外贷款。1984 年来自中央银行的存款和借款分别占 54.3%和 28.1%。

合作社重要的销售活动是供给化肥、农药和农业机械等农业投入物。在这些方面它们面对着私营公司的竞争，但双方基于相互利益的需要，已出现了合作的局面。

二 农民组织的目标和状况

这几个国家和地区的农民合作组织的目标几乎是一致的。即：①通过提供信贷、增加农业供应，推广农业技术，疏通市场等活动，增加农业生产，提高农民收入。②消除个体农户，特别是小农和贫苦农民的弱点，推动自助和自我发展，改善农民和穷人的境地。③在社员，特别是农村穷人中促进经济和社会公平。④增强小农对大土地所有者和政府对话的力量和能力。⑤扩大政府土地改革、移民项目等政策措施的成果。另外，也扩展社会服务，增加就业。

但是，这些目标似乎太高，超出了合作组织的能力，这也是许多合作组织失败的一个原因。从总体看，合作组织间的状况相差很大，不同国家的合作社，同一国家的不同合作社，甚至同一合作社的不同发展阶段的状况都可能很不一致。成功的合作社相对有更多的社员，业务活动、资金和良好的经济效益。

农民合作组织的状况，大体上可从以下七个方面进行观察。

（1）组织状况。合作社的历史悠久，地区广泛。但由于这些国家的合作运动是殖民者引入的，因此，农民间的互助合作并不广泛；农民组织至今还沿袭从上至下的发起和管理，继续作为政府政策意图的工具并附属于政府部门。

合作社也经历了重大的结构变化。由小规模、单一的形式发展为多层次（如村、乡、县、国家级）结构和多目标功能（如信贷、供销、服务、加工）的立体模式合作社。

除合作社外，非合作社组织在孟加拉国、马来西亚等国家也组织起来，以满足小农、无地农民等的需要。它们也效仿合作社的原则，搞培训、储蓄和集体决策等，注重更多的灵活性，特别关注困难者的福利救济。

（2）资金来源。除马来西亚外，其他几个国家的农民组织已建立金融机构。经营储蓄、购买股票、社员奉献以及政府和商业银行借款等业务。南朝鲜的合作社还从国外金融市场借款。孟加拉国和印度办得成功的合作社也能在内部集聚大量的资金，但它们还在很大程度上依靠政府援助。

孟加拉国、印度和马来西亚 PPPK 在信贷资金方面还存在一些问题，如资金不适当地流向大农户和权势者，甚至在贫困农民集中的组织中，管委会成员也比一般成员获得更多贷款。此外，拖欠信贷的现象在孟加拉国、印度等国普遍存在。不过，成功的合作社在这方面要好得多。

（3）管理。南朝鲜合作社的管理是由专职人员和管理委员会负责。政府对各级合作社进行有力的控制，合作社总联盟由任命的主席全权管理。孟加拉国、印度等国成功的合作社在管理上是民主的，社员有决策权。而不成功的合作社，往往由一个特殊群体统治，这损坏了一般成员的信心。南朝鲜合作社的计划和财务制度也较健全，孟加拉国、印度等国成功的合作社也有较好的记录。

（4）供给和服务。南朝鲜的农民组织在农业投入的供给、加工和销售方面都比别国更广泛，为未参加合作社的农民的服务也比别国强。孟加拉国、印度等国成功的合作社的供给和服务好，但不成功者则低于平均水平。

（5）投资状况。南朝鲜农民组织在基础设施、机械和电力方面大量投资。但在孟加拉国、印度等国，即使成功合作社或其他组织对固定资产投资的程度和水平都少得多，多数固定投资用于办公楼、仓库和市场设施、拖拉机、卡车和灌溉设备。而非合作社组织的投资只限于灌溉设备。

（6）对外联系。南朝鲜农民组织间横向和纵向联系都十分强，孟加拉国、印度等国则相去甚远。如在马来西亚，农民组织间几乎没有横向联系，不利于合作社的发展。故政府已决定加强 PPPK 与地区和省级合作社的联合。

（7）培训。除马来西亚外，其他国家和地区都认识到对农民组织各类人员培训的重要性。南朝鲜很重视培训，并采取了各种具体措施。

孟加拉国、印度等国也重视培训，但在实行中还有许多问题，如不能持久化和专门化。由于文化水平普遍低下，缺少足够的训练，已对管理和领导水平的提高造成不利影响。

三 农民合作组织的影响

农民合作组织对其成员经济和社会影响，在不同的国家（地区）和组织中是不同的。这可以从一些典型报告中看出。

（1）对组织的加入。孟加拉国成功的 Deedar 合作社在 1960 年成立时只有 9 人，1985 年 6 月发展到 1300 人，89.5% 的无地农民和 89% 土地不足 1 英亩的农民成了社员。他们的利益在管委会中也得到充分反映。同时成立的南朝鲜 RamPur，1985 年时只有 283 个社员。印度，从 1964 年到 1984 年，农民大户和非农业户在成功的合作社服务机构中减少了，而贫苦农民增多了，社员总数持续增长，股份类型较稳定。与此相比，不成功合作社中的小农户减少了，而大户和非农户增加了，社员总数和股份类型波动较大。马来西亚在一些有代表性的 PPPK，中小自耕农较少，不到成员的 50%，贫困小自耕农则一户也没有。在南朝鲜，1968 年以村为基础的初级社是 16089 个，平均每社 139 人。1984 年村社合并成乡合作社后，合作社总数仍为 16089 个，但平均每社成员增加到 1929 人。从 1984 年 190 个初级社的调查表明，较小和偏远村庄中参加合作社的人数多于人口较多的村庄。

（2）对就业的影响。孟加拉国 Deedar 合作社为社员提供就业机会很成功。它主要是通过农业生产活动，供销，砖场生产及别的商业活动。例如，1960 年稻田作业用 72 人，1975 年达到 112 人，但在不尽成功的合作社中，就业机会的增长只表现在水稻耕作上。印度成功的初级合作社服务团体比不成功者提供了相对多的就业机会，这主要是扩展了业务活动的结果。马来西亚重种橡胶计划的 RISDA 组织在促进就业上并不太成功，但它与它的前身 RI（R）B 对促进就业有间接的影响。即小自耕农通过重种，增加收入，供子女获得较好教育，有利于谋求好的职业。近年来，南朝鲜由于劳动力减少，基层合作社又提高了劳动生产率，因此，合作社促进就业增长不明显。20 世纪 70 年代，由于初级社与乡社合并，1972 年农业合作社总人数由 18000 人上升到 1981 年的 28673 人。

(3) 对收入的影响。孟加拉国成功合作社的社员，收入都有明显增加，甚至非社员也得到一定好处。不太成功的合作社，地主收入增长比小农和无地农民快。

印度 1985 年成功与不成功合作社社员平均每人年收入为 4367.8 卢比和 3323.65 卢比，而 1965—1966 年（以 1984—1985 年价格计算）全国人年均收入为 1710.54 卢比。牛奶生产合作社的人均收入也是增长的。大约 95% 成功合作社社员和 63% 不成功社社员都称由于合作化，他们的收入增长了。

在马来西亚，绝大多数橡胶小自耕农还很穷。1981 年，不到一半的橡胶小农占贫穷农户的 16.7%。农民组织 RISDA 和 PPPK 对缓和成员贫困只有间接影响，主要原因是多数贫苦小自耕农没有加入组织；占少数的农村权贵控制了 PPPK，从橡胶重种计划中直接获利。

农民合作组织对生产也是有影响的。在孟加拉国，无论是成功还是不成功的合作社或者 GB 组织，对发展生产都有不同程度的影响，印度成功的合作社对生产的促进也是明显的。马来西亚的典型报告表明，合作组织对生产的影响不明显，但情况也不尽相同。南朝鲜的合作社在促进农业投入和增加产出方面，发挥了重要作用。

从以上介绍可以看出，农民合作组织如果组织和管理得好，可以成为农村，尤其是穷苦农民经济社会发展的推动力量，它可以通过信贷、供销、水利灌溉、农业推广、产品加工和其他服务，例如培训教育、保健卫生、家庭生活指导等促进农村发展，促进穷人就业和生活水平的提高，当然更不用说保护社员免予商人和高利贷者的剥削。因此，合作组织已成了农民和穷人的一种重要活动中心，是农民脱贫致富的希望。但这只有那些组织管理得好的合作社才能做到。否则，合作组织效果不大，有的甚至对农民有害。

四 影响农民组织成败的因素

影响农民合作组织成败的因素既有内部的，也有外部的；既有经济因素，也有政治社会文化因素，还有地理因素等。在此，我们着重分析以下几点。

(一) 适宜的社会经济背景

从南朝鲜的情况看，土地制度的改良社会平等措施的实施，释放了生产者的积极性和能量。对农民组织的发展起了重要的作用。实行土地制度的改革或调整社会平等措施的努力，与经济政治措施一样重要，但各国经验也表明，进行较彻底的土地改革，制定起来容易，实行起来却很困难，而且由于种种原因，可能造成的消极因素大于积极因素，农民组织也可能更易被富农和农村权贵控制。对于一般的发展中国家，可以选择的方法也许是，在制定好的目标和方针指导下，促使成立仅有小农和贫苦农民参加的组织，就像孟加拉国的 SFDP 和 GB 所做的那样。这种特殊农民组织的成功依赖于对加入者的了解和工作，摒除不适宜者。（当然也需要许多其他外部条件，例如政府强有力的支持。）孟加拉国 SFDP 采取的参与者对话的方法，对确保从项目一开始就获得适宜者的加入和权贵者的支持是很有效的。另外，在鼓励当地同时存在几种农民合作组织的情况下，一套良好有效的协调机制是十分重要的。

（二）管理是关键

管理人员应具有较高的素质和良好的品德，并且最好是专职的。南朝鲜合作社的管理人员是专职的，但孟加拉国、印度、马来西亚等国是兼职的，而且不一定有报酬。一般说来，专职的管理是较有效的。而且管理人员还应受到应有的培训，以改进计划、执行、监督和协调等能力。

管理的另一个重要方面是定期或不定期地进行领导成员的更新变动，以防结帮成派，以权谋私。还要设法激励社员参与合作社的活动，例如举办教育娱乐、生产指导、解决困难等活动。定期举行各种会议，使社员也能参加决策，这会增强他们对合作活动的参与意识。

另外，经验表明，管理要有中长远规划和实施措施，还要健全财务管理和审计制度，配备专职财会人员。同时。注意与政府和有关机构建立良好的合作关系。

（三）组织的结构形式

它包括两个含义：

（1）基层社建在哪一级。这很重要，像 1970 年前，南朝鲜的村和群级合作社的不当设置，使机构的经济运行机能失调；多目标的村合作社不能解决农业合作社经济增长的需要，因为它的规模过小，不能适应信贷活动。而群离村庄又太远，对服务不利。因此，乡合作社最终成了南朝鲜最适宜规模的基层社。然而，在孟加拉国和印度，村为基础的初级社，却是可行的、适宜的。马来西亚等国也认为村是基层合作组织适宜的范围。看来，基层社建在哪一级，除不同国家（地区）的特殊经济社会背景外，与人口数目、活动类型及交通联系这三个因素有密切联系。

（2）结构层次。农民合作组织的成功与否与它的结构层次也有重大关系。这些国家和地区共同的经验是，最基层的农民组织需要较高层组织的支持和扶植。在某些情况下，这种结构可能像孟加拉国、南朝鲜是两层的，而印度是四层的，甚至马来西亚 PPPK 也依附于地区、省（州）级合作社。对于非合作社的农民组织，像孟加拉国的 GB 和 SFDP，也以得到高层组织的支持为存在和发展的必要条件，当然，所有这些组织不同层次间的关系是相互依靠的，因此支持也应是相互的。同时，应注意结构层次的调整，使之适应变化了的情况，但又要避免过分频繁的变动。

（四）资金的动员

成功的农民合作组织在很大程度上都依靠资金的动员。由于农民多数比较贫困，资金来源少，能获取信贷是他们参加组织的最大刺激。除南朝鲜外，农民组织都严重依靠政府和银行的贷款。因此，应注意用各种不同的措施来动员较多的储蓄和股金。例如，孟加拉国成功的合作社对按期偿还借款者免息，定期发放社员的股金分红和储蓄利息。南朝鲜合作社实行不同档次和浮动利率吸引储蓄，印度等国也在尝试这种方法。除动员股金和储蓄外，印度成功的合作社和孟加拉国的 SFDP 和 GB 还实行储备基金、紧急基金和保险基金等制度。南朝鲜的经验是将"债务资产率"的方法逐步转变为自给自足。合作组织除了注意吸收社员存款外，也应吸收非社员的存款，还应注意吸引本地以外的资金。

（五）业务活动的多样性，是农民合作组织成功的关键之一

为社员供应生产投入和必需的消费品，为他们的产品寻找市场，这对增产、就业和增加社员和组织的收入都有利。增加物质设施包括信贷、采用先进技术，从事增加收入的活动等对农民具有极大的吸引力。在投资时要充分考虑这一点，同时必须注意投资风险要小。

经营要多样化，但不可忽视管理上的问题。农民合作组织所谓的

"多目标"意识,应由它的"资源授予"决定,即决定于人员的素质,社员的生产经营、资金状况和商业活动的种类、规模等。

农民合作组织也直接或间接地推动社会生活的非经济部分,例如健康、教育和娱乐等方面的活动。孟加拉国、南朝鲜、印度等国的组织尽管还没有充分开展此类活动,但已在着手进行,马来西亚的PPPK也正在计划此事。在这方面,农民合作组织也应努力争取政府机构的配合。

(原文载于《亚太经济》1987年第6期)

亚太发展中国家和地区的农业合作经济*

目前,各种形式的农业合作经济在亚州、太平洋发展中国家和地区都有不同程度的发展。本文主要是对有一定代表性的孟加拉国、印度、马来西亚和南朝鲜的农业合作经济作一些说明。

一 农业合作经济历史

亚太发展中国家和地区的农业合作经济多在 20 世纪早期开始出现。在生活较困难的农民中最先出现了乡村信用合作社。当时的合作社一般是规模小、目标单一。以后由于经济、社会条件的变化,经济组织很多合并成农业合作社,也称"多目标"合作社,即从事信贷、供销、加工等多种活动,合作社的规模比以前扩大了。

孟加拉国在 1904 年建立了农业信用合作社,1912 年后建立了主要任务是向合作社提供资金援助的合作银行。1947 年以后,进行信贷、管理、购销、加工、技术推广等活动的"多目标"合作社网络逐步建立;然而,合作社的发展重点还是在信用社。从 20 世纪 60 年代初起,以村为基础的旨在推广管理技术的农业组织有了发展。同时,"多目标"合作社也广为发展;它一般是"两层次"的,即由基层社和它的上层合作社联盟组成。1971 年以后,政府在全国范围内推进这种"两层次"的合作社。除此之外,还有从事供销和加工的甘蔗生产者合作社和牛奶生产者合作社。

印度合作社发展的早期与孟加拉国相似。1947 年独立后,政府实

---

* 本文主要根据 1986 年 7 月亚太发展中心在马来西亚主办的"农民组织和农村贫困农民"学术讨论会的材料整理,同时参考了国内有关文章的资料。

行推动合作社发展的政策:"一五"计划(1951—1956年)时期,旨在发展农业信用社。"二五"计划(1956—1961年)时建立了国家合作社开发部和全国农业信贷基金等机构。在此期间,农业合作的基层社的销售和产品加工活动受到特别注意。"三五"计划(1961—1966年)的主要目标是在全部村庄建立信用社(此目标20世纪70年代末基本上实现),并促进合作社销售、加工及信贷业务。"四五"计划(1969—1974年)时,合作社的重要任务是推行作物贷款制度。"五五"计划(1974—1978年),除强调小农信贷外,主要目标是加强农业社信贷、供销和加工网络。"六五"计划(1980—1985年)的重点是注意贫困农民,并在农村信贷、经销体制包括主要消费品供应方面,扩大合作社的作用。

印度的合作运动,已从当初提供贷款这一有限活动领域发展成进行多种多样活动的巨大规模。合作社已从最初只有基层社组织,发展成包括基层社、地区社、帮级和联帮级在内的全国性组织。到1982年,全国各类合作社约35万个,社员1.2亿人。

马来西亚在1922年建立了农村信贷社。第二次世界大战后,政府逐步致力于协调不同功能(信贷、加工、销售等)合作社的活动。1955—1963年,政府加快了合作社的发展步伐。1958年,建立了农民联盟(类似农民协会——笔者注),主要负责农业技术推广。它下与农户通过"小农机构"(类似合作社组织)相连,上与州(省)和全国性(联邦)农民联盟相连。1973年政府建立了官方的农民组织总署,主要是协调合作社与农民联盟的活动。但由于维持合作社和农民联盟松散联合的企图很不成功,政府决定将后者并入合作社组织。马来西亚还有一种橡胶农民的合作经济形式,称为小农发展中心(PPPK),意在促进橡胶生产的发展。近年来,政府也决定将它并入合作社组织。

南朝鲜约在20世纪20年代建立了合作社,合作经济大体上经历了三个发展阶段。第一阶段(1945—1966年)由于朝鲜战争和内部政治动乱,实际上停止了合作经济发展。第二阶段(1957—1969年)由上而下地组织了农业合作社和信用合作社。1961年,当局将两者合并成综合性农业社,归属于新成立的由中央到地方的各级农业信贷联盟。基层社建在村一级。第三阶段开始于1970年,这时撤销了村级社,基层社在乡一级重建。殖民时期的三级合作社体制（村、县、中央）改为乡基层社和中央级协会两级体制，县合作社成了中央协会的分部。在20世纪七八十年代，水产、畜产、中小企业和信用等合作社从农业信贷联盟分离出来，各自成为独立的联盟体系。各类合作社一般分为地区性和专业性两种。到1982年，南朝鲜农业合作社有1516个，社员215.9万人；水产社有71个，社员13.9万人；畜收社有126个，社员77000人；中、小企业社有257个，入社企业108000多个；信用社有1505个，社员852000人。除信用社外，各类合作社业务范围和重点虽不尽相同，但大体上都包括购销、信用、保险等业务。

南朝鲜乡级社的信贷活动活跃，它们几乎都可以自给自足地从成员存款中解决短期信贷需求。合作社主要的销售活动是供给社员化肥、农药和农业机械等农业投入。在这方面，它们面对着私营公司的竞争。但双方基于相互利益的需要，已逐步出现了既竞争又合作的局面。

南朝鲜合作社是自上而下组织起来的。乡社主席由当局指定，中央农业信贷联盟主席由当局任命。合作社除受中央农业信贷联盟管理外，还接受财政、农业和畜收部门的指导。这样，当局也能对各级合作社进行有力控制。

二 农业合作经济现状

（一）概况

亚太发展中国家和地区合作经济历史悠久，地域广泛。但农民间耕种和收获方面的互助合作并不普遍。亚太发展中国家和地区的合作运动是殖民地遗产，至今还大多沿袭从上至下的发起和管理，继续作为政府和当局实施政策意图的工具和手段。但各个合作社的组织规模差距很大。例如，孟加拉国一个成功的合作社，在1960年成立时只有9人，现已普及两个村，1985年，发展到1300人，这两个村的89.5%的无地农民成了社员。而同年在南拉姆波（South Rampur）地区成立的一个不太成功的合作社，1985年时只发展到283个社员，只包括一个村66%的无地农民。

（二）资金来源

除马来西亚合作社外，其他国家和地区的农民经济组织已建立了金融机构。南朝鲜的合作社还从国外金融市场借钱。从资金内部动员看，南朝鲜多数合作社已较少依赖外部赠款租贷款。孟加拉国和印度的成功的合作社也能在内部动员大量资金，但它们还在很大程度上依靠政府援助。

（三）管理

南朝鲜合作社的管理是由领取工资的专职人员租选举出的管理委员会负责。孟加拉国、印度等国成功的合作社在管理上制度较完善，管委会和社员大会能较经常地召开，社员有决策表决权。而不成功的合作社，往往由一个特殊群体统治。

（四）供给和服务

南朝鲜合作社机构、网络比较健全。南朝鲜、孟加拉国、印度等成功的合作社对技术推广起到较好作用。它们有推广管理制度，手续简便，计划严格，并提供信息、技术培训服务。

（五）投资状况

南朝鲜合作社在基础设施、机械和电力方面有大量投资，但在孟加拉国、印度等国，即使是成功的合作社，固定资产的投资也比之少得多。

（六）对外联系

南朝鲜合作社之间横向和纵向联系都很发达。孟加拉国、印度等国合作社之间的横向联系很差，不成功的合作社纵向联系也很弱。在马来西亚，农民经济组织之间几乎没有横向联系。

和谐金融与社会主义新农村建设

"推进农村金融体制改革与创新，建设和谐社会主义新农村"2007中国农村金融论坛于2007年12月7日在北京召开，作为本次论坛的独家网络合作伙伴搜狐财经从现场发回精彩报道如下：

杜晓山：

今天有机会和在座的领导同志和各地来的银行界的领导和同事们以及各位来宾谈一些我个人在农村金融方面的看法，我讲以下四个问题。

第一，和谐社会、和谐金融和普惠金融。

中央倡导和要求构建社会主义和谐社会，而且指出了要以科学发展观统领经济社会发展全局，并且提出总的要求和应该解决的重点问题，其中提出解决人民群众最关心最直接最现实的利益问题为重点，走共同富裕道路。努力实现全面建设惠及十几亿人口更高水平小康社会的目标，努力形成全体人民各尽其能各得其所而又和谐相处的局面。从金融业的角度来说，理所当然要为社会主义和谐社会的构建贡献力量，这是金融业的社会责任，只有将提供各种金融服务的机构有机融入金融体系，将包括所有地区和穷人富人一般人以及大中小企业在内的所有不同金融服务对象都能得到金融服务，使各种社会群体和组织能各尽其能各得其所又和谐相处，才称得上是和谐金融。和谐金融体现的应该是统筹兼顾，协调一致，公平正义，兼顾各方利益，包括金融供给方权益的原则。普惠金融体系是和谐金融的一种体现，主张金融要为弱势地区、弱势产业、弱势群体服务，主张公平的金融服务和权益，也就是我下面要讲的和谐金融应更好为社会主义新农村建设服务这么一个主题。

第二，我国"三农"发展的突出问题和加大资金投入的重要性。

在中央和全国人民各方面的努力下，整个"三农"问题的解决取得了重大的成绩。但是面临着诸多的压力和挑战。这些至少表现在以下四个方面：

（1）农业生产条件日渐严峻，耕地面积急剧减少，而且其趋势仍难以遏制。其次，淡水资源短缺，我国人均淡水总资源仅为世界人均水平的27%，也就是说，中国占全世界6%的淡水资源，而且时空分布极不均衡。这就是北粮南调，北部干旱地区种粮往南部调，过去是南粮北调，这是目前很大的问题。最后，近年来农田水利设施老化，失修严重，目前我国耕地有效灌溉面积占耕地总面积的45%，而且大中型灌溉的支渠和农区当中的普渠占80%以上。

（2）城乡和地区间居民收入差距仍呈扩大的趋势。2002年城乡居民差距首次突破1∶3，2005年为1∶3.22，2006年为1∶3.28，2007年的数据还没有看到。中西部地区本身城乡之间的居民差比东部还要大，例如甘肃、宁夏。东部、中部、西部地区农村之间的差距也很不平衡，而且从几十年来的趋势来看也没有很大的缩小趋势。

（3）农村基础设施建设和教育卫生文化等社会事业发展明显滞后，由于过去欠债太多，农村水、电、路、气、电信等基础设施建设滞后，农村中小教育、城乡文化事业方面的差距非常明显，基本社会保障体系滞后。

（4）城镇化的道路尚未有效开通，由于存在就业、住房、社保等方面的现实困难，流动进城的农民很难转变身份变成市民融入城市，进城容易定居难的问题十分突出，对于城市农村都带来沉重的社会问题。

我们即使展望到2020年全国人口达14.49亿，农村人口6.52亿，到2030年全国人口大约会是15亿，但是农村仍然会有6亿人口，长期来看推进城市化的过程当中必须统筹城乡均衡发展，努力推进新农村建设，要解决好"三农"问题必须统筹城乡经济社会发展，实行工业反哺农业、城市支持农村和多予少取放活的方针，这是中央一再提的，一靠政策，二靠投入，三靠科技。这是资金的重要性，建设新农村，加大资金投入是关键，金融是经济的核心，经济则是基础，金融与经济的关系是相互依存、密不可分的。大力发展农村金融尽量满足"三农"发展的金融需求是社会主义新农村建设与和谐社会构建的要求，也是和谐金融的体现。

第三，我国农村金融体系的框架和金融改革发展的要求。

2004—2007年四个中央一号文件就农村金融改革和体系的建立描绘了简括而完整的框架，2007年年初的全国金融工作会议对此也做了具体的部署，当然就像今天的会议上很多同志讲到的，许多问题仍在探索，但不管怎么说这已经有了一个完整的框架，我的理解是这种框架应该是建立满足或者适应农村多元多层次金融需求，功能完善、分工合理、产权明晰、管理科学、监管有效、竞争适度、优势互补、可持续发展的普惠性完整农村金融体系。对中央大的农村金融改革和发展框架的理解，我想至少可以概括成这么一种认识。努力倡导建立普惠性金融体系，才能使过去被排斥在金融服务体系以外的大量弱势农村社会群体获益，最终包容性的金融体系对社会绝大多数人包括过去难以到达的农村更贫困更偏远地区的客户开放金融市场。完整的金融体系应该是包容性的，普遍惠及一切需要金融服务的地区和社会阶层，尤其应该汇集到易被传统金融体系忽视的中西部地区和贫困地区。目前我国农村金融体系的现状是金融机构、金融市场和金融基础设施建设发展相对滞后，尤其在欠发达地区尤为显著，金融服务能力有弱化的趋势。虽然目前资金流动性过剩，然而就农村尤其是中西部农村则是流动性不足，流动性过剩是总体的，但是不等于中西部农村的流动性也过剩。我认为是结构性的，所以考虑总量的同时要考虑结构性的问题怎么解决。金融的突出问题表现在中西部农村金融供给不足和农村居民特别是中低收入农户的金融供给不足，一方面金融外流严重，存款不断转移到城市和东部地区；另一方面农民缺乏融资渠道，农村金融服务供求不平衡效率不高，基层金融机构缺乏有效竞争。据银监会网站平均每个县市旗有银行业金融机构网点55.4个，其中30%以上集中在县城地区，每个乡镇有网点3.69个，全国尚有3309个乡镇没有金融网点，拥有一家金融营业网点的县有两个，而乡镇只有一个网点的有8213个，几乎全在中西部地区。

据中国人民银行的数据，就全国而言，约33%的农户能从正规金融机构获得贷款，但是有的地方也只有5%的农户能够获得贷款。农信社的供给农户贷款约占全部金融机构的90%，也就是说，对于农户贷款实际上基本上只有农信社一家。解决农村资金外流和增大财政金融投入的战略设想和具体措施显得尤为重要，而且实际上从财政金融资金供给量的角度来看，金融投入是更加重要的。举例来讲，无论是2005年还是2006年都是一样的，2005年年末全国金融机构贷款余额大概20万亿元，农村净贷款余额为4万亿元，农民贷款为1万亿元，农民人口占全国的60%，只拿到1万亿元的贷款，全国的总贷款是20万亿元，农民贷款占比并没有提高。城乡相比显然很不相称，即便如此，这也比2005年中央财政对农村3397亿元的投入还要高得多。对农村对农民的贷款很少，但是金融和财政相比对农业的"三农"又多于中央的财政，中央的财政2007年是3970亿元，2006年是3397亿元，这两个数字说明金融的重要性。进行农村金融改革现在还应该注意解决发挥体制内也就是正规金融机构与体制外非金融机构两个机制两种作用的问题，就像2006年中央一号文件提出的大力培育各种小额信贷机构引导农村农户发展资金互助组织、规范民间借贷，在贫困地区还应试行弱势群体、社区居民中小企业服务的民营银行，竞争不足且时有行政干预也是当前农村尤其是中西部地区农村金融领域的问题，很多地方农信社基本形成为垄断性金融机构，一方面形成了难支"三农"的状况，另一方面极易使农信社成为官商，不思进取，得过且过。竞争问题，大家有不同的看法，根据我们开展的小额信贷实验的感受和一些地方的调研和看到的资料，在欠发达地区各类金融机构间的关系或者说从事金融活动的这些人总体上的感觉不是竞争太多而是互补的作用多于竞争，供给往往远远满足不了金融的需求。金融供给和需求是有重叠的，但重要的是有差别。

我们看到一个基本的事实是，小额信贷与农村金融机构的关系基本是互补的，不是竞争关系，但是它和民间金融的借贷则是替代的关系。还有一个很值得注意的现象，供给方的数据和需求方的数据差别很大。供给方从银行系统的统计数和农调队从用户那里统计的数字相比，一个是227元，一个是65元，这是大面积的统计数字，贫困县只有14元。扶贫贷款资产质量也很差，根据中国人民银行的报告，涉及的扶贫贷款不良率为70%。

第四，对于银监会放宽农村金融机构准入政策的几点看法。

我非常拥护这种做法和措施，这是贯彻落实体现中央农村金融政策发展目标和要求的突破性举措，为缓解欠发达地区金融机构网点覆盖率低、供给不足、竞争不充分、服务效率低的问题迈出了坚实有力的一步，体现了要多层次、广覆盖、可持续农村金融服务的基本要求。另外，一个特别重要的意义是农村农民合作社法里面没有提到信用合作组织的问题，银监会已在行政政策层面解决了基层信用合作组织的问题，农民其他类型的经济合作得以可持续发展的关键性因素，信用合作比其他合作有更重要的作用，各国实践证明了这一点。应该继续适当放宽条件，积极慎重进行多种类型的实验，我个人观点对只放贷不吸储的机构无须审慎监管，政策完全可以放得更宽，对吸收公众存款的银行业机构应审慎监管，准入门槛应考虑到监管部门的能力和水平，银行可以大可以小，但是都应该做强。我国农村最缺的是好的小型银行，按现在的规定，村镇银行必须有银行控股占20%以上股份，是不是可以放宽一些条件？其实选择一些试点以利于总结经验。村镇银行类的机构要想监管，这是没有异议的，对于小型农村金融互助社，一般国际经验是非审慎监管，我们这次提出审慎监管，但是国际上对于一些大型的此类机构适用何种监管有不同意见，对于村级的原则上不需要审慎监管，这是值得研究的问题。

农村合作金融从业人员业务素质参差不齐，如何对待这一新形势和新变化，这是我们新的问题，实施有效监管是一个严峻的课题。社区信用合作组织是小额信贷组织的一种，这次出台的新政解决了它的合法性是令人鼓舞和赞赏的，但是并没有从整体上解决各种小额信贷组织的合法地位和适宜身份，这不能不说是一个遗憾。对于中国人民银行推行的贷款公司的试点以及在我国已经存在了十多年、追求扶贫又追求可持续发展的公益性小额信贷组织的政策，这次新政也没有涵盖和涉及。积极培育多种形式小额信贷的组织并没有完成，希望有关部门能够从政策上积极考虑这样的问题。对于新政并不允许在民政注册的既追求公益性又追求可持续发展的小额信贷组织与银行合作组建新政中提出的村镇银行，这个我觉得其实也应该可以提倡。

（原文载于《搜狐财经》2007年12月7日）

和谐金融和新农村建设

党中央和国务院提出今后一个时期，农业和农村工作的总体要求是：全面贯彻党的十七大精神，按照形成城乡经济社会发展一体化新格局的要求，突出加强农村基础建设，积极促进农业稳定发展、农民持续增收，努力保障主要农产品基本供给，切实解决农村民生问题，扎实推进社会主义新农村建设。这也是在农村落实构建社会主义和谐社会的总体思路。

一 和谐社会、和谐金融和普惠性金融体系

党中央倡导和要求构建社会主义和谐社会。并指出，这就要坚持以科学发展观统领经济社会发展全局，按照民主法治、公平正义、诚信友爱、充满活力、安定有序、人与自然和谐相处的总要求，以解决人民群众最关心、最直接、最现实的利益问题为重点……走共同富裕道路。就要努力实现全面建设惠及十几亿人口的更高水平的小康社会的目标，努力形成全体人民各尽其能、各得其所而又和谐相处。

金融业理所当然要为社会主义和谐社会的构建贡献力量，这也是金融业的社会责任。只有将提供各类金融服务的机构都有机地融入金融体系，将包括所有地区和穷人、富人、一般人及大中小企业在内的所有不同金融服务对象都得到金融服务，使各种社会群体和组织能各尽其能、各得其所而又和谐相处，才称得上和谐金融。和谐金融应体现统筹兼顾、协调一致、公平正义、兼顾相关各方，包括金融供给方权益的原则。

普惠性金融体系是和谐金融的一种体现，它主张金融要为弱势地区、弱势产业、弱势群体服务，主张公平正义的金融服务机会和权益。

这也就是我们要讨论的主题：和谐金融应如何更好地为社会主义新农村建设服务。

二 我国"三农"发展的突出问题和加大资金投入的重要性

整个"三农"问题的解决仍面临诸多的压力和挑战，至少反映在以下四个方面。

第一，农业生产条件日渐严峻。首先，耕地面积急剧减少，而且其趋势仍难以遏制。其次，淡水资源短缺。我国人均淡水总资源仅为世界人均水平的27%，而且时空分布极不均衡。最后，近年来农田水利设施老化，失修严重。目前我国耕地有效灌溉面积占耕地总面积的45%。而且，病险水库占36%；大中型灌溉的支渠、斗渠和农渠中的土渠占80%以上。

第二，城乡和地区间居民收入差距仍呈扩大趋势。2002年，城乡居民收入差距首次突破1∶3。2005年两者之间差距为1∶3.22，2006年为1∶3.28。一些中西部地区的城乡间居民收入差距甚至比东部地区还大。而且，东部、中部、西部之间农村的收入差距很不平衡。

第三，农村基础设施建设和教育、卫生、文化等社会事业发展明显滞后。由于过去的欠账太多，农村水、电、路、气、电信等基础设施建设滞后，农村中小学教育质量低、农民缺医少药等问题仍然突出。城乡文化事业方面的差距也非常明显。基本社会保障体系滞后。

第四，城镇化的道路尚未真正开通。由于存在就业、住房、社保等各方面的现实困难，流动进城的农民很难转变身份真正成为市民，融入城市。农民进城容易定居难的矛盾依然十分突出。这对于城市和农村，都带来沉重的社会问题。

2020年全国人口将达14.49亿人，乡村人口6.52亿人。2030年全国人口约15亿人，乡村仍将在6亿人左右。因此，在推进城镇化的进程中必须统筹城乡均衡发展，努力推进现代农业和新农村建设。

要解决好我国"三农"问题，必须统筹城乡经济社会发展，实行工业反哺农业、城市支持农村和多予少取放活的方针。用业内人士的说法，这就是要：一靠政策、二靠投入、三靠科技。

这也可见加大资金对"三农"投入力度的重要性。因此，要形成政府财政对"三农"的支持和保护体系；推进农村金融体制改革，引导金融机构增加对"三农"的信贷投放；发展农业保险等金融服务。同时，制定相关政策，为社会力量投资"三农"创造良好环境。

建设新农村，加大资金投入是关键。金融是经济的核心，经济则是基础，金融与经济是相互作用、相互依存、密不可分的。大力发展农村金融，尽量满足"三农"发展的金融需求，既是新农村建设与和谐社会构建的要求，也是和谐金融的体现。

三　农村金融体系框架和金融改革发展的要求

2004—2007年连续四个中央一号文件已就农村金融改革和体系的建立描绘了简括而完整的框架。2007年年初第三次全国金融工作会议对此做了具体的部署，2007年年底召开的全国农村工作会议对农村金融改革又做了进一步的部署，当然有许许多多的问题仍有待探索。我的理解是：总的来说，应建立满足或者适应农村多层次金融需求的，功能完善、分工合理、产权明晰、管理科学、监管有效、竞争适度、优势互补、可持续发展的普惠性完整农村金融体系。

努力倡导建立普惠性金融体系，才称得上普惠性金融体系。才能使过去被排斥于金融服务之外的大规模的农村弱势客户群体与其他社会群体一样获益，最终这种包容性的金融体系能够对社会中的绝大多数人，包括过去难以到达的农村更贫困和更偏远地区的客户开放金融市场。完整的金融体系应为包容性的，普遍惠及于一切需要金融服务的地区和社会群体，尤其应惠顾于易被传统金融体系所忽视的中西部农村地区和贫困群体。

农村地区金融体系的现状是，金融机构、金融市场和金融基础设施的建设发展相对滞后，尤其在欠发达地区更为显著，金融服务能力有弱化的趋势。虽然目前我国资金流动性过剩，然而农村，尤其是中西部农村则是流动性不足。金融的突出问题表现在中西部农村的金融供给不足和农村企业和居民，特别是中低收入农户的金融供给不足问题。一方面资金外流严重，存款不断转移到城市和东部地区；另一方面农民缺乏融资渠道。农村金融服务供求不平衡，效率不高，基层金融机构缺乏有效竞争。

欠发达农村地区金融服务欠缺。我国农村金融网点覆盖率低，有的地方甚至是空白，金融供给不足，竞争不充分，而且，金融服务的效率往往低下。我国绝大多数金融资源集中在东部，东部地区存款约占全国的 60%，贷款的 57%。2006 年东部地区占比进一步上升。

据银监会网站，平均每个县（市、旗）有银行业金融机构网点 55.4 个，其中 30% 以上集中在县城地区。每个乡镇有网点 3.69 个。全国尚有 3306 个乡镇没有金融网点。拥有一家营业网点的县 2 个，乡镇 8213 个。据中国人民银行数据，就全国而言，约 33% 的农户能从正规金融机构获得贷款，有些地方仅为 5% 左右（焦瑾璞、杨骏，2006）。农信社提供的农户贷款约占全部金融机构的 90%。

表 1　　　　　　2006 年年末银行业金融机构地区分布

	机构个数占比（%）	从业人数占比（%）	资产总额占比（%）
东部	39	45	63
中部	25	24	14
西部	27	19	15
东北	9	12	8
合计	100	100	100

注：各地区金融机构汇总数据不包括金融机构总部的相关数据。
资料来源：中国人民银行上海总部、各分行、营业管理部、省会（首府）城市中心支行。

解决农村资金外流和增大财政与金融投入的战略设想和具体措施则显得尤为重要。而且，从财政与金融资金量供给的角度看，金融投入尤显重要。例如，2006 年年末，全国金融机构贷款余额 20 万亿元，农村贷款余额仅 4 万亿元，农民贷款余额 1 万亿元。城乡相比，显然很不相称，即便如此，这也比 2006 年中央财政对农村 3970 亿元的投入高得多。

进行农村金融改革，建立全面协调发展的农村金融体系，现在还应注意解决发挥体制内（正规金融）机构与体制外（非正规金融）机构两个积极性、两种作用的问题。就像 2006 年中央一号文件所提出的那样，应大力培养各类小额信贷机构，引导农户发展资金互助组织，规范民间借贷。在贫困地区，还应试行为弱势群体、社区居民、中小企业服务的民营银行。

竞争不足，且时有行政干预也是当前农村，尤其是中西部地区农村金融领域的问题。在很多地方，农信社基本成为垄断性金融机构，一方面形成"一农难支三农"的状况，另一方面也易使其成为"官商"，不思进取，得过且过，资产质量低下。

根据我们开展小额信贷实验的感受和进行的一些调研活动以及看到的一些资料，目前欠发达地区各类金融机构间的关系，总体上看是彼此间功能和作用的互补多于竞争，金融供给往往远满足不了金融需求。而且，金融供给和需求市场是有差别的（当然也有重叠），是可以细分化的，各类金融供给者在适度竞争的环境下，可以确定和找准各自的定位。人们看到的一个基本事实是：扶贫（公益性）小额信贷与农村金融机构的关系基本上是互补的，而它与民间金融（借贷）之间则是替代的关系。

另外一个值得注意的现象是从供给方得到的统计数据与农户使用的贷款（需求方）统计数据之间存在巨大的差异。根据银行系统统计（供给方），2000—2003年农民人均贷款额为227元；而据全国农村社会经济调查队所做的需求方资料，2000—2003年农民每人每年从银行和信用社借入资金65元，即使考虑到贷款拖欠等因素，农民从银行信用社实际得到的贷款与农村信用社系统提供的两项小额信贷额统计数据相比相差近3倍。贫困县2004年农民人均贷款额仅14元（吴国宝，2006）。

此外，扶贫贷款的资产质量很差。根据《金融时报》（2006年2月21日）中国人民银行的一份报告，农业银行1986年开始发放小额扶贫贷款，截至2004年6月末，全行5万元以下农户小额扶贫贴息贷款余额381亿元，涉及1175万农户，贷款不良率为70%。

2007年年底召开的全国农村工作会议旗帜鲜明地提出要继续加大农村基础建设的投入力度，深化农村各项改革，促进农业发展和农民增收。农村金融深化改革创新是根本保证之一。会议提出：要加快推进调整放宽农村地区银行业金融机构准入政策试点范围工作。加大农业发展银行支持"三农"的力度。推进农业银行改革。继续深化农村信用社改革，加大支持力度，完善治理结构，维护和保持县级联社的独立法人地位。邮政储蓄银行要通过多种方式积极扩大涉农业务范围。积极培育小额信贷组织，鼓励发展信用贷款和联保贷款。通过批发或转贷等方式,解决部分农村信用社及新型农村金融机构资金来源不足的问题。加快落实县域内银行业金融机构将一定比例新增存款投放当地的政策。推进农村担保方式创新,扩大有效抵押品的范围,探索建立政府支持,企业和银行多方参与的农村信贷担保机制。制定符合农村信贷业务特点的监管制度。加强财税、货币政策的协调和支持,引导各类金融机构到农村开展业务。完善政策性农业保险经营机制和发展模式。建立健全农业再保险体系,逐步形成农业巨灾风险转移分担机制。

四 小额信贷和普惠金融

最初,以解决扶贫资金使用效率和扶贫攻坚为主要目标的小额信贷项目,主要是在中共中央和国务院扶贫政策的大背景下发展起来的。21世纪以来,小额信贷已从扶贫扩大到为农村广大农户及城乡小微企业服务的范围。2005年中国人民银行推动在山西、陕西、内蒙古、四川和贵州5省份的5个县进行商业性小额信贷公司的试点,至2006年已成立了7家民营商业性小额信贷公司。

小额信贷机构是否可持续发展,有两方面的因素:一个是小额信贷机构自身业务水平和能力建设,另一个是宏观政策环境。而目前这两方面都有程度不同的欠缺。只有对现有和将来建立的小额信贷机构进行更加有效的内外部管理和适宜的政策支持,才能促进其健康发展,发挥应有作用。当前妨碍民营小额信贷健康发展的政策环境主要是机构缺乏合法身份和适宜的地位,以及没有融资渠道,因此很难扩大规模和可持续发展。

从我国相对于国外小额信贷发展比较先进的国家看,正像世行CGAP一些专家的评论,迄今为止,与其人口大国的地位衡量,我国的小额信贷和普惠性金融发展滞后。而且无论从微观层面(零售小额信贷机构的发展)、中观层面(为微观层面服务的金融基础设施或中介机构的完整),还是宏观层面(政府的政策法规、外部环境的完善)的角度看,都还有相当的差距。

普惠金融体系和理论的产生是合乎历史发展逻辑的,是对小额信贷扶贫理论认识的深化和发展。从这个意义上讲,普惠金融体系是对小额信贷理论和实践的新的更高层面的理论概括和发展。

完整的金融体系应是包容性的、普遍惠及于人类各阶层群体的。全世界60亿人，全中国13亿人，如果金融体系不服务世界十几亿和中国一亿多的弱势群体，这样的金融体系难道是合理、公平、正义的吗？人人都应享有公平的信贷机会和公平的金融服务的享用权，这是金融机构和体系的社会责任，是和谐社会所必需。更何况今天人们已寻找到既能服务于弱势群体，又能商业化运作和达到机构可持续发展的实现"双赢"局面的金融服务的途径。

现在全国上下正在贯彻党中央提出的"以人为本"的科学发展观，努力倡导和构建社会主义和谐社会。其中影响社会和谐的重大矛盾和问题也包括就业不足、收入分配不均，而且贫富差距仍在扩大之中。因此应从制度层面更加注重社会公平正义，努力扩大就业，包括自我就业的渠道和方法，着力提高低收入者收入水平，遏制乃至缩小贫富差距，促进共同富裕。而小额信贷，尤其是专事扶贫的小额信贷在这些方面能发挥极大的正面作用。它实际上是一种扶贫制度和金融制度的改革与创新。从体制上说，小额信贷就是将组织制度创新和金融创新的信贷活动与扶贫到户项目有机结合成一体的活动，也是一种具有经济发展和社会发展功能相融合意义的发展工具。

原中国人民银行副行长、现农业银行行长项俊波在《金融时报》撰文（2006年12月26日）提出了"弱势金融"的理念和理论。从他的阐述中，可以看出"弱势金融"的理念和理论与"普惠金融体系"的理念和理论是一致的，是相似理念的另一种提法。他认为：提出发展弱势金融体系是对以短期效益为目标的传统金融发展模式的一种反思和修正。一般来说，一个相对完整的弱势金融体系，至少包括弱势金融的机构组织体系、法律制度体系和政策扶持体系这三个方面。

焦瑾璞、杨骏在他们撰写的《小额信贷和农村金融》一书中也阐述了"普惠金融体系"。他们认为，在全面总结经验的基础上，提出加快金融改革，促进金融业全面协调发展，逐步建立统一开放的普惠金融体系，对我国日后的金融改革和发展具有重要意义。

普惠性金融体系框架认同的是只有将包括穷人在内的金融服务有机地融入于微观、中观和宏观三个层面的金融体系，过去被排斥于金融服务之外的大规模客户群体才能获益。

客户层面。贫困和低收入客户是这一金融体系的中心之一，他们对金融服务的需求决定着金融体系各个层面的行动。

微观层面。金融体系的脊梁仍然为零售金融服务的提供者,它直接向穷人和低收入者提供服务。这些微观层面的服务提供者应包括从民间借贷到商业银行以及位于它的中间的各种类型。

中观层面。这一层面包括基础性的金融设施和一系列的能使金融服务提供者实现降低交易成本、扩大服务规模和深度、提高技能、促进透明的要求。这涵盖了很多的金融服务相关者和活动,例如审计师、评级机构、专业业务网络、行业协会、征信机构、结算支付系统、信息技术、技术咨询服务、培训,等等。这些服务实体可以是跨国界的、地区性的或全球性组织。

宏观层面。如要使可持续性的小额信贷蓬勃繁荣发展,就必须有适宜的法规和政策框架。金融监管当局、财政部和其他相关政府机构是主要的宏观层面的参与者。

五 对银监会放宽农村金融机构准入政策的看法

银监会出台的"调整和放宽农村金融机构准入门槛的若干政策"允许产业资本和民间资本到农村地区新设银行,并准备在农村增设村镇银行、社区性信用合作组织和贷款公司三类银行业金融机构。2007年在6个省份试点,2008年将把试点扩大到31个省份。这是贯彻落实和体现中央农村金融政策发展目标和要求的突破性举措。它为缓解欠发达农村地区金融机构网点覆盖率低、金融供给不足、竞争不充分、服务效率差的问题迈出了坚实有力的一步。体现了农村金融服务应"多层次、广覆盖、可持续"的基本要求。

此农村金融新政的另一个有重要意义的突破是,对2007年7月1日起生效的《中华人民共和国农民专业合作社法》中没有包括的农民信用合作组织问题,银监会的新政中已在行政政策层面实际上基本解决了基层信用合作组织的问题,已出台了乡镇以下地域性"农村资金互助社"的管理办法。信用合作的重要性在于它往往是农民其他类型的经济合作得以可持续发展的关键性因素。

应继续适当放宽条件,积极慎重地进行多种类型的实验。对只放贷不吸储的机构无须审慎监管,政策完全可以放得更宽;对吸收公众存款的银行业机构应审慎监管,准入门槛应考虑到监管部门的能力和水平。

银行可大可小,但都应做强。我国农村最缺的是好的小型银行。

按现在的规定,"村镇银行"必须由银行控股,且要占20%以上的股份。是否可以放宽条件,其实,选择一些试点以利于总结经验是完全可行的。

"村镇银行"类机构需审慎性监管,这是没有疑义的。然而,小型社区"信用合作组织"——农民资金互助社,根据国际经验,一般适用非审慎性监管,这次新政对此提出的是审慎监管。不过对一些大型此类机构适用何种监管,国际上也有各种不同意见。目前我国基层金融监管部门的工作人员人数少,业务素质参差不齐,如何面对这一新形势、新变化,实施有效监管是一个严峻的课题。

"社区信用合作组织"是小额信贷多种组织类型中的一种。这一次出台的新政,解决了它的合法性问题,这是令人鼓舞和赞赏的,但它没有从整体上解决各种小额信贷组织的合法地位和适宜身份的问题,这不能不说是个遗憾。对2005—2006年中国人民银行推动的5省份商业性小额信贷公司的试点,以及在我国已存在十多年、追求扶贫和可持续发展的公益性小额信贷组织的政策,这次新政都没有涵盖和涉及。中央提出的"积极培育多种形式的小额信贷组织"的要求并没有破题。

笔者认为,从农村金融体系的完整性和一盘棋的统筹考虑,对各类小额信贷组织的发展从政策上应尽快予以解决。人们希望有关各主管部门应尽快协调统筹,保证政策措施的连贯和一致。

此新政不允许在民政注册的既追求公益性,又追求可持续发展的小额信贷组织与银行合作组建新政中提出的"村镇银行",似乎与2006年中央一号文件鼓励社团法人也可组建小额信贷机构的精神不符。

在全面建设小康社会和社会主义新农村建设的过程中,农村金融在发展农业生产、促使农民增收、维护农村稳定等方面起着重要的作用。要通过发展和谐农村金融和普惠金融,促进农业生产力及农村社会事业的发展,为实现构建和谐社会和建设社会主义新农村的目标奠定坚实的基础。

(原文载于《当代金融》2008年第3期)

参考文献

陈锡文:《当前的农村形势和农村工作》,《时事报告》2007年第2期。

杜晓山:《中国农村金融体系框架和农村信用社改革》,中俄国际经济研讨会,2004年4月20日。

杜晓山、刘文璞等:《小额信贷原埋及运作》,上海财经大学出版社2001年版。

焦瑾璞、杨骏:《小额信贷和农村金融》,中国金融出版社2006年版。

唐双宁:《解决中西部农村地区金融服务问题是当前重点》,《金融时报》2006年11月24日。

唐双宁:《中国城乡金融发展的不平衡与加大农村投入的新思考》,《金融时报》2006年7月31日。

项俊波:《重视弱势金融体系的构建 着力推动社会主义和谐社会建设》,《金融时报》2006年12月26日。

村镇银行带来了什么

1. 作为一直致力于帮助贫困地区农村农民脱贫致富的提倡者与践行者，您对村镇银行以及贷款公司、农民资金互助社等新型农村金融机构的出现有什么样的看法？您如何认识组建村镇银行的意义？

杜：银监会2006年12月出台了《关于调整放宽农村地区银行业金融机构准入政策、更好地支持社会主义新农村建设的若干意见》，这是贯彻落实中央农村金融政策发展目标和要求的突破性举措，体现了要建立多层次、广覆盖、可持续农村金融服务的基本要求。村镇银行是一个突破性的举动，对广大农民来说是件很好的事情。我国农村尤其是中西部欠发达地区农村一直存在金融机构网点覆盖率低、供给不足、竞争不充分、服务效率低等问题，村镇银行以及贷款公司、农民资金互助社等新型农村金融机构的出现能有效缓解这种情况，有利于充分调动方方面面的积极性。一是有利于增加资金供给，引导各类民间金融形式的健康有序发展。二是能够促进农村地区金融机构的竞争，打破垄断。主要是打破农村信用社在农村地区的金融服务垄断。三是大幅度提高农村金融服务效率，使农村金融机构总体质量得到提高。而这些方面的提高和改善，最终受益的将是广大农村地区的居民。

2. 您认为村镇银行的服务定位如何？村镇银行能否赚钱？村镇银行如何在扶贫与盈利间找到平衡点？贫困农民收入低，村镇银行的存款来源如何把握？如何在保证质量的前提下扩大存贷款的市场份额，实现可持续发展？

杜：目前我国已经出现了十多家村镇银行，虽然它们的名称都一样，都叫村镇银行，其目标、机构功能定位却存在一定差异性。当然，它们的共性是服务范围在最穷的群体到小微企业之间的某段区间。不过，从已组建的十几个村镇银行所服务的目标客户群体看，至今并没有出现像孟加拉国乡村银行（Grameen Bank）那样专事针对贫困群体又能盈利的"穷人银行"。

村镇银行能否赚钱？对此有不同意见。目前来看，如果实行纯商业化的运作，村镇银行要实现赚钱有一定难度。纯商业化运作盈利空间小主要在于它的成本高和经营规模有限。但是，据报道，有一两个村镇银行已开始盈利。据我自己的观察，如果是定位于公益性小额信贷，以县域为范围完全可以实现微利或盈利。这是因为有一定奉献性的意义和成分在里面，运营成本包括员工薪酬较低的缘故。而且，据看到的统计资料，商业性小额信贷公司，例如平遥等小额信贷公司试点已实现盈利。另外，如以农村信用社为例（我认为村镇银行与农信社的经营范围和服务对象大体一致），在一些经营得较好的地区，由于其目标定位准确、因地制宜，服务有创新、建立了良好的内控机制，取得了多赢的局面。

国际经验还证明，纯商业的小额信贷机构不会对十分贫困的地区与贫困农民大规模贷款。不以营利为主要目的的公益性、准公益性的小额信贷机构才能更好地在贫困地区开展工作。我认为可以考虑放宽对公益性、准公益性的小额信贷机构的金融准入，政府还可以在税收和融资政策上给这样的小额信贷机构特殊待遇。

我认为，我国目前并不缺少大银行，而是缺少好的小银行，尤其是在农村。银行的质量不在于规模的大、小，而在于强、弱，小银行也可以做成小而强。如有关方面已经提出，要保持农村信用社县级法人体制长期稳定不变，为的也是这个道理。现阶段，短期效益应该不是村镇银行的目标，主要是获取经验、锻炼队伍和先占领市场。村镇银行能不能赚钱在于其目标客户群体与市场定位的确立，如果是在县域范围内、以一定公益性为特征，不追求太高的市场回报，是可以盈利的。我们设立的几个小额信贷项目就是很好的例子。在县域范围内，投入100多万元资金就能赚钱，当然前提必须是它的员工工资不能太高、要有很好的管理。还有一些民间组织成立的非金融小额信贷机构也在做这方面的事情，也已做到基本不赔钱。我们试点的机构一个县投入700万元、800

万元,做得好的年份一年也能盈利十几万元到二十几万元。村镇银行如果追求完全的纯商业化运作,而且被限制在县域内,其盈利的空间可能会比较小。以汇丰银行发起建立的村镇银行为例,其长远的目标当然是要赚钱,要实现可持续发展。为此,他们的要求是监管部门应允许其有更大的地域发展空间,以形成一定规模后实现盈利的目标。不过,从另一个立场来看,一些经营状况好的农村信用社也能赚钱,说明了资金投入少的小机构并不是不能赚钱,而是在于你的目标定位、管理水准、服务创新能力、内控机制等,决定了你能不能赚钱。建议监管当局对这些机构能够在监管取向上因地制宜、区别对待。银行既可以做大做强,也可以做小做强。对于银行的发展来讲,应该区别对待,银行越做大越容易"脱农"。村镇银行的定位可以略微低于农村信用社,关键是要实现可持续。村镇银行的初创阶段,不能指望一下吸引到很多的存款,首先是稳住一批最基础的客户,把自己做出品牌、做强才行。资本达到一定规模才具备吸储的能力,最初只能靠股东的注资。其次,银监会可以出台一些政策,允许村镇银行有其他的融资渠道,如向金融机构拆借,或吸引个私户、微小企业、相对富有的客户资金。农村金融可持续发展的唯一办法,就是允许放贷机构创造足够的收入,能够覆盖成本并盈利。

3. 村镇银行的总体规模小,金融供给能力弱,政府在这方面应该给予怎样的支持,监管部门应该制定怎样的监管机制?

杜: 政府的支持对于村镇银行等新型农村金融机构来说,非常重要,国际上也是一样的。如美国的商业银行很发达,但是政府对于合作金融一直实行免税政策;日本也有优惠政策,如规定一些部门的存款必须存到农协系统的信用组织里。目前,我国对于村镇银行还缺乏相关的配套政策措施,如没有建立存款保险机制、市场退出机制以及有效监管机制。

从监管来说,又存在一对监管和搞活的矛盾:监管太严,则成本太高且难以搞活。对于一些新的没有看准或缺乏经验的问题,不要规定过死。可以先搞暂行规定,然后在长期的实践中逐步改进。要根据监管的力量、监管的水平来综合考虑放开的力度,并对经营业绩和水平不同的机构,实行差别监管,以及对不同类别的机构,实行不同主管机构和不同层级的监管。监管的目的是既要保证防范风险,但又不能阻碍发展与创新。这需要我们不断创新监管理念。重要的是保证不出系统性风险。目前，发起组建村镇银行的机构既有国有商业银行，也有城市商业银行、农村信用社，无论是哪种机构，前提是其要有足够的能力保证村镇银行的良好运作。在选择发起人时，原则应该是不要小的、差的机构，宁愿要好的、大的机构。这样，可以数量少但质量高，而且供给规模充分，同时监管压力也降低了。鼓励有质量、服务好的机构到农村建立村镇银行。放宽市场准入门槛不代表降低标准。另外，我个人的观点是，审慎监管应该区别对待，村一级的资金互助社不应该审慎监管，对只放贷不吸储的机构也无须审慎监管，政策完全可以放得更宽，对吸收公众存款的银行业机构则应审慎监管，准入门槛应考虑到监管部门的能力和水平。按现在的规定，村镇银行必须有银行控股占20%以上，是不是可以放宽一些条件？对于小型农村金融互助社，一般国际经验是非审慎监管。

4. 据悉，村镇银行的贷款无须担保，而有人认为农民普遍信用低下，农村的金融生态、信用环境不足以支撑村镇银行的发展，是这样吗？根据您的实践经验，没有抵押的农村信贷如何防范风险？

杜： 中国的信用大环境的确有待提高，但是不能得出农村的金融生态、信用环境不足以支撑村镇银行发展的结论，也不能说农民的信用就必然比富人低。我们社会科学院开展的小额信贷实验项目——"扶贫经济合作社"多年来一直坚持放贷给穷人，如今已有成千上万的穷人从这儿得到贷款，还款率高达90%以上。我们13年的实践和其他一些管理比较良好的试验项目的经验表明，只要有良好的管理，农户以信誉为担保的贷款，还贷率能够高于95%。另外，我们的实践也证明，穷人与富人的信用没有高低之分，穷人的信誉度绝不低于社会其他群体，关键在于如何进行巧妙的制度设计。如果信用机构管理有力、措施得当，农民信用并不差。所以说，没有不好的客户，只有不好的机构。而且，穷人甚至比富人更有信用，因为他们珍惜来之不易的机会。要想改善信用环境，首先，从政府层面上来说要建立征信制度；其次，共同构建诚信文化；最后，要使守信者获益，失信者受惩。

抵押贷款实际上是银行最后一道"消极"防范手段，对大额度贷款来说也许是需要的，也有效果，但对小额借贷来说并不必然需要。防范金融或信用道德风险，小额信贷需要建立一套有效的运作机制。如孟加拉国乡村银行实行小组联保借贷模式，即由单独的借贷者组成小组，小组成员对任何成员不能归还的贷款负有责任。如果有一次违约，所有小组成员再也不能借款。因此，这种制度促使小组成员间相互监督并排除那些风险很高的个人成为银行的贷款对象。这种制度给没有抵押的贷款提供了额外的保险。甚至孟加拉国乡村银行的自我创新模式（也称"第二代模式"或 GrameenⅡ）开发了无须联保的个体穷人小额信用贷款模式。因此，我们应该做的是重制度而轻抵押。如何防范没有抵押的信贷风险，国际上有一些很好的经验。首先，对最穷的人完全实施信用贷款，对一般农户较大额度的贷款收取象征性的担保抵押物，对一般微小企业可采取放大倍数的抵押物。对于小企业贷款，我国也已有一些成功经验，它们至少有以下几点：重分析轻抵押；重管理和控制；准确的客户识别：重点分析其有无还款意愿，以及有无还款能力。树立客户至上、服务第一的经营理念。对客户服务的原则应是上门营销和了解客户的真实情况，把握贷款安全性。从理念上明确"没有不还款的客户，只有做不好的银行"。我们目前还要做的工作是建立有效的灵活或无须抵押担保制度；正向的激励机制和培训制度；财务上的单独核算制度；等等。村镇银行在资金结算、清算等方面也还存在渠道不畅的问题。

5. 您对于目前正在进行的农村金融改革有哪些建议？请展望未来几年新型农村金融机构的发展情况。

杜：我的意见是试点工作不可"一刀切"，也不应局限于村镇银行、小额信贷公司、农民资金互助合作社这三种形式，还应包括公益性制度下的小额信贷组织。要放宽准入条件，尽快出台规范民间金融政策，对于新型农村金融机构要有政策上的鼓励、财税上的支持，以及中介组织、行业自律组织、独立的信用评级机构等配套机构。农村金融体系应该是功能完善、分工合理、产权明晰、管理科学、监管有效、竞争适度、优势互补、可持续发展的普惠性完整农村金融体系。银监会将新型农村金融机构的试点从中西部6省份扩至全国，对于改善整个农村地区金融服务有积极意义。

我认为，银监会《村镇银行管理暂行规定》中，村镇银行的股东必须是银行业金融机构、企业法人或者自然人，唯独没有社团法人，相关政策有待进一步完善。村镇银行的业务范围只限制在一个县里，范围也有些小了，如果实践证明其运营良好，应允许跨县经营。对于新政没有放开让在民政注册的既追求公益性又追求可持续发展的小额信贷组织与银行合作组建村镇银行，我觉得其实也应该提倡。

应尽快建立鼓励信贷资金投向农村、类似国外"社区投入法"的相关政策措施。缓解"三农"严重失血的状况。

在竞争者增多的农村金融市场中，目前还没有退出机制，应加快建立存款保险制度，形成有进有退、正向激励的良性机制。农村金融中还存在监管过度与监管不足并存的局面，一方面，缺乏清楚的准入和退出机制，对金融机构的监管仍停留在县一级水平。另一方面，因为担心风险可能采取过于严格的审批和行政管制，也可能会导致抑制金融服务需求得到有效满足的过度监管。

讲"农村金融体系应该是功能完善、分工合理"，其中应有之义是指除银行业金融机构需有政策性、商业性和合作性银行的区别和互补外，还应有保险、证券、信托、租赁等业务的发展。在这些方面还有大量的工作要做。

从监管机构的角度来说，还应该注意怎么协调"一行三会"的功能，兼营业务发展协调。

在农村金融改革中，政府的作用很重要，既不可缺位，也不可越位。尤其在欠发达地区，政府要发挥在基础设施建设、完善教育、卫生、养老等社会保障制度，建立补贴制度等方面的作用，为农村金融的发展创造良好外部环境。财政手段和金融手段的正确协调有效运用至关重要。

我要强调一点，完整的金融体系应该是包容性的，普遍惠及一切需要金融服务的地区和社会阶层，尤其应该惠及易被传统金融体系忽视的中西部地区和贫困地区。应使过去被排斥在金融服务体系以外的大量弱势农村社会群体获益，应对社会绝大多数人，包括过去难以到达的农村更贫困更偏远地区的客户，特别是贫困群体开放金融市场。我们应该建立的是普惠性的金融体系，建立普惠金融、和谐金融对发展小康社会有至关重要的作用。

虽然我国目前资金流动性过剩，然而就农村，尤其是中西部农村则是流动性不足。流动性过剩是就总体而言的,但是不等于中西部农村的流动性也过剩。我认为流动性问题也有结构性问题,所以考虑总量的同时要考虑结构性的问题怎么解决。

大力发展农村金融,尽量满足"三农"发展的金融需求是社会主义新农村建设与和谐社会构建的要求,也是和谐金融的体现。从金融业的角度来说,理所当然要为社会主义和谐社会的构建贡献力量,这是金融业的社会责任。只有将提供各种金融服务的机构有机融入金融体系,使各种社会群体和组织能各尽其能、各得其所而又和谐相处,才称得上是和谐金融。和谐金融体现的应该是统筹兼顾,协调一致,公平正义,兼顾各方利益。普惠金融体系是和谐金融的一种体现,主张金融要为弱势地区、弱势产业、弱势群体服务,主张公平的金融服务机会和权益。

(原文载于《中国金融》2008年第6期)

农村金融机构缺乏服务意愿

访谈背景　随着新农村建设的逐步推进和农业产业化经营的迅速发展，对农村金融服务的质和量上都提出了更高的要求，而近几年农村金融却发展缓慢，有些地区甚至出现后退的现象。2008年"两会"期间很多代表提出，现阶段农业生产需要有多渠道、稳定的融资途径，农村金融改革步伐需要进一步加快。

一　农村金融机构没有创新的愿望和能力

和讯网（贾浩森）：各位网友大家好，欢迎来到和讯网"改革开放30年系列访谈"现场。我是和讯评论部的贾浩森。今天我们访谈的主题是农村金融改革，坐在我身边是农村金融领域的专家杜晓山教授，他是中国社会科学院农村发展研究所党委书记、副所长，杜教授你好！

杜教授你是否关注到，本周二《长江商报》刊登了一篇名为《湖北石套子唯一金融机构撤离》的报道，说石套子乡方圆10公里，有近两万村民，信用社是这里唯一的金融机构，但是2008年5月，信用社却突然悄悄搬走。当地农民一下子没有地方存钱了，有的只能把钱埋在自家院子里。你认为，这件事情是不是我国农村金融现状的一个缩影？

杜晓山：你刚才说的这种情况是带有一定的普遍性。我们国土很大，所以方方面面的情况差异性也很大，这个案例代表了中西部地区的情况。我可以给你一组数据：根据银监会的统计，到目前为止，全国还有2800多个乡镇没有任何金融机构网点；另外，还有两个县和8900多个乡镇只有一个金融机构营业网点。这些地方跟你刚才讲的情况是非常相近的，一些经营不好的金融机构网点现在要撤并，而在另外一些地方，金融机构网站是根本没进去。我们还可以做一个比较：美国3亿人口，它有 8000 多个金融机构。我们有五大国有银行和邮政储蓄银行，再加上 100 多个城市商业银行，以及 2000 多个农村信用社（含农村合作银行和商业银行），所有都合起来不到 3000 个。

和讯网：我这还有两组 2006 年的数据。第一，我国县以下银行业机构的存贷比为 56.3%，比全国低 12.72 个百分点，农村人均贷款不足 5000 元，与城市相差 10 倍多。第二，农村银行网点是平均每万人 0.36 个，全国是平均每万人 1.34 个。从这两组数据中，我们可以看到农村金融与城市相比还存在很大的差距。你认为农村金融发展缓慢的主要原因是什么？

杜晓山：你所说的确实反映了农村金融体系的基本状况，这两组数据其实只是反映了部分情况。农村金融的网点和从业人员，跟全国的平均水平相比，基本上是 4 倍的差距。农村改革虽然是最早发起的，但农村金融改革的发展是严重滞后的，城乡发展的差距是巨大的。当然还有管理人员水平低下、人员素质不能适应形势要求；外部环境包括政府的干预、竞争不充分，还有信用条件和征信系统的欠缺；另外还有金融资产质量低下、金融案件高企等。

农村金融状况，大体可以概括成以下几点：一是农村金融机构和基础设施的覆盖率低；二是金融供给不充分；三是金融机构之间的竞争不足，在很多地方甚至没有竞争，当然也不排除个别地方的恶劣竞争，但总体上是竞争不足；四是金融服务的效率非常低下。

和讯网：造成这些问题的主要原因是什么？

杜晓山：我个人认为，这些问题应该从三个角度来看。从农村经济和社会文化的发展状况来看，它们跟农村金融所要求的流动性、安全性和盈利性有一定的差距。农村的经济和社会发展跟城市相比有一定的距离，再加上国家的扶持政策不到位，倾斜政策还很欠缺，信用环境也不是很好，所以从外部环境看，农村金融发展落后。

从具体的服务对象来看，农村的企业或个人想要获得金融机构的贷款服务，必须要有传统金融机构要求的抵押担保，要求有比较完善的信用记录和很好的经营历史，还要有比较完整的业务或者是财务报表，或者说经营状况真实的记录。但是我们的信息很不对称，这方面很欠缺，或者有了也难以得到真实的东西。

从金融供给机构来说，现在往往只是用非常传统的服务理念、手段、工具和产品，它们没有金融创新的愿望和能力。所以就出现人员素质问题、经营管理水平问题、治理结构问题、内部人控制问题；还有现在加强问责制之后，放贷出了问题要追究一辈子，所以它们认为放了还不如不放；另外，奖惩激励机制也不健全。以上这些原因造成了农村金融问题的长期存在。

二 农村金融的监管过严

杜晓山： 另外，很重要的问题是，农村金融的监管过严。所以要降低门槛，或者针对不同机构采取不同的监管政策。比如对银行来说，就要高门槛；对只放贷不吸储的金融机构就应该要低门槛。同时，还要有正向的鼓励政策和建立退出机制。如果没有退出机制就会有极大的信用和道德风险。又如，农信社做得不怎么样，但他知道你不敢关它，如关掉它，当地农民就没有金融服务了。最近，我听说海南有一个县，是中华人民共和国成立前和国民党斗争的老根据地，那个地方很落后，因此农信社说我赔钱、我要关门。老乡听到这个事儿，不干，就拿着锄头到了农信社，说你关门我们跟你玩命。当地就你这一家，你关门我们连存款都没有了，更不要说贷款了。最后迫于这种情况，到现在还没关门。

银监会有个新政叫"宽准入、严监管"。老实说，对"严监管"这个词我有不同的看法。我认为应该是"有效监管"，就是该严的严，该宽的宽，该松的松，该紧的紧，该审慎性监管就审慎性监管。

三 我国农信社各地区发展不平衡

和讯网： 我们说到农村金融市场主要的金融机构是农信社，农信社在农村对农户的贷款占全部金融机构农户贷款的90%。但农信社是长期经营不佳，你认为农信社在我国农村的发展状况是怎样的？

杜晓山： 2003年我们国家启动了农信社改革，应该说到今天为止已经取得了阶段性成果，效果还是很显著的。当时的一些做法，比如说花钱买机制、监管机构由地方省级政府负责、国家和地方政府一起对农信社的历史包袱进行化解，像这些都已经取得了明显的成绩。2004年，农信社开始扭亏为盈，资本充足率不断提高，治理水平也在逐步提高，资产的质量也在逐步改善。但应该说这只是阶段性的成绩，仍然还存在需要进一步深化改革的问题。

2004年,中央用1656亿元资金化解农信社的历史包袱,当时的提法是中央政府解决一半,地方政府解决另一半。理论上说这些资金已经到位了,再加上地方政府的努力,至少目前农信社的历史包袱应该很少了或者应该大幅度降低了。可是从银监会的数据来看,农信社现在的不良资产,包括亏损、挂账,仍然还有6000亿元甚至更多。当时才有3000多亿元怎么现在变成6000亿元了?国家的钱到位了,解决问题了,为什么不良资产反而更多了?这就说明我们当时在资产核实上有很多问题,或者说后来又产生了新的问题,或者两者兼而有之。因此可以说,花钱买机制起到了一定的作用,但是离真正实现目标还有很大的距离。

现在,农信社又出现了一个新的问题:改革以后我们出现了省联社,现在省联社的改革应该往哪里走?过去省联社的定位是行业管理组织、行业自律组织和服务组织,而且2008年的中央一号文件提到了"要长期稳定保持农信社县级联社的独立法人地位不变"。现在对省联社改革的争论很多,如果县联社独立法人的制度要进行调整,那么和2008年的中央一号文件就有不统一的地方,而且会有很多新问题。

和讯网: 有些城市银行已经在A股上市了,这部分银行的前身是农信社吗?

杜晓山: 不是,它们是城市信用社。例如,原来的农信社在北京叫作北京市城市发展商业银行。

和讯网: 这些可以上市吗?

杜晓山: 上市肯定是农信社改革的一种途径,可以进入资本市场,还可以买国债投资,还可以做一些保险代理等,这些都是它可以做的业务。如果农信社要融资的话,它可以拆借,一是同业拆借,另外可以使从农村外流的资金形成回流,自己做不了也可以采取与其他小型机构合作或委托的办法开展业务。所以,农信社的出路问题实际上和它自己的业务水准以及它可能的发展方向有关。比如说,一些经营好的银行现在已经跨地域经营了,像浙江的鄞州商业银行,它以前就是农村信用联社,后来变成了合作银行,现在它已经到省外组建分行了,等于是跨地域运作了。我刚才说它们可以做代理、可以做保险,可以做资产证券化，总之思路可以很多，但最根本的是搞好自身经营状况、提高自身的资产质量和管理水平。

和讯网：我们提到农村金融都会说到"三驾马车"：农行、农发行、农信社，它们在构建多层次的农村信用体系中起到什么作用？

杜晓山：你刚才说的农行、农发行、农信社，是20世纪90年代改革时中央政府的布局。那时，从国外发达国家和发展中国家的经验教训看，每一个国家的农村金融从银行的角度看，应该是这三种类型共存的，第一个是政策性，第二个是合作性，第三个是商业性。农村金融实际上有大概念和小概念的问题，大概念就是信贷市场、资本市场和保险市场，你刚才讲的是信贷市场里面的银行，银行又分政策性的、合作性的、商业性的。现在我们看到，这三种银行已经不完全是原来意义上的三种性质了。比如说，农信社原来是合作性质的，但目前大量农信社已经不是合作性质的而是商业性质的了，因此要成立一些新的合作式金融组织，比如说农村资金互助社。

农业发展银行是政策性银行，它的职责就是实现国家的政策意图，为政策意图提供金融服务，这叫作政策性金融。但实际上，我们现在的农发行主要做粮、棉、油的收购、仓储和流通，它不是全部意义上的政策性银行。如果是全部意义上的政策性银行，它的业务内容应该是对国家鼓励发展的基础设施建设、大型水利设施建设、生态环境保护、科技兴农、扶贫信贷等方面的金融支持，包括农业综合开发一些政策性的贴息贷款，这才叫真正的政策性银行，但是我们现在做不到，不过它也在逐渐扩大业务范围。

农业银行我们现在很清楚，是国有四大商业银行里唯一没有改制的（注：现在国务院刚刚批准农行改制不久）。但既然是商业银行的定位，它就是不能亏损的，必须要自负盈亏，为国家创造利税的同时服务"三农"。根据国内外的经验，既能够服务"三农"又能够取得很好利税的模式，是采取商业化运作，对中型、小型的龙头企业，或者是对县域经济发展的金融服务和支撑，都是它可以做的事情。

对于农信社来说，无论是合作制的还是商业化的——如果是商业银行可以跟农行竞争，如果是合作制的就为本社区的社员服务。现在为社员服务这块虽然有，但是不是它的主要业务，它已经进城或在农村针对企业进行商业化服务了。但是，我觉得农信社可以不进城。

正因为这三种金融类型不够，包括竞争不够、供给不足、效率不高、覆盖率低等，中国人民银行2005年开展了小额信贷公司的试点，2006年年底银监会出台了降低进入金融机构的门槛的条件。2008年小额信贷公司试点推向全国。我们目标方向是：形成多层次、广覆盖、可持续发展的金融机构。

四 外资银行进入农村市场出于战略考虑

和讯网：你刚才说，有一些农信社从农村撤出向城市发展，现在一些大的国有商业银行也从农村往外撤出。你觉得这些银行放弃农村市场的原因是什么？

杜晓山：他们主要是认为农村市场的成本高、风险大、利润低，而且辛苦。他要解决流动性、安全性、效益性，当然要去逐利，农信社、农村商业银行都纷纷认为城市要比农村合适很多。这个不是不可以去做，但这不是你的优势，而且也不是国家鼓励你做的事情。当然，国家的政策不到位，这是国家应该解决的事，国家应该对农村有一个政策的支持。

比如说信用环境差，地方政府能够保证说，如果由于是客户恶意逃税债，我们坚决制裁、坚决支持你们。如果有这样的政策支持，银行就可以在这里开展业务。如果没有抵押担保，也还有很多办法来做业务，而且有地方政府支持，包括保险制度进入之后，也可以解决银行的后顾之忧问题。再如对企业家农户、合作社农户，给专业合作社或农户的贷款，可以考虑由政府设立担保基金和风险金，或者将政策性或商业性保险与贷款业务结合起来开展业务活动。总而言之，如果有这么多的配套设施，农村市场的金融服务就可以或可能做好。而且从国际上来看，在农村做得很多小额信贷的利润率不低于大的商业银行，所以这个问题既要有主观上改变，也要有方方面面的改变。

和讯网：在国有银行撤离农村的背景下，2007年12月，渣打银行和汇丰银行分别在新疆和湖北开设支行，向农民提供小额信贷。你觉得这一进一退代表了什么？

杜晓山：我认为国有银行撤离是因为他们认为优势在城市里、在大项目上。农村成本高、风险大、收益低、辛苦，为什么要在这做？所以他们现在没有动力和压力往回走。对此，国家唯一要求农行必须回去，不回去就不给农行解决其他改制的问题，也就是要求农行"面向三农、整体改制、商业运作、择机上市"。当然，也不是说到农村去就是撤出城市，而是要两条腿走路，去农村会给政策上的支持，这样问题就解决了。

农发行和农行的眼光要长远一点，农村是一块未开发的处女地，要占领先机好好发展大有前途。外资为什么要去农村？就是因为他要占领阵地。现在，他们在城市里面不一定会战胜我们的国有商业银行，他们在中国是有一定局限性的。外资就是看到在城市里虽然有优势，但是不一定能拼得过这么多的国有大型商业银行。但农村现在是空白，这是一个广大、辽阔的金融市场，可以先期进入。但是他们没有这样的经验，现在的目的是去试一试，并不表明将来会把重点从城市转移到农村。城市要占领住，农村要先布点，吸取经验教训做调整，做各种各样的实验。

和讯网：你认为外资银行进入农村是试水？

杜晓山：对。着眼未来，立足当前。

五 农村大金融机构缺乏为农民服务的意愿

和讯网：我们都知道2006年度诺贝尔和平奖得主穆罕默德·尤努斯创建的孟加拉国乡村银行取得了非常大的成功，他所倡导的"微额贷款"模式为许多贫困的农民提供了帮助，而且也获得了不小的经济收益。你认为尤努斯的"微额贷款"模式成功在什么地方？哪些经验值得我们借鉴？

杜晓山：我们认为它是一个穷人银行，他做的小额信贷我们叫作"公益性制度主义"的小额信贷。"公益性"是指对穷人发放，带有社会发展（使命）的目标；"制度主义"是指在帮助穷人的同时，必须实现自负盈亏。自负盈亏就是财务的可持续发展，财务上可持续发展获得的利润再用于扩大发展，更好地为穷人服务。这样就形成了良性的循环——我帮助穷人没有用外来的补贴，而是用商业化的运作、商业化的利率，保证穷人对资金的需求；在不赔钱的同时还发展壮大；发展壮大不是目的，目的是长久、持续地帮助穷人。这是最成功的经验。

为什么他对穷人能做好呢？第一，他有最强烈的社会责任感，穷人就是他的服务群体；第二，他有为穷人服务的金融能力，他有能力和技巧做到这一点。老实说，我们的商业银行在技巧、能力方面不亚于他，但是我们的商业银行没有意愿，所以做不好。有很多有意愿的人，但是又不具备技巧、能力，愿望再好也做不成。

他的做法，我大至概括为：一是以穷人，尤其贫困妇女为目标；二是无须抵押担保，采取联保，或者不一定联保但是要有小组的方式互助；三是分期还贷，或者说具备了控制风险的手段；四是持续的借贷。国内很多的金融机构也作"小额信贷"，但是当穷人把钱还了以后，再借钱就不给了，这不是小额信贷。小额信贷是只要你还款了，就持续给你贷款。他就是认定穷人可以和任何人一样，是可以有信用的，是值得信赖的，他们不一定要抵押担保，是给他们一种意愿的启迪，启发他们的能力和他们良好的愿望。帮助穷人就一定成本高、效益低吗？不见得。但辛苦是一定的。所以这几条就决定了他的成功。

和讯网：意愿还是占主要的。

杜晓山：对，很多商业银行做不成功就是因为没有意愿。我们国家现在还有很多非政府组织做小额信贷，他们的意愿是很强的，但是做得也不是很成功。

和讯网：这个"公益性"和"普惠性"是不是一样的？

杜晓山：不一样，普惠性是小额信贷理念的进一步升华和概括。小额信贷不纯粹是贷款，它实际上是微型金融，有存款、贷款、结算汇款、保险以及其他的金融服务，所以小额信贷是全金融领域的一种服务。同时它是针对弱势群体，带有扶贫的性质。

2004年，世界银行和联合国系统的机构，在金融领域开研讨会的时候提出了"普惠金融"。之前谈的更多的是小额信贷。普惠金融讲的就是对那些传统金融不能或者不愿意服务的弱势群体、弱势产业、弱势地区提供金融服务，使所有的人群、机构、地区，都有权利和机会获得公平、正义的金融服务。比如说，财政怎么和金融手段结合起来帮助弱势群体、弱势地区、弱势产业？有很多办法，但是不要一说财政就是要补贴。我们不完全否定补贴，但是要有一个正确的方法。普惠金融有三个层次：一是零售金融，在金融服务的层面对弱势地区、弱势群体、弱势产业服务。二是中介机构，为普惠金融提供更完善的基础设施服务和基础方面的服务。比如说小额信贷机构直接放贷给穷人,如果资金不够可以得到批发资金,这就属于中间层面的业务。再如,金融机构的评级、征信制度的建立,小额信贷培训机构、自律机构的网络和协会,都属于中间层面的服务。三是宏观层面,讲的是国家的政策法规、国家的一些服务手段,甚至包括金融环境的建设、征信制度的建立等。当然征信制度本身属于中观层面的东西,但是政府的政策如果支持中观层面的东西和微观层面的东西,这三个层面就可以结合起来了,就会形成完整的普惠金融体系。

六 民间金融是农村金融很好的补充

和讯网:在农村金融体系不健全的情况下,地下金融就有了生存空间,有数据显示,我国农民从非正规途径得到贷款比重达到55%。你认为非正规的地下金融,对现代化的农村金融是一种互补还是一种破坏?

杜晓山:我觉得问题的两个方面都要谈。实际上,"地下金融"这个词我宁愿叫作"民间金融"。"地下金融"给人的感觉是一种负面的印象,民间金融则是一个中性词,有正面的作用,也有可能产生负面的作用,两方面的作用都会有。你刚才提到的统计数字,不同的来源有不同的说法,有和你这个比较相近的,就是正规金融占一半,民间金融占一半

而民间金融实际上还应该分成几种:一种是无息的民间借贷行为,这完全是一种互助行为,我困难的时候你借我一点,你困难的时候我借你一点,既可以是无息的,也可以是有息的。还有一种是商业性的,这个是有息的,又分为高利贷和普通的一般利息。普通的一般利息是很正常的,金融机构不给我钱我可以从这儿借,包括小企业也可以从这儿借。而高利贷也要分两种,如果是做买卖周转,两天就可以还钱,利息高但你赚得多也还得起,这也是可以的;但是让老百姓还不起的高利息就是负面影响。对于民间金融,中央文件和监管当局现在也说得越来越清晰了,是"引导"而不是"抑制",就是发挥它们的正面作用,阻止它们的负面作用。民间金融这么来分析的话会比较全面。因此从这个角度来说我们要扬长避短,尽量把它们引导规范,但是又不要把它们搞死。我们要防止民间金融的黑箱问题,非法集资、诈骗、高利贷,还要

防止一些国家政策不太主张的高污染、高耗能、不符合节能减排要求的放贷行为。从我们现在的情况来看，民间金融总体上是正面的，对正规的金融有一个补充作用，而且对农户一般非常有好处。因为现在农村金融改革发展的措施和有效性还有很大的提升空间，在没有解决这些问题之前，民间金融占了一半，也是一股不可忽视的力量。

现在，我们国家的商业性小额信贷公司发展得非常快。2005年只有5个省份的试点，5个省份在5个县里成立了7家公司。2005年到现在，7家中有一家的业绩不行，它的贷款余额只有60万元人民币左右，规模太小。原来注册资本金是2000万元，但真正到位的只有600万元，而这600万元的资金运作得又不太理想。剩下6家，贷款余额多的是1亿元左右，少的在7000万元左右，都基本盈利了。现在政策规定，基准利率的4倍以内的贷款都是合法的，所以利润空间还是比较大的，它们很快就达到了盈利的水平。当然，它们的盈利能力能不能和房地产行业比，和一些高利润行业比，还有待进一步的观察。

和讯网： 由于时间关系，我们今天的访谈就到这里。感谢杜教授给我们带来的精彩观点，也请和讯网的网友继续关注我们的节目！

（原文载于和讯网，2008年8月1日）

村镇银行应向中低收入农户倾斜

记者（冯华）：村镇银行与原有的农村信用社等相比有什么区别？能够发挥什么样的作用？

杜晓山：村镇银行、贷款公司、农村资金互助社等新型农村金融机构出台的背景基于对我国农村金融体制的三个判断：

——农村的金融机构与基础设施覆盖率低，甚至有空白；

——农村的金融供给不足；

——农村的金融竞争不充分。

此外，原有的农村金融机构还存在效率偏低、信用环境不佳等问题。因此，银监会在2006年年底出台了调整放宽农村地区银行业金融机构市场准入政策，基本目标是建立适应农村多种金融需求的多层次、广覆盖、可持续的农村金融体系。

与上述不足相对应的，新型农村金融机构具有以下几个特点：

第一，新型农村金融机构属于一种增量供给，通过适当降低门槛，充分调动各类民间资本、城市金融资本甚至是外资到农村地区创业发展，有效解决农村地区资金供给不足的问题。第二，提高覆盖率。监管部门对这几类新型农村金融机构都有明确的支农责任，如规定村镇银行和小额信贷公司的可用资金应全部用于当地农村经济建设。第三，激活农村金融市场，通过竞争来提升当地整体农村金融服务水平。

记者：经过一年多的试点，这些新型农村金融机构的经营状况如何？

杜晓山：到目前为止，全国共开设了20多家村镇银行，4家贷款公司，9家农村资金互助社。从现实情况来看，村镇银行发展速度较快,但总体发展不平衡,水平参差不齐。

根据我的观察,不少村镇银行在人才和管理上、股东之间的协调配合上、资金来源等方面都不同程度地存在问题。我认为村镇银行当前面临的最大挑战是仍然按照传统银行的理念与业务实践来经营。在产品设计和业务流程方面,一些村镇银行与普通银行没有太大区别,业务创新能力不足。村镇银行的贷款规模一般都很小,从几千元、几万元到几十万元不等,许多农民、企业往往都拿不出符合银行要求的抵押担保或业务与财务报表。这些都需要我们慢慢摸索,加以解决。

此外,村镇银行的主要定位是解决小企业、微小企业以及一般农户的贷款问题,但在实际操作过程中,他们大多倾向于种养业和专业大户以及规模较大的企业,"放大不放小"现象普遍存在。当然,这些农户和企业确实也有资金需求,也不应完全苛求银行。但我认为中低收入和贫困农户更需要资金帮助,也许几千元的小额信贷就能改变他们的生活。

记者: 刚才您也提到了,村镇银行更倾向于帮助大户、富户,为什么会出现这种情况?

杜晓山: 有些金融机构不愿意或做不到真正帮助农民,一是意愿不足,认为贷款给微小企业和低端客户成本高、风险大、收益低,不愿做贯彻普惠金融理念的业务;二是能力不足,缺乏金融创新产品。

要从根本上改变这种状况,我认为国家首先应出台更多更好的正向激励政策,鼓励那些服务于贫困农户、将钱贷给一般农户的银行。我们现在缺少的是"穷人的银行"或"穷人的金融机构"。比如,可规定对中西部地区面向乡镇以下地区"三农"客户的金融机构,且所有贷款余额不超过5万元的,给予一定程度的财税优惠政策,放松利率限制等。

其次,配套措施也要跟上。如加强农村地区的基础设施建设、信用环境和制度建设,研究设计适合农村地区的金融产品。加快农业保险的实施步伐,既降低了金融机构的经营风险,也能有效满足农民的资金需求。

最后,要有效监管,从制度上加以约束,防止村镇银行偏向傍大户和违规违法行为。

(原文载于《人民日报》2008年9月5日)

运用财政和金融手段协调支持"三农"发展

摘 要: 本文阐述了财政和金融手段的各自功能。强调了两者都具有的"公共服务"的特性,即对公众服务的公平正义要求,以及两者所具有的"无偿"与"有偿"服务等方面的基本区别。指出两者间相互补充和支持的关系。文章论述了财政直接支农和发挥杠杆导向作用撬动金融和其他资金支农的特性。论述了农村金融的支农效应,包括农村金融改革发展目标框架,以及如何促进政策金融、商业金融、合作金融、新型金融组织和农业保险、农产品期货市场等健康发展的意见。本文还提出财政和金融手段结合支持"三农"发展值得探讨的几个问题。

关键词: 财政手段 金融手段 协调支持 "三农"发展

社会主义新农村建设离不开资金的支持,而资金的主要来源,除了农民自己的投入(包括农民工打工挣回的资金),主要来自国家财政和金融部门的资金。中央财政支农资金2006年为3397亿元,2007年为4318亿元,2008年为5625亿元,这是历史上总量和增量最多的一年。而且,在国务院2008年3月27日召开全国农业和粮食生产工作电视电话会议上,温家宝强调,要充分认识进一步加强农业和粮食生产的极端重要性,进一步加大政策支持力度,在2008年预算安排"三农"投入5625亿元、比上年增加1307亿元的基础上,中央财政再增加252.5亿元投入,主要直接补贴给农民,采取十项重要措施,支持农业和粮食生产。金融部门,主要是银行的农业贷款余额近几年每年都在2万多亿元,农民贷款余额1万多亿元,农村贷款余额4万多亿元。不过必须指出的是农村地区从金融部门流失的资金量也以千亿元计。目前和今后一段时期，新农村建设所需资金还有很大缺口，农村金融市场面临着较为严峻的资金流失和供需失衡状况，因此，如何更好地协调和强化财政和金融的统筹协调，发挥它们的支农功能，尤显重要。

一 财政和金融手段的功能

财政，人们现在越来越关注其"公共性"。财政已被越来越多的人称为公共财政，强调公共财政来自人民，服务于人民的特性。实质上，财政具有公共服务、公共产品的性质。但是，受经济发展水平的限制和思想认识不足的影响，公共产品不仅供给量不足，而且供给结构也不合理，不适应基本公共服务均等化的新要求。我国长期以来，形成了城乡二元结构的格局，过去，财政更多地关注和服务于城市，为支持国家工业化的发展，采取了农业支持工业，农村支持城市的政策，而现在，已到了工业反哺农业，城市带动农村的历史发展阶段，谋划城乡统筹一体化发展，贯彻财政的公共服务性质，真正开始得以体现。目前，我国农业仍是整个国民经济中最薄弱的环节，加强农业基础，确保农产品供给和农民增收，是保持经济稳定与社会和谐面临的突出任务，要按照统筹城乡发展要求，推进城乡基本公共服务的均等化，提高农村公共产品的供给水平。切实加大"三农"投入力度，首先是财政投入力度。

农村金融是我国整个金融体系中最薄弱的环节。加快农村金融的改革和发展，强化金融的支农力度刻不容缓。现在，普惠金融体系的理念、理论和实践，已开始被更多地提及、关注和认同，越来越多的人在倡导和实践普惠金融。普惠金融强调的是金融服务的公平正义，服务对象的普适普惠和包容性，要求做到对一切需要金融服务的群体，无论是富人、一般人，还是穷人，都应得到公正的金融服务享用权和机会。农村，尤其是中西部农村是弱势地区，农业是弱势产业，农民，尤其是中低收入和贫困农户是弱势群体，弱势的"三农"理应得到均等化甚至更为优惠的金融服务。

由此可见，财政和金融，都具有不同意义上的"公共服务"特性的一面，都具备服务均等化的要求。而在现实中，长期以来，农业、农村和农民则是财政和金融服务惠及少的弱者和"短板"。另外，财政与金融相比，一般来说，财政服务的公共性和外部性更强，更多的是无偿服务。同时，财政手段还有撬动和引导金融服务的杠杆和政策指向功能。而金融服务则要求服务的有偿性，它还具有从"准公共性"到"非公共性"的更宽领域的性质。因此，应该按照财政服务和金融服务的不同特性，以及不同金融服务的不同特性对"三农"的不同领域不同层面的不同需求，统筹兼顾、协调一致地分别提供相应适宜的供给服务，全面加强对"三农"发展的资金支持力度。财政和金融两者之间不是相互排斥、替代的关系，而是相互补充、支持的关系。

二 发挥财政支农的效应

（一）财政直接支农

我们应充分发挥财政支农的职能。要充分利用世贸组织关于不受限制的"绿箱政策"和适量允许的"黄箱政策"的规定，进一步加大对农业基础设施、农村公共设施、农业科研与技术推广、农民培训、农产品质量检测、农业结构调整、环境保护、粮食安全储备、脱钩补贴和贫困农民补贴的投入力度。还要加大关注民生、改善农村生活设施、教育和医疗卫生、基本社会保障等方面的投入。以改善农民生产生活条件，降低生产经营成本、增加收入、提高农业综合生产力和国际竞争力、促进城乡经济社会协调发展和农村可持续发展。

财政要继续加大对农业基础设施的投入。包括交通道路、电力供应、清洁饮水、通信信息、农业水利、防灾设施和服务、病虫害防治、生态环境、国土整治等方面的投入。

财政要支持农业农村经济结构调整。支持农业产业化、农业种子工程、畜牧良种、优质饲料、优质农产品基地、退耕还林、退牧还草。支持龙头企业和农民专业合作社的发展。

加强对农业社会化服务体系的支持。包括病虫害监控防治、农业产前产中产后投入支持、农业救助体系等。2008年年初南方严重的雨雪凝冻灾害就是一例教训。继续加大对农民的种粮直补、良种补贴、农机具购置补贴和农业生产资料价格综合补贴。考虑实施粮食综合生产补贴制度，以及鼓励生猪等生产健康发展的财政支持措施。

加强对农村，特别是对中西部农村社会事业的财政支持倾斜。实施完全的义务教育和提高教育质量，尽快构建全覆盖的新型农村合作医疗体系并逐步提高水平，建立农村最低生活保障制度，逐步健全基本社保障体系。

应更多帮助欠发达地区解决基本公共服务均等化问题。加大中央财政向中西部地区转移支付力度，提高具有扶贫济困性质的一般转移支付的规模和比例。

有了以上这些各级政府的财政的公共产品和服务的投入，就可能支持农村经济社会的健康运营和可持续发展，这也就为农村金融和社会资金投入奠定了基础，也可能使农村金融具备可持续发展的良好条件。

（二）财政杠杆导向作用

公共财政的投入的另一作用是它的撬动金融机构和社会资金投入农村的杠杆和引导作用。当前我国财政支农投入渠道多（据统计多达十几个部门），资金使用分散，效率效益不高，也缺乏与信贷投入的有机结合。各级政府财政可整合资金，提高使用效益，还可设立政策性支农风险或担保基金或公司。政策性保险基金可提供政策性保险补贴。对从事支农金融机构应提供财税优惠政策等方法，调动机构支农的积极性，例如减免营业税、降低或返还所得税。

目前，财政部和国务院扶贫办在贫困地区的贫困村试行由财政资金与农户资金结合的农民资金互助社试点，有些省也在进行类似的循环资金扶贫项目。总的说来取得了较好的成效，这也是财政扶贫资金有偿使用，使无偿资金增值，获取多赢局面的有益尝试。对于这类资金支农扶贫项目，银行不愿做或不能做，当前可由政府或民间创造条件来弥补。但应注意建立在不破坏市场公平的基础上，同时有利于微观活动主体市场地位的强化，保证项目的可持续发展。

三　发挥金融支农效应

（一）农村金融体系改革发展目标框架

2004—2008年五个中央一号文件已对农村金融体系的改革和发展简要描绘了完整的目标框架。笔者对此的理解是：应建立或满足农村多层次金融需求，功能齐备、分工合理、产权明晰、管理科学、服务高效、优势互补、竞争适度、监管有效、普惠性和可持续发展的完整农村金融体系。

目前农村金融体系现状是金融市场不完善，主要的只是银行市场，资本市场和保险市场严重缺乏；金融基础设施和机构覆盖率低，甚至有空白，资产质量不高，供给严重不足，竞争很不充分，金融服务效率差。而今后农村金融改革和发展的目标是形成完整的金融市场，使信贷市场、资本市场、保险市场逐步有机统一、均衡健全，并构建多元化的金融机构，实现多层次、广覆盖、可持续的发展。

完善农村金融机构体系，就需构建政策性、商业性、合作性金融机构的合理布局。既要分工合理、功能互补，又要鼓励适度竞争。有些业务和项目可以招投标的方式，由各类不同机构经营。

(二) 增强政策金融机构功能

中国农业发展银行是中国目前主要的农村政策金融机构。需要大力扩大和增强其职能和业务范围，使其成为真正政策性的农业和农村信贷专业银行。注意发挥国家开发银行支持"三农"的功能作用。

可以考虑对一些政策性和开发性业务采用招投标的方式，择优选择各类合格的金融机构操作执行，以争取资金效益的最大化。

(三) 鼓励商业金融机构支农

中国农业银行和农信社中的多数应是从事农村金融的商业银行，必须以支农为自己的主业，它们应成为金融支农的支柱和中坚力量。也要鼓励其他商业金融机构支持"三农"发展，例如，借鉴国外经验，规定各商业银行必须将存款的一定比例用于支农贷款，并有相应的激励处罚规定。除了支持基础设施、农业综合开发、产业化、龙头企业和中小企业发展外，还要特别注意坚持和完善农户小额信用贷款制度，改进和扩大农户联保贷款制度。

为了弥补小额信贷的交易成本及风险，建议对农信社及农村商业银行中这两类贷款的收入免征营业税。中国农业发展银行还可以将一些政策性金融的具体业务委托农信社和农村商业银行代办，并给予一定的代办费。

要解决农信社带有根本性意义的体制、机制问题。继续解决历史包袱，完善治理结构、内控管理，提高人员素质和资产质量。农信社既可以县联社为一级法人，并长期保持和稳定其独立法人地位，也可以办成县乡二级法人，独立经营，自负盈亏。农村最缺少和最需要的是小而强的社区性金融机构。

推动邮政储蓄银行的规范健康发展。邮政储蓄银行应积极慎重地开展贷款业务，首先从做好小额信贷业务起步。当前最重要的工作之一是挑选和培养足够多的符合条件的业务和管理人才。它应办成一个能够向不发达地区和偏远的农村地区提供普遍性金融服务的金融机构。

（四）扶持合作金融组织发展

既鼓励新生合作金融组织发展，也鼓励部分愿意坚持走合作金融道路的农信社转变为真正的合作金融组织。而且，凡是建立了合作金融组织的地方，可由其受中国农业发展银行的委托代办一些政策金融的具体业务，并给予适当的代办费。商业银行也可委托其对申请贷款的农户进行信用评级和信贷业务。国家对合作金融组织实行免营业税及所得税，少提存款准备金，在贷大于存时给予适量的再贷款等优惠政策。

（五）鼓励新型金融组织的规范发展

全面试行村镇银行、贷款公司和农村资金互助社，并注意适时调整和完善相关政策。当前，还应大力倡导和鼓励各种商业性和公益性小额信贷组织的发展，有关部门应尽快出台具体管理办法。对于只放贷不吸储的小额信贷机构应放手大力支持发展，因为它不存在可能损害存款人利益的问题，不会形成大的金融风险，不会影响社会稳定。

（六）建立和完善农业保险体系，发展农产品期货市场

建立和完善农业保险体系，发展农产品期货市场，也是农村金融体系一项重要的配套改革。发展各类农业生产保险，并注意保险与信贷业务的协调配合。种植及养殖大户可以其未来的收入投保，然后向银行申请抵押贷款用于生产过程中的支出。应在农村建立以政策性保险为主体的农村保险体系。2018年年初南方大规模严重雪凝灾害就是最新的惨痛教训。发展大宗农产品期货以规避农产品价格波动的风险。

此外，应大力注意引导规范民间金融。注意扬长避短，优势互补，并尽快出台"借款人管理条例"类的政策法规。

四　几个值得探讨的问题

（一）是否应有一个相对独立的农村金融体系

财政与金融手段的相互融合协调，促进"三农"发展的思路是肯定的，但就农村金融改革发展模式而言，其目标、方向和手段的定位，在业内争论很大，但基本上可概括为两类或三类。一种意见是应形成城乡统一的金融模式。这种观点更多地强调要以市场经济的手段运用农村

资金，对运用财政补贴金融运作的做法，要慎之又慎，切不可扭曲正常的农村金融市场运营秩序。因此，强调印度尼西亚、孟加拉国、南非等国农村金融，包括小额信贷，商业化运作的经验，很少提及和强调财政对金融的支持作用。

另一种意见是区别于城市金融，应建立起相对独立的农村金融体系，并予以特别的优惠支持，包括更多地运用财政税收支持手段。这类观点强调应学习日本、南朝鲜和我国台湾农协那套体系或经验，认为这种模式最大特点是它的农村金融和正规金融是完全独立的不同金融体系，政府当局为农村金融体系提供了大量的优惠政策。笔者两年前在我国台湾地区考察时，也确实看到台湾学术界对台湾应实施何种金融模式，即应是"城乡统一"还是"城乡分离"两种金融模式的激烈争论。前者强调市场手段和高效率，反对保护落后和低效率。后者强调农业、农村和农民的特殊性和弱质性，要求有倾斜的保护政策。

当然，也可能考虑的第三种模式是上述两种模式的混合体，既讲城乡统筹的金融体系，又讲农村金融的特殊性，加大国家政策法规的支持。笔者从总体上还是支持这一种目标和政策选择，即一定要强调农村金融体系整体的商业可持续发展，但要认真研究和考虑其弱质性和特殊性，而予以更合理的财税、信用制度等政策保障。

（二）财政和金融手段协调支持公益性（扶贫）小额信贷组织的发展

迄今为止，如何帮助解决中西部地区，尤其是贫困地区的贫困和弱势群体的金融服务问题尚无明显进展。2006年中央一号文件特别提出有关部门应尽快制定包括社团法人在内的小额信贷机构的具体管理办法，2007年和2008年中央一号文件也重申"积极培育小额信贷组织"。温家宝近两年来也一直要求支持鼓励各种类型小额信贷组织的发展。然而，至今有关政策条规，特别是对鼓励扶贫小额信贷组织健康发展的政策仍未出台。笔者在此仅就民营半民营扶贫（公益性）可持续发展的小额信贷的政策谈些意见。

自1994年以来，一批扶贫小额信贷项目在我国已有十多年的实践经历，也积累了一定的经验教训。这里所说的民间或半政府机构是指那些从组织形态上看，属半政府性质或民间性质的机构。这类非金融的民间或半政府项目机构专向中低收入群体和贫困户（多数为妇女）提供小额信贷服务。它们利用社会筹资，其中主要是国（海）外机构和人士的捐助，开展只发放贷款不吸收社会存款的小额信贷扶贫活动。它们覆盖了二三百个国（省）定贫困县，资金总额约十多个亿。它们的共同和突出特点是扶贫的社会效益较为显著，它们中的多数也在探索可持续发展之路。

小额信贷机构是否可持续发展，主要有两方面的因素：一个是小额信贷机构自身业务水平和能力建设，另一个是宏观政策环境。而目前这两方面都有程度不同的欠缺。当前妨碍民营公益性小额信贷健康发展的政策环境主要是机构缺乏合法身份和适宜的地位，以及没有资金来源和融资渠道，因此很难扩大规模和可持续发展。

笔者认为，无论从理论上还是实践上看，对这类不吸收社会存款的民间或半政府小额信贷机构，现在都已具备了给予适当定位和合法身份的条件和时机。有了政府适当的鼓励政策，将肯定会吸引更多的国内外机构、人士和资金投入到这类扶贫小额信贷活动的行列中来。这将是一项利国利民又无社会和金融风险的好政策。具体建议如下。

（1）从国家财政或专项扶贫财政资金中拨出1亿—2亿元，作为扶贫小额信贷机构的垫底循环基金，以此吸引国内外各类其他资金，设立专门的扶贫小额信贷批发基金。可设立专门机构，也可委托国家政策性银行管理此基金，按照一定的标准，或运用招投标的方式，支持符合条件的公益性小额信贷机构的资金（甚至技术）需求，以彻底解决具有可持续发展潜力的扶贫小额信贷组织的资金瓶颈问题。而且，即使暂时没有其他资金的投入，仅这一两亿元也够现有100多个公益性小额信贷机构中追求既扶贫又可持续发展的经营业绩良好者扩展规模的近期资金需求。

（2）对于那些有一定规模和实力、经营历史达到一定年限（如五年以上）并有优良业绩的机构，应给予一定金融业务的合法经营权，并在中国人民银行和银监会的指导下，通过行业自律的方式加以监管。

（3）给予这类扶贫小额信贷（如所有单笔贷款不超过5万元人民币）的机构一些特殊的优惠政策。

(三) 对发行支农特别债券建议的思考

原银监会副主席、现光大银行集团董事长唐双宁 2006 年曾指出，目前，在农村资金投入方面面临的突出矛盾是财政有意但财力不足，银行有资金但手段不足，农村有需求但力量不足，为此可考虑通过发行支农特别国债或特别政策性金融债的方式解决这一矛盾。可由财政或政策性银行向商业银行发行（注：当时，银行业存差已经达到了 10 万亿元，流动性严重过剩），由农村信用社代理（笔者认为现在由于新增农村金融机构已陆续出现，可用招投标方式，择优选农村零售金融机构代理），按商业原则运作，将筹集的资金运用到农村，解决新农村建设资金投入不足问题。从以上思路可见，这也是一个财政和金融手段相互配合协调，为"三农"提供资金服务的建议。有关方面应认真研究该建议的可行性。

综上所述，在我国全面建设小康社会和社会主义新农村建设的过程中，农村金融和财政以及两者间的协调配合，必然会在推动发展农业生产、促使农民增收、维护农村稳定等方面起着重要的作用。在改进并完善中国农村金融和财政制度的建设时，要注意阶段性与连续性的统一，既不应超越现实，急躁冒进；又不应迁就现实，回避矛盾。要通过发展农村金融和财政，促进农业生产力及农村社会事业的发展，为实现构建和谐社会和建设社会主义新农村的目标奠定坚实的基础。

（原文载于《现代经济探讨》2008 年第 9 期）

参考文献

北京思必特经济咨询中心：《"农村金融与新农村建设"研讨会观点综述》，《经济要参》2007 年第 61 期。

杜晓山：《小额信贷的发展与普惠金融体系框架》，《中国农村经济》2006 年第 8 期。

唐双宁：《中国城乡金融发展的不平衡与加大农村投入的新思考》，《金融时报》2006 年 7 月 31 日。

农村金融供需失衡需大力扭转

农业增产、农民增收、农村经济发展都离不开农村金融的大力支持。近年来，金融主管部门和各金融机构在农村金融产品创新、服务方式创新和组织创新等方面进行了诸多积极探索，其目的就是要建立和完善多层次、广覆盖、可持续的农村金融服务体系，满足多元化、多层次的"三农"金融需求。

尤其是刚刚过去的2009年，农行顺利完成股份制改革，为农村金融发展注入生机；有力措施竞相出台，信贷支农力度进一步加大；农信社改制首次提升到中央政策层面；农村商业银行掀起组建热潮，区域性农商行相继挂牌；允许小额信贷公司改制设立村镇银行；新型农村金融机构发展三年规划出台……农村金融改革迈出了坚实的步伐。

尽管如此，随着农村经济不断加快发展，农村金融服务需求迅速扩张，农村金融的供给与需求还存在诸多矛盾和亟待解决的问题。新形势下，如何缓解农村和农民贷款难，促进城乡公共金融服务均等化？在2010年中央一号文件发布之际，记者采访了中国社会科学院农村发展研究所副所长杜晓山。

记者：对于"提高农村金融服务质量和水平"，每年的中央一号文件都会以整段的形式提及，我发现2010年的中央一号文件将涉及该内容的段落大幅上移，放在了非常靠前的位置，您对此有何看法？

杜晓山：2010年中央一号文件第7次锁定"三农"，提出"提高农村金融服务质量和水平"，这当然一方面说明了其本身的重要性，另一方面也可以看出中央下大力气推进农村金融改革解决农村融资难的决心，标志着我国农村金融改革已进入一个重要而关键的阶段。

在农村金融方面，2010年的中央一号文件重复或进一步重申了2009年中央一号文件的有关内容或2009年已经出台相关政策，如"进一步完善县域内银行业金融机构新吸收存款主要用于当地发放贷款政策"和"加快培育村镇银行、贷款公司、农村资金互助社，有序发展小额信贷组织，引导社会资金投资设立适应'三农'需要的各类新型金融组织"以及"落实和完善涉农贷款税收优惠、定向费用补贴、增量奖励等政策"等。鉴于此，我想2010年农村金融工作的重点就在于落实和完善这些政策。同时，也有新的提法，提到信贷、保险和证券三个市场发展的内容；政策性、商业性、合作性银行和小额信贷及社会资金的作用；3年解决金融网点空白乡镇的基础性服务问题等。

我国农村金融改革取得了一定成绩，但农村金融仍是整个金融体系中最薄弱环节，存在金融机构覆盖率低，供需不平衡，农村金融市场发育水平不够高，竞争不充分，金融机构资产质量、人才素质、管理水平和农村金融发展需要相比还比较差，农村信用环境不理想等问题。

记者：农行股改是国有商业银行股改的收官之战。中央对农行股改定下的16字方针是"面向'三农'，整体改制，商业运作，择机上市"。2009年初，中国农业银行股份有限公司挂牌成立，对于一年来农行面向"三农"的工作您有何评价？

杜晓山：改制以来，农行探索了新的管理体制机制，成立了"三农事业部"，在实际工作中，大幅度增加了涉农贷款。对于16字方针，农行发展面临的问题和难点在于，如何兼顾"面向三农"和"商业运作"。

在20世纪90年代中后期，中央要求农行承担政策性金融的一部分，让其扶贫到户和进行农户贷款，从金融运作的角度来说这是有矛盾和问题的，事实上高坏账率和巨额亏损也迫使农行撤出了农村阵地。现在重新面对"三农"后，农行将"城乡联动，两个市场两个轮子齐步并行"作为其市场定位，这就要与过去不计成本、不计盈亏的扶贫和行政性思路有本质的切割。现在看来，应该说农行的起步不错，但重大考验仍然在后面。比如说惠农卡的发放，发放并不是目的，最重要的是能不能有高回收率，能不能做到保本经营。

现在惠农卡发放工作推进力度很大，我认为要因地制宜，具备条件的地方可以走得快些，不具备条件的地方不宜强行推进。同时建议农行和小银行与小额信贷机构等金融和准金融机构采取"批发与零售"和委托贷款等方式合作，例如农行将资金"批发"给这些机构，再由这些机构将资金"零售"给农户。这样既可以解决网点不足、信息不对称的问题，又提供给小型金融和准金融机构一个稳定的融资渠道。

记者：根据银监会下发的《新型农村金融机构2009—2011年总体工作安排》，未来三年内，包括村镇银行、贷款公司和农村资金互助社在内的新型农村金融机构将新增1294家。这对金融服务缺失的农村和"三农"工作来说无疑是福音。您认为推动新型农村金融机构快速发展的最大难题是什么？

杜晓山：银监会计划在3年内设1299家新型农村金融机构，意在进一步改善农村地区银行业金融机构网点覆盖率低，金融服务供不应求甚至空白，竞争不充分的状况。但是，我认为这种发展速度解决不了而只是缓解了一些上述问题。从2006年年底银监会公布发展新型金融机构政策以来，直到2009年年末一共才建立了138家，发展得过慢。我国有2000多个县区，即使到2011年达到1294家，对解决供需失衡问题也是"杯水车薪"。

即使速度这样慢，完成难度依然很大。因为要求大中型金融机构牵头或亲自组建这三类新型金融机构，大中型金融机构对这个事情总体上反应冷淡和滞后，尤其是大型银行。中型银行因为利用村镇银行政策可以跨地域经营，因此相对有热情，但也仅是有限度的试探性尝试。就现存的这138家新型金融机构总体来说，也存在"放大不放小，扶富不扶贫，进城不进乡"的表现和趋势。大型金融机构要有社会责任感，要有所作为，变被动为主动。另外，笔者认为"县域内银行业金融机构新吸收存款主要用于当地发放贷款"政策落实得不好。我国至今只有道德劝诫，没有具体的行政法规或经济制裁手段进行制约。笔者认为可以试行先定低一点的指标，超比例的话给予更多的经济鼓励，实践中再摸索调整。

在相关扶持政策全面贯彻落实之后，推动新型农村金融机构和新服务方式快速发展的最大难题莫过于：如何在实践中不断找寻能够持续盈利的可持续发展之路。相信这对于我国新型农村金融机构和有关部门来说，都是一个极为严峻的挑战。

记者： 据我了解，与新型农村金融机构发展相比，小额信贷公司却发展迅猛，民间资本积极性很高，请您介绍一下这方面的情况。

杜晓山： 自2008年银监会与中国人民银行共同发布《关于小额信贷公司试点的指导意见》以来，据不完全统计，至2009年年底不到一年半的时间内，全国的小额信贷公司迅猛增长到1000家。由于小额信贷公司的具体实施政策由各省市自治区政府制定，因此，各地的注册资本金要求不完全相同。从目前情况来看，大部分省市自治区小额信贷公司的实收资本都在3000万元以上。尽管还没有关于小额信贷公司信贷发放量的整体权威统计数据，但是从各地小额信贷公司放贷资金不够用的情况判断，目前小额信贷公司不仅实收资本远远大于新型农村金融机构，其向中小企业发放的贷款量也远远大于上述的新型农村金融机构。

小额信贷公司需要约束与激励相容并举的政策。支持和引导好小额信贷公司发展对规范民间借贷，启动民间投资，解决小企业融资难等问题都具有重要意义。所以，应该鼓励各地因地制宜，制定约束与激励相容的政策，包括适当扩大小额信贷公司融资的杠杆率，促进小额信贷公司健康发展。现在的杠杆率1：0.5实质上是限制而不是鼓励发展的政策。同时，应将小额信贷公司的发展纳入金融发展规划当中。小额信贷公司发展最需注意防范的风险是非法吸储或非法集资。

此外，扶持公益性小额信贷机构的发展有特别重要的意义。新型农村金融机构和小额信贷公司的发展使试点地区农村资金部分回流，农村金融市场竞争得到一些加强。但是，中低收入和贫困农户普遍缺乏贷款服务的问题仍然没有得到有效解决。因为商业性的信贷机构一般都不愿或解决不了这方面的问题，而社会组织或半政府组织形式的小额信贷机构可以弥补这方面的缺陷。在农村地区，尤其是边远落后的国家级和省级贫困县地区，我国还活跃着百余家存活期5—10年以上、以扶贫为主要任务又追求自负盈亏和可持续发展的各种公益性小额信贷组织。尽管它们的规模较小，但是信贷方式灵活，尤其是有效地解决了当地中低收入、贫困人口和微小企业的融资需求。它们对其他金融机构起互补的作用，对民间高利贷起挤压和替代的作用，理应大力提倡和支持。但是，这些组织在法律上从事小额信贷的合法身份和融资渠道问题至今没有解决，由此带来很多问题，如缺乏资金、难以引进优秀人才等，困扰其发展。

记者： 迄今为止，农信社改制的工作已经开展近十年时间。近几年，随着农信社改制逐步推行，村镇银行以及小额信贷公司的兴起，农业银行和邮政储蓄银行的涉入，农信社"一家独大"的垄断局面稍有改善。但农信社"垄断"的现实实际上并没有完全改变，滞后的理念、较差的服务也常常遭人诟病。您对此有何建议？

杜晓山： 我很高兴看到，"农信社县级法人地位长期保持稳定不变"的政策已经明确。我们不缺大银行，缺的是中小银行，缺为农民服务，尤其缺为中低收入和贫困农民的银行。因为历史经验证明法人层级设置得越高，其信贷服务离"三农"就越远。现在有的改为省级联社的，已经明显显示出放大不放小和脱离"三农"的非良好表现和倾向。

另外，我认为省联社的改革应注意行政色彩和经济色彩应分离，应注意切实做到政企分开，注意省政府与省联社的职责安排。而省联社逐步变成主要向社员社提供服务的金融企业（实行行业自律、管理、服务的机构）。当然，省联社的历史作用不容抹杀，其监管职能在相当长的时间内仍要保留。

此外，还要切实提高县联社自我管理和约束能力。现在相当多的县联社自我管理和约束能力差，法人治理有效性不足，内部控制和风险防控能力薄弱，资产质量差，风险隐患突出。应按照股份制方向，优化股权结构，着力解决股东分散、股权不稳定和内部人员的控制问题。建立形式灵活、结构规范、运行科学、治理有效的法人治理模式。

（原文载于《农民日报》2010年2月3日）

金融机构要找准市场定位
适应农村金融服务需求

一 农民的贷款需求尚难满足

谈起农民的贷款需求是否得到满足,杜晓山说,目前最经常被引用的是银监会发布的一组数据。据统计,截至2007年年末,我国约有农户2.3亿户,有贷款需求的农户约有1.2亿户。其中,获得农村合作金融机构农户小额信用贷款和农户联保贷款的农户数超过7800万户,占全国农户总数的33.2%。

目前,农户贷款有信用贷款、联保贷款及抵押担保贷款等形式,由于农民通常缺少有效抵押品,所以大多采用前两种形式。杜晓山表示,上述数据中体现的成绩自然值得肯定,但是1.2亿户与7800万户的差距,显示了农民的贷款需求从正规金融机构尚难得到完全满足。而且数据中对于满足农民贷款需求是否及时、足额也没有反映,即农民是多年才能贷到一次还是每年都能贷到,需要贷款1万元是不是只能得到5000元等。

无法从正规金融机构得到贷款,有融资需求的农户只能另寻他途。杜晓山介绍,农业部农研中心曾对全国十几个省份的几万农户进行跟踪调查,结果显示,当有资金需求时,这些农户中的50%—60%只能依靠民间借贷。

事实上,历经多年发展,农民的贷款需求已经发生了很大的变化。首先,额度增大,从以往的几百元、几千元,目前已经发展到几万元甚至几十万元。其次,产品需求增加,原来农民需要的只是简单的生产经营性贷款，目前已增加了消费贷款，甚至部分地区出现高端消费类贷款需求。因此，满足农民贷款需求尚任重道远。

二 农民的贷款需求谁来满足

杜晓山认为，农民的贷款需求具有小、散、频、急等特点，若要求完全由商业银行来满足他们的融资需求，既不经济也不现实。而且，如今"三农"的贷款需求已经分出很多层次，就连同一县域内的农户也已分层为小企业主农户、富裕农户、中等收入农户、贫困农户、特困农户等几类。从长远看，应该引导不同类型的金融机构寻找自己的市场定位以满足不同的金融需求，建立多层次、广覆盖、可持续的农村金融服务体系。

为了真正地尽快改善农村地区银行业金融机构网点覆盖率低、金融服务空白、竞争不充分的状况，2006 年年底银监会调整放宽了农村地区银行业金融机构准入政策，鼓励各类社会资本到农村地区投资设立村镇银行、贷款公司和农村资金互助社 3 类新型机构。

杜晓山说，新型农村金融机构的设立，初衷即是要服务"三农"，扩大农村金融供给。但是比起庞大的"三农"金融需求，这些新型金融机构的数量和力量显然是过于弱小，起到的作用也相当有限，未来还需要加大发展力度，这需要政府、监管部门和金融机构施以合力。

针对目前村镇银行等新型农村金融机构资金来源紧张等问题，杜晓山提出，首先，要对各类金融机构给予同等对待，增强新型农村金融机构的支农后劲。其次，应努力扩大村镇银行等的资金来源，允许其进入银行间市场进行资金拆借、由大型国有商业银行等资金实力雄厚的金融机构来发起设立、建立存款保险制度等都是可行的选择。还要支持和鼓励扶贫小额信贷的发展，引导和规范民间借贷等，来共同满足农民的贷款需求。

（原文载于《人民日报》2010 年 4 月 11 日）

影响村镇银行的主因：
门槛较高　审批较严

"相比较于小额信贷公司发展的速度，村镇银行的发展速度已经非常慢了。根据银监会关于做好《新型农村金融机构2009—2011年总体工作安排》的要求，在未来两年村镇银行将进入一个较快发展的阶段，然而能否实现预定的目标，并不容易，还有待努力，也有待观察。"被誉为"小额信贷之父"的中国社会科学院农村发展研究所党委书记、副所长杜晓山研究员在2010年3月19日接受《中小企业投融资》记者张志亮专访时表示。

杜晓山表示，他之所以做出如此的判断，是基于三点原因：一是从2008年5月中国人民银行、中国证监会发布《关于小额信贷公司试点指导意见》起到现在不到两年的时间，小额信贷公司在全国的发展数量已经达到了1500家左右；而允许各类资本在农村地区设立村镇银行等政策调整发生在2006年12月21日，到现在已经有三年多的时间，而其在全国发展的数量才达到100家左右。同作为农村金融薄弱环节的重点举措，村镇银行与小额信贷公司发展速度相差悬殊，因此村镇银行完全可以发展得更快点，同时也说明发展的困难程度。

二是根据2009年7月23日中国银监会关于做好《新型农村金融机构2009—2011年总体工作安排》的要求，在2011年前新型农村金融机构（主要指村镇银行）的数量要达到1299家，而目前新型农村金融机构的数量只有118家（其中村镇银行100家）。这也意味着要实现银监会规定的目标，在未来的两年时间内，村镇银行会得到快速的发展。

三是农村金融薄弱的现状依然严峻，其中突出的表现就是银行机构网点覆盖率低、金融服务供不应求以及竞争不充分。而为了改变这些现状，包括村镇银行在内的农村新型金融机构需要得到快速发展，而国家的相关政策对此也是大力支持的。

一　布局从中西部渐向全国各地展开

"国家相关部门之所以放开村镇银行的准入要求并允许各类资本进入，主要是基于我国农村金融发展薄弱的现状以及总体上判断的结果。而要改变农村金融这种薄弱的情况，重要措施之一就是要增加增量，村镇银行是当时三种增量中的一个（另外两个是贷款公司和农村资金互助社）。而事实上在这之前的2005年，中国人民银行已经在中西部5省份做了七个小额信贷公司的试点，而这就是针对农村金融薄弱的一个增量试点。"杜晓山向《中小企业投融资》记者如此分析。

杜晓山接着说："当时做村镇银行试点的时候，政策确实有一个区域倾斜，就是欠发达和比较贫困的中西部以及东北一些地方的农村（县及县以下）地区。如全国首家挂牌开业的村镇银行——仪陇惠民村镇银行就是于2007年3月1日，在四川仪陇落户的。到了2007年10月，村镇银行的试点省份从中西部以及东北的6个省（份）扩大到全部31个省份。"

事实也证明，农村金融的薄弱不仅仅是中西部的问题，甚至很发达的东部也有这个问题。而东部由于小公司数量众多导致的市场需求可能比中西部的还大，注册资金达2.5亿元、国内资本规模最大的村镇银行——中山小榄村镇银行于2008年12月26日，落户在广东省小榄镇也从侧面说明了这个问题。"应该说这是一个全国性的问题。"杜晓山表示。

以广东为例，广东是产业大省、中小企业众多也是全国闻名，而相伴而生的则是小企业的融资难问题十分突出，因此村镇银行的建立对广东而言显然市场十分广阔。而相关资料显示，目前广东省开设的村镇银行只有3家，显然不能满足需要。对此，杜晓山一语中的："到目前全国的村镇银行总数只有100家左右，平均每个省不也就3家左右，这样看来广东村镇银行的发展速度与别的省相比倒也正常，主要是全国村镇银行的总量太少。如果要怪就只能怪全国的村镇银行发展速度太慢了。"

根据杜晓山的说法，村镇银行的掌控审批权在银监会。而银监会每年有个计划指标，以确立每个区域设立村镇银行的数量。这样的话，每个地区村镇银行发展的速度快慢也直接受这个指标的限制。值得注意的是随着银监会《新型农村金融机构2009—2011年总体工作安排》期限的进一步迫近，银监会在各地设立村镇银行的数量会逐步增多。还以广东为例，根据2009年7月23日银监会发布的新型农村金融机构发展计划表，如果全国各省均按全国村镇银行发展总数的平均数推动这项工作，那么2009—2011年广东村镇银行的试点数量要达到16—40家，而在2008年年底前广东村镇银行的试点数量仅为2家。这在一定程度上也预示着未来两年，村镇银行的发展将在全国范围内有较大的提速。

二　大银行机构不积极是发展慢的主要原因

"未来两年村镇银行的发展速度要加快，否则银监会会担心1299家新型金融机构（主要是村镇银行）在2011年能不能完成的问题。"杜晓山向《中小企业投融资》记者表示。按理说1299家新型金融机构仅相当于中国每两个县有一家，这在数量上不多。但问题是从2007年3月成立第一家村镇银行到现在三年时间过去了才发展了100家左右。这就使得银监会制定的要在2011年前建立1299家新型金融机构目标，能不能完成就成了问题。

那么是什么原因影响到中国的村镇银行发展的速度？"我认为村镇银行相较于小额信贷公司来说，批准设立的门槛较高、审批较严是一个原因；更重要的是国有商业银行不愿意介入村镇银行；再者就是村镇银行自身存在的问题。"杜晓山向《中小企业投融资》记者如此分析。

根据杜晓山的分析，五大国有银行、全国性的股份制商业银行对村镇银行的态度不积极；对村镇银行积极的是外资银行和各地区的小股份制银行。"全国性的国有银行、股份制商业银行因为有遍布全国各地的分支机构，对于他们来说设立村镇银行的作用不是很大。而外资银行和区域性的城商行因为本来分支机构少，而设立村镇银行正好是其扩大规模和地域扩张的一个机会，所以会很积极。"杜晓山表示。

另外，根据银监会颁发的《村镇银行管理暂行规定》，村镇银行的设立必须有一家银行业机构作为发起人或出资人，且持股比例不低于20%，单个自然人和非金融机构企业法人及其关联方持股不得超过

10%。虽然这个政策允许民间资本进入，但是村镇银行毕竟还是个银行市场，民间资本想参与村镇银行的股份还得首先找到发起银行，从前一段时间的实践看，并不容易。看来，这需要一个引导的过程，还有很多工作要做。再到后来虽然允许小额信贷公司转为村镇银行，但其面临的相似规定问题也使小额信贷公司转为村镇银行的意愿有所减低。

除这些因素之外，村镇银行面对农村市场和消费能力较低的农民群体时，自身的影响因素也值得关注。如村镇银行虽然可以吸储，但与其他银行竞争中又处于劣势，因此存在吸储难的问题。再加上技术上的问题如异地结算、网上银行等都存在技术问题，以及村镇银行经营观念传统需要转变等。

"据我所知，全国的村镇银行，无论是中西部还是东部普遍都有一个追求服务目标群体向上（富裕客户、大客户）的倾向，而这不是监管当局银监会发起村镇银行的初衷。我还是觉得，村镇银行的定位一定要准，即服务于大银行不愿意服务的小企业和'三农'等低端客户和弱势群体。"杜晓山谈起村镇银行的问题向《中小企业投融资》记者表示。除此之外，杜晓山还呼吁中国人民银行、银监会应该改变目前很少讨论村镇银行服务主体的现状，积极引导村镇银行去服务于小企业和"三农"等低端客户。

三 孟加拉国乡村银行模式的中国应用

众所周知，孟加拉国乡村银行（Grameen Bank）是一个服务于穷人而著称的全国性银行。而在中国是否有必要建立一个类似于孟加拉国乡村银行的机构以服务于中国穷人？杜晓山认为，在监管层眼里可能是没必要，因为中国已经有了几个全国性涉农商行和众多的涉农地区性中小银行。但这并不影响孟加拉国乡村银行模式在中国的应用。

"我认为村镇银行效仿孟加拉乡村银行的模式完全有可能。而事实上中国在小范围内已经有好多机构在效仿孟加拉国乡村银行这种放贷模式。像中国扶贫基金会、商务部国际技术交流中心以及我们社科院定点扶植的几个贫困县都是在使用这个模式。"杜晓山谈起孟加拉乡村银行模式在中国的应用时，向《中小企业投融资》记者透露说。

综观在中国小范围内实行孟加拉国乡村银行模式机构的服务特点，都是以当地中低收入的客户为服务对象，贷款一般都是几千元。而这些机构的设立地点全部在国家及省级贫困县里面,规模较小、运作模式只放贷不吸储。值得说明的是这样的机构在中国有 100 多家,试点的年限也已经有十多年了。之所以到现在还做得不够大不够理想,主要是国家没有相关政策支持做成大型的机构,同时这些机构都是在民政部门注册,没有一个适宜的定位。其资金来源多是诸如外国援助或慈善机构的捐助等社会类筹措,没有制度性的融资;没有针对其特点的技术培训以及相应的支持系统。这种状况应引起政府的重视,并采取切实措施予以解决。

相比以上这些机构,村镇银行运作比较正常,在 1—2 年后也大多能盈利(当然也有运作困难的),因此在村镇银行完全有可能应用孟加拉国乡村银行的模式。而且村镇银行主要分布地区的特点如农业占比较高的县域以及中西部地区、金融机构网点覆盖率低的县域、贫困县和中小微企业活跃县域等的状况也和孟加拉国乡村银行面对的主体对象的境况差不多。当然,村镇银行或其他涉农金融机构要效仿孟加拉国乡村银行的模式,最重要的是要由后者那样的客户目标定位的意愿和相配套的制度机制及管理技能。而要达到这样的要求,绝非易事。

至于村镇银行的未来发展,杜晓山建议村镇银行应大力探索适合小企业和"三农"等低端客户的新模式,如根据还款的意愿和还款的能力来确定贷款的额度,而不是像传统银行一样盯着财务报表和抵押担保等。另外,还要积极创新产品和手段。当然银监会还应该在现有政策的基础上,对坚持做低端客户和小额信贷的村镇银行给予鼓励性政策扶植;对发展模式、风险控制、业绩等做得好的村镇银行考虑开展一些条件突破的试点工作,如放开银行控股以及区域适当扩大等;最后就是在银监会监管部门力量和能力进一步加强的情况下,加快村镇银行建设的步伐。

(原文载于《中小企业投融资》2010 年第 4 期)

建立现代农村金融制度支持"三农"改革发展

"三农"问题是全党工作的重中之重,自 2004 年以来连续 9 年的中央一号文件都是指导"三农"改革发展的。每年的中央一号文件和党的十七届三中全会等中央文件都提出对"三农"要加大投入,加强财政的支持力度,建立现代农村金融制度。

一 财政金融对"三农"的投入

资金支持"三农"发展,这是党中央一个明确的政策指向,也就是说以建立统筹城乡经济社会发展的体制为目标,实现对农村资金投入增长的制度化。社会主义新农村建设离不开资金的支持,而资金的主要来源,除了农民自己的投入外(包括农民工打工挣回的资金),主要来自国家财政和金融部门的资金。中央财政支农资金 2011 年为 10408.6 亿元。与此同时,各级地方财政对"三农"的支持力度也在激增,到 2011 年已经上升至 1.5 万亿元。2012 年中央财政对"三农"的实际投入将达到和超过 1.1 万亿元。不过,就资金投入规模上,支农贷款额还是远高于财政支农额,这也从一个角度说明了农村金融的重要性。

2010 年年末,涉农贷款余额为 117658 亿元,占全部金融机构贷款总额的 23%。其中农村贷款余额 98017 亿元,占涉农贷款余额的 83.3%;农林牧渔业贷款余额为 23045 亿元,占涉农贷款比重的 20%。农村贷款中农户贷款余额为 26043 亿元,占涉农贷款余额的 22.13%。农村中小企业贷款余额为 37868 亿元。截至 2011 年 9 月末,涉农贷款余额约 14 万亿元,2011 年年末,主要金融机构及农村合作金融机构、城市信用社、村镇银行、财务公司本外币农村贷款余额 12.15 万亿元,农户贷款余额3.10万亿元,农林牧渔业贷款余额2.44万亿元。已有17个省份实现乡镇一级的金融机构和服务两个全覆盖。这些数字既说明已取得的成绩,也反映了我国县域金融与现代金融制度的要求相比,还有很大差距。必须指出的是,农村地区从金融部门流失的资金量也以千亿元计。目前和今后一段时期,新农村建设所需资金还有很大缺口,农村金融市场面临较为严峻的资金流失和供需失衡状况,因此,如何更好地协调和强化财政和金融的统筹协调,发挥它们的支农功能,尤显重要。

二 发挥金融支农强农惠农富农效应

(一) 农村金融体系改革发展目标框架

2004—2012年九个中央一号文件已对农村金融体系的改革和发展简要描绘了完整的目标框架。党的十七届三中全会提出的建立现代农村金融制度是对这个目标框架的概括和深化。笔者对此的理解是:应建立或满足农村多层次金融需求,功能齐备、分工合理、产权明晰、管理科学、服务高效、优势互补、竞争适度、监管有效、普惠性和可持续发展的完整农村金融体系。

党中央、国务院就"加快农村金融改革发展,完善农村金融体系"提出的各项要求正在逐步得以贯彻和落实,我国的农村金融服务已有显著加强,农村金融体系建设稳步推进,农村金融组织体系正在探索形成,农村金融产品和服务创新不断,全国乡镇基础金融服务全覆盖工作在逐步有效推进。近年来银行业等金融机构稳健运行态势进一步巩固,金融业支持实体经济成效进一步显现,信贷结构继续优化,小微企业和"三农"金融服务持续改进。然而,农村金融发展相对滞后,服务不足仍然是我国金融领域的突出问题,是整个金融体系中最薄弱的环节,也是农村经济发展的最大"瓶颈"之一,探索农村金融的发展道路仍将是一项既紧迫又长期、复杂、艰巨的任务。

(二) 当前农村金融存在的主要问题

我们说农村金融是金融体系中最薄弱的环节,事实上,尤为突出体现其"最薄弱"的表现是:服务和扎根于县城以下的乡镇农村地区的一些金融机构,其态势却并没有与迅速发展的"三农"和小微企业成正比,仍然是整个金融体系中最薄弱的环节,成为影响"三农"和农村小企业发展的"瓶颈"制约。当前,我国"三农"和农村的小微企业仍严重"缺血"。在我国广大农村地区，尤其在乡镇中，除农村信用社这一主要金融机构和少量小额信贷公司及村镇银行外，几乎再无其他金融机构。农业银行等国有和股份制金融机构主要在县城，离农村乡镇较远，而且，一般来说，金融机构往往放大不放小，助富不扶贫，进城不下乡，这让乡镇及以下农户和发端于农村的很多小企业和微小企业获取金融供给服务困难。

尽管农村金融改革发展的思路和目标已基本确定，工作已取得突出的成绩，然而在一些具体的政策法规方面还有欠缺，有些政策制度仍应调整完善。有些政策法规随形势的发展变化需进行调整修改，有些仍在探索中，还有些虽受到重视并予以制定，但实践贯彻上还有很大的距离，执行力差。

（1）农村金融体系现状是金融市场不完善，主要的只是银行市场，资本市场和保险市场严重缺乏。

（2）农民和小微企业贷款难仍未有效缓解。我国农民和小微企业贷款难是多数人的共识，但确切的数字，人们的判断差异较大。

（3）金融机构覆盖率低、竞争不足，农村金融机构和人员质量偏差，风险偏高。我国目前县域经济获得的金融服务力度不足，总体服务水平和竞争度均不足，但不排除低水平和恶性竞争现象。农村金融机构员工人力资源结构性矛盾和队伍素质问题日渐突出。机构的公司治理普遍存在缺陷，内部控制机制较弱，经营机制不灵活，信息技术覆盖率较低。机构资产质量普遍低于城市金融机构。

（4）农村贷款投放不足，"三农"和县域小微企业金融服务较弱，农村资金外流仍然严重。一般说农村贷款交易成本高、风险大、收益低，农户和小微企业经济主体缺乏抵押担保品，一些地区的金融生态环境不够完善，借贷双方存在大量的信息不对称，借贷者"贷款难"和金融机构"难贷款"的两难现象并存，促成了农村资金的外流。

（5）扶贫贷款等政策性金融有所改进，但改革仍需深化，效果仍有待改善。当前农村金融带有明显的"扶强"特性，对中低收入农户、欠发达地区支持不足。此外，公益性扶贫小额信贷组织仍未得到实质性的鼓励和支持，它们面临无适宜的合法身份、无制度性的融资渠道、无机构人员能力建设支持的"三无"发展瓶颈的制约。

（6）农村金融基础设施建设滞后，农村金融生态环境不完善。目前，农村金融各相关借贷主体的诚信观念和行为不十分理想。农村征信体系缺失，担保体系还不完善。农村支付结算体系建设比较缓慢，电子化硬件设备投入严重不足。

（7）农业保险仍处于初级阶段，成效不显著。近年来，保险业在服务"三农"方面进行了有益尝试，农业保险得到一定发展，但总的来说，我国农业保险发展滞后。

（8）监管体系不适应金融需求和机构多层次的要求，监管力量和监管技能明显不足。

三 深化农村金融改革应有的若干举措

农村县域金融总体上处于弱势地位，特别需要加大政策扶持力度和深化改革创新强度，研究建立具有正向激励作用和约束机制的长效制度。加快建立中央与地方政府相配合，财税政策与货币政策、监管政策和其他政策相协调的长效扶持机制。区别对待不同地区的特殊情况，对贫困地区和少数民族地区实行特殊政策。坚持科学公平，对所有涉及农村金融业务（而非机构）实行同一扶持标准，针对农信社和不同类型农村金融等小机构的现实情况，采取特殊的政策安排。针对不同时期农村金融发展的重点，出台阶段性的特殊政策。应着力推进农村信用社、农业银行、邮储银行和农业发展银行等存量机构改革，发挥商业性、政策性支农大银行的作用，着重培育中小金融机构，积极开放县域金融市场，加快培育合作金融和各类本土化的新型农村金融机构，推动民间金融的阳光化，构建适度竞争、多元化的农村金融市场。建议可考虑以下的政策选择：

（一）增强政策性银行机构功能

中国农业发展银行是中国目前主要的农村政策金融机构。需要大力扩大和增强其职能和业务范围，使其成为真正政策性的农业和农村信贷专业银行。注意发挥国家开发银行支持"三农"的功能作用。加大政策性金融对农业开发和农村基础设施建设中长期信贷支持。

可以考虑对一些政策性和开发性业务采用招投标的方式，择优选各类合格的金融机构操作执行，以争取资金效益的最大化。

(二) 鼓励商业性银行机构支农

中国农业银行和农信社中的多数应是从事农村金融的商业银行，必须以支农为自己的主业，它们应成为金融支农的支柱和中坚力量。也要鼓励其他商业金融机构支持"三农"发展，县域内银行业金融机构新吸收的存款，主要用于当地发放贷款，并有相应的激励处罚规定。除了支持农业综合开发、产业化、龙头企业和中小企业发展外，还要特别注意坚持和完善农户小额信用贷款制度，包括发放"惠农卡"小额信贷业务，改进和扩大农户联保贷款制度。

为了弥补小额信贷的交易成本及风险，建议对农信社及农村商业银行中这两类贷款的收入免征营业税。中国农业发展银行还可以将一些政策性金融的具体业务委托农信社和农村商业银行代办，并给予一定的代办费。

要解决农信社带有根本性意义的体制、机制问题。继续解决历史包袱，完善治理结构、内控管理，提高人员素质和资产质量。农信社应继续坚持以县联社为一级法人，并长期保持和稳定其独立法人地位，独立经营，自负盈亏；省联社改革应注意突出服务功能。农村最缺少和最需要的是小而强、小而精、小而特的社区性金融机构。

推动邮政储蓄银行的规范健康发展。邮政储蓄银行应继续积极慎重地开展和扩大涉农业务范围，首先从做好小额信贷业务起步。当前最重要的工作之一是挑选和培养足够多的符合条件的业务和管理人才。它应办成一个能够向不发达地区和偏远的农村地区提供普遍性金融服务的金融机构。

(三) 扶持合作金融组织发展

鼓励新生合作金融组织发展，也鼓励部分愿意坚持走合作金融道路的农信社转变为真正的合作金融组织，鼓励和支持有条件的农民专业合作社开展信用合作。

国内外的经验表明，合作金融的重要性是毋庸置疑的。然而值得注意的是，有关监管部门提出农村信用社系统商业化改制的目标和要求的同时，并没有明确提出或强调如何防止误解此项改革可能造成人们思想的混乱，错以为不需要或不鼓励发展合作金融了，而且，也确实至今也没有提出在新形势下如何发展合作金融的设想、思路和政策。

（四）鼓励新型金融组织的规范发展

加快发展和规范村镇银行、贷款公司和农村资金互助社，并注意适时调整和完善相关政策。中央多个涉农文件反复提出：加强监管，大力发展小额信贷，鼓励发展适合农村特点和需要的各种微型金融服务。允许农村小型金融组织从金融机构融入资金。当前，应大力倡导和鼓励各种只放贷不吸储的商业性和公益性小额信贷组织的发展；同时要对其划定不可逾越的红线，加强风险防控和监管。

（五）探索适合为小企业和"三农"低端客户服务的新模式

商业银行、村镇银行和小额信贷公司等应大力探索适合为小微企业和"三农"等低端客户服务的新模式。应不断改进服务方式，丰富金融产品，信贷投向要适合当前农村经济社会发展的需求，尤其是农村大量小企业和个体工商户及农户的需求。应根据还款的意愿和还款的能力（现金流量）来确定能否贷款和贷款的额度，而不是像传统银行一样只盯着财务报表和抵押担保等。继续大力发展不需或只需灵活抵押担保的农户小额信用贷款、联保贷款、银（社）团贷款，着力探索"银行（社）+企业+农户+合作社（协会）+保险+担保"等信贷合作服务模式。另外还要积极创新产品和手段。

（六）建立和完善农业保险体系，发展农产品期货市场

建立和完善农业保险体系，发展农产品期货市场，也是农村金融体系一项重要的配套改革。发展各类农业生产保险，并注意保险与信贷业务的协调配合。种植及养殖大户可以其未来的收入投保，然后向银行申请抵押贷款用于生产过程中的支出。应在农村建立以政策性保险为主体的农村保险体系。发展大宗农产品期货以规避农产品价格波动的风险。

（七）拓宽除信贷外的直接融资渠道

风险投资和私募股权投资、产业投资基金、集中性中小企业债券、发行股票等。

（八）大力注意引导规范民间金融

注意扬长避短，优势互补，并尽快出台"借款人管理条例"类的政策法规。切实释放民间资本的活力，民间资本参与投资中小银行和其他金融机构应是重要的渠道和出口。同时，要注意监管民间高利贷和变相吸储、非法集资的问题。

（九）实行分层分类和差异化监管制度

发挥中央监管部门，省、地、县各级政府和相关成立的监管部门的积极性，而且针对不同的机构和同一类机构里面的不同经营状况的金融机构，进行分层次、差异化的监管。继续培育优化信用环境，建立完善征信系统。特别注意对小微企业和涉农金融服务的财税政策的优惠。而且，存款保险制度应尽早实行，完善不良金融机构的退出机制。

（原文载于《中国农村金融》2012年第6期）

中国梦，金融梦

——展望中国金融新十年

一 现代农村金融体系必须是多层次的、普惠的

2013年"两会"期间，习近平解释"中国梦"时表示，"中国梦"就是要实现国家富强、民族振兴、人民幸福。而这个核心，也正是中国金融业一路走来的出发点。

金融界： 农村是梦想的重要一环，金融也是其发展的源头活水。对于我国的农村金融体系，您觉得理想中的状态是怎样的？

杜晓山： 现在都爱用"梦想"这个词，实际上按照我们的说法就是预定的目标是什么，或者愿景是什么。就农村金融这个角度而言，实际上我是很认同历次关于"三农"的中央一号文件以及很多正式文件中对农村金融的描述，把这些描述概括起来来谈农村金融的梦想是比较完整的。

按照我的理解，中国的农村金融应该成为一个满足多元化、多层次需求的功能齐备、适度竞争（删除）、分工合理、产权明晰、管理科学、监管有效、竞争适度、优势互补、普惠性和可持续发展的完整金融体系。按照党的十七届三中全会的说法，就是要建立现代农村金融体系，也就是六大农村发展体系之一的现代农村金融体系，前面那么多定语，全是来描述这个金融体系的具体要求的。如果要简洁地讲，就是多层次、广覆盖、可持续的普惠金融体系。

从小额信贷的角度讲，实际上和农村金融的理念基本一致，但要专门突出的是：各种类型的小额信贷，包括商业性的、公益性的小额信贷，它们能够共同地、健康地、可持续地发展。还要强调的一点是

"双底线标准"：所有小额信贷机构在商业方面的效益和社会方面的效益都应实现和考核，这是小额信贷区别于其他农村金融机构的主要特点。

二 我国农村金融发展不平衡现状仍很明显

2003年，国家启动了对农村信用社的改革。经过十余年的努力，我国农村金融发生了较大变化。目前，我国已经有村镇银行900多家，小额信贷公司6500家，融资性担保公司8000多家，多层次多类型的农村金融体系正在形成，农村金融的服务组织体系更加多样化。

金融界：我国农村金融发展目前到达什么阶段？有哪些新的改变？

杜晓山：如果要我做一个基本的判断，我国农村金融的发展已经取得了阶段性的重大成就，尤其从2003年以来变化是比较大的，应该讲在与我描述的方向上已经大大地推进了一步，这是从正面的角度来看的。

但是我们发现农村金融到目前为止在整个金融体系里面仍然是最薄弱的环节，这个现状并没有改变，这是一个总体的判断。具体表现主要就是金融供求之间的不平衡，农村金融的覆盖面、供给规模以及深度都有很大差距，农村金融适度竞争的局面还没有形成。另外，我们还发现整个金融市场的不均衡性，现在最重要的是银行业市场，或者叫信贷市场，约占90%的份额，其次才是保险业和证券业以及其他的金融机构。目前担保、信托、期货都处于非常初级的阶段。

除此之外，我们还可以看到其他的不平衡，例如地区之间的不平衡、大中小金融机构的不平衡；商业性、政策性和合作性金融机构之间的不平衡。政策性金融少，而且覆盖不完整，合作性金融还被要求改制成商业金融，合作性金融恐将消失。从地域来看，东部农村地区的发达程度虽然不如城市，但已经靠近城市水平了，而中西部农村还差得太远，中西部本身城市的发展跟东部就有一定差距，农村的差距就更大了。中小金融机构数量不足且实力不够强。所以这些方面都还有很长的路要走，农村金融的改革与发展任重道远。

但这几年上述差距也在慢慢改变，比如说保监会已经提出了一系列措施和制度来缓解这方面存在的问题。此外，在非银行业金融机构的设立方面，监管机构对新机构设立的门槛也提出了新的思路。还有包括农行的回归、邮政储蓄银行的成立等都是非常有利于农村金融的强化，以及农村政策性、商业、合作性金融机构的均衡发展。

三 我国农村金融面临较大的资金缺口

有分析指出,农民贷款难是农村金融中最为突出的问题。大部分农民获得的资金源于政策性财政拨款,由于缺少有效的抵押物,很少有商业性金融机构给农民放贷。

金融界: 农村经济的发展离不开金融的支持。目前,农村金融的资金缺口大概有多大?

杜晓山: 资金缺口的问题,很多人的看法都不一样,如果按照社会主义新农村建设到2020年全面实现的标准判断的话,这其中包括城镇化、农村现代化,按此计算现在需要万亿级的资金。假设社会主义新农村建设到2020年全面实现,那么现在还有七八年,如果按照每年3万亿元或4万亿元算的话,总共需要的资金就在21万亿元到32万亿元。

也有人说,农村人口城镇化所需的人均公共支出至少为10万元,每年提升一个点(超过1000万人)的城镇化率需要至少1万亿元的配套资金支持。

金融界: 有没有一个比较明确的缺口判断?

杜晓山: 关于缺口的判断,不同的人有不同的说法,世界银行有个说法,小额信贷如果按照5万元一户计算,假定农村目前有两亿人有需求的话,两亿人乘以5万元就是10万亿元,但这只是粗略的数字。

当然所谓小额信贷,不光是信贷的问题,小额信贷的概念应该包括存、贷、结算、汇兑,也包括保险等,低收入群体所需要的金融服务统称为小额信贷,如果从贷款的角度,我刚才说5万亿元的话,1.5亿户农户的60%,1.5乘以6就是9000万户,就算一亿户,假定一户5万元,就是5万亿元,小额信贷就需要5万亿元,但这只是举例,因为谁也没有给出过准确的数字。

四 农信社改革不用过分强调股份形式

农村信用社是我国金融系统的重要组成部分,是金融支农发展的生力军。近年来,随着农村信用社新一轮改革工作的启动和专项票据兑付的基本完成,"花钱买机制"的政策效应已初步显现。农村信用社抗风险能力得以增强,整体经营状况和管理水平逐年提升,改革取得了较为明显的成效。

金融界： 农村信用社改革这么多年但一直没有得到很好的发展，原因之一就是产权不明晰，您怎么看待农信社在改革过程中的产权问题？

杜晓山： 2003年国务院推出了关于农信社改革的方案，当时的方案是要求满足"三农"方方面面的需要。根据因地制宜、区别对待、分别指导的方针可以发展成三种类型的产权结构，一种叫作股份制，是商业银行类型的；另一种叫作股份合作制，是合作银行类型的；还有一种是纯粹的合作制的。这就是农信社改革的三种模式。

但是到了2010年、2011年，银监会提出从产权的角度把农信社向股份制农村商业银行的方向改，不再审批任何新的合作银行。农信社在清理资格股、减少资格股、提升投资股的同时也增加资产的质量，增加资本金的规模，鼓励民间资本进入后，就可以转变成农商行，这个方向是银监会在2010—2011年时的提法，甚至还有个提法是到2015年基本完成农商行的改革。

这个思路我是不太赞成的，我认为它和2003年国务院的文件并不相符，和中国的实际情况也不相符，因为中国的国土面积大，地区差距显著，不是一般的小国所能比拟的，因此方方面面的情况差异是极大的，如果我们纯粹地采用商业化股份制"一刀切"的改革，我认为不符合实事求是的原则和方向，也是不符合中国国情的。

我还是主张国务院2003年所提的改革思路，应该坚持那个方向。有人说从产权的角度来看，农商行的产权制度比合作制的产权制度要先进、要更好、更科学。但我并不认同这种说法，我认为合作制、股份合作制和股份制的产权没有谁比谁先进，谁比谁落后的问题，只要适于当地社会的发展，适于群众的要求，包括员工的要求，又能推动生产力的发展，这就是最合理的产权制度。

关键是看机构治理、人员素质、敬业水平等因素。管理架构和治理机制的良好模式，核心是形成适应机构运行模式和优良绩效的有效激励约束机制。我国地区差异显著，管理和治理机制应有灵活性。即使只从产权所有制看，也是"最适宜的"才是应鼓励支持的。

而且从古至今，从国外到国内，都存在商业和合作两种金融形态并存和互补的状态，如果把农信社全改成商业化的银行，那必然就会取消合作经济，合作金融的产权制度在中国就消失了，我觉得合作制的产权是可以不断完善的，可以有各种理解和做法的。

一个很明显的例子，荷兰合作银行在基层叫合作制，在高层叫股份制，下合上股的产权制度有点和我们的省联社和基层县联社的关系类似，下面是合作制，到了省联社是股份制。荷兰合作银行的合作制并不要每个借款人或社员入股，如果愿意作为基层的地域社区银行社员，只要是当地居民而且交一定的费用就可以。各地区基层合作银行都是荷兰合作银行的分支机构，但是不能抢其他地区荷兰合作银行的客户。这其实跟我们现在的状态是一样的，一个县的农信社只能在自己的县服务。如果这个县的生产经营需要资金就可以来贷款。如果要成为社员，只要交一定的费用就可以。

所以我觉得还是要按照中国的国情，一个基本的原则很清楚，就是实事求是，因地制宜、分类指导、区别对待。这是最合理的方式。我接触了一些中西部地区的农信社，业内业外的人士都认为，我们现在的这种制度从原来比较烂的资不抵债的现象走到今天已经取得了非常辉煌的成就，阶段性的重大成就确确实实是人所共见的。

今天要做的是努力改善生产力方面的问题，农信社的资产质量还不够高，农信社的管理水平还比较低，风控水平还不够强，农信社的信息管理系统电算化能力还不够强，农信社的人员素质、员工的年龄结构还需优化，农信社功能定位或者是功能的全面发挥仍然不足，这些都属于生产力方面的问题，我们就要解决这方面的问题。生产关系、治理结构的问题这些方面也需要改，不是说这些不需要改革，但是不要笼而统之，一改就一定要改成股份制，我觉得这种提法不一定科学。

五　我比较赞成维持省联社的完整性

随着农信社改革的深化，农信社省联社模式已经普遍确立，然而随着县级农信社股份制改革的推进，县级和省级联社之间的矛盾越加突出。

金融界：省联社改革也是目前农村金融领域的焦点。对此您持什么观点？什么模式比较适合中国的实际情况？

杜晓山：关于省联社的改革问题，我还是比较赞成维持省联社的完整性，从全国范围来说，维持是因为农信社系统是服务"三农"的主力军，而且是服务农户的主力军，农户贷款的80%是由农信社系统完成的，而且乡镇和村级80%以上空白服务是由现在的农信社填补的。

另外，农信社本身的发展也是不平衡的，即使在同一个省里，例如在中西部也有相对比较发达的城市或者是比较发达的农村地区，但是有相当多的地区比较落后，例如老少边穷地区、山区、人烟稀少区等，比如人烟稀少区的农村金融就很难得到发展，现在国家也没有大量的政策支持这些地区农信社的可持续发展，从全国的政策来看，最后这些省都是用自己省内的农信社力量，对口帮扶解决这个问题的，例如用发展比较好的信用社的资金、技术、人才去支持发展较弱的农信社，现在就基本扭转了这些地区发展滞后的状况。

这说明什么问题？说明支持鼓励各级农信社的积极性、主动性和能动性比只支持中央或省级的积极性好得多，多种积极性总比一个积极性强，要调动大家的积极性、主动性、能动性和创造性，所以改革既可以自上而下，也可以自下而上，两者有机地结合是最好的，也就像习近平总书记讲到的，我们需要有顶层设计，也需要有"摸着石头过河"的思路，这个思路不能完全否定。"摸着石头过河"就表明我们在顶层设计上的思想还不是特别的清晰时，我们需要继续"摸着石头过河"，而"摸着石头过河"既有上层摸着石头过河也有基层摸着石头过河的问题，我们需要有顶层设计师指导我们，中央层面、省级层面或者说政府层面的顶层设计，但是摸着石头过河既可以是政府的，也可以是民间的，还可以是企业的，各种形式结合起来才好。

所以从省联社的角度来说还是要保证它的完整性，我记得银监会合作金融机构监管部主任姜丽明也发过文章，她就比较赞成荷兰合作银行的经验，荷兰合作银行基层是合作制的，上层是股份制的。如果按照这个思路判断，我国目前省联社的工作比较多的是用行政命令、行政手段，我们能不能更多地采用经济手段，或者从立法的角度把合作金融的形式确定下来。

我们假定以省级政府作为大股东出资，然后基层农信社或者农商、农合行自愿入股，这就形成了"下合上股"形式的完整功能的农信银行，就和荷兰合作银行一样。当然基层也有农商行，但这些都没有关系，是农商行就农商行，是农合行就农合行，是合作制的农信社也没关系。只要认同省级的农信社银行，不管叫什么名字都行，像宁夏叫黄河银行，北京叫北京农商行，上海叫上海农商行，重庆叫重庆农商行。当然，如基层农信社或者农商、农合行不愿入股或加入后愿意按规定自由退出，认为自己完全独立也可以可持续发展，也应尊重它们的自主选择。

试点的模式也可以不同，在试点的基础上进行分析研究，然后再逐步改进和推开。例如可以考虑的模式选择至少有："下合上股"的整体化双层银行业法人；金融控股公司；金融服务公司；这几种形式的综合模式等。

六 小额信贷具有社会属性不能搞"一刀切"

随着农村多层次金融体系的逐步完善，我国目前的小额信贷公司数量已经达到6500家，很多小额信贷公司试图通过增加资本金进一步发展壮大，但这恰恰成为这些公司面临的最大难题。

金融界： 小额信贷公司发展至今有一个最大的阻碍就是资本金，您觉得监管部门应该如何解决小额信贷公司的持续发展问题？

杜晓山： 小额信贷现在如果按照机构性质，大的类型划分就是两类，公益性和商业性，但是如果要再细分，可分成三种，公益性里又有一种补贴式的，可称为"福利主义"的，例如小额担保贷款。另一种是不依赖补贴的，我们称其为"制度主义"小额信贷，依靠自身运作就可自负盈亏。公益性机构在我们小额信贷联盟里有60家左右，商业小额信贷公司全国目前有6000多家，其实开展商业小额信贷活动的还不止这些，例如农信社、农商行、农合行、农行、邮政储蓄银行都做农户的小额信贷业务，也都属于商业小额信贷。

我讲的公益性贷款机构主要是社会组织在做，例如中国扶贫基金会所属的中和农信公司是最大的一家，已在60多个县开展。各种小额信贷机构面临的问题有共性的也有差异性。商业性小额信贷面临的问题是融资不足，但最重要的问题之一是它的发展偏离了小额信贷的目标和方向，以利润最大化为主要宗旨。

从融资的角度来看，按照现在的规定，小额信贷公司可以从商行拿到资本金50%的融资额，我认为这是不够的，实际上很多小额信贷公司也拿不到这个融资，原因有很多，主要是政策有问题，第一，50%的资本额度过低，是不合理的，应该区别对待，例如第一年经营运作得好，一年之后可以从商行融资资本金的50%，或者两年之后融资50%，但我认为如机构运营优良，一年之后可以融资50%，两年之后可以按照1∶1

的比例增加融资额，三年之后可以融资额比资本金以 2∶1 的比例。我看到的国外的资料最多可以达到 4∶1 甚至 6∶1，但是我们的政策非常严格，或者苛刻，这就阻碍了小额信贷公司进一步融资并可持续发展了。

但是小额信贷公司自身也面临几个问题，一个管理水准低，有的小额信贷公司运作很不规范，基本有可能的几个问题：非法集资的问题；高息揽储的问题；给相关利益者贷款的问题；抽逃资本金的问题。

比如一家小额信贷公司的注册资本金是 5000 万元，然后它再从银行借 2500 万元，这 2500 万元进来之后就把自己的 2500 万元拿走了，实际上最后资本金还是 5000 万元，这种做法如果不查的话是发现不了的，实际上被抽走的 2500 万元已经去干别的事去了，这叫抽逃资本金。另一种就是放高利贷和暴力追债，这都属于管理问题。

公益性小额信贷对中西部贫穷地区、欠发达地区是最有用的，低端客户群体可以享受到，但是中国人民银行与中国银行业监督管理委员会 2008 年出台的《关于小额信贷公司试点的指导意见》中并没有提到支持鼓励公益小额信贷，这个问题一定应尽快解决。

融资问题、管理问题、人员素质问题等，这些问题我认为也与政府有关方面重视不足有关，这个应该大力呼吁，要解决。当然对于公益小额信贷自身来说有没有真心实意想做并做好？把公益小额信贷做到底，就像孟加拉国乡村银行（或称格莱珉银行）一样，坚守它的信念、追求和宗旨，不断提高企业管理素质和人员素质，同时获得政府政策和法规的支持，这样我们国家的小额信贷才能健康可持续发展。

七　农村金融机构发生系统性风险的可能性比较小

在农村金融发展的过程中，金融机构的数量和产品品种已经很多，各种各样的农村金融业务活跃度大幅度提升，但有数据显示，不少违规的经营活动层出不穷。

金融界：和商业银行相比，农村金融机构普遍基础薄弱，仅 2009 年年末，农商行的贷款不良率就高达 1.76%，您如何看待目前农村金融的风险？

杜晓山：根据我看到的资料和做过的一些调研来看，农村金融机构的风险问题很严重，但这难道就一定是系统性的问题或者说是全区域的问题吗？这也不见得，因为在 2003 年开始改革的时候农信社总体上是资不抵债的,那是极其严重的,坏账率甚至达到40%甚至50%。现在农信社是六级分类,一级社还没有,但是二、三、四、五、六级中最差的不良率应该在20%以上,还有五B级社,也是属于很差的,不良率大概是10%还是20%。近两年可能会进一步降低,因为有些农信社已经进行了改革和改制。

到底实际情况怎么样呢,据我了解到的情况,很多农信社信贷的不良率比公布的要严重。举例说农商行公布的是1.73%,农信社公开的说法是5%左右。但实际上可能要高得多,所以说明农信社的问题还是比较多的。

不过现在这种情况下,发生系统性风险的可能性比较小,国家还是有能力有办法来解决这些矛盾。因为我们国力越来越强,机构的风险意识和能力也在加强,所以我认为包括政府平台问题、人人贷信用平台问题、房地产投资过高的问题,包括"两高一资"投资的问题有的已经显现。但是总体风险是可控的。

金融界:那您认为目前造成农村金融坏账的主要因素是什么,比如说行政化还是内控还是人才,或者说一些其他的天灾人祸?

杜晓山:我觉得这很难用一句话来概括,但是必须要讲清楚的是我们的管理水准和人员素质存在很大的缺陷,其中包括道德风险、官商勾结这都属于腐败,这种行为现在仍然不能杜绝。当然,有的是不可控的自然灾害。

我认为有的地方不正之风可能还仍然很猖獗,在农村,人情管理、不规范运作方面的事情特别多,主要是小金融机构都地处偏远,招人也难,经营状况也不好。另外政策上对这些金融机构的扶持也比较欠缺。例如农村保险,政府可以在税收方面进行减免或者给予其他的政策扶持,例如培训、政府奖励等。

八 农村金融的管理制度和资源配置要完整均衡

2013年开始,我国城镇化建设加速。新型城镇化战略的实施离不开金融系统的支持和推动,而更和谐的城镇化需要对应金融扶持的到位。

金融界:新型城镇化在即,农村金融的发展应解决哪些问题?

杜晓山:实际上要解决农村金融机构市场管理制度和资源配置的完整和均衡。这可能是很重要的,重点要解决农村地区,尤其是乡镇以下地区、中西部地区、欠发达地区的"三农"金融服务问题。

还要解决的问题包括银行业市场和证券保险市场均衡发展的问题；商业金融、政策性金融和合作金融以及民间金融统筹发展的问题；还要解决金融机构数量和质量提升的问题，以及管理素质、人员素质、资产质量的问题。

除了银行以外我们还要加强农业保险的发展，农业保险又分商业性、政策性、合作互助性。还要增加资本市场的发展，资本市场里又有证券、股票，还有期货市场、租赁市场、信托和保险。这些都是非银行的金融服务。我们还要鼓励民间资本的发展，但是也要防范风险因素。还要解决的问题包括同级和上下级间监管部门之间的协调配合、沟通机制的建立和政府政策法规的支持等。

我现在特别希望能尽快真正解决中西部欠发达贫困地区的金融服务问题，除了要解决服务"三农"和商业化金融机构追求利润之间的矛盾外，还要解决公益性机构的发展问题。希望政府能够对公益性机构给予更大的政策支持，这样有利于欠发达地区的低端客户、弱势群体获得金融服务。

商业小额信贷绝大多数根本覆盖不到乡镇及村一级，它们基本上是浮在县城这一级，服务小微，或者中小微企业或个体户。要解决这些问题的根本办法就是采用综合性的手段，手段之一就是鼓励一部分愿意做公益信贷的金融机构去做，然后政府在政策和法规方面给予鼓励，鼓励公益性制度主义小额信贷的发展。

另外，要鼓励民间资本的进入和各种形式的金融活动，但现在监管方面存在巨大的挑战，因为现在社会乱象在金融领域表现得很突出，诈骗、圈钱、骗局和人们意想不到的问题，这些乱象都可能产生重大的存款人的利益损失和造成社会的不稳定。比如说社会上的高息揽储或变相吸收公众存款根本就没有经过审批。

此外，金融中介服务应该是有门槛的，是要有监管的，是要取得创新和监管、创新和风险防控之间的平衡的，现在我们不能强调这三者中的任意一者而忽视另外两者，所以它们之间的平衡非常重要，现在农村存在金融压抑现象，但同时也存在大量的金融乱象，使得金融市场非常的混乱、良莠不齐、好坏不分，损害了存款人、投资人和弱势群体的权益,而那些通过钻法律的空子的人和机构反而得到了一些不当利益。所以我觉得这方面的制度应该进一步完善。

我既不主张不监管,也不主张一味地严监管,我觉得对不同的机构采取不同的有效监管才是最好的监管,这个"有效"是指:鼓励他们创新,鼓励他们发展,但又能抑制非法和违规的行为。

支持城镇化,金融业的着力点,至少应有如下两个方面:第一,从宏观层面,出台金融支持城镇化的政策。支持"三农"方面的金融政策已有不少,可以考虑从支持城镇化的角度,对这些政策进行整合,同时再出台一些有针对性的支持城镇化的金融政策。第二,从政策性和商业性金融的方面来说,一定要早谋划、早布局、早培植,抓住机遇,在支持了城镇化的同时,也为今后的自身发展,争取到更为广阔的空间。

从服务方向上要注意,一是金融业要为城镇基础设施建设服务,引导城镇因地制宜地发展具有区域禀赋优势的新兴产业和特色经济和中小企业发展筹集资金,支持重点企业和产业集群化发展等。

二是引导城镇强化市场功能和提高服务业比重,促进第三产业发展,为促进居民自主创业和就业提供金融服务,同时满足居民对保险、社会保障和消费信贷等方面的需求。

三是支持城镇化进程中的农业产业化,包括为农业产业化提供充足的信贷资金,通过政策支持和贷款投向,引导农业部门进行产业结构的调整和升级。

作为融资主力军,银行等金融机构在新城镇化建设中的作用仍被视为主力。应建立健全支持城镇化的综合金融服务体系。各类银行应发挥自身的优势,制定与城镇化发展相匹配、结合自身优势的特色化发展战略,建立科学有效的激励约束机制和内部控制制度,通过提供综合的金融服务实现业务和收益的平稳增长。

城镇化建设可以采取政府主导、市场化运作的模式利用民间资金解决。比如,可以通过特许经营的模式,把电、水、气、暖等基础设施项目商品化,让商业资本或民间资本进入运营,这就会大大减轻政府投入的负担。

(原文载于《金融街会客厅》2013年第71期)

发展普惠的农村新型合作金融

党的十八届三中全会正式提出"发展普惠金融。鼓励金融创新，丰富金融市场层次和产品"。这是党中央在正式文件中首次使用"普惠金融"概念，一改过去十个中央一号文件支持"小额信贷""小微金融"等的提法。这是政策表述的重大新调整和进一步的突破，意味着更完整意义的普惠金融体系将开始逐步推行。

一 普惠金融的基本含义

普惠金融的概念，最早源于联合国2005年推广、延伸和提升小额信贷的提法，中国小额信贷联盟是国内引进这一概念的最早倡导者之一。普惠金融有狭义和广义之分，狭义的是指小额信贷的延伸、提升、和发展壮大，是指小额信贷服务加小企业金融服务；广义的是指服务于所有有金融需求的群体的金融服务体系。

按我的理解，普惠金融的实质是扶持弱势群体且自身可持续发展的金融体系。它有三个要义：一是该金融体系应为包容性的，合理、公平、正义的普遍惠及于一切需要金融服务的地区和社会群体，尤其能为易被传统金融体系所忽视的欠发达地区和弱势及贫困群体提供各种所需的、具有合理价格的金融服务。二是拥有健全治理结构、管理水平、具备财务和组织上可持续发展能力的金融供给机构。三是拥有多样化（包括一系列私营、非营利性及公共金融服务）的提供者。普惠金融体系包括三个层级，即微观的各种类型的零售金融服务提供者；中观的为微观层面服务的金融基础设施及中介机构；以及宏观的政府机构的政策和法规三个层面。普惠金融面临三大挑战，即尽可能多地服务于金融服务需求者（规模）；服务于大量有真实金融需求的贫困地区和贫困群体

（深度）；金融服务供给者以合理的低成本获得优良的效益（性价比）。总之，普惠金融必须同时注重考虑和考核金融供求双方的社会绩效和经济（财务）绩效，并取得双绩效的最佳或平衡。

在我国目前阶段，对"三农"的金融服务是普惠金融最重要的任务之一，是它的根本所在。因为普惠金融实质上就是注意支持弱势群体的金融，农村相比城市是弱势的，农业相比工业是弱势的，农民相比城里的多数人是弱势的。因此，农村是普惠金融的重点所在地，农业是其服务的主要产业，农民是其服务的主要群体。普惠金融的根在农村。

二 我国农村金融体系发展的基本要求和面临的问题

根据自2004年起11年来历年的中央一号文件和其他重要文件精神，我所学习和理解的认识如下：我国当前和今后一段时期继续进行农村金融改革，建立完整农村金融体系的基本要求和目标应是：建立满足或者适应农村多层次金融需求的，功能完善、分工合理、产权明晰、管理科学、监管有效、竞争适度、优势互补、可持续发展的普惠性的完整农村金融体系。只有这样，才能真正解决农村地区农民贷款和金融服务难问题，促进当地农业和农村经济的发展，为建设社会主义新农村和构建和谐社会营造良好的金融环境。然而，要实现这一基本要求和目标依然任重而道远。

农村金融目前存在问题的具体表现主要是金融供求之间的不平衡，农村资金通过银行存款大量流失转移到城市，农村金融的覆盖面、供给规模以及深度都有很大差距，农村金融适度竞争（不排除个别时段个别地区的过度竞争）的局面还没有形成。另外，还存在整个金融市场的不均衡性，现在最重要的是银行业市场，或者叫信贷市场，约占全部金融资产的80%的份额，其次才是保险业和证券业以及其他的金融业形态。

人们还可以看到农村金融存在的其他不平衡，主要是地区之间的不平衡；大中小金融机构的不平衡；商业性、政策性和合作性金融机构之间的不平衡。例如，政策性金融少，而且政策性业务覆盖不完整，被称为合作性金融的农信社系统还被要求改制成商业金融，如不加以注意，合作金融恐将消失。从地域来看，东部农村地区金融与中西部的农村金融之间的不平衡将继续发展。

我国中小金融机构数量不足且实力不够强。而且各类金融机构或结构的功能定位仍需要进一步明确和调整。同时，不容乐观的是有些涉农金融机构内部资产质量和管理水平及人员素质仍有待进一步提高。所以这些方面都还有很长的路要走，农村金融的改革与发展任重道远。

概言之，我国金融资源配置存在四大不平衡：大中小金融机构不平衡、东中西部金融不平衡、城乡金融不平衡、直接间接金融不平衡。此外，农村金融最大问题之一是政策性、商业性和合作性金融的不平衡，形成社会性和市场性的矛盾，造成商业性金融机构缺乏积极性。为此人们普遍认为要建立市场与政府扶持相结合的农村金融资源配置体系。

三 对党中央就当前农村金融改革发展提出的任务的认识

2014年的中央一号文件（这已是中央连续第11年关于促进"三农"发展的指导性纲领的一号文件）提出三大方面的任务，即强化金融机构服务"三农"职责；发展新型农村合作金融组织；加大农业保险支持力度。相较往年的中央一号文件，对农村金融支持"三农"的阐述和要求，篇幅更多、提法更新、涉及面更全、要求更高。

2014年的中央一号文件要求：在商业性金融方面，稳定大中型商业银行的县域网点，扩展乡镇服务网络，稳步扩大农业银行"三农"金融事业部改革试点。鼓励邮政储蓄银行拓展农村金融业务。增强农村信用社支农服务功能，保持县域法人地位长期稳定。积极发展村镇银行，支持由社会资本发起设立服务"三农"的县域中小型银行和金融租赁公司。对小额信贷公司，要拓宽融资渠道，完善管理政策，加快接入征信系统，发挥支农支小作用。在合作金融方面，在管理民主、运行规范、带动力强的农民合作社和供销合作社基础上，培育发展农村合作金融，不断丰富农村地区金融机构类型。推动社区性农村资金互助组织发展。完善地方农村金融管理体制，明确地方政府对新型农村合作金融监管职责。鼓励开展多种形式的互助合作保险。在政策性金融方面，支持农业发展银行开展农业开发和农村基础设施建设中长期贷款业务，建立差别监管体制。提高中央、省级财政对主要粮食作物保险的保费补贴比例，鼓励保险机构开展特色优势农产品保险，有条件的地方提供保费补贴，中央财政通过以奖代补等方式予以支持。规范农业保险大灾风险准备金管理，加快建立财政支持的农业保险大灾风险分散机制。

在解决直接和间接金融不平衡方面，2014年的中央一号文件还要求：支持符合条件的农业企业在主板、创业板发行上市，督促上市农业企业改善治理结构，引导暂不具备上市条件的高成长性、创新型农业企业到全国中小企业股份转让系统进行股权公开挂牌与转让，推动证券期货经营机构开发适合"三农"的个性化产品。

我认为，当前中国的普惠金融，既缺商业性的中小型金融机构，也缺政策性金融机构来支持普惠金融，更缺合作金融来支撑普惠金融的实现。所以政策性、商业性和合作性金融三种形态都应发挥作用，形成合力、优势叠加、功能互补，并落到实处，这才是普惠金融发展的理想状态。

具体来看，国家应继续加大支农、惠农、强农、富农的法律和政策扶持力度；要拓展和加强政策性银行的职能和能力，全面扶持"三农"；大型商业银行应履行社会责任为发展普惠金融做贡献，努力开拓支持"三农"发展的大中型项目和力所能及的小微项目，也可以把资金委托给中小银行或小额信贷公司，为小微企业和弱势群体服务；要进一步发展小型银行和金融机构，增强直接服务小微企业和弱势群体的力度。另外，过去合作金融的主要形式是农信社，当前全国正在开展农信社改制转轨，然而不应"一刀切"地把农信社全部变成农商行，应因社制宜，部分保留农村合作金融的形态，并努力发展新型合作金融形态。

四　当前发展我国合作金融的思考

2014年的中央一号文件把发展新型农村合作金融组织放到了十分突出和重要的位置，这是前所未有的，也是令人欣喜的。从国外经验来看，合作性金融在满足农户、弱势群体和小微企业金融服务，促进农村社会经济发展，进而实现城乡均衡发展方面发挥着极其重要的不可或缺的作用。例如德国、法国、荷兰、日本、南朝鲜等国家通过在农村发展合作性金融，充分发挥合作金融自愿开放、社员民主管理、自主独立、教育培训和信息、合作社间的合作、关心社区的优势，解决了农村金融发展的高成本、高风险和信息不对称等难题。同时，各级分行独立经营，自下而上的控股，有利于内部资金的市场化定价和转移，使合作金融上层大型金融机构的资金、网络优势也得到了充分的发挥。

合作制经济和金融在我国同样有其存在的合理性和必要性。然而我国，农村合作金融现有趋于消亡的危险。目前，农信社改革过分强调股份制商业化形式。在2007年推出的"农村资金互助社"政策可能是新型合作金融形式，然而，至今经银监会批准的农村资金互助社也只有49家。它之所以没有发展起来，我认为与目前我国各种现有的良莠不齐、鱼龙混杂的农村资金互助社运营不规范、风险突出的现状有关，也与目前外部监管机构协同不够、力量和技术能力不足直接相关。因此，2014年中央一号文件要求：完善地方农村金融管理体制，明确地方政府对新型农村合作金融监管职责，鼓励地方建立风险补偿基金，有效防范金融风险。适时制定农村合作金融发展管理办法。

所以我们应借鉴国外的经验并按照中国的国情，努力发展我国自己特色的合作金融。因此农信社改革和合作金融发展基本的原则应是实事求是，因地制宜、分类指导、区别对待。同时，我们应调动和发挥各种金融机构的积极性、能动性、创造性，努力发挥各类金融机构功能特性，形成优势互补、效益叠加的效应，为实现我们农村金融所追求的目标而努力。

我认为，在当前，我国农村新型合作金融形态主要有两类：一是在农民合作社（专业或综合社）和供销合作社基础上，开展信用合作，培育发展农村合作金融。二是坚持社员制、封闭性原则，在不对外吸储放贷、不支付固定回报的前提下，推动社区性农村资金互助组织发展。对它们的规范管理要求，在新的管理条例出台前，可以参考银监会2007年出台的《农民资金互助社管理暂行规定》的主要原则执行。资金互助社模式如要真正可持续健康发展，需要有基本的条件，至少应经过努力，实现如下条件：机构有合法性；社区有凝聚力；发挥群众拥护的德才素质较好的能人作用；社员内部入股；能人与农民民主管理的平衡（治理结构完善）；管理机制和财务制度基本健全；具备外部融资条件；政府政策（包括融资渠道）支持和外部的持续有效监管。将来，我国的合作金融形态还应借鉴国外的经验，逐步进一步扩展和升级，以形成上下层级配套、运营规范、互为支撑的网络体系。

在此，我还想强调的是当前应特别注意把贫困村互助资金项目尽可能地转变成在贫困地区的可持续发展的资金互助社。从2006年至今，国务院扶贫办和国家财政部主导在全国中西部为主的地区约2万个贫困村推行开展了"贫困村互助资金"项目，现有近百亿元的资金在周转，这是非常现实、宝贵的合作金融的雏形和基础。这些贫困村互助资金项目的多数开展得红红火火，形成了政府支持、农民自有、自管、自享的初级阶段的合作金融形态。因此，这近两万个贫困村互助资金项目不应任其自生自灭，而应以此为基础，真正使之发展成为合规的有前景的可持续的农民资金互助社。

村一级农民自己的金融组织，相当于国际上被称为"村银行"（village bank）类的机构，相当于农民在村里自己组织的小银行，农民以资金入股成为股东（社员），可以在社员内部存款、放贷，在社员之间进行资金互助。

这种合作金融的雏形和基础应尽力保留下来，加以专业培训和管理、进行有效运行和风险防范制度机制的规范引导，完善内部管理和外部监管，呵护其健康成长和发展壮大。本着因地制宜、区别对待、分别指导的原则，在法律上承认其合法地位，建立起农民自己的真正的合作金融机构。如发展得好，政府和金融机构则应该进一步对其提供支持和帮助。

五 最适合当前当地实际的产权制度就是好的制度

有人认为从产权的角度来看，农商行的产权制度比合作制的产权制度要先进、要更好、更科学。我并不认同这种说法，我认为合作制、股份合作制和股份制的产权没有谁比谁先进，谁比谁落后的问题。只要适于当地社会的发展，适于群众的要求，包括员工的要求，又能推动生产力的发展，这就是最合理的产权制度，而且，即使在同一区域，合理的产权制度也可能是多元的。

一个金融机构的好坏关键是看机构治理、人员素质、敬业水平等因素。管理架构和治理机制的良好模式，核心是形成适应机构运行模式和优良绩效的有效激励约束机制。我国地区差异显著，管理和治理机制应有灵活性。即使只从产权所有制看，也是"最适宜的"才是应鼓励支持的。

因此，对于农信社"一刀切"的股份制农商行的产权改革思路，我是不赞成的。我认为它和2003年国务院的文件并不相符，和中国的实际情况也不相符。中国的国土面积大，方方面面情况的差异是极大的，如果我们纯粹地采用商业化股份制"一刀切"的改革，是不符合实事求是的原则，也是不符合中国国情的。

浙江鄞州银行是个业绩优良的农村合作银行，它的经济绩效和社会绩效不亚于甚至优于很多的农村商业银行，就是一个很好的例证。而且，鄞州银行的负责人提出农信社的改革方向应是"社会企业"。再举个很有启发性的例子，荷兰合作银行的业绩表现在世界银行业中二十多年来都连续评级为优。它在基层是合作制，在高层是股份制，简称"下合上股"的产权制度。荷兰合作银行的合作制并不要每个借款人或社员入股，如果愿意作为基层的地域社区合作银行社员，只要是当地居民、愿意交一定的费用和参与一定的咨询活动就可以。各地区基层合作银行都是荷兰合作银行的分支机构，但是不能争抢其他地区荷兰合作银行的客户。这其实跟我们现在农信社的状态是相似的。

另外，还有一个值得我们认真思考、研究的现象和经验，即在欧债期间，欧洲合作金融的表现明显要好于商业金融，逾期呆账率低。其原因至少有以下几点：一是合作金融负债率低，利润不分红（与合作社不同），追加合作金融机构的资本金，资本充足率高。二是合作金融机构存款增加，而商业金融存款降低。三是合作金融服务以社员（个人和合作社）为主，而商业金融服务于商业企业，这些企业破产多或贷款不良率高。四是合作金融机构服务的对象也同时是其所有者，两者同一，对自己资产的维护更负责，而商业金融与客户是不同的利益主体。五是合作金融上下层级机构间相互支持和优势互补。

六 保障金融机构农村存款主要用于农业农村的思考

针对农村资金通过银行存款的形式大量流失转移到城市的问题，党的十八届三中全会《中共中央关于全面深化改革若干重大问题的决定》（以下简称《决定》）提出了"保障金融机构农村存款主要用于农业农村"。国家"十二五"规划文件也有类似提法，但不像这次这么明确，把这一要求单列了出来。过去普惠金融做不好的原因之一就是金融机构在农村获得的存款大量流失转移到城市，中西部存款大量转移到东部，这实际上是对普惠金融的逆向发展，因此是必须解决的问题。

在《决定》提出"城乡发展一体化"的大背景下，要求生产要素自由、公平地流动，以工支农，以城带乡，互惠互利，共同富裕。其中资金是几大要素之一，目前的状况是农村大量资金在流向城市，仍然留有80%的金融资源服务20%群体需求的非普惠金融的感觉。如何扭转这一趋势是当前面临的大问题。因此，党的十八届三中全会"保障金融机构农村存款主要用于农业农村"的新提法有现实和长远意义。

规定银行贷款一定比例用于"三农"和国家重点支持领域，在一些国家有类似的政策、法规，例如印度、巴西、泰国等国规定所有商业银行须将其存款的一定百分比投放到农业部门。中国下一步也应探索制定相关法规制度来执行，从体制机制上解决"钱怎么留在农村"的问题。

中国人民银行和银监会过去曾联合发文要求"县域法人金融机构新增存款主要用于当地发放贷款"，这一规定是个好的起步，但有局限性。在农村县域注册的金融机构不包括大型银行，而主要是指农信社和村镇银行，首先，范围比较小，而且它们并不是银行存款资金流出农村的主体。其次，即使对这些小银行也并没有存款转移出去的惩处约束机制，只是达到存款一定比例用于农村给予正面奖励。

一些金融机构将资金转投城市的理由是，农村不具备吸收太多资金的条件。假设这是事实，但我认为这也不能称其为充分的理由，因为农村总体来说是缺乏资金的。如何解决这一棘手的"两难"问题呢？设立普惠金融发展基金可能是一种可行的选择。保监会主席项俊波曾提出这一概念和设想，他的观点是可将所有金融机构营业收入的1%抽调出来放进设立的普惠金融发展基金，我认为这是一个可行的好主意。对设立的这一基金，可以由国家指定用途、运营机构、运作流程和监督管理规则，统一调度，用于以"三农"为主，同时兼顾城市的弱势群体和小微企业。制定一套普惠金融发展基金管理办法来支持"三农"和城乡弱势群体对金融的需求，可以解决当前争论不休的农村、中西部地区用不了这么多钱的矛盾。也可能解决存款主要用于农村的实际操作问题。集中起来的钱统一调度，这样不会发生效率低下的问题，也不存在资金投不下去的问题。

此外，对农村金融改革发展，应研究出台相关的政策法规。农村金融市场和功能的完善及制度规范创新是关键和根本，必须通过构建农村金融的法律制度来营造良好的农村金融外部环境。当前，我国农村金融立法依然十分薄弱，这已经成为制约农村金融发展和农村金融创新的瓶颈。一些重要的法律法规需要出台，例如合作金融法、农业保险法、民间金融法等。

（原文载于《中国合作经济》2014年第2期）

加快发展农村普惠金融的若干思考和建议

2013年党的十八届三中全会通过的《中共中央关于全面深化改革若干重大问题的决定》（以下简称《决定》）和2015年国务院《政府工作报告》号召和要求"发展普惠金融"。刚结束的中央经济工作会议提出的2015年经济工作的五项主要任务的第三条是加快转变农业发展方式，其中要求深化农村各项改革，完善强农惠农政策，完善农产品价格形成机制，完善农业补贴办法，强化金融服务。

为落实中央发展普惠金融的要求，需要从顶层设计上着手，进一步研究和制定包括政策性、商业性、合作性金融和民间金融协调发展和相互配合的完整的战略规划、执行计划、实施措施和监督考核制度。同时，也应鼓励自下而上的"摸着石头过河"的改革发展实验。

一 保障银行业金融机构农村存款主要用于农业农村

党的十八届三中全会《决定》明确提出了"保障金融机构农村存款主要用于农业农村"。一些金融机构将资金转投城市的理由是，农村不具备吸收太多资金的条件。假设这是事实，但这也不能称其为充分的理由，因为农村，尤其是中西部农村，总体来说是十分缺乏资金的。如何解决这一棘手的"两难"问题？设立普惠金融发展基金可能是一种可行的选择。保监会主席项俊波于2010年曾提出这一概念和设想，他的观点是可将所有金融机构每年营业收入（当时一年约2万亿元）的1%抽调出来放进设立的"农村金融普惠基金"，笔者认为这是一个可行的好主意。对设立的这一基金，可以由国家指定用途、运营机构、运作流程和监督管理规则，统一调度，用于以"三农"为主，同时兼顾城市的弱势群体和小微企业。制定一套农村普惠金融发展基金管理办法来支持"三农"和城乡弱势群体对金融的需求，可以解决当前争论不休的农村、中西部地区用不了这么多钱的矛盾。也可以解决存款主要用于农村的实际操作问题。集中起来的钱统一调度，这样不会发生效率低下的问题，也不存在资金投不下去的问题。

二　积极培育新型农村金融机构和小额信贷公司

适当放宽新型农村金融机构的准入条件，允许民间资本控股村镇银行和县域中小型银行和金融租赁公司。应将小额信贷公司法律定位从现在的"工商企业"改变为"非存款、非公众"金融机构，拓宽融资渠道，完善管理政策，加快接入征信系统。放宽小额信贷公司融资比例限制，通过评级给优秀的小额信贷公司增加杠杆比例。银行可以给小额信贷公司批发资金，应允许符合条件的小额信贷公司跨区域经营，降低小额信贷公司转制村镇银行的门槛。

三　出台支持鼓励公益性制度主义小额信贷组织发展的政策

对我国现有的活跃在贫困地区，包括中国扶贫基金会属下中和农信在内的约300个公益性制度主义小额信贷组织，至今相关主管部门还没有具体的支持鼓励发展的政策法规，不能不说是一大欠缺。这类由社会组织或非政府组织开展的小额信贷活动多数有10年以上的历史，具有追求社会发展的使命、定位和功能，并努力追求自身的可持续发展，它们是我国当今小额信贷的先锋和探索者，它们在欠发达和贫困地区的农村，所起的小额信贷扶持低收入和贫困农户发展的作用尤其显著。同时，在它们之中，也涌现了一批不辱社会使命又具有可持续发展潜力的小额信贷项目和组织。中央政府近年来多次重申支持和鼓励各种类型小额信贷组织的发展，我们希望，相关的支持性政策法规能早日面世。当然，目前最简单易行的权宜之策是设立一两个亿的专项批发基金，支持零售型公益性小额信贷组织的融资需求。该基金交由农总行或国开行管理和监督，因为它们已有这方面的实践和经验。

四　培育发展多类型的农村合作金融

在合作金融方面，鼓励包括农信社系统在内的多类型的农村合作金融的发展。在管理民主、运行规范、带动力强的农民合作社和供销合作社基础上，培育发展新型农村合作金融，不断丰富农村地区金融机构类型。推动农村社区性，包括现有的中央和地方政府部门已支持多年的贫困地区的资金互助项目和组织的健康可持续发展。

据中央金融机构在甘肃挂职干部意见，我国的扶贫金融存在"政府、市场双失灵"问题的情形。应避免把扶贫金融打造成"政策市"。我深有同感。扶贫金融不应该都是政策性和商业性的，应在提高政策性金融的运行效率和防控道德风险，以及商业性金融作为不足的同时，支持规范开展互助合作金融和公益性小额信贷组织。

五　加强小微企业和农村各类经济经营主体的信贷担保体系建设

世界上已有半数国家建立了小微企业信用担保体系，应加大政府对小微企业、农村新型经营主体和农户的信贷担保体系建设的支持力度，引导和规范各类经济主体投资设立担保机构，鼓励担保机构积极开展符合小微企业特点的担保业务。设立再担保基金，用于对民营担保机构的资金扶持。创新农村金融担保抵押机制，建立和完善房产、土地经营权、水域、荒山等资产抵押担保制度。

六　各级政府和部门形成合力支持监督小微金融发展

应建立多个部委间的协调机制，统筹安排现有针对小微金融的优惠政策，包括财税政策。同时，完善国家监管部门和地方政府分工负责的分层监管框架。凡是不涉及公众存款的金融机构，如小额信贷公司、典当公司、担保公司等，由地方政府来承担监管责任。

此外，政府和有关方面应切实加强对农村小微企业和农户的金融教育培训，引导农户树立正确的金融意识、市场意识和诚信意识，实施农村金融消费者权益保护工作。

七　注意发挥直接融资、互联网金融和保险对小微金融服务的重要作用

应健全包括银行、证券、保险、期货、信托、租赁等在内的普惠金融市场体系。注意拓宽除信贷外的直接融资渠道。例如风险投资和私募股权投资、产业投资基金、集中性中小企业债券、发行股票等，还要规范和引导民间资金进入融资市场。

基于电子信息等新技术的不断涌现，互联网金融也将成为提供农村小微企业和农户金融服务的一个重要组成部分，应鼓励和规范互联网金

融的健康发展。注意金融创新与防控风险的平衡。要注意民间高利贷和变相吸储、非法集资的问题。加强政府监管力度,防止出现严重的社会问题。

加大农业保险支持力度。鼓励开展多种形式的互助合作保险。鼓励银保合作。提高中央、省级财政对主要粮食作物保险的保费补贴比例,鼓励保险机构开展特色优势农产品保险,有条件的地方提供保费补贴,中央财政通过以奖代补等方式予以支持。

八　努力改善农村信用环境

各地应结合当地特点,探索建设农村信用体系。发挥征信系统服务小微企业和农户的作用,扩大信用信息基础数据库的覆盖范围,建立具有较高可用度和可信度的企业和农户的信用评级标准。加强农村支付结算体系建设,形成一体化的农村金融基础设施体系。

(原文载于《金融时报》2014 年 12 月 27 日)

《微型金融机构的商业化、风险化与目标偏离：理论与实证》序

应张正平教授的约请，在此，我十分高兴谈点自己阅读学习本专著后的感想、体会和思考。张教授在农村金融、微型金融领域是一位年轻有为的专家，本书是张教授勤奋耕耘、认真钻研、努力工作所获得的丰硕果实之一，是作者历时5年完成的一项重要研究成果，值得相关各界的有关人士认真一读！

在本书中，作者从理论和实践层面研究了国内外开展微型金融活动的各类机构商业化的历程、表现、动因和影响；探讨了国内外开展微型金融活动的各类机构面临的风险、变化趋势、产生原因；分析了国内外开展微型金融活动的各类机构双重目标实现情况、目标偏离的影响因素以及治理目标偏离的各种实践尝试。本书在肯定微型金融机构商业化发展趋势的同时也明确指出了其可能的负面影响，在检验微型金融机构目标偏离影响因素的同时还梳理了治理目标偏离的国际经验，并据此提出了相应的政策建议，全书条理清晰，内容丰富，给人以启迪。

学术研究是开放的、求实的，广开言路、百家争鸣是健康有益的研究氛围，是推动学术研究深入探究和发展、寻求真理的有力手段。在拜读本专著时，笔者也想就专著中一些论及的议题谈点看法，供读者讨论批评。

一 对不同类型小额信贷分类和"商业化趋势"的看法

本专著阐述道："国际上也由于不同的学者或者机构对小额信贷双重目标之间冲突的看法不同，逐渐形成了两大阵营：福利主义者和制度主义者。"国际上，有的学者还将孟加拉国乡村银行（Grameen Bank）

归类到福利主义小额信贷。笔者认为，以上观点是值得商榷的。孟加拉国乡村银行与福利主义小额信贷的概念并不相符，因为乡村银行一方面强调小额信贷的宗旨是服务于穷人，另一方面要求小额信贷机构自身必须实行财务上的可持续（自负盈亏及合理程度的盈利）发展。

对不同性质（主要考察"是否扶贫"和"是否长期依赖补贴"这两方面）小额信贷（又可称微型金融）的分类，笔者持以下观点。世界，包括中国在内的小额信贷基本上分为两大类：福利主义小额信贷和制度主义小额信贷，但应注意，还需进一步分析才好。前者是基于较为传统的理念，即穷人应给予低利率贷款资金的补贴和扶持，也可称"输血式"或"政策性"小额信贷。后者则是目前国际的主流观点，主张以商业化运作方式（保障自身的收入大于支出）提供信贷服务，也称为"造血式"小额信贷。

笔者认为，福利主义小额信贷是一种传统的农村金融服务模式或此模式的变异，其规范的要求是追求贷款资金应有效地直接借贷于穷人（而不是贷款给企业，再由企业雇用穷人），但它不追求服务机构自身的可持续发展。制度主义小额信贷是当今世界的主流流派，它要求共同实现两个目标：较大规模的有效的服务于目标客户群体，同时也实现服务机构自身在组织和财务上的可持续发展。

然而，值得注意而人们却往往忽视或容易混淆的是，制度性小额信贷又可再分为两个分支：公益性和商业性的机构。公益性制度主义小额信贷以服务穷人为目标客户。商业性制度主义小额信贷则服务于更宽泛的目标群体，包括企业在内，而且以追求利润为主要或重要目标。

因此以笔者之见，概言之，世界包括中国在内的小额信贷实际上基本分为三类：一是福利主义或称政策性小额信贷，二是公益性制度主义小额信贷，三是商业性小额信贷。所有依赖外部贴息、补助和担保的小额信贷可归类于福利主义或称政策性小额信贷，而孟加拉国"乡村银行"（Grameen Bank）是世界上历史最长、最杰出和规模最大的公益性制度主义的小额信贷的代表之一。印度尼西亚国有股份制商业银行"人民银行"的"农村信贷部"（BRI-UD）、玻利维亚"团结银行"（BancoSol）等则是国际公认的商业性小额信贷的代表。在我国，扶贫贴息小额信贷、下岗失业人员小额担保贷款、妇女创业小额担保贷款等属于福利主义或称政策性小额信贷,中国扶贫基金会下属的中和农信、陕西西乡县妇女发展协会等属于公益性制度主义小额信贷,而我国商业银行和近 9000 家小额信贷公司中的绝大多数所开展的单笔额度小的贷款则属于商业性小额信贷。当然,这里说的我国的小额信贷(微型金融)类型只涉及小额信贷业务,不包括小额信贷(微型金融)概念中也涵括的存款、汇款、保险等业务。

我们还应进一步注意到,孟加拉国"乡村银行"的创办者尤努斯教授将"乡村银行"的机构性质定义为他所倡导的"社会企业"(Social Business)在小额信贷行业中的代表。以笔者的理解,社会企业就是用商业的手段创新性地解决社会问题的机构。它的基本特征是:公益性的宗旨目标,商业性的运作手段(为了机构和财务的可持续),而且企业利润主要或全部用于公益和扩大再生产。也就是说虽然企业的股东和管理人员经营盈利,但是并不以此为目的,股东不分红或分红远低于市场平均水平,经营目的在于解决社会问题,盈利是作为长期从事社会事业的手段。这与我们上文讨论的"公益性制度主义"的概念基本是一致的。

综上所述,在讨论本著作认为的"微型金融商业化已渐成趋势"的议题时,实际上,其内涵是十分丰富和有差异的,甚至是极大的差异。我们应清醒地认识到,在这里,谈所谓"商业化"一定要分清不同的含义。如果要讨论不同类型的微型金融机构的商业化趋势,它们的共同点只是在机构的经营管理手段机制上商业化了,即运用了市场经济规律、价值规律和竞争规律等手段。而它们的不同点则是追求的目标宗旨有根本的或不同程度的差异:公益性组织的目标任务是社会发展;商业性机构则是追求自身的利润。当然,在这两个目标之间,各种机构可能有多种不同的目标宗旨组合。

二 对小额信贷商业化趋势动因的讨论

本书认为,从国际实践来看,微型金融机构商业化已经演变成为一种发展趋势,其推动力量包括:①政府的直接推动;②商业利润的驱动;③追求可持续发展;④小额信贷理论的推动。在此,我仅做些补充性讨论。

人们在现实中看到的往往是商业性金融不愿意或勉强做或做不了小额信贷和弱势群体的金融服务。当然同时不可否认的是很多有社会责任心、有情怀的商业金融机构这方面的表现也不错。

为什么商业金融往往会忽视或回避对弱势群体的金融服务？有专家认为：主要是其面临信息障碍；成本障碍；以及多重抵押担保的障碍。然而我认为，再深究下去，可能这与诸多商业资本追求利润最大化是其终极目标这一动因分不开，亦即与接受或信奉"理性经济人理论"的思想理论分不开。人们对商业金融在小额信贷和普惠金融上的摇摆表现和如何解决相关问题常感到迷惑和困惑，因此还需要从理论上寻找根源。最深层次的原因或原因之一是其带根本性的认识和理论指导可能出了偏差。认识和理论的不清醒、不自觉，会导致实践行为的摇摆、不坚定或者错误。

对此，尤努斯认为，现存的资本主义理论的最大缺陷在于对人性的误读。在当前对资本主义的解释中，经营企业的人被描绘成一维的人，其唯一的使命就是利润最大化，而人类理应一心一意地追求这个经济目标。这是对人类极其歪曲的描述，稍作思考人们就能看到，人类并非赚钱机器。关于人类的基本事实是：人是多维度的，他们的幸福有多种源头，而并非只来自赚钱。

尤努斯认为："这种对人性的歪曲认识是导致我们的经济思维不完整、不精准的致命缺陷。……我们必须将经济理论中的单维度人换成多维度的人，即同时具有自私和无私特质的个体。当我们这样做之后，商界的景象会立即为之一变。我们会看到社会需要两类企业：一类为了私利，另一类则致力于帮助他人。……我把基于人性无私这种特质的第二类企业称为'社会企业'，这正是我们的经济理论所缺失的。"

我们再看一下印度的1998年诺贝尔经济学奖得主阿玛蒂亚·森的思想学说。阿玛蒂亚·森认为，发展是人的发展，"经济学应该关注现实的人"，具体说是现实人的自由发展。这种经济学逻辑前提的设定明显地比照出西方主流经济学的逻辑前提——理性经济人的缺陷和不足，所以阿玛蒂亚·森说理性经济人像"跛脚的驴"。进入西方主流经济学研究者视野的只是交换主体的逐利动机和行为，至于与此密不可分的其他因素则被这种狭窄的视野虚无化。阿玛蒂亚·森认为，经济学应关注人的生活质量。而效用、财富、效率等都不能与生活质量处在同一逻辑层面上。

西方主流经济学的问题出在两个方面，其一是对主流经济学奠基人亚当·斯密学说的曲解，其二是生吞活剥地套用达尔文的生物学进化论。主流经济学推崇和独尊经济学的工程学根源，厌恶和舍弃经济学的伦理学根源，结果导致主流经济学有极其严重的"人学"贫乏症。

阿玛蒂亚·森认为，市场经济体制的实际内容异常丰富，绝非仅仅效率一个方面能够概括和表达。第一，市场经济体制的灵魂和核心是自由。这里的自由包括经济、政治、思想等诸多方面，与此相对应，效率只不过是自由的一个结果，它为自由服务而非自由服从于效率。第二，市场经济体制是一种需要智慧、勇气和良知的社会安排，它由三个核心因素构成：经济运行体制、政治法律制度的规定和保障以及由经世致用的价值观体系来加以维系。第三，市场与国家并非只有相互冲突的一面，此外更有相辅相成的一面，冲突或相辅相成的原因在于国家的性质。第四，相对于市场经济体制而言，国家不是必要的恶，而是它须臾不可分离的前提条件。

河北大学宫敬才教授认为，阿玛蒂亚·森的理论以发展中国家的经验事实和历史为依据，他所涉及和分析的问题往往正是我们自己的疑惑和困境，所以他的理论与我国的社会现实更相容，对我们理解自己的现实更具有启发与指导意义。

就笔者自己的认识，以上各方对小额信贷和普惠金融理论依据的阐述，可以看出，这些理论本身就是多元的、多维度的、有差异的。中国人民银行潘功胜副行长表示，微型金融、普惠金融要在政府政策支持的基础上进行市场化操作，走保本微利的可持续发展之路。这也是理论多元性的又一例证。潘功胜的观点与公益性制度主义小额信贷的追求相近，试问福利主义金融和商业性金融能接受这一观点吗？

走保本微利的可持续发展之路，以我的理解，实际是既不主张补贴式的政策性（福利性）金融，又不主张商业利润最大化式的金融，而是要兼顾金融供求双方利益的平衡；金融供给方兼顾自身的经济效益和社会效益间的平衡；也是逐利性和弘义性之间的平衡。

尤努斯的上述理论在某种意义上与我们社会主义国家所倡导的主流价值观是相似的、一致的。尤努斯的上述理论可能比目前人们看到的其他各种西方经济理论更鲜明透彻，更有震撼性，值得我们深思和进一步的探求。阿玛蒂亚·森的理论也是入木三分、独树一帜的。这两位穷人的银行家和穷人的经济学家的反潮流理论值得我们深入思考。笔者也注意到，我国学界也有不少的专家学者已对理性经济人理论的偏颇予以了批驳。

而且，笔者认为，市场规律不唯用于自利或利己，亦可用于利他。先公后私、利己与利他兼顾，也是社会主义的本质要求。马克思主义经济学与我国的政治经济学论述的劳动创造价值的理论，与小额信贷（微型金融）和普惠金融理论有更天然的内在的关联，因为小额信贷（微型金融）和普惠金融强调的是金融也要为无资本或少资本的劳动者提供持续的适宜的有效服务。

对偏颇的理性经济人理论的批判是有重要现实意义的。因为在我国的现实经济领域，无论对政府和监管当局，还是商业性企业，或是学术研究界，以至社会公众和媒体，都不应再像过去人们经常看到的现象那样，把商业企业追求利润最大化，而忽视社会责任和道德视为是正确的、理所当然的、无可非议的、天经地义的。至此，我们把理性经济人理论批判提升到一个认识的新层次、新高度，即我们应有我们自己的理论自信、道路自信、制度自信。我们应有自己的话语权。

在讨论小额信贷和普惠金融体系的健康可持续发展问题时，国际主流观点是既反对长期依赖补贴式的做法，又反对过分商业化（以利润最大化为目标），也就是说应为弱势产业、弱势地区和弱势群体提供金融服务，同时追求机构自身组织上和财务上的可持续发展。笔者认为，这种认识是正确的，值得倡导和践行的。

简言之，对一个小额信贷机构和普惠金融体系的评价要同时考核它的社会业绩指标（社会绩效）和业务业绩指标（财务绩效）。这也是张正平教授著作中所论述的微型金融机构要同时实现财务可持续（财务目标）和减缓贫困（社会目标）两大目标。

以上是笔者在学习本著作后的一些感想、思考和评论，供作者和读者批评指正。同时，也算作我写的书序。

（原文为张正平著《微型金融机构的商业化、风险化与目标偏离：理论与实证》序，中国金融出版 2016 年版）

切实贯彻中央关于供销合作社改革的《决定》将有力推动农村经济发展

中共中央、国务院 2015 年 3 月颁布的《关于深化供销合作社综合改革的决定》（以下简称《决定》）对我国农村经济发展的影响积极而深远，对农村金融体系的完善十分重要。如今《决定》颁布已经四个多月，人们十分关注《决定》能否切实得到真正贯彻落实。

一 供销社改革发展定位科学

对《决定》最核心要点的理解，可简要概括为：供销合作社的深化综合改革要实现"改造自我、为农服务"的目的。从总体目标和任务看，供销合作社应改革成为服务"三农"的生产、销售、信用的上下贯通的综合性合作经济组织。

合作金融是农村金融体系中不可或缺的组成部分。无论从理论还是实践的角度，合作性金融与商业性金融、政策性金融一样，都是完整的农村金融体系中不可缺少的组成部分，三者之间的分工、协作与适度竞争，能形成合力，发挥优势互补、效益叠加的作用。合作性金融在满足农户和小微企业金融服务，促进农村经济社会发展，进而实现城乡均衡发展等方面具有极其重要的作用。

当前，我国农村合作金融严重缺位。尽管业内对农信社改革有不同意见，但原来定位为合作金融的农村信用社系统，已走上向商业金融转轨的道路。

从国外实践看，德国、法国、荷兰、日本、南朝鲜等国家都拥有各具特色的农村合作性金融形态，有效地解决了农村金融供需主体间利益冲突以及高成本、高风险和信息不对称等难题。同时，合作金融各级机构独立经营，自下而上的控股，有利于内部资金的市场化定价和转移，合作金融上层大型金融机构的资金、网络优势也得到了充分发挥。

《决定》明确要求供销合作社稳步开展农村合作金融服务。有条件的供销社发展农村资金互助合作，可依法设立农村互助合作保险组织，允许符合条件的社有企业依法开展发起设立中小型银行试点等，意在依托供销社系统开展合作金融探索。

长期以来，供销合作社扎根农村，贴近农民，组织体系比较完整，经营网络比较健全，服务功能比较完备，完全有条件成为党和政府抓得住、用得上的为"三农"服务的骨干力量。它的这些特点和优势是其他分散的、不成体系的合作组织或商业经济组织所不具备和难以望其项背的。

供销合作社的优势和潜力主要体现如下：政治优势。它有浓厚的官助民办、互助合作的组织色彩，县以上联合社基本参照公务员管理，承担政府委托的任务，完成国家委托的经营业务和社会服务任务，是农村流通和农业社会化服务的"国家队"；组织优势。它有完整的组织体系，全国总社、省级社、地市社、县级社及2.5万个基层社、33.7万个农村综合服务社。其基层组织覆盖全国80%的乡镇、60%的行政村，是我国最大的合作经济组织；网络优势。它已形成农业生产资料、农副产品、日用消费品、再生资源、农村社区综合服务的经营服务网络，是农村流通领域网点数量最多、辐射范围最大的流通组织。此外，它还有经营优势和资产优势，有成千上万的"龙头"企业和各类公司制法人企业，拥有大中专院校近百所，国家级科研院所近十所。全系统拥有资产1.2万亿元，所有者权益3000多亿元，是我国经营规模较大、经济实力较强、业务领域较多的综合性经营服务组织和优质合作伙伴。

同时，应该看到，目前供销合作社也存在一些问题，比如和农民合作关系不够紧密，行政色彩比较浓厚，综合服务实力不够强大，层级联系比较松散，体制没有完全理顺，人才短缺问题仍然比较突出等。这些问题只有采取有效措施，切实加以解决，供销合作社的整体效益和优势才能更好的体现。

二　将有力推动农村经济发展

农业要实现现代化，需要生产的产业化、销售的畅通化和农民金融服务的便利化来支撑。在当前农村多元化、农业社会化服务体系和农业合作经营体系中，要发挥好供销社的优势和独特作用，就要落实"三位一体"的合作经济定位，改造自我，强身健体，坚守服务农业的目的。供销社通过改革，依托现有基础和优势，弥补短板，就能有效拓展和发挥自身在农村流通、农业生产经营服务、金融服务、生活服务等方面的整体功能作用，有力推动农村经济社会发展和农民生产生活水平的提高。

生产合作是农业合作的基础。供销社可以为农民提供产前、产中、产后系列化服务，利用自身贴近农民、体系健全的优势，创办、领办、参与农民专业合作社，变小生产为适度规模经营，提升生产合作的规模、实力、带动性。通过供销社领办，让众多的农民专业合作组织摆脱"只挂牌、不合作"、数量多、合作少、质量差等"虚胖"状态，从徒有其名走向名副其实。

供销合作是农业合作的血脉。供销社的传统"强项"是供销合作。在构建服务"三农"网络大背景下，各级供销合作组织可以利用自身渠道优势，发展多种农产品流通模式，构建全国性电子商务平台，实现专业生产、销售合作联合。农户"小生产"和适度规模生产经营均可通过生产和供销对接，在大市场中逐渐提升定价实力，由被动"受价者"变为主动"定价者"。

金融合作是农业合作的保障。作为弱势群体和弱势产业，农民和农业长期以来较难获得投融资的支持，而且合作金融是农村金融的"短板"。供销社在未来可以通过对接农民生产、供销合作，发展村民共同体内部资金互助合作组织，缓解商业银行、小额信贷公司等"外置金融"长期难以解决的农民融资难、农村"金融贫血症"等问题。

三 将弥补农村合作金融的缺位

目前，我国农村的合作金融现状并不乐观。农信社已经商业化改制，银监会批准设立的农村资金互助社只有 49 家，而且多年来已停止发展新机构，而我国农村有 58 万多个行政村，约有 4 万个乡镇。一些地方政府部门批准成立的或农民自发成立的资金互助社总体上量多质差、良莠不齐、鱼龙混杂，一些机构还存在违法违规行为。而监管系统受条件所限，难以有效监管。因此，呈现两难矛盾：若大力发展新型合作金融组织，则存在机构素质不高，监管力量不足，区域和系统风险高的矛盾；若不发展或少发展新型合作金融组织，则难以缓解农民群体金融服务难、服务贵的矛盾。

供销社稳步开展农村合作金融服务，由于党和政府可以有效掌控，只要工作真正得力，就能够有效化解上述"两难"局面。有条件的供销社只要按照社员制、封闭性原则，在不对外吸储放贷、不支付固定回报的前提下，发展农村资金互助合作，能从总体上达到健康、可控、发展的目标。它还可依法设立农村互助合作保险组织，依法设立中小合作银行试点，设立融资租赁公司、小额信贷公司、融资性担保公司、农村产权交易等金融服务中介。

可以预见，切实贯彻执行中央的《决定》，供销合作社系统创办领建的农村合作金融业务将有可能替代已经或将转轨为商业金融的农信社系统，成为我国农村合作金融的主体力量。不过，各地供销社的情况差异大、发展不平衡，能否实现中央《决定》的要求，有赖于供销合作社系统干部员工能否真正将思想和行动统一到中央《决定》的要求上来，这考验着供销合作社相关领导层的领导力和执行力。现在，社会上对此有着不同的看法、评论和疑虑。最终，良好的顶层设计能否实现，还需要接受实践的考验和检验。

（原文载于《金融时报》2015年8月4日）

普惠金融理论与实践的困惑和探究

——趋利性 VS 弘义性

对一个小额信贷机构和普惠金融体系的评价要同时考核它的社会业绩指标（社会绩效）和业务业绩指标（财务绩效）。对开展小额信贷和普惠金融活动的机构，要有一个对其业务（财务）绩效和社会绩效双底线、双考核、双评价的要求。

我国农村金融体系的改革发展已取得重大成就，然而改革发展的新挑战和瓶颈依存，农村金融，尤其是农村普惠金融仍然是整个金融体系中薄弱的环节。从本质上说普惠金融是强调金融要为弱势产业、弱势地区和弱势群体服务，并应将其融汇到主流金融中，使其成为完整金融体系不可或缺的有机组成部分。以笔者的认识，简单地理解和概括，农村普惠金融的含义就是为农户和农村小微企业提供适宜和有效的金融服务。

一 对理性经济人理论的批判——普惠金融的理论依据的思辨

（一）问题的提出和问题产生的原因假定

人们在现实中看到的往往是商业性金融不愿意或勉强做或做不了小额信贷和弱势群体的金融服务。当然同时，不可否认的是很多有社会责任心有社会情怀的商业金融机构这方面的表现也还是不错的。

为什么商业金融往往会忽视或回避对弱势群体的金融服务？有专家认为：主要是其面临信息障碍、成本障碍以及重抵押担保的障碍，这些理由是对的。不过这解释不了以下问题，即像有的农商行和农信社的同事说的心里话：我们内心也愿意为农户服务，然而我们的商业大股东要求我们保证他们的商业回报率，多做大业务，这是我们面临的矛盾和困局。笔者认为，商业金融普遍存在的问题再深究下去，还需要从思想深层和指导理论上寻找根源。最深层次的原因或原因之一是其根本性的认识和理论指导可能出了偏差。认识和理论的不清醒、不自觉，会导致实践行为的摇摆、不坚定或者错误。人们对商业金融在小额信贷和普惠金融实践上的摇摆表现和如何解决相关问题，常感到迷惑和困惑，可能这与诸多商业资本追求利润最大化是其终极目标这一动因分不开，亦即与接受或信奉"理性经济人理论"（或称"完全自私经济人假设"）的思想理论分不开。所谓"理性经济人理论"，强调在市场经济中个人参与市场经济活动的动机是谋求私利，并且个人谋求私利的活动将会自动地增进社会福利。

本文想要重点探究的就是被许多人奉为"圣明"的"理性经济人理论"的局限性以及以它作为经济发展理论指导现实经济实践所产生的两面效应，尤其是对践行普惠金融的消极影响。学术研究应是开放的、求实的，广开言路、百家争鸣是健康有益的研究氛围，是推动学术研究深入探究和发展、寻求真理的有力手段。笔者愿以这种态度与有兴趣探讨此议题的人士商讨我们当前所面对的、在普惠金融理论与实践方面的困惑，尤其是趋利性与弘义性的利弊、对错及相互关系。

（二）国外穷人银行家与穷人经济学家的相关理论

国际上著名的穷人银行——孟加拉国"乡村银行"创办者尤努斯教授认为，现存的资本主义理论的最大缺陷在于对人性的误读。在当前对资本主义的解释中，经营企业的人被描绘成一维的人，其唯一的使命就是利润最大化，而人类理应一心一意地追求这个经济目标。这是对人类极其歪曲的描述，稍作思考人们就能看到，人类并非赚钱机器。关于人类的基本事实是：人是多维度的，他们的幸福有多种源头，而并非只来自赚钱。

尤努斯认为："这种对人性的歪曲认识是导致我们的经济思维不完整、不精准的致命缺陷。……我们必须将经济理论中的单维度人换成多维度的人，即同时具有自私和无私特质的个体。当我们这样做之后，商界的景象会立即为之一变。我们会看到社会需要两类企业：一类为了私利，另一类则致力于帮助他人。……我把基于人性无私这种特质的第二类企业称为'社会企业'，这正是我们的经济理论所缺失的。"

我们再看一下印度的1998年诺贝尔经济学奖得主阿玛蒂亚·森的思想学说。阿玛蒂亚·森认为，发展是人的发展，"经济学应该关注现实的人"，具体说是现实人的自由发展。这种经济学逻辑前提的设定明显地比照出西方主流经济学的逻辑前提——理性经济人的缺陷和不足，所以阿玛蒂亚·森说理性经济人像"跛脚的驴"。进入西方主流经济学研究者视野的只是交换主体的逐利动机和行为，至于与此密不可分的其他因素则被这种狭窄的视野虚无化。阿玛蒂亚·森认为，经济学应关注人的生活质量。而效用、财富、效率等都不能与生活质量处在同一逻辑层面上。

西方主流经济学的问题出在两个方面，其一是对主流经济学奠基人亚当·斯密学说的曲解，其二是生吞活剥地套用达尔文的生物学进化论。主流经济学推崇和独尊经济学的工程学根源，厌恶和舍弃经济学的伦理学根源，结果导致主流经济学有极其严重的"人学"贫乏症。

阿玛蒂亚·森认为，市场经济体制的实际内容异常丰富，绝非仅仅效率一个方面能够概括和表达。第一，市场经济体制的灵魂和核心是自由。这里的自由包括经济、政治、思想等诸多方面，与此相对应，效率只不过是自由的一个结果，它为自由服务而非自由服从于效率。第二，市场经济体制是一种需要智慧、勇气和良知的社会安排，它由三个核心因素构成：经济运行体制、政治法律制度的规定和保障以及由经世致用的价值观体系来加以维系。第三，市场与国家并非只有相互冲突的一面，此外更有相辅相成的一面，冲突或相辅相成的原因在于国家的性质。第四，相对于市场经济体制而言，国家不是必要的恶，而是它须臾不可分离的前提条件。

（三）国内一些学者的相关理论

笔者也注意到，我国学界也有不少的专家学者已对"理性经济人"理论的偏颇予以了批驳。在此，摘引一些学者的相关观点和论述。中国社会科学院学部委员程恩富研究员提出了"利己和利他经济人假设"的基本命题。他认为，依据人类实践和问题导向，并受马克思的思想启迪，必须确立一种新"经济人"假说和理论，即"利己和利他经济人假设"（或称"己他双性经济人假设"），其方法论和哲学基础是整体主义、唯物主义和现实主义的。作为创新的现代马克思主义政治经济学基本假设之一，它对应"完全自私经济人假设"，也包含三个基本命题：一是经济活动中的人有利己和利他两种倾向或性质。二是经济活动中的人具有理性与非理性两种状态。三是良好的制度会使经济活动中的人在增进集体利益或社会利益最大化的过程中实现合理的个人利益最大化。

广东省委党校郑志国教授充分肯定了程恩富教授的双性经济人假设。认为这一假设力求全面反映经济主体行为的利己和利他双重动因及其关系，合理解释理性和非理性两种状态，统筹考虑社会利益最大化和个人合理利益最大化及其制度条件，对经济人的利益关系和行为方式做出新的设计。马克思主义历史唯物论、辩证法、劳动价值论、剩余价值论和科学社会主义中的一些观点与方法，构成双性经济人假设最重要的理论依据。该假设与可持续发展要求高度吻合，由利己主义驱动的经济发展方式是不可持续的，为实现可持续发展必须倡导利他行为。现代社会要求经济主体兼顾利己和利他，提高理性水平，转变行为方式。

中国社会科学院杨春学研究员认为，经济学家都普遍认识到，即使仅仅从经济的动态效率角度看，经济人模式所不能解释的那些因素（如出于理想信念、归属感、正义感的行为），也发挥着重要的作用。特别地，不能把自身利益的极大化视为是唯一符合理性的，而追求其他目标（如公益精神、群体团结等）就是不理性的。在一个纯粹的经济人社会中，诸如"搭便车"、囚徒困境这类问题，就必定会使交易成本极高，最终使市场制度不可能成为一种有效率的制度。要把这些因素纳入经济学分析之中，无须否定但要超越经济人。问题在于：以什么样的严格方式纳入经济学的分析逻辑之中？

杭州商学院会计学院刘海生认为，"经济人"与"有限理性经济人"是古典和新古典经济学关于人性的经济假设，在这两个假设中，人是"同质"的。然而"同质"的"经济人"假设是不符合现实的，因为现实中的人既是异质的又是同质的。南开大学经济学院讲师高嵩认为，经济人假设关注个人的利益目标及实现目标的能力，而马克思在刻画个人时还特别强调了社会关系对个人行为选择的约束。

厦门大学经济系庄宗明教授认为，"重新理解人"，应当成为中国经济学研究的起点，这要求我们把"人"拉回到复杂的社会系统中，结合社会、文化、历史、制度、心理深入理解人，从而深化对经济学的研究。面向21世纪的中国经济学，应该是一个开放的学科体系，这一体系随时欢迎其他学科的参与，只要他们带来真知。如果我们能够容忍理论界的暂时混乱，如果我们能够鼓励多种方法、多角度研究的进行，如果我们立足创新但并不排斥，大力引进但不迷信，我们或许可以在未来收获一个更为成熟的中国经济学，或称为经济学的中国流派。

二 小结与思考

就笔者自己的认识，以上各方对小额信贷和普惠金融理论依据的阐述，可以看出，这些理论本身就是多元的、多维度的、有差异的，也是极有启迪和探讨价值的。再如，中国人民银行副行长潘功胜说，微型金融、普惠金融要在政府政策支持的基础上进行市场化操作，走保本微利的可持续发展之路。这也是理论多元性的又一例证。潘功胜的观点与公益性制度主义小额信贷的追求（以服务弱势群体为宗旨，同时追求机构自身组织上和财务上的自负盈亏和可持续发展）相近，试问福利主义金融和商业性金融能接受这一观点吗？在贯彻发展普惠金融的实践中，我国是否能真正以此作为指导原则呢？而且，既然公益性制度主义小额信贷组织在我国已有20年的历史，为什么却没有得到应有的发展？这些问题需要我们解答和探求。

走保本微利的可持续发展之路，以笔者的理解，对普惠金融而言，实际是既不主张补贴式的政策性（福利性）金融，又不主张商业利润最大化式的金融，而是要兼顾金融供求双方利益的平衡；金融供给方兼顾自身的经济效益和社会效益间的平衡；也是本文讨论的趋利性和弘义性之间的平衡。

尤努斯的上述理论在某种意义上与我们社会主义国家所倡导的主流价值观是相似的、一致的。尤努斯的理论可能比目前人们看到的其他各种西方经济理论更鲜明透彻，更有震撼性，值得我们深思和进一步的探求。阿玛蒂亚·森的理论也是入木三分、独树一帜的。这两位穷人的银行家和穷人的经济学家的反潮流理论及我国一些专家学者的理论观点值得我们深入思考和研究。

市场规律不唯用于自利或利己，亦可用于利他。先公后私、利己与利他兼顾，也是社会主义的本质要求。温家宝也说过："亚当·斯密写过两部有名的著作,一本叫《道德情操论》,另一本叫《国富论》。《国富论》是讲市场经济这只看不见的手。《道德情操论》中有一段话很精彩,他说如果社会财富只集聚在少数人手中,那是不公平的,而且注定是不得人心的,必将造成社会的不稳定。我觉得这个话是对的,所以要讲公平,要把正义作为社会主义国家的首要价值。"这也说明,即使对西方经济学鼻祖的理论也被人有意无意地进行了不完整的传播或歪曲。

马克思主义经济学与我国的政治经济学论述的劳动创造价值的理论,与小额信贷(微型金融)和普惠金融理论有更天然的内在关联,因为小额信贷(微型金融)和普惠金融强调的是金融服务的公平正义,强调金融也要为无资本或少资本的劳动者提供持续的适宜的有效服务。

对偏颇的"理性经济人"理论的批判是有重要现实意义的。因为在我国的现实经济领域,无论对政府和监管当局,还是商业性企业,或是教学和学术研究界,以至社会公众和媒体,都应该进行认识、理念和理论上的梳理或纠偏,不应再像过去人们经常看到的现象那样,把商业企业追求利润最大化,而忽视社会责任和道德视为是正确的、理所当然的、无可非议的、天经地义的。

至此,本文讨论的所谓的"趋利性与弘义性——普惠金融的实践困惑和理论探讨"的议题是否理出点头绪了呢?而且至此,我们是否已把对"理性经济人理论"批判提升到一个认识的新层次、新高度,即我们应有我们自己的理论自信、道路自信、制度自信。我们应有自己的话语权。

我们应承认世界、社会和人的多维性,而且,不同的机构和人群的追求不同。对他们的各种合法合理要求应予以尊重和保护,政策也应不同。同时,还应有正确的法规、经济、行政和舆论手段的引导和要求,尽可能多地集聚社会的正能量。即使对追求利润最大化的商业金融,也要倡导其履行企业社会责任以及对其在道德和政策方面的合理要求。

在讨论商业金融面对的趋利性和弘义性的矛盾和倡导两者的平衡后,合作金融在普惠金融中的作用和意义应引起足够的重视。如果从趋利性和弘义性的矛盾角度看,合作金融相对于商业金融而言,则优势大得多。因为,它的所有者、管理者和受益者是同一主体,基本没有像商业金融那样金融供求双方两个不同利益主体之间的利益博弈。就我国目前农村金融结构的完整性和互补性看，有必要补上合作金融不足的短板和解决现有的所谓"合作金融"乱象丛生的问题。同理，对公益性制度主义小额信贷组织的发展也应予以足够的重视和支持。

在讨论小额信贷和普惠金融体系的健康可持续发展问题时，国际主流观点是既反对长期依赖补贴式的做法，又反对过分商业化（以利润最大化为目标），也就是说应为弱势产业、弱势地区和弱势群体提供金融服务，同时又追求机构自身组织上和财务上的可持续发展。笔者认为，这种认识是正确的，是值得倡导和践行的。简言之，对一个小额信贷机构和普惠金融体系的评价要同时考核它的社会业绩指标（社会绩效）和业务业绩指标（财务绩效）。对开展小额信贷和普惠金融活动的机构，要有一个对其业务（财务）绩效和社会绩效双底线、双考核、双评价的要求。

（原文载于《金融时报》2015年8月24日）

发展农村普惠金融的十大建言

发展普惠金融需要从顶层设计着手，进一步研究和制定包括政策性、商业性、合作性金融和民间金融协调发展和相互配合的完整的战略规划、执行计划、实施措施和监督考核制度。同时，也应鼓励自下而上的"摸着石头过河"的改革发展实验。

小额信贷或微型金融，以及对其进一步的提炼、发展和扩张，进而上升到普惠金融的高度，这是一个实践不断推进和认识不断深化的过程。这从本质上说是强调金融要为弱势产业、弱势地区和弱势群体服务，并应将其融汇到主流金融中，使其成为完整金融体系不可或缺的有机组成部分。普惠金融强调穷人和弱势群体也需要获得存款、贷款、汇款和保险等金融服务的平等机会和公平的享用权。简单地概括，可以把农村普惠金融的内涵理解为，为农户和农村小微企业提供适宜和有效的金融服务。

一 农村普惠金融仍是薄弱环节

农村金融，尤其是农村普惠金融到目前为止在整个金融体系里面仍然是最薄弱的环节，这是一个总体的判断。具体表现主要就是金融供求之间的不平衡，农村资金通过银行存款大量流失到城市，农村金融的覆盖面、供给规模以及深度都有很大差距，农村金融适度竞争的局面还没有形成。

另外，我们还发现整个金融市场的不均衡性，现在最重要的是银行业市场，或者说信贷市场，约占农村金融市场的绝大部分份额，其次才是保险业和证券业以及其他的金融业形态，农业保险深度和广度不足。农村征信体系不完善，覆盖面不够。其他的不均衡问题，还有地区之间的不平衡，大中小金融机构的不平衡，商业性、政策性和合作性金融机构之间的不平衡等。

我国普惠金融的发展还处于初级阶段。与世界其他国家相比，我国的存款账户和支付水平状况较好，但对中低收入群体贷款水平较差。从宏观来看，近几年我国小额信用贷款和联保贷款的规模大体是停滞的，甚至是萎缩的，小微企业金融服务也远远不足。

二 普惠金融理论依据的思辨

人们在现实中看到的往往是一些商业性金融不愿意或勉强做或做不了小额信贷和小微企业的普惠金融服务。当然同时，不可否认的是很多有社会责任心、有社会情怀的商业金融机构在这方面的表现也不错。

为什么商业金融往往会忽视或回避对弱势群体的金融服务？有专家认为，主要是其面临信息障碍、成本障碍以及重视抵押担保的障碍。这有一定道理，不过这解释不了根本问题，我听到有的农商行和农信社的员工说过心里话："我们内心也愿意为农户服务，然而我们的商业大股东要求我们保证他们的商业回报率，多做大业务，这是我们面临的矛盾和困局。"笔者认为，商业金融普遍存在的问题再深究下去，还需要从思想深层和指导理论上寻找根源。最深层次的原因之一是其根本性的认识、理念和理论指导可能出了偏差。认识、理念和理论的不清醒、不自觉，会导致实践行为的摇摆、不坚定或者错误。人们对商业金融在小额信贷和普惠金融实践上的摇摆表现和如何解决相关问题常感到迷惑和困惑，可能这与诸多商业资本追求利润最大化是其终极目标这一动因分不开，亦即与接受或信奉"理性经济人理论"（或称"完全自私经济人假设"）的思想理论分不开。所谓"理性经济人理论"，就是强调在市场经济中个人参与市场经济活动的动机是谋求私利，并且个人谋求私利的活动将会自动地增进社会福利。

中国人民银行潘功胜副行长认为，"微型金融、普惠金融要在政府政策支持的基础上进行市场化操作，走保本微利的可持续发展之路"，"作为一个负责任的商业组织，需要在追逐商业利益和社会责任之间达到平衡，形成一种平衡。商业银行的内部绩效评价体系和内部授权体系，要体现这样一种平衡。"试问福利主义金融（需要依赖外部资金补贴）和商业性金融（追求自身利润最大化为目标）能接受这一观点吗？

普惠金融走保本微利的可持续发展之路,以笔者的理解,实际是既不主张补贴式的政策性(福利性)金融,又不主张商业利润最大化式的金融,而是要兼顾金融供求双方利益的平衡;金融供给方兼顾自身的经济效益和社会效益间的平衡,或称逐利性和弘义性间的平衡。

从国外穷人银行家与穷人经济学家的相关理论看普惠金融的理论依据。国际上最著名的穷人银行——孟加拉国乡村银行(Grameen Bank)创办者尤努斯教授认为,现存的资本主义理论的最大缺陷在于对人性的误读。在当前对资本主义的解释中,经营企业的人被描绘成一维的人,其唯一的使命就是利润最大化,而人类理应一心一意地追求这个经济目标。这是对人类极其歪曲的描述,稍作思考人们就能看到,人类并非赚钱机器。关于人类的基本事实是:人是多维度的,他们的幸福有多种源头,而并非只来自赚钱。

尤努斯认为:"这种对人性的歪曲认识是导致我们的经济思维不完整、不精准的致命缺陷。……我们必须将经济理论中的单维度人换成多维度的人,即同时具有自私和无私特质的个体。当我们这样做之后,商界的景象会立即为之一变。我们会看到社会需要两类企业:一类为了私利,另一类则致力于帮助他人。……我把基于人性无私这种特质的第二类企业称为'社会企业',这正是我们的经济理论所缺失的。"

我们再看一下印度的1998年诺贝尔经济学奖得主阿玛蒂亚·森的思想学说。他认为,发展是人的发展,"经济学应该关注现实的人",具体说是现实人的自由发展。这种经济学逻辑前提的设定明显地比照出西方主流经济学的逻辑前提——理性经济人的缺陷和不足,所以阿玛蒂亚·森说"理性经济人"像"跛脚的驴"。进入西方主流经济学研究者视野的只是市场主体的逐利动机和行为,至于与此密不可分的其他因素则被这种狭窄的视野虚无化。他认为,经济学应关注人的生活质量。而效用、财富、效率等都不能与生活质量处在同一逻辑层面上。

西方主流经济学的问题出在两个方面,其一是对主流经济学奠基人亚当·斯密学说的曲解,其二是生吞活剥地套用达尔文的生物学进化论。主流经济学推崇和独尊经济学的工程学根源,厌恶和舍弃经济学的伦理学根源,结果导致主流经济学有极其严重的"人学"贫乏症。

阿玛蒂亚·森认为,市场经济体制的实际内容异常丰富,绝非仅仅效率一个方面能够概括和表达。第一，市场经济体制的灵魂和核心是自由。这里的自由包括经济、政治、思想等诸多方面，与此相对应，效率只不过是自由的一个结果，它为自由服务而非自由服从于效率。第二，市场经济体制是一种需要智慧、勇气和良知的社会安排，它由三个核心因素构成：经济运行体制、政治法律制度的规定和保障以及由经世致用的价值观体系来加以维系。第三，市场与国家并非只有相互冲突的一面，还有相辅相成的一面，冲突或相辅相成的原因在于国家的性质。第四，相对于市场经济体制而言，国家不是必要的恶，而是其须臾不可分离的前提条件。

国内对普惠金融的理论与认识应加以调整。河北大学宫敬才教授认为，阿玛蒂亚·森的理论以发展中国家的经验事实和历史为依据，他所涉及和分析的问题往往正是我们自己的疑惑和困境，所以他的理论与我国的社会现实更相容，对我们理解自己的现实更具有启发与指导意义。笔者也注意到，我国学界也有不少的专家学者已对"理性经济人"理论的偏颇和局限予以了批评。就笔者自己的认识，各方对小额信贷和普惠金融理论依据的阐述可以看出，这些理论本身就是多元的、多维度的、有差异的，也是极有启迪和探讨价值的。

对偏颇的"理性经济人"理论的批判是有重要现实意义的。因为在我国的现实经济领域，无论对政府和监管部门、商业性企业、学术研究界，还是社会公众和媒体都应该进行认识和理念上的纠偏，不应再像过去人们经常看到的现象那样，把商业企业追求利润最大化，而忽视社会责任和道德视为是正确的、理所当然的、无可非议的、天经地义的。

我们应承认世界、社会和人的多维性，而且，不同的机构和人群的追求不同。对他们的各种合法合理要求应予以尊重和保护，政策也应不同。同时，还应有正确的法规、经济、行政和舆论手段的引导和要求，尽可能多地集聚社会的正能量。即使对追求利润最大化的商业金融，也要倡导其履行企业社会责任，以及对其在道德和政策方面的合理要求。

三　十大举措发展农村普惠金融

发展普惠金融需要从顶层设计上着手，解决对普惠金融思想认识和理论指导问题，进一步研究和制定包括政策性、商业性、合作性金融和民间金融协调发展和相互配合的完整的战略规划、执行计划、实施措施和监督考核制度。同时，也应鼓励自下而上的"摸着石头过河"的改革发展实验。

国家应继续加大支农、惠农、强农、富农的法律和政策扶持力度；要拓展和加强政策性银行的职能和能力，全面扶持"三农"；大型商业银行应履行社会责任为发展普惠金融作贡献，努力开拓支持"三农"发展的大中型项目和力所能及的小微项目，也可以把资金委托给中小银行或小额信贷公司，为小微企业和弱势群体服务；要进一步发展小型银行和金融机构，增强直接服务小微企业和弱势群体的力度；发展普惠金融既要运用传统金融业态，也要利用 POS 机、手机银行、网上银行等新科技手段，还要运用 P2P 等互联网金融等新型金融业态；另外，过去合作金融的主要形式是农信社，当前全国正在开展农信社改制转轨，但不应"一刀切"地把农信社全部变成农商行，应因社制宜，部分保留农村合作金融的形态，并努力发展新型合作金融形态。在此，再重点提出几点政策建议。

第一，保障银行业金融机构农村存款主要用于农业农村。一些金融机构将资金转投城市的理由是，农村不具备吸收太多资金的条件。假设这是事实，但这也不能称其为充分的理由，因为农村总体来说是很缺乏资金的。如何解决这一棘手的"两难"问题？设立普惠金融发展基金可能是一种可行的选择。保监会主席项俊波曾提出这一概念和设想，他的观点是可将所有金融机构每年营业收入（一年约 2 万亿元）的 1% 抽调出来放进设立的"农村金融普惠基金"，笔者认为这是一个可行的好主意。对设立的这一基金，可以由国家指定用途、运营机构、运作流程和监督管理规则，统一调度。制定一套农村普惠金融发展基金管理办法来支持"三农"和农村小微企业对金融的需求，既可以解决当前争论不休的农村、中西部地区用不了这么多钱的矛盾，也可以解决存款主要用于农村的实际操作问题。集中起来的钱统一调度，这样不会发生效率低下的困难，也不存在资金投不下去的问题。

第二，引导银行业金融机构继续支持小微企业和农户发展。一是以法律法规形式，要求商业银行将吸收存款的一定比例用于支持小微企业发展，监管部门应加快制定金融机构支持小微企业考核及激励约束机制。二是倡导商业银行创新小微企业业务和服务方式，各商业银行应建立小微企业服务专营机构，创新信贷管理模式，提高小微企业服务水平。三是鼓励大型商业银行和邮储银行向农村金融机构、新型农村金融机构和小额信贷公司批发贷款，用于支持小微企业和农户发展。

第三，积极培育新型农村金融机构和小额信贷公司，同时出台支持鼓励公益性小额信贷组织发展的政策。适当放宽新型农村金融机构的准入条件，允许民间资本控股村镇银行和县域中小型银行和金融租赁公司。应将小额信贷公司定位于"非存款、非公众"金融机构，拓宽融资渠道，完善管理政策，加快接入征信系统。放宽小额信贷公司融资比例限制，通过评级给优秀的小额信贷公司增加杠杆比例，应允许小额信贷公司跨区域经营，降低小额信贷公司转制村镇银行的门槛。中国人民银行近日已公开非存款类放贷组织征求意见稿，提出了对小额信贷公司等机构发展有益的新政策。不过，还没有就公益性小额信贷组织提出鼓励发展的政策，未来建议对此应予以关注。

对我国现有的活跃在贫困地区，包括中国扶贫基金会下属的中和农信在内的约300个公益性小额信贷组织，至今相关主管部门还没有具体的支持鼓励发展的政策法规，不能不说是一大欠缺。这类由社会组织或非政府组织开展的小额信贷活动多数有10年甚至20年以上的历史，具有追求社会发展的使命、定位和功能，并努力追求自身的可持续发展，它们是我国当今小额信贷的先锋和探索者，其在欠发达和贫困地区的农村以小额信贷扶持低收入和贫困农户发展，所发挥的作用尤其显著。同时，在它们之中，也涌现了一批不辱社会使命又具有可持续发展潜力的小额信贷项目和组织。政府近年来多次重申支持和鼓励各种类型小额信贷组织的发展，希望支持鼓励公益性小额信贷组织发展的政策法规能早日面世。当然，最简单的权宜之策是设立几个亿的专项批发基金，交由农业银行总行或国开行管理和监督，因为这些银行已有这方面的实践和经验。

第四，培育发展多类型的农村合作金融。在合作金融方面，鼓励包括农信社系统在内的多类型的农村合作金融的发展。在管理民主、运行规范、带动力强的农民合作社和供销合作社基础上，培育发展新型农村合作金融，不断丰富农村地区金融机构类型。推动农村社区性，包括现有的中央和地方政府部门已支持多年的贫困地区的资金互助项目和组织的健康可持续发展。

第五，加强小微企业和农村各类经济经营主体的信贷担保体系建设。应加大政府对小微企业、农村新型经营主体和农户的信贷担保体系建设的支持力度，引导和规范各类经济主体投资设立担保机构，鼓励担保机构积极开展符合小微企业特点的担保业务。设立再担保基金，用于对担保机构的资金扶持。创新农村金融担保抵押机制，建立和完善房产、土地经营权、水域、荒山等资产抵押担保制度。人们欣喜地看到，国务院近日颁布了《关于促进融资担保行业加快发展的意见》。

第六，各级政府和部门形成合力支持、监督小微金融发展。应建立多个部委间的协调机制，统筹安排现有针对小微金融的优惠政策，包括近期国务院已出台的融资担保政策。同时，完善国家监管部门和地方政府分工负责的分层监管框架，建议地方成立正式的金融管理局。凡是不涉及公众存款的金融机构，如小额信贷公司、典当公司、担保公司等，由地方政府来承担监管责任。

此外，政府和有关方面应切实加强对农村小微企业和农户的金融教育培训、诚信意识教育与培育，加强农村金融消费者权益保护工作。

第七，注意发挥直接融资和保险对小微金融服务的重要作用。拓宽除信贷外的直接融资渠道，例如风险投资和私募股权投资、产业投资基金、集中性中小企业债券、发行股票等，还要规范和引导民间资金进入融资市场，包括充分利用互联网金融，鼓励发展P2P、股权众筹等模式为小微企业和农户直接融资。但注意金融创新与防控风险的平衡。要注意民间高利贷和变相吸储、非法集资的问题。加强政府监管力度，防止出现严重的社会问题。

应加大农业保险支持力度，鼓励开展多种形式的互助合作保险。提高中央、省级财政对主要粮食作物保险的保费补贴比例，鼓励保险机构开展特色优势农产品保险，有条件的地方提供保费补贴，中央财政通过以奖代补等方式予以支持。

第八，努力改善农村信用环境。各地应结合当地特点，探索建设农村信用体系。中国人民银行新近已批准8家民营个人征信机构运营，在完善征信体系发展上迈出了重要一步。应发挥征信系统服务小微企业和农户的作用，扩大信用信息基础数据库的覆盖范围，建立具有较高可用度和可信度的企业和农户的信用评级标准。加强农村支付结算体系建设，形成一体化的农村金融基础设施体系。

第九，建立我国农村普惠金融指标体系。建立评价指标体系有利于掌握农村金融总体和各个金融机构开展普惠金融情况，有利于推动普惠金融工作的开展。参照国内外普惠金融指标体系试行经验，可从多个维度：可获得性、使用情况、服务质量等分类，尤其注意强调金融深度，构建我国普惠金融指标体系。

第十，加快我国各项农村金融立法工作。对农村普惠金融的发展，应研究出台相关的法律法规。农村金融市场和功能的完善及制度规范创新是关键和根本，必须通过构建农村金融的法律制度来营造良好的农村金融外部环境。当前，我国农村金融立法依然十分薄弱，这已经成为制约农村普惠金融发展和农村金融创新的瓶颈。需出台一些重要的法律法规，例如合作金融法、农业保险法、民间金融法等。

（原文载于《中国银行业》2015年第9期）

真正服务小微企业是普惠金融内在要求

一 金融活水对农业的支持始终是政策关注的焦点

日前,国家"十三五"规划纲要在"加快金融体制改革"部分明确指出,"发展普惠金融和多业态中小微金融组织"。在"完善农业支持保护制度"的"创新农村金融服务"部分又明确要求,"发挥各类金融机构支农作用,发展农村普惠金融"。

其实,党中央、国务院早在颁布"十三五"规划纲要之前,就批准发布了《推进普惠金融发展规划(2016—2020年)》(以下简称《规划》)。《规划》确立了推进普惠金融发展的指导思想、基本原则和发展目标,对普惠金融服务机构、产品创新、基础设施、法律法规和教育宣传等方面提出了一系列政策措施和保障手段。依笔者的理解和认识,这是我国金融领域的一件大事。可以说,发展普惠金融是党中央在"十三五"时期推进金融改革发展的重要组成部分。

二 普惠金融的服务对象和目前的服务水平

当前,我国普惠金融重点服务对象或服务目标群体是小微企业、农民、城镇低收入人群、贫困人群和残疾人、老年人等特殊群体。应使这些弱势群体及时获取价格合理、便捷安全、适宜的存款、贷款、汇款、保险和直接融资等各类金融服务。它的出发点和落脚点是要提升金融服务的覆盖率(广度和深度)、可得性(各种需求可获得)、满意度(服务质量和水平),满足人民群众日益增长的金融需求。

目前,我国普惠金融发展仍处于初级阶段。不过,经过各方的共同努力,现已呈现出服务主体多元、服务覆盖面较广、移动互联网支付使用率较高的特点，人均持有银行账户数量、银行网点密度等基础金融服务水平已达到国际中上游水平。这是十分喜人的成绩，我们应继续努力，巩固成果，更上一层楼。同时，我们也应十分清醒地认识到我国普惠金融发展仍面临诸多问题与挑战：普惠金融服务不均衡，小微企业和弱势群体融资难、融资贵的问题突出，金融资源向经济发达地区、城市地区集中的特征明显；农村金融仍是我国金融体系中最薄弱的环节；普惠金融宏观、中观和微观体系不健全，金融法律法规体系仍不完善，直接融资市场发展相对滞后，政策性金融机构功能未完全发挥，金融基础设施建设有待加强；普惠金融的商业可持续性有待提高等问题。这些短板应是今后力争提高我国普惠金融发展水平的主攻方向和重点。

三 我国银行业服务小微企业的不足及建议

截至2015年年末，全国银行业小微企业贷款余额占各项贷款余额的23.90%，占比偏低。而且，据普惠金融联席会数据，目前我国存款类金融机构和非存款类金融机构对小企业贷款（笔均100万—500万元）覆盖率均为20%；两者对微型企业贷款（笔均30万—100万元）覆盖率分别为2%和10%；两者对个体工商户贷款（笔均10万—30万元）覆盖率分别为1%和2%；民间金融对个体工商户贷款（笔均10万—30万元）覆盖率为20%。可见，小微企业贷款难的问题是十分突出的。

另据中央财经大学史建平主编的《中国中小微企业金融服务发展报告（2015年）》，2014年年末银行业金融机构小微企业贷款余额占其全部贷款余额的比例为23.85%，大型商业银行在这一比例上未达到银行业整体水平，而其他类型的金融机构均超过银行业整体水平。在小微企业贷款余额占比上表现最好的是村镇银行，高达74.51%。

大、中、小银行依然延续了在小微企业金融服务方面的比较优势。其中，大型商业银行由于自身体量大、贷款总额高，虽然小微企业贷款占比低，但在银行业小微企业贷款余额的规模上遥遥领先，而中小银行则在增速、占比、网均贷款效率方面更胜一筹。从户均贷款规模可以看出，中小银行在客户结构重心方面相对于大型银行也更侧重于单户贷款规模较低的小微企业客户。因此，"十三五"规划纲要提出发展多业态中小微金融组织是十分有针对性的、必要的。

在讨论小微企业贷款问题时，必须引起高度重视的问题是，有一个已延续了多年的各家金融机构统计口径和指标不一致而无法合理比较以及各类各家银行所称的小微企业贷款是否真实的问题。

例如，2011年披露的一些银行的小企业户均贷款余额是：大型商行约1000万元/户。其中，农行和建行1270万元，中行1006万元，工行815万元，邮储银行（四川）1000万元（新华网，2012年3月21日）。股份行和城商行：南京银行1650万元，华夏银行1230万元，中信银行645万元，民泰商行200万元，浙商银行152万元。这些银行的单笔贷款额度大多超过银监会所一般认定的小企业贷款500万元/户以下的标准，实际上已不属于小企业贷款。

再如，2013年年末部分大型商行小微企业户均贷款余额超500万元的情况（摘自刘克崮的《论草根金融》）：中国银行1670.2万元；光大银行649.8万元；华夏银行845.8万元；广发银行1060.3万元。工商银行小企业贷款统计口径为3000万元以下的款。

2014年各类商业银行户均/单笔小微企业贷款额度［《中国中小微企业金融服务发展报告（2015年）》］：大型商业银行为千万元（个别数百万元）；股份制商行数为百万元（个别超千万元）；城市商业银行为数十万元（个别超千万元，少数数百万元）。有的已不是真正意义上的小微企业贷款了。

此外，从笔者目前正在参与的2015年银行业机构服务小微企业评审工作情况看，也有类似问题。80个参评银行机构中的35个机构所报送的资料显示，它们的小微企业贷款余额上限均超过500万元/笔，高限有的达3000万—5000万元/笔。

由此可见，从商业银行信息披露情况来看，目前小微企业贷款信息披露在真实性、规范性和完整性上仍存在较大问题，离真实全面反映小微企业贷款发展状况仍有相当的距离，各机构披露的数据之间可比性差、可信度不足。而且，我们更缺少来自金融服务需求方小微企业提供的大数据的交叉检验。

因此，一定要向《规划》所要求的那样，建立健全包括小微企业金融服务在内的普惠金融指标体系和发展监测评估体系。在整合、甄选目前有关部门涉及普惠金融管理数据的基础上，设计形成包括普惠金融可得情况、使用情况、服务质量的统计指标体系，用于统计、分析和反映各地区、各机构普惠金融发展状况。而且，应实施动态监测与跟踪分析，开展规划中期评估和专项监测，也要注重金融风险的监测与评估，及时发现问题并提出改进措施。

（原文载于《金融时报》2016年4月13日）

普惠金融服务深度不够
针对贫困群体服务严重不足

5月6日，在山西省新绛县召开的"2016农村金融创新发展（县域）圆桌会议"上，中国社会科学院农村发展所研究员、中国小额信贷联盟理事长杜晓山作了题为"谈普惠金融与商业银行小微金融的理念和实践"的主题发言。发言中，他将普惠金融、农村金融、小额信贷以及合作金融等发展理念、发展沿革以及国内外的多种实践经验作了深入浅出的分享，并结合新绛县的农村金融实践情况提出了建设性的意见。

杜晓山从普惠金融的国内外理论与实践入手，提出了普惠金融从表现形式上是小额信贷（微型金融）结合小企业金融服务的概念，他同时提出，从马克思主义经济学与我国的政治经济学论述的劳动创造价值的理论角度，普惠金融理论与上述理论有更天然的内在关联，因为普惠金融强调的是金融要为无资本或少资本的劳动者提供持续的适宜的有效的服务。其将普惠金融的实质概括为扶持传统金融不愿或难以服务的弱势群体且能实现组织机构自身可持续发展的金融体系。而且，普惠金融是由微观、中观和宏观层面组成的完整金融体系。

在谈及我国普惠金融发展仍面临诸多问题与挑战时，杜晓山认为，我国普惠金融服务不均衡，小微企业和弱势群体融资难、融资贵问题突出，金融资源向经济发达地区、城市地区集中的特征明显；农村金融仍是我国金融体系中最薄弱的环节；普惠金融宏观、中观和微观体系不健全，金融法律法规体系仍不完善，直接融资市场发展相对滞后，政策性金融机构功能未完全发挥，金融基础设施建设有待加强；普惠金融的商业可持续性有待提高。其中最突出的问题之一是服务的深度不够，即贫困群体的金融服务差。他特别强调，上述短板应是今后力争提高我国普惠金融发展水平的主攻方向和重点。

从普惠金融或小微金融针对小微企业服务的论述，杜晓山指出，在进一步完善中小微企业划型标准的同时，尽快统一中小微企业金融服务监测统计口径也迫在眉睫。他用充分的数据与事实表明，各家金融机构对小微企业贷款统计口径的标准五花八门，导致披露数据的可比性受到了很大的影响。他着重强调，在信息披露上尽快出台规范要求，促进全社会对金融机构服务小微企业的情况进行监督，对鼓励小微企业金融服务的公共政策实施效果进行评估。与此同时，杜晓山建议，应建立独立的小微企业金融服务评级制度，将该评级纳入商业银行监管评级体系和现行金融机构绩效评价体系，同时作为中小微企业信贷政策导向效果评估制度的重要组成部分。在透明度方面，他建议监管部门公开小微企业金融服务评级指标和评级方法，并且每年公开发布小微企业金融服务评级结果，以此促进小微企业金融服务良性竞争，同时推动建立小微企业金融服务的社会监督机制。

农村金融体系建设的问题是此次杜晓山演讲的重中之重。从宏观上，他认为，建立完整农村金融体系的基本要求和目标应是：建立满足或者适应农村多层次金融需求的，功能完善、分工合理、产权明晰、管理科学、监管有效、竞争适度、优势互补、可持续发展的普惠性的完整农村金融体系。只有这样，才能真正解决农村地区农民贷款和金融服务难问题，促进当地农业和农村经济的发展，为建设社会主义新农村和构建和谐社会营造良好的金融环境。基于此，他概括了农村金融宏观上所面临的挑战，即农村金融最大问题之一是政策性、商业性和合作性金融的不平衡，形成社会性和市场性的矛盾，造成商业性金融机构缺乏积极性。

在农村金融的微观操作层面，杜晓山分析了农村小微企业和农户金融服务存在的问题，分别是：小微企业和农户融资难、融资贵的问题依然突出；我国小微金融机构数量不足，竞争不充分；新型农村金融机构和小额信贷公司的规模普遍较小，服务小微企业的能力有限，且地区发展不平衡；小额信贷公司税收负担较重、财政支持不足。同时，他还指出，目前我国现存的各类资金互助社的状况差异很大，可以说是良莠不齐、鱼龙混杂，亟待整顿、规范，急需引导其健康可持续发展；对公益性小额信贷组织欠鼓励支持政策；亟待完善农村金融双层管理体制；银行存款大量流失转移到城市等问题。

最后，杜晓山就发展农村金融提出了十一点建议，尤其是强调努力改善农村信用环境，积极培育新型农村金融机构和小额信贷公司，培育发展多类型的农村合作金融，加快我国各项农村金融立法工作，注意发挥直接融资、互联网金融和保险对小微金融服务的重要作用以及研究建立健全考核普惠金融发展状况的评价指标体系等。

此次在山西省新绛县召开的"2016农村金融创新发展（县域）圆桌会议"是由金融时报社农村金融周刊部与中国人民银行山西省运城中心支行联合主办的区域性圆桌会议，旨在推动县域农村金融创新与变革，分享农村金融特色经验。中国人民银行山西省分行、中国人民银行运城中心支行、中国人民银行新绛县支行以及新绛县政府、各商业银行、农业企业、家庭农场以及农户代表出席了此次圆桌会议。圆桌会议围绕信用环境建设、土地流转与金融支持"两权"抵押贷款以及"互联网+"对农村金融的影响等问题展开讨论，取得了良好的效果。

（原文载于《金融时报》2016年5月12日）

普惠金融需做好供给侧金融素质教育

中国小额信贷联盟理事长、中国社会科学院农村发展所研究员杜晓山表示，农村金融的现状不容乐观，硬件的落后与数字化进程的缓慢都是普惠金融面临的重大挑战。除了克服这一难点外，发展普惠金融还需做好供给侧的数字普惠金融知识教育，提高金融素质。

另外，怎么解决数字普惠金融基础设施建设的问题也很重要。第一，指标体系怎么建立起来；第二，征信体系怎么解决；第三，支付体系怎么解决；第四，机构的组织体系；第五，监督体系的问题。

以下为杜晓山发言实录：

主持人：本轮圆桌论坛的主题是普惠金融，今天整个大的命题是"新科技、新理念构建新金融"，这里面有两条主线：一条是技术能够给金融带来什么变化，另一条主线是围绕所谓的新理念背后所体现的其实是在金融运行当中能否有一些新的原则、新的制度规范，使金融能够更好地服务于经济社会发展，使金融能够与好的社会、美好的生活更好地结合起来。

在普惠金融这个已经探讨了很长时间的理念基础上，现在引出了一个新的数字普惠金融理念，看 G20 相关的会议公告，里面只是原则性地提出了，什么叫数字化普惠金融？就是用数字化金融活动来推动普惠金融的行为，这个还是比较概括的，当然里面也给出了八个原则，今天我们就围绕这样的数字普惠金融主题和来自学界和各个新金融领域的嘉宾共同探讨一下背后的理念。

首先，请各位嘉宾分别探讨一下，对于数字普惠金融究竟从他们的角度有什么样的认识、什么样的看法。首先请杜老师谈一下您的观点。

杜晓山：实际上上午已经谈过了，我的理解，在普惠金融的基础上，利用信息通信技术、计算机技术、云计算、大数据等一系列的技术手段，来推动普惠金融发展，基本上它可以是各种形态，既可以是计算机，也可以是网贷，也可以是互联网金融或者移动互联网金融，也可以是互联网的理财、基金等，数字化的概念主要就是数字技术来推动普惠金融或者说促进普惠金融来解决"最后一公里"的问题，使门槛降低、成本降低、效益提高，能够惠及更大多数的低端甚至是贫困的群体，也就是普惠金融的基本目标群体，这就是我对数字普惠金融的一个基本认识。

主持人：现在叠加到数字普惠金融的时候，多数人想到的主要是小额信贷，尤其是小额信用贷款。实际上金融能够给老百姓提供的服务是多方面的，教科书告诉我们除了融资之外还有支付风险的管理、信息的管理等众多的功能，在我们谈数字普惠金融的时候，不仅仅要着眼于融资活动，而且着眼于新兴的支付手段、新兴的风险分散方式，种种的支持能否使老百姓在一个风险可控、低成本的环境下能够得到以前难以获得的这些金融支持，这是第一个方面。第二个方面，我们可以看到，其他一些国家和中国都一样，似乎在普惠金融方面面临一些类似的挑战，所以数字普惠金融带来的机遇和挑战，不仅是中国所面临的，而且是全球共同面临的。

刚才第一轮各位嘉宾都对数字普惠金融做了一点基于自己视角的解读和理解，下面，我们各自结合自己领域和行业，从不同的视角，进一步把数字普惠金融的讨论予以落地，我们试图从需求和供给两个层面来讨论，因为一项金融创新的原动力是双向的，一方面有可能来自供给驱动的创造需求的角度；另一方面，需求是整个金融创新安身立命之本，我们在讨论数字普惠金融的时候，可以从需求者的角度，从客户的角度，从实体部门的角度来谈一下究竟有哪些痛点，有哪些是真正支撑数字普惠金融持续发展的节点，现在有一个概念叫场景金融，所谓场景金融结合数字化时代，结合普惠概念，背后肯定有大量基于需求层面的原动力值得我们进一步的讨论、进一步的发掘。下面，我们首先请杜老师从学者的角度先谈一下您的理解。

杜晓山：从需求方的角度来看，现在有这么几个是属于大家比较关注的，同时在某种程度上也会产生更多痛点的一些方面。从需求角度来看，第一它需要有一套完整的理财服务和信用贷款的服务。第二，一般需求者现在更希望能够用数字化或者移动互联网手段来解决各种消费或者缴费，比如水、电、煤、气、交通罚款等。包括支付，剩下的还有50%的客户，重点是"80后""90后"，他们是最热衷的，还有出国的、旅游的、教育的、医疗卫生的，包括生活消费的，这方面的移动或者互联网的数字服务，这也属于它非常热衷需求的。第三，它要有一种快捷、方便、适宜的情景，但是相对要求比较安全，能够很好地解决各种各样的需求，比如理财或者说是保险，这是从一般意义上讲的。我是搞农村研究的，所以普惠金融包括数字普惠金融最大的难点、痛点，刚才讲的是热点，但是热点的同时能不能解决这些问题，在城市，尤其是在大中城市，今天上午我看专家分析的，尤其在东部的发达城市，这部分好解决，还有年龄段，这部分年龄段的人好解决，但是到了西部，到了不同年龄段，到了农村，这些问题就不好解决了，它就是数字化的程度太低了，那就是互联网的宽带、计算机，这是硬件，从软件的角度，我对这个问题的掌控、认识、知识、技能，尤其是超出20世纪八九十年代的这个群体以外的群体能不能够适应，尤其在农村，我们知道农村硬件设备不行，尤其是中西部贫困地区，这方面差得很远，不能用北京、上海或者东部沿海地区的水平来看。

我举个例子，有一个专家带着学生调查，他去了3个省份，广西、贵州、四川，3个省份的6个贫困县，用农户直接调查的方式，他调查了1000多个农户，说你现在用手机玩微信这一类的数字化或者移动互联网的有多少？占10%，而且多数是普通手机，而不是智能手机，这是一个现象；然后接着问，你能够用你的手机搞移动支付的有没有？统计下来的结果只有1%，而且这1%主要的是在外面打过工的，或者是村里的书记主任一级的，这说明数字金融说起来很好听，但现实是很残酷的，今天李扬上午的发言说理论很丰满，现实很骨感，这句话对我们中国的中西部地区、贫困地区太刻骨铭心了，不是咱们城里人想象的这些东西。痛点一个是小微企业融资难融资贵问题，农村问题更是这样，城里也是一样，农民、普通的弱势群体，融资难融资贵更明显了，更不要说那些残疾人、妇女、老年人、农村贫困人口能得到多少的金融服务。现在我看到中国人民银行的一些领导在报刊上讲我们的网点覆盖、账户覆盖，包括支付等，就是说我们处于国际的中上水平，但是也讲到了一些数字鸿沟的问题，也讲到了一个数字普惠金融包括普惠金融的商业可持续问题。这里面还有一个概念，商业可持续有两个意思，保本来说微利我是赞成的，就普惠金融来说，相当多的商业金融是不能接受的，而享受政府的普惠金融，就是要补贴、要担保、要扶贫必须有的，你不给我，我做不了，这两种倾向都是要防止避免的，所以实际上来说，普惠金融或者数字普惠金融的痛点难点，从需求方来说，他刚才讲的这些问题我们就遇到了。另一个，他为什么不敢上或者不会上，除了技术、文化程度和他的封闭性以外，硬件也差得很远，甚至我到一般的县城去，上网速度非常慢，更不要说村里了，除此之外，还有一个最大的问题，安全的问题，终端安全，还有网络安全，三个安全解决了没有？现在欺诈太多，这些所谓的痛点都是我们在现实生活中数字普惠金融遇到的重大挑战。

主持人：普惠金融不是人人金融，不是全民金融，金融也不是万能的，金融要和实体密切结合起来。刚才各位嘉宾在谈需求的时候，结合了对于自己这样一些领域可能提供的数字普惠金融供给的一些看法，所以最后每个人再用几句话的时间，简单地做一个从供给，也是从未来前景方面的总结，你认为未来从数字普惠金融的角度，你最想做的是什么，面临的挑战又是什么，要突破这种挑战有什么样的政策保障？

杜晓山：用这次G20杭州峰会中国政府提出的数字普惠金融八项高级原则，基本上就可以从供给的角度能把这个问题讲明白了。第一个就是要推动数字化的普惠金融发展，前面已经讨论过了，我不解释，我就说大概的一个意思；第二个就是在发展普惠金融和数字普惠金融的时候，要继续鼓励创新和防范风险的平衡，注意它们两者的结合；第三个要注意怎么解决好数字普惠金融的监管制度、监管手段、方法、能力的问题；第四个是关于怎么做好供给侧的数字普惠金融知识教育、金融素质的提高；第五个是怎么解决它的一个消费者权益的保护问题；第六个还要怎么解决一个我们在这个过程里面的一些技术上的问题，生物的技术，身份识别真伪的问题，还有其他的一些。基本上从供给方来说的，还有一个很重要的一点就是怎么解决一个数字普惠金融基础设施建设的问题，这个基础设施建设指的是什么？我理解，第一，它的指标体系怎么建立起来，监测、统计、评价、考核体系怎么建立起来；第二，征信体系怎么解决，这是基础设施方面的；第三，支付体系怎么解决；第四，机构的组织体系，也就是说高中低不同类型机构，同一类型又有低中高，这也是一个机构体系的问题，最后还有一个监督体系的问题，所以讲基础设施体系供给，基本就包括这些内容，所以我们就是要贯彻这么一个指导思想，在实践中使它落实到地，思想是明确的，但落到地是困难的，也是有很多工作要做的，尤其是微观中观宏观三个层面，因为普惠金融本身是一个完整的体系，所以这些方面我们有大量的工作要做。

（原文载于和讯互联网金融，2016年9月23日）

《探索创业担保贷款可持续发展之路》序

以何广文教授为首的课题组的同事所撰写的专著《创业担保贷款的普惠金融特征及其运作机制优化——河南创业担保贷款政策评估与发展研究》对河南省的创业担保贷款政策与发展做了全面完整的阐述和研究,对相关政府部门、有关执行运营机构、科研教学单位和有兴趣的读者,这都是一部很有价值的专业报告。

创业小额担保贷款是指根据国家有关促进创业就业政策,针对符合贷款条件的创业人员在自谋职业、自主创业或合伙经营与组织起来就业过程中(包括吸纳一定比例符合条件的人员的劳动密集型小企业),由各级政府设立小额担保贷款基金,经指定担保机构承诺担保,通过银行等金融机构发放并由政府给予一定贴息扶持的政策性贷款。

读了这部报告,我颇有些感触和启迪,在很多方面十分赞同专著对河南创业担保贷款工作的评判和建议,也可谓心有灵犀一点通。而且,近年来,我们小额信贷联盟协助举办的,由中国银行业协会(花旗集团)微型创业奖表彰的人社部系统的创业小额担保贷款获奖机构不少,河南省尤为突出。人社部系统下岗失业人员小额信贷担保中心2013—2016年微型创业奖获奖机构共有12家机构获奖,其中河南省获奖机构共7家。河南省人社系统的创业担保部门的工作,连续多年在全国人社系统的创业担保部门中保持领先地位。河南省在这方面的工作,从总体上说,是做得出色的,具有先进性和代表性。

早在1998年国有企业改革推开以后,国家开始在部分地区开展小额担保贷款工作。2002年,以中国人民银行、财政部、国家经贸委、劳动保障部等共同发布《下岗失业人员小额担保贷款管理办法》为标志，小额担保贴息贷款政策正式在全国推开。后来几经政策和工作调整，服务对象和规模越来越大，规范性也有很大的增强。河南省的创业担保贷款业务，启动于2003年，直到2016年，由下设在劳动与社会保障部门的"下岗失业人员再就业小额信贷担保中心"具体负责营运，2016年年底，改称"创业担保中心"。

就全国而言，河南省创业担保贷款业务，在创业担保基金筹集总额、累计担保放款总额、累计惠及的受益群体方面，均是最大的。这对有巨大就业压力的人口大省影响显著，实现了促进创业就业，维护社会稳定的作用。也正像本报告所言，河南省创业担保贷款工作经过2003—2016年的实践，业务运行和发展越发规范，并有所创新，表现出一些典型特色，在促进创业和就业等方面发挥了重要作用，其业务与财务绩效显著，社会绩效也较为突出。同时，在河南省创业担保业务运作过程中，也存在一定的局限性及政策困境。为此，报告提出了优化创业担保贷款业务运作机制的建议。

笔者与同事2012年第四季度在人社部相关部门的安排下，也对几个省市的下岗失业人员小额担保贷款工作做过一些调研，我们的看法与何教授为首的课题组的意见有相似之处。不过，我们的报告时间比此报告早几年，而且也没有此专著论述得完整、全面和细致。通过调研我们发现，各省各地开展小额担保贷款工作差异明显，这些地区的工作都取得了不同程度的成绩，也不同程度地存在值得重视的问题。以下摘录若干我们的看法和意见，以与本专著的研究成果进行比对、呼应和检讨。

我们当时的调研报告认为，总体来看，小额担保贷款工作开展十年来，有力地推动了创业就业和改善民生，促进了地方经济发展，取得了良好的经济社会效益。近年来小额担保贷款工作明显提速，贷款规模增速较快，部分地区还出现了"井喷式"增长。同时，应注意解决的主要问题如下。

（1）各地小额担保贷款工作开展效果差异较大。部分地区的政府主要领导对小额担保贷款工作不够重视，没有建立起部门间相互配合、共同推进的高效工作机制；工作人员素质有待提高；人力资源和社会保障部门工作缺位，没有充分发挥牵头单位的作用。

（2）部分地区政策制度体系不完善，部门间职责权责不清；人社、财政、人民银行等相关部门缺乏有效的联动沟通机制，上报的小额担保贷款数据有较大误差；地方小额担保贷款政策与国家政策不配套，主要表现在地方仅仅是转发国家政策而没有结合本地区实际制定相应的政策，地方政策与中央政策冲突或重叠；部分地区没有建立并实施目标考核与绩效管理制度。

（3）要求反担保，而且门槛过高问题普遍存在，阻碍小额担保贷款发展；一些地区贷款出现"垒大户"现象，而有能力、项目好的小企业和个体户却遭冷遇，扶持目标对象偏离。

（4）相关部门间贷款损失分担比例不合理，有的地区银行不承担任何损失，不利于小额担保贷款良性发展；基层社区（村）对开展小额担保贷款工作的基础性作用被忽视，不利于小额担保贷款工作开展和风险控制。

（5）贷款流程过于烦琐，审贷周期过长。从借款人申请到银行审批放款，多则需办理数十来个手续，最长审贷周期达四五个月，不利于小额担保贷款业务开展。

（6）担保基金定位和杠杆比例不合理。调查地区几乎都存在追求担保基金零风险、零代偿的目标，不利于小额担保贷款扶持创业者和微利项目；担保基金贷款放大比例偏小或偏大，不能发挥应有的经济和社会效益，扩大小额担保贷款覆盖面。

（7）财政贴息和奖补资金发放存在一定问题。中央财政贴息不能及时足额拨付，影响地方小额担保贷款工作开展的积极性；财政贴息资金审批权限集中在省级以及地级财政部门，不利于提高贴息资金的使用效率。奖补资金和办公经费的财政投入较少，部门间和部门内部奖补资金分配比例不合理，尤其是基层部门难以获得奖补资金，这些都不利于形成小额担保贷款工作的有效激励。

（8）就业专项资金分配方法需要改进，公益性岗位补贴资金占比过高、就业资金分配比例过低。

（9）一些地方政府注重贷款的发放量而忽视了贷款使用的质量。目前，一些地方为追求政绩或政策把握不准，操作不规范，把其他性质的贷款顶换成小额担保贷款，套取财政贴息资金，数量和规模上去了，但是忽视了贷款的使用效益和质量，也违反了政策。

我们的调研报告也提出，为做好下一步的小额担保贷款工作，供参考的建议如下：

（1）强化组织保障力量。政府各级领导要高度重视，部门之间应形成合力，工作人员应不断提高综合素质。应由政府主要领导分管该项工作，建立联席会议制度，建立起共同推进的高效工作机制。同时，规范各相关部门和机构在工作中的地位、职责权利、贷款规模，协同开展好小额担保贷款工作。

（2）完善政策制度体系。地方政府应对本地政策进行梳理，完善与修改本地政策体系，避免政策漏洞和政策重叠现象，提高资金使用效率；鼓励地方政府在国家政策大背景下，积极探索和创新，不能消极等待或要求国家制定符合各地要求的统一政策，应主动制定符合本地实际的小额担保贷款政策和资金配套等措施；建立目标考核和监督制度体系，将小额担保贷款工作纳入政府工作考核指标范围，狠抓落实。

（3）改善小额担保贷款项目设计。一是鼓励地方扶弱培强，坚持经济效益与社会效益的统一，做到应保尽保、应贷尽贷，加强对新创业者的扶持；尽快统一妇联与人社系统贷款额度，避免额度过高，背离政策目标；维持现行利率补贴政策；继续执行两年贷款期，同时，建议采取按月（季度）付息，两年到期还本的措施。二是有效降低反担保门槛或取消反担保。宣传和推广农村信用社、邮储银行的小额信贷经验，借鉴德国 IPC 小额信贷技术，鼓励发展联保和信用贷款，在农村具备条件的，鼓励将"三权"（农村土地承包经营权、农村居民房屋权和林权）用作抵押申请贷款。

（4）合理界定业务涉及部门与经办机构的职责权限。贷款损失应由各级财政与承贷金融机构根据规定按一定比例合理分担，做到权责一致；充分发挥基层社区（村）开展小额担保贷款工作的基础性作用，减少操作成本和贷款风险。

（5）简化贷款流程，缩短审贷周期。建议地方政府学习那些成立小额担保贷款服务中心城市的成功经验，将人社系统和承贷金融机构等部门纳入进来，推广"一站式"服务，实行联合办公，缩短审贷周期，提高整体工作效率；做好纵向各级和横向各部门间的协调和工作无缝衔接。通过建立信息管理系统等多种方式，缩短贷款流程，减少时间成本。

（6）充分发挥担保基金的作用。正确定位担保基金，要防止对担保基金代偿风险的"零容忍"态度，允许适当的担保基金代偿率，积极扶持创业者和小企业；适当提高担保基金贷款放大比例，可将贷款回收率与贷款放大比例挂钩；落实坏账核销、担保基金代偿和贷款追偿机制。

（7）及时拨付贴息资金，加大奖补资金投入，合理分配就业专项资金。一是及时足额拨付中央财政贴息，考察小额担保贷款财政贴息资金管理工作权限下放到县级财政部门的工作机制的可行性。二是建议推广借款人还本付息后，财政再予以贴息的方式，以加强金融教育，激励借款人努力经营，提高效益，同时减少贷款风险和损失。三是加大奖补资金和办公经费投入。有效激励工作人员做好工作，尤其要高度重视对基层部门奖补资金和经费的投入和落实，防止截留。四是合理分配就业专项资金。在资金有限的情况下，应注意提高资金使用质量和效率，适当减少效益相对较差的就业专项补贴资金，提高就业创业资金比例。

（8）加强对借款客户的后续跟踪。对原贷款客户，可采取年度调查或评估的方式，掌握企业或个体工商户在贷款周期后存在与否、贷款影响以及经营状况变化等情况并备案，以对小额担保贷款工作做好评估和反馈。

（9）中央有关政策和财政投入应相对稳定。综合考虑各种因素，我们认为，中央对地方小额担保贷款工作的政策和财政支持力度和规模目前应保持相对稳定，中央财政资金目前应既不能缩小，更不能盲目扩大，建议维持现状或在此基础上略有增加。

另外，笔者在此还想就如何认识小额信贷和普惠金融的一些问题进行探讨商榷，谈点个人的认识和看法。

从看到的文献资料上，有国际专家认为，小额信贷大体分为两类：福利性（依赖外部补贴型）、小额信贷和制度性（市场/商业运作型）小额信贷，并且认为孟加拉国格莱珉银行（Grameen Bank）是前者的代表，而印度尼西亚的国有控股商行人民银行农村信贷部（BRI-UD）等是后者的代表。国内的不少学者沿用了这种观点。

笔者不认同此种观点，因为从笔者的观察，这种分类并不符合实际，特别是对孟加拉国格莱珉银行的判断是不对的，因为将它与靠政府或外部补贴才能生存的小额信贷混为一谈了。尤努斯教授认为孟加拉国格莱珉银行是社会企业，而非慈善福利机构，也不是要赚穷人的钱。社会企业就是用市场化的手段创新性地解决社会问题。它的基本特征是：公益性或社会发展的目标，进行市场化的运作，保证机构自身的保本微利和可持续发展，获得的利润主要用于扩大再生产或社会发展事业。而且，20世纪90年代后，孟加拉国格莱珉银行就拒绝接受任何捐款和补贴性贷款，完全实行市场化运作，实现了自负盈亏。

以笔者的认识，实际上最符合世界各国实际的小额信贷分类理论，如以小额信贷供给者的性质划分，即其服务目标群体和其自身财务是否可持续的角度衡量，大体上可分为三类：福利性、公益性制度主义、商业性小额信贷。而且，还可能存在这几种类型的混合体。福利性小额信贷长期依赖外部援助生存发展，本专著研究的我国人社部主导实施的创业贴息担保贷款和农村扶贫贴息担保小额信贷属于此类福利性小额信贷。孟加拉国格莱珉银行和我国一些公益性自负盈亏的小额信贷，如中和农信和陕西西乡县妇女发展协会等几十个组织在中西部贫困县开展的小额信贷属于公益性制度主义小额信贷。而我国目前8000多家小额信贷公司中的绝大多数属于商业性小额信贷的范畴。各类小额信贷都有其自身的优缺点，也都有其存在的合理性和必要性。应以历史的、辩证的观点看问题，各有各的意义和作用，不应简单地绝对地以一种类型否定另一种类型，而应因地制宜、分类指导，扬长避短，优势互补。而且应两利相权取其重，两害相权取其轻。目前在我国，公益性制度主义小额信贷是这三类小额信贷中的短板，从政府政策制度层面上，应予以重点的支持扶持。

另外一个值得探讨的问题是普惠金融和特惠金融的关系。以我的理解，普惠金融的实质是扶持传统金融不愿或难以服务的弱势群体，使他们获取便捷安全、价格合理、适宜的、有效的、多样性的金融服务，且能实现金融供给方组织机构自身可持续发展的金融体系。它至少有四个要义，即一是该金融体系应为包容性的，合理、公平、正义地普遍惠及于一切需要金融服务的地区和社会群体，尤其能为易被传统金融体系所忽视的欠发达地区和弱势及贫困群体提供各种所需的、具有合理价格的各种类型的金融服务。二是拥有健全治理结构、管理水平、具备财务和组织上保本微利和可持续发展能力的金融供给机构。三是拥有多样化（包括一系列私营、非营利性及公共金融服务）的提供者。四是它是由微观（直接为弱势群体提供金融服务的零售机构）、中观（金融基础建设和为微观金融机构服务的中介机构）和宏观（政府相应的法规政策）层面组成的完整金融体系。

如果以这些标准，尤其是其中的第二条标准衡量，我国的创业贴息担保贷款工作不能算作普惠金融的范畴，而应看作为特惠金融或政策性金融的概念之内。普惠金融不同于特惠金融（或政策性金融），也不同于商业金融。它既不赞成长期依赖外部资助补贴生存，也不赞成追求利润的最大化。

特惠金融或政策/福利性金融是适应某个发展阶段，政府为实现某些特定的战略意图和政策目标而制定的针对某些特定行业、特定地区、特定人群的特殊优惠的金融政策和手段，例如，由政府或捐助者提供贴息或无息、担保和损失准备金，等等。特惠金融并不应是永久性普遍性的制度安排。

小额担保贷款政策并非鲜例。世界上很多国家包括发达国家，例如日本和美国，都有通过小额担保贷款这种政策干预形式来促进创业、就业和扶持小企业发展的案例。当前我国面临就业形势严峻、小微企业贷款难、农村金融服务供给不足等现实问题，推出小额担保贷款政策，有助于弥补金融市场不足，引导和带动民间融资，提升城镇化水平和地方经济活力，促进经济发展。

然而需要指出的是，小额担保贷款政策的可持续性也存在固有缺陷。而且，特惠金融本身有多种固有的制度性缺陷，例如财政压力大，效益低，不可持续，易产生穷人的"等、靠、要"，易发生富有权势群体俘获，易造成目标群体偏移，易引发寻租腐败等。普惠金融的运作机制恰恰可以避免这些缺陷，但真正能做好普惠金融服务深度的工作，却绝非易事，需要从宏观、中观、微观三个层面统筹协调地、系统地解决相关问题。

因此，笔者十分赞成本专著所提出的一个十分重要的政策思考问题，即应解决如何使被扶持对象能走向市场化的商业信贷，延续政策的效果。如何使弱势群体可获得持续的适宜的金融服务，达到多赢的局面，是个亟须解决的问题。而这个问题，需要政府、金融机构、担保中心和借款人四方面的共同努力。

笔者认为，长远来看，应当考虑小额担保贷款政策的退出机制。微观上，避免使小微企业和创业人员对贴息贷款产生过分依赖，应通过扶助企业和创业人员初期成长，最终使企业和创业人员走上商业贷款和其他金融服务方式之路；中观上，应重视扶持制造业和实体经济的发展，同时避免政府对企业经营进行干预；宏观上，应防范可能由此引发的金融风险，避免加重地方政府不良债务负担及对市场经济运行产生消极影响。总之，笔者赞同本专著所提出的要探讨出创业担保贷款机制市场化/商业化可持续发展的模式和道路。

（原文为何广文等著《创业担保贷款的普惠金融特征及其运作机制优化——河南创业担保贷款政策评估与发展研究》序，中国金融出版社2017年版）

普惠金融发展要"道""术"结合

——对话经济学家杜晓山

一 实践到理论的深化

《金融时报》记者（宋珏遐）： 普惠金融的理念在我国是怎样产生的？又可分为几个发展阶段？

杜晓山： 无论国际或国内，普惠金融都是从实践到理论深化的过程。最初，被更广泛使用的是微型金融。在弱势群体得到微型金融资助，经济实力增强后，他们对金融服务的要求也在增强。世界银行对微型金融的基本定义就不再够用了，这个概念随之被突破，"普惠金融"形成。这本身既是个实践过程，也是一个理论界定过程。

从我的个人判断来看，国内普惠金融发展到目前，可以被分作4个阶段。

最初是从1993—1996年，主要是国际援助力量、民间社会组织和政府系统试图解决农户特别是农村地区中低收入农户的贷款问题，这也算是中国小额信贷，或者更大范围普惠金融的起步阶段。

1997—2000年是第二阶段。我国在1994年提出并实施"国家八七扶贫攻坚计划"。1997年，国家层面正式接纳了小额信贷（或微型金融）的理念，意图借鉴国际经验开展扶贫贷款试验，政府大规模地在全国贫困地区以政府贴息、担保和农行本金进行对贫困农户的小额扶贫贷款。2000年，我国也宣布了"八七扶贫攻坚计划"的目标基本实现。

2001—2005年联合国正式提出"普惠金融"，是第三个阶段。"八七扶贫攻坚计划"形成坏账率很高，也就是说，从金融安全性和可持续发展的角度来看，我国没有找到适合的发展模式。但微型金融的理念在这个过程中被广泛接受了。2000年后，对农户进行信用评级并发放对应额度贷款以及格莱珉银行的联保模式被广泛实践，2008年，中国人民银行和银监会在试点3年后，共同推出了关于小额信贷公司的指导意见。

2006年至今是第四阶段。2006年，中国人民银行课题组和小额信贷联盟联合翻译了联合国2006年"建设普惠金融体系"蓝皮书，标志着中国政府对其正式接纳，并在随后得到快速发展。

一系列的实践证明，普惠金融不是福利性的，也不是纯商业性、追求利润最大化的，其重点是服务弱势群体。

二 保本微利保障普惠可持续

《金融时报》记者：如何理解普惠金融的非福利性和非纯商业性？

杜晓山：非福利性和非纯商业性意味着，普惠金融要保本微利并可持续发展，国际上的成功实践也是遵循这一原则的。

普惠金融是在没有过多外部补贴情况下的保本微利、可持续。目前，我国很多商业性金融机构在财政贴息、担保和备付金的"督促"下开展的是"特惠金融"。因为其无法带来最大利润以及较高风险的特征而要求特惠政策，这种思想是存在问题的。商业机构在获得高资本回报率的同时，也应兼顾一定的社会效益。我国也试图发展民营银行等中小金融机构，以增加农村金融竞争，并在一定程度上缓解农村金融的供给不足，但普惠金融中低端需求的满足仍然依赖于过度的财政贴息和风险分担。

成功服务中低端客户的格莱珉银行的起步是很有利的。除了国际援助的赠款和低息贷款外，它也获得了本国政府的巨大支持——免税，持续以政府资金入股，这也为其吸引了大量的国际和社会资本。

我国不应只被动等待商业性机构转变思路，自觉自愿开展普惠金融，可以考虑设立或鼓励设立拥有公益性的价值理念，同时遵循保本微利可持续的经营原则的小额信贷机构，并给予精准有效的、非直接补贴的政策倾斜。所以我觉得我们在有些很基本的问题上是有问题的。而金融监管当局更应站在全社会来考虑问题，发挥评价、考核等指挥棒作用，以引导各类机构主动充分践行普惠金融。

三 考核应注重综合性和长期性

《金融时报》记者：指挥棒作用的发挥需要注意什么？

杜晓山：这首先涉及对普惠金融指标体系的构建。目前的体系构建在国际上尚处于起步阶段，一定会有不完善的地方，我国在借鉴国际体系时也应考虑本国发展特点。据我所知，部分中国人民银行的分支机构已尝试设计适用于本地区的考核指标体系。无论是从地区维度，抑或是机构维度进行考核，都应综合金融覆盖率、可得性和满意度等多个一类指标。

监管部门对金融机构发挥指挥棒职能，其实也是对机构价值观的塑造，考核的指标体系也要兼顾好业务绩效和社会绩效。而对于社会绩效的考核，在我国一直是被忽视的部分。同时，在考核指标体系完善搭建后，还要有及时的监督跟踪和评估，并应设置具备权威性的奖惩制度，以促进考核真正有效落地。

另外，就是银监会和中国人民银行都在强调的，尽职免责制要落实。对金融机构的普惠金融和"三农"业务的专项考核，应对其商业可持续性和不良率予以适度让步，更多地考核客户群体的多样化、覆盖率以及服务质量等指标。如果仍要求从业人员无意义地对普惠金融范畴内的不良负担终身责任，具体实施是很难开展下去的。

四 勿让"木桶效应"制约数字普惠

《金融时报》记者：您如何看待依靠数字普惠发展普惠金融的说法？

杜晓山：对于数字普惠，我认同中国人民银行行长易纲的解释。

数字普惠在效率、成本和准确率等方面确实给予了金融很大的方便。但其短板也不可忽视——我们在使用大数据、云计算和人工智能技术时仍不完善；数据的有效性无法保障；我国的中西部特别是农村地区，数字金融所需的基础设施建设非常不到位，数字鸿沟严重。

数字普惠推广远没有想象中那么轻松。据部分学者抽样调查，我国贫困地区智能手机的覆盖率只达到20%，其中真正使用智能支付和智能金融的就更少了。我国的移动支付技术、人均服务网点数等方面是处于世界中上水平，甚至领先水平；但在看到成绩的同时，我们也要特别注意防止数字鸿沟，逐步填补（金融）基础设施方面的差距。我希望也主张，数字普惠能够在更广范围内发挥更大的效能，但前提是，社会整体在取得成绩时也不忘弥补短板。

五　要有情怀　也要有方法

《金融时报》记者： 您如何看待未来农村普惠金融的发展？

杜晓山： 我从事小额信贷也有很长时间了，最大的感受就是，农户需要的是真心实意而踏实的帮助；需要站在客户而不是机构或个人的角度考虑；同时，也需要不断地提升业务能力。即使是现在有了更多工具和技术的支持，普惠金融仍不可以被单纯地化繁为简。必要的内控和风控手段不可或缺，要有完整的监督机制。

农村信用环境总被认为是不好的。除了产业、政策等无法控制的因素外，资金安全性仍有很大一部分掌握在机构手中。在贷款未被偿还时，如果不及时追债、查明原因，就可能造成"羊群效应"，进而形成地区的系统性问题。包商银行采用的、可以用于小微企业贷款的 IPC 微贷技术则更为复杂，需要综合考察企业还贷意愿和还贷能力；通过对现金流量表、资产负债表和损益表的制作，详尽了解企业盈利和资金流动状况，以更为完善的场景搭建保障贷出资金的安全性。因此，数字技术在普惠金融中不应以制度和程序的简化为唯一目的，而是差异化和低风险服务弱势群体的关键。

相对于城镇的普惠金融，在农村做普惠金融需要更大的情怀，各参与主体要以情怀和正确的价值观，调整业务操作兼顾财务绩效和社会绩效。

我经常说，这个情怀或价值观的问题是"道"，而所使用的技巧和风控手段是"术"。金融机构考虑如何解决抵押担保难题、如何提升社会整体信用水平，这都没错，这是术的问题；但同时，政府更需要出台政策，启发有"道"的人或机构更积极地参与到普惠金融的推动工作中来。

（原文载于《金融时报》2018 年 5 月 31 日）

发展公益性合作金融　补齐普惠金融短板

一　普惠金融："为了谁"与"怎么为"

《金融时报》记者（马梅若）： 伴随本轮扶贫攻坚号角响起，普惠金融作为扶贫的重要力量发挥着重大作用。在前期脱贫工作卓有成效的基础上，这场战役已经进入了"深水区"，剩下更多的是"难啃的硬骨头"。您认为现阶段普惠金融有哪些难点亟待突破？

杜晓山： 目前，我国发展普惠金融面临的挑战和存在的问题不少，对普惠金融的认识仍有诸多的差异和误区。普惠金融服务在不同地区、不同机构方面发展不平衡不充分：小微企业和弱势群体融资难、融资贵问题突出；金融资源向经济发达地区、城市地区集中的特征明显，农村金融是我国金融体系中最薄弱的环节；普惠金融宏观、中观和微观体系不健全；金融基础设施建设有待进一步加强；"数字鸿沟"问题凸显；普惠金融的商业可持续性有待提高等。这些短板应是今后力争提高我国普惠金融发展水平的主攻方向和重点。我们还要特别关注低收入和贫困群体的覆盖率和服务深度不足这一短板问题的解决。

这些问题和难点有很多是相互交织的，很难说哪个是"最大的难点"。如果一定要说"最大的难点"，应该是我国至今还没有很好解决普惠金融的两条最基本要求。

一是普惠金融还不能为它的主要金融服务对象——小微企业、城市弱势群体、农民、贫困人群、老年人、残疾人，大规模、有效地提供所需要的便捷、适宜、价格合理的各种金融服务，特别是信贷服务；二是还不能实现金融服务供给方自身在不依赖外部补贴、不以利润最大化为唯一目标的前提下，实现保本微利和可持续发展的要求和目标。

《金融时报》记者：刚刚您提到，普惠金融还不能为它的主要金融服务对象提供合适的金融服务，未来应如何突破这一"瓶颈"？

杜晓山：我认为，应该对普惠金融的不同层次的客户群体和不同类型的供给方分类施策。

普惠金融是针对传统金融"二八定律"外的"长尾客户"提供金融服务，它的客户群体也分为高、中、低端不同层次的群体。粗略的客户层次可大体分为：小企业和微型企业为高端客户；个体工商户和普通农户为中端客户；农业新型经营主体一般为中端到高端客户；贫困城乡群体为低端客户。

我们应鼓励不同机构基于自己的发展愿景、业务专长、技术能力等综合因素，对不同层次的客户群体提供不同的产品和服务方式。例如，对中低层级，尤其是低层级群体的融资服务，应多发挥规范的公益性小额信贷和合作金融组织的作用；对中高层级群体的融资服务，要多发挥各类商业金融的作用。

二 不能把"特惠金融"当作"普惠金融"

《金融时报》记者：商业可持续性的缺乏怎么改变？

杜晓山：我们必须从认识上明确一件事：特惠金融不是普惠金融。

从总体来说，我国的普惠金融目前仍处于初级阶段。现阶段，我国仍依赖补贴式的特惠金融手段来弥补普惠金融客户，尤其是贫困群体金融服务不足的缺陷。在特定的空间时间，针对特定的战略意图、政策目标和服务群体，运用特惠金融的方式是必要的、可行的。就我国基本国情而言，在脱贫攻坚战时期，特惠金融是必需的。

但它本身存在固有缺陷，例如财政压力大、效率低、不可持续，易对正常的金融市场形成"挤出效应"，易产生弱势群体的"等、靠、要"，易造成目标群体偏移等问题。普惠金融的特性之一是发展的可持续性，而运用特惠金融的手段恰恰不具有可持续性。

当然，真正提升普惠金融服务的广度和深度绝非易事，需要从宏观、中观、微观三个层面统筹协调系统地解决相关问题。

《金融时报》记者：如您所说，要形成真正的普惠金融机制需要系统性改革。就实践而言，您有哪些具体的建议？

杜晓山：解决的办法主要是在政府和监管部门出台政策法规的基础

上，改变考评标准和办法，充分发挥"指挥棒"的作用。把现在以考核商业金融机构财务绩效为主的"指挥棒"改变成考核评价普惠金融所要求的覆盖率、可得性和满意度等，转变为同时考核业务绩效和社会绩效的指标体系，使商业机构不得不改变他们脱农脱小、追求高利润、追求大项目的冲动。同时，出台的政策法规要有利于激发金融机构内生动力，解决不愿贷、不敢贷问题。要明确授信尽职免责认定标准，将小微企业贷款业务与内部考核、薪酬等挂钩。

对服务不同层次客户群体的不同类型金融或准金融组织机构，应有相应的货币、财税和监管政策。应稳定加强小企业融资支持政策；重点支持向小微企业、个体自营、农户等经济体提供融资服务的金融机构和业务；特别支持参与脱贫、减贫、扶弱的金融机构和业务。注重应用现代科技提升普惠金融服务水平，不断扩展金融服务的广度和深度。

《金融时报》记者： 除了传统的财政补贴、政府增信、银行特色产业贷款等金融服务，您认为还能从哪些方面补齐当前普惠金融供给的短板？

杜晓山： 公益性小额信贷组织和新型合作金融机构，是补齐普惠金融供给侧结构性改革短板的重要组成部分。

根据《推进普惠金融发展规划（2016—2020）》中的"五、完善普惠金融法律法规体系"项下"（二）确立各类普惠金融服务主体法律规范"——"通过法律法规明确从事扶贫小额信贷业务的组织或机构的定位"，我认为有必要对公益性/非营利性小额放贷组织作出专门规定，需要解决它的法律地位和融资渠道问题。另外，规范的"三位一体"合作经济组织和新型合作金融组织也是中央政府鼓励发展的对象。

应当看到，规范的合作金融和公益性小额信贷组织是金融领域中的社会企业，它们与商业性金融机构在目标宗旨、机构性质、服务对象、服务方式等方面有着很大区别。相对于商业金融机构，它们开展普惠金融是自觉自愿的，有其优势和特殊作用。

（原文载于金融时报—中国金融新闻网，2019年1月4日）

金融服务 乡村振兴的务实策略

《金融时报》记者（柳立）：对于两个文件中的"金融服务乡村振兴"，您是如何理解的？2019年中央一号文件的突出亮点是什么？

杜晓山：中国人民银行、银保监会、证监会、财政部、农业农村部日前联合颁发《关于金融服务乡村振兴的指导意见》（以下简称《指导意见》），以深入贯彻落实中央农村工作会议、《中共中央国务院关于实施乡村振兴战略的意见》和《乡村振兴战略规划（2018—2022年）》有关要求，切实提升金融服务乡村振兴效率和水平。《指导意见》对标实施乡村振兴战略的三个阶段性目标，明确了相应阶段内金融服务乡村振兴的目标。短期内，突出目标的科学性和可行性，到2020年，要确保金融精准扶贫力度不断加大、金融支农资源不断增加、农村金融服务持续改善、涉农金融机构公司治理和支农能力明显提升。中长期，突出目标的规划性和方向性，推动建立多层次、广覆盖、可持续、适度竞争、有序创新、风险可控的现代农村金融体系，最终实现城乡金融资源配置合理有序和城乡金融服务均等化。

《指导意见》指出，要坚持农村金融改革发展的正确方向，建立完善金融服务乡村振兴的市场体系、组织体系、产品体系，促进农村金融资源回流，积极引导涉农金融机构回归本源；明确重点支持领域，切实加大金融资源向乡村振兴重点领域和薄弱环节的倾斜力度，增加农村金融供给；围绕农业农村抵质押物、金融机构内部信贷管理机制、新技术应用推广、"三农"绿色金融等，强化金融产品和服务方式创新，更好满足乡村振兴多样化融资需求；充分发挥股权、债券、期货、保险等金融市场功能，建立健全多渠道资金供给体系，拓宽乡村振兴融资来源；

加强金融基础设施建设，营造良好的农村金融生态环境，增强农村地区金融资源承载力和农村居民金融服务获得感。

2017年中央一号文件对金融支持农业农村优先发展、做好"三农"工作的要求与五部委文件的精神和要求完全一致、一脉相承，同时又有新的金融服务于"硬要求"的提法。

中央一号文件要求：打通金融服务"三农"各个环节，建立县域银行业金融机构服务"三农"的激励约束机制，实现普惠性涉农贷款增速总体高于各项贷款平均增速。推动农村商业银行、农村合作银行、农村信用社逐步回归本源，为本地"三农"服务。研究制定商业银行"三农"事业部绩效考核和激励的具体办法。用好差别化准备金率和差异化监管等政策，切实降低"三农"信贷担保服务门槛，加快做大担保规模。鼓励银行业金融机构加大对乡村振兴和脱贫攻坚中长期信贷支持力度。按照扩面、增品、提标的要求，完善农业保险政策。推进稻谷、小麦、玉米完全成本保险和收入保险试点。扩大农业大灾保险试点和"保险+期货"试点。支持重点领域特色农产品（000061）期货期权品种上市。

2019年中央一号文件的亮点是进行了确保如期完成"三农"硬任务的总部署。今明两年的硬任务是确保现行标准下农村贫困人口实现脱贫、贫困县全部"摘帽"，建成8亿亩高标准农田，实现农村人居环境阶段性明显改善，基本完成农村宅基地使用权确权登记颁证工作等，涉及脱贫攻坚、人居环境、乡村产业、农村改革等诸多方面。而要如期完成这些硬任务，就必须落实农业农村优先发展总方针。就如何落实农业农村优先发展总方针，文件指出，各级党委和政府必须把落实"四个优先"的要求作为做好"三农"工作的头等大事，即优先考虑"三农"干部配备、优先满足"三农"发展要素配置、优先保障"三农"资金投入、优先安排农村公共服务。其中的优先保障"三农"资金投入要求与金融支农支小、服务乡村振兴直接相连，即坚持把农业农村作为财政优先保障领域和金融优先服务领域，公共财政更大力度向"三农"倾斜，县域新增贷款主要用于支持乡村振兴。地方政府债券资金要安排一定比例用于支持农村人居环境整治、村庄基础设施建设等重点领域。

两个文件内容丰富、具体，对金融支持乡村振兴的要求系统、完整、全面，而且具有很强的针对性。据此，可以认为，我国金融服务乡村振兴的总体框架基本成型。当前和今后，最重要的还是要能真正落实文件要求，有真正的执行力。

《金融时报》记者：乡村振兴和"三农"的金融需求是多样化、多层次的，农村金融的供给也必然要多样化、差异化，并需加强综合性、整体性和协同性。如何让政策性、商业性和合作性银行更好地分工协作、优势互补，健全金融服务组织体系？

杜晓山：《指导意见》要求，金融支农资源不断增加。涉农银行业金融机构涉农贷款余额高于上年，农户贷款和新型农业经营主体贷款保持较快增速。债券、股票等资本市场服务"三农"水平持续提升。农业保险险种持续增加，覆盖面有效提升。期货市场发挥价格发现和风险分散功能。

在我国目前的银行业、证券业、保险业市场中，银行业资产约占80%，这说明三者发展的不平衡，例如，通过资本市场实现融资的农业龙头企业占比很低，同时，这也说明银行信贷市场的重要性。因此，一方面要逐步解决三者的均衡发展问题，另一方面要着力解决银行服务"三农"不足的短板。《指导意见》分别给政策性银行、商业银行以及农村中小金融机构进行了具体的目标任务分配。各类金融机构要正确定位、明确分工、各司其职、协同配合、形成合力。但是，我国目前的合作金融还在不断弱化，农信社已经并在继续转制成农商行，新型合作金融弱小，合作金融领域鱼龙混杂、良莠不齐。

当前我国农村信贷对农业发展的支持力度依然不足，农村小微企业、新型农业经营主体和农户贷款依然受到较多限制，农村中的信贷结构需要进一步优化。中国人民银行发布的数据显示，截至2018年年末，涉农贷款同比增长5.6%，增速比上年末低4.1个百分点；与2018年各项贷款余额同比增速12.6%相比，二者相差7个百分点，说明支农力度在弱化。

开发性、政策性金融机构应该在业务范围内为乡村振兴提供中长期信贷支持。进一步发挥其在乡村振兴战略中的作用，特别是不断完善农村地区基础设施。国开行要加大对"三农"业务支持保障和资源倾斜力度，加强政策创新与支持引导。例如，支持村容村貌整治提升工程、农村基础设施建设和节水供水、饮水安全等工程,支持农村地区宽带网络和移动通信网络覆盖,缩小城乡数字化差距。农业发展银行突出"粮食安全与脱贫攻坚"两个重点领域以及支持农村基础设施和涉农小微企业的发展。

《指导意见》特别要求商业银行加大县域信贷投放,其中单独提及农行及邮储银行,为其部署了具体任务目标。对中国农业银行强调实施互联网金融服务"三农"工程及着力提高农村金融服务覆盖面和信贷渗透率。要求中国邮政储蓄银行发挥好网点网络优势、资金优势和丰富的小额信贷专营经验及坚持零售商业银行的小微普惠领域的金融服务战略定位。农行将深入贯彻落实《指导意见》要求,推动金融扶贫工作再上新台阶;深入实施服务乡村振兴"七大行动";利用现代科技手段服务乡村振兴,努力成为服务乡村振兴的主力银行、领军银行。邮储银行将坚持服务"三农"、中小企业和社区的市场定位,充分发挥点多面广、队伍深入乡村的特色和优势,切实加大乡村振兴支持力度,提高"三农"服务能力,着力推进服务乡村振兴"五大工程"。

《指导意见》提出"强化农村中小金融机构支农主力军作用"。要求保持农信社(含农商行、农合行)县域金融机构坚持服务县域、支农支小的市场定位,法人地位和数量总体稳定。积极探索农村信用社省联社改革路径;淡化农村信用社省联社在人事、财务、业务等方面的行政管理职能,突出专业化服务功能。村镇银行要强化支农支小战略定力,向乡镇延伸服务触角。县域法人金融机构资金投放使用应以涉农业务为主,要把防控涉农贷款风险放在更加重要的位置。积极发挥小额信贷公司等其他机构服务乡村振兴的有益补充作用。探索新型农村合作金融发展的有效途径,稳妥开展农民合作社内部信用合作试点。在实践中,上述不同类型农村中小金融机构在各地也都有不少有示范借鉴意义的实例。

《金融时报》记者: 您如何看待规范的合作金融和非营利小额信贷组织在金融服务乡村振兴和脱贫攻坚过程中的作用?

杜晓山: 2019年中央一号文件确定的硬任务中第一项就是聚力精准扶贫施策,决战决胜脱贫攻坚,并鼓励银行业金融机构加大对乡村振兴和脱贫攻坚中长期信贷支持力度。五部委《指导意见》提出到2020

年，金融服务乡村振兴实现目标的第一条就是金融精准扶贫力度不断加大。

另外，就发展合作金融问题，日前中办国办印发的《关于促进小农户和现代农业发展有机衔接的意见》提出提升金融服务小农户水平。发展农村普惠金融，切实加大对小农户生产发展的信贷支持。支持农村合作金融规范发展，扶持农村资金互助组织，通过试点稳妥开展农民合作社内部信用合作。鼓励发展为小农户服务的小额信贷机构，开发专门的信贷产品。五部委《指导意见》也提出探索新型农村合作金融发展的有效途径，稳妥开展农民合作社内部信用合作试点。其实，过去多年的中央一号文件也多次提出发展多种形式的新型合作金融的要求，如2014年中央一号文件对此有近200字的提法，尤为详细具体。但总的来说，贯彻落实有相当差距。

就金融服务乡村振兴和脱贫攻坚应注意发挥规范的合作金融和公益/非营利小额信贷组织的作用问题，我个人认为，目前在农村金融市场的金融组织体系方面，供给侧结构性改革有个问题应当关注。现在政策鼓励设立发展的全是商业性金融机构（包括农信社的农商行改革方向），它们大多有尽量追求利润、做大贷款和"离农脱小"的冲动和目标，因此，在支持普惠金融，尤其是普惠金融的低端客户，即低收入和贫困农户方面，效果不理想。

从理论和现实来看，只采用增加农村中小商业金融机构以及鼓励竞争的方式并不能解决普惠金融发展的痛点难点，这种做法不能实现以可持续发展的方法，服务普惠金融的中低端客户（普通农户、低收入农户和贫困户）金融需求的政策目标和社会目标。不排除有情怀、有社会责任的商业金融机构的确在积极响应党中央号召，帮助推动普惠金融的发展，但即便如此，它们也很难以普惠金融可持续发展的理念和要求惠及普惠金融客户中的中低端，尤其是贫困群体。至今为止，它们主要依赖政府财政补贴的特惠金融理念和手段做此项工作，而不是用普惠金融的理念来践行。

解决这个问题当然是一项系统工程，包括政策上和技术上的一系列措施和手段。但我想强调的是，对带有社会企业性质（不以营利为目的，追求社会发展目标和可持续发展）的公益性的金融组织和合作金融组织，应从政策法规上倡导、鼓励和规范发展，并制定专门和具体管理办法。因为社会企业类组织，即合作性金融和非营利性金融组织，它们的工作宗旨和目标不追求利润，而是保本微利和可持续地为社员的权益服务和中低收入农户提供金融服务，所以从体制、机制和"道"（情怀、使命或价值观）的层面，相对于商业金融机构，它们开展普惠金融服务弱势和贫困群体是自觉自愿的、有优势和特殊作用的。而一般商业金融在这方面是有缺陷和摇摆不定的，所以金融类组织机构也要多元化发展。而我们这方面的多元没有实现。政府更需要出台政策，鼓励和支持有"道"的人或组织机构更积极地参与到推动服务普惠金融的中低端客户的工作中来，让这些弱势群体也能有尊严地、公平地获得他们应享有的金融服务。

乡村振兴的总要求是"产业兴旺、生态宜居、乡风文明、治理有效、生活富裕"。从金融服务乡村振兴的视角看，商业金融难以对"乡风文明、治理有效"直接发力，而对于合作性金融和公益/非营利性金融组织而言，则是它们固有的长处和优势，因为它们在提供金融服务的同时所开展的非金融服务活动完全可以与推动村规民约和基层组织建设相结合和相补充，而且，规范的合作性金融和公益/非营利性金融组织力量的增强和水平的提升对提高小农的凝聚力、组织化程度和基层党组织的战斗力有正面的推动作用。上述这两类社会企业类组织是我们应该在金融供给侧结构性改革过程中要补上的短板。

（原文载于《金融时报》2019年3月11日）

补上合作金融短板
加强中小银行支农支小服务

2019年全国"两会"期间，国务院总理李克强在2019年《政府工作报告》中要求，着力缓解企业融资难融资贵问题，并强调要创新和加强农村金融服务。对此，笔者认为，要补上合作金融组织类型短板，完善农村金融组织体系。

2011年以来，监管部门要求农村信用社和农村合作银行都要改制成农村商业银行，有几位"两会"金融经济界代表认为，农合机构有关业务的开展仍参照《中华人民共和国商业银行法》等有关法律法规，存在较多弊端。

这种弊端表现在农合机构支农支小支微的市场定位与商业银行效益最大化之间的价值定位存在矛盾。农合机构承担着服务"三农"的政策使命和社会责任，其经营主要面向"三农"等弱质产业。新型的农村合作金融组织缺乏法律规范，发展缓慢。"两会"期间，代表提出尽快开展农村合作金融法的研究起草工作，内容包括以法律形式明确传统的农村信用合作机构和新型的农村合作金融组织的性质和地位，确保其合作金融的性质不变等政策建议。

此外，发展多种形式的合作金融也出现在近期中办国办印发的《关于促进小农户和现代农业发展有机衔接的意见》和中国人民银行等五部委《关于金融服务乡村振兴的指导意见》（以下简称《指导意见》）以及过去多年的中央一号文件。文件提出支持农村合作金融规范发展，扶持农村资金互助组织，通过试点稳妥开展农民合作社内部信用合作。

笔者认为，农村合作金融机构，尤其在中西部农村欠发达地区的这类结构"一刀切"改制为商业银行的做法有待商榷。还是应按照2003年国务院关于农信社应以因地因社制宜，进行多种组织形式、多元化体制设计的原则进行改制，最符合我国农村实际。

其实不同类型所有制形式都有其存在的必要性，金融机构服务和管理水平的高低主要由其治理结构、领导和员工的敬业精神、业务能力所决定。国内外的诸多案例都能说明治理良好、不同形态的合作金融机构丝毫不亚于商业金融机构。而且，很多合作金融形态还肩负着商业金融所欠缺的增强社会效益的功能，它们在提供金融服务的同时还开展非金融服务活动，这对提高我国小农的凝聚力、组织化程度、集体经济组织力量和基层党组织的战斗力有正面推动作用。

从实践来看，我国农信社改制成农商行后，仍然存在不少问题。中国人民银行发布的数据显示，截至2018年年末，涉农贷款同比增长5.6%，增速比上年年末低4.1个百分点；与2018年各项贷款余额同比增速12.6%相比，二者相差7个百分点，说明支农力度在弱化。而目前，审计署发布2019年第1号公告指出，仍有7个省份的部分地方性金融机构存在不良贷款率高、拨备覆盖率低、资本充足率低、掩盖不良资产等问题。

从国外的情况看，有不少合作金融机构的经验值得我们研究借鉴。例如孟加拉国乡村银行/格莱珉银行，日本、南朝鲜和我国台湾地区的农协，东南亚等地的"妇女信贷互助小组+银行"，拉美地区的"村银行"，以及欧洲德国、荷兰等国的合作银行等，它们属于不同类型的合作金融机构，它们在服务当地经济社会方面均有各自的特色和亮点。

我们可以简要看一下欧洲一些银行体制变化的经验教训。学者的研究表明，英国合作银行20世纪70年代私有化，十多年之后又上市，却逐步走下坡路。而且最近几年的监管指标持续不合格。法国农贷银行尽管基层仍保持合作制，其总部在2000年年初上市转为商业银行，但上市公司因追求利润大肆收购投资，包括兼并里昂银行，在欧债危机期间亏损严重。而荷兰合作银行、德国中央合作银行始终坚持合作制，在欧债危机期间表现出很强的稳定性。

再如英国北岩银行，其前身是北岩建屋互助会，是英国五大抵押贷款银行之一，它的宿命更有警示性：先是作为合作银行发展得不错，然后急于上市扩张，之后在2007年因美国次贷危机而破产，只好寻求英国央行救助，被英格兰银行注资。北岩银行成为英国金融界中第一个美国次贷危机的受害者。

规范的合作性金融组织是社会企业类组织的一种形态，其宗旨和目标是不追求利润的最大化，而是保本微利和可持续地为社员提供金融服务以及为它们的权益服务。所以从体制、机制的层面，相对于商业金融机构，它们在开展普惠金融支农支小和防控风险上是有优势和特殊作用的。而一般商业金融在这方面往往是有缺陷和摇摆不定的，所以笔者主张金融类组织机构也要多元化发展。然而在我国，目前农村金融体系中合作金融组织形态是短板之一，急需加强和规范。

此外，针对部分农商行"离农脱小"的盲目扩张倾向，银保监会也针对农村商业银行存在的问题，细化了对农村商业银行服务乡村振兴的具体要求，年初发布了《关于推进农村商业银行坚守定位强化治理提升金融服务能力的意见》（以下简称《意见》），要求银行坚守定位、强化治理、提升金融服务能力，支持农业农村优先发展，推动解决小微企业融资难融资贵问题，并且为此建立了农村商业银行金融服务监测、考核和评价指标体系。要求各银保监局认真履行属地监管主体责任。

笔者认为，《意见》对于具体有效贯彻落实五部委《指导意见》和2019年中央一号文件中金融服务乡村振兴战略将发挥指挥棒和助力政策执行力的重要作用，抓到了问题的要害，极有针对性和有效性。

同时，对《意见》指标的两个指标提出商讨意见。

《意见》有两项指标分别是："涉农与小微企业贷款增速"以及"普惠型农户贷款和普惠型小微企业贷款（扣除重复部分）增速"，对后一项指标的备注是指"单户授信在500万元以下的农户贷款、单户授信1000万元以下小微企业贷款"。这让人有些不解：难道小微企业还要分"普惠型小微企业"和"非普惠型小微企业"吗？笔者还在媒体上看到，"截至2018年年末，全国全口径小微企业贷款余额33.49万亿元，其中，普惠型小微企业贷款余额9.36万亿元"的报道。可以看出，两者数额差距很大。据说，"全口径小微企业贷款"额度上限并没有规定，笔者认为这样不妥，可能会为弄虚作假留有空间。过去正是对小微企业贷款没有量的界定，所以各个银行自说自话，不少银行机构把单笔几千万元甚至几亿元的贷款也称为小微企业统计上报、在媒体宣传和参加评奖。

另外，对"涉农贷款"和"扶贫贷款"也应考虑是否能更精准些？有学者建议减少使用"涉农""三农""中小企业"等过于宽泛的概念，尽量使用"贫困农户""普通农户""小企业""微企业"等精准概念。现在许多高速公路、电厂等基础建设贷款装在"涉农""三农"贷款统计中，扶贫搬迁和基础设施等大中型项目建设装在"精准扶贫"中。笔者也看到有"两会"代表提出应调整和完善金融统计工作的建议，这的确是一项重要的金融基础设施建设工作内容。

（原文载于《金融时报》2019年4月22日）

《中国村镇银行发展报告（2020）——共享式规模化发展》序

笔者在写这个序言的时候正是我国处于抗击新冠肺炎疫情期间，目前抗疫斗争已经取得了重大的阶段性胜利，全国正在落实党中央要求统筹抓好抗疫和复工复产工作的重要时点。疫情对我国经济社会发展在短期内产生了重大冲击，当然对金融机构，包括村镇银行的业务工作也产生了不同程度的影响。

这部《中国村镇银行发展报告（2020）——共享式规模化发展》是由孙同全研究员领衔的课题组撰写，这也是继当时的村镇银行发展报告课题组 2016 年撰写的第一部完整阐述我国村镇银行发展状况的研究成果《中国村镇银行发展报告（2016）》和《中国村镇银行发展报告 2017——建设智慧型社区微银行》后，发表的第三部我国村镇银行发展报告。本报告阐述的内容主要是介绍和分析 2018—2019 年我国村镇银行年度发展状况和就村镇银行发展中某一两个重点关注的问题展开讨论和研究。2016 年的报告，由于是我国第一部村镇银行发展报告，因此较为全面而深入地研究了村镇银行自发起成立以来近十年的发展历程、现状、趋势、政府法规政策、内外相关制度的作用和问题以及改革建议等方面的内容。而 2017 年和 2020 年的报告则是侧重于就村镇银行当期发展中需要重点注意的某些重要议题进行讨论与探究。

从 2017 年报告的标题就可以看出当时课题组关注和研究村镇银行在发展中需要注意的重点问题，报告的主题是探讨村镇银行的社区微银行基本特征和市场定位，以及怎样利用金融科技和社区软信息的优势走智慧型社区微银行之路。也就是说村镇银行的定位应是社区性和微型性质的银行，应充分发挥、运用和开发社区客户软信息的优势；同时需要与时俱进，进一步丰富和优化金融科技服务渠道，提高服务效率和水平，使村镇银行成为智慧型社区微银行。2017年的报告还关注了村镇银行发展中的另外一个"短板"，即应更加注意解决西部农村欠发达地区和贫困地区村镇银行覆盖率的问题。

从2018—2019年报告的标题也可以看出课题组在此期间关注和研究村镇银行在发展中需要注意的重点问题，报告的主题就是探讨村镇银行规模化发展问题。报告从理论、政策和实践的不同视角阐述、分析和探讨了这一主题，具有针对性、前瞻性和一定的深度。报告认为，有关村镇银行规模化发展的管理模式可以概括为四种：一是在主发起行设立村镇银行管理总部或设立相对独立的事业部（以下简称"管理总部模式"）；二是设立独立的金融机构控股公司或投资管理型村镇银行（以下简称"投管行模式"）；三是设立地市级总分行制村镇银行（以下简称"地市总分行模式"）；四是"多县一行"模式。报告重点分析了样本村镇银行的规模经济及其社会效应，并以三个典型案例来分析上述四种村镇银行规模化发展模式的规模经济及其社会效应（第一种管理模式案例在2017年发展报告中已经选用了）。报告的主要目的是通过这些分析，论证村镇银行规模化发展的重要性，特别是在经济社会数字化大潮下，以互联网和金融科技平台为依托的共享式规模化发展的趋势性和重要性。在肯定现有村镇银行规模化发展政策的正确方向和积极作用之外，也提出了政策改进的方向。

在此，笔者想谈一点个人的看法和体会。笔者同意课题组在2020年报告中关于适度规模化发展是突破村镇银行发展困境，为村镇银行提高管理效率、提高可持续发展能力创造条件的重要途径的观点和论述。村镇银行集约化、规模化发展试点应多条腿走路，既继续现有的试点模式，又增加多模式或复合模式试点。同时，需要特别关注的是村镇银行必须始终坚守服务县域和社区，必须坚持专注"支农支小"信贷主业的定位，提升服务农村普惠金融和乡村振兴战略的能力。笔者想强调的是村镇银行规模化可持续发展与坚守县域和专注主业应该是对立统一、相辅相成的关系，而不应是只强调两者中的任何一方，排斥或忽视另一方的关系。适度扩大经营和地域规模，不应是贪大求洋，跳出县域发展

《中国村镇银行发展报告（2020）——共享式规模化发展》序

和追求大客户放大额贷款，而应是更好更多地在中西部农村发展，尤其是覆盖贫困县域的乡镇和村庄，服务更多的小微企业、农户和社区居民。村镇银行坚守定位，应做小、做强、做美、做特，追求与农村社区共同可持续发展。本报告课题组在报告中也阐述了这两者的关系。我们尤其要注意认真严肃地吸取一些城市商业银行和农村商业银行纯商业化追求的教训，即热心于扩大规模，却偏离主业的教训。

另外，针对中西部农村地区，尤其是贫困县村镇银行覆盖不足的现状，应该在政策上鼓励有实力的银行在这些地区设立多种形态专注服务小微企业和农户的村镇银行。到2019年9月，全国还有540个县市未设立村镇银行，其中471个在中西部地区，绝大部分是国定贫困县或连片特困地区县。我国连片特困地区县共有832个，已有450个国定贫困县和连片特困地区县设立或规划设立村镇银行，其他的贫困县也应尽快用多种形态实现村镇银行贫困县域的全覆盖。

从目前已经面世的上述这三部《中国村镇银行发展报告》的内容来看，都尚未涉及全国村镇银行的宏观发展现状，即从村镇银行总体的财务绩效和社会绩效的视角衡量，没有对全国村镇银行的状况进行阐述。已面世的三个报告主要是分析100多个案例的数据情况并得出相应的结论，而这些案例基本上是属于那些自认为表现较好的银行所报的数据，因此，缺乏全国村镇银行总体情况的代表性。这个问题的主要原因是获取不到相关的权威数据。为此，对全国村镇银行的宏观发展现状的阐述，要么回避，要么只能间接地从一些业内人士或公开的片段、零散的信息和描述中做个很粗略、不精准的大体推断。2017年报告的序言中有一句"村镇银行之间的发展并不平衡，整体呈现纺锤发展态势，一部分发展势头良好，大部分平平淡淡，也有一部分举步维艰"。

笔者认为，考虑到缺少宏观阐述的报告，不能算是个完整全面的行业发展报告，因此，在没有权威数据和准确情况的条件下，如能粗略补上这部分，只要没有大的误差，有比没有强。所以，笔者根据不同来源的信息加上自己的判断，在此也只能做个大概的粗线条的估断，也可能不能较准确地反映实际情况，在此仅供读者参考和批评。

笔者得到的信息中比较多，也是比较相似的看法大体是：如果从财务数据、资产质量和管理水平分为优良、一般和差等的角度看，村镇银行总体上在前两三年大体各占三分之一。但到2019年则"差等生"比重上升。2020年春节开始的新冠肺炎疫情又是一场严峻的挑战与考验。还有业内人士认为村镇银行好、中、差的分布呈中间大、两头小的"纺锤"形状。也有人认为从地区分布看，中部地区的村镇银行状况相对较好。中国银保监会副主席祝树民指出，村镇银行在快速培育发展的同时，也存在一些突出问题，主要是少数机构偏离定位，如"离农脱小"、主发起行履职缺位、外部人控制等。还有人指出，一些机构存在功能定位不清、公司治理不完善、市场竞争力弱、信用风险管理能力不高、内控制度执行有效性不足等问题。

村镇银行状态好坏的外部条件主要与近年来经济下行、市场竞争加剧以及扶持政策有关，内部因素则主要是主发起行是否得力（意愿、责任担当、能力、技术）、村镇银行领导人和团队是否德才素质较强，以及与内部管理运行机制和风控水平有关。

2020年村镇银行发展报告也十分重视数字金融的作用。报告提出，在数字化时代共享经济是大势所趋，共享式的金融科技服务平台是村镇银行克服规模不经济的重要出路。有条件的村镇银行管理总部和投管行可以自建平台，也可以向外输出服务能力。未来，专业的金融科技服务平台公司也会在村镇银行共享式规模化发展中大有作为。对此，笔者也十分认同。

疫情发生以来，一些小微企业有的无法开工营业，有的门庭冷落。不仅收入骤降，还需承担物业租金、人工等运营成本。一面是企业停摆、营收为零，另一面是各种硬性成本支出不可避免。小微企业和农户普遍存在现金流上的压力，需要金融支持。对于以长尾客群为主要服务对象的包括村镇银行在内的中小金融机构来说，这也意味着短期内他们将面临逾期率、资产不良率升高的压力。

近几年来我国数字经济和数字金融有了较大发展。此次疫情加速了互联网经济的渗透，金融科技发展带来的线上服务优势更为凸显，数字化经济融合发展的速度也在进一步加快。由于疫情管控，一般人员间的接触和流动大幅度降低，基于移动数字终端的线上商业模式变得更为活跃，大众也主动或被动地接受和习惯在线服务的模式，这彰显出数字经济发展的价值和潜力。而且从长期看，服务小微企业的线上化、数字化普惠金融业务是未来的一个发展趋势。但同时要看到在农村金融市场，运用"线上+线下"的运营模式和经营方式将会是优势叠加的不二选择和发展方向。

金融机构也在及时调整与完善业务模式和运营方式。疫情之下，很多金融机构，包括一些村镇银行，为消费者加强了在线的"非接触式"业务，强化疫情防控的金融支持。以科技为内核的线上金融服务，主要通过视频面签、线上信用审核、自动化流程、智能风控等方式为用户提供便捷、快速、可靠的金融服务，从而在疫情特殊时期为广大中小微企业尤其是受困企业做好金融支持。从具体实践来看，金融业通过大数据、云计算、人工智能、区块链等新技术来提升传统金融的效率，解决传统金融的行业痛点；新兴的金融科技行业强化技术优势，并寻求与传统金融的合作。在这次疫情期间，部分传统银行的贷款业务多有停顿，但网络银行如新网银行的小微贷款申请并没有下降。蚂蚁金服的数据也表明，有一半以上的小微企业打算向网络银行借款。

做好线上业务，金融机构首先需要增强自身金融科技的硬实力，加强研发投入。金融机构业务制度和业务流程也要相应地调整，使之适应线上办理业务的需要。同时，加强与其他部门的互动，加强数据共享。小型金融机构一般自身缺乏研发投入，可以借助有实力的主发起行、管理总部、投管行或与有公信力、有诚信的金融科技公司加强合作，提高金融科技应用能力。在这些方面，已有不少的实践探索和成功案例。

像村镇银行这样的小银行与小微企业、个体工商户、农户等受疫情严重影响的群体实际上也是一种"唇齿相依"的关系。真正愿意深耕普惠金融、着眼长远发展的规范的村镇银行要总结经验教训，认真开展自身战略和内部管理的反思、调整和提升。要针对不同类别客户，围绕其生命周期特点分类施策，做好贷后管理工作，防范风险，实现可持续经营。村镇银行也应运用多途径措施，加大对在线服务模式的应用创新，在做好线下服务的同时，推动自身线上服务转型。

银保监会在《推动村镇银行坚守定位　提升服务乡村振兴战略能力的通知》中提出了"村镇银行监测考核基础指标表"，要求各项贷款占比≥70%；新增可贷资金用于当地比例≥80%；农户和小微企业贷款占比≥90%；户均贷款≤35万元人民币。到目前为止，全面达到指标的村镇银行并不多。这说明以普惠金融理念践行金融扶贫的村镇银行还有限，根本原因是它们终究是追求利润的商业银行。这就使笔者又想起我们在2017年报告中提出的应鼓励倡导、支持和探索真心深耕与服务普惠金融低端客户的"社会企业"类村镇银行发展的建议。目前，我国开展的对小微企业和贫困农户的金融扶贫多为特惠金融手段，2020年以后的金融扶贫，应逐步改为无须财政贴息、担保和备付金为前提条件的可持续发展的普惠金融手段为弱势群体服务。其实像中和农信和一些公益小贷组织和资金互助合作金融组织，它们基本具备了转型为"社会企业"类村镇银行的条件，只要有政策法规的鼓励支持，还将会涌现出新一批这样的社会企业。笔者再次提议，我们是追求全国人民共同富裕目标的社会主义国家，金融监管部门和有情怀、有担当、有社会责任追求的企业家应在金融组织供给侧结构性改革中补上这块短板。

（原文为孙同全等著《中国村镇银行发展报告（2020）——共享式规模化发展》序，中国社会科学出版社2020年版）

疫情冲击下如何完善小微企业金融服务

《金融时报》记者（柳立）： 近年来，我国中小微企业总量规模不断扩大，产业分布更趋合理，在国民经济和社会发展中的作用日益显著。但这次新冠肺炎疫情对它们的生存和发展产生了一定的影响，请您介绍一下这方面的具体情况。

杜晓山： 根据清华、北大联合调研995家中小企业所受疫情影响，预计58.05%的企业2020年营业收入下降20%以上。为渡过难关，22.43%的企业计划减员降薪，21.23%的企业准备贷款，16.20%的企业选择停产歇业，13.58%的企业股东自己增资，还有10.16%的企业选择民间借贷。当然，企业可能会同时采取多种途径渡过难关。关于对政府和金融机构的诉求，50.2%的企业希望政府在社保、租金、员工薪资等成本支出方面给予补贴或减免。21.33%的企业希望减免税费，希望提供流动性支持的企业占比12.48%，还有10.16%的企业希望适度延期偿还贷款或豁免部分债务。

另外，根据《经济日报》和中国邮政储蓄银行小微企业运行指数课题组于2020年2月全国2240个小微企业样本（小企业和个体工商户大约各占一半）展开的问卷调查，已有近八成小微企业业绩相比正常状态变差，主要原因是交通管制和下游客户需求减少，以及上游原料供应不足。其中，个体工商户经营绩效变差占比高达84.3%。从整体上看，规模越小的企业业绩变差比例越高。依靠自有资金，大部分小微企业难以维持超过3个月的运营。相对而言，个体工商户或规模较小企业选择关闭企业的比例明显要高。

此问卷关于小微企业贷款调查显示，如果因资金流问题想向银行贷款，最大的困难是抵押物不足。面对疫情，小微企业最希望政府采取的行动是减免税费（60.76%）、直接补贴（48.88%）以及增加贷款和贴息（33.57%）。对于国家近期放宽小微企业贷款的信贷政策，有超过一半的小微企业并不很了解。

中泰证券金融组在一项报告中认为，目前来看，受疫情负面影响较大的信贷占17%，疫情一般负面影响占18%，疫情中性影响占58%，疫情正面影响占7%。

新冠肺炎疫情发生以来，餐饮、服装、商品零售等店铺有的无法开工营业，有的门庭冷落。不仅收入骤降，还需承担物业租金、人工等运营成本。中小微企业主面对的，一方面是企业停摆、营收为零；另一方面是各种硬性成本支出不可避免。在批发零售、餐饮、旅游、酒店、加工制造等与民生密切相关的行业中，中小微企业普遍存在现金流上的巨大压力，需要金融支持。对于以长尾客群为主要服务对象的中小金融机构来说，这也意味着短期内它们将面临逾期率、资产不良率升高的压力。

《金融时报》记者： 疫情发生后政府出台了哪些政策和措施来帮助中小微企业，取得了怎样的效果？

杜晓山： 我国当前已初步呈现疫情防控形势持续向好、生产生活秩序加快恢复的态势，我们应巩固和拓展这一来之不易的良好势头，统筹做好两手抓、两手都要硬，力争全国经济社会发展早日全面步入正常轨道，为实现决胜全面建成小康社会、决战脱贫攻坚目标任务创造条件。至今，多部门出台措施，全力以赴抓好疫情防控的同时，统筹推进经济社会发展各项工作。最近陆续落地的多个金融政策在力促信贷"扩总量"的同时，强调对疫情防控重点企业以及中小微企业的精准支持。加强企业复工复产和安全防范。

2020年2月1日，中国人民银行、银保监会等五部委联合印发《关于进一步强化金融支持防控新型冠状病毒感染肺炎疫情的通知》，明确不抽贷、不断贷、不压贷，为暂时遇到困境的中小微企业和个人提供延期还款、利息豁免、提高贷款额度等核心举措。

2月17日，银保监会发布的《关于进一步做好疫情防控金融服务的通知》指出，要加强科技应用，创新金融服务方式。各银行保险机构要积极推广线上业务,强化网络银行、手机银行、小程序等电子渠道服务管理和保障,优化丰富"非接触式服务"渠道,提供安全便捷的"在家"金融服务。在有效防控风险的前提下,探索运用视频连线、远程认证等科技手段,探索发展非现场核查、核保、核签等方式,切实做到应贷尽贷快贷、应赔尽赔快赔。

2月27日,国务院联防联控机制介绍了支持中小微企业发展和加大对个体工商户扶持力度有的关情况,用真金白银支持中小微企业复工和发展。主要措施有:降低税费、增加贷款、下调利率、贷款展期、提供相关保险保障和放宽相关政策等。

2月28日,国家市场监管总局等六部门印发《关于应对疫情影响加大对个体工商户扶持力度的指导意见》,在疫情期间从事群众基本生活保障的零售业个体经营者,将依法予以豁免登记,除减免社保费用、减免税费、减免房租,以及电气"欠费不停供"等一系列支持措施外,还将增加3000亿元低息贷款,定向支持个体工商户。

在便民服务方面,工信部联合中国政府网在国务院手机客户端开辟"应对新冠肺炎疫情支持中小企业政策库",让广大中小企业能够知晓政策、用足政策、享受红利。

《金融时报》记者:通过这次疫情的影响,今后金融机构应当如何调整与完善业务模式和运营方式?

杜晓山:近几年来我国数字经济和数字金融有了较大发展。此次疫情加速了互联网经济的渗透,金融科技发展带来的线上服务优势更为凸显,数字化经济融合发展的速度也在进一步加快。由于疫情管控,一般人员间的接触和流动大幅度降低,基于移动数字终端的线上商业模式变得更为活跃,大众也主动或被动地接受和习惯在线服务的模式,彰显出数字经济发展的价值和潜力。而且从长期看,服务小微企业的线上化数字化普惠金融业务是未来的一个发展趋势。

金融机构也在及时调整与完善业务模式和运营方式,疫情之下,一些金融机构为消费者加强了在线的"非接触式"业务,强化疫情防控金融支持,以科技为内核的线上金融服务,主要通过视频面签、线上信用审核、自动化流程、智能风控等方式为用户提供便捷、快速、可靠的金融服务,从而在疫情特殊时期为广大中小微企业尤其是受困企业做好金融支持。从具体实践看，金融业通过大数据、云计算、人工智能、区块链等新技术来提升传统金融的效率，解决传统金融的行业痛点；新兴的金融科技行业强化技术优势，并寻求与传统金融的合作。有专家表示，这次疫情期间，部分传统银行的贷款业务多有停顿，但网络银行如新网银行的小微贷款申请并没有下降。蚂蚁金服的数据也表明，有一半以上的小微企业打算向网络银行借款。

做好线上业务，金融机构首先需要增强自身金融科技的硬实力，加强研发投入。金融机构业务制度和业务流程也要相应地调整，使之适应线上办理业务的需要。同时，加强与其他部门的互动，加强数据共享。小型金融机构一般自身缺乏研发投入，可以与有公信力、有诚信的金融科技公司加强合作，提高金融科技应用能力。在这些方面，已有不少的实践探索和成功案例。例如，2019年年底，上海市政府部门8家单位就已经联合开放了首批300余个普惠金融相关数据项目，实现了纳税、社保缴纳、住房公积金、市场监管、发明专利、科创企业认定、环保处罚、商标、司法判决等信息，再通过上海市大数据中心集中面向商业银行开放，从而打通了政府和银行间信息壁垒。

监管部门同样需要做出政策上的调整和完善。监管要适应形势和线上办理业务的变化，对电子单证、电子影像、电子签章、电子数据的合规性、合法性应充分认同，只有各方面的共同努力才可以促进线上办理业务更顺利和更便捷。

金融机构可以更好利用这段时间来发展金融科技，这对金融机构来说是非常好的机遇。监管部门需要适应这种发展需要，去思考监管科技如何更加数字化、智能化，鼓励金融机构创新，适应科技金融发展的需要。

同时不可忽视，在运用科技支援疫情防控、推进数字经济业态创新发展的过程中，金融安全和风控问题也尤为重要。线上需求越是急迫，越是要保障交易安全和数据安全，越要注意消除产生金融安全事故的隐患。在疫情期间，金融机构应提高各类业务的审核效率，简化流程，但涉及用户个人信息的流程仍应严格审核。此外，应采用访问控制、加密等安全措施，防止数据泄露、丢失、未经授权被他人使用。严格限制对数据库操作的权限，避免金融数据被不法分子利用，扰乱社会秩序。

《金融时报》记者：未来我国小额信贷机构是否也要转变发展方式？您认为小额信贷机构运营模式的方向是什么？

杜晓山：我国的小额信贷机构也要顺应时代和形势的变化，转变适宜的发展方式。目前业务模式已从 20 世纪 90 年代采用全手工运营发展到今天的线下与线上相结合的模式。但我们必须看到，我国正常运行的小微企业和个体工商户两类群体的贷款覆盖率分别约为 25% 和 16%，而在更为小额、分散的自雇经营者中，比例更低。这意味着，依旧有大量的小微经营群体未获得信贷服务。2019 年，在第十一届陆家嘴论坛上，银保监会主席郭树清指出，我国金融行业存在从业机构种类不丰富，布局不合理，特色不鲜明，"过度竞争"与"服务空白"同时存在的形态单一的现状。

根据最近"蚂蚁金服线上小微调研"，80% 的小店表示面临资金缺口，近七成受访者认为，有资金支持的话，自己可以渡过疫情难关。但是，如何保证为这些小微企业提供精准有效的信贷支持并非易事。数据显示，约半数的受访小微企业的资金需求在 1 万元至 10 万元，而且大概有 1/3 的经营者以前从未获得过银行贷款。因此，应该充分发挥金融科技企业和中小银行、互联网银行的数据、技术和平台优势，更好地服务小微企业的融资需求。这有利于尽快恢复市场信心，增加市场活力，稳定就业，降低疫情冲击对低收入人群的不利影响。

小额信贷行业与小微企业、"三农"、个体工商户等严重受疫情影响的群体实际上也是一种"唇齿相依"的关系。真正愿意深耕普惠金融着眼长远发展的规范小额信贷公司要总结经验教训，认真开展自身战略和内部管理的反思、调整和提升，顺应不同小微企业生命周期和风险偏好，围绕行业特点、风险表现和发展趋势，"一户一策"地开展企业贷款风险甄别和评估，对于医疗、在线教育等行业加大投入力度，对于暂时受疫情影响但发展势头良好的企业予以展期、无还本续贷等"放水养鱼"服务。要针对不同类别客户，围绕生命周期特点分类施策，做好贷后管理工作，防范风险实现可持续经营。小额信贷行业也应运用多途径措施，加大对在线服务模式的应用创新，推动自身线上服务转型。

（原文载于《金融时报》2020 年 3 月 23 日）

三 缓贫、扶贫和脱贫攻坚战

试论建立以扶贫为宗旨的乡村金融组织

剖析目前我国农村扶贫贷款中较普遍的"扶富不扶贫"现象，可以从现有农村金融组织与资金合作组织的趋利性增强和由众多农户小额信贷回收率低引致的这些信贷供给组织的资金周转困难寻求解释，但不能由此否定扶贫资金使用的有偿性。基于上述认识，笔者建议，不妨借鉴文中介绍的国外扶贫实践中有效的乡村银行经验，大胆尝试建立以扶贫为宗旨的乡村金融组织，这样就既能及时满足贫困农户对小额短期贷款的需要，又可保证信贷供给组织的贷款按期归还和资金的循环使用，实现农户与"扶贫银行"共同发展壮大的目标。

一 问题的提出

目前，我国农村金融组织主要是农业银行和农村信用合作社，近年来还涌现出一些资金合作组织如农村合作基金会及农村互助储金会等，在民间也常年存在民间借贷。在农村经济与社会生活中，它们都发挥着各自不同的作用，但是，对于扶贫而言，还不能承担起完全的职责。随着金融机构企业化改革的推进，农行与信用社的贷款投放必然越来越倾向于追求高额利润，而农户急切需求的小额农贷由于风险高而比较利益低则较难获得。自 1984 年以来，每年全国平均仅有 34.4% 的农户能从农行和信用社借到贷款，而且从 1986—1989 年，可能由于基层单位的账面不严肃或是在信贷过程中资金流向其他贷款对象，农户得到的农户贷款资金比账面统计数据上农户贷款资金平均少 33.9%[①]。尤其贫困地

[①] 刘建进：《农村经济主体的资金行为——农户》，见邓英陶、徐爱波等著《中国农村金融的变革与发展 1978—1990》，第二编。当代中国出版社 1994 年版，第 213—231 页。

区的贫困户，由于他们基础差、底子薄、技术落后，所需农贷又大多投入利润率低、风险大的农业，因此更难获得贷款，以致形成了一方面农户缺少资金，另一方面农行资金又贷放不出去的局面。1991年农行就有2400万元资金未贷出而拆借给工商银行。至于农村信用社，由于历史的原因，暂又难以恢复为具有"三性"的合作金融组织。基于此种现实，农民自发组织的形式不一的合作基金会应运而生了，它们以服务为宗旨，以资金有偿使用为原则，为农户和农业生产提供小额、短期、及时、优惠和便利的资金服务。但合作基金会目前主要还是在经济发展水平相对较高的农村地区存在，贫困地区由于受资金制约而难以发展，基本上还是"空白"，且不能不顾现实，搞形式主义的强行推广。目前，有些比较贫困的地区也存在一种叫"农村互助储金会"的资金合作组织（也有人将它归为合作基金会的一种形式），具有互助自救性质（救灾、扶贫），但它的发展也不平衡，同样受经济发展条件的制约，而且不少储金会与合作基金会一样，已转向以追求营利为主要目标的民间信用组织。

此外，以上所有这些金融组织或资金合作组织都面临着成千上万农户的小额信贷的回收率不高的共同难题，低的仅有20%—30%，高的也只有60%—70%，而资金的沉淀又造成这些组织资金再周转或经营上的困难。这就更加强化了它们的"贷富不贷穷"的倾向。"七五"时期，湖南花垣县人均投入扶贫贷款有130多元，但最贫困的乡村远低于此数，如排碧乡是最贫困乡之一，人均投入只有60元；相反，条件相对好些的民乐镇，人均有400多元。而具体到贫困村、户则问题更突出，有些特困户至今还没用过一分钱，这些户大多属于老贷过重、贷款偿还能力差的贫困户[①]。笔者在宁夏西吉县调查时，信用社的同志也说拖欠款的贫困户一般贷不到新款。其他地区的调查材料也显示，种养业项目上存在着较明显的"扶富不扶贫"现象，可以说这种状况在全国农村比较普遍。至于民间借贷，贫困农户也是难以问津的，要借也迫于万不得已。目前的局面使人们面临着两难的选择：农户借贷需要和金融组织放贷的经济效益（特别是扶贫借贷与它的经济效益）难以两全。

---

① 《关于花垣县扶贫贷款管理使用检查情况的报告》，《开发与致富》1992年第5期。

面对这种似乎存在的两难选择，有人认为扶贫资金的有偿使用不利于扶贫，易于产生"扶富不扶贫"的现象。但这是一种必然的因果关系吗？其实并不尽然。我们知道，强调扶贫资金的使用由过去的"无偿"转变为现在的"有偿"，是吸取了历史的经验教训，有利资金的有效利用，有利于克服单纯依赖救济的"懒汉"思想和行为，激发扶贫对象自立向上的意识行为，有利于提高他们的素质，便于将"输血"功能变为"造血"机能的设想实现。笔者认为，扶贫资金的有偿使用不一定导致"扶富不扶贫"的结果，只要指导方针对头，运作系统和规章制度完善合理，扶贫资金的经济效益也完全可能是理想的。从我国目前农村的现实出发，借鉴国外扶贫实践中有关经验，建立某种以扶贫为宗旨的乡村金融组织，就可能是一条解决"扶富不扶贫"问题的有效途径。

二 国外扶贫实践中乡村银行的经验

世界银行和亚太发展中心（APDC）组织曾对亚洲一些国家扶贫工作中成功的扶贫金融组织机构，如孟加拉国的乡村银行、泰国的农业和农业合作社银行、尼泊尔的小农发展项目（SFDP）、印度的自我就业妇女协会（SEWA）银行及印度尼西亚的两个农村银行等进行了考察评估。它们的共同经验是：①扶贫的宗旨明确，因此首先要确定谁是要扶持的穷人。②保证资金的有偿使用而非无偿救济。③运作系统和规章制度完善。④通过动员（培训）、组织和参与，提高穷人的意识和素质，大多是由社会经济利益相似的穷人组成5—20人的小组进行活动。这样，一方面保证了穷人对资金的持续要求，扩大了生产，改善了生活；另一方面也保证了资金的循环滚动使用，使扶贫的金融或资金组织能自我生存和发展。下面我们将对孟加拉国的乡村银行作重点介绍。

孟加拉国的乡村银行又称为格莱珉银行（Grameen Bank），它已被众多的国际组织和人士公认为迄今最成功的也是最大的扶贫项目，而且它的模式已在马来西亚、菲律宾、印度尼西亚等国得到广泛推广，在南亚周边国家仿效者也为数甚多，甚至坦桑尼亚、尼日利亚都在进行有关尝试。我国国务院扶贫领导小组也于1992年5月对它进行了考察。但它的发展历程却充满了艰辛曲折。格莱珉银行从1976年开始它的雏形试验，在连续7年由小到大的成功试验的基础上，才被政府于1983年正式支持和提供贷款。经十余年发展，现在它已服务于孟加拉国的

27000个村，占全国农村总数的40%；拥有110万户格莱珉银行成员，占无地农户的10%以上，高的地区占30%，其中92%的成员为妇女。格莱珉银行的贷款管理得很好，尽管它的贷款利息达到16%—20%，而且没有捐赠和补贴，但其累计还款率达到了98%。

格莱珉银行的基本设想是，如果给穷人贷款，他们能在外界的帮助下实现有生产力的自我就业，可以将长期的恶性循环"低收入—低储蓄—低投资—低收入"转变成良性循环"低收入—贷款—投资—增加收入—更多投资—更多收入"，而且将穷人以他们能理解和运作的方式组织起来，他们通过互相支持会发现自己的社会、政治和经济力量。格莱珉银行的实践已成功地推翻了认为穷人还不了贷款，不会存钱，面对一系列有竞争的选择不能作出合理选择这种长期被人们坚持的传统观点。

格莱珉银行的设计和运作有以下五个突出的特点：

1. 专注于最贫困群体

格莱珉银行不追求高经济利益，是专为穷人服务的机构。它贷款的对象是特定的贫困群体而不是中农或富人，它只贷款给拥有少于0.5英亩可耕地或家庭资产相当于不超过一英亩中等质量土地价值的农户，首先和主要是妇女。格莱珉银行将那些得不到其他机构贷款和信息的少地或无地者组织成小组，小组成员不必为贷款提供抵押，但要求有与格莱珉银行合作的意愿和能力，以保证贷款效益。

2. 专注于小组而非个人

格莱珉银行是扶持穷人的组织，由五户（户主）组成的小组是扶贫的基本单位（这是个适于参与管理的规模）。一个农户只许一人（男或女）作为格莱珉银行成员，亲戚不能在同一小组。小组按性别划分。每个小组选举组长、秘书，由小组成员轮流任职。六个小组组成一个"中心"，"中心"正副负责人由各小组组长定期选举，每周各小组全体成员必须集中在"中心"开会，周会要确保小组纪律。"中心"会议也与分期贷款的归还相配合，一般贷款周期为一年，每周归还贷款额的1/50，一年的最后两周还回利息。

3. 运作系统完善

一是贷款项目无须经过中间人。贷款直接送到格莱珉银行成员家中，借贷者不必到城镇去，也不必为贷款付额外费用。二是小组作为一个整体才有资格获得贷款，并对成员个人负连带集体责任。小组成员必须学会写自己姓名，参加培训，清楚了解银行目标、贷款规则和规定等，才有资格以小组的形式得到贷款，当有成员不能归还贷款时，其他成员要帮助解决问题。三是银行交易公开。贷款和还款建议在由6个小组30个成员参加的"中心"会议上讨论，这里没有其他贷款项目中常见的贪污、贷款不当和手续不符等情况。格莱珉银行成员自我选择贷款的经济活动和贷款利用计划，但要在"中心"会议上讨论并由小组一致批准才行。四是格莱珉银行向小组成员的贷款是分期严格发放的。首先小组里最应先得的两个人得到贷款，他们的运作状况将被观察一两个月，如果情况令人满意，那么另两个成员才可得到贷款。小组组长在为小组服务三四个月后才能确定他（她）是否有资格获得个人贷款。五是规定成员有存款的义务。格莱珉银行建立了可用于生产或消费性贷款的小组基金，每个成员必须将贷款额的5%存入此基金，另外每人每周要储蓄1塔卡①，存款利息为8.5%。格莱珉银行还建立了可用于意外、死亡和灾害风险的紧急基金，每人要从贷款总额中拿出5%存入该基金，但贷款额少于1000塔卡的可以免交。有了以上措施，一旦借贷者还款困难，可以从上述基金中扣还，如果还不够，小组其他成员有义务分担。拖欠贷款归还后，资金便予以退还。

4. 重视培训

格莱珉银行的职员素质高，文化水平均在高中以上，他们的待遇也高。对新招募的人员的入门培训（主要在农村进行）需6个月，此外还有6个月的试用期。同时，格莱珉银行也为小组成员提供技术培训、信息提供咨询等服务。

5. 鼓励参与

内生的和自我持续的发展要求群众的参与，格莱珉银行的组织架构为穷人提供了平等参与的权利。格莱珉银行90%以上的成员是妇女，妇女的参与是最令人注目的。穷人参与决策和决定所有涉及计划、组织、投资、市场和微观活动的事宜。

---

① 塔卡为孟加拉国货币单位。

格莱珉银行的实践证明，当穷人被组织起来，启动了意识和能力后，他们能有效地利用贷款和其他收入，取得明显的社会经济效益。据统计，接受格莱珉银行贷款的农户在两年内人均收入大约可增加 32%，而整个孟加拉国人均收入只增加 2.6%。与对照组相比，接受格莱珉银行贷款的农户平均消费用于保健的是对照组的 2.3 倍，房屋是 2.4 倍，穿衣是 3.7 倍，识字率和接受计划生育的水平都高得多。

三　格莱珉银行和其他国际经验的启示

（一）建立扶贫乡村金融组织

我国目前现存的农村金融和资金组织都程度不同地具有扶贫功能，也有很多扶贫经验，但由于它们不是专门的扶贫组织，具有追求商业利益的倾向，扶贫信贷的运用系统不健全等，其扶贫功能和作用的发挥受到不少限制。贫困地区农户急需小额及时便利的贷款，如这笔资金组织运用得好，经济效益是明显的。但一般由于基础薄弱和种种条件所限，还贷能力相对低弱，因此难以打破"穷困—得贷款难—还贷难—得贷款更难—更穷困"的恶性循环。所以在农村，至少在贫困地区建立以扶贫为宗旨的乡村金融组织（我们不妨称为"扶贫银行"），对提供发展种养业等所需的小额短期贷款解决贫困农户生存和温饱有重大意义。

据笔者在宁夏西吉县的调查，那里的贫困状况是严重的，在西北黄土丘陵地区有一定的代表性。那里自然资源缺乏，自然生态环境恶劣，是国家重点扶贫的"三西"地区的一部分。1991 年是当地连续第三个丰收年，据县统计局资料，当年农户人均收入仅 212 元，1993 年由于"五灾"俱全，年人均收入还不足 200 元。而全国农民 1991 年人均收入达 732 元。另外，这几年西吉的农田基本建设和水土治理在政府的大力扶持和当地干部群众的艰苦奋斗下已取得较突出成绩，只要对农户在种植业和养殖业等方面给予小额资金的补充投入，例如获得 100—200 元的贷款，购买良种、化肥、农用薄膜、仔羊、用于短期育肥的耕牛等，并加以精心组织，就可使农户的农业畜牧业产量显著增加，不但可还清贷款，还可增加收入。这样的事例在西吉已有不少。如果能这样持续循环周转三五年，广大贫困农户就可以初步解决温饱问题。在此基础上，如此再继续几年获得稳定的小额短期贷款，广大农户就完全可以比较稳固地解决温饱。

目前农贷存在两个不利于扶贫的问题。一是贷款回收率很不理想。在西吉县,农行信用社还贷率在1989—1991年约为70%,1992年降到30%—40%,欠贷户在还贷前一般再也得不到新贷款。二是贷款面仍不够宽,贫困户难以得到贷款。在西吉,约60%的农户可得到贷款,贷款额每户平均为100元上下,但农户间和乡村间的差距还是不小的。我们建议建立的"扶贫银行"的主要近期目标就是要解决上述两个问题,使贫困户获得资金并保证这部分资金周而复始的循环和持续投入。目前造成回收率低的原因,除自然灾害外,主要是项目决策失误和管理不善,此外有的农户信用观念差,故意拖欠。据统计,全国农户所得贷款平均只有约40%属生产性贷款,而生产性贷款中只有约50%真正被用于生产,也就是说用于农业生产的贷款只为全部贷款的20%左右[①]。"扶贫银行"的运作机制也将有利于这些问题的解决。

"扶贫银行"的建立也可能会有利于解决我国目前存在的扶贫贷款使用难的问题(如江西省1991年扶贫项目资金到位率为82.2%)。因为它将会有助于解决资金管理层次繁多、手续复杂、开支大,寻找担保难,资金到位慢、有的错过季节和机遇,贷款资金管理薄弱,县以下机构基本属于"真空"等问题。目前我国农村金融人员不足,素质较低,主要是信贷人员不足。1986—1989年农行人员增加了15640人,但信贷人员占职工总数却由11.2%降为9.2%。另外,县级扶贫主管部门任务重,人数少,乡镇以下基本上是兼职领导,且变动频繁。

(二)相应重构微观组织体系

国外成功的扶贫实践大多有一个共同经验,那就是将社会经济利益相似的同类人组织成规模适宜的集体进行活动。一般是由5—20人为一组形成互助小组,在此基础上再发展组织成更高层次的集体。这种规模的小组易于穷人参与,便于实现决策和实施过程的民主化,对穷人有凝聚力,增强彼此信任和组织纪律,对他们既产生动力也产生压力,有的彼此间有连带责任。这种小组形式还有利于开展培训、挖掘穷人的潜能,增强自信心,提高他们的意识和各种能力。这种组织形式一般是通

---

① 刘建进:《农村经济主体的资金行为——农户》,见邓英陶、徐爱波等著《中国农村金融的变革与发展1978—1990》,第二编,当代中国出版社1994版,第213—231页。

过定期或不定期的会议和交流实现的。以这种小组形式与扶贫机构的运作系统接轨也有好处，一方面小组增强了穷人的力量，对运作机构的官员有压力；另一方面官员与小组打交道比与个人方便、保险，小组可以获得不需担保的贷款并承担归还贷款的责任。

善于发动和组织群众本来是我们的特长和优势，农村经营体制的改变，对生产力是一大促进。但不可否认，在某种程度上也削弱了基层的组织程度，贫困地区尤为突出。现在强调坚持和完善双层经营体制，也是为使农户和村级组织，或农户与由农户组成的小组（团体），或农户与其他经营服务组织等二者彼此的长处结合起来，发挥更大的效应。

我们如果决心建立"扶贫银行"，就完全有必要学习别人和恢复我们自己的长处，重建微观组织体系，这既包括扶贫银行的基层组织，也包括由农户组成的小组等组织。之所以"必要"，是因为除上述的好处外，最直接的作用是保证贷款的归还和资金的循环使用，并且在此过程中，使农户和扶贫银行都得以发展壮大。

（三）完善运作系统和规章制度

鉴于传统的扶贫机构存在官僚作风、腐败行径、效率低下、利益被层层截留而难以到达穷人那里等问题，亚洲国家中较为成功的扶贫事例是都对扶贫的设计、实施和接受等环节作了相应的改革和完善。它们从扶贫战略上由单纯救济补助转向将贫困农民组织起来相互支持和协调行动，发展生产，特别是农业和乡村工业的生产；强调扶贫项目的设计、实施和接受系统三者间的相互联系和结合；强调专门为最贫困户服务的综合扶贫项目；建立专门的扶贫组织机构；认为以增强就业技能、增加生产资料和资本为目的的扶贫计划较为有效，因此鼓励自我就业；对经济活动也有长期打算和安排。

从格莱珉银行的运作我们能看到，它的决策和实施是灵活的、民主的，成员参与整个过程。格莱珉银行的基层组织有很大的自主权，但它的管理同样又是严格的，在还贷上没有妥协的余地。在这里，革新与严谨较好地统一起来。它有一整套的制度保证运作的正常进行。它的决策和交易是公开的，它的职员的素质和待遇是高的，这些都有利于避免常见的贪污腐败、贷款不当和不必要的怀疑。

鉴于此，我国的扶贫工作也应进一步明确扶贫对象应是真正的贫困户，防止和克服资金分配中的平均主义和截留挪用的做法；解决扶贫到村到户，方便群众，服务优质的问题；贷款要用于生产并提高资金利用效益，分清贷款和救济补助。还应解决扶贫机构和人员责、权、利模糊的问题，由于这类组织和人员掌握着资金资源，对当地发展产生着广泛深刻的影响，因此他们的素质和表现是极为重要的。

（四）转变意识、提高素质

国外扶贫实践现在普遍强调扶持和提高贫困农民的自我发展能力。也就是通过培训和参与，转变他们的意识，提高脱贫的信心，激发他们内在的动力和潜力，提高他们的能力和素质，使他们由扶贫的客体变为主体。因此，培训是扶贫的重要一环。培训主要解决启动思想意识，摆脱"宿命论"等心理影响的问题，也解决技术培训和管理培训方面的问题。同时，培训往往与扫盲教育、信息服务、贷款发放和收回、技术开发等结合在一起。在培训对象上则首先重视扶贫机构工作人员和扶贫对象组长的培训。

现在已有越来越多的人认识到，要从根本上解决贫困问题必须提高人的素质（见表1）。从扶贫的角度说，就是要变向扶贫对象"输血"为提高扶贫对象的"造血"机能。当然，"输血"在一定程度和时期内仍是必要的，它能解决燃眉之急，也为"造血"创造一定条件，但"造血"则是脱贫致富的根本措施和出路。提高"造血"机能的本质内容是提高人的素质，即智力（文化）素质和心理素质。贫困地区和贫困农户那种安贫守旧、"等、靠、要"的心理僵化的思维以及低下的文化科技水平和缺乏对外交往和改造现实的能力严重阻碍了脱贫致富的实现。

表1　　　　　　1984年我国不同文化程度农户收入情况

文化程度	文盲	小学	初中	高中	大专
人均纯收入（元）	284	385	466	556	756
收入指数	1	1.36	1.64	1.96	2.66

资料来源：国家统计局农调总队1984年对28个省份262个村庄36667户农民抽样调查数据。

四 有关政策建议

国外丰富的扶贫经验很多是值得我们借鉴的,我们也有自己的政治优势。两极分化在广大发展中国家中是一个十分突出的难以解决的社会问题;而在我国,虽然经济实力和生活水平还不高,但社会公平程度高,不存在极端的贫富两极差异。我们发展经济,提高人民生活水平,也明确了坚持以先富带动后富,走全体人民共同富裕的道路的指导思想。我们的社会制度决定不允许走两极分化的路。这也要求借鉴国外有益的经验。

我国自己的扶贫经验也是丰富的,应予以很好的总结和推广,但我们也主张"拿来主义",对一切可供借鉴的国外扶贫经验都应拿来为我所用。具体地说应尝试建立类似于孟加拉国乡村银行的专管扶贫资金和服务的金融组织,或称为"扶贫银行"。基本的考虑是将目前分散的多渠道的资金集中起来,提高资金的使用效应;重点加强贫困地区的基层力量,真正做到服务到村到户。直接的目标是解决贫困农户所急需的小额短期及时优惠便利的生产资金,同时解决扶贫富民与资金有效周转问题。

如果目前建立这样的金融经济组织,在宏观上还有种种顾虑和问题,那么在某些贫困区、带的一定范围内进行试点是完全应该的,应鼓励大胆地去试,正像目前一些地方正在积极探索农村股份化和民间金融试验一样。另外,我国县级机构改革很快将全面铺开,利用这一机会,实行人员分流,政企分开,创办一些类似格莱珉银行式的投资金融公司之类的经济实体,试点工作就可以开展起来。当然,这类机构的组织形式不必强求一致,但扶贫的宗旨一定要明确,运作系统和规章制度一定要有规范,并在实践中不断调整完善。这类组织应作为我国金融和资金体系中的一员,与其他组织机构既合作也竞争,发挥它应有的作用。同时,也不宜将其办成一种纯粹的金融组织,而要赋予其专门扶贫的职能。可以设想,有了这样的组织,也能在一定程度上解决贫困地区双层经营体制很不健全,村级层次组织机构和功能萎缩的问题。

(原文载于《农村经济与社会》1993 年第 2 期)

对扶贫贷款投资方向和运用的看法

一 扶贫贷款应以贫困户为目标，种养业为基础

我国"八七"扶贫攻坚计划要求在 20 世纪末基本解决我国农村八千万贫困人口的温饱问题，也就是绝对贫困问题。而这些人口主要居住的贫困地区大多分布在中、西部深山区、荒漠区、黄土高原区等地，地理位置偏远、处在经济发达区外围，而且由于人口和经济增长的压力大以及自然环境差，生态环境脆弱，因此，扶贫任务极其艰巨。只有根据当地当时的不同实际情况进行经济、社会、技术、环境和政策等方面的综合治理，从基础做起，才能达到目的。这是一个大课题。本文只能就这一大课题的某一方面，即目前这几年扶贫贷款的主体投资方向和运用提些看法。

扶贫开发的投资选择，或者说在扶贫贷款既定的情况下，应按照生产要素最佳组合的准则，以贫困户的优势要素——劳动力（也是剩余闲置要素）替代稀缺要素——资金，实现收益最大化。这既符合生产要素最佳组合准则，同时也是扶贫开发投资方向选择的基准。那么扶贫贷款的什么样的投资方向能以解决贫困而不是以经济开发或其他目的（如"畜县"目的）为第一目标呢？那就是以贫困户为目标，以种养业为基础。

在我国目前阶段的农村，相对于其他农户，贫困农户获取外部资金和扶贫贷款的可能和额度往往并不占优，甚至更少。这种扶贫贷款渗漏的现象应引起足够重视，并切实加以纠正。据我们 1993 年对四省区 11 个县 330 个农户的调查。只有 1/4 的农户可得到农行和信用社贷款，而且获得贷款的又主要是中等和较富裕的农户。又据对西南、西北和中部

七省区的 500 个农户的调查，贫困农户获得贷款的额度要大大低于相对富裕户。1992 年在 500 户中，平均每个农户获贷 126.18 元，但最低收入的 20% 农户平均获 72.54 元，而最高收入的 20% 农户平均每户获 221.20 元，贫困户人均所得贷款仅相当于非贫困户的 62%，比 1985 年还低 1.8 个百分点。

另据对内蒙古、贵州等 4 个省份低收入地区 538 个农户的调查，高收入农户（1988 年时人均纯收入 1439.3 元）和一般农户（人均纯收入 439.53 元）是政府拨款和扶贫贷款的重要受益者。最贫困组（人均纯收入 85.53 元）和贫困组（人均纯收入 211.16 元）的人口数虽占总统计数的 71.63%，但获外部投资（政府拨款和扶贫贷款）只占到外部投资总额的 50.9%。高收入组虽然只占总人口的 3.7%，但获外部投资却占投资总额的 27.28%，该组人均获外部投资，分别是最贫困组和贫困组的 8.9 倍和 12.37 倍。还有，吕梁山区的调查也显示，从贫困户与非贫困户两组人群所获银行扶贫贷款的平均数量看，非贫困户大于贫困户。

大量的数据和研究结果还说明，贫困农户收入的增长快慢主要取决于农业项目发展的好坏，而与工业项目关联度不大。

据对全国 15 个省份"七五"时期资金结构的分析，扶贫贴息贷款中直接贷给贫困户的资金占 41%（乡村办企业 36.5%，县办企业 15.74%，其他经济组织 6.76%），在扶贫中，受益农户的 77% 和摆脱贫困户的 80% 靠这部分资金解决。如按产业分，投向种养业的资金占 42.55%，受益户和解决温饱户的 72.35% 和 76.82% 靠这部分资金解决，显示了较强的扶贫效益。其他资金（投向乡村和县办工业、与贷给加工业和工业部门资金效益）虽然占了 60%，但在直接解决贫困方面，很难和投放给贫困户发展种养业的项目相比。种养业具有明显的覆盖面大，户均投入成本低的优势。

另外，从扶贫贷款的回收率和风险角度看，虽然贫困户、乡镇企业、县办企业的还贷率都不高，但三者比较，贫困户是最高的。据我们对统计数据的分析计算，1990—1992 年，三者的还贷率分别为 49%、42% 和 33%。据农行 15 个省份调查，1986—1989 年共收回贷款 2.07 亿元，仅占累计发放贷款的 8.8%。例如，1986—1989 年，甘肃贫困地区扶贫贷款到1989年年底用于工业项目累计回收率仅2.58%，其中效益差和关停并转的项目要占43.3%，比全国贫困地区的同期平均值8.2%和35.2%还要差。再如贵州毕节等三县1986—1989年，扶贫贷款项目农业与工业投资比为3∶7，农业项目户均投资128元，而工业项目安置一个劳力费用是农业户均投资的90倍。工业项目效益的好、一般、差投资比为2∶2∶6，而且83.7%的工业项目贷款不能如期收回，风险贷款主要由工业项目造成。

由此可见，除国家规定的专项贷款投资方向不得改变用途外，总体而论，目前阶段扶贫贷款的主要投向应是农业，应以种养业为基础，而且目标直接面向贫困村、贫困户。问题不在于是否发展工业或用多少投资发展工业，而是要实事求是、因地制宜，区别对待，也就是说，要注意在什么阶段发展工业、发展什么类型的工业，如何处理好各产业、各扶贫受益者间的关系，以及如何管理好各种扶贫贷款项目。这也就是扶贫贷款的运用问题了。

二 扶贫到户是扶贫贷款运用的重要组织方式

至今，使广大贫困农户直接获得较稳定的生产经营性贷款仍是一个薄弱环节。而这直接关系到2000年扶贫目标的实现与否。现在实行的由相应经济实体承包开发，统贷统还扶贫资金的政策，固然有很多好处，也有利于贷款的回收率。但可能产生的负面作用是扶贫贷款的渗漏，最应得到这笔资金的贫困户可能被排斥在外。一是颇多的"经济实体"本身就不是扶贫对象。二是他们承包后也不愿扶持有还贷风险的贫困户。当然，根源还在于银行以资金投放要安全为理由。

那么是否能既扶贫又保证还款率高呢？这是完全可能的。我国在扶贫实践中也已摸索了一些方式，在一定程度上做出成效。例如，①组织懂技术、会经营又愿扶贫的农户与贫困户结对、包户。②贷款给农村能人帮带贫困户，或贷款给能人，或按一定比例将贷款分配给他们，共同承贷。③由村、组统一金额担保，贫困户向农行贷款；或由村、组统一组织生产，安排贷款。④组织企业扶贫即"企业+农户"模式，或建立扶贫经济实体。⑤政府各业务部门以项目的形式组织贫困户发展生产，统贷统还。⑥采取一定组织形式，如计划与技术承包集团，推广一项或几项新技术，提高农户生产能力，使贫困农户普遍受益。比较典型的如推广地膜覆盖栽培技术的"温饱工程"。

但上述诸种形式，仍有一些方式不可避免造成扶贫资金的渗漏。从国外扶贫实践的经验看，孟加拉国"乡村银行"（Grameen Bank）及其相似模式在解决扶贫到户又保证还贷率高的努力上是颇为成功的。它的核心是建立了贫困状况相似的农户组成的小组和中心，相互支持和制约，开展经济社会发展活动，保证还款也增加收入。目前我们也已在河北开展小规模试点，并计划扩大到河南（关于此项目的具体介绍由于不是本文要谈及的内容，在此不作专门展开）。

三 加强扶贫贷款项目的管理

如何加强扶贫贷款的管理以保证项目的投资效益，同样是扶贫贷款投向和运用要考虑的问题。当然管理本身就是一个完整的系统工程，涉及方方面面，这里也只能提及其中的几点。

根据我们的调查了解，至少很多地方的扶贫项目的执行管理有较大随意性。从选项立项，申报、批准、进度和财务规定，直到各有关部门和单位的监督、调整、验收、评估等都有值得研究改进之处。举例说，项目论证的公开化和广泛参与以及平等竞争就做得不够，而掩盖了官僚主义和腐败现象。因此，要在制度上做出必要的调整，学习管理知识，加强管理人才。

要确保投资效益，就要严格各项管理制度。在资金的投放对象、技术、组织、效益、管理、培训、资金匹配等要求方面都要有具体明确的规定，并在实践中贯彻执行。

（原文载于《中国农村经济》1995年第3期）

对扶贫社式扶贫的思考*

一 贫困的机理

陕西省商洛地区的贫困显示了我国贫困地区的最普遍特征——自然条件差和地理位置不好。商洛地区位于陕西省东南部秦岭南麓，是一个"八山一水一分田"的土石山区。人均耕地只有0.94亩，且耕地中山坡地占80%以上，农业生产极易受自然灾害的影响；矿产资源虽然储量丰富，但质量不好，选矿难、开发也难；交通不便，只有一条312国道贯通，没有一条铁路，更没有机场，且这条公路主要是盘山公路，路况较差，经常堵塞。恶劣的自然条件和交通条件使商洛地区的贫困问题非常突出，其所辖的六县一市均是全国贫困县。到1996年年底，贫困人口占全区农村总人口的22%，远高于全国4.8%和陕西省10%的比例；贫困程度大，贫困人口人均纯收入仅为544元，只占全国人均纯收入的28.6%；贫困人口人均占有粮仅为251.7千克，远离温饱标准；文化技术落后，文盲、半文盲占比为11.2%；基础设施落后，目前有636个村不通公路，占总村数的22.3%，有172个村不通电，占总村数的6%，有34万人、10.8万头牲畜饮水困难。

从上面可以看出，商洛地区的贫困状况非常严重。但是，我们也还看到，这种贫困不是均衡的、稳定的，或通常所说的封闭停滞状态，而是发展中的贫困。与全国平均水平或其他省、地区相比，只是发展程度的差异。从商洛自身的情况看，其经济在不断发展，甚至速度很快，1996年，全区国内生产总值35亿元，比1985年翻了一番；农村经济

---

* 本文与李静合作。

总收入达43亿元,多种经营收入为37.5亿元;粮食总产量13.7亿斤,是历史上第二个高产年;乡镇企业总收入达30多亿元;全区农民人均收入745元,比1985年翻了一番。11年累计解决了73.3万人的温饱问题,使全区贫困人口从1985年的120万人下降到47万人。这说明,随着商品经济的发展和市场经济体制的逐步建立,商洛地区的经济特别是农村经济,已突破了传统的单一的农业经济的一元格局,形成了农业、多种经营、乡镇企业和服务业等共同发展的多元格局,不再是独立于现代部门和市场经济之外的处于社会经济发展的"边缘",虽然其发展水平还较低,但已融入了现代经济的发展之中。

  从商洛地区贫困人口的贫困状况看,虽然有少部分仍具有传统的自给自足的封闭性特征——他们绝大多数居住在最高寒、最边远、最落后的地方,但大部分已不是传统意义上的贫困户。市场经济的快速发展以及信息的广泛传播,使商洛地区的农民无论是在观念上还是在行为上,都逐渐认同和接受了现代市场经济所体现的价值观,具有一定的竞争意识和参与意识。因此,商洛地区人口贫困的主要原因,既不是传统农业由于资源和技术约束以及报酬递减造成的停滞和无法摆脱的困境,也不是观念保守、意识守旧,而是因为在传统计划经济向市场经济过渡中,农户之间产生了经济分化和贫富差距。或者说,农户的贫困主要不是由于参与市场机会的缺乏,而是适应市场经济发展,参与市场竞争能力和应变能力的不足和缺乏,包括资金的缺乏,学习和运用技术能力以及信息识别能力和承担市场风险能力不足。造成这些不足有客观原因(不可控因素),也有主观原因(可控因素),具体说来,有以下几点:①疾病和残废。由于我国农村社会保障体制、医疗保障体制还没有普遍建立,一方面,家庭中主要劳动力的残废和疾病,使家庭劳动能力丧失或部分丧失,使家庭生产产品和创造财富的能力显著下降;另一方面,由于家庭成员疾病的治疗要支出很大一笔费用。收入下降,支出增加,使农户很快陷入贫困。②天灾。一是因火灾把全家的财产毁于一旦而成为赤贫;二是由于家里土地地理位置不好易遭受自然灾害,使温饱总是难以稳定解决。③缺少耕地。我国土地政策规定,土地不能频繁调整,要30年不变。但在具体执行中,却差别很大。有的地方是增人不增地,减人不减地;有的地方是增人增地,减人减地。这样,增人不增地的农户会因耕地不足而达不到温饱。尤其是对妇女来说影响更大，不仅新结婚的妇女没有耕地，连她所生的孩子也没有耕地，一家几口全靠丈夫一个人的耕地来养活。④供养子女。中国的父母对孩子普遍具有奉献精神，为了孩子，他们情愿不惜一切，有的是把一生积蓄甚至负债供子女上大学，有的是把一生的积蓄、财产给子女结婚成家用，而子女结婚后多是分家另过，致使一部分老年人陷入贫困。⑤文化素质低和染上不良嗜好（如赌博、酗酒等）造成家庭贫困。以上这些原因无论可控还是不可控，其最大的受害者都是妇女、老人和孩子。

二 解困的对策

既然贫困农户贫困的主要原因是多方面能力的不足，而造成这些不足的原因也是多样的。那么，扶贫就不能采用单一的手段，如单一的资金扶持，而应是多方位地帮助贫困户克服困难和自身的不足，使他们也能参与经济发展，享受经济发展带来的好处。商洛地区目前推行的扶贫社式扶贫正是体现了这个理念，因而取得了很好的成效。这种多方位扶贫表现在以下几个方面：

（1）在资金提供上，扶贫社的扶贫款投放不同于以往的扶贫款的投放办法，不要求农户提供担保、抵押，避免了因担保、抵押等诸多不便和相应出现的"贷富不贷贫"现象，而且扶贫社严格筛选贫困户，"贷贫不贷富"，并把扶贫款送到贫困户手中，解决了贫困户因无抵押、无担保而无法得到贷款和因在信息、贷款知识方面的不足而不会取得贷款的问题。而且连续放款，保证资金连续使用。

（2）在技术提供上，扶贫社免费提供多种多样系列化、系统化的技术培训和指导。如营养钵育苗、食用菌栽培、温室养猪、秸秆氨化等方面的知识和技能培训，而且这种培训是按季节适时培训，保证农户活学活用。如春天播种时，就进行营养钵育苗培训；对种植烤烟的农户，则适时进行烤烟育苗、大田移栽、烟田的科学管理、烤烟烘烤、烤烟分级等系列培训；对养猪的贫困户，不仅对农户进行合理搭配饲料的培训，还帮助修建温室猪舍等。

（3）在信息服务上，为了帮助贫困户正确地使用贷款，保证资金取得效益，扶贫社向贫困户提供项目咨询和购销信息，为贫困户提供产前、产中、产后三方面的服务。

（4）在制度保证上，扶贫社对贫困农户制定了一系列的制度约束，如不准把贷款用于单纯消费，使贫困户产生创收压力；联保制度、分期还款和连续贷款的制度规定，又使贫困户能够减轻贷款使用的风险和一次偿还贷款的压力，实现稳定脱贫。

从上面的分析可以看出，通过以扶贫社为载体的小额信贷进行扶贫的形式是一种包含了组织创新和技术创新的制度创新，这在我国扶贫史上是前所未有的。其组织创新表现在扶贫社是一种政府领导下的群众性的民间社团组织，只接受政府指导、监督和服务，具体业务完全独立自主、独立核算，是一种新的经济实体，是政府与贫困户之间的媒介组织。这不同于以前的政府直接面对贫困户，使扶贫的成本太大，且效果不好；也不同于贷体扶户、贷户扶户、贷企扶户等扶持方法，利用现有的经济组织作为载体，这些经济组织为了自身的利益难以真正扶贫。而扶贫社的宗旨就是扶贫，其自身的利益也体现在多扶贫、多收益上，促使扶贫社真扶贫、扶真贫。其技术创新表现在扶贫的手段上，不仅提供资金帮助，而且提供技术培训、项目咨询、信息交流等全方位的服务，使贫困户在获得了资金支持的同时，也提高了技术水平和经营能力。

三 扶贫的行为

为什么要扶贫？扶贫是一种什么样的行为？许多人认为，扶贫是出于道德的考虑，是一种慈善行为，因为贫困只是贫困人口的不幸，对整个国家和其他人没有关系。甚至认为，贫困的存在还有某种有利于或维持社会运转的功能（赫伯特·J. 甘斯，1972），而且还可以作为一个参照系，有助于教育他人，促使人们努力奋斗，刻苦工作，以免人生失败，同时使政府有机会显示政府对人民的关心和爱护。但也有一些人认为，贫困不仅是贫困人口的不幸，也是整个国家的不幸，是整个国民经济中的"毒瘤"（马歇尔语）。因此，扶贫就不仅只是出于道义上的考虑，也是出于经济上的考虑。扶贫不仅是一种慈善或救济行为，而且是一种经济行为。国内外的扶贫经验表明，慈善式或救济式的扶贫不是真正的扶贫，不可能消除贫困，也不利于消除贫困，反而会造成一些消极影响。只有把扶贫作为一种经济行为，才有利于消除贫困。

扶贫作为一种经济行为，不是权宜之计，应考虑扶贫资金的回收和可持续发展。为此，就要考虑到扶贫的经济效益及扶贫资金的投入产出比，使扶贫组织自身能够实现收支平衡以维持其持续发展。在市场经济体制下，必须按市场机制运作，使扶贫行为达到利人利己的目的。

我国的扶贫行动是综合了经济、道德、政治三方面的考虑，采取了扶贫贴息贷款的政策（吴国宝，1997）。这项政策自1986年开始实施，从十多年的运行情况看，没有实现政策制定者最初设想的目标，最突出的两个问题：第一，扶贫贴息贷款政策产生的经济效益，相当一部分流向了非穷人；第二，扶贫贴息贷款的到期还款率很低，国家资金浪费严重。商洛地区目前发放的小额信贷都是国家和地方的扶贫贴息贷款和低息贷款，其利率也远低于国家商业银行的正常贷款利率。虽然现在的贷款发放因为选择了与以往不同的扶贫载体——扶贫社来发放，并实施了严格的纪律和制度，而取得了很好的成绩，但我们也注意到，上述两个问题的苗头还是存在的。从国外的实践看，扶贫贴息贷款无一例能取得长期成功，而成功的扶贫政策都是采用了市场化利率，按市场机制运行，把贫困户纳入市场经济发展之中，享受到市场经济发展的好处，从而摆脱贫困。违反市场规律，不按市场机制运行的扶贫政策，如贴息贷款等，只会把贫困户继续阻挡于市场经济之外，不能享受经济发展的好处。当然，在我国需要对贫困户和贫困地区给予道德上和政治上的支持，但是我们不能把道义上、政治上的考虑和经济上的考虑掺合在一起，必须把扶贫政策所包含的经济功能与非经济功能分开（吴国宝，1997），让扶贫贷款只承担经济上的功能，按市场机制运作，而以其他手段承担非经济功能。

在前面，我们分析到，贫困的一个重要因素是贫困户的资金能力不足，且较难进入正规金融市场取得贷款（不是贷不起也不是负担不了利息），并参与市场交换。以扶贫社为载体实行小额信贷就为贫困户解决了这个问题。让贫困户进入金融市场，参与正常的市场竞争，就必须按市场规律运行。不然的话，以低于正常利率的利率贷给农户，无异于使贫困户再次独立于市场之外，表面上成为受照顾的群体，但实际上，真正受到照顾的是排除了贫困群体的其他利益集团。因此，实行小额信贷必须实行市场化利率，这个市场化利率应该是多少，从理论上说，应该考虑以下几个因素：

（1）利率的补偿功能。即贷款利息必须弥补经营成本，并获得一定的收益。尽管小额信贷不以营利为目的，而是以扶贫为宗旨，但考虑到小额信贷的操作成本和业务难度高于商业银行，所以，小额信贷的利率不应低于商业银行的平均利率。

（2）利率的过滤功能。小额信贷要向最贫困人口发放贷款，如何在千万农户中识别贫困户是一件难度很大的工作。从国际经验看，识别不当往往是扶贫政策难以奏效的主要原因之一。商洛地区的扶贫社虽然制定了一整套办法来保证贫困户入选，但由于信息不对称及其他因素的影响，真正把贫困户和非贫困户区别开来，辨认清楚，难度很大、成本太高。另外，目前的扶贫贴息贷款利率很低，这块"肥肉"必然吸引许多非贫困户挤入，贫困户在这方面的竞争能力明显不如非贫困户，如果把利率定得等于或高于商业贷款利率，这种利率就会起到一种过滤作用，将非贫困人口过滤出去，使他们转向寻求从商业银行取得贷款。实际上，非贫穷人口也比较容易从商业银行取得贷款，而穷人由于难以从商业银行取得贷款，只能从扶贫社取得贷款，高利率也不会把他们吓退。这样，利率就担负着某种过滤和分流的功能。

（3）利率的投资回报功能。把资金投入所有商业银行都不愿意投放的领域，实际上是一种风险投资，这种投资意味着高风险，必须要求得到相应的高回报率。从这个意义上说，扶贫社把资金投放到商业银行所不愿意投放的贫困户手中，实际上也是一种风险投资，相应地，要使小额信贷的利率高于正常的商业贷款利率，是作为对风险投资的回报。

从以上的理由出发，可以认为扶贫社的贷款利率应高于目前的商业贷款利率。但从现实出发，考虑到扶贫社的资金来源的利率很低，工作人员的工资等费用也较低，而且我们测算过如以目前较低的正常商业贷款利率9%算，便可以解决扶贫社的经营成本和人员工资。加上扶贫社不以营利为目的，我们认为，实行小额信贷的利率最低应为9%（当地信用社对农民的贷款利率为11.7%）。从我们对贫困户的访谈中，也证实了这一点，他们认为，比目前的利率（7%以下）再提高几个百分点，他们不仅能够理解、能够承受，还愿意继续接受贷款。因为与贷款所产生的效益相比，或者与各种各样的农民负担、摊派相比，多支付一点利息，实在不是什么大的负担。

四 政府的作用

商洛地区以扶贫社为载体、以小额信贷方式进行扶贫，是地委、行署的领导总结了以往扶贫的经验教训，借鉴孟加拉国格莱珉银行的成功经验而运作的。这其中，政府力量的介入起了非常重要的作用，孟加拉国格莱珉银行是一个民间的、独立的严密系统，包括严密的组织系统、信息系统、惩罚制度、监督机制。那么，政府力量的介入对这个系统的运作及效果会产生什么样的影响？有什么样的积极作用？有什么样的消极作用？如何发挥积极作用，避免或减少消极作用？这是在我国推行孟加拉国扶贫模式，建设以扶贫社为载体进行扶贫新方式中所必须要注意并且要回答的问题。

从扶贫社在商洛地区近一年的实践看，政府介入的积极作用是显而易见的。首先，没有政府的政治动员、舆论宣传、组织服务，扶贫社在商洛地区的迅速建立和广泛推广是根本不可能的。其次，从资金来源看，扶贫社的资金主要来自中国农业发展银行，中国农业发展银行的扶贫资金是源于中央政府和省政府的扶贫贴息和低息贷款。商洛地区政府又为扶贫社从农发行取得这些贷款作担保。没有政府的提供和担保，扶贫不可能有如此大规模的资金来源。最后，政府不仅参与了扶贫社的组建和为扶贫社提供了办公设备、经费及人员工资，而且还广泛动员各部门及社会各界力量为扶贫社和贫困户提供各种服务，形成了广泛的服务体系。没有政府的力量，这个服务体系是难以建立起来的。这些做法，帮助了贫困户的脱贫，密切了党、政府和群众的关系，因此，对群众来说，他们并不认为扶贫社是一个相对独立的民间组织，而认为是政府的组织。

但是，经验表明，政府对经济活动的介入从来都是一把"双刃剑"，既有积极的一面，也有消极的一面，我国在这方面的经验教训可以说比比皆是。商洛地委、行署的领导认识到了这一点，他们把扶贫社定性为官办民营的机构，实行"两条线管理"，即党政一条线和业务一条线，这种思想是很值得称道的，从实践中也看到了这种努力。但是政府所具有的政治优势和权力优势，使其很容易介入和干预经济活动，而且从目前的体制看，也存在干预和介入经济活动的冲动。从商洛地区扶贫社的运作过程看，我们看到了政府的介入，也看到了介入的积极作用,但同时,我们也看到消极的一面,如小额信贷很高的还款率,不是扶贫社自身的制度和机制运行的结果,而是在很大程度上依靠行政力量的推动。1997年夏天,商洛地区进行撤区并乡改革,在此过程中,扶贫社社员的还款率就明显降低,原因是在撤区并乡中,许多包扶贫困户的挂钩干部调动和撤走,使贫困户的还款压力减轻。撤区并乡后,一切走上了规范,还款率才又明显提高。正如一位乡干部所说:我让他们(老百姓)白白地交各种税费,他们都得乖乖地交来,如今拿了国家的钱,他们敢不还?这种领导方式和工作作风对扶贫社的健康发展显然是不利的。要十分警惕官僚主义、主观主义、浮夸不实作风和消极腐败现象对扶贫社的影响。我们强调扶贫社按经济规律办事,不主张依赖行政手段,就是希望能避免上述问题,希望它能持续生存和发展,希望它的生存和发展不受干部的变动以及干部兴趣及注意力转移的影响。如何分清"两条线"的界限,避免相互交叉?真正避免政府介入的消极影响,使政府介入的积极一面与民营机制的优越性相结合,而不是使两者的短处相结合,是一个非常复杂的问题。一些学者认为,政府对经济活动的积极作用表现在为经济竞争提供稳定的制度环境、正确的宏观政策和准确及时的信息,即"市场增进作用"。"政府最积极的作用在于增强个人实现其自我判断并开展经济活动的能力,并且以一种更具竞争性却有序的方式协调其分散的决策,而不是被动地加以指导或使之无序竞争。""只有在这种环境中,每一个经济当事人才能做出理性的经济决策,付出与动态经济效率相一致的时间和精力。"(青木昌彦,1997)

前面讲过,以扶贫社为载体、以小额信贷方式进行扶贫是一种制度创新。显而易见,这一制度创新是政府积极推动的结果,即"官办"。但是我们认为,扶贫是一种经济行为,扶贫社是一个经济实体,那么,就应该按市场机制来运行,即"民营",因此,在扶贫社逐步步入正轨以后,政府就应逐步减少对扶贫社的"扶持",并且把与扶贫社的关系以制度形式规范下来。具体来说,即:①扶贫社工作人员的聘用与解职以及工资待遇等要由各县扶贫总社自主决定。工作人员中即使是国家干部,也要由扶贫社统一调配,工资奖金由扶贫社决定,使国家干部和招聘的工作人员平等竞争。②扶贫社的放款回收活动不要再借助乡村干部的帮助和干预,而应靠严格扶贫社的各项纪律和联保制度等进行。③政府对扶贫社的监督要避免随意性和不规范性，要建立由审计、银行、农业等各部门组成的董事会或监事会来行使监督和管理的职能，而不是由政府官员直接介入。④政府应着重于扶贫社无力做到和业务范围之外但对扶贫却非常重要的其他事项，如加强贫困乡村的基础设施建设、发展教育、提供信息咨询、技术培训等项服务和为扶贫社提供一个稳定的政策环境。

商洛扶贫社目前的一些做法和制度设计离持续发展的要求相距很远。扶贫社如要持续发展，就必须适应市场经济规律的要求，将目前依靠政府支撑转变为党委、政府指导、支持，自求生存发展。一定要处理好行政手段与经济手段之间的关系，尽量界定好"两条线管理"的界限。同时，要实行市场化利率，强调和坚持实行自负盈亏、独立核算的制度。

五　借鉴与改造

扶贫社是在借鉴孟加拉国格莱珉银行的经验基础上组建的。孟加拉国格莱珉银行的经验在世界上许多国家都取得了成功，在我国能否取得成功，主要看这套方法是否适合中国的具体国情，这就涉及学习和改造的问题。即要学习哪些东西，照搬哪些东西，发展哪些东西？在这个问题上，许多人认为一定要结合我国的具体国情，学习其中那些基本的、原则性的东西，放弃那些非基本性的细节类的东西。但是实际上，我们很难分清和界定在孟加拉国格莱珉银行的许多具体规则设计中，哪些是基础性、原则性的，哪些是非基本的细节，因为正是这些细节才构成孟加拉国格莱珉银行这个严密的系统，这些细节都是为格莱珉银行的扶贫宗旨服务的，这些规则和制度是从孟加拉国格莱珉银行20多年的实践经验中总结出来的，不能轻易地把其中的任何一条从这个有机的系统内舍弃掉。商洛地区丹凤县扶贫社在工作中，曾因为群众和工作人员觉得周周还款太麻烦而改为两周还和月还，结果却使贫困户的还贷压力减轻，还贷率明显下降，之后，在工作人员和一些群众的要求下又改回了周周还款。这说明，每一项具体规定都不是孤立的，都是与整个系统连在一起的。

从我国的具体国情看，我们显然不能照搬孟加拉国格莱珉银行这一组织系统，这一民间组织在我国离开政府的支持是不可能生存和发展的，必须使它适合我国的制度环境，即"官办民营"。但是，我们认为，在与制度环境的协调上我们可以使它符合我国国情，在学习其内部的系统构成方面，不要轻言改造和舍弃，尤其是在许多国家都取得成功的那些做法，我们应认真借鉴。

（原文载于《中国农村经济》1998年第6期）

参考文献

青木昌彦：《政策在经济发展中的作用》，《改革》1997年第5期。

沈红等：《边缘地带的小农》，人民出版社1991年版。

吴国宝：《扶贫贴息贷款政策讨论》，《中国农村观察》1997年第4期。

周彬彬：《向贫困挑战》，人民出版社1991年版。

精准扶贫脱贫　走共同富裕之路

编者按：改革开放30多年来，我国的扶贫事业取得了举世瞩目的成就。尽管如此，若要实现2020年贫困人口全部脱贫的目标，任务仍然复杂而艰巨，这就需要我们围绕"精准扶贫"，创新各项相关机制，打好脱贫攻坚战。

习近平主席在2016年"七一"讲话中指出，中国共产党领导中国人民取得的伟大胜利，使具有60多年历史的新中国建设取得举世瞩目的成就，中国这个世界上最大的发展中国家在短短30多年里摆脱贫困并跃升为世界第二大经济体……他同时要求，坚持以人民为中心的发展思想，以保障和改善民生为重点，打赢脱贫攻坚战，保证人民平等参与、平等发展权利，使改革发展成果更多、更公平惠及全体人民，朝着实现全体人民共同富裕的目标稳步迈进。

一　我国对世界扶贫的贡献

我国减贫事业成就巨大，走出了中国特色道路。国务院扶贫开发领导小组专家咨询委员会主任范小建说，改革开放30多年来，我国的减贫事业确实取得了巨大成就。按照2300元的标准，从1978年至2014年，我们的贫困人口从77039万人减少到7017万人，减少了7亿多人，这的确是一个了不起的成就（见表1）。所以，世界银行曾经有一个说法，几十年全球减贫成绩的70%来自中国，确实是为全球减贫事业做出了重大贡献。

表1　　　　按现行农村贫困标准衡量的农村贫困状况

年份	贫困发生率（%）	贫困人口规模（万人）
1978	97.5	77039
1980	96.2	76542
1985	78.3	66101
1990	73.5	65849
1995	60.5	55463
2000	49.8	46224
2005	30.2	28662
2010	17.2	16567
2014	7.2	7017

资料来源：http://www.gov.cn/2015-10/16/content_ 2947941.htm.

范小建特别指出，在这个贡献当中，我们也走出了一条有中国特色的道路，可以归纳成三句话，叫作"一个充分，两个坚持，三个结合"。所谓一个充分，就是充分发挥政治优势和制度优势。在党的领导下，几十年如一日朝着一个消除贫困的目标努力，这一点是非常不容易的。"两个坚持"，就是坚持以经济增长为带动力量，不断地深化改革，体制创新；坚持以提高贫困人口自我发展能力为根本途径，实施开发式扶贫的方针。"三个结合"，就是政府主导、社会帮扶和贫困群众的主体作用相结合，特惠性政策和普惠性政策相结合，扶贫开发与社会保障相结合。同时，我们必须看到，用每天2美元标准来衡量，中国应有3.6亿贫困人口，贫困发生率高达27%，有2亿人口生活在每天1.25—2美元，这部分群体贫困问题复杂，成为易于返贫的重要人群。实际上，2014年习近平总书记、李克强总理在各种国际场合都说到，我们如果按照国际标准，还有2亿的贫困人口，主要是指这样的概念（黄承伟，2015）。

二　我国扶贫工作的发展阶段

中华人民共和国成立以来，我国政府一直致力于发展生产、消除贫困的工作。但真正严格意义上的扶贫，是在改革开放以后提出并逐步明确的。中国扶贫开发 30 多年的历程大致可分为五个阶段：

第一阶段（1978—1985 年）：体制改革推动扶贫阶段。

由于这一时期体制变革所导致的农业土地产出率大幅度提高，使农村贫困状况大幅度缓解，没有解决温饱的贫困人口从 2.5 亿人下降到 1.25 亿人，平均每年减少 1786 万人。贫困发生率从 30.7% 下降到 14.8%（见表2）。这一阶段对缓解贫困起主要作用的是农村土地制度、市场制度和就业制度的改革。

中国政府从 1982 年开始每年专项拨款 2 亿元，组织实施了为期十年的"三西"扶贫开发计划，拉开了中国特定贫困区域扶贫开发的序幕。

表 2　　　　　　　不同年份贫困标准及贫困人口数统计

年份	贫困标准（元）	贫困人口（万人）
1978	100	25000
1985	206	12500
1990	300	8500
2000	625	3209
2008	1196	4007
2011	2300	12400

资料来源：李小云：《为什么扶贫几十年穷人反倒越来越多》。

第二阶段（1986—1993 年）：有计划有组织大规模的开发式扶贫阶段。

1986 年 6 月，中国政府成立了国务院贫困地区经济开发领导小组（1993 年更名为国务院扶贫开发领导小组），负责组织、领导、协调、监督、检查贫困地区的经济开发工作。

一是确定了开发式扶贫的方式；二是成立了专门机构；三是制定了专门针对贫困地区和贫困人口的政策措施；四是对 18 个集中贫困区域实施连片开发；五是确定了对贫困县的扶持标准，并核定了贫困县。中国农村贫困人口由 1.25 亿人减少到了 8000 万人，平均每年减少 640 万人，贫困发生率从 14.8% 下降到 8.72%。到 1994 年，在 592 个国定贫困县中，中西部地区县数占 82%，贫困人口数占 91.1%，贫困发生率主要在中、西部。

第三阶段（1994—2000 年）：扶贫攻坚阶段。

中央政府制订并实施了《国家八七扶贫攻坚计划》，即力争用 7 年左右的时间，到 2000 年年底基本解决当时全国农村 8000 万贫困人口的温饱问题。列入该计划的国家重点扶持的贫困县共有 592 个，分布在 27 个省（自治区、直辖市）。从集中连片的角度看，这些贫困县主要分布在 18 个贫困地区。

截至 1999 年年底，中国农村尚未解决温饱的贫困人口减少到了 3400 万人，占农村总人口的比例下降为 3.7%。

第四阶段（2001—2010 年）：以整村推进为主的扶贫战略阶段。

中央扶贫政策把目标降低到村级，实施"整村推进"。2001 年在全国确定了 14.8 万个贫困村。2007 年，农村最低生活保障制度建立。除了收入贫困，也注意教育、卫生、生活水平等多维贫困。把区域发展和个人帮扶结合起来，使扶贫效果有效集中在贫困人口身上。

自《中国农村扶贫开发纲要（2011—2020 年）》实施以来，中国政府在扶贫方面推出的一个最重要的政策措施是扶贫到村，又称为"整村推进扶贫战略"。它的实施改变了过去以贫困县为对象的扶贫模式，短期内使贫困村农户的生产和生活条件得以迅速改善。

劳动力输出和培训政策对于减少农村地区的贫困起到了积极的作用。政府惠农政策的实施对中国农村贫困缓解产生了积极的作用，影响效果是显著的。农村社会保障制度的建立无疑对缓解贫困起到了积极作用，其中最引人注目的是农村低保制度所带来的显著减贫效果。

第五阶段（2011—2020 年）：21 世纪第二个十年精准扶贫脱贫阶段。

进入 21 世纪第二个十年，《中国农村扶贫开发纲要（2011—2020 年）》提出，到 2020 年要稳定实现扶贫对象不愁吃、不愁穿，保障其义务教育、基本医疗和住房。既应对连片特困地区整体性贫困（如交通运输骨干网络不畅等）和缩小区域发展差距；又需要将扶贫资源进一步下沉到个体层次（贫困户），以消除绝对贫困人口和实现贫困地区社会全面小康。

党的十八大后,以习近平同志为核心的党中央要求精准扶贫、精准脱贫。"精准扶贫"成为一切扶贫工作的中心。

2011年中央扶贫开发工作会议宣布,将2010年农民年人均纯收入2300元作为新的国家扶贫标准,这一标准比2009年提高了92%,对应的扶贫对象规模到2011年年底约为1.24亿人。

从1978年至2014年,我国累计减贫逾7亿人。2014年全国农村贫困人口为7017万人,其中河南、湖南、广西、四川、贵州、云南6个省份的贫困人口都超过500万人。截至2015年年底,我国农村还有5575万贫困人口,到2020年,这7000多万贫困人口(2014年)的生活水平都要实现现行标准(2010年2300元不变价)下全部脱贫。

三 2020年实现精准脱贫

(一)脱贫要做到"六个精准"

2015年6月18日,在贵州召开的部分省区市党委主要负责同志座谈会上,习近平总书记就加大力度推进扶贫开发工作提出"六个精准",即"扶贫对象要精准、项目安排要精准、资金使用要精准、措施到位要精准、因村派人要精准、脱贫成效要精准"。

2015年中共中央国务院关于打赢脱贫攻坚战的决定指出,打赢脱贫攻坚战,是促进全体人民共享改革发展成果、实现共同富裕的重大举措,是体现中国特色社会主义制度优越性的重要标志,也是经济发展新常态下扩大国内需求、促进经济增长的重要途径。确保到2020年农村贫困人口实现脱贫,是全面建成小康社会最艰巨的任务。

"十三五"规划纲要提出,要充分发挥政治优势和制度优势,贯彻精准扶贫、精准脱贫基本方略,创新扶贫工作机制和模式,采取超常规措施,加大扶贫攻坚力度,坚决打赢脱贫攻坚战。

总体目标是:到2020年,稳定实现农村贫困人口不愁吃、不愁穿,义务教育、基本医疗和住房安全有保障。实现贫困地区农民人均可支配收入增长幅度高于全国平均水平,基本公共服务主要领域指标接近全国平均水平。确保我国现行标准下农村贫困人口实现脱贫,贫困县全部摘帽,解决区域性整体贫困。

然而,扶贫开发是一个长期的历史任务,在这个问题上,一定要有清醒的认识。我们仅仅是说在现行的2300元标准下,贫困人口要实现脱贫。

（二）精准扶贫脱贫的措施

一是提高贫困群体的收入问题。要通过产业的发展，特别是贫困地区特色产业的发展，通过各个方面的扶持，发展产业、促进就业、提高收入，来解决一批人的脱贫问题（指2014年统计农村贫困人口7000多万人中的约3000万人，下同）。

二是通过建档立卡，初步汇总起来还有上千万贫困人口生活在"一方水土养不活一方人"的地方，这五年时间要下最大的决心进行易地扶贫搬迁。采取发行债券的方式，并从多方面筹集资金，解决老百姓易地搬迁问题（约1000万人）。

三是很多地方是生态保护区和水源保护区，要转移就业方式，保护生态环境（约1000万人）。

四是要开展教育扶贫，特别是要下最大的决心把全国优质的职业教育资源都提供出来，千方百计让贫困家庭的孩子接受良好的职业教育，掌握一门技能。将职业教育技能提升和就业紧密结合起来，通过这种方式来帮助一批老百姓脱贫。

五是将医疗、卫生、保健各项措施跟上去，解决一批人口的贫困问题。通过初步分析，贫困最重要的原因是因病致贫，占到建档立卡贫困户的42%。

六是还有一部分人没有劳动能力，又没有其他谋生的手段，国家已经建立了全覆盖的农村低保，通过低保把这一部分人基本兜起来（约2000万人）。国家在这些方面都有一些特别重大的措施和相关的政策，包括基础设施方面的政策还将陆续出台。

此外，通过广泛的社会动员，全社会激发起关心贫困地区、关爱贫困地区和支持贫困地区的积极性，通过好的机制把他们动员起来，"点对点"到中西部地区，特别是贫困乡村去帮扶。

四　创新机制打好脱贫攻坚战

（一）完善贫困县的考核机制

要根据国家制定的扶贫对象识别办法，对贫困村、贫困户实行建档立卡，建立帮扶工作台账，健全覆盖全国互联互通的扶贫信息系统，实现资源共享和动态管理。要健全扶贫开发与农村最低生活保障、新型农村养老保险、新型农村合作医疗等社会保障制度有效衔接机制，建立贫困人口法律援助、教育救助、人文关怀等制度，完善贫困留守老人、留守妇女、留守儿童扶持措施。

例如，我们说"六个精准"中的"因村派人精准"，就是要健全干部驻村帮扶机制。由省、市、县、乡四级选派"第一书记"。以"第一书记"为主体组建驻村工作队，确保每个贫困村都有驻村工作队（组），每个贫困户都有帮扶责任人。驻村工作队（组）要协助基层组织贯彻落实党在农村的各项政策，积极参与扶贫开发各项工作，协调资金项目，提供信息技术服务，帮助贫困村、贫困户脱贫致富，应实行不脱贫不脱钩的制度。落实保障措施，建立激励机制，实现驻村帮扶长期化、制度化。

对于大多数贫困县来讲，特别是我们的贫困县有300多个县是在国家生态功能区当中，属于限制开发和禁止开发区域。扶贫办和中组部2014年已经下发了一个贫困县的经济社会发展考核办法，各个省份要按此具体化，可能会比较好地引导所有贫困县的党政主要领导和领导班子，把主要精力放在民生和扶贫上。

另外一个就是完善贫困县退出机制。中办国办已公布了《关于建立贫困退出机制的意见》。多年来，有贫困县"帽子"的县每年可多得3亿—5亿元。现在，要形成一种鼓励"脱帽"的机制，鼓励贫困县争取尽快真实达到"脱帽"要求。

（二）完成社会扶贫的机制

建立和完善广泛动员社会各方面力量参与扶贫开发的制度。在这方面，我们现在跟发达国家相比差距很大。比如，每年个人、企业捐赠的扶贫、慈善的各种活动，有些国家占到GDP的将近10个百分点，而我们这几年即便是汶川地震灾害最高那年，也仅为零点几个百分点。要把社会力量动员起来，需要各种政策的激励、引导，需要这种氛围的形成，也需要各种实现的平台，以及可能的政策激励，包括像税收等。同时要在社会上建立一种氛围，做得好要表彰，要有政策鼓励，要对企业家、公民个人有倡导，要给一定的荣誉等。

（三）完善精准扶贫的机制

"六个精准"是精准扶贫的完整机制。实际上就是要解决"帮扶谁、谁帮扶、怎么帮、帮得好"的问题。谁是贫困户，因为有政策的扶持，大家会有一个争的问题，就得要公开、公正、透明，大家都得达成共识。精准识别出来以后，还得要精准识别帮扶的需求，发展的需求，明确精准帮扶的责任。已经脱贫以后就得退出，然后再把资源给其他更需要帮助的人。这就是建立一整套的机制。

（四）完善连片特困地区区域发展与扶贫开发相结合的机制

中央政府已经安排了14个片区的区域发展扶贫攻坚规划。如何能够组织好这些项目的实施是一回事；在项目实施的过程中，如何更多地带动贫困地区、贫困村、贫困户受益，是另一回事。现在需要重点关注如何把这两个结合起来，从项目、政策等各方面都需要实现结合，得有一个监督、协调和政策的机制。

（五）完善专项财政扶贫资金分配使用的机制

要把资金分配和工作考核、资金使用绩效评价结果相结合，要简化资金拨付的流程，加强资金监管，强化资金使用管理和项目组织实施责任，确保项目资金到村到户、直接用于扶贫对象。坚持和完善资金项目公告公示制度，充分发挥审计、纪检、监察等部门作用，加大违纪违法行为之惩处力度。同时逐步引入社会力量，发挥社会监督的作用。过去和目前资金使用中的问题，一个就是扶不准，另一个就是产生挪用、漏出现象，也有少部分的贪污。现在需要建立一种机制并使之落到实处，比如公告、公示、第三方监督等。

（六）完善金融服务的机制

要认真贯彻落实中国人民银行等部门《关于全面做好扶贫开发金融服务工作的指导意见》（银发〔2014〕65号），进一步完善金融服务机制，全面做好扶贫开发金融服务工作。鼓励涉农经济实体与贫困村、贫困农户对接，采取保底收购、利润返还、股份分红等形式，到贫困村建立产业扶贫基地园区。选择一批有条件的县（市、区），推行金融扶贫试点，以支持贫困地区优势特色产业发展为重点，充分发挥政策性金融的导向作用，引导商业性金融机构创新金融产品和服务，鼓励各类合作金融规范发展。

农民的贷款难问题是很突出的。对于贫困户来讲，往往贷款难上加难。怎么通过财政扶贫资金撬动金融的这种资金，把财政扶贫资金和金融的扶贫资金能够有效地结合起来，有很大的市场潜力。金融扶贫的产品和服务方式有多种做法，目前一个基本的做法是，采用贴息的方式，让金融资金能够到贫困地区去，无论是企业还是贫困户，都可以贴息。现在银行有很大的利润，实际上也应该有责任帮助贫困地区和贫困户的发展。当然对依赖补贴的做法是有争论的。现银监会与国务院扶贫办要求，以扶贫小额信贷为重点切实推进银行业精准扶贫。一是对象和需求准；二是责任清（对监管部门的要求，下同）；三是放得出（对商业银行）；四是管得好（有尽职免责安排）；五是收得回（与政府合作，贴息、担保等；与保险业合作）。

要推动金融机构网点向贫困乡镇和社区延伸，改善农村支付环境，加快信用户、信用村、信用乡（镇）建设，发展农业担保机构，扩大农业保险覆盖面。改善对农业产业化龙头企业、家庭农场、农民合作社、农村残疾人扶贫基地等经营组织的金融服务。

（七）完善内源扶贫机制

完善贫困人群主体参与机制，包括贫困群体参与机制完善的决策、实施和监测，还包括建立以贫困人群为主体的制度化组织、建立和巩固集体经济，实现自发的主体参与。要把贫困村、贫困户的内源发展动力，包括能力建立起来，这是解决贫困问题的根本，也是一个难点。一些地方的调研显示，人们往往注意到物质上的贫困，而没有注意到精神上、文化上和伦理上的贫困。贫困群体的主动性、积极性调动不够，能力的培养不足，集体经济发展欠缺，扶贫脱贫的成效和可持续性大打折扣。能够把贫困村、贫困户外部的资源、信息、技术，特别是人才资源，和贫困村贫困户自身能力素质的提高结合起来，应是当前精准扶贫脱贫工作中的重点。这也即是"扶贫必扶志""扶贫必扶智"的道理。唯有发动农民参与，重建和优化乡村治理和组织，倡导产业先行和制订差异化救济预案，精准扶贫的推行才有意义，贫困者的脱贫才有希望。

五 当前还应注意的若干问题

第一，扶贫措施要贯彻有利于穷人，关注贫困群体是否真正受益。任何一种模式，实际上都是有两面性的，一方面有利于穷人，另一方面也可能有利于富人，甚至还会更多地有利于富人，例如有的项目要求农户拿出大比例配套资金。从扶贫工作的角度来讲，在关注这些模式的同时，主要关注如何更多地有利于穷人，能够更好地惠及这些建档立卡的贫困人口。特别要注意完善工作机制，同时还要加大考核和监督的力度。扶贫脱贫贵在精准，重在精准，成败之举在于精准。

第二，要做好三个坚持，处理好三个关系。一是坚持实事求是，处理好脱贫与"脱帽"的关系。现在地方与中央签了军令状，压力很大。要防止所谓"先脱帽、后脱贫"，谨防脱贫"大跃进"，急功近利，为造政绩摊派脱贫指标，甚至弄虚作假。为此，有的省已立法防止"假脱贫""被脱贫"和建立违法追责制。二是坚持分步实施，处理好"先易后难"和"先难后易"的关系。扶贫是长期任务，分步实施是必然选择。如先易后难，深度贫困就可能不到位，因此必须先难后易。三是坚持底线思维，处理好"雪中送炭"和"锦上添花"的关系。脱贫与致富有联系，但不能等同。2300元的扶贫标准是底线目标。扶贫要找准定位，否则会走偏方向。

第三，处理好放和管。在资金整合捆绑使用和项目和审批权限下放到县的基础上，省市两级要把主要精力放在监督检查上，包括第三方社会力量和贫困群体开展监督，防止扶贫资金被挤占挪用、贪污浪费和"跑、冒、滴、漏"。

第四，解决贫困人口的精准识别是首要难题。首先是贫困人口的"规模排斥"（划分比例与实际人数的矛盾）问题。其次是贫困人口的"区域排斥"（集中与分散的矛盾）问题。最后是扶贫工作人员优亲厚友及工作失误造成的"误识""漏识"问题。构建自下而上的贫困群体识别参与制度，修正和确定贫困人口规模；在关注集中连片扶贫开发的同时，对片区外的贫困群体采取一视同仁的减贫政策。加强监督和反腐。

第五，关注促进劳动力外出就业和劳动力培训政策上存在的贫困人群从中受益不多的问题。一是很多贫困户缺少劳动力资源，二是贫困人群由于受到其收入和受教育水平的限制，往往不能承受流动成本和风险，限制了其外出就业的机会。

第六，关注扶贫不缺政府身影、缺贫困群体和社会公益自觉的现象。目前，地方政府"孤身作战"，农民噤声，社会团体无踪影，成为很多地方精准扶贫的普遍现象。只有当精准扶贫由政府的单打独斗的"一枝独秀"，变成全社会共同参与的"百花齐放"时，国家决策层的顶层设计和基层政府的努力推动才有成效；也只有当精准扶贫由地方政府、利益相关群体的特殊行为，变成贫困群体改变现状的自觉行为和普通公众的日常生活习惯时，农民的脱贫和农村的致富才有希望。

第七，要努力降低处于贫困边缘状态的较低收入人群陷入贫困的风险。收入和消费水平略高于扶贫标准的农村人口仍具有很高比例，他们具有极大的陷入贫困的风险，表现为返贫率的居高不下。

第八，建章立制，坚决遏制和惩处不正之风和腐败问题。从近几年中纪委和审计署查处、通报的案例看，虚报冒领、套取私分扶贫资金以及在办理扶贫事务时吃拿卡要、骗取挪用、贪污侵占集体"三资"、惠农补贴和土地征收补偿款等问题依然严重，甚至将扶贫资金用于请客送礼、大搞形象工程等。这些问题直接损害群众切身利益，啃食群众获得感，挥霍群众对党的信任，侵蚀和削弱党的执政基础，必须建章立制，充分发挥审计、纪检、监察等部门作用，加大违纪违法行为惩处力度，严肃处理。对敢向扶贫资金伸手的绝不姑息，对吃拿卡要、虚报冒领、强占掠夺、贪污挪用的快查严处。有关职能部门不履行管理监督责任、失职渎职的，也要严肃问责。

（原文载于《农村金融研究》2016年第9期）

参考文献

《习近平最关心的事：5000万贫困人口全部脱贫》，http：//www.ce.cn/xwzx/gnsz/szyw/201608/05/t20160805_14536696.shtml，2016-08-05.

韩琳、佟静：《范小建委员：没有自力更生精神，扶贫开发就没有灵魂》，http：//www.china.com.cn/lianghui/fangtan/2016-03/03/content_37929288.htm，2016-03-03.

杜晓山：《精准扶贫，走共同富裕之路》，http：//theory.jschina.com.cn/ruisike/201605/t2834116.shtml，2016-05-26.

黄俊毅：《减贫六亿人共圆中国梦——改革开放以来我国扶贫成就回顾》，http：//www.ce.cn/xwzx/gnsz/gdxw/201410/16/t20141016_3718085.shtml，2014-10-16.

黄承伟：《我国扶贫开发的思想战略政策体系与机制创新》，http：//study.ccln.gov.cn/gcjw/jj/177126.shtml，2015-04-07.

多方举措让精准扶贫走完"最后一公里"

党的十八届五中全会曾提出扶贫目标,到 2020 年,我国现行标准下农村贫困人口实现脱贫,贫困县全部"摘帽",解决区域性整体贫困。而从相关的统计数据来看,我国的扶贫开发工作已取得了不错的进展。

现今,从扶贫到脱贫只有一步之遥,如何走好这一步十分关键。为此,中国经济时报专访了中国社会科学院农村发展研究所研究员杜晓山,就如何让精准扶贫走完"最后一公里"进行多方位解读。

一 加强扶贫人才队伍建设是脱贫攻坚的关键

《中国经济时报》(胡畔):在扶贫政策方面,你认为,如何让精准扶贫走完"最后一公里"?

杜晓山:我认为,中央和省委政府的各种政策措施要落到实处,才能让精准扶贫走完"最后一公里"。

打赢这场扶贫脱贫攻坚战,基层是主战场,人才队伍是关键,选派第一书记和组建扶贫工作队驻村工作是推进扶贫攻坚、夯实基层发展基础的有效机制。第一书记德才素质选得准不准、下不下得去、干得好不好,扶贫工作队的水平及对农村贫困问题是否了解、工作状态如何,直接关系贫困地区群众的"获得感"和扶贫攻坚战的进度。

贫困村"穷根子"久拔不掉、党的惠民政策落实不到田间地头,基层党组织的软弱涣散是其中一大主要原因。各级领导和驻村工作队自身水平以及抓村班子、带队伍的重要性丝毫不亚于拉资金、跑项目。把散乱的班子"拢"起来、整顿好,把"堡垒"的战斗力激出来,才能为帮包村留下一支"永远不走的工作队"。

此外，第一书记和扶贫工作队奋战在扶贫前线，后方也应做好保障。应完善评价考核制度、健全激励保障机制、加大经费投入和支持力度，解决他们的后顾之忧、激发他们的干劲热情，使他们在扶贫攻坚战中有新的成长、大的作为。

同时，地方也应利用好"摘帽不摘政策"的缓冲期，全面梳理当地的各项扶贫脱贫工作状况，总结经验教训；对扶贫脱贫工作仍然存在的短板和薄弱环节以及脱贫成效仍不够坚实的部分下力气予以补充或加固，从治表到治本，力争达到可持续的脱贫。

二 完善内源扶贫机制让"输血"变"造血"

《中国经济时报》：对于地方而言，可采取哪些措施让扶贫由"输血"变"造血"？

杜晓山：我认为，最重要的是完善内源扶贫机制。建立贫困人群参与机制，包括贫困群体参与机制完善的决策、实施和监测，还包括建立以贫困人群为主体的制度化组织，实现自发的主体参与。

把贫困村、贫困户的内源发展动力建立起来，这是解决贫困问题的根本。只有这样，才能够把贫困村、贫困户外部的资源、信息、技术，特别是人才资源，和贫困村、贫困户自身能力素质的提高结合起来。能力建设是贫困村和贫困群体内源发展的人力资本保障，也是内源发展的核心要义。

扶贫先扶"志"和"智"，治贫先治愚。注意教育和培训扶贫脱贫，教育培训要注意健康人格和知识能力的提升，授人以鱼不如授人以渔，这样才能变"输血"为"造血"。唯有发动农民参与、重建乡村组织、倡导产业先行和制订差异化救济预案，精准扶贫的推行才有意义，贫困者的脱贫才有希望。

三 创新金融模式让扶贫更为精准有效

《中国经济时报》：在金融扶贫领域，可以尝试哪些创新方式让扶贫更为精准有效？

杜晓山：扶贫资金分为不同来源、渠道和用途（有偿和无偿），应统筹兼顾，合法合理并原则性和灵活性相结合地使用。更精准更有效是指不管用何种模式扶贫，都能让扶贫资金使真正的贫困户和贫困人口获益或获益最多。

因此,要简化资金拨付流程,项目审批权限下放到县。扩大财政专项扶贫资金以奖代补规模,将资金分配与工作考核、资金使用绩效评价结果相结合,引入竞争机制,以扶贫成效作为资金分配导向。

同时,加强资金监管、强化地方责任。省、市两级政府主要负责资金和项目监管,县级政府负责组织实施扶贫项目,各级人大常委会要加强对资金审计结果落实情况的监督,管好用好资金。坚持和完善资金项目公告公示制,充分发挥审计、纪检、监察等部门作用,加大违纪违法行为惩处力度。

此外,还要逐步引入社会力量,发挥社会监督作用。需要更好地运用市场机制和社会机制,更有效率的营运方式和管理手段,来动员更多社会力量和社会资源。

同时,社会创新推动精准扶贫也表现出开放、分散、自下而上的特点,这要求扶贫主体领会互联网思维、善用互联网手段,积极打造扶贫开发的"社会创新"互联网支持平台和服务管理支持平台。通过互联网连接,让社会扶贫资源与村庄有效对接,在彰显社会企业解决社会问题的智慧与效益的同时,助推贫困地区的发展。

另外,中央有关部门除已出台金融扶贫的各项措施外,还需从法规政策上鼓励公益性制度主义(以扶贫为目的,市场化运作,机构自身保本微利和可持续扶贫)的小额信贷组织的发展和鼓励支持贫困村资金互助项目和组织的发展。

四 从七方面推进扶贫体制机制创新

《中国经济时报》:近年来,各类扶贫新模式不断涌现,未来要如何推进扶贫的体制和机制创新?

杜晓山:扶贫的体制创新应注意中央和地方各级政府间纵向,以及各级政府扶贫相关的各部门间横向的沟通协调,步调一致、各司其职、形成合力、优势互补。同时,还应注意协调发挥政府、企业和社会组织各自和整合的力量与作用,充分调动各方的创造性、主动性、积极性。

而在扶贫的机制创新方面,我认为,可以从七个方面来着手。

第一,完善贫困县的考核机制和完善贫困县退出机制,把提高贫困人口生活水平和减少贫困人口数量作为重点县考核主要指标。完善地方党政主要负责同志扶贫工作责任制考核办法，建立扶贫开发效果评估体系。

第二，完善精准扶贫的机制。脱贫要做到"六个精准"和"七个一批"。"六个精准"是指对象确定要精准，项目安排要精准，资金使用要精准，措施到位要精准，因村派人要精准，脱贫成效要精准。"七个一批"是指发展生产脱贫一批、转移就业脱贫一批、易地搬迁脱贫一批、生态补偿脱贫一批、教育脱贫一批、医疗救助脱贫一批、社会保障兜底脱贫一批。

第三，完善专项财政扶贫资金分配使用的机制。

第四，完善金融服务的机制。充分发挥政策性金融的导向作用，引导商业性金融机构创新金融产品和服务。

第五，完善内源扶贫机制。完善贫困群体参与决策、实施和监测的机制，还包括建立以贫困人群为主体的制度化组织，实现自发到自觉的主体参与机制。

第六，完善社会扶贫机制。建立和完善广泛动员社会各方面力量参与扶贫开发的制度。

第七，完善连片特困地区区域发展与扶贫开发相结合的机制。要从项目、政策等各方面都实现结合，并有一个监督的机制、协调的机制和政策的机制。

（原文载于中国经济时报—中国经济新闻网，2016年10月17日）

发展两类扶贫金融类组织
缓解商业金融扶贫困境

日前召开的中央经济工作会议提出，要更有力、更扎实推进脱贫攻坚各项工作，集中力量攻克薄弱环节，把功夫用到帮助贫困群众解决实际问题上，推动精准扶贫、精准脱贫各项政策措施落地生根。就金融扶贫工作，党中央、国务院及中央有关部门近两年也颁布了若干文件。

为响应和落实党中央金融扶贫的要求，政策性、商业性和合作性金融机构也都纷纷行动起来，并取得一定的成绩，做出了自己的贡献。但笔者在调研和看到的商业银行报告中发现了一个普遍的、共性的问题，即商业银行金融扶贫面临追求商业利益与金融扶贫成本高、风险大、收益低之间的矛盾。如何解决这一困境，在理论上和实践中已有一些经验教训，而且，总的来说，这是一个系统工程，需要统筹综合的解决方案。但解决这一困境，从总的指导思想上应是真正理解、认同和践行普惠金融的理念、理论。

普惠金融理论被引入中国后，一直受到党中央的高度重视，近年来更是进入官方文件。2013年11月，中国共产党第十八届三中全会通过《中共中央关于全面深化改革若干重大问题的决定》，正式提出"发展普惠金融，鼓励金融创新，丰富金融市场层次和产品"。中国共产党第十八届四中全会明确提出，"加快完善体现权利公平、机会公平"的法律制度，为普惠金融的发展描绘了更广阔的前景。2015年11月，中央全面深化改革领导小组第十八次会议通过后，又经国务院颁布了《推进普惠金融发展规划（2016—2020年）》。规划明确提出，发展普惠金融，目的就是要提升金融服务的覆盖率、可得性、满意度，满足人民群众日益增长的金融需求，特别是要让农民、小微企业、城镇低收入人群、贫困人群和残疾人、老年人等及时获取价格合理、便捷安全的金融服务。在2016年9月召开的G20杭州峰会上，中国政府还提出了发展数字普惠金融8项高级原则。

就笔者的认识，我国普惠金融的发展目前仍处于初级阶段。经过各方的共同努力，现已呈现出服务主体多元、服务覆盖面较广、移动互联网支付使用率较高的特点，人均持有银行账户数量、银行网点密度等基础金融服务水平已达到国际中上游水平。同时，我们也应十分清醒地认识到，我国普惠金融作为一个宏观、中观和微观组成的完整体系，其发展仍面临诸多问题与挑战。

党中央要求到2020年要打赢脱贫攻坚战，为此，我们特别要关注低收入和贫困群体的覆盖率和服务深度不足这一普惠金融中最难攻克的金融扶贫"短板"。而这些问题产生的原因，在微观层面，就往往与商业金融追求商业利益和金融扶弱扶贫成本高、风险大、收益低的矛盾有关，而且，与致力于既扶贫又可持续发展的公益性小额信贷组织和合作金融机构力量弱小有关。

《推进普惠金融发展规划（2016—2020年）》明确要求："规范发展新型农村合作金融。支持农村小额信贷组织发展，持续向农村贫困人群提供融资服务。"同时还要求，"通过法律法规明确从事扶贫小额信贷业务的组织或机构的定位"。习近平总书记在2016年12月30日中央深改小组会议上强调，要投入更大精力抓好改革落实，压实责任，提实要求，抓实考核。

就笔者个人多年的观察、调研和参与开展扶贫小额信贷组织的实践看，在我国要可持续地真正缓解低收入和贫困群体的金融服务覆盖率和服务深度不足这一最难攻克的"短板"，除了要建设好金融基础设施，调整金融机构结构，多发展些中小金融机构，从法规、教育方面贯彻落实好普惠金融，尤其是落实服务弱势群体和贫困群体外，还要在普惠金融发展的宏观层面上，即各级政府在法规政策上真正高度重视公益性制度主义（致力于扶贫的、可持续发展的）小额信贷组织与中西部贫困村资金互助组织的作用，并支持鼓励它们健康发展。

这两类组织本质上是金融领域的社会企业，是真正专心服务低收入和贫困群体的普惠金融供给方。它们与特惠金融（当前很重要，但弱点是不可持续）依赖外部补贴和担保不同，也与商业性金融（难以持续扶弱扶贫）追求高利润不同，它们的理念、追求和宗旨是扶弱扶贫，运营方式是市场化运作，在财务运作上能实现保本微利，而这是为了可持续和更大规模的扶弱扶贫。这两类组织机构的特点与普惠金融所要求的扶持弱势群体，同时要保证金融机构保本微利可持续发展的特点，是完全吻合的。中国人民银行副行长潘功胜就明确阐述过，大量的案例使国际社会达成共识，微型金融、普惠金融要在政府政策支持的基础上进行市场化操作，走保本微利的可持续发展之路。潘功胜还提出，负责任的商业组织，需要在追逐商业利益与社会责任之间达到平衡；商业银行的内部绩效评价体系和内部授权体系，要体现这样一种平衡，要有助于微型金融的发展。

在此，对这两类组织在我国的实际发展状况要作些分析。笔者认为，迄今为止，我国的公益性制度主义小额信贷组织的很多实践案例表明，其在微观上与世界各国同类组织一样，是成功的，中西部贫困村资金互助组织在微观上也是成功的（同样，不少省区的案例可证明）。但为什么其没有在贫困地区大规模发展起来？主要是因为在宏观上难以说是成功的。因为不同相关部门对它的态度和政策措施有所不同，各地方政府的态度和政策措施差异也很大，它也没有继续扩大发展，总体上也在萎缩。因为从相关部门到一些地方政府对推动这两类最真心实意扶弱扶贫，最愿意认真贯彻落实党中央金融扶贫脱贫要求的金融类组织发展的认识不够、作为不够、担当不够，没有或缺乏在法规和政策上支持它们健康和可持续发展。

目前，低收入和贫困农户普遍缺乏贷款服务，扶贫贷款成本高、风险大、收益低，商业银行由于主客观原因，参与不深入，农信社等金融机构（包括近两年被银监会和中国人民银行批准新设的农村金融类机构）由于商业性改制和商业化以盈利为导向，一般也较难解决这方面的问题，而这些保本微利的公益性小额信贷组织和贫困村互助资金项目/组织可以弥补这方面的缺陷，而且公益性和市场化运作的追求正是它们的特点和优势。它们的存在和发展，也有利于推动农村农户信贷服务市场竞争局面的形成，有利于抑制民间高利贷活动。况且，扶贫小额

发展两类扶贫金融类组织　缓解商业金融扶贫困境

信贷对于改变传统金融扶贫观念（或者依赖外部补贴，或者追求利润最大化）、建立普惠性金融体系、实现社会公平、促进共同富裕都有着重要的现实意义，确应大力扶持。

我国的公益性（非营利性）扶贫小额信贷组织，绝大多数设在国家和省级重点扶贫开发县，现有约100家，多借鉴孟加拉国格莱珉银行模式，均有5年至十几年甚至20年的发展历史。一般由社团组织、社会组织（不少依托政府机构）建立，它们利用社会筹资，专向中低收入群体和贫困户（多数为妇女）提供小额信贷服务，只发放几千元至几万元贷款，且只发放贷款不吸收社会存款。它们扶贫的社会效益显著，每个县的项目已覆盖了几千到几万户次不等的低收入和贫困农户。它们中的多数也在探索可持续发展之路。而且，其中不少机构已基本具备了既扶贫又达到财务上可持续发展（保本微利）的水平。它们与贫困村互助资金项目一样，在自觉、主动、积极地真扶贫、扶真贫，而且，经历了时间考验，服务更专业，他们中的优秀者仍在不忘初心，继续前进。但它们普遍一直面临缺乏适宜的法律地位和"融资难、融资贵"的窘境。

"贫困村互助资金"项目始于2006年，由国务院扶贫办和国家财政部主导，已在全国中西部农村为主的地区约2万个贫困村推行开展，现有近百亿元的资金在周转，主要来自中央和地方财政投入和农民的股金。这是一支非常现实、宝贵的合作金融的雏形和基础队伍。其中，多数贫困村互助资金项目开展得红红火火，形成了政府支持，农民自有、自管、自享的初级阶段的合作金融形态。然而，也有很多此类项目，无论从外部有效监管，还是从内部规范运营的角度看，都存在不少问题。对这约两万个贫困村互助资金项目，应因地制宜、区别对待、分类指导、妥善处置，但绝不应任其自生自灭。以此为基础，真正使之发展成为合规、有前景、可持续发展的扶贫资金互助社。由于它们都位于贫困地区，意义尤为重大。而且，它们如能规范正常运营，国家有关部门在制定政策时，可以要求银行向它们提供融资。例如，扶贫合作金融组织可将社员股金作为质押资金放在银行，银行则以适当杠杆率给予其贷款融资。

（原文载于《金融时报》2017年1月5日）

精准扶贫脱贫要经得起实践和历史检验

2017年"两会"代表和李克强总理所作的《政府工作报告》给予脱贫攻坚问题特别的关注，这项工作已成为当前党和国家头等重要的大事之一。

改革开放30多年来，我国充分发挥政治优势和制度优势，减贫事业取得了巨大成就。按照2010年2300元不变价的标准，截至2016年年底，我国农村还有4000多万贫困人口，从1978年至2016年，我国的贫困人口减少了7亿多人，这是一个了不起的成就。世界银行曾经有一个说法，几十年全球减贫成绩的70%来自中国，中国为全球减贫事业做出了重大贡献。

一 坚决打赢脱贫攻坚战 2020年实现精准脱贫

自中央扶贫开发工作会议召开以来，脱贫攻坚顶层设计基本完成，五级书记抓扶贫、全党动员促脱贫攻坚的格局基本形成。中央确定的总体目标是，到2020年稳定实现农村贫困人口"两不愁、三保障"，即不愁吃、不愁穿，义务教育、基本医疗和住房安全有保障。实现贫困地区农民人均可支配收入增长幅度高于全国平均水平，基本公共服务主要领域指标接近全国平均水平。确保我国现行标准下农村贫困人口实现脱贫，贫困县全部摘帽，解决区域性整体贫困。

事实证明，党中央关于脱贫攻坚工作的决策部署是正确的，只要实事求是、真抓实干，到2020年是可以完成任务的。同时，也必须看到，我们的工作中还存在着脱贫质量不高、帮扶工作不实、扶贫措施不够精准、资金监管有待加强等突出问题。党中央要求，把求真务实的导向立起来，确保脱贫攻坚工作成效经得起实践和历史检验。

二 创新机制 打好脱贫攻坚战

第一，完善贫困县的考核机制和退出机制。中央已与中西部22个省区党政主要负责人签订了责任书，各级党政领导和部门也都层层规定了相应的责任。已建立起中央统筹、省区负总责、市县抓落实的责任机制以及督查巡查制度。扶贫办和中组部2014年已经下发了贫困县的经济社会发展考核办法，把提高贫困人口生活水平和减少贫困人口数量作为重点县考核主要指标。应建立扶贫开发效果评估体系，把扶贫开发纳入年度目标责任制考核体系，把扶贫开发政策措施切实落实到乡村。完善地方党政主要负责同志扶贫工作责任制考核办法。

另外，要完善贫困县退出机制。中办国办已公布了《关于建立贫困退出机制的意见》。从笔者了解到的情况看，对照此文件要求，有些地方在贫困户"摘帽"问题上，对义务教育和安全住房方面标准有误差，并对贫困户的滚动更新不够。在贫困村"摘帽"问题上，较多地表现在产业发展、集体经济收入等指标不落实、问题多。

第二，完善精准扶贫机制。习近平总书记在2015年就加大力度推进扶贫开发工作提出"六个精准"，即对象确定要精准、项目安排要精准、资金使用要精准、措施到位要精准、因村派人要精准、脱贫成效要精准。

一些地方也存在种种需要改进完善之处。例如，有的地方用抓阄的办法确定贫困户。再如，审计署于2015年公告某某县违规认定3119人的扶贫对象中，仅有61人符合标准。当地脱贫任务完成情况也存在造假。2014年，该县将人均纯收入还达不到国家脱贫标准的608户、2272人认定为脱贫，虚报的这一部分占到脱贫任务的9%。这就是所谓的假脱贫、被脱贫、"数字脱贫"问题的表现。又如，有位调研者从走访过的村子中发现，大部分的村民（其中包括一般的村组干部）基本不知道精准扶贫为何物。在9个村子里，只有两个支部书记能说出些道道来。此外，有些地方以外派"第一书记"为主体组建驻村工作队，确保每个贫困村都有驻村工作队（组），每个贫困户都有帮扶责任人的工作要求落实不到位。

第三，完善专项财政扶贫资金分配使用机制。中央和地方政府大幅度增加了专项财政资金的投入，并要求加强项目资金整合，重点支持贫困乡镇、村发展。强化资金使用管理和项目组织实施责任，确保项目资金到村到户、直接用于扶贫对象。在资金整合捆绑使用和项目审批权限下放到县的基础上，省市两级把主要精力放在监督检查上，包括第三方力量开展监督。

资金使用存在的突出问题，一是扶不准，二是存在挪用、漏出现象，也存在少部分的贪污问题。目前正探索建立一种机制，比如以扶贫成效作为资金分配导向、公告公示、第三方监督以及加大违纪违法行为惩处力度等。

第四，完善金融服务机制。要认真贯彻落实中国人民银行等部门《关于全面做好扶贫开发金融服务工作的指导意见》，进一步完善金融服务机制，全面做好扶贫开发金融服务工作。落实银监会与扶贫办要求，以扶贫小额信贷为重点，切实推进银行业精准扶贫。一是需求准，将金融机构的信息管理系统与扶贫部门对接起来。二是责任清，对监管部门要求在贫困地区的金融机构落实各自负责的乡镇金融服务。三是对商业银行要贷款放得出、管得好（有尽职免责安排）、收得回（与政府合作、与保险业合作）。

目前，金融服务贫困户的基本做法是采用贴息担保的方式，贷款给建档立卡户、"大户+农户"、"企业+农户"、"合作社+农户"等。我国目前主要依靠这种特惠金融手段，以弥补普惠金融扶贫深度不足的缺陷。在特定的空间和时间内，针对特定的政策目标和群体，运用特惠金融的方式是必要的、可行的。不过，其本身有固有的缺陷，例如财政压力大、效率效益低、不可持续，易产生穷人的"等、靠、要"，易造成目标群体偏移，易引发"寻租"腐败等。20世纪90年代"八七扶贫攻坚计划"时产生大量坏账等教训值得吸取，而普惠金融所要求的保本微利和可持续发展的运作机制，恰恰可以避免这些缺陷。各地政府还应规范发展国家扶贫和财政系统发起开展的贫困村互助资金合作项目和组织。目前，全国约有1.2万个贫困村、50多亿元资本金在运作，这应是我国贫困地区新型合作金融组织和村集体经济的基础。

第五，完善内源扶贫机制。要把贫困村、贫困户的内源发展动力建立起来，这才是解决贫困问题的根本。一定要注意把外部的资金、信息、技术、人才资源和贫困村贫困户自身能力素质的提高有效结合起来。唯有发动农民参与，重建乡村组织，倡导产业先行和制订差异化救济方案，贫困群体的可持续脱贫才有希望。只有贫困群体对自身的使命和责任有了意识，自愿、自动和自发地配合中央政策，才能达到更好的扶贫脱贫效果。如何调动贫困群体的主动性、积极性、创造性，变"帮我脱贫"为"我要脱贫"是个难点和"痛点"。扶贫脱贫工作一定要注意正确处理好"表"与"里"、"短期"与"长期"、"外援"与"内生"的关系问题。

第六，完善社会扶贫机制。建立和完善广泛动员社会各方面力量参与扶贫开发的制度。充分发挥定点扶贫、对口扶贫、驻村扶贫在社会扶贫中的引领作用。支持各民主党派、工商联和无党派人士参与扶贫工作，鼓励引导各类企业、社会组织和个人以多种形式参与扶贫开发。建立信息交流共享平台，形成有效协调协作和监管机制。全面落实企业扶贫捐赠税前扣除、各类市场主体到贫困地区投资兴业等相关支持政策。同时在全社会建立一种氛围，做得好的要表彰，要有政策鼓励，对企业家、公民个人要有倡导，给予一定的荣誉等。通过好的机制把他们动员起来，点对点到中西部地区特别是贫困乡村去帮扶。这些都是积极创新的内容。

第七，完善连片特困地区区域发展与扶贫开发相结合的机制。国务院已经批复了14个片区的区域发展扶贫攻坚规划。同时，在项目实施的过程当中，更多地带动贫困地区、贫困村、贫困户受益，现在的重点是如何把两者结合起来，从项目、政策等各方面实现结合，需要有一个监督机制、协调机制以及政策机制。

三 当前其他应注意的问题

首先，切实解决贫困人口的精准识别、帮扶和更新。一是贫困人口的"规模排斥"（划分比例与实际人数的矛盾）问题。二是贫困人口的"区域排斥"（集中与分散的矛盾）问题。三是扶贫工作人员优亲厚友及工作失误造成的"误识""漏识"问题。因此，要构建自下而上的贫困群体识别参与制度，修正和确定贫困人口规模；在关注集中连片扶贫开发的同时，对片区外的贫困群体采取一视同仁的减贫政策。建档立卡户应及时更新调整，加强监督和反腐。

其次，关注贫困群体是否真正受益。目前，政府扶贫资金和项目有了大幅度增加，但是贫困户和低收入户在项目和扶贫资金分配中往往没有受到优待。其主要原因是许多扶贫资金的使用附加了一些条件，而这些条件往往会将贫困户和低收入户排斥在外。而且，即使一些贫困户和低收入户获得了扶贫资金的支持，但是相对于其他农户，其扶贫资金使用的效果较差。原因之一是项目实施过程中要求农户拿出较大比例配套资金。

最后，要努力降低处于贫困边缘状态的较低收入人群陷入贫困的风险。目前，收入和消费水平略高于扶贫标准的农村人口仍具有很高比例，其具有极大地陷入贫困的风险，往往表现为返贫率的居高不下。

总之，要像习近平总书记所要求的，用绣花的功夫实施精准扶贫，把真抓实干的规矩严起来，确保脱贫攻坚工作成效经得起实践和历史检验。

（原文载于《金融时报》2017年4月12日）

精准扶贫脱贫实践的成就、挑战和建议

党的十九大报告提出的"坚决打赢脱贫攻坚战"是中国共产党作为一个有担当、负责任的执政党向世界所作的宣言。实现全国在现行标准下农村绝对贫困人口全部脱贫，贫困县全部"摘帽"，解决区域性整体贫困，是我们党作出的庄严承诺，是中国特色社会主义的本质要求，是必须完成的硬任务，绝无退路，消除绝对贫困要经得起历史和实践的检验。这就是党的十九大报告中对于扶贫脱贫再次提出的任务和要求。

一 五年来精准扶贫实践取得的关键性成果和进展

实现共同富裕是社会主义的本质要求。党的十八大以来，党中央对脱贫攻坚做出新的部署，吹响了打赢脱贫攻坚战的进军号，脱贫攻坚取得显著成绩。

五年来，我国脱贫攻坚战取得显著成绩和决定性进展。2013—2016年，我国每年农村脱贫人口分别为1650万人、1232万人、1442万人、1240万人。2013—2016年，已经让5564万人走出了贫困泥沼，这相当于一个欧洲大国的人口。今年至少再减少1000万人，5年里6000多万贫困人口稳定脱贫，平均每年减贫的人数在1300万人以上。贫困发生率从2012年底的10.2%下降到目前的4%以下；贫困地区农村居民收入增幅高于全国平均水平，贫困群众生活水平明显提高，贫困地区面貌明显改观。

总的来看，党中央对脱贫攻坚工作确定的中央统筹、省区负总责、市县抓落实的管理体制得到了贯彻，四梁八柱的顶层设计基本形成，各项决策部署得到较好落实，方方面面都行动起来了。

党中央国务院脱贫攻坚的决策部署得到各地各部门的高度重视和广

大群众的积极响应。建档立卡作为精准扶贫的基础性工作得到改进,贫困人口识别精准度提高。各地区、各部门结合实际制订了脱贫攻坚规划,以规划引领财政、金融和社会帮扶加大投入力度。在财政投入上,2016年中央和省级财政专项扶贫资金突破1000亿元,其中,中央投入667亿元,增长43.4%;省级投入493.4亿元,增长56.1%。各地注重因地制宜、精准施策,不断探索脱贫攻坚的有效途径。随着考核评估、督查巡查、执纪问责力度的不断加大,资金的管理使用进一步规范。

目前,贫困地区基础设施条件得到明显改善,社会事业得到较快发展,基础教育水平明显提高,劳动力素质明显提升。同时,医疗卫生条件得到巨大改善,服务能力不断增强,基本实现了"小病不出村、大病不出县"。社会保障投入力度也不断加大,社会保障制度不断完善,社会保障水平不断提高。而且,脱贫攻坚不仅解决了贫困群众和贫困地区的贫困问题,还广泛提升了农村的基层治理能力和管理水平,促进了基层干部作风的转变,在脱贫攻坚的伟大斗争中,也锻炼培养了一大批农村干部和党政机关青年干部。

二 五年来扶贫脱贫工作的基本经验

我国社会主义的政治优势和制度优势,为反贫困斗争凝聚无坚不摧的伟大力量。集中力量攻坚是我们的优势,凝聚社会力量帮扶也是我们的优势。在社会主义中国的大家庭里,扶贫从来不是一个地方、一个单位、一个人的事。扶贫开发是全党全社会的共同责任,大扶贫格局完整地体现了社会主义制度的优越性。

党的十八大以来,中国能够在脱贫难度不断加大的情况下,仍然每年减贫1300万人以上,展现出新的重要时代特征。一是习近平同志作为党的领导核心,以强烈的使命情怀和政治担当,亲力亲为抓扶贫,展现了卓越的领导力。二是党的作风转变为各项政策措施的落实提供了有力保障,各级党组织和各级政府在扶贫领域较真碰硬、苦干实干蔚然成风。三是各地深入实施精准帮扶,基层群众因地制宜探索创新,全党全社会合力攻坚,推动扶贫开发不断取得新进展。可以说,为打赢这五年的脱贫攻坚战,全党全社会在努力践行习近平总书记所要求的强化领导责任、强化资金投入、强化部门协同、强化东西协作、强化社会合力、强化基层活力、强化任务落实。在实践中,我们形成了不少有益经验,概括起来主要是加强领导是根本、把握精准是要义、增加投入是保障、各方参与是合力、群众参与是基础。这些经验弥足珍贵，要长期坚持。

三 我国当下脱贫攻坚面临的挑战和问题

当前，脱贫攻坚任务还十分繁重艰巨，我们依然面临严峻的挑战。越往后脱贫难度越大，因为剩下的大多是条件较差、基础较弱、贫困程度较深的地区和群众，而且，由于种种原因，还会有返贫及新产生的贫困群体的问题需要持续解决。一些地方存在扶贫举措不实；一些地方在扶贫资金的具体使用中，尚存在需进一步精准聚焦等问题。

在脱贫攻坚政策措施落实方面，第一个突出问题是扶贫"六个精准"的基础工作还不够扎实，存在假脱贫和数字脱贫问题。依然存在贫困识别和退出标准把握不准、个别村干部优亲厚友等问题。例如，建档立卡贫困人口基本信息不准确或未及时更新，有的未及时退出，个别村干部还采取分户拆户等方式将亲属纳入建档立卡对象；有的地方存在"垒大户""造盆景"现象。至今，全国共剔除识别不准的人口900多万人，补录新识别的贫困人口800多万人。要注意克服急功近利的错误政绩观，克服懒政惰政的不良作风，把工作做扎实。

第二个突出问题是部门政策衔接或共享不够，造成教育扶贫、健康扶贫、小额信贷、易地扶贫搬迁、以工代赈等政策落实不到位。存在多计预期收益或义务教育、基本医疗、住房安全"三保障"未落实等被提前脱贫问题。突出表现在部门间信息不能共享，部分贫困家庭的学生未能按规定享受国家助学金和寄宿生补贴，一些贫困人口看病不能及时结算或未按规定享受财政补贴；部分贫困户未能享受贷款利率优惠和贴息补助；一些地区的易地扶贫移民搬迁论证不充分和超标准建设增加贫困人口负担。

第三个突出问题是在财政扶贫资金管理方面，贫困县涉农资金统筹整合试点推进缓慢，基层扶贫资金统筹和监管还未完全到位。审计部门报告显示，75%的抽查县涉农资金统筹整合试点进度慢，甚至没有出台相应的整合方案，一些地方整合资金不完整、拨付不及时，项目审批权也没有下发到县。

第四个突出问题是资金日常监管还不严格，在扶贫资金阳光化管理方面，存在骗取套取、违规使用、借机牟利等现象。部分项目由于脱离实际没有取得预期效果，甚至出现扶贫资金"垒大户"而没有落实带动贫困户的利益机制安排。

四　当前扶贫脱贫攻坚要注意的几项工作

要坚持落实中央要求的精准扶贫、精准脱贫政策措施，核心是因地制宜、因人因户因村施策，提高贫困村集体经济组织化程度。真正做到扶贫脱贫的"六个精准"（扶持对象精准、项目安排精准、资金使用精准、措施到户精准、因村派人精准、脱贫成效精准）。要做实做细精准扶贫基础，摸清建档立卡贫困人口底数，实现动态调整。例如，在精准识别上，要进一步完善民主评议机制，增加公开性和透明度。同时增加乡镇政府对村两委的监督，实行有效的民主评议，确保识别的精确性和建档立卡的公正可靠。在精准帮扶方面，地方政府一是需要充分理解各项扶贫政策并综合运用；二是各业务部门需要相互配合、信息充分共享而不能各自为政；三是充分了解贫困家庭和人口的实际需求和能力，有针对性地制定帮助措施，真正做到因户因人施策，提高帮扶效果。

要切实提高"五个一批"（发展生产脱贫一批、易地搬迁脱贫一批、生态补偿和转移就业脱贫一批、发展教育脱贫一批、社会保障兜底一批）扶贫措施的有效性。实际上，这"五个一批"还涵盖产业扶贫、就业扶贫、健康扶贫、社会保障等方面一系列综合性措施，力求更加精准地扶持到贫困户和贫困人口。突出产业扶贫，培育带动贫困人口脱贫的经济实体。要注意生态保护和加大扶贫劳务协作，提高培训的针对性和劳务输出组织化程度，做好转移就业创业。组织好易地扶贫搬迁，坚持群众自愿原则，合理控制建设规模和成本，发展后续产业，确保搬得出、稳得住、逐步能致富。要落实贫困户达到"两不愁、三保障"标准以及教育扶贫和健康扶贫政策，突出解决贫困家庭大病、慢性病和学生上学等问题。

要贯彻贫困村、贫困县"摘帽"标准，突出解决发展可持续产业困难和集体经济缺失及集体经济收入不足这些普遍存在的"短板"问题。要加大政策落实力度，加大财政、土地等政策支持力度，加强路、水、电、房、网等基础设施扶贫和金融扶贫、教育扶贫、健康扶贫等基本公共服务扶贫行动，社会扶贫、扶贫小额信贷、扶贫再贷款等政策要突出精准。

要认真加强贫困地区基层组织基础工作。要加强贫困村两委建设，深入推进抓党建、抓集体经济发展、促脱贫攻坚工作，选好配强村两委班子，培养农村致富带头人，促进乡村本土人才回流，打造一支"不走的扶贫工作队"。要切实落实责任制，充实完善一线扶贫工作队伍，发挥贫困村第一书记和驻村工作队作用，在实战中培养锻炼干部，打造一支能征善战的干部队伍。农村干部在村庄里工作很辛苦，对他们要加倍关心。

在资金整合和管理方面，各级地方政府一是要敢于担当，加大资金整合力度，并充分利用好管理好各类扶贫资金。二是在充分行使资金和项目县级整合和审批权的同时，切实加强省市对资金使用的监督，全面推行项目和资金的公示制，保证群众的知情权和监督权。三是建立常态化的监督机制，利用纪检、审计和驻村干部的专业能力和信息优势加强监管。四是建立以结果为导向的考核评估机制，确保扶贫资金的投入能取得显著的减贫成效。

五 未来精准扶贫脱贫工作的重点和方向

要把握好脱贫攻坚正确方向。既要防止层层加码，要量力而行，又要真实可靠、保证质量，防止假脱贫，"数字脱贫"。要防止形式主义、形象工程，要真脱贫、脱真贫，执行力是扶贫工作的要害和关键，一定要让脱贫成效真正获得社会和群众认可，经得起实践和历史检验。要按照中办国办印发的《关于建立贫困退出机制的意见》精神，实施最严格的考核评估，开展必要的督查巡查，对不严不实、弄虚作假的要严肃问责。要加强扶贫资金使用的管理，对挪用及贪污扶贫款项的行为必须坚决纠正、严肃处理。

构建和完善脱贫长效机制，一定要引导贫困群众树立主体意识，把对贫困群体的工作重点放在从"要我脱贫"变为"我要脱贫"上来。干部群众是脱贫攻坚的主要力量，要继续加强对各级相关干部考核制度的落实，有效激发贫困群体内生脱贫动力。贫困群众既是脱贫攻坚的对象，更是脱贫致富的主体。要注重扶贫同扶志、扶智相结合，把贫困群众积极性、主动性和创造性充分调动起来，这是脱贫工作实现可持续的根本。要引导贫困群众发扬自力更生精神，激发改变贫困面貌的干劲和决心，靠自己的努力改变命运。

从全国面上看，当前和中长期脱贫攻坚的重点区域是深度贫困地区，重点群体是贫困老年人、妇女、儿童、残疾人等，薄弱环节主要是因病致贫返贫、教育水平、住房安全、社会保障、可持续的特色产业和集体经济收入等问题。今后的扶贫工作要坚持以问题为导向，着力解决有些地方不同程度存在的思想认识不到位、帮扶措施不得力、联系群众不深入、工作成效不明显等突出问题，做到动真碰硬、真督实查，推动各项任务落到实处。以集中攻坚、稳定脱贫为导向，瞄准重点区域、重点群体和薄弱环节，持续推动扶贫对象精准、扶贫产业精准、扶贫方式精准、扶贫成效精准，推动脱贫攻坚再上新台阶，实现到 2020 年消灭绝对贫困，并在此之后不断持续巩固和提高脱贫水平，使低收入水平群众也尽快提高生活水准，为将来实现我党提出的到中华人民共和国一百年时全国人民同享共同富裕打下坚实基础。

（原文载于《金融时报》2017 年 11 月 15 日）

金融精准扶贫工作需要普惠金融发力

2018年的中央一号文件要求，做好实施乡村振兴战略与打好精准脱贫攻坚战的有机衔接。普惠金融重点要放在乡村。2018年的《政府工作报告》再次强调，支持金融机构扩展普惠金融业务。坚决打好三大攻坚战，加大精准脱贫力度。原中国银监会近日发布的《关于做好2018年三农和扶贫金融服务工作的通知》提出了2018年银行业深化"三农"金融服务、助力脱贫攻坚的年度目标和工作要求。

一　金融扶贫近年来取得显著成绩

谈到金融扶贫，广义来说，主要是指需要满足我国开发式扶贫三个层面的资金需求：一是贫困户脱贫致富的生产经营活动以及教育和医疗等生活消费需要；二是贫困地区产业发展的资金需求，带动就业和经济的发展，从而带动更多人脱贫致富；三是解决贫困地区发展所面临的改善落后的基础设施的资金需求，包括交通、能源、水利、通信、教育、医疗等，解决贫困地区的基本物质条件和公共服务均等化等长期可持续发展问题。狭义来说，是指金融精准扶贫脱贫，即金融服务要更多聚焦和惠及建档立卡贫困户。对这些贫困户，习近平总书记指出必须做到"六个精准"。

金融扶贫近年来取得了非常显著的成绩，这主要是党中央对打赢脱贫攻坚战确立了明确的战略目标，制定了具体有效的规划措施。中央和地方政府及监管部门出台了一系列引导和配合的政策措施，商业银行、政策性银行、合作银行以及保险和直接融资等在产品和服务上积极探索创新模式，为金融扶贫取得现在的成绩打下了良好基础。

成绩主要表现在三个方面：一是金融扶贫量的提高，金融扶贫信贷和保险等规模和客户数，无论是比重还是绝对值，与过去相比都有较大提升；二是金融精准扶贫服务质量有所提高，真扶贫、扶真贫得以体现，从金融服务的覆盖率、可得性、满意度角度看，与过去相比有了很大提高；三是贫困地区基础设施和基本公共服务逐渐完善，与金融扶贫精准到户相配合的贫困地区基础设施建设近年来获得大量资金投入。

二　金融精准扶贫主要运用特惠金融手段

目前，我国在金融精准扶贫工作中所运用的方式主要是特惠金融的手段，而非普惠金融的方法。特惠金融是指以依靠补贴方式提供的优惠性融资或保险等金融形态，这是一种政策性金融。而普惠金融是指以市场运作为模式、保本微利为原则、投融资为载体的金融形态，是政策性金融的深化和发展。按笔者的理解，普惠金融的实质是扶持传统金融不愿意或难以服务的弱势群体，且能实现组织机构自身可持续发展的金融体系。

目前，我国的金融精准扶贫实践主要依赖特惠金融。现在对建档立卡贫困户的金融扶贫贷款基本上全部采用3—5年的扶贫贴息（或无息）担保（政府财政全额担保）小额信贷的模式（也称为"530"贷款，即5万元3年期零利率贷款，有的省份已将3年期延长至5年期）。这实际上是靠政府大量的财政投入，即依赖中央政府的财政贴息以及地方政府的财政贴息与资金担保、坏账准备或者风险备付金，鼓励银行发放扶贫贷款。当然，还有其他一些相似的依靠政府财政补贴的模式，例如"企业+农户""企业+合作社+农户""政府平台+农户"等。这样的做法不少人称其为普惠金融，其实这是特惠金融的做法。

现在及今后一段时间特惠金融是必要的。因为，党中央要求并向世界宣示，2020年要解决我国的绝对贫困问题，我国有这个政治承诺和施政的目标，这与我国的政治和制度优势相联系，从这个意义上讲，特惠金融是可以的，也是必需的手段。而且，坚持普惠政策和特惠政策相结合，也是我国扶贫脱贫攻坚工作的基本经验之一。在2020年前决胜脱贫攻坚战，在金融扶贫上实施特惠金融是必要的，但同时要清醒地认识到，特惠金融本身有其固有的不具备可持续性和扭曲金融市场等弊端。

应认识到特惠金融不是普惠金融，因为普惠金融的基本前提或特征，即不能长期依赖外部资金的支持或补贴来做金融，它需要市场化的运作原则，依靠自身的力量达到可持续发展。所以，在这个问题上，笔者认为，对普惠金融和金融扶贫，现在人们的认识还有很大的分歧和不同的意见或误解。普惠金融是指服务国家战略、依托信用支持、不靠政府补贴、市场化运作、自主经营、注重持续循环服务、保本微利、财务上可持续的金融模式，是介于补贴式和商业性资金支持之间的一种金融形态。

特惠金融和普惠金融形态的共同点，都是为了贯彻政府的战略意图和政策目标。然而，相对于特惠金融，普惠金融的特点在于以市场化方式，在实现政府战略、弥补市场失灵、突破发展"瓶颈"、孵化增长机遇、提高资源配置效率、实现长期财务平衡等方面具有独特优势和作用。

三 金融精准扶贫应过渡到以普惠金融为主

作为社会主义国家，我国的金融机构要尽量达到经济效益和社会效益的平衡。笔者认为，实际上，搞金融也应有正确的义利观，应该针对不同的对象，取得公平和效率之间某种不同的平衡。以上我们讨论了金融扶贫工作中的一种倾向——特惠金融，现在再看另一种倾向——传统商业金融。

我们常常看到和听到的是，传统商业金融的目标就是追求利润最大化，认为这是天经地义、毋庸置疑的。其实，这种看法只是英美主流经济学的观点，是有失偏颇的，连西方经济界对此也有不同的意见，更不应将此作为追求公平正义的社会主义国家所应宣扬倡导的经济学理论，也不应以此指导我们的经济工作实践。对商业金融而言，最基本的考核要求至少应包括企业的社会责任。如果以追求利润最大化理论指导普惠金融和金融扶贫则没有任何积极意义和作用，更会南辕北辙，让践行普惠金融和金融扶贫的机构和人士无所适从。

实际上，现在我们的金融界无论在道义上还是实力上都应考虑如何在防控风险的同时，更好地为实体经济和弱势群体服务和让利。长期以来，不同行业的利润率差别很大，金融界所获取的利润往往远远高于社会的平均利润。例如，2016 年，中国 500 强企业中制造业有 245 家，净利润只占 19.5%，500 强企业中的 33 家金融机构净利润占比却高达 56.8%。2017 年，全国银行新增贷款 12.65 万亿元，但房地产贷款就占 44.8%。基于趋利的本性，金融资金更愿意流向股市、债市、房市、期货市场，通过炒作获取高额利润。

金融供给方开展金融扶贫，既不应追求利润的最大化，也不应像特惠金融那样，长久地依靠国家财力或外部资金的不断补贴，这两个现象和做法都是有缺陷的。从普惠金融的角度看这两种做法，它们不是普惠金融的追求。

正确地理解普惠金融，需要清楚其是一个完整的普惠金融体系，有多方面的要求和特征，但至少应记住两条最基本和本质性的要求和特征：一是其主要金融服务对象是小微企业、城市弱势群体、农民、贫困人群、老年人以及残疾人，需有效解决其覆盖面、可获性、满意度问题；二是金融服务供给方自身能保本微利和可持续发展。因此，一定要处理好普惠金融和特惠金融的关系，今后逐渐过渡到普惠金融和特惠金融并存，并以普惠金融为主的扶贫方式上。

我国的金融扶贫如何从依靠财政大量投入的特惠金融转变到普惠金融以及真正践行普惠金融的理念和要求，在我国，这至今仍是一个难点和"痛点"。

2015年年底国务院颁布的《推进普惠金融发展规划（2016—2020年）》明确提出："到2020年，建立与全面建成小康社会相适应的普惠金融服务和保障体系。"规划指出，近年来，我国普惠金融发展在部分领域已达到国际中上游水平，但仍面临诸多问题与挑战，普惠金融服务不均衡，普惠金融体系不健全，法律法规体系不完善，金融基础设施建设有待加强，商业可持续性有待提升。

我们现在亟待着力探索突破的是，在特惠金融现有的经验基础上如何践行真正的普惠金融，解决普惠金融的商业可持续性问题。2020年之后，大规模绝对贫困没有了，但部分群体的返贫和相对贫困还是存在的，金融扶贫不会结束。为了当前和2020年以后扶贫金融和农村金融的发展，现在就应着手研究、探索和践行普惠金融，这既是我们的任务和责任所在，也是我们实现长远可持续发展的战略考虑所在。

时间紧迫，任务艰巨，政策制定者及有抱负、负责任的金融机构和人士都应在金融扶贫事业中，担当起真正运用普惠金融理念和实践有效开展扶贫脱贫工作的重任。

（原文载于《金融时报》2018年4月14日）

关于政府政策支持金融扶贫的思考

摘要：本文阐述了党的十八大以来扶贫脱贫攻坚战取得的辉煌成果和扶贫脱贫工作的基本经验。重点探讨分析了如何认识金融扶贫工作中普惠金融与特惠金融的作用和各自的利弊得失。进而对今后政府政策如何更好地支持金融扶贫脱贫提出了若干建议和思考。

关键词：扶贫脱贫攻坚　扶贫金融　特惠金融　普惠金融

党的十八大以来，以习近平同志为核心的党中央把脱贫攻坚作为全面建成小康社会的底线目标和标志性指标，纳入"五位一体"的总体布局和"四个全面"战略布局，确立了到2020年现行标准下的绝对贫困人口实现脱贫，贫困县全部"摘帽"，区域性整体贫困消除的目标。而金融扶贫则是决胜脱贫攻坚战的必不可少的重要组成部分。

对金融扶贫，大家也都比较关注的是其有效性和可持续性问题，特惠金融与普惠金融的利弊得失问题，而且在对什么样的金融扶贫脱贫方式是可持续的问题上分歧意见比较大，本文也就此谈谈笔者个人的看法。

一　对特惠金融和普惠金融的认识和理解

特惠金融是指以补贴方式提供的优惠性融资或保险等金融形态，也可称为政策性金融。而普惠金融是指以市场运作为模式、保本微利为原则、投融资为载体的金融形态，是政策性金融的深化和发展。这两种金融形态的共同点则都是为了贯彻政府的战略意图和政策目标。相对特惠金融，普惠金融擅长于以市场化方式服务国家战略，在实现政府战略、弥补市场失灵、突破发展瓶颈、孵化增长机遇、提高资源配置效率、实现长期财务平衡等方面具有独特优势和作用。

从政府推动金融扶贫的角度，政策怎么实现金融扶贫脱贫的稳定性和可持续性？笔者认为，要从现在主要依靠补贴、依靠政府大量的投入的特惠金融，逐步转向金融机构保本微利、可持续的方向发展。目前，至少要这两种金融形态并重，将来则要以普惠金融为主。可能由于党中央将发展普惠金融已提升到国家发展战略和金融发展战略的高度来认识、倡导和推行，因此人们往往都愿意自称自己在践行普惠金融，然而事实往往并非如此，比较多的情况是把传统金融或特惠金融的做法都混同于普惠金融了。现在需要特别注意，真正认识什么是普惠金融，并且在金融扶贫工作中如何能真正践行普惠金融。

实际上，目前我国的金融扶贫实践主要是依赖特惠金融。现在对建档立卡贫困户的金融扶贫贷款基本上全部采用3—5年的扶贫贴息（或无息）担保（政府财政全额担保）小额信贷的模式（也称为"530"贷款，即5万元3年期0利率贷款）。实际上是靠政府大量的财政投入，无论是中央政府的财政贴息，还是地方政府的财政贴息与资金担保、坏账准备或者风险准备金鼓励银行发放扶贫贷款。当然还有其他一些与此相似的依靠政府财政补贴的模式，例如"企业+农户""企业+合作社+农户""政府平台+农户"等。这样的做法不少人称其为普惠金融，其实这是特惠金融的做法。

这样做，是否就是可持续？我们能不能持续这样做？笔者认为，第一，它本身就不是可持续，因为它依赖资金补贴。第二，不应该也不可能永久用这种方式来做金融扶贫。第三，现在及今后一段时间是必须这样的。为什么？因为我们2020年要解决绝对贫困问题，这跟我们的政治和制度优势是联系在一起的，正是因为我们有这个政治的承诺和这个施政的目标，所以从这个意义上讲是可以的，也是必需的手段。也就是说，这是我国的特惠金融或称为政策性金融政策，在国际上，也称其为福利型模式。但应认识到这不是普惠金融，因为普惠金融有个基本前提或特征，就是它不能够长期依赖外部资金的支持来做金融，它需要市场化的运作原则。如果是以依赖外部资金的补贴的支撑来做金融，就不叫普惠金融，那叫特惠金融或叫福利性金融，是一种政策性金融。所以，在这个问题上，笔者认为，对普惠金融，现在人们的认识还有很大的分歧和不同的意见或误解，现在，对什么是普惠金融的普及教育仍需要继续加强。普惠金融是指服务国家战略、依托信用支持、不靠政府补贴、市场化运作、自主经营、注重长期投资、保本微利、财务上能可持续性的金融模式，它是介于补贴式和商业性资金支持之间的一种金融形态。

笔者的观点就是，现在金融扶贫运用特惠金融是必需的，也是必然的，而且是一直到2020年之前要坚持的，从某种意义上也是无奈的，因为不这样，商业银行就会消极抵制。但是这样做不是可持续的，实现国家政策也不应该长久运用这一模式。笔者认为，在2020年前决胜脱贫攻坚战，在金融扶贫上实施特惠金融是必要的，但同时要清醒地认识到特惠金融本身有其固有的弊端。主要表现在长期依赖外部资金的投入，政府财政资金压力大，不堪重负，不可持续；资金使用效率低；扭曲正常的金融市场秩序；易诱发各种道德风险；易产生服务目标偏移和渗漏；易助长穷人的"等、靠、要"思想，富人抢占穷人权益；易助长"寻租"腐败行为；等等。普惠金融的弱点，从金融供给方看，成本高、收益低、风险大、往往吃力不讨好；从需求方看，利率高；从政府方看，对穷人要尽量优惠才好。笔者认为，实际上搞金融，也应有正确的义利观，应该针对不同的对象，取得公平和效率之间的某种不同的平衡。

那么如何更深入、较全面地理解普惠金融？以上已做了简要说明，在此，再做进一步的阐述。按笔者的理解，普惠金融的实质是扶持传统金融不愿意或难以服务的弱势群体且能实现组织机构自身可持续发展的金融体系。

笔者理解普惠金融至少应有三个要义、应分三个层次和需要应对三个挑战。

三个要义。即一是普惠金融体系应为包容性的，合理、公平、正义地普遍惠及于一切需要金融服务的地区和社会群体，尤其是容易被传统金融体系所忽视的欠发达地区和弱势及贫困群体提供各种所需的、便捷的、具有合理价格的有效金融服务。二是拥有健全治理结构、管理水平、具备财务和组织上可持续发展能力的金融供给方。三是拥有多元化（包括一系列私营、非营利性及公共金融）金融服务的提供者。

三个层次。是指微观层次、中观层次和宏观层次。微观层次就是为弱势群体服务的零售金融机构、金融供给方，是直接针对最终客户主体的机构。中观层次是指为微观机构服务的中介组织机构和金融基础设施建设。例如支付系统、征信系统、咨询、培训、审计、评估、评级、网络、协会、批发机构等为微观层次的零售金融供给方服务的，都属于中观层次的服务体系。宏观层次主要指政府和监管当局的政策法规。

完整的普惠性金融体系框架认同的是只有将包括弱势群体和穷人在内的金融服务有机地融入于微观、中观和宏观三个层面的金融体系，才能使过去被排斥于传统金融服务之外的大规模客户群体获益。

三个挑战。普惠性金融体系仍面临三个主要的挑战：一是为大规模弱势群体的金融需求扩展高质量的金融服务（规模）；二是不断地拓深更贫困和更偏远地区的弱势客户群体（深度）；三是降低客户群体和金融服务提供者双方的成本（成本效益比）。

在讨论普惠金融问题上，有两种倾向问题值得研究和注意防止。一是长期依赖补贴，二是过分商业化，追求利润最大化。这两种倾向都不是普惠金融。例如扶贫金融等于普惠金融吗？笔者认为不等于。我国现在的金融扶贫，更多是用特惠金融的手段，而不是普惠金融的手段，最大的原因在于银行只能长期依赖补贴、外部资金支持才能做扶贫，在银行商业可持续这个问题上还差得很远。

笔者在此再强调一下，完整地理解普惠金融需要清楚它是一个完整的普惠金融体系，它有多方面的要求和特征，但至少应记住两条最基本和本质性的要求和特征：一是它的金融服务对象是小微企业、城市弱势群体、农民、贫困人群、老年人、残疾人；二是金融服务供给方自身能保本微利和可持续发展。正如中国人民银行潘功胜副行长所说的，微型金融、普惠金融，要在政府政策支持的基础上进行市场化运作，走保本微利的可持续发展之路。他还说，作为一个负责任的商业组织，需要在追逐商业利益和社会责任之间达到平衡，形成一种平衡，商业银行的内部绩效评价体系和内部授权体系要体现这样一种平衡。中国人民银行副行长易纲也强调，面向未来，发展普惠金融首先是商业可持续性问题。普惠金融不是慈善金融、救济金融，也有异于政策性金融，不能过度依赖财政补贴和行政命令，而是要充分发挥市场主体的力量，寻求商业可持续的模式。

因此，我们要发展的应该是政府政策支持下金融机构自身能够做到保本微利可持续发展。政府的金融扶贫中财政的支持在起步阶段可能是应该的，并不应长期持续，也不应主要用于贴息或用于担保，也不是用于坏账准备，财政手段不要混同于金融手段，金融就要用金融的办法，是要还本付息的。而金融扶贫的办法既不是金融供给方利润的最大化，也不是永久地依靠外部政策性的补贴，这两个现象和做法都是有缺陷的，从普惠金融角度看是错误的。从普惠金融角度看这两个做法，它们都不是普惠金融。所以这个观点一定要研究明白了，才有共同的语言讨论问题。

就金融扶贫而言，特惠金融和普惠金融的共同目标都是为了扶贫脱贫，是有交集的，是可以互补的，但是在某种程度上是矛盾的，两者是对立统一的。特惠金融目前是必需的、必要的、有效的，但是效率低和不可持续性及其他一些问题是突出的，这是最致命的弱点。

我们的金融扶贫怎么能够从依靠财政的大量投入转变到主要运用中国人民银行副行长潘功胜曾经明确提到的普惠金融的方法，真正践行普惠金融的理念和要求搞好金融扶贫工作，在我国，至今仍是一个难点和痛点。笔者在上文已经指出，普惠金融的基本概念之一是指金融供给方财务上的保本微利可持续发展、组织上的可持续发展，而且应能帮助作为需求方的弱势群体得到便捷的、价格合理的、有效的、全方位的金融服务，这叫普惠金融。所以首先这个观点就是指的保本微利（不过，不少商业金融不同意），既不是利润最大化，又不是只有靠政府补贴才能做，现在的问题也就在于这一要求对传统金融有难度。为什么商业金融机构一般不愿意做，实际上对普惠金融社会发展的目标和保本微利的要求与机构本身的商业利润尽可能大的追求目标是有矛盾的、冲突的，所以从传统金融转到普惠金融是很痛苦的，是需要有个过程的，而且需要有其他的机制和机构来补充。

中国人民银行研究局2016年农村金融报告提出了一个意见，政府补贴政策应该从现在的"对机构"改为"对业务"。譬如，无论是对发放单笔贷款低于100万元的小企业还是10万元的微型企业，给予补贴奖励、增值税免税或者准备金降准、再贷款奖励等，应该是和各种金融机构的业务功能相关。从政府的职能看，就是说财税政策不要只补贴传统银行，而应该是谁帮助了穷人而且政府允许它做金融服务的，这些机构，例如小额信贷公司也可以、村镇银行可以，或者是合规的有放贷资质的互联网金融也可以，但是你必须是合规的，就可以赋予相同的财税政策。只要真正地做金融扶贫脱贫的工作，而且在这个政策范围内，不要只补贴农行、农信社、邮储银行，应该对大家一视同仁，即应该是补功能，不是补机构，这也叫作普惠、公平、正义。

二 对政府政策更好地支持金融扶贫工作的几点思考

第一，要转变理念和政策实践。就是要公平正义，要从选择性地对机构的政策支持转向功能性、普惠性政策的支持，这是应该要做的一个事情。当然扶贫的方式，无论是产业化企业、合作社或者是新型经营"主体+贫困农户"或者直接到户，多种方式、多元化都可以。而且，应多用普惠金融，而非用特惠金融的方法推动金融扶贫工作的有效率可持续地开展。

第二，政策支持表现在搞好信用体系等金融基础设施建设。信用体系建设不是中国人民银行一家的事或者银监会的事，也不是纯粹金融机构一家的事，应该是正规金融机构和政府加上社会机构方方面面共同协力来做的事。能够实现把信息大数据在保护消费者权益的基础上，保护客户隐私的前提下，通过共享的机制，能够把这个信用体系建起来，建得比较完整，而且是动态的、实时的，现在实际上很多是静止、非动态的。例如，某个机构今年建了，好像明年、后年、大后年都可以用，不是那么回事，信息是不断地在变动中。需要不断地更新才有实际作用，而这是要花力气的，所以普惠金融不好做也在这儿，不是说一次性地采集信息就能解决问题的。

另外，金融基础设施建设还包括支付、金融教育和消费者权益保护等，在此就不一一赘述。

第三，以后在扶贫贷款上尽量少搞一些贴息免息、少担保、少风险补贴。不是绝对不可以做，但是要真正地精准到贫困户，而且还不能大面积、全面、长期地做。在目前阶段笔者认为可行，可能到2020年以后政府也愿意拿出一部分钱来，要沿袭原来的政策，但绝对不可能是长期这样。而保险是农村金融或者金融帮助穷人的一个非常大的短板，可以财政拿点钱帮助搞农业保险效果比补贴贷款好。

第四，政府财政还可以做"劳动收入奖励制度"。现在西南财经大学有一个报告，他们提到国外的经验，包括他们自己在四川的经验，就是说实行"劳动收入奖励制度"。所谓劳动收入奖励制度是什么意思？贫困是很多原因、各种因素造成的，一味地救济也造成一些贫困群体的"等、靠、要"。因此，扶贫要与扶智和扶志结合，现在贫困群体很多问题是"智"和"志"不足，要鼓励贫困群体劳动，变"输血"为"造血"，对那些有劳动能力的、不思进取的、满足现状的、等待政府救济的"等、靠、要"那些人怎么办？就是要用财政奖励手段鼓励他们去劳动。劳动了，给他们以奖励，两者结合起来，这就是劳动收入奖励制度。有这方面的国际经验，国内也已经在试行，而且据西南财经大学的说法，效果不错。

笔者不主张拿太多的钱去补金融机构，这容易让金融机构和贫困群体产生道德风险，金融供给方认为反正是政府给我贴息、给我担保抵押了，穷人还不还没关系，反正最后政府兜底。"八七扶贫攻坚计划"期间，几百亿元的扶贫贴息贷款，大部分是坏账。需求方好多人认为反正是政府的钱、银行的钱就可以不还，而且下面流传的很广的说法，谁还钱谁是傻子，谁不还谁是英雄。这种思想不教育不改变是不行的，而且如果农民一分钱利息不需要付，本身就容易给人造成一个错觉，这是财政给我的补助款。

不让借款人还利息，笔者认为不是好办法，应该将政策改为贫困户贷款需要还适当的利息。合理的还本付息，也是普惠金融的做法和要求。其一，覆盖金融机构的经营成本，可以达到保本微利；其二，对穷人来说他要养成一个守信的观念，不能够就这么躺在国家或者政府的身上。

第五，政府政策的支持还应该表现在金融供给侧结构性改革，补充增加金融机构的组织结构类型。我国虽然机构类型形式已多样化，包括金融服务市场的形态、产品的多样化，某种程度上都有，但是笔者认为至少缺两种机构。

一是我国缺少自己的穷人银行，缺少在中西部贫困欠发达地区的穷人银行。世界著名的孟加拉国乡村银行（格莱珉银行，Grameen Bank），它不是纯民营的银行，它起源于1976年尤努斯教授团队开展的民间试验的扶贫小额信贷项目，1983年政府特许它成立穷人银行，而且初期是以政府股份为主成立的扶贫银行，实行免税政策，叫格莱珉银行。在发展过程中培育穷人的意识，政府的股份已从最初为主降到现在只占25%，其他的都是穷人（贫困妇女为主）逐步发展起来的股份，包括尤努斯在内的员工团队没有任何股份，只是银行雇员，他们培养穷人入股经营银行的能力。格莱珉银行是银行业中典型的"社会企业"。这就是政府良好政策的一种表现，也是政府财政资金投入的一种良性支持或者金融资金支持的一种办法。政府前期投入的资金可以逐步退出来，还可以去做别的事，提升穷人的能力从而实现自我可持续发展。穷人银行我们中国至今没有诞生，我们认为不妥，我们是社会主义国家，讲公平正义，帮助穷人共同富裕，我们应该并完全可以做好穷人银行，这需要政府下决心。

二是缺少可持续的公益性小额信贷组织（或称为金融领域的社会企业）。政府应鼓励可持续的公益性小额信贷组织的发展。例如，中国扶贫基金会下属的中和农信这样的公益性小额信贷机构，它已发展到250多个县，贷款余额60多亿元，有效客户40多万户，就是公益性可持续的。它做到了保本微利和可持续，它的资本回报率才百分之一点几，它也不需要政府长期补贴，贷款不良率在1%上下，它从市场融资，但是至今没有适宜的法律身份。如果政策能给它扶贫再贷款，它还可以给穷人的贷款利率再降低，使穷人受益更大，它自身也保证保本微利。中和农信这样的机构如果不做成穷人银行，就做现在这样的公益性小额信贷，也挺好的，它还在不断发展壮大。至今因为中央有关领导肯定了它，它才能这么做下去，但是仍然没有法律地位，没有任何的金融牌照。而且他们也在金融创新，也在用互联网手段、大数据手段等，也都是在不断与时俱进，做得很不错。然而，至今没有合适的法律地位。现在类似的机构还有若干，曾经出现过二三百家，只是规模没有这么大。例如，宁夏盐池惠民小额信贷现在大概是三四亿元贷款余额，重庆开县民丰合作会也是三四亿元的贷款余额，盐池的经验是自治区政府认同的，开县的经验是重庆市委市政府发文的，但是有益经验也难以借鉴推广到全国欠发达地区。重庆市政府鼓励在本市贫困县推动，现在也在复制借鉴一两个试点，这些经验为什么不可以在一些公益小额信贷做得不错的地方和广大的贫困农村地区借鉴推广呢？例如，陕西有三个较好的公益型小额信贷组织，分别在西乡、蒲城、淳化县，这三个都是妇联的前主任负责运作，服务对象全是低收入妇女，机构资金艰难地依靠自筹，没有或很少拿到政府的财政支持，但是照样在任劳任怨地扶贫，而且扶的都是很贫困的贫困妇女，真是单笔几千元到1万元的贷款，贫困妇女在农信社拿不到钱、在银行拿不到钱，就只能在它那里能拿到贷款，这样穷人慢慢地发展起来，这些组织放的贷款余额现在大概是两三千万元，也做到了保本微利。像这类组织真正的勤勤恳恳地干、默默无闻地帮助了很多的低收入贫困妇女，而且都已经存在了十几年了，一直没有合法地位，而且现在融资也很困难，而需求也极大，她们很难办，甚至积劳成疾。这是很不合理、很不公平的。至今在宏观政策上没有鼓励这类组织的发展，笔者认为，这是需要改善的。

第六，从金融供给侧结构性改革调整金融机构结构的角度，我国还缺少帮助非银行金融机构融资需求的批发基金机构。对于只能放贷不能吸储的小额信贷机构，孟加拉国有千百个，政府专门批准成立了一个叫作 PKSF 的批发基金为符合可持续发展条件的小额信贷机构融资服务。政府带头投入种子资金，鼓励本国和世界的各种资金的投入，进行市场化运作，保证放得出、收得回，PKSF 从 2000 年建立起来到现在保持自负盈亏，自身保本微利，给那些合规的有可持续发展潜力的小额信贷组织批发贷款，小额信贷组织再给穷人贷款，穷人也获了利，这样形成"多赢"的局面，体现了政府政策的支持，这是正确的财税政策支持。

实际上有批发基金这类机构的，在世界上有十几个国家，当然孟加拉国是最典型的专门针对扶贫的机构服务，别的国家主要是针对小微企业、针对传统银行不放贷的零售小额信贷机构，用批发基金的办法，体现了政府政策的支持。我们至今还没有这样的批发基金，笔者认为，我国完全可以也应该设立这样的机构。

第七，政府宏观政策支持上，金融供给侧改革金融机构结构的调整上，可以多发展规范的合作金融。在我国，合作金融也是短板。商业金融追求高利润的要求（资本逐利的本质）与金融扶贫的社会性、保本微利非营利性的矛盾，这是制度性的矛盾，两者很难平衡，因为是两个不同的利益主体，鼓励发展合作金融，其实这是出路之一。

合作金融尤其是贫困地区应该也可以大有作为，例如，四川巴中的同志说巴中太穷了，商业金融机构不愿意去。笔者认为，在这些地区解决问题的思路之一就应该大力发展合作金融，就是让农民组织起来，就像习近平总书记当年在浙江工作时推动搞的"三位一体"的合作社，现在浙江正在大力推动。所谓"三位一体"，就是供销、生产、信用"三位一体"的合作社，搞资金互助，可以融到"三位一体"的合作社里边去开展。其实这项工作做好了，广义上可以发展集体经济，巩固我们党在基层的执政地位。从狭义的角度来说就是金融服务，农民自己解决自己的融资需求。因为它本身供求方为一体，实行自有、自管、自享，风险也自担，没有供求两方间不同利益主体间的冲突。只要把这个基层合作社的工作做好，可以在合作社内部做资金互助，如内部资金不足，即使当地金融机构少一点，只要达到获得外部资金的业务标准，就可以进行外部融资，可以做到自己可持续发展。

另外，最终可持续脱贫，除了上文讲的那些可持续外，应体现在贫困群体自身有意愿有能力脱贫。对贫困户而言，现在做的扶贫脱贫工作很多是"帮我脱贫"，更应下大气力做的是使贫困群体变成"我要脱贫"。如果能做到这一点，就实现了脱贫工作的可持续，那时候有能力的贫困群体就不需要依靠外部去帮忙，他会主动、积极地想办法搞创收、搞产业、谋发展。

谈合作还应倡导贫困村资金互助社的发展，这也是贫困地区的一种基层合作金融。贫困村资金互助工作，例如甘肃、宁夏和陕西，从省的层面上比较，做得是比较好的，而且在甘肃省，对贫困村，除了中央财政给了20万元设立资金互助社，这是一个很好的财政与金融相结合扶贫的手段，省里又给它贴了30万元，给它补到50万元，别的非贫困村，每个村给20万元、30万元，用这种办法鼓励村级资金互助社的发展。但是省内各地发展状况不平衡，尤其是特惠金融开展以后，贫困村资金互助社大部分就停滞了。因为现在特惠金融是免利息的，而资金互助社至少要有跟农信社差不多的利息，就不好做了。这也见证了特惠金融扭曲了正常的金融市场秩序。实际上资金互助社是培育农民的合作金融、合作互助的意识和能力的一种好的办法，应该鼓励、提倡发展。

政府政策的支持表现在特惠金融和普惠金融两个都要用，两个也是互相补充的，尤其在今天特惠金融很重要。但是我们现在要着力探索的是，在特惠金融现有的经验基础上怎么来践行真正的普惠金融，为当前和2020年以后的扶贫金融和农村金融的发展，现在就要动手研究探索践行，这是我们的任务所在，这是我们长远可持续发展的战略考虑所在。要多发展合作性金融，发展社会企业类金融，例如，就是像中和农信、宁夏盐池邦信惠民、开县民丰互助会、陕西西乡县妇女协会等这样的机构要多发展。

我们政府做了很多金融扶贫工作，成绩是很大的，但对存在的问题一定要正视，还有很多要改善的地方。我们政府部门的领导干部应该像习近平总书记那样有担当、有责任感、有作为，真正地公平正义地为帮助弱势地区、贫困农户，真正地为让群众享受共同富裕的目标，在工作中努力发挥积极性、主动性和创造性。中央提出的目标要求是到2050年实现全国人民的共同富裕和中华民族的伟大复兴，为此，我们现在就要真心实意、踏踏实实地工作，真正想办法去做这些补"短板"的事。

第八，金融扶贫要重视互联网、大数据、人工智能的最新发展动向，同时在扶贫这个领域我们尤其需要关注"数字鸿沟"问题。数字普惠金融是好事，但是做不好会加深"数字鸿沟"，中国人民银行也已提醒这个问题了，易纲副行长在2016年杭州G20会议上就提出，我们是倡导数字普惠金融的，但是我们要注意防范"数字鸿沟"的负面作用，要关注"数字鸿沟"问题。数字技术的发展提升了金融服务的覆盖面，但也会拉大缺乏数字技术知识和技能的弱势群体与主流社会的差距。就是说要加大在贫困地区推动数字金融的力度，要缩小地区差异。

笔者认为，现在还看不清"数字鸿沟"的发展趋势。一方面，中央和地方在加大投入基础设施建设、信用体系建设等，包括宽带建设等；另一方面，大量的贫困户、一些贫困村仍然没有通光纤、通宽带，有些地方基站也不能覆盖，尤其是不能到户。在北京、上海或者东部沿海地区，甚至是东部农村，智能手机已经很普及了，在西部贫困地区除了在外面打工的和村干部或者富裕户有智能手机，真正用智能手机的贫困户少，尤其是岁数大的少。而且，真正用数字金融的，例如使用移动支付的农户，根据西南财经大学的调研统计，在中西部地区只有11%的人口，与我国东部地区差距极大，这就是"数字鸿沟"。我们的任务和责任是一定要逐步缩小"数字鸿沟"。完成这一任务任重道远。

（原文载于《治理现代化研究》2018年第3期）

参考文献

杜晓山：《发展农村普惠金融的思路与对策》，载张承惠、郑醒尘等《中国农村金融发展报告2014》，中国发展出版社2014年版。

杜晓山：《普惠金融理论与实践的困惑与探索》，《金融时报》2015年8月24日。

杜晓山、林万龙、孙同全：《贫困村互助资金模式的比较研究》，国务院扶贫办外资中心课题报告，2009年。

国务院：《推进普惠金融发展规划（2016—2020年）》（国发〔2015〕74号），2015年12月31日。

潘功胜：《推动中国普惠金融发展》，http://www.china.com.cn/cppcc/2015-03/17/content_3507.

易纲：《将向G20杭州峰会提交3份普惠金融文件》，http://www.thepaper.cn/newsDetail_forward_152.

联合国开发计划署蓝皮书：《建设普惠金融体系》，2006年。

2019年诺贝尔经济学奖的争论与我国脱贫攻坚经验的思考

2019年诺贝尔经济学奖（简称诺奖）被授予阿比吉特·班纳吉（Abhijit Banerjee）、埃丝特·迪弗洛（Esther Duflo）和迈克尔·克雷默（Michael Kremer）三位经济学家，以表彰他们"在减轻全球贫困方面的实验性做法"所做出的突出贡献。然而，学界对三位诺奖得主却持有不同的看法。

一 2019年诺奖在学术界引起争论

一是学术界的不同观点。诺奖得主使用的研究方法是在发展经济学中使用"随机控制实验"。可是，正是这种研究工具和研究内容，在包括学术界等领域引起了很大的争议和不同的评价。

对2019年获奖者的研究方法持保留意见或不赞成的学者认为，2019年诺贝尔经济学奖的实验方法可以借鉴，但没必要迷信。这种实验方法存在明显的缺陷，也受到了很多的批评。在诺奖得主看来，随机实验才算是最科学的。在一些小的贫困问题上，比如通过发放帐篷解决疟疾问题，给孩子吃防治蛔虫的药帮助孩子提高上课出勤率，这些实验是有效果的，但在很多政策问题上无法做实验。如果研究只关注能做随机实验的题目，那么有可能只关注一些不太重要的问题。另外，实验能否在更大范围内推广复制也是一个问题。如果把实验由点到面铺开的话，就要考虑到很多现实问题，效果往往达不到试点时的水平。他们的一些实验方法可以借鉴，可以当作经济学研究的一个工具，但不能为了工具而工具。中国经济的迅速发展证明，贫困问题的解决不是靠这种随机实验来解决的。

有学者反对发展经济学里使用随机实验，认为随机实验的方法在一个地方有效，到了另外一个地方就无效了。因此，做随机控制实验看起来很科学，但是在这个村的研究并没有办法推广到其他村，更别说推广到全中国或者是推广到全世界。

笔者认为，对诺奖得主有不同的评价是很自然的，因为世界是多维的，不同人的认识也是多维的。与肯定诺奖得主的学者一样，笔者赞成在减轻贫困方面的实验性做法，因为实践是检验真理的唯一标准。他们的研究与穷人的真实世界更贴近了，而且以问题导向切入，有助于提高减贫政策的针对性和准确度，有利于减少扶贫资源的浪费，以提高资金的使用效益和投入产出比。诺奖得主用大量实例不仅测试特定干预措施的有效性，而且还调查了原因，提出了一些实用性较强的建议，寻找那些经得起检验的扶贫方案。不过，减贫是一个系统工程，微观的随机对照实验只是一种手段和方法，也有其局限性，减贫需要完整、综合、协调的合力才能取得尽可能大的成效。与对其他事物一样，对减贫的实验性做法在认识论上需运用辩证唯物论，防止认识上的绝对化，防止教条主义、经验主义。经济学诺奖关注减贫是对的，但缺少中国样本就少了说服力。我国的扶贫和脱贫攻坚的经验是最成功的实例，当然也不能完全套用到其他国家，道理是一样的，因为各国国情不同。

二是我国也有扶贫减贫领域的实验性做法。其实，在我国也有一些类似的随机干预/对照实验，而且有的规模不小。例如，中国发展研究基金会自2007年以来，从反贫困、实现社会公平角度出发，开展改善儿童营养方面的研究和实验，尤其是6—24个月龄营养改善和寄宿制学生营养改善方面的研究。还有"阳光校餐"项目所覆盖的贫困地区达14个省份、100个县、9561所学校、379万学生试点，约20%的学生家庭在精准扶贫范围内。贫困地区的学生由于有了营养改善计划，他们的营养和生长状况正在发生历史性的变化。再如，20世纪90年代中前期社科院农村发展所学者开展的行动研究项目——若干贫困县扶贫小额信贷试验及后来很多农村贫困地区公益性小额信贷项目也是不同程度的金融扶贫的"实验性做法"。相关学者和第三方机构还对此做过随机抽样对照研究。

二 与诺奖得主商榷：小额信贷项目的减贫效果

诺奖得主班纳吉和迪弗洛等在印度城市海得拉巴的贫困家庭中开展了一项小额信贷项目的先期实验。他们的实验认为，小额信贷对现有小型企业的投资只有很小的正面效果，并且对消费或其他发展指标都没有影响——无论是在18个月还是36个月之后都没有影响。在其他国家进行的类似实验——波斯尼亚和黑塞哥维那（波黑）、埃塞俄比亚、摩洛哥、墨西哥和蒙古国——也发现了类似的结果。相对于富人，穷人更难获得贷款来改变命运。因为穷人成功机会太低，追讨难度也大，还会造成一些社会事件，因此正规银行都不愿给穷人贷款，或者就是利息很高。穷人贷不到款只能转向小额信贷，甚至转向高利贷，能成功还好，但大多数人都是饮鸩止渴，进一步滑入贫困的深渊。

小额信贷作为重要的金融扶贫工具，国内外学者已使用了田野实验对其进行大量评估研究，针对小额信贷扶贫效果的研究，主要呈现出两种不同的观点：有学者认为，金融扶贫以其特有优势可以减轻农牧民的生产生活压力，该种新型的扶贫工具有助于贫困户脱贫增收，有正面经济社会效应；另有学者认为，由于贫困地区的地区局限以及贫困户自身能力、金融知识的不足，使金融扶贫并不能有效地达到预期效果。

笔者认为，小额信贷对中低收入和贫困群体的影响的确可能是不同的。但是，根据我们的试点试验及对我国公益性小额信贷项目的多年跟踪评估，总体上对弱势群体是有正面效果的。而且根据对孟加拉国格莱珉"穷人银行"的长期跟踪评估及其在世界（包括美国）几十个国家的借鉴推广看，结论也是如此。笔者有一个基本的观点是，一般来说，规范的社会企业类公益性小额信贷组织对减贫是有积极作用的，而其他需要外部资金补贴的机构，如商业类和政策类小额信贷对穷人的影响则不一定。

三 我国脱贫攻坚的基本经验及需要改进之处

根据《改革开放40年中国人权事业的发展进步》白皮书，过去40年来，中国共减少贫困人口8.5亿多人，对全球减贫贡献率超过70%。2012年党的十八大以来，中国扶贫开发进入脱贫攻坚新阶段，提出了消除绝对贫困现象的目标任务，确定了精准扶贫、精准脱贫的基本方略。6 年来，中国现行标准下的农村贫困人口从 2012 年年底的 9899 万人减少到 2018 年年底的 1660 万人，贫困发生率从 10.2% 下降到 1.7%。中国的脱贫攻坚积累了宝贵经验，中国特色减贫道路的最大、最根本经验就是中国共产党和中国政府始终把消除贫困、改善民生、实现共同富裕作为执政宗旨，充分发挥我国社会主义政治优势和制度优势。习近平总书记说，在实践中，我们形成了不少有益经验，概括起来主要是加强领导是根本、把握精准是要义、增加投入是保障、各方参与是合力、群众参与是基础。这些经验弥足珍贵，要长期坚持。

我国改革开放尤其是党的十八大以来的扶贫脱贫经验还可以概括为以下几点：一是坚持改革开放，坚持以经济增长为带动力量，不断地深化改革，进行体制机制创新，不断出台有利于贫困地区和贫困人口发展的政策，为大规模减贫奠定基础和条件。二是坚持政府主导，把扶贫开发纳入国家总体发展战略，各级政府与部门人员签订责任状，开展大规模专项扶贫行动，针对特定人群组织，实施妇女儿童、残疾人、少数民族发展规划。三是坚持开发式扶贫方针，坚持以提高贫困人口自我发展能力为根本途径。把发展作为解决贫困的根本途径，既扶贫又扶志并扶智，调动扶贫对象的积极性、主动性，提高其发展能力，发挥其主体作用。四是坚持广泛动员全社会参与，构建了政府、社会、市场协同推进的大扶贫格局，形成了跨地区、跨部门、跨单位、全社会共同参与的多元主体的社会扶贫体系。五是坚持普惠政策和特惠政策相结合，扶贫开发与社会保障相结合，政府主导、社会帮扶和贫困群众的主体作用相结合，在加大对农村、农业、农民普惠政策支持的基础上，对贫困人口实施特惠政策，做到应扶尽扶、应保尽保。

与此同时，我们也应清醒地看到工作中存在的问题，看看以上经验是否都落到了实处。面对脱贫攻坚的艰巨任务，有的地方忽略实际情况，脱贫"摘帽"规划层层加码，有的贫困县领导政绩观有偏差，为了"早脱贫、早提拔"，急躁冒进；有的扶贫政策不精准、不落地，帮扶走过场，有的产业扶贫盲目跟风，同质化现象严重；有的"造盆景""垒大户"，或"巧算账"搞"数字脱贫"。凡此种种，都是工作中重形式轻实效，是形式主义、官僚主义、不负责任、没有担当的表现。

2019年诺贝尔经济学奖给我们的警示是,我们的经济学学者应有历史使命感,尽快合力推进探索和总结新中国70年成就,包括减贫脱贫背后的经济学理论逻辑,更好地用中国理论阐释中国实践。

(原文载于《金融时报》2019年11月15日)

谈决胜全面小康决战脱贫攻坚及金融服务脱贫

摘要：本文阐述了我国扶贫和脱贫攻坚的历程与成就，概括了我国减贫脱贫的基本经验，指出当前脱贫攻坚面临的挑战和任务，提出今后扶贫工作基本框架的相关思考，尤其强调要注意解决农村基层党组织建设和贫富差距、地区差距、城乡差距问题。本文同时着重讨论了金融在脱贫攻坚中的作用，探讨了普惠金融及其与扶贫金融和特惠金融的关系，简述了金融扶贫需要满足我国开发式扶贫三个层面的资金需求，以及金融在继续解决相对贫困中的作用。

关键词：脱贫攻坚　金融扶贫　普惠金融

2021年是我国已胜利完成全面建成小康社会和全面打赢脱贫攻坚战，实现第一个一百年奋斗目标，开启"十四五"规划和全面建设社会主义现代化强国之年。小康不小康，关键看老乡。脱贫攻坚堡垒已经攻克，"三农"领域突出"短板"还需要继续努力补上，这是实现第二个一百年奋斗目标的前提条件。现在我们正站在实现"两个一百年"奋斗目标的历史交会点上。我们的目标一定要实现，我们的目标一定能够实现。

一　我国扶贫脱贫攻坚的历程和成就

中华人民共和国成立70年来，尤其自改革开放以来，中国共产党和中国政府始终把扶贫减贫脱贫作为最重要工作之一，从益贫经济建设发展、区域扶贫开发、整村推进到精准扶贫，走出了一条中国特色的扶贫开发之路。党的十八大以来，全党全国贯彻习近平同志提出和要求的精准扶贫精准脱贫，全面总攻脱贫攻坚。

中华人民共和国成立后，政府领导开展土地改革，亿万农民获得了土地。1978年实施改革开放政策，农民有了自主经营权。1986年国务院扶贫开发领导小组建立，制定更新国家扶贫标准，划定重点扶持区域，制定实施支持政策，启动有组织、有计划、大规模扶贫开发。此后，先后贯彻落实了《国家八七扶贫攻坚计划（1994—2000年）》《中国农村扶贫开发纲要（2001—2010年）》和《中国农村扶贫开发纲要（2011—2020年）》三个中长期规划，持续推进扶贫减贫事业。

党的十八大以来，我国脱贫攻坚取得了决定性成就，截至2020年11月23日，随着贵州省宣布剩余的9个贫困县"摘帽"，全国中西部为主的22个省的832个贫困县已宣布全部脱贫。我国贫困人口从2012年年底的9899万人（绝对贫困发生率10.2%）减少到2020年年底现行标准下农村贫困人口全部脱贫。贫困县农村居民人均可支配收入比全国平均年均增长水平高2.2个百分点。

习近平总书记在2020年12月3日中央政治局常委会上指出①，经过8年持续奋斗，我们如期完成了新时代脱贫攻坚目标任务，现行标准下农村贫困人口全部脱贫，贫困县全部"摘帽"，消除了绝对贫困和区域性整体贫困。

我国一段时间以来，面对深刻复杂的外部环境和国内加大的经济下行压力，又面对新冠肺炎疫情和南方洪涝灾害的严重冲击，给脱贫攻坚带来了重大挑战和困难。然而，在党中央的坚强领导下，全国人民已经取得对脱贫攻坚战的最终胜利。

二 中国减贫脱贫的基本经验

中国取得减贫脱贫成就的根本原因在于中国的社会主义制度和中国共产党的核心领导，在于举国办大事的体制机制，在于中国社会各界和全体人民的共同努力。历届党和政府一任接一任地团结带领全党全国各族人民为缓贫、减贫和脱贫而奋斗，特别是以习近平同志为核心的党中央把脱贫攻坚摆在全面实现建成小康社会的前提条件和第一个一百年目

---

① 《中共中央政治局常务委员会召开会议听取脱贫攻坚总结评估汇报》，新华网，2020年12月3日，https://www.ccps.gov.cn/xtt/202012/t20201203_145455.shtml。

标的战略位置，充分发挥社会主义制度的独特政治优势与举国同心协力办大事的体制机制优势，采取了中国特色独创性的系统性举措，为人类社会治理贫困问题贡献了中国智慧和中国力量。

中国在减贫脱贫实践中形成的基本经验是坚持以人民为中心的发展思想，追求公平正义和最终实现共同富裕的崇高理想，在脱贫攻坚实践中，党中央坚持以一切为了人民，把全国各族贫困群众和人民一起迈向小康社会作为脱贫攻坚的出发点和落脚点。为此，实施各级各类领导的责任制，贯彻"六个精准"和"五个一批"，增加财政、金融和社会资金投入，全社会各方机构人士参与扶贫脱贫的举措。

这些经验可以归纳为"一个充分、两个坚持、三个结合"。[①] 就是充分发挥我国社会主义政治和制度优势。就是坚持以经济建设为中心，不断深化体制机制改革创新；坚持以提高贫困人口内生能力为根本途径。就是政府、社会和贫困群众三者的作用相结合，特惠和普惠政策相结合，扶贫开发与社会保障相结合。以此，就有了开发式扶贫、保障式扶贫、精准扶贫……的成功探索和经验。

三 当前脱贫攻坚面临的挑战和任务

在已脱贫的地区和人口中，有的产业选择不准，项目同质化多见，可持续性不强或不能适应市场的变化；有的政策性收入占增收比重高；有的群众外出务工就业难或者稳定性差；"扶贫产品滞销"或消费扶贫也是需重视的问题；"数字鸿沟"现象凸显，对边远地区群体、老年群体带来不利影响。贫困人口易地扶贫搬迁，能实现稳得住、有就业、逐步能致富的挑战和困难多。有的地方工作中突出问题不同程度存在。如一些地方形式主义、官僚主义、主观主义盛行，数字脱贫、虚假脱贫仍有发生。还有大量处于贫困边缘的人口也可能陷入贫困。据报道，我国现有约 500 万人存在返贫和致贫风险。扶贫扶持工作中存在"悬崖效应"（排斥建档立卡贫困户外的边缘群体）和"挤出效应"（挤压了以普惠金融理念服务中低收入群体的社会企业类型的小额放贷组织和社员资金互助组织的发展）。这些问题如果不提前谋划解决措施，势必影响

---

① 范小建：《没有自力更生精神，扶贫开发就没有灵魂》，中国网，2016 年 3 月 3 日，http://www.china.com.cn/lianghui/fangtan/2016-03/03/content_ 37929288.htm.

脱贫质量。要抓紧抓实抓细常态化疫情防控，不断巩固疫情持续向好形势，做好复工达产、复商复市，解决贫中之贫、困中之困，坚决巩固拓展脱贫攻坚成果。

为此，一是全面更高质量地完成脱贫任务。全面解决所有贫困人口"两不愁、三保障"和饮水安全问题。要继续组织精兵强将帮扶、责任督战。对需社会兜底贫困群体，要落实综合社会保障政策，实现应保尽保。二是巩固脱贫成果防止返贫。持续跟踪收入变化和"两不愁、三保障"巩固情况，对脱贫县、脱贫村、脱贫人口、不稳定脱贫户、边缘户和新出现贫困人口健全动态监测预警和帮扶机制。三是持续做好考核验收工作，确保脱贫成果经得起实践、人民群众和历史检验。四是建立起扶贫五年过渡期政策，保持脱贫攻坚政策适度调整、总体稳定。坚持贫困县摘帽不摘责任、政策、帮扶和监管。五是需深化扶志扶智，激发贫困群众脱贫的内生动力，并建立起防止返贫监测和帮扶机制。六是研究接续推进减贫工作。抓紧研究建立解决相对贫困的长效机制和制定脱贫攻坚与实施乡村振兴战略有机衔接的意见。

习近平总书记指出[①]，全面建成小康社会也有一些"短板"，必须加快补上。要对全面建成小康社会存在的突出"短板"和必须完成的硬任务进行认真梳理和真抓实干。从人群看，主要是老弱病残贫困人口；从区域看，主要是深度贫困地区；从领域看，主要是生态环境、公共服务、基础设施等方面"短板"明显。

四 2020年后扶贫工作基本框架的思考

当前，巩固拓展脱贫攻坚成果的任务依然任重道远。虽然我国已消除了绝对贫困，但要防止和阻断返贫新贫的问题，贫困标准还应提高，相对贫困仍然会长期存在。按照世界银行的划分，国际收入/消费贫困标准是中低收入国家为3.2美元/天和中高收入国家为5.5美元/天，而中国人均GDP已经达到近1万美元，属于中高收入发展中国家。

2020年后，我国将进入一个防止返贫、统筹城乡减缓相对贫困的新阶段。应将扶贫工作与乡村振兴战略、城乡贫困治理统筹协调考虑，

[①] 习近平：《关于全面建成小康社会补短板问题》，《求是》2020年5月31日，http://www.xinhuanet.com/politics/leaders/2020-05/31/c_1126056126.htm。

制定和实施统筹协调的有效治理体制机制。也就是说，2020年后的扶贫工作应注意继续延续包括发挥金融，尤其是普惠金融作用在内的各项保就业、保民生、保市场主体，特别是中小微企业实体经济的政策保障措施。要将扶贫工作与追求区域间、城乡间的统筹平衡发展结合起来，加速推进欠发达地区基础设施建设，社会保障、教育、医疗、公共服务均等化，努力缩小全国区域发展的差距。而在所有这些方面，都需要政策、财政、金融服务等的支撑。

五 对今后扶贫工作的两点额外思考

笔者额外再谈两点不容忽视的看法。一是对今后可持续地解决贫困问题，关键因素之一是解决贫困和弱势群体的内生动力和能力提升，而这亟须有合格的"两委"班子的引领带动。为此，特别要注意解决好基层党组织建设，解决好村"两委"班子德才素质够格问题，得以带动群众发展壮大集体经济，并在此基础上发展规范的农民自己的合作经济组织，尤其是"三位一体"合作组织。中西部欠发达农村地区在撤村并乡后，仍有众多的"空壳村"和村集体经济的空白或虚弱，主要原因是"两委"班子的软弱无力，甚至被坏人把控，因此外派得力第一书记和工作组协助贫困村脱贫攻坚是重要举措。"要想火车跑得快，全靠车头带"，如要留下合格的永不撤离的工作队，带领群众内生自觉脱贫致富，就要靠合格的"两委"班子的引领带动。而且，从长远和战略上考虑，坚强可靠、富有战斗力的基层党组织是我们党长期执政的牢靠基础，是乡村振兴战略实施的重要保证。

二是实现全面建成小康社会和两个"一百年"的发展目标，应特别注意解决贫富差距、地区差距、城乡差距和逐步达到共同富裕的问题。李克强总理在2020年举行的"两会"记者会上说：中国是一个人口众多的发展中国家，我们人均年可支配收入是3万元，但是有6亿中低收入及以下人群，他们平均每个月的收入也就1000元左右。这是一个十分严峻的现实，2020年又突发新冠肺炎疫情冲击，为此，2020年"两会"中央把"六稳""六保"放在政策的突出地位。笔者认为，对全面建成小康社会的"全面"，我们既要看总体、宏观和平均指标，也要关注局部、微观、不同地区和群体的实际状况。因此，今后如何有效缩小和解决地区和社会群体发展不平衡问题，需要下大力气有效攻克这

一 "短板"和难题。

六 金融在脱贫攻坚中的作用

(一) 金融扶贫的基本原理

金融属于经济学范畴,而扶贫则涉及经济学、社会学、人类学、政治学等多学科领域。扶贫、减贫和脱贫工作是一个综合性、统筹协调的系统工程,金融扶贫是这个系统工程中的一个方面,然而却是一个重要组成部分。

一般来说,经济学认为人的需要是多种多样、无止境的,但在一定时期和范围内,社会能够加以合理利用的资源总量却是有限的,资源的稀缺性难以满足人的需要的无限性,这些资源或称为生产要素通常包括土地、劳动力、资本、技术、经济信息和经济管理六种。

贫困地区和群体的资源稀缺往往更为突出,多表现为金融财政资产缺乏、技术落后、信息不畅、能力不足、自然地理条件差和资源分配制度等问题。如何实现资源的优化配置是缓贫减贫、精准扶贫,脱贫攻坚的一个重要问题。实现脱贫攻坚和将来继续解决相对贫困,以及逐步实现共同富裕,需要尽量满足贫困地区的包括金融在内的各种资源需求,减小社会资源分配差距。

金融扶贫,古今中外长期存在,主要表现为福利型、普惠型和商业型金融扶贫三种类型。传统的商业型金融扶贫是追求供给方自身的利润为主要目的,或者是迫于政府及源于外部的压力,它们服务贫困群体要么利率偏高或过高,要么瞄准对象发生偏离,要么内心没有真正服务贫困群体的意愿和行动力。例如,引起全球业内震惊的2010年10月发生的印度小额信贷危机就是本国商业性小额信贷公司贪婪地追逐高额利润的表现和后果,而印度的非营利性小额信贷就没有出现问题。传统的商业型金融之所以不愿意真心实意地对弱势群体服务,根本的原因是它们信奉所谓的"二八定律"。也就是说,为社会上20%的高收入群体服务,可以给自己带来80%的收益。但是,这种传统经济学中的金融学是有缺陷的,西方主流经济学研究者的视野只是交换主体的逐利动机和行为,至于与此密不可分的其他因素则被这种狭窄的视野虚无化。西方主流经济学推崇和独尊经济学的工程学根源,厌恶和舍弃经济学的伦理学根源,结果导致主流经济学有极其严重的"人学"贫乏症。1998年诺贝尔经济学奖得主阿玛蒂亚·森认为，发展是人的发展，"经济学应该关注现实的人"，具体说是现实人的自由发展。森认为，经济学应关注人的生活质量，而效用、财富、效率等都不能与生活质量处在同一逻辑层面上。

而政府（或公益性/非营利性社会组织）有承担社会发展的责任和义务，因此会考虑开展财政（或社会资金）和金融服务贫困群体的工作。这样也就出现了福利型、普惠型金融扶贫的模式。福利型金融扶贫，主要是依赖外部资金补贴开展的金融产品和服务，也可以称为政策性或特惠性金融扶贫，例如我国"八七"扶贫攻坚计划期间对贫困户和目前脱贫攻坚期间针对建档立卡贫困户的"530"扶贫贴息小额信贷就属于此类型。普惠型金融扶贫强调的是针对贫困群体运用市场化运作和保本微利的原则，长期持续地开展金融服务，使借贷或供求双方实现可持续发展，实现"双赢"，例如孟加拉国的"乡村银行"又称"格莱珉银行"，在我国比较典型的则是中和农信公司等公益性/非营利性小额信贷组织。中和农信目前在200多个中西部县域开展针对欠发达和贫困农村地区弱势农户的小额信贷等金融服务。

（二）简述普惠金融及其与扶贫金融和特惠金融的关系

经党中央批准，2015年年底国务院公布了《推进普惠金融发展规划（2016—2020年）》（以下简称《规划》）。①《规划》完整全面系统地指明和阐述了我国普惠金融的指导思想、基本原则、总体目标、金融基础设施建设、机构体系、产品和服务方式创新、法律法规体系完善、政策引导和激励作用、加强普惠金融教育与金融消费者权益保护、组织保障和推进实施，等等，是贯彻实施普惠金融的根本性指导。普惠金融是指金融供给方能公平正义地为所有有金融服务需求的社会各阶层和群体提供适当、有效的金融服务。2016年，G20普惠金融高峰会在我国举办，我国牵头推动出台了《G20数字普惠金融高级原则》，为各国推动数字普惠金融发展提供了借鉴和参照。在我国，数字化普惠金融服务极大地降低了交易成本，建立起针对弱势群体的商业模式，成为普

---

① 国务院：《推进普惠金融发展规划（2016—2020年）》，新华社，2016年1月15日，http://www.gov.cn/xinwen/2016-01/15/content_ 5033105.htm。

惠金融的新的重要组成部分。目前，我国在数字普惠金融方面处于世界领先地位。

按笔者的理解，普惠金融的实质是逆所谓的"二八定律"而行，有效扶持传统金融过去不愿或难以服务的弱势地区和群体，且能实现组织机构自身可持续发展的金融体系。简单地说，"普惠金融＝小额信贷＋小企业金融服务"。

提升弱势地区和弱势群体金融服务的覆盖率、可得性和满意度是普惠金融的主要目标。发展普惠金融，有利于实体经济的发展，促进金融业可持续均衡发展，推动经济发展方式转型升级，增进社会公平和社会和谐，引导更多金融资源配置到经济社会发展的重点领域和薄弱环节。

根据笔者的学习认识，普惠金融是一个完整的金融体系，具有三个特征、分为三个层次、面临三个挑战。三个特征：一是该金融体系应为包容性的，合理、公平、正义地普遍惠及于一切需要金融服务的地区和社会群体，尤其能为容易被传统金融体系所忽视轻视的欠发达地区和弱势及贫困群体提供各种所需的、便捷的、具有合理价格的有效金融服务。二是拥有健全治理结构、管理水平、具备财务保本微利和组织上可持续发展能力的金融供给机构。三是拥有多样化（包括一系列私营、非营利性及公共金融供给方和存、贷、汇、保险、证券、信托、租赁、期货等）金融服务的提供者和金融服务类型。

三个层次是指微观、中观和宏观层次。微观层次是直接为弱势群体服务的金融机构或金融供给方，是直接针对最终客户（小微企业、城市弱势群体、农民、贫困户、老年人、残疾人）的机构。中观层次是指为上述微观机构服务的中介组织机构和金融基础设施建设。举例来说，征信系统、支付、评估、咨询、培训、评级、网络、协会、批发机构等都属于中观的服务体系。宏观层次主要指政府和监管当局的政策法规。普惠性金融体系框架认同的是只有将包括穷人在内的金融服务有机地融入于微观、中观和宏观三个层面的金融体系，才能使过去被排斥于金融服务之外的大规模客户群体获益。

面临的三个挑战分别是为大规模弱势群体的金融需求扩展高质量的金融服务（规模）；不断地拓深更贫困和更偏远地区的弱势客户群体（深度）；降低客户群体和金融服务提供者双方的成本（成本效益比）。

我国普惠金融的发展任重道远。

在讨论普惠金融问题上，从供给方看，有两个倾向性问题值得研究。如果其提供的服务一类是长期依赖外部资金补贴，另一类是过分商业化，追求利润最大化，这两种倾向都不是普惠金融。限于文章篇幅，笔者不展开阐述，但认为应牢记普惠金融供给方与上述这两种倾向是不同的。它应具备的是两个不可或缺的特性：一是它应具备并努力践行保本微利、可持续发展的理念，而不是以追求高利润为目标或目的；二是它服务的重点地区是经济社会发展欠发达的地区，在我国是中西部欠发达农村地区，它的主要客户对象是城乡弱势群体，在我国，当前主要是小微企业、农民、城镇低收入人群、贫困人群和残疾人、老年人等特殊群体。

扶贫金融等于普惠金融吗？笔者认为两者有联系，但不等于。我国现在的针对建档立卡贫困户的小额信贷金融扶贫（也被称为"530"扶贫小额信贷，即5000元额度、3年期限、0利率贷款），是下文阐述的扶贫金融的三个层面的一个组成部分，也更多的是依赖补贴的特惠金融的手段，而不是普惠金融的手段。最大的原因在于它依赖补贴、外部资金支持才能做贫困户的小额信贷扶贫，在金融供给方财务和组织的可持续这个普惠金融的基本要求（标志和特点）上不同。普惠金融、特惠金融、扶贫金融都服务于政府的战略目标和政策意图，它们的服务对象都是弱势群体，但是普惠金融与特惠金融的理念和方法有所不同，前者不仅强调服务对象的金融服务的可获得性，同时强调保本微利的可持续发展，而后者只强调可获得性，而不注重可持续发展。对于当前紧迫的脱贫攻坚战而言，它们都是重要的金融举措和手段。

（三）金融扶贫需要满足我国开发式扶贫三个层面的资金需求

这三个层面：一是贫困群体脱贫致富的生产经营活动以及教育和医疗等生活需要；二是贫困地区产业发展的资金需求，带动就业和经济的发展；三是解决贫困地区发展所面临的基础设施落后的资金需求，包括交通、能源、水利、通信等，以及公共服务需求，包括教育、医疗卫生、养老保障、社会救助等长期可持续发展问题。在这三个方面需要大量的资金投入，而资金来源除了财政投入和社会资金外，主要依靠金融支持，而且其投入的量级远大于其他资金投入。

金融扶贫是我国扶贫开发的重要组成部分。它是指运用金融产品和服务对上述三个方面的对象进行扶持和帮助，达到金融产品和服务在扶贫中起到重要的推动作用和成效。一般来说，是以向上述扶贫对象实施发放信贷为主，也包括其他融资、投资、基金、参股、债券、保险等方式助推贫困地区和贫困群体尽快脱贫。

近年来，我国各地和各类金融机构把金融扶贫摆在突出位置，全面落实各项金融扶贫政策，充分发挥金融助推脱贫攻坚的重要作用，取得了积极成效，金融是产业扶贫、就业扶贫、易地扶贫搬迁、教育扶贫等扶贫措施的重要支撑和保障。金融扶贫为脱贫攻坚战注入了大量可持续的外部资金支持，盘活、补充和放大了财政及其他扶贫来源资金的效益，有力地缓解或解决了贫困地区和贫困农户发展资金来源的问题，也有利于贫困地区和贫困群体的积极性、主动性和创造性的调动和发挥，它们的发展动力和活力也得以激发或释放，培育起精准扶贫新动能，实现扶贫从"输血"到"造血"的转变。

农村地区特别是贫困地区和贫困人口，作为普惠金融的主战场和主阵地，实施特惠和普惠金融支持政策，将市场在资源配置中的决定性作用和更好发挥政府作用有机融合。作为开发性、政策性金融的国家开发银行和农业发展银行，作为商业性金融的农行、邮储行等大中型商业银行以及作为地方性农村金融机构（农信社系统、村镇银行及一些城商行），均各自不同程度上认真响应党和政府的要求和落实金融监管部门的政策，发挥自身的特长，并不断探索创新金融扶贫产品和服务方式，还积极探索多方合作扶贫模式。在证券和保险方面，金融机构积极落实金融扶贫政策。金融扶贫工作总体上成效显著。

金融扶贫工作仍面临诸多挑战，农村普惠金融仍然是我国普惠金融体系中最薄弱的一环。农村金融基础设施不完善，金融扶贫数据缺乏统一、严格的统计标准；信用体系不完整、质量难以保证；扶贫金融体系结构不合理，缺乏长效的金融扶贫机制；商业金融机构扶贫缺乏足够的内生动力；扶贫金融组织体系不健全，缺少真正的农民互助性合作金融组织和扶贫非营利小额信贷组织；扶贫效果显著的非营利小额信贷机构没有合法身份；政府变相兜底存在信用体系与供给方和需求方两方面的道德风险；"户贷企用"，存在贫困户难以参与发展等诸多负面效应。

互联网技术的发展和应用相对薄弱和滞后。要防止和克服金融扶贫工作中存在的"悬崖效应"（金融服务排斥建档立卡贫困户外的边缘群体）和"挤出效应"（挤压了以普惠金融理念服务欠发达农村地区中低收入群体的社会企业类型的小额放贷组织的发展）。此外，边远地区群体、城乡老年群体等弱势群体所面临的"数字鸿沟"问题亟待解决，国务院近期专门为解决"数字鸿沟"问题下发了文件，要求各有关部门和机构限期设法解决，人们现在关注的是执行力问题，中央政府的要求能否快速落实见效。

要进一步建立健全金融服务体系，形成开发性、政策性、商业性、合作性等金融机构共同参与金融扶贫开发和脱贫攻坚新格局。要加速资金回流农村和贫困地区；支持和鼓励保险机构发展农业保险产品和服务，扩大保险在贫困地区的广度和深度；培育、引导、支持贫困地区企业开展股权、债权融资，丰富贫困地区企业融资渠道，降低融资成本。金融要支持贫困户及带动他们就业的专业合作社等新型农业经营主体发展，帮助和促进建档立卡户脱贫致富；支持易地扶贫搬迁、特色产业发展、贫困人口就业就学、贫困地区重点企业和项目，促进贫困人口增收脱贫、安居乐业。加大贫困地区信用体系建设，优化贫困地区投融资环境。

（四）金融在继续解决相对贫困中的作用

巩固农村脱贫成果，仍然要贯彻以经济建设为中心的思想。经济是基础，金融是核心和"血液"。金融在解决相对贫困中继续发挥着极为重要的作用。

与绝对贫困相比，相对贫困具有人口基数大、贫困维度广、要求严、致贫风险高等特点。而且，从我国目前的贫富差距现状看，解决我国的相对贫困问题很可能是一个相当长时期的问题。因此，在打赢脱贫攻坚战之后，仍然要十分注意防止和解决返贫，巩固拓展已取得的成果，要把解决绝对和相对贫困与实施乡村振兴有效衔接，并做好长期作战的各方面协调配套的政策措施和工作安排。解决相对贫困应更多着眼于整个村庄和村民的整体进步，要设法使中西部地区的经济社会发展水平和速度尽快追赶上东部地区。从根本上说，解决相对贫困问题，只有不断缩小贫富群体收入和财富差距，才能缓解和消除。

我国是中国共产党领导的社会主义国家，彻底解决贫困问题是我们党和国家的宗旨和性质所要求和决定的。我们能否实现党中央提出的2035年初步达到社会主义现代化和2050年达到建成社会主义现代化国家的奋斗目标，真正实现国强民富，而且是全体人民共同富裕，解决我国的相对贫困问题是前提条件之一。为此，今后一段中长期，需要全力以赴致力于乡村振兴战略，从解决产业、组织、人才、生态和文化五个振兴发力，逐步实现不同社会群体、地区和城乡统筹均衡发展。而脱贫攻坚、解决相对贫困与乡村振兴有效衔接离不开金融的助力和支撑。为此，金融机构应进一步进行供给侧结构性改革，推动线上和线下结合的普惠金融发展，使我国的普惠金融水平能逐步并尽快地达到国际先进水平，以实现上述全国人民翘首以盼、梦寐以求的发展目标。

（原文载于《国际融资》2021年第3期）

参考文献

《中共中央关于制定国民经济和社会发展第十四个五年规划和二〇三五年远景目标的建议》，新华网，2020年11月3日，http：//www.ce.cn/xwzx/gnsz/szyw/202011/03/t20201103_35969108.shtml.

《中共中央政治局常务委员会召开会议听取脱贫攻坚总结评估汇报》，新华网，2020年12月3日，http：//www.xinhuanet.com/2020-12/03/c_1126818856.htm.

范小建：《没有自力更生精神，扶贫开发就没有灵魂》，中国网，2016年3月3日，http：//www.china.com.cn/lianghui/fangtan/2016-03/03/content_37929288.htm.

国务院：《推进普惠金融发展规划（2016—2020年）》，新华社，2016年1月15日，http：//www.gov.cn/xinwen/2016-01/15/content_5033105.htm.

习近平：《关于全面建成小康社会补短板问题》，《求是》2020年5月31日，http：//www.xinhuanet.com/politics/leaders/2020-05/31/c_1126056126.htm.

四 小额信贷国际经验与国内扶贫小额信贷案例

孟加拉国的乡村银行及对我国的启示

在专为穷人服务的信贷扶贫项目中,迄今为止,最为成功、规模最大的可能要算是孟加拉国格莱珉银行(Grameen Bank,GB)了。GB 模式的贡献在于既有效地开展扶贫工作,又保证了扶贫金融机构自身的生存和发展。GB 存在的宏观外部条件至少应有两条:一是所在国家实行的是市场经济。二是政府在政策上支持,至少是不反对,允许试验。在 1992 年党中央正式确立我国实行社会主义市场制度后,GB 对我国扶贫工作的借鉴作用就具有现实性了。事实上,我国负责扶贫工作的高层领导对 GB 的经验也是颇为重视的。从总体上也肯定 GB,认为应有选择地借鉴。

一 孟加拉国格莱珉银行(GB)的基本情况

孟加拉国总面积为 14.40 万平方千米,人口为 1.1 亿,城市和农村人口各占 16% 和 84%,人口密度 785 人/平方千米。孟加拉国行政区划设 5 个大区(省)。64 个地区,487 个县,4500 个乡,68000 个村。农村中 20% 的人掌握了 80% 的土地,贫富差别显著,无地农民很多,贫困人口约占人口总数的 50% 左右。是世界上最贫困的国家之一。人均国民生产总值约为 190 美元,文盲率约为 70%。

GB 属民间金融机构,开展转贷国内及国际金融组织资金,获得利差收入,但不搞银行结算业务,没有建立金库,不吸收社会存款。

(一)创立

GB 于 1983 年开始得到政府的承认并获得贷款支持,但其发展却历尽了艰难曲折。GB 的现任总经理、创始人穆罕默德·尤那斯博士从美国归国后在吉大港大学经济系任教,并担任系主任。他看到农村穷人的状况不断恶化，便努力想在商业银行为穷人争取到生产贷款，但困难重重。于是，他决心建立一个专为穷人服务的银行。从1976年开始尤那斯博士着手进行其雏形试验，从一个村到五个村，从一个县到五个县，经过连续7年由小到大的成功试验，到1983年，终于得到政府对成立GB的认可。

（二）概况

到现在，GB已发展成为拥有2亿多美元，有1.2万多名职工，在全国设有12个区域分行，100多个地区支行，1000多个营业所的银行系统。GB的贷款总额达5亿多美元，利用GB住房贷款（574美元）盖屋的农户已超过24万多家。它经营服务于孟加拉国的约3.3万个村，占全国村庄总数的48.2%。这些村有165万人（户）为GB成员，约占无地农户的15%左右，其中94%的成员为妇女。GB计划到20世纪末在全国所有地区都设立自己的分支机构，共建立3000个营业所，为穷人服务。目前，GB的资产规模不算大，但它的客户，即广大农村贫困农户却已是孟加拉国各银行中最多的。尽管它的贷款年利息达到20%（参照其他银行的16%和民间高利贷的120%），但它的累计还款率却达到令人惊讶的98%。而传统银行一般则低于50%甚至只有10%。例如，孟加拉国的合作银行（Samabaya银行）由于合作社农民还贷差，银行运作效率低，政府拒绝担保而面临困境。这与GB目前的兴旺景象形成鲜明对比。

（三）组织结构

GB实行董事会领导下的总经理负责制。董事会负责审议和批准GB业务政策和项目实施，它由13人组成，其中9人是从借贷者和股份持有者中选出。目前，政府股份额约占20%，其余为GB成员拥有。总经理是执行董事。

GB由四层管理机构组成：总行、分行、支行和营业所。总行设在首都达卡市，主要负责与政府和其他机构联系，对下属行提供指导和接受反馈，评估和培训人员，掌管人事和外来资金及研究开发活动。它的多数管理功能和决策权力已逐步分权给下属银行。

分行管理下属支行和营业所。全国共有12个分行（分设在五大行政区内）。一般说，每个分行下属10—12个支行；每个支行管辖8—15

个营业所；每个营业所服务 30—40 个村，1000—2000 多户人家，服务半径约为 10 千米左右。例如，RangPur 分行有 12 个支行、109 个营业所。Jaigirhat 营业所服务 40 个村，有 62 个"村庄中心"、480 个小组和 2183 户人家。Jaigirhat 营业所是 Rangpur 支行所属 10 个营业所之一，Pangpur 支行服务于 520 个中心，3200 个小组。迄今为止，已帮助 1976 户人家用 GB 贷款盖了新房，还建了 160 所学龄前儿童辅导中心，有 3200 名儿童入学。

现分行负责过去由总行管理的社会发展项目，人事权也已越来越多地由分行分担，可能不久会成为区域范围内的独立银行。

支行一般设在镇上，在项目官员协助下负责贷款的批准和处罚、账目的管理。

营业所是 GB 的最基层运作机构。由 9—10 位工作人员组成。设在村里，组织贫困农户组成小组，管理由小组联合组成的"中心"，监督贷款借还和处罚。

GB 除了自身的四层组织机构，与其他传统意义上的银行最大的区别就在于它还建立了适宜的群众组织——信贷小组和中心。

GB 是为穷人的组织，它指导每五户贫困农户（户主）组成一个小组。小组按性别划分，亲属不能在同一小组，每个小组各选组长和秘书一名。一个村发展到六七个小组后即成立一个"中心"，"中心"正副主任由选举产生，任期一年。每周各小组全体成员必须定期召开"中心"会议。开会时，必有一名营业所的职员到会并参与有关活动。

（四）贷款对象及贷款手续

（1）贷款对象是无地或可耕地少于 0.5 英亩的农户，或者是家庭资产相当于不超过一英亩中等质量土地价值的农户。妇女优先得到贷款。

（2）贷款手续。小组作为一个有资格获得贷款整体。小组成员必须学会写自己的姓名，参加培训，了解并愿意遵循 GB 的目标、规定等后才有资格得到贷款。GB 成员可以自由选择贷款的经济活动，但需在中心周会上讨论，并获小组一致批准方行。然后，GB 支行到每户核实批准，就可得到贷款，每户发一信用本，无须抵押。一般从申请到获得贷款约需两三周时间。

五人小组成员必须分期按"2—2—1"次序获得贷款,即先贷给两个人,当贷款使用符合 GB 要求后再贷给另两个人,最后组长才得到贷款。这一过程约需 4—6 个月。

(五)还款措施

GB 的还款基本上可归结为两方面:一是加强宣传教育,二是建立严密的保证措施。GB 不断向成员宣传借钱必须归还的思想,它主张为穷人帮穷人,但不主张搞慈善事业,不搞施舍、捐赠和照顾。其宣传和组织活动,使成员尤其是妇女树立了讲信誉和及时还贷的意识。

另外,GB 建立了一套严密的保证措施。①贷款额分成 50 周归还,每周还 1/50,最后两周还利息。②建立小组基金,其来源为:一是贷款额的 5% 存入基金;二是成员每人每周存 1 塔卡(孟加拉国货币单位,约 1 美元值 40 塔卡)。以上两项存款支付利息。成员可从小组基金贷款用于生产或生活,但需要付贷款利息。③建立紧急基金。社员获取贷款额 1000 塔卡以上者需要将总额的 5% 放入该基金,用于意外和死亡等。④建立风险基金。主要防备自然灾害风险,强调自愿参加。⑤鼓励成员有钱可存入个人储蓄账号。⑥小组成员间彼此有连带责任,有义务互相监督和帮助。⑦用经济手段促使还贷。延迟还贷要受惩处,直至取消下笔贷款资格,如能按期还贷,则在 3—4 周内可获下笔同等或更大额贷款,并不断循环往复。

(六)培训制度

GB 的职员素质高,文化水平均在高中以上,营业所经理多为硕士。他们的待遇高,生活福利界于同等级公务员和私营银行雇员之间的水平。对新招募的人员的入门培训(主要在农村实习)需 6 个月,此外还有 6 个月的试用期。

GB 也为农户成员组织培训、咨询、提供信息和传授知识,帮助农户成员交流生产经营门路,学会多赚钱。GB 支行还定期对"中心"主任进行集中培训,并由主任回村后向小组成员讲解。每周周会宣传和确保小组纪律,进行精神文明教育,例如卫生保健、儿童教育、摒斥嫁妆、计划生育、团结互助等,也开展扫盲和技术培训,还与贷款的分期归还结合起来。

（七）效益

对 GB 的整体效益目前没有完整的统计和研究，但据某些测算，GB 的社会经济效益还是可观的。在一般情况下，接受 GB 贷款的农户在两年内人均收入大约可增加 32%，而整个孟加拉国人均收入只增加 2.6%。与对照组①相比，接受 GB 贷款的农户平均消费用于保健的是对照组的 2.3 倍，房屋是 2.4 倍，衣着是 3.7 倍，识字率和接受计划生育的水平也都高不少。另据某些专家的看法，接受 GB 贷款的农户，大体上说，40% 的人生活水平有改善，另外 40% 的人基本维持原有生活水准，还有 20% 的农户水平下降。而无贷款的农户基本上是生活水平没有提高或者下降。之所以如此，与孟加拉国农业靠天吃饭、灾害频繁有关。

据 GB 总经理介绍，接受 GB 贷款的农户中那 60% 的人生活水准没有提高或者下降的原因，除自然灾害外，主要是家人生病所致，造成家庭既失去劳动力又增加大量花费。另外是 GB 信贷额有限，因每户只能一人得到贷款。因此，GB 计划在今后若干年内：①在总行设立专门的研究机构，掌握各种准确、必要的信息，为 GB 的决策和运作提供科学依据。也有利于深入调查研究，及时发现问题。②逐步建立医疗保健和保险制度，减轻疾病对农户的不利影响。③发展家庭贷款项目，扩大信贷的家庭人数覆盖面等。

二 对 GB 的基本评价

孟加拉国 GB 在国际上的影响力已日益扩大，其模式已在马来西亚、菲律宾、印度尼西亚、越南等国得到不同程度的推广。在南亚周边国家仿效者也为数甚多，甚至在非洲和拉丁美洲的一些国家也有团体在进行有关尝试。据说现有 30 多个国家有 GB 模式的大小不等的贷款金融组织在活动。国际上有不少组织和政府向 GB 提供资助。

目前国际上比较成功的扶贫金融组织都有一些共同的经验和特点：①扶贫的宗旨明确，首先确定谁是要扶持的穷人。②保证资金的有偿使用而非无偿救济。③运作系统和规章制度完善。一般由社会经济利益相似的穷人组成规模适当的小组进行活动；发放贷款及时，透明度高，效

---

① 对照组为没有接受 GB 贷款的农户。

率高。用经济手段鼓励及时偿还贷款。④通过动员、培训、组织和参与，提高穷人的意识和素质，同时具有社会组织的功能。

对于 GB 和 GB 模式而言，还有两个特点：①专注于妇女，这有利于妇女地位的改善，促进妇女素质的提高。②还贷率高，这样既保证了穷人对资金的持续要求，又使扶贫的金融组织能自我生存和发展。

孟加拉国两极分化严重，穷人生活十分困难，又得不到国家商业银行的贷款，在这种情况下，GB 以贷款扶贫为宗旨进行活动，是有积极作用的，值得肯定的。尤其是尤那斯博士等一批有志于扶贫事业的人士，能克服种种困难，坚持不懈并做出实际成绩，其精神和行为是难能可贵的。

结合中国扶贫贷款工作的实际，孟加拉国 GB 及国际上一些信贷扶贫组织的经验对我们是有启示和借鉴作用的。GB 能从转变观念入手，始终明确是帮助穷人，而不是施舍，是重在"造血"，而不只是"输血"。通过培训方式，以及创立适宜的农民组织，尤其是妇女组织。制定严格配套措施获得了较明显的社会经济效益。

对于 GB 模式的批评意见，主要有以下几点：①不能从总体上、宏观上根本解决穷人的地位和面貌。②是一种改良主义的行为，对穷人有麻痹消极作用。③利率过高，穷人得益少，难以脱贫。④还款条件苛刻，风险完全由穷人承担。⑤过多注意信贷还款率，对信贷效益如何注意不够。⑥银行职员工资过高，也是对穷人的剥削。⑦只注意给穷人贷款，没有教授穷人如何正确使用资金。⑧GB 的成功很大程度上是依靠外资的援助。

笔者认为，第 2 点和第 6 点意见似过于激烈，可能不宜这样认为。对第 3 点、第 4 点和第 7 点意见，还有值得进一步讨论之处。至于第 1 点、第 5 点和第 8 点意见，笔者有同感。其中第 1 点和第 5 点应看作 GB 目前的局限性。可能在第 1 点上，GB 是无能为力的，而第 5 点，通过努力是可以改进的，至于第 8 点，应该说是与 GB 努力开展这方面工作分不开的，是它充分利用外部资源的结果。也许正是其长处之所在。

三 关于在我国建立乡村扶贫金融组织的设想

在我国农村，至少在贫困地区建立以扶贫为宗旨的乡村金融组织，（我们不妨称为扶贫银行），对解决贫困农户生存和温饱，发展种养业等所需的小额短期贷款具有重大意义,我们倡导建立的"扶贫银行"的近期主要目标,就是要解决贫困户获得资金并保证这部分资金周而复始的循环和持续投入的问题,也就是解决贷款回收率低的问题。目前造成回收率低的原因除自然灾害确实无力偿还外,主要是项目决策失误和管理不善。另外有的农户信用观念差,故意拖欠。据统计,全国农户所得贷款平均只有约40%被用于生产,而生产性贷款中只有约50%真正被用于生产,也就是说,用于农业生产的贷款只为全部贷款的20%左右。"扶贫银行"的运作机制将有利于这些问题的解决。

而且,"扶贫银行"的建立可能也会有利于解决我国目前存在的扶贫贷款使用难的问题(如江西省1991年扶贫项目资金到位率为82.2%)。因为它将会有助于解决资金管理层次繁多、手续复杂、开支大;寻找担保难;资金到位慢,有的错过季节和机遇;贷款资金管理薄弱,县以下机构基本属于"真空"等问题。目前,我国农村金融人员不足,素质较低,主要是信贷人员不足。1986—1989年农行人员增加了15640人,但其中信贷人员占职工总数却由11.2%降为9.2%,另外,县级扶贫主管部门任务重,但人数少,乡镇以下基本上是兼职领导,且变动频繁。与此形成鲜明对比的是孟加拉的乡村银行(GB),它在最基层工作的营业所职工人数占全体职工总数的近80%,而且还有5倍于全体职工总数的中心主任们("村庄中心"的管理者)长年累月地义务为GB工作。

在目前阶段,这类扶贫金融组织可以像GB那样,开展对国内及国际金融组织资金的转贷业务,获取利差收入,但不搞银行结算业务,不建立金库,不吸收社会存款。同时保留我国政府目前规定的较规范的农村合作基金所具有的一些特点,即具有管理和融通资金相结合,社区性、内部性、股份经济和合作经济兼容性,以及非营利性等。

从外部环境保障上,政府和各有关方面和组织应为扶贫金融组织创造较宽松的外部条件,允许其存在和发展,指导其向规范的合作金融组织方向发展,但不应对其业务活动的正常开展加以行政干预。

如果说目前建立这样的金融经济组织,在宏观上还有种种顾虑和问题,那么在某些贫困区、带的一定范围内进行试点是完全应该的。应鼓励大胆地去试,正像目前一些地方正在积极探索农村股份化和民间金融试验一样。

目前,我国县级机构改革很快将全面铺开,应正确利用这一契机,实行人员分流,政企分开,搞一些类似 GB 式的投资金融公司之类的经济实体,这样,试点工作就可以展开。当然,这类机构的组织形式可以不求一致,但扶贫的宗旨一定要明确,动作系统和规章制度一定要有规范,并在实践中不断调整完善。这类组织应成为我国金融和资金体系中的一员。与其他金融组织机构既合作又竞争,发挥其应有的作用。同时,它又不完全是一般性的金融组织。它具有专门扶贫的目的。而且,可以设想,有了这样的组织,也能在一定程度上解决贫困地区双层经营体制薄弱、村级层次组织机构和功能萎缩的问题。

目前,我国仍有 8000 万没有解决温饱的农民,还有为数众多的虽已初步脱贫但仍未稳固脱贫的农民群众。尽快使上述农民群众脱贫,并逐步走上富裕道路是关系到我国改革成功、政治稳定、民族团结、边疆巩固、社会安定、国民经济长期均衡协调发展和经济社会发展目标实现的大事。可以肯定,建立专为他们服务的资金扶贫组织将可以加快贫困地区和贫困农户脱贫致富的步伐,也将有利于促进我国人民生活进入小康的第二步战略目标的早日实现。

(原文载于《中国农村经济》1994 年第 2 期)

解决贫困农户贷款短缺和还贷率低的尝试

——GB 模式在中国的初步实践

一 背景

在中国，扶贫的方式很多，成功的经验也不少。但从我国以往的扶贫实践来看，使千千万万贫困农户直接和持续地获得稳定的生产经营性贷款，并能保证贷款的回收和循环使用。同时，为使贫困农户服务的信贷机构能自我生存和发展下去，仍是扶贫工作中尚未解决的问题。

（一）贫困农户获贷难

就全国平均而言，每年只有35%的农户能够得到贷款，获贷的贫困农户则更少，其额度也大大低于相对富裕户。据中国农行1990年在12个省份对1万多农户的抽样调查结果显示：人均年收入达到200元、200—800元、800—1000元以及1000元以上的各收入组年获贷款额分别为204元、175元、218元及458元，在扶贫工作中普遍存在着所谓"扶富不扶贫"或"贫富一起扶"的问题。

（二）扶贫贷款还贷率低

据农行统计，扶贫贴息款的正常还贷率1980—1989年为14.33%，1990年为38.03%，1991年为45.43%，1992年为41.37%，1986—1990年平均正常还贷率为20.7%。

不过相对于乡镇企业、县办企业而言，贫困农户的还贷率还是最高的。据对统计数据的分析计算，1990—1992年，三者（乡企、县企业和农户）还贷率分别为42%、33%和49%。

（三）信贷机构自身财务上的自立问题

如果要使专事扶贫的非官方信贷组织能够健康地生存和发展，并持续地为贫困农户服务，就不能长期依靠外部的财政补贴（包括国内外的资助）。也就是说，要使该组织在一定时期内能达到自身财务上的收支平衡。目前，在河北省易县、河南省虞城和南召县开展的扶贫试验项目，其主要和直接的目标是要探索和试图解决三个问题：一是贫困农户获贷难的问题；二是扶贫贷款还贷率低的问题；三是争取基层信贷组织在三五年内达到适当经济规模（贷款户达到 1500—2000 户），并力求自身财务收支平衡。

可以设想，该项目的实施必将对我国农村金融体制的改革提供某些有益的尝试和思路，也会为探索我国合作型金融的发展起到铺路石的作用。此外，由于该项目的服务对象主要是贫困妇女并进行一些社会发展活动，因此，对提高妇女经济社会地位和保护妇女权益也能发挥一定作用。

二 解决问题的尝试

目前，正在河北易县以及河南虞城和南召两县进行的扶贫合作社（FPC）试验项目，是解决贫困农户贷款短缺和还贷率低的尝试和我国实际、模拟孟加拉国格莱珉银行（Grameen Bank，GB 模式）而开展的信贷扶贫尝试。它是一种"制度设计"、实验项目（行动—研究项目），得到了主要来自福特基金会和 GB/GT 的资金和技术援助。

最初，扶贫社（FPC）是由中国社会科学院农村发展研究所和易县政府共同协议和合作组建的，其目的为专门进行信贷扶贫试验，它重点在于扶助贫困妇女，实行理事会领导下的经理（主任）负责制。易县扶贫社有职工 5 人，由原易县扶贫办人员和社会招聘人员组成专职工作班子，农村所负责设计监督管理。它与传统意义上的金融机构在组织上的最大区别是建立适当的群众组织——信贷小组和中心，指导每五户贫困户组成一个小组，由农户自己选择适宜的生产创收活动，小组成员间有互助、监督和连带责任。一般六七个小组再组成一个"中心"，"中心"全体成员定期开会。小额分阶段（五人依 2—2—1 方式）贷款，每周还贷，保证后续和持续贷款等是扶贫社的重要原则和成功的重要保证。而对扶贫社职工和农户社员的培训则是必不可少的前提。社员还有必须存款的规定。"中心"会议还须进行教科文卫及其他经济、社会活动。该项目还明确提出了"精神文明十四条"要求。

目前，农村发展研究所正与中国扶贫基金会协议进行合作，着手共同组建专门的工作班子，设立扶贫社北京总部，负责领导和管理各项目所在县的扶贫社。而所在县政府则承担支持和协助管理项目的责任，例如帮助组建当地扶贫社的理事会，选择项目负责人等，以利扶贫社能沿着正确的轨道顺利发展，但不干预和插手项目的具体事务。

三　扶贫社运作方式

（1）扶贫对象必须是贫困户，放款到户的主要对象是妇女。它发挥了妇女会管家、重勤俭、还贷观念强的优点，也有利于提高妇女经济社会地位和保护妇女、儿童权益。

（2）严格放、收款制度。每户第一期贷款最高限额为 1000 元，第二期为 1500 元。只能用于自己选择的生产经营性活动。贷款期限为一年。年贷款管理费名义收费率为 8%（每 1000 元贷款收费 80 元），不要抵押、担保。从放款后第三周开始还贷，每周还本金 1/50，50 周还清。每 5 户组成一个小组，分三批放款。先贷 2 人，还贷正常，约一个月后再对以后 2 人贷款，否则停止贷款，并收回首批贷款。如前两批都能按要求还贷，再放给组长。这种每 5 户为一组的贷款方式即上文提到的小额分阶段（五人依 2—2—1 方式）贷款。

（3）加强社员相互合作和监督。社员自愿组成 5 人小组（直系亲属不得在同一组内），一般 6—8 个组构建一个中心，分别选出组长和中心主任。小组成员间要互相帮助和监督，并发挥联保作用，形成自身内部约束机制。

（4）发挥中心的作用。每周由中心主任召集中心会议。内容主要是检查项目落实和资金使用情况，办理放、还、存款手续，交流经验等。在中心会议上，小组长把本组 5 人应还贷款收集起来，交中心主任和合作社工作人员，有关人员要在社员还贷手册上逐个签收盖章，并在中心的收款清单上共同签字盖章。

（5）建立小组互助和风险基金。每个借款人在借款时拿出贷款额的 5% 存入小组基金，每人每周还要在此基金中存入 1 元钱。这两部分都可获得相应的银行活期存款利息。基金归全组成员共有，其中个人存款归个人所有，退社时可一次支取。组员借款可用于生产或生活性消费，所有借贷总额不得超过小组基金的 50%。小组基金的另一半为风险金，在中心内统一解决贫困农户贷款短缺和还贷率低的尝试使用，主要用于补偿中心内个别户因天灾人祸而发生的贷款损失。风险金的动用，须经中心会议全体讨论同意。

（6）执行纪律，持续获贷。社员要遵守社员纪律和执行社员守则。社员纪律主要是：及时参加会议和集体活动；按时还贷；如数交纳小组基金、个人存款和贷款管理费。制定社员精神文明建设守则，要求做到勤俭持家、家庭和睦、尊老爱幼、团结邻里、清洁卫生、计划生育等。只要遵守上述纪律，就可以持续不断地年年获得贷款，额度也可扩大。

（7）建立各项规章制度。有关规章制度有：财务管理和开支报销审批制度；贷款审批、发放和回收管理制度；统计、报表和财务情况、检查制度；农户档案和个人账户；农户存、贷款手册，社员守则等。

四 进展和成果

易县扶贫社的具体筹建工作始于 1993 年下半年，向贫困农户发放的第一批循环贷款的时间是 1994 年 5 月 27 日。至 1995 年 11 月底，已在易县两个乡的 10 多个村发展贫困农户社员 594 人（户），其中贫困妇女占 80%，组成 17 个中心和 116 个小组。放款额为 68.29 万元。一年期限内的还款率达 99% 以上。根据对易县扶贫社一年来的抽样调查，贷款户资金利用情况良好，并有较明显的经济效益。养殖业（占比为 65% 左右）的经济效益一般为贷款额的 0.5—1.5 倍。维修加工业（占比为 6%）一般为 1—1.5 倍，小摊点（占 20%）为 2 倍左右（其中，包括物价上涨因素）。

河南两个县的扶贫社项目目前也已进入落实规划、组织工作班子、进行培训和动员组织贫困农户的阶段。至今，虞城扶贫社区已发展了 10 个中心，68 个小组，320 人（户），妇女成员 100%，放款 14 万元，还款率 100%。南召扶贫社也已发展了 4 个中心，16 个小组，80 人（户），妇女占比为 60%，放款近 3 万元。

扶贫社贷款回收率高的主要原因：一是组成小组，相互帮助、监督并有连带责任；二是贷款额相对小，且有每周还款制度的保证；三是农户有持续获得再贷款的前景；四是选项准，有效益；五是对农户而言，获得贷款的交易成本相对并不高；六是扶贫社的密切监管，政府系统的支持；七是以妇女为受益主体。

我们认为，扶贫社的试验是扶贫实践的一种尝试，能在一定程度上解决以往扶贫工作中的贫困户获得贷款难和扶贫贷款还款率低的问题。扶贫社能提供贫困户急需的小额短期生产贷款。而且由于贫困户参与资金交易的全过程，资金运转的公开性可在一定程度和范围避免贪污、贷款不当和手续不符等现象。其他的优点还有对农户的服务及时、优惠、便利以及贷款无须中间人，无须抵押和担保，利益可以直接到达穷人手中，农民不必为贷款多次多方奔走，不必付额外的费用等。目前，造成国家扶贫贷款回收难的原因，我们认为，除因自然灾害外，主要是项目决策失误和管理不善。另外，有的农户信用观念差，故意拖欠也是原因之一。扶贫社的组织形式、运作方式和每周还款制度以及可获持续的后续贷款的保障，能在很大程度上解决这些问题。扶贫社的运作方式也可能有利于解决目前存在的扶贫贷款"使用难"的问题，因为它将有助于解决目前国家扶贫贷款中资金管理层次繁多、手续复杂以及由此造成的开支大、交易成本高的问题。也能解决贫困农户抵押和寻找担保难的问题，还可以解决资金到位慢，有的错过季节和机遇，贷款资金管理薄弱等问题。

扶贫社还试图在扶贫贷款的强度上有所加强。对农户的第一次贷款额目前掌握的是以不超过 1000 元为限度，这已经超过国家贫困地区年人均资金投放强度约 42 元的标准（1984—1990 年，获贷农户从农行和信用社获得的平均年贷款规模为 602 元。贫困户一般较难获得贷款，即便有，也往往只是三四百元）。而且扶贫社对遵守规则的社员可持续不断给予贷款的支持。这一措施可能将有助于加快解决贫困户温饱以至脱贫的速度。

五 困难和问题

（一）外部环境条件

（1）关于能否允许试验，并获得正式合法身份的问题。扶贫社的存在和发展，在宏观上至少应具备两个条件：一是搞市场经济；二是政府支持（至少不反对）。目前，我国在框架上已基本具备了这些条件。但在实践中，尽管国务院扶贫办和中国扶贫基金会都大力支持我们进行此项试验，我们感到还未能完全获得正式的合法身份。

（2）关于利率应高些还是低些的问题。国外的类似组织和专家主张应高些，我国多数人士则认为扶贫贷款利率不能过高。不过，国外很多合作金融的利率也是优惠的。

（3）关于以何种组织身份进行运作的问题。政府的、半政府的还是非政府的？如何防止"官营化"？当然政府的支持作用是重要的和必不可少的。

（二）组织自身条件

（1）扶贫社北京总部人员的配置问题亟待解决。

（2）扶贫社各试验点人员素质有待提高，培训有待强化。总部应更密切接触现场。

（3）各级都应进一步完善各项规章制度。

（4）与GB模式有不小的差异，例如，在易县存在较多地利用政府和村干部的力量、利率低于市场利率、扶助目标有所弱化的现象；获得贷款的不全是贫困户，所在地区也不是最穷的；小组的组成、培训和辨别工作不够，小组作用的发挥有限；不能坚持周会；社员储蓄也不正常；社会发展活动组织不力；等等。

（5）扶贫社组织内有关机构和人员间的摩擦和矛盾。

（6）关于到最偏僻、最贫困地区的最贫困人群中去试验的时机问题。但如何解决试验成本高、风险大、人财物力不堪重负等关键问题？从我们的主观意愿和策略上的考虑，应实行"先易后难，梯度推进"，待获得经验和示范效应后，再啃最难啃的骨头。

六 政策建议

扶贫社的扶贫方式是众多有效扶贫方式中的一种，但这种扶贫方式在中国却是首创，是一种新思路和新模式的尝试。它以小组信贷为基础，更有利于贫困农户对信贷全过程的自始至终的参与，更符合农村的实际，并对信贷的正常运用和循环有一套可行的管理方式。但它是否适合各类贫困地区农户对信贷的需求，仍值得研究和探索。尤其是对那些特别贫困但还有生存条件的山区而言，由于那里居住分散、市场条件差，这种扶贫方式是否可行，仍未得到检验。今后，我们计划将在这类地区进行这种方式的尝试。但可以断言，这种贷款方式和组织形式不能解决基础设施和社会发展目标建设方面的问题，它仍需要其他各类有效扶贫形式和方法的配合。

下面，仅就与宏观环境条件有关的问题谈一些意见。

（1）对非正规金融组织应实行区别对待的政策。借鉴国际农业金融体系的经验，根据我国金融体制改革的方向，今后我们应注意发展合作型金融组织。依据我国目前的实际，对此类组织在组织形式、财务制度、经营业务范围等方面应制定和颁布相应的法规和条例，针对农村合作基金会、储金会、扶贫社、民间借贷等不同地区不同组织的实际运作和表现，采取区别对待的方针，或鼓励发展，或允许试验，或整顿完善，或限制取消。

（2）利率的掌握仍有待研究，但政府的控制似应有适度的放松。低利率将对贫困农户有利，但增加信贷组织的运作难度；而高利率对农户的压力将增大。如何掌握"度"？看来，以商业银行市场利率为准适当浮动是适宜的。扶贫社的贷款利率似应略低于市场利率，而以参照国外合作社的原则办理为宜。但在目前我国通胀率如此高的情况下，实际的负利率是违背经济规律的，可在现阶段，扶贫社也许只能更多地顾及它的社会效益和人们的接受程度。不过，如欲维持其生存发展，则应获得国家优惠贷款的支持。同时，扶贫社本身也要多在提高工作效率和扩大规模上下功夫。

（3）对于贫困农户和不发达地区的资金需求而言，更应具有合作性和政策性功能的金融组织为其服务。如果国家政策性银行能以代理业务等方式通过扶贫社等类的合作性功能的金融组织进行融资，那么两者在宏观体系中各自的优势（政策银行资金上的优势和合作性信贷组织地缘、人缘和所在区域信息上的优势）都能得以体现和发挥，达到优势互补，效益叠加。这样既达到了扶贫的目的，相关的组织机构也得以发展。尤其需要指出的是，只要扶贫社类的组织运作正常，资金就可循环使用，还可扩大覆盖面，而且资金可最终归还给出资者。

（4）扶贫社的贷款扶贫方式主要源于 GB 模式（但 GB 是非政府组织开展的扶贫，而我们扶贫社的扶贫却想借助于政府的力量）。这也是由我国的现实特点决定的，目的在于能充分发挥政府机构与非政府组织两方面的优势以相互取长补短，形成合力。但如果搞得不好，则有可能将两者的短处加在一起而事与愿违。在这方面，扶贫社也是有教训的。

由政府直接干预和组织此种信贷扶贫模式好，还是主要依靠非官方和农民自己组织起来搞,而政府只起支持作用好?从理论上讲,似乎后种考虑更好些。因为这与企业的改革方向"产权明晰,职责分明,政企分开,管理科学"的要求更接近。但无论如何,应该强调的是,非政府组织扶贫社、农户的积极参与和自我组织管理是不可缺少的关键。其自主权和利益必须得以体现。

另外,再对扶贫社这类组织作一说明。我们认为,扶贫社的试验与目前我国政府宏观金融政策没有任何抵触。扶贫社的所有资金全部存在国家银行中,不搞银行结算,不设金库,也不吸收社会存款,不存在与银行争资金的问题。它也具有我国较规范的农村合作基金会、储金会类组织等所具有的一些特点:社区性、内部性、股份经济和合作经济兼容性、非营利性等。在实验项目的实际操作中不突破国家有关现有政策的限制,比目前国家允许试验的农村合作基金会和储金会一类组织的目标更专一,操作更规范。它认真贯彻和坚持以扶贫和发展为宗旨,以服务为主,严格管理和不谋利的方针。

(原文载于《中国农村经济》1996年第2期)

越南扶贫工作一瞥

越南目前全国总人口约7400万,其中农村人口占80%,农业在国内生产总值中的份额约为30%。在全社会劳动力中,农业劳动力比重达73%。农村人均耕地0.14公顷,户均0.71公顷。从1981年开始,越南进行了农业改革。改革使越南农业取得了显著成效。但仍然存在不少问题,政府在这方面也做了不少工作,取得了一些经验,现将情况分述如下。

一 农村贫困问题仍很严重

尽管这些年越南经济发展较快,但从总体上看,经济增长起点低,经济基础还很薄弱,发展水平不高,农产品商品率仍不足30%。1994年越南人均国民收入只有210美元,仍是世界上最穷的国家之一。据官方统计,全国农村约有20%的人生活在贫困线以下,贫困户达300万户以上,其中65万户口粮十分缺乏,不少边远山区的饥饿、贫困和落后状况仍十分严重。一些地区的资源和环境遭到严重破坏,就业问题十分突出。目前,越南低收入和中等收入农户占农户总数的70%左右。2019年农民用于食品的开支占总支出的70%,收入的96%都用于消费,拥有永久和半永久性住房的农户只有51.2%。营养不良的儿童比例高达40%左右。虽然越南粮食出口,但1993年人均年产量不足350千克,即便在湄公河三角洲大米主产区,也有20%的农户严重缺粮。越南大米出口的增长是人民勒紧裤带节省出来的。

二 政府扶农和扶贫的努力

越南政府针对农业基础薄弱、农业和农村经济发展滞后、农村贫困面大等问题，采取了一系列的扶持农业和减缓贫困的措施。

（1）对农业实行轻税、减免税政策。改革之初，越南政府就通过立法，把农业税固定下来，规范了国家和有关部门与农民的利益分配关系。在1993年又实行了新农业土地税征收标准，使农民的纳税额比原来减少30%，新税标准为每公顷收取30公斤稻谷，约相当于同面积产值的5%—6%。还规定了包括贫困山区在内的减免税政策。

（2）增加对农业的投资和科技投入。政府对农业投资约占国家基建投资的28%，高于我国。政府也重视农业科技的发展，在各有关部门和系统增设了科技推广和开发机构，还对这些机构和人员在物质、经费等方面予以保障，并执行相应的奖励政策。

（3）重视粮食生产，注意扩大粮食种植面积和提高单产。

（4）增加农民就业机会。越南农村剩余劳动力总人数约为850万。政府为增加农民就业，采取了以下措施：①建立就业基金。主要用于资助家庭自我就业和农村小型企业项目。②农业银行以市场利率直接向农户提供3个月期限的贷款，以解发展生产和增加劳动投入所需。③绿化荒山荒坡计划。该计划准备通过广泛植树造林来增加就业，改善环境。④转变农村经济结构计划。越南农村非农产业发展水平低，第二、第三产业劳动力只占农村劳动力总数的17%。政府准备在1995—2000年支出127.75万亿盾，发展农村的第二、第三产业，其中30万亿盾（约30亿美元）将直接用于提供就业项目。

（5）设立助贫服务银行。为加速"消饥减贫"步伐，政府自己筹资，同时也鼓励各方筹资，向贫困户发放生产贷款，最新举措就是成立专向有劳动力的贫困户发放贷款的"助贫服务银行"，并于1996年1月正式开始运营。该行不以营利为主要目的，利息相当或略高于同期通货膨胀指数，以保证本金不损失并使银行业务能得以发展。贫困户贷款无须财产抵押，但贷款金额最高不得超过250万盾（约合250美元）。助贫银行目前已筹资金3.2万亿盾（约3.2亿美元），1996年将向150万个贫困户发放1.5万亿盾，到2000年将扩大到230万户，约需5万亿盾（约5亿美元）。国家对该银行实行特殊保护政策，例如免收利税和给予风险担保补贴等。

三 妇联开展的扶贫活动

越南妇联积极配合政府开展各项扶贫工作，她们除了开展为营养不良的贫困残障儿童贡献一杯奶和一个鸡蛋，帮助贫困家庭儿童上学、复学等活动外，还将保健和计划生育活动与开展技能培训、发放循环贷款和自我就业、增加收入活动结合起来。在国际组织和国内各级各类经济、技术部门的支持下，越南妇联还组织了"妇女互助发展家庭经济"的活动，由妇联出面动员各界妇女筹资筹物帮助贫困妇女，使不少贫困妇女因此获得了生产贷款。妇联还以组织"储蓄和借款小组"的方式，将资金扶贫到户。目前，这样的小组在农村已发展到上千个，并取得了明显的经济和社会效益。据统计，在越南的海防省，自1990年开展助贫活动以来，到1993年，生活状况明显改善的家庭增加了10%，贫困家庭减少了4.1%。

越南妇联开展的另一项扶贫活动是"献爱心"项目（简称TYM）。该项目是孟加拉国格莱珉银行（GB）模式信贷扶贫组织之一。GB的目标是扶助发展中国家的"无地农民"，并由不受政府干预的非政府组织（NGO）来操作。但越南已完成土地改革，农民人人有地；纯粹的NGO在越南并不存在，在河内附近进行的GB式扶贫的TYM项目是由妇联系统操作的。TYM项目在服务对象、运作方式等方面与GB模式很相似，但也有显著的不同之处，与GB模式一样，TYM的服务对象专注于有生产能力的最贫困农村妇女，妇女成员比例达到100%。成员不必为贷款提供抵押和担保，但要求有与TYM合作的意愿和能力。由5户户主是妇女的农户组成小组，小组成员间相互帮助和监督并负有连带责任。六个小组组成一个中心。每周全体成员必须集中出席中心会议，在会上还贷和进行其他经济社会活动，每周归还贷款额的2%，贷款周期一年，分50次还清。还清贷款后，可持续获得后续第二笔、第三笔以至更多笔额度更大的贷款。小组成员的贷款顺序也与GB一样，TYM项目也实行小组基金制度，即每个成员必须将贷款的5%存入基金，且每人每周向基金储蓄少量固定现金。小组基金的使用由小组五人共同决定。与其他GB模式一样，第一笔贷款额度很小，而从第二笔起适当加大放贷额度。例如，TYM的一名成员第一笔得到20万盾（约合20美元），第二笔50万盾（50美元），第三笔100万盾（100美元）。TYM

的贷款利率实行的是商业利率，达 16%。

总的来看，该项目还是比较成功的，不过也存在种种问题。TYM 项目于 1992 年 8 月投放了第一笔贷款，最初的发展比较顺利，到一年半时已发展到 33 个中心，702 个成员，到 1995 年 6 月，已有 1210 个成员，还贷率在 99% 以上。一份 TYM 内部研究显示，该项目实施两年，妇女收入增加了 66%，从人均每月 26654 盾（约 2.66 美元）增加到 44290 盾（4.42 美元）。过去她们不少人受高利贷盘剥，现在不必了，她们得到了项目贷款，并学会互相帮助。

但与 GB 及其他 GB 式信贷机构不同的是，TYM 项目由妇联干部自上而下地选择受益成员，把他们组织成小组，用行政手段保证还贷。与 GB 模式要求的摆脱政府干预，独立自主管理，农户自己选择成员，自愿组成小组的方法相去甚远。而且由于全部是兼职工作人员，实际上她们很难做到严密的监控和管理，也出现了一些厚此薄彼，滥用权力的现象。

现在，TYM 项目正在总结经验教训，调整发展思路。妇联已设立新的营业所并全部选择专职工作人员进行操作，还正在培训全职受训者，为项目的发展提供人力资源保证。TYM 项目也得到了国外有关方面的多种协助，准备在各方面更贴近 GB 模式扶贫的要求。

（原文载于《国际社会与经济》1996 年第 5 期）

农村小额信贷：国际经验与国内扶贫社试点[*]

一 世界各国农村小额信贷项目概述

（一）组织特征

按目前世界上13个主要进行小额信贷活动帮助贫困群体发展的组织机构，可分为四类：①开发（发展）银行。如印度尼西亚、墨西哥和厄瓜多尔，是政府的国家级开发银行，通过其他发展银行、商业银行、非政府组织（NGO）、信贷联盟等以二级借贷的方式开展业务活动。②扶贫银行。以孟加拉国的乡村银行为其代表，此外，还有印度的SEWA银行（合作银行）和玻利维亚的Bancosol银行（商业银行），它们都有自己的章程和特殊信贷机构。③会员网络。有拉美和加勒比地区的ACCION，是由非政府组织组成的会员网络；拉美及一个非洲会员组成的网络（FINCA），是由社员管理的村银行，通过FINCA会员得到借贷资金；印度的FWWB，根据社团法注册为NGO，是由分布在11个邦的不同规模的100个自愿组织的网络。④非政府组织（NGO）。多米尼加共和国的ADOPEM，为非营利组织；肯尼亚的K-REP，为非营利性发展组织；加纳信贷联盟系统（CUA），包括农村和城市在内的全国协会；67个发展中国家的17000个信贷联盟。这些组织的全国性协会是世界信贷联盟理事会的会员（WOCCU）。各类组织机构的性质是与其服务的目标群体、资金来源、运作方式和组织自身力争财务独立的途径相联系的。

---

[*] 本文与孙若梅合作。

(二) 目标群体的特征

目前，世界上小额信贷项目服务的目标群体的一般特征是：正规金融网络难以覆盖的、具有生产能力，但缺乏生产必需的资金而难以生存和持续发展的小企业和个人。项目为他们提供主要用于生产创收活动的小额信贷。由于农村小额信贷项目的实施机构不同，以及各个国家的社会经济文化背景的重大差异，目标群体按贫困程度或经济实力可分为两类：第一类以贫困者中的最贫者为目标群体，这一类的代表是孟加拉国格莱珉银行（GB），以及各 GB 的效仿项目。GB 强调以穷人中的最穷者为目标群体，而排斥非贫困者和有土地的农户。在马来西亚效仿 GB 的 AIM 小额信贷扶贫项目强调以国家贫困标准收入的 80% 以下的贫困农户为其特定的目标集团，并对选定的目标农户进行较为严格的房屋、资产和收入测算，以保持目标集团的纯洁性。其成员从事的经营活动是穷人自定的、个人认为有预期收入前景的、可以帮助自己逐步摆脱贫困的各类生产活动。第二类的目标集团为中下收入的整个阶层。如前所述的印度尼西亚、墨西哥和厄瓜多尔的国家开发银行从事为这类目标集团服务的小额信贷活动。其所服务的目标集团是整个社会的低收入阶层，对服务的目标集团没有严格的要求，既可将贷款贷给以小组为基础的每个成员，也可贷给微型企业（如雇员少于 15 人的企业）。其所从事的项目一般是农村和农业开发项目。另外，若按信贷项目的性别特征可分为三类：以妇女为目标群体；以妇女为主要目标群体；以及不以性别特征界定目标群体。考虑以妇女为目标群体的项目出发点是：农村小额信贷的总体特征和宗旨是服务于社会上的边缘集团和脆弱群体，而妇女是边缘集团的主体，是脆弱群体中的脆弱者。如果主观是帮助她们，却不以她们为特定的目标集团，则实际操作中很容易出现偏差，造成客观上忽略或歧视她们的结果。在目前 13 个主要的农村小额信贷组织中，印度的 SEWA 银行、印度的 FWWB 会员网络和多米尼加的 ADDPEM 组织的服务对象是 100% 的妇女成员；在 13 个组织中妇女成员比例高于 50% 的有 8 个。GB 和效仿 GB 的项目强调贫困妇女是主要目标群体。在这类组织中妇女比例一般在 85% 以上。

(三) 财务自立和项目力争持续发展的方式

所有的农村小额信贷项目，都是资金有偿使用，而非慈善性无偿救济。如何实现财务自立是每一个从事农村小额信贷项目的机构必须面对的现实。发展中国家正规金融系统不覆盖需要小额信贷的低收入阶层,并非他们看不到这部分资源。担心还贷率是问题的一个方面,而小额信贷需要较大的交易成本是正规金融系统排斥这一目标群体的主要原因。众所周知,大额贷款交易成本低、收益高。农村小额信贷项目的一个基本目标是节省受益者的交易成本和时间,为目标群体服务,这通过适宜的组织方式和有效的管理而实现,不过也加大了组织机构自身的操作成本。所以寻求小额信贷扶贫机构自身在财务上自立和持续发展的可能性措施至关重要。目前,各农村小额信贷组织主要是通过扩大成员规模,吸收成员储蓄,选择适宜的利率水平和提高工作人员的效率来争取实现财务上的自立。各组织实现财务自立的手段亦有差异。如 GB 主要通过扩大规模而实现;印度 SRWA 银行主要是依赖成员存款实现财务自立,到 1993 年年底成员平均存贷比是 2.8∶1。此外,各国各类不同的农村小额信贷组织的信贷传递系统、贷款额度及利率、还贷率各不相同。例如,就传递系统而言,有针对小组的贷款,有针对个人的贷款,但大多数组织既对小组亦对个人放贷;抵押担保条件的基本差异在于:专门服务于贫困户的小额信贷项目,不需要抵押担保,实际上大多是一种组成小组实行连保或以贫困者的劳动能力为担保;而针对低收入阶层的农村和农业发展项目采用灵活多样的担保形式。贷款额度、利率等是与各国宏观经济背景及服务对象状况相联系。高还贷率是农村小额信贷项目的一个基本特征,也是这类项目可自立和持续的必要条件。

二 中国试验 GB 式项目的指导思想和 FPC 的组织实施

(一) 选择 GB 式农村小额信贷项目为出发点

在世界各欠发达国家已开展的各类小额信贷项目中,我们首先选择 GB 式项目在中国试验,其主要依据是:中国扶贫工作现实的需要和 GB 逐步得以完善和取得成功对我们的启示。①中国政府自 20 世纪 80 年代开始开展大规模扶贫工作以来,从政策、制度与组织形式上进行了卓有成效的工作,取得了重大成就。但在我国目前的扶贫工作中,也有一些问题值得商榷。其中主要几点是:以区域发展为主要目标,以项目(经济实体或能人办企业)带穷人的贴息贷款方针,以工业为重点的资金投向,从实践效果看,对在 21 世纪末基本解决我国绝对贫困问题的要求是不相适应的，有必要在扶贫方针和资金使用方向上做必要调整。我们的看法是必须加大扶贫资金直接扶到贫困户的力度。根本的指导思想和目标是扶贫效益一定要落实到贫困户。在这一进程中，需要探索适宜的组织方式和技术路线。而 GB 扶贫模式是一种值得尝试的方法。②在中国扶贫资金运作中，存在扶贫贴息贷款与贫困户的需求有差异和资金投向上存在两难局面等问题。我们效仿 GB 而开展的 FPC 项目的基本目标和传递系统正是针对这些问题而设计。进行 GB 式项目的实践可能为解决贫困问题寻找到补充途径。③GB 是当今世界公认的最大和最成功的小额信贷扶贫项目之一，其完备的运作机制，丰富和有效的管理措施，帮助贫困户的突出成效，组织可以自我生存的经验，以其作为我们第一步试点的模式，既有充分的理论依据，也有良好的实践意义。

（二）FPC 的组织实施

最初，扶贫社（FPC）是中国社科院农发所与河北易县政府共同协议和合作组建的，其目的是专门进行 GB 式的农村小额信贷扶贫试验，实行理事会领导下的经理（主任）负责制。易县扶贫社有工作人员 5 名，由原易县扶贫办人员和社会招聘人员组成专职工作班子，农发所负责设计监督管理。基本按 GB 的各项原则结合中国实践进行试验。易县项目作为 GB 式项目在中国的第一个试点，为探索这类项目在中国的可行性和制定各项适宜的规章提供了依据。经过两年的实践，我们在总结经验教训的基础上，与当地政府协商和合作，在河南省成立了虞城县扶贫合作社和南召县扶贫合作社；近期又在陕西省成立丹凤县扶贫经济合作社。试图在更大范围内取得试验成功，以便有推广和借鉴意义。目前，农发所正在与中国扶贫基金会协议进行合作，着手共同组建专门工作班子，设立扶贫社北京总部，负责领导和管理各项目所在县的扶贫社。而所在县政府则承担支持和协助管理项目的责任，例如帮助组建当地扶贫社的理事会、选择项目负责人等，以利扶贫社能沿着正确轨道顺利发展，但不干预和插手项目的具体业务。

三　中国各试点的运作特征

（一）扶贫社的运作方式

①扶贫对象必须是贫困户，放款到户的主要对象是妇女。它发挥妇女会管家、重勤俭、还贷观念强的优点，也有利于提高妇女经济社会地

位。②严格放、收款制度。每户第一期贷款最高限额为 1000 元，第二期为 1500 元。只能用于自己选择的生产经营性活动。贷款期限为一年。年贷款管理费名义收费率为 8%（每 1000 元贷款收费 80 元），不要抵押、担保。从放款后第三周开始还贷，每周还本金 1/50，50 周还清。每 5 户组成一个小组，分三批放款。先贷 2 人，还贷正常，约一个月后再对以后 2 人放贷，否则停止放贷，并收回首批贷款。如前两批都能按要求还贷，再放给组长。这种每 5 户为一组的贷款方式即是小额分阶段（五人依 2—2—1 方式）贷款。③加强社员相互合作和监督。社员自愿组成 5 人小组（直系亲属不得在同一组内），一般 6—8 个组构建一个中心，分别选出组长和中心主任，小组成员间要互相帮助和监督，并发挥联保作用，形成自身内部的约束机制。④发挥中心的作用。每周由中心主任召集中心会议，内容主要是检查项目落实和资金使用情况，办理放、还、存款手续，交流经验等。在中心会议上，小组长把本组 5 人应还贷款收集起来，交中心主任和合作社工作人员，有关人员要在社员还贷手册上逐个签收盖章，并在中心的收款清单上共同签字盖章。⑤建立小组互助和风险基金。每个借款人在借款时拿出贷款额的 5% 存入小组基金，每周每人还要在此基金中存入一元钱。这两部分都可获得相应的银行活期存款利息。基金归全组成员共有，其中个人存款归个人所有，退社时可一次支取。组员从该基金的借款可用于生产和生活性消费，所有借贷总额不得超过小组基金的 50%。小组基金的另一半为风险金，在中心内统一使用，主要用于补偿中心内个别户因天灾人祸而发生的贷款损失风险金的动用，须经中心会议全体讨论同意。⑥执行纪律，持续获贷。社员要遵守社员纪律和执行守则。社员纪律主要是：按时参加会议和集体活动；按时还贷；如数交纳小组基金、个人存款和贷款管理费。制定社员精神文明守则，要求做到勤俭持家、家庭和睦、尊老爱幼、团结邻里、清洁卫生、计划生育等。只要遵守上述纪律，就可以持续不断地年年获得贷款，额度也可扩大。⑦建立各项管理规章制度。有关规章制度有：财务管理和开支报销审批制度；贷款审批、发放和回收制度；统计、报表和财务情况、检查制度；农户档案和个人账户；农户存、贷款手册，社员守则等。

(二) 速度和规模

1. 易县 FPC

易县项目从 1993 年的下半年开始筹备，1994 年 4 月开始农户动员，5 月开始放款，其发展速度（均为累计数字）：截至 1996 年 7 月底，易县扶贫社正式运作已满两年，共有成员 745 人，其中妇女成员为 81%，累计发放贷款 1078100 元，贷款余额 596570 元；年末累计还贷率达 98%。

2. 虞城 FPC

虞城扶贫社是从 1995 年年初开始筹备，1995 年 7 月开始动员农户，1995 年 9 月发放第一笔贷款，其速度和规模如下（均为累计数据）：截至 1996 年 7 月底，虞城扶贫社正式运作 11 个月，共有成员 570 人，其中妇女成员为 100%，发放贷款 52.8 万元，贷款余额 34.15 万元，累计还贷率为 100%。

3. 南召 FPC

南召扶贫社和虞城扶贫社同时开始筹备，1995 年 9 月开始动员农户，1995 年 11 月开始发放第一笔贷款，其速度和规模如下（均为累计数字）：截至 1996 年 7 月底，南召扶贫社正式运作 9 个月，共有成员 225 人，妇女成员占比为 87%，发放贷款 20.48 万元，贷款余额 14.13 万元，累计还贷率为 100%。

对比易县、虞城和南召三个扶贫社的发展速度和规模，其中南召经过 9 个月的发展，累计建立 8 个中心、45 个小组，发展成员 225 名，这与易县情况很一致，易县前 9 个月的规模是：8 个中心、44 个小组和 227 名成员。而虞城前 8 个月的规模是：12 个中心、81 个小组和 405 名成员，快于易县和南召近 1 倍。这是由多方面因素决定的，本文不详细讨论。

(三) 农户经营的项目特征和初步效果

GB 式小额信贷扶贫项目中，农户自己选择经营项目，自己承担风险，所以农户一般会非常谨慎地选择有预期经济收入的经营活动，以期效益最大化。各项目点由于区域经济发展水平、区域资源优势、市场条件、技术水平各不相同，农户自定的经营项目各有差异。在易县根据运作一年后的抽样调查，贷款户项目分布和效益为：养殖业（以牛、羊为主）占比为 65% 左右，经济效益为贷款额的 50%—150%；维修加工业占比为 6%，效益为 100%—150%；小摊点占比为 20%，效益为 200%；其他（包括种植业、运输等）占比为 9%，效益为 100%（均包括物价上涨因素）。根据虞城合作社两个中心（最大中心 45 名成员和最小中心 25 名成员）70 名成员经营项目的统计：其中从事养殖业为 40 户，占比为 57.1%；经营小买卖的 22 户，占比为 31.4%；加工业 8 户，占比为 11.5%。在养殖业中，以养牛为主，共 36 户；养猪 4 户。经营小买卖的农户多为经营小百货；加工业为副食和木材加工。虞城农户经营项目与易县和南召有所不同，这里从事养牛和养猪的农户，同时经营小买卖或种植业。例如，贷款户将 1000 元贷款的 50%—80% 用于养殖业，同时用少量资金购买急需的化肥或农药等农业生产资料，或者用少量资金经营小买卖。比较普遍的组合是"养殖业+种西瓜""养殖业+小买卖""养殖业+缝纫""养殖业+运输"。这一特点的根本原因在于：虞城的资源条件与南召和易县有差异。虞城为平原农区，缺乏像易县和南召那样的丘陵山区发展养殖业和多种经营的条件，也没有南召特有的矿产资源，农户可经营的项目相对较单一。但经过 8 个月运作，农户的效益显著。除养牛尚未有收入外，加工业和小买卖经营的效益均在 100% 以上。

南召扶贫社 225 名成员经营的项目分布为：加工业 91 户，占比为 40.4%；建材采矿 18 户，占比为 8%；养殖业 59 户，占比为 26.2%；经商 48 户，占比为 21.3%；运输 8 户，占比为 3.6%；林果业 1 户，占比为 0.4%。南召县有得天独厚的大理石资源，而且开采和市场均已具规模，农户可从中受益；同时，南召与易县的项目点都处于丘陵地区，有发展养殖业的条件。南召小额信贷运作时间较短，但大多数农户已有经济收益。

四 结论、问题及建议

（一）结论和问题

GB 式的 FPC 项目，在中国经过两年三个项目点的初步试验，基本达到或接近预定目标。这可从以下几方面体现。①利用极有限的试验资金，并直接到达各项目实施点的贫困农户手中，且通过他们自身的努力和参与，贫困农户取得相应的经济收益；②按 GB 模式基本原则设计的扶贫社的运作系统在各项目点得以实施，并初步显示这是小额信贷项目和扶贫资金的有效管理方式；③很高的还贷率，保证资金有偿和有效使用；④各项目点都在以财务自立为目标，力争早日达到规模，覆盖成本，扶贫社工作人员工资均在操作成本中扣除，实行企业化管理方式。当然，这并不意味着 FPC 试点项目没有问题。事实上，在项目试验的不同阶段都面临着各种各样的问题和困难，因为这毕竟是一种新思路和新模式的尝试。FPC 项目试验中已遇到的问题包括：①与宏观经济政策和金融体制之间的关系如何融合与界定。②FPC 组织应如何完善？③各项目点自身的运作中仍存在技术性偏差，需要不断完善和调整。④项目得以持续发展的必要条件——财务自立仍在努力之中。总之，在项目试验中遇到各种问题，这既是困难，也是挑战，可促使项目加速完善和取得经验。有些问题目前尚难以解决，更多的问题正在进一步探索中。GB 项目诞生于孟加拉国，它已被证明帮助解决该国绝对贫困是有效的。在中国第一批的试验中选择的项目点为国家贫困县，目标群体为该贫困县中的贫困农户，两年的试验结果表明其初步适用性（但在最贫困地区人口中还未取得经验）；但农村小额信贷项目在非绝对贫困地区，对广大低收入阶层是否适用？应采取怎样的指导思想和项目应如何设计？与此相关的一些技术问题，如对低收入阶层小额信贷的额度、组织方式等，解决贫困地区贫困户生存和解决欠发达地区低收入阶层的发展，其设计思路是否一致？农村小额信贷项目可行性的关键在于组织形式？传递系统和工作人员的敬业精神？还是与贫困户的贫困程度相关？这些问题仍需要进一步试验和从理论上探索。此外，怎样认识小额信贷项目与区域经济发展的关系？农村小额信贷在我国目前宏观经济和金融政策下，处于怎样的位置？如何生存和发展？如何发挥其作用等，这些是需要进一步研究和探讨的潜在问题，这些问题的提出和存在并不影响 FPC 项目的试验和效果。

（二）政策建议

①政府的作用。从国际农村小额信贷发展过程看：如果要充分发挥其效益，政府的推动作用必不可少。FPC 项目试验同样表明：各项目点政府的支持程度不同，其效果和速度会有差异。农村小额信贷是直接扶持贫困户的方式，但在我国短期内要使广大贫困农户受益，必须借助

政府的力量,这同时是各级政府的责任。政府具有强有力的、系统较完善的组织体系;有资金和组织制度保证,可以快速推进;同时政府系统操作这类项目,可以根据各地实际,抽出适宜人选,实行经费承包,组成专门工作班子,正确运用政府的权威、物力、财力和银行低息扶贫贷款,实施低成本高效益的扶贫到户项目,以大大加快我国农村脱贫速度。②组织的完善。毫无疑问,中国贫困问题的解决必须主要依靠政府,中国 FPC 项目有其自己的使命,为解决我国的贫困问题进行开拓性的探索和提供政策建议。FPC 项目试验中,是以独立的组织形式或称民间机构实施的。现在就其组织形式来讲,面临着下一步如何寻找生长点的问题,只有基于正确的生长点,项目前一阶段的价值才能得以实现。对于贫困农户和不发达地区的资金需求而言,更应具有合作性和政策性的金融组织为其服务。国家政策性银行以代理业务等方式,通过扶贫社等类的合作性功能的金融组织进行融资,可以发挥两者在宏观体系中各自的优势。这样既达到扶贫的目的,相关的组织机构也得以发展。亦可以参照国外经验,设立政策性"扶贫银行",该行不以盈利为目的,确保扶贫资金有效地服务于广大贫困农户。③利率的掌握。利率是 GB 式项目中一个敏感而关键的因素。利率的选择与确定,直接关系到贫困农户的切身利益,关系到项目双重目标的实现,关系到项目的组织和运作形式,同时触及国家的宏观经济政策和金融政策。利率是调节贷款需求强有力的手段。目前 FPC 项目,在国家宏观金融政策指导下,执行 8% 的名义利率,实际利率近 16%,这一水平略低于商业利率水平。

(原文载于《财贸经济》1997 年第 9 期)

政府扶贫小额信贷项目的出路何在

——陕西小额信贷扶贫工作调查报告

陕西省政府主导型农村扶贫小额信贷由于其在全国扶贫小额信贷工作中的分量和历史作用，研究它的现状和发展趋势有重要的现实意义。2002年3月15—20日，我们在陕西对陕西省的城乡小额信贷扶贫工作做了一次调研。我们在省城西安、商洛市、丹凤县、洛南县分别与省地县农行，扶贫办，市、县城市就业合作社的同志进行了座谈，在西安时旁听了陕西省2002年扶贫工作会议，并与榆林、延安、安康、汉中等地扶贫办的同志开了个座谈会。

一 陕西省农村政府主导型扶贫小额信贷现状值得高度关注

自"八七"扶贫攻坚以来，尤其是1998年以来，西部省区明显加大了用国家扶贫贴息贷款开展小额信贷扶贫到户工作的力度，到2001年底，累计投放百十亿元。小额信贷扶贫力度大的有陕西、云南、四川、广西、贵州等省区，资金投入最多、工作力度最大的当属陕西。据陕西农行的同志说，陕西累计发放金额约38亿元，贷款余额为26.84亿元，扶持了125万贫困户，约500万人，户均2200元（而在1994年前，陕西贫困户户均只得扶贫贷款6.92元）。扶贫到户小额信贷的扶贫作用功不可没，社会效果明显。陕西的同志都认为，小额信贷解决了贫困户想发展生产却缺少资金投入和技术支持的难题，加大了群众脱贫致富的步伐，转变了干部作风，改善了党群、干群关系，促进了精神文明建设和社会稳定。

然而，在开展政府主导型小额信贷扶贫工作中也出现了一些值得关注的问题。陕西在此项工作中是历时最长、规模最大的省，而且国家扶贫办和农总行将其作为典型，在1999年办了几期培训班，推广陕西省商洛地区（现已改为市）小额信贷扶贫"三线运行"的经验。可是，后来逐步暴露出了问题，其中比较突出的是农行和扶贫办及扶贫社的协调合作不理想，贷款质量严重下降，从过去的全省平均贷款回收率80%上下下降到2001年的不到40%（陕西省扶贫办梁振思等）。总结陕西在这方面的经验教训，有重要的价值和意义。2000年，我院课题组的同志已对这方面的问题做过调研，这次我们的调研只是进一步跟进。我们认为，过去已存在的矛盾和问题在进一步加剧。例如，上次调查，陕西的同志认为，农行与政府扶贫系统在这项工作中的协调和合作关系好坏的大体判断是：好、一般、差的比例各占1/3，而这次则为2∶3∶5。当然，不同的人判断的结果有一定的差距。而且，从别的省区看，也不同程度地存在类似的问题。贷款回收率总体也不能令人满意。云南平均在80%以上，广西平均在78%，陕西、贵州大多在40%—50%，又据《农民日报》（2001年10月23日）报道，宁夏的小额信贷平均回收率在30%—40%，而且，银行和农民各有苦衷。

二 当前农村政府主导型小额信贷的主要困难和问题

在陕西，政府主导型小额信贷扶贫到户工作由于体制不顺，各有关合作方看法和利益的差异，以及政策变化等方面的原因，出现或加深了一些矛盾和困难。

（1）作为商业银行，总体上说，农行从上到下都不愿意承担小额信贷扶贫这一政策性金融机构的任务。这是体制没有理顺的最重要表现。况且商业银行运作政策性业务也没有另一套独立考核、评价标准和机制，使农行更无动力去贯彻这一任务，只能被动地"被推着走"。而且要用吸收的存款去放贷，或从上级银行拆借资金，由于资金成本高、运作成本大、贴息不到位等，使农行感到做得越多，亏损越多。再加上小额信贷工作的苦累，又缺乏激励和约束机制，基层工作人员主动性、积极性很难调动。再就是农行本身正在进行城市化业务转向，农村基层网点、人员全面收缩、撤并，一个营业所有3—4名信贷员，平均要管6个乡镇，无力做好小额信贷工作，更不要说实行分期还贷制了。

（2）农行和政府扶贫机构矛盾进一步发展。从扶贫社承贷承还转变为农行直接贷给农户,扶贫办(社)协助农行办理贷收款业务以来,双方或三方就存在着摩擦,责、权、利关系不明晰,实际上也较难界定,这也是体制不顺的又一表现。因此,只能靠相关各方的风格、水平、人际关系,以及协调、争斗、妥协的技巧和能力。由于观点和利益的不同,协作有相当难度。例如农行人手不够,只能雇派"专贷员",增加了成本。专贷员应与扶贫社合署办公,但常常难以落实,往往貌合神离,加之专贷员多是业务水平低,在乡里工作时间不够多,造成农户还贷困难。如由扶贫社人员代收,农行按规定不能提供有关信贷票据。如将收的款送农行营业所,距离又太远(网点已收缩),这样不及时入账就有利息差异,造成谁代收谁赔钱,因此扶贫社干部也缺乏代收的积极性。现在在商洛市7县(区),只有丹凤和柞水两县的农行和扶贫办(社)还在合作协调收放贷款。其他县区彼此有意见,多数由农行自己在独立运作,然而农行又力不从心。因此,效果如何可想而知了。

(3)扶贫社方面的问题也影响小额信贷的正常运行。目前,县乡级正在开展机构改革,扶贫社人员本来就有一部分干部是从机关清退或分流的,他们本身就有思想不通等问题,现在就更为自己的前途不定感到人心惶惶。另外,他们普遍对信贷金融业务不熟悉,影响业务管理水平。而且,从2000年起,原省里用财政扶贫资金补贴扶贫社机构运作的钱已被国家审计署禁止,因此办公费缺口大。再加之农行应付的"两个五"的服务费也不能足额到位(农行也抱怨自己也没有全额得到此款),因此积极性大打折扣。也有一些扶贫社工作人员素质不高、责任心不强、主动性较差,农行同志对此也有意见,并且说,有的扶贫社工作人员收了钱也不交农行。

(4)2001年以来,扶贫信贷资金到户的政策不如"八七"扶贫攻坚计划时那么强调了。尤其是现在农行主张要支持产业化经营,支持龙头企业、基地建设。明确要求各地不得硬性规定到户资金比例,提出要支持有一定规模的种养业、农业产业化企业、劳动密集型企业、市场流通企业和基地设施等扶贫项目。目前,农行对小额信贷扶贫到户的政策,原则上是提高回收率,收回后可以再贷,但不主张再多增贷款。因此陕西农行系统强调按贷款累放额考核工作,而不是定新增到户贷款指标计划。扶贫办系统却仍要求按过去几年的做法安排到户贷款计划,实际上，2001年仅完成了4亿元到户资金，是计划数的一半。而且到户贷款往往不能及时投放，错过农户要求的时间。对扶贫信贷，现在农行强调的是"放得出、收得回、有效益"和"自主放款"的原则和政策。

扶贫办的同志认为，农行只考虑贷款累放额的政策，给了农行放大额款和展期贷款的冲动。省和商洛市农行认为，每户2000多元的扶贫力度已不小，今后扶贫贷款应投向其他领域（产业、基地、龙头企业）或扩大到户的额度，而省市扶贫办的同志则认为，如以年人均纯收入865元的标准统计，还有多数贫困户没覆盖。例如，商洛有40万户贫困户，获贷的只有15万户。

（5）"展期贷款"等不当行为大增。展期贷款也可称"转贷"或重置贷款。也就是说，对已到期应收但收不回的逾期贷款采取收息、换据的手段，办理续借（或称"转贷"）手续。这样做，从账面或对外宣传上都可算为收回了贷款和利息，又投放了一笔同样额度的新贷款。但实际上掩盖了极大的金融风险，因为这本身是笔逾期贷款，不积极设法回收而采取放纵态度、欺骗手段，最终很可能成为呆账。然而，"展期"对农行和农户而言，这样处理，当前的利益最大，双方"皆大欢喜"。然而实际上，除了个别特殊情况，双方都失去诚信。商洛地区2001年上报完成贷款投放1.7亿元，其中8700多万元是办理转贷的。农行统计全省计划到户贷款8亿元，实际完成了70%，与扶贫部门的统计多了20%，问题就出在"转贷"上（梁振思、王玮）。商洛地区（市）扶贫办同志说2001年全市还贷率，加上"转贷"或"展期"算，才50%左右。农行的同志则说，加上"展期"，回收率为62%。根据农行统计报表，2001年年底商洛市各专项贷款余额为9.88亿元，正常贷款余额为4.85亿元，拖欠率为51%，其中呆（坏）账又占全部非正常贷款的72%。洛南农行同志也认为，展期贷款约占贷款余额的50%，保守估计，最终可能有30%以上的扶贫贷款收不回来。另一个值得注意的问题是，据扶贫办的同志说，已发现一些挪用和占用扶贫贴息贷款顶补常规贷款中的陈贷的现象。

（6）农行对扶贫贴息小额信贷的矛盾心态。上文中已提到农行搞政策性贷款的矛盾和难处，然而，陕西农行，尤其是贫困地区农行在很大程度上要依靠政策性扶贫和其他专项贷款生存，而且这也是其在当地立足的重要资本。陕西农行贷款余额大数为370亿元,其中,常规贷款170亿元,农业贷款100亿元,政策性专项贷款100亿元。在专项贷款中,扶贫贷款为57亿元,小额信贷又约占扶贫贷款的50%。如果看包括7县(区)在内且全部属国定贫困地区的商洛市,则扶贫贴息专项贷款占市农行全部贷款的2/3强。市农行常规贷款约为4.7亿元,扶贫贷款10亿元。在扶贫贷款中,4亿多元和5亿多元又分别为"八七"计划以前和以后的贷款。丹凤县扶贫贷款有1.2亿多元(若含其他政策性专项贷款则为近1.4亿元),"八七"扶贫攻坚前有6400万元,至今收回1800万元,而形成呆滞的主要是"垒大户"和企业贷款。"八七"扶贫攻坚以来投入5800万元,加上上述收回的1800万元,现可用扶贫款7600万元。而农行常规业务每年存款500万—700万元,贷款300万元,存贷差大主要是难以找到好的贷款项目。而扶贫贷款投放量则大大超过常规贷款,1999年为4800万元、2000年为4200万元、2001年为2424万元。县农行年常规存款只约占扶贫贷款的5%,常规贷款只占扶贫贷款余额的3%。

  从资产质量和盈亏状况看,商洛农行的同志说常规贷款4.7亿元,还贷率约80%,有风险贷款不到20%,估计最终可收回4亿元,亏损额在1000多万元。以上数据不包括已剥离的2.9亿元呆滞贷款。农行同志还顺便介绍全市国有商业银行在剥离不良资产前,不良资产有9.7亿元,占比为78.2%,剥离后,不良资产率为44.5%,此数据也远高于全国商行平均不良资产率20%的水平。专项政策性贷款余额共10亿元,其中"八七"攻坚计划后5亿多元,这以前的贷款基本为呆滞贷款,总的来说是亏损。2001年亏3100万元,其中3000万元是属历史包袱的近5亿元造成的。农行同志表示,这10亿元的贷款估计最后能收回3亿—4亿元。由此可见,资金损失巨大。"八七"计划后的5亿多元贷款,如贴息到位,农行基本不亏。从以上可以看出,商洛市农行的资产质量和亏损状况都令人担忧,而且,这里还没有计算扶贫社运作小额信贷的成本。以丹凤县扶贫社为例,1999年收支相抵亏67万余元,省里用财政扶贫款补贴了33万元,县扶贫社仍亏损34万余元。由于扶贫社中政府人员的工资44万元由行政部门支付了,因此,扶贫社还可以运转。扶贫办同志说,县扶贫社2000年亏14.7万元,2001年亏7万多元,这两个数字都不包括每年应扣的90个工作人员的工资数63万元,也没加上过去每年政府财政补贴的33万元。因此,可以说,政府小额信贷的运作成本很高,资产质量不佳。

(7) 到户贷款的不当使用问题值得重视。扶贫到户小额信贷主要是为解决贫困农户缺乏生产经营资金的困难,然而从农行的调查报告看,有相当的贷款资金没有发挥其应有的作用。丹凤县农行的同志日前做过一次638户借款人的调查,如表1所示。

表1　　　　　　　　丹凤县

顺序	项目	户数（户）	金额（千元）
1	种植（木耳、香菇）	42	118
2	中药材	75	196
3	农业生产（籽种、化肥、农药、地膜等）	35	126
4	农副产品贩运等	28	70
5	归还旧债	108	260
6	向政府上缴摊派款	190	531
7	家庭消费（建房、说亲、购物）	50	141
8	自然灾害返贫	76	42
9	赖债、不讲信用户	26	64
10	"垒大户"	3	90
11	吃喝玩赌	5	15
合计		638	1653

这里问题最大的是用扶贫贷款归还旧债和向政府上缴"三提五统"等款项。这两项合计有298户,占总户数638户的47%,金额为79.1万元,占贷款总额1653万元的48%。县扶贫办负责人认为从全县看,上述这两类情况约占20%。

洛南农行的统计数是:到2001年年底,正常小额信贷余额（实际含重置贷款）3889万元,有问题贷款649万元。问题分以下几种情况:①"垒大户"的181万元;②冒名顶替的10万元;③认账不认还的（包括经营项目失败及上述丹凤县贷款中存在的问题）230万元;④扶贫社没清理移交的本金240多万元。

三 有关的政策思考

（1）扶贫贷款到贫困户的政策不能动摇。在1994年"八七"扶贫攻坚计划出台之前，更严格地说在1996年之前，扶贫贷款到贫困户的比率很低，当时注意力放在扶实体、企业、能人等，然而从结果看，总体上没有达到扶贫的目的，反而贷款资金的沉淀损失很大。真正比较扎实的扶贫贷款大量到广大贫困户手中，是在1996年中央强调扶贫资金一定要扶到户后。应该说，这是"真扶贫，扶真贫"了。然而，贷款资金的回收率各地差别较大，但总体上呈下降趋势。原因在上文中已有解释，总的来说还是个管理体制和机制的问题。现在，扶贫贷款的投向又想转回1996年以前的方向，实际上从2001年开始，已在转向。笔者认为，这并非正确的选择。中央制定的21世纪前10年扶贫的主要对象和重点是解决剩余未解决温饱的3000多万人口和未能巩固脱贫和易返贫的那部分人的贫困问题，并规定了扶贫开发具体的政策措施要真正落实到贫困村、贫困户。现在扶贫贷款投向的转向，不符合中央这一精神。而且，这种转向的实际经济效果同样是令人怀疑的，以往的经验教训仍历历在目。如果说要支持产业化、基地建设、龙头企业、能人等的发展，那完全可以用正常的银行常规商业贷款去做，而不应占用扶贫贷款，不应侵占本来就是最弱势群体的贫困农户的利益。而且对于绝大多数贫困地区而言，搞产业化和基地的条件没有形成，而企业和能人多是以获利为目的。迄今为止，陕西省扶贫贷款扶持贫困户的力度是最大的，但商洛地区40万户贫困户（以年人均纯收入865元标准计），也只覆盖了15万户。因此应继续坚持扶贫到户的政策。

（2）近期保证扶贫贷款发放到户和正常回收的措施。从近期看，扶贫贷款的管理体制做大的调整，例如改由农业发展银行或农村信用社负责，可能还不具备条件，不够现实，因此，只能在现有体制的基础上做一些协调和调整。笔者的意见是：①统一思想认识和行动，坚持扶贫贷款到户的思想不动摇，坚持扶贫贷款"放得出，收得回，有效益"的思想不动摇，并为此要采取相应的措施。②提倡顾全大局，相互理解和谅解，农行、政府、扶贫社三者间真诚加强合作协调，同时明确各自的责、权、利，共同把扶贫贷款用好管好。事实上，各西部省区都有一些这方面做得较好的地方和事例。③选调德才素质合格的农行、扶贫社工作人员。实践一再证明，人是关键因素。④要保证财政贴息的到位和扶贫社人员、农行专贷员的稳定，以及机构运作费用的补助。⑤对贫困农户也要进行信用等级评定工作，并将此与贷款的发放资格、额度的大小等结合起来。同时，要加强对他们信用观念的教育。⑥处理好发放扶贫贷款的质和量的关系。既不应盲目追求规模，也不应消极拖延不放贷。

（3）考虑从根本上解决问题的政策措施。以上这些措施只是临时性的、应对性的，而且主要是靠"人治"，靠相关机构和人员间的关系，而没有从体制和机制这些根本性措施上解决问题。这次陕西之行，使笔者进一步肯定了我们课题组一年前提出的一些政策性建议的可行性。而且，笔者还向陕西各地的同志征求了对我们在一年前已提出的政策性建议的意见，大家都认为基本可行，绝大多数赞成这样做，有的同志还提出了一些补充意见。

现将我们对近期改进和完善政府实施小额信贷扶贫管理体制的主要建议，报告如下：

（1）重新审视扶贫资金的供给和使用方式。①扶贫贷款资金的供给应从基础货币中发放，而不应由农行自筹解决。扶贫信贷资金应稳定在近年的水平上，滚动使用，持续5—10年不变。②财政贴息可按3年考虑。贴息的方法也可考虑改为，农行按正常银行利率放贷，合格的获贷者由政府部门将贴息补到位。③在扶贫信贷资金中，明确划出一定的比例（至少超过60%）用于小额信贷。资金到户、服务到户的方针应在较长时期（10年内）坚持不变。

（2）建立小额信贷专职机构，行使市场化运作取向的政策性银行的职能。在从事小额信贷扶贫的金融部门（银行或信用社）内成立相对独立的小额信贷专职机构（专贷部）。完全独立运行、独立核算，制定区别于银行与其他商业部门的运行和考核指标、标准和规则，并加强监管。

（3）在乡一级建立由2—3人（小乡）到3—5人（大乡）组成的专职扶贫机构，兼任小额信贷的中介服务组织，实行独立核算，自负盈亏，并最终从政府公务员系列中脱离出来。如在贷款利率不能提高的情况下，操作费用可以采取银行拿一点、农户拿一点的办法解决，也可考虑从财政扶贫资金拿一点用于操作费用。这样做，可以收到事半功倍的效果。但最终出路，还是要放开利率限制。

（4）逐步放开小额信贷的利率限制，使之向商业利率靠拢。信贷扶贫逐步进行市场化运作的好处是可以逐步减轻国家财政贴息的负担；可以使小额信贷专职机构逐步走上自负盈亏、持续发展的道路。实践证明贫困农户能够接受市场利息，而且绝大多数人是能获利的。放开扶贫到户贷款利率的阻力，主要是一个认识和观念上的问题。

（5）成立专门服务于低收入贫困人口的"扶贫银行"。我们认为，这是解决目前矛盾的最好办法。国家拿出一定数量的资金，例如100亿元建立扶贫银行，这样做还完全可能从国际和国内筹募到新资金来源。前面提到的建立的小额信贷专职机构，就可能是扶贫银行的雏形。"扶贫银行"可以是全国性的，也可是地方性的，这样可形成多家"扶贫银行"共存的良性竞争局面。另外，对上述设想的那些已注册的非政府组织类扶贫机构和政府中介扶贫企业型机构，都可能发展成小型扶贫银行或信贷公司。这样在我国就可形成一个在农村为低收入贫困农户提供资金和其他服务的小额信贷体系。同时，它也将成为我国农村金融体系的一个重要的组成部分。

（未发表）

商业化、可持续小额信贷的新发展

——德国、阿尔巴尼亚和乌克兰小额信贷的研讨和考察

一 商业上可行的小额信贷新模式

小额信贷界的主流观点广泛认为，小额信贷机构成功的两个标准是：①目标客户的规模和覆盖深度（贫困程度）；②机构财务的可持续性。这种观点也被视为小额信贷的"新模式"。而且，这种"新模式"本身也在不断发展。

建立商业性可持续发展的小额信贷机构，就是说将严重依赖补贴运作的小额信贷转化为在商业基础上运作和管理的小额信贷机构，并将其作为规范化金融体系的一个组成部分。由于小额信贷的管理成本高于较大额贷款的管理成本，因此，能覆盖小额信贷运营成本的利率通常要高于正规金融机构主导性的商业贷款利率。建立小额信贷机构的方式可分为三种（当然，不同的观点有不同的分类方式）：①降低规模方式（降级方式），即在现有的商业银行进行小额信贷业务运作；②扩大规模方式（升级方式），即将半正式的小额信贷机构（主要是非政府组织）改造成为获准经营和受到监管的正规金融机构；③绿色田野方式（新机构方式），即从一开始就新成立一家专门的小额信贷的正规金融机构。

二 几种小额信贷机构实例简介

（一）阿尔巴尼亚 FEFAD 银行

FEFAD 银行是属于"扩大规模方式"的小额信贷机构。2001 年，阿尔巴尼亚约有 340 万人口，人均 GDP 为 1200 美元，通货膨胀率为 4%。1995 年，为改进对微型和小型企业的信贷服务，阿尔巴尼亚财政

部和德国复兴银行（KFW）创建了企业金融发展基金（FEFAD）。1999年3月该基金以"升级方式"组建成了提供全方位金融服务的FEFAD银行。

FEFAD银行从1999年年底起盈利，2002年，税后净资产回报率为12%，税后利润为90万欧元，风险贷款率（拖欠大于30天的贷款的比例）为2%。该银行在本国金融市场状况为：储蓄额占比为7.2%，私营部门贷款占比为10.1%。FEFAD银行的小额信贷最高1万欧元（本国货币），最长期限24个月，平均年利率21%。对小企业贷款最高30万欧元（外币），最长期限5年，平均年利率9.14%。到2002年年底，它的四类贷款的分布为：一类（小于1000欧元）贷款笔数占全部贷款笔数的33%，余额占全部余额的3%。二类（1000—1万欧元）笔数占比为55%，余额占比为35%。三类（1万—5万欧元）笔数占比为11%，余额占比为42%。四类（大于5万欧元）笔数占比为1%，余额占比为20%。目前，还没有农户农业贷款，不到1000欧元的一类贷款主要用于小买卖。

（二）乌克兰小额信贷银行（简称MFB）

乌克兰MFB属于"新机构方式"或"绿色田野方式"的小额信贷机构。2002年，乌克兰人均GDP为2700美元，通货膨胀率极低。MFB是目前乌克兰正规金融机构中开展小额信贷业务最成功的一家机构。它是专门为小型和微型企业提供各类金融服务、树立新典范和模式的银行。MFB于2001年1月在基辅建立和注册，2月开始投放贷款，其中近一半为相当于2000美元以内的贷款。MFB的股东是6个支持发展的国际机构。MFB提供的微型贷款，最高额可达相当于1万美元的本币（列克）或外币（美元、欧元），小企业贷款额相当于1万—12.5万美元。贷款利率在贷款期间不变，但根据贷款额、期限、币种、风险等因素，月利率的差别在1—3个百分点。贷款抵押物可以是家庭和企业的房屋、设备、交通工具、家具、电视、立体声响等。贷款期限最长不超过2年。MFB还提供储蓄、国际支付、外汇交易、信用证、银行担保、信用卡等服务。MFB在乌克兰金融机构中的排名情况是：总资产排第74位（2600万欧元），美元贷款余额排第60位，给小型企业贷款额排第48位，发放贷款笔数排第3位，贷款质量排第1位。MFB超过30天逾期贷款额的比例为0.3%，逾期人数的比例为0.58%。目前，MFB交税后大体赢亏持平。

（三）乌克兰论坛银行（Forum Bank）

论坛银行属于小额信贷银行分类中的"降低规模方式"或"降级方式"。论坛银行是股份制银行，建于1994年1月，由从事冶金、金属加工、建筑、贸易、农业等行业的5个私营公司为主要股东。在银行排列中，该银行资本排第24位，资产第20位，贷款和投资余额第18位，个人储蓄第21位。2001年1月，论坛银行新成立了微型小型企业项目部，招聘新员工，这些员工都是有高学历但没有经验的年轻人。论坛银行的微型贷款额度为100美元到3万美元，小型企业贷款额度为3万—12.5万美元，贷款期限为8—12个月，实行每月分期还贷的方法。客户贷款所经营的项目中，贸易占50%以上，服务业约占30%，其他为工业生产加工类。至今，论坛银行平均每笔贷款额度为8400美元。

另外，Aval银行是乌克兰最大型的7家银行之一，也在开展小额信贷业务，属于上述的"降级方式"。该银行从1997年起在德国—乌克兰基金（GUF）的支持下开展对微型（20人以下）和小型企业（250人以下）的贷款业务，平均每笔贷款5600欧元，风险贷款率不到1%。贷款期限从8个月到2年不等，实行每月分期还本付息制。贷款利率由银行部门的贷款小组决定，一般来说，微型贷款的利率比小型企业的贷款利率高5%。

（四）非银行小额信贷机构

在阿尔巴尼亚城市和半城市区开展小额信贷业务还有"守信基金会"（PSHM）和BESA，它们属于非银行小额信贷机构。PSHM原为信贷合作社，主要由澳大利亚开发署资助开展活动，现改制为金融公司，放贷形式为小组与个人并重，平均贷款额为2500美元，最低额小于100美元。成立两年半以来，该机构已达到操作上的自负盈亏，但还未实现金融自负盈亏。BESA为非政府组织。BESA基金运作开始于1994年2月，只放贷不吸储。它的平均贷款额为2500—3000美元，贷款利率为16%—30%，额度大的贷款的利率低些。小于1100美元的贷款占全部贷款的3%；1100—2100美元的占比为13%；2100—2800美元的占比为11%；2800—3600美元的占比为22%；3600—5000美元的占比为

22%；大于5000美元的占比为29%。拖欠贷款率为0.99%，风险贷款率为2.61%。

此外，在阿尔巴尼亚，非银行小额信贷机构还有"农村信贷基金"（RFF），为双层或批发式信贷机构。RFF向其成员（下属）机构"信贷储蓄协会"（SCA）贷款，利率为11%。SCA再向农户贷款，利率为17%，其中，2%的利率收入作为农户（协会成员）的股金。每个SCA只能从其成员农户中吸储，利率由SCA自定，大体在9%—10%。SCA大体覆盖了农村20%的农户。它的平均放贷额为910美元，风险贷款率1.1%，计划2004年年底达到操作上的自负盈亏。

三 几点体会和看法

（一）不同类型小额信贷银行都具有局限性

以降低规模（降级）方式、扩大规模（升级）方式和绿色田野（新建立银行）方式这三类方式组建小额信贷银行机构各有利弊。对小额信贷机构以降级方式和升级方式的改造尝试，在一些国家的实践是成败参半。世界上运用"升级方式"的只有很小一部分成功地改造成正规金融机构。"降级方式"要成功，也必须有很多条件，例如，领导的意愿和承诺，适合的组织机构形式，与银行整个业务目标和战略定位的协调，有利于发展的环境和规则，包括利率政策等。国际项目咨询公司（IPC）认为，乌克兰100多家银行中只有9家符合开展商业性可持续小额信贷业务的标准。

新建立小额信贷专业银行的方式或简称"绿色银行"方式，其前提条件是在启动期几年内，由外部管理人员监控银行的运行，并需要有相当额度的无偿的外部资金投入。而且，目前已有的这类银行的历史还不够长，还有待时间的进一步考验。

（二）借助外部资金、技术和管理力量，探索符合我国国情的小额信贷银行方式

目前，KFW十分热心于与我国财政部合作搞小额信贷实验。目前，我国金融市场面临进一步对外开放的形势，国家也十分关注民营资本进入金融市场及其利弊、小企业贷款和小额信贷问题等。既然发展小额信贷的基本条件已经具备，国家担心的一些问题，比如微型、小型信贷的适用技术、监管等，完全可以在试验中探索。况且，目前农村金融服务

力量薄弱,只有农村信用社一家金融机构,很难满足"三农"发展的要求。而且,尽管几年后我国金融将全面对外开放,但外国金融机构竞争的重点在城市。因此,应将此项可能的小额信贷试验放在农村地区。当然,此项试验应结合我国的实际,并充分运用国际经验。

(三) 商业性小额信贷的利率也要遵循市场化原则

在阿尔巴尼亚和乌克兰,小额信贷的利率是放开的,且普遍高于一般商业银行的贷款利率,甚至微型贷款的利率也高于小型企业贷款的利率。而且小额信贷业务的存款、贷款利率差也大。各机构的利率由机构本身确定。例如在乌克兰,一年期存款、贷款利率2002年年底的情况大体是,本国货币存款为16%—18%,一般贷款为20%—25%,小额信贷(以MFB为例)为26%—36%,贷款利率差距较大。硬通货(美元、欧元)存款利率为7%—10%,贷款利率为12%—18%,一般贷款和小额信贷间差别不太大。阿尔巴尼亚银行的一般商业贷款的利率为15%,小额信贷则为23%,而非政府组织小额信贷机构的贷款利率则大体在16%—30%。不过,农村信贷基金(RFF)是合作金融,它的成员机构SCA对农户成员的存款利率为9%—10%,贷款利率为15%,另加2%作为股金。

(四) 创造有利于小额信贷发展的政策环境

从阿尔巴尼亚和乌克兰的情况看,目前,这两个国家的政府总体上实行对小额信贷发展有利的政策;同时,也为保证金融部门的稳定和保护公众储蓄的安全,实施谨慎的监管措施。这两国的正规银行开展小额信贷业务,实行利率市场化政策,也鼓励外资进入其资金市场,以引进资金和经营管理技术。这两国政府为支持小额信贷的发展还运用资金支持、减免税等政策措施。而且,两国政府都制定了鼓励信贷储蓄合作社(协会)规范发展的法规。

(原文载于《中国农村经济》2003年第6期)

孟加拉国的小额信贷及其探索与启示

孟加拉国的扶贫小额信贷对世界小额信贷产业的发展有特殊的贡献，在全世界享有崇高的声誉。它是最早开展小额信贷扶贫活动的国家之一，政府对小额信贷的发展在态度和政策上是宽容的、支持的，小额信贷覆盖的贫困人口比例在世界上是最高的。孟加拉国是世界上最贫困的国家之一，2002年人均国民收入360美元，人口约1.36亿人，人口密度1042人/平方千米，其中一半人生活在贫困线以下，而且80%的贫困人口生活在农村。小额信贷已被孟加拉国视为缓贫扶贫的最有效手段之一。

一 小额信贷机构的演进过程

20世纪70年代中后期，尤努斯教授发起的小额信贷扶贫试验开创了先河，并逐渐发展成世界著名的格莱珉银行（Grameen Bank，GB）。当时，也有一些非政府组织（NGO）在积极开展类似的扶贫活动。到80年代，GB模式获得成功，还于1983年拿到政府的许可证。当时，其他一些NGO小额信贷机构也在开展和试验不同的模式，但孟加拉国国内对这些模式在一定程度上多在讨论和辩论之中。到90年代，小额信贷实践者的努力和成就使争论逐渐平息，而且小额信贷扶贫活动呈大规模扩展的状态。

至此，小额信贷的快速发展引起了各方面的关注，包括政策制定者、学术界、发展领域实践者在内的各方，都持积极性支持的态度，参与这一领域。近年来，小额信贷机构已从金融体系的边缘融入主流，GB等小额信贷模式也在不断改革以适应客户和市场的需求。现在越来越多的人认识到，通过金融制度创新，金融部门为传统排斥的低收入群体提供服务，是有盈利空间的。当然要做的事还很多，应整合小额信贷体系，应使传统的商业银行和金融机构充分认识小额信贷的发展潜力。

二 小额信贷项目的类型

孟加拉国的小额信贷项目的运作机构有正规金融机构（商业银行和专门的银行）、专门的政府组织、准金融机构（约 700 个 NGO 小额信贷机构）。也有一种说法是孟加拉全国有 1200 个机构从事小额信贷活动，约覆盖了全国家庭数的一半。其中最大的 4 个机构服务于 1150 万家庭（客户），占全部小额信贷机构 1300 万客户数的 90%。[①] 有一种估计称，约 15% 的借贷者同时在不同的机构借贷，因此，实际借贷家庭应约 1100 万户，而其中贫困家庭占 80%，所以，获贷的贫困户有 880 万户。孟加拉国全国贫困家庭总数约 1200 万户，因此小额信贷仍有扩展的服务空间（320 万户贫困家庭）。

（一）两个专门的机构

GB 开始于 1976 年的农村小额信贷试验，在 1983 年被政府允许注册为银行。它专门服务于贫困群体，主要是农村贫困妇女。现发展到 1180 多个营业所，服务于全国 64 个地区 68000 个村中的 60 个地区的 40384 个村，有 310 万贷款客户，7 万个客户中心，50 万小组。GB 提供存款、贷款、保险等业务，并且在国际上为很多个国家的项目所模仿或借鉴。

孟加拉国农村发展委员会（BRDB）。它开展孟加拉国政府与国内外的发展机构合作进行的各种项目。通过合作社和农村民间小组网络提供金融和技术支持，推动扶贫和农村发展。项目内容包括信贷、培训、计划生育、卫生、教育等。目标群体包括小农和贫困家庭男女成员。从 1990/91 至 2002/03 年，项目已对 58389 个社团的 160 万成员提供了 243 亿塔卡的贷款。

（二）一个批发式小额信贷机构：农村就业支持基金会（PKSF）

PKSF 提供贷款支持的小额信贷机构（零售机构合作伙伴）有 192

---

① 最大的 4 个机构是 BRAC、GB、ASA 和 Proshika。其次为 Swarnivar（NGO）有 70 万客户。再次为 10 个 NGO，各有 10 万客户。其他的则为少于 5000 客户的小型小额信贷机构。

个，其中 3 个大型机构为 BRAC、Proshika、ASA。其他为 189 个中小型合作伙伴。PKSF 提供的贷款循环金占全国 NGO 获得资金总数的份额已由 1996 年的 9% 上升到 2002 年的 24%。PKSF 的贷款回收率为 98%。通过合作伙伴，PKSF 支持了 455 万名贫困借贷者。

（三）三个大型 NGO 小额信贷机构

孟加拉国农村进步委员会（BRAC）。BRAC 建于 1972 年，当时主要从事救济和重建活动（1971 年为孟加拉国独立战争）。现在它的活动范围包括贷款、对儿童和成年人的非正规教育、初级卫生保健、妇女权益的法律咨询等。截至 2002 年，在全国 64 个地区都有贷款业务，妇女占比为 99%，还贷率达 99% 以上。也吸收成员的存款。

社会进步协会（ASA）。ASA 于 1992 年起开始运作小额信贷项目，它的扩展速度很快，资产质量也很好。现贷款客户 210 万，其中 96% 为贫困妇女，还贷率为 99.96%。平均贷款额度每笔 150 美元。

Proshika。它建于 1976 年，它的项目内容多样化，有贷款支持、渔业和畜牧业、养蚕业、灌溉、卫生和营养、饮用压水井、生态农业、社会林业、建房项目等，现有获贷客户 290 万户。

（四）政府机构小额信贷项目

政府小额信贷项目是通过不同的政府机构来运作。它包括的部门有社会福利部、妇女儿童事务部、总理办公室、劳动就业部、渔业牧业部、工业部、纺织部、农业部、地方政府部、土地部、青年和体育部以及农村发展合作社委员会等。到 2000 年放贷额为 4.07 亿美元。

（五）国有商业银行的小额信贷项目

国有化的商业银行也运用小额信贷（给小农和无地穷人贷款）参与扶贫活动。除了自己运作的项目外，它们还通过 NGO 和其他组织发放贷款。

三 小额信贷的扶贫效果

扶贫效果的判断主要看两个标准：①瞄准的目标群体；②服务的客户是否有收益。据有关资料报告，有若干机构和专家已在不同时间对不同对象做过有关对客户影响的评估。从服务客户的土地拥有、职业身份、资产多少衡量，小额信贷机构的目标群体基本上是贫困阶层，虽然有 15%—30% 的客户不算穷人，但这些客户也仍处于不稳定脱贫阶段。

而且，另外有 55% 的借贷户家庭没有土地。

据借贷户的经济社会指标显示，小额信贷有较明显的正面效应。表现在投资的收益、家庭收入、就业率、流动资金、购买土地等的增加。在妇女的资产、家庭和社会地位的改善、男女孩的入学率的提高、卫生厕所和清洁饮用水使用等方面，正面效果也是明显的。

调研发现，加入小额信贷项目几年后的成员与新加入者或对照组人群相比，生活境况要好。收入和资产有改善，且抵御风险的能力加强。而且小额信贷成员在遭遇严重自然灾害时和灾害重建期，能得到小额信贷机构的帮助、扶持。

调研还发现，相对生活境况好的户收入增加快于贫困户；穷人发展的制约条件比一般人更多。另外，不同机构的调查对有些指标所得结果不同。例如小额信贷对农业投资、生活消费、计划生育、吃饭的顿数、教育的态度等方面的变化似无明确的结论。

四 几个值得探讨研究的问题

（一）小额信贷的两难选择：服务于最贫困群体与小额信贷机构的财务可持续性

从宏观上看，孟加拉国的整体扶贫效果并不明显，原因是多样的，但部分原因可以说是小额信贷机构涵盖的最贫困群体少，而这部分人约占贫困人口的一半。现在一些好的零售小额信贷机构可以达到财务上的可持续性，然而其资金成本是有补贴的，例如它们获得批发机构 PKSF 提供的贷款利率为 4%。经验显示，成熟的小额信贷机构应提供能满足穷人持续的而不是一两次的金融服务，包括存款、贷款、保险等各类金融服务在内。而要做到这一点，就需要有可持续性发展的小额信贷机构存在。

BRAC 有针对最贫困群体提供小额信贷服务的成功项目，即在开展项目活动时，配之于粮食援助和技能培训。不过，该项目的规模还不够大。笔者将另文做专门介绍。

（二）扩展目标群体和产品与技术开发

小额信贷机构需要扩展规模和范围，目标群体也需扩大。而且，特别需要解决的问题是：提高了收入的老客户对新金融产品的需求。孟加拉国小额信贷的一个重要特点是贫困妇女客户多，要扩展规模，可增加开拓男性客户的市场潜力。男性借贷客户往往要求贷款的额度大，但还贷率普遍低于女性。因此，增加男性客户，一方面可能使运作机构更快地达到自负盈亏点，另一方面也可能影响机构的还贷率。随着机构的成熟，它需要解决满足不同客户的不同需求和新产品与技术开发问题。

（三）获取更多的非捐助资金

客观地说，来自捐助者的资金会越来越少，这就需要小额信贷机构必须寻找新的资金来源。如果成为合格和合法的小额信贷机构，它需吸收社会公众储蓄作为贷款资金。另一种选择则是争取吸收商业性贷款，当然获得低息贷款的可能性也存在。争取吸收商业性贷款资金来源的选择对大型成熟小额信贷机构可行，但对小型机构不可行。

（四）内外部管理监督、治理结构和水平

所有国家无数的经验都说明 NGO 小额信贷机构是否能获得资金或成功运作，关键因素在于领导水平、人力资源的素质和管理质量。研究表明，要实现财务的可持续性，除利率等因素外，重要的是机构管理水平，这两者是紧密相连的，很多机构的通病是管理者的亲朋好友、退休官员等在管理层任职，但他们只是做官不是做事。另外，小额信贷机组织系统的可信度和透明度是治理制度的核心。管理问题也与本国现有的法规是否完善或是否相抵触有关，还与报告制度、监管状况相关。

（五）小额信贷的利率是高还是低

孟加拉国小额信贷客户贷款的有效年利率在20%—28%，对此利率是高还是低也有争论。有的人认为，它比商业银行利率高是不妥的。但应明白小额信贷运作成本高（属人口密集型的管理），而且是无抵押担保，风险大，准备金率高等。孟加拉国相对其他许多国家，小额信贷贷款利率还是低的。小额信贷机构应采取措施提高效率，保证信息流通畅，增加贷款额度和倡导良性竞争，这些都有利于使贷款利率水平为所有各方接受。另外，对利率水平是否应封顶，也有争议。

（六）法规框架

就小额信贷机构的发展史（多数为 NGO）看，传统的正规金融机构的规范框架对它并不适用，尤其对不吸储的机构更是如此。小额信贷具有特殊的扶贫和经济社会服务功能，不同于正规金融机构。但对小额信贷机构的目标、运作、企业文化的监督措施是重要的，要有这方面的标准，也需要有相关财务报告、报表、项目进度和行业自律等方面的要求，还要有淘汰机制。在制定法规框架时，一个基本的原则应是只要不吸收社会公众储蓄，就应对此机构实施非审慎性监管，以鼓励其在宽松的外部政策环境中发展。

五　启示

（一）政府的支持和宏观经济环境稳定的作用

孟加拉国小额信贷的蓬勃发展得益于政府政策的支持和宏观经济环境总体上的稳定。孟加拉国在近十年来年均经济增长达5%，而且通货膨胀率和利率也保持在较低水平，这为促进就业和小额信贷发展争取到平稳的经济环境。孟加拉国政府对包括非政府机构在内的各类小额信贷，一贯地持积极支持的态度，例如，批准 GB 为银行，支持 PSKF 成为自主性批发机构，为 NGO 小额信贷机构提供宽松环境，等等。政府决策者充分认识到小额信贷的重要性，在政府的"扶贫战略白皮书"（IPRSP）中充分强调了小额信贷的作用，承诺政府的支持。自 1997 年国际上发起小额信贷高峰会运动后，孟加拉国总理多次亲自出席每一年召开的全球性大会，以示对小额信贷业的重视和支持。

（二）小额信贷机构的健康发展有赖于自身内功扎实

我国小额信贷业的发展与孟加拉国、印度尼西亚和国际上一些国家相比，起步晚、水平低、规模小，而且后劲发展不足。从现状上看，我们的主要差距表现在 NGO 小额信贷机构的规模远远小于孟加拉国等国。虽然我国金融机构小额信贷规模不小，但资产质量远不如它的大型小额信贷机构。至今我国还没有一个大中型的 NGO 小额信贷机构，之所以如此，深层次的因素则主要是人员素质不够高，管理水平低。我国也有一些 NGO 小额信贷机构在规模不大时，运作和资产质量都不错，然而规模扩大后，则出现了种种问题，资产质量严重下降。原因与上文提到的孟加拉国一些小额信贷机构的情况相似。而孟加拉国一些大型小额信贷机构，如 GB、BRAC、ASA 等则与其领导层的远见卓识和能力强、机构的管理水平高直接相连。因此，我国的小额信贷业的健康发展，有赖于体制、机制、政策环境、资金供给等因素，更有赖于信贷机构自身的素质。对于 NGO 小额信贷机构而言，如果不苦练内功，夯实基础，提高人员素质，加强能力建设，完善内部控制，强化治理水平，想要做大做强是不可能的。

（三）考虑批发式小额信贷机构的可能性

孟加拉国专职批发式小额信贷机构 PKSF 对小额信贷业的发展，尤其在扩大信贷资金和提高小额信贷机构专业标准方面发挥了重要作用。而我国至今还没有类似机构的存在。从其他国家经验看，批发式小额信贷机构的成败主要在于是否有足够多的运作规范、资产质量正常、管理水平较高的零售小额信贷机构的存在，也在于小额信贷机构以及批发机构本身的监管素质。因此，在我国如要引入发展批发式小额信贷机构或批发式的信贷资金供给机构，就要对现有和未来潜在的零售小额信贷机构做一个全面的调研和分析，对它们吸收资金的需求和能力有准确的评估，然后才能产生相应的对策意见。

（四）小额信贷与其他扶贫手段结合

要使扶贫效益最大化，需要小额信贷与其他扶贫手段有机结合，充分发挥综合、全面扶贫方式的作用。扶贫需要财政和金融手段，需要经济和社会手段，需要解决当地基础设施和贫困群体家庭生活生产基本需求，等等。对贫困户，尤其是深度贫困群体，除信贷支持外，基本生活保障、思想意识转换、教科文等方面的支持更是不可或缺。但作为可持续的小额信贷机构一般则应是专业化的，而不是全面性的。即使要发展成综合性的扶贫小额信贷机构，也要像孟加拉国的 BRAC 那样，内部需有明确的专业分工，各司其职才行。

（五）国际援助机构的作用

国际援（捐）助机构的作用主要表现在提供国际上小额信贷发展的经验教训、对小额信贷机构的技术支持和发展所需的资金基础。对于 NGO 小额信贷机构而言，这些支持尤为重要。对愿意也有潜力发展成可持续的小额信贷机构，在发展初期，这类援助是必要的。这些援助的时间长短应依据当地借贷客户的贫困程度和当地的经济社会条件而定。

（原文载于《金融时报》2004 年 10 月 26 日）

参考文献

PKSF, Microcredit Programs in Bangladesh: Giving a Chance to the Poor, 2004, 5.

CGAP, Scaling up Poverty Reduction: Case Studies in Microfinance, 2004, 5.

孟加拉国扶贫启发中国

中国新农村建设遭遇资金"瓶颈",不仅"贫血"严重,而且"失血"相当惊人,农村贷款增长缓慢。河北易县等地借鉴诺贝尔和平奖得主尤努斯创办的孟加拉国乡村银行经验,试点"扶贫社",为中国农村埋葬贫穷。

家住黑龙江省大庆市林甸县花园乡粮食产区的村民徐宗奎抱怨说:"听说城里人买房买车都能贷款,咱农民维持生计、发展生产为啥就贷不着钱呢?"由于手续复杂、资质审查严格,徐宗奎曾多年没有贷到购买种子、化肥、农资所需要的资金。农民贷款难,在农村连银行都难找。中国银监会主席刘明康在西部地区考察时发现,几十个县都找不到银行,时值清明时节,农活忙碌的季节,于是,他感慨而即兴吟诗:"借问银行何处有,路人遥指中关村。"中国人民银行研究局副局长焦瑾璞说:"现在中国不缺大银行,缺的正是为农民服务的小银行,缺的是如何为一些需要资金的人建立起好的贷款机制。"在"三农"(农业、农村、农民)与民生的旋律中,让金融服务尽快向农村延伸,是今次全国人大和政协"两会"的热门议题之一,人大代表和政协委员不时谈及农民期待"穷人的银行",就像诺贝尔和平奖得主尤努斯创办的那些孟加拉国乡村银行。赢得诺贝尔和平奖的"穷人银行家"尤努斯,30年前看到孟加拉国赤贫村民受高利贷商人的盘剥而大为震惊,从而建立孟加拉国乡村银行。

农村金融是中国整个金融体系中最薄弱的环节,也是当前新农村建设中遭遇的"瓶颈"。来自各省市银监部门的调查显示,一段时间以来,银行业金融机构贷款增长缓慢,网点及服务功能在农村逐渐萎缩。

农村进入资金不仅"贫血"严重，而且"失血"也相当惊人。中国人民银行益阳市中心支行的谌争勇指出，农村资金正从三渠道大量流失：一是基层国有商业银行通过上存的方式，致使大量农村资金流向经济发达地区；二是邮政储蓄"贴水"揽储方式使近千亿元人民币资金通过邮政储蓄从农村流向城市；三是资金"农转非"，农村信用合作社在盈利驱使下，使支农资金流向非农领域，即收益相对高的经济发达城市。农民企业家、河北大午农牧集团有限公司监事长孙大午多年与银行打交道，他对当下的内资银行心有忌惮。他印象中的银行，已经"待懒了，吃馋了，完全是衙门作风，根本就不屑于为农民服务"。

连续四年的中央一号文件是指导农业、农村和农民的"三农"工作，其中有关于农村金融的重要内容。前不久，全国金融工作会议召开，会议提出要加快农村金融改革，完善农村金融体系。2006年12月下旬，银监会宣布农村金融新政，出台了《调整放宽农村地区银行业金融机构准入政策的若干意见》，鼓励社会各路资本进入农村市场。2007年3月初出版的《求是》杂志发表了温家宝同志的《全面深化金融改革，促进金融业持续健康安全发展》，对农村金融工作有大段阐述。

村镇银行相继设立。3月1日，全国首家村镇银行，即四川省南充市仪陇县金城镇"惠民村镇银行有限责任公司"挂牌开业；同一天，经银监会批准的首家贷款公司，即仪陇县马鞍镇"惠民贷款公司"诞生。3月9日，全国首家经银监会批准的村级农村资金互助社——吉林省四平市"梨树县闫家村百信农村资金互助社"挂牌开业。银监会副主席唐双宁说，村镇银行、贷款公司和农村资金互助社等新型农村银行业金融机构的成立，必将激活农村金融市场，带来新的活力和商机。

中国社会科学院农村发展研究所副所长杜晓山接受采访时表示，从中央到银监会、中国人民银行，一系列的农村金融新政可谓步子不小，其影响也会深远。杜晓山被业界称为"中国农村小额信贷之父"。他在农村发展研究所做研究工作时，始终对扶贫感兴趣，从扶贫的角度来研究中国的扶贫工作的问题。早在13年前，杜晓山就接触了尤努斯，从中受到启发。经过杜晓山的游说，尤努斯决定让孟加拉国乡村银行模式进入中国。

20 世纪 80 年代中后期到 90 年代初期，杜晓山和他的同事关注中国的扶贫贷款。为穷人贷款服务，原本是政府意图，但看来实际效果不佳：名义上贷款资金是给穷人的，实际上往往到不了穷人手里，有的是被单位拿了，有的是被企业拿了，有的是被富人拿了；不管谁拿到钱，包括其中一些拿到钱的穷人，贷出去的钱，收不回来，贷款变成救济款了；所有的发放贷款的机构，在这个领域很难自负盈亏，难以有商业性的可持续发展。

对此，杜晓山和同事在研究中探索寻找解决办法，他们发现了孟加拉国乡村银行的典型经验，这或许在中国也有借鉴作用。不过，学术界有不同看法，孟加拉国的方式在中国能行得通吗？杜晓山说："当时的讨论，谁也说服不了谁，那就用实践来检验在中国究竟可行不可行，能不能让穷人直接拿到贷款，这个机构能不能在这过程中也得到持续发展，不断深化为穷人服务的这一目标。1993 年，我们就去了孟加拉国访问，见了尤努斯，与孟加拉国乡村银行、孟加拉国乡村信托基金一起讨论，最后问他们能不能在资金方面支持我们，他们说，可以借给我们，但不能送给我们。"

孟加拉国乡村银行只是在本国做项目、做贷款，下设一个机构乡村信托基金，是专门对发展中国家推广他们经验的一个机构。杜晓山在孟加拉国学习、考察，回国后就开始了扶贫贷款的工作。他们最初选择河北省易县作为试点，1994 年成立了第一家"扶贫社"。他们在当地招聘工作人员，挑选政府公务员担任"扶贫社"的 CEO，责权都规定清楚。易县是国家级贫困县，离北京不远，开展工作后便于监管，又能节省成本。5 月，他们发放了第一批 20 多户小额信贷。13 年来易县近 2 万名农户从中获益，其中 6000 多户摘除贫困"帽子"。国内外上万人次到易县"扶贫社"参观。尤努斯于 1996 年和 1998 年两次去易县考察，对杜晓山的"扶贫社"给予颇高评价。他们接着先后在河南省虞城和南召、陕西省丹凤建立了"扶贫社"，继续小额信贷试验。1997 年，"扶贫社"实现经济自负盈亏。

累积至今，已经有四五万户接受杜晓山他们的贷款，在农村一户按 4.5 口人算，即 20 万人这样的规模，目前还有 1.5 万贫困群体（户）还有他们的贷款余额。这些贫困户主要分布在河北、河南、四川、陕西等地。如今，孟加拉国方面没有继续贷款，杜晓山他们还在还钱给孟加拉国方面。杜晓山说："十多年的实践证明，农户以信誉为担保的贷款，还贷率高达95%，关键要有好的管理，有巧妙的制度设计。没有不好的客户，只有不好的机构。完全可以说，穷人比富人更讲信用，穷人的信誉度不低于社会其他群体。所有的人，即使是再穷的人，实际上在自己的内心都有巨大潜力，这个社会却没有条件让这些人释放他们的潜力。社会应该用机会和机制让农民埋葬贫穷。"

（原文载于《亚洲周刊》2007年第12期）

谁来扶助扶贫社

中国扶贫社借鉴孟加拉国乡村银行模式，但还没有法律地位，也不能吸储，开展扶贫活动需要政府支持，否则寸步难行，因此银行急需国家出台政策。

杜晓山的扶贫社，被称为孟加拉国乡村银行模式的"中国镜像"。3月7日，他在北京接受访问，以下是访谈摘要：

你们与孟加拉国乡村银行有何异同？

从最初开始到目前为止，我们的操作模式、方法程序、贷款制度以及奖惩条例，基本上是从孟加拉国乡村银行照搬过来的，只是在操作层面上有略微调整。

我们的操作机构和它们不同，它们有一群大股东，它们与政府没有任何关系，我们在中国就必须与政府有互动，没有政府的支持则寸步难行，非金融机构开展金融活动是非法的。有了国务院扶贫办公室和当地政府的支持，才能顺利开展工作。与孟加拉国乡村银行非常不同的一点是它们是银行，可以吸储，我们不能吸储，因此我们往往面临资金来源的困扰。70多岁的台湾商人杨麟，最近六七年每年都捐赠180万元人民币（折合约23.4万美元），累积有100000万元了。台湾还有位大学教师，捐了二三十万元人民币，澳大利亚、加拿大等一些国家的机构也有捐助。

你们与中国人民银行、银监会做的项目有何异同？

我们目前的问题是如何能有资金来源。我们是专门针对低收入和贫困群体，尤其是针对妇女的。我们借贷的对象，贫困妇女占了八成六，孟加拉国高达九成六。

中国人民银行和银监会等国内其他这些机构的小额信贷，不是针对妇女的，主要是针对男性的，或者说是户主、企业主；我们是针对贫困户的，它们主要是针对微小企业、一般农户、个体户或者私营户，即它们的客户目标在上端，我们在最底端；贷款的额度明显不同，我们只是几千元人民币，他们一般至少上万元，多则几十万元、上百万元，当然这与大银行的贷款相比，还是小额信贷。

你们的资金运作是自负盈亏吗？

无论是中国人民银行，还是银监会，和我们一样，都希望可持续发展。我们的可持续发展不是有了利润就大家分了，这是不允许的，我们所得利润要作为资本金积累，继续扩大贷款规模，服务于更多的人。尤努斯他们则是为股东服务，因此可以分红。我们社科院这类项目，扶贫是肯定的，但必须追求机构的自负盈亏，这两个目标必须实现，一是服务穷人，二是机构不能赔钱，这两条是和孟加拉国一样的。我们是以扶贫为目标的，即使赚钱了也不能分，而中国人民银行和银监会推出的项目，是以商业利润为宗旨的。

小额信贷在目前的中国是被允许而合法的吗？

银监会的村镇银行，现在已经出台了正式的金融法规政策了，属于合法化的。中国人民银行推出的商业性小额信贷是商业小额信贷公司，到目前为止，还没有正规文件来确认它的合法性，只是说中国人民银行极力推广这种项目，并没有纳入银监会出台的正式法规。我们存在了十几年。在中国类似我们这样的机构还有100多个，只是运作状态参差不齐。包括我们在内，从法规上没有得到合法的认定，从法规、政策层面，至今没有文件来确定它的合法性。

你们下一步有何打算？

我希望进一步稳固基础，苦练硬功，有了好基础，有了合法地位，有进一步的资金来源，尽快发展成像孟加拉国乡村银行那样。如果国家政策不允许，我们还是做成不吸储的公司或者扶贫机构，只是希望政府能尽早出台相关的政策和法规。如果允许我们变成银行，除非有银行愿意与我们合作。当然我们就不需要融资了，有银行就有资金来源。

如果我们不变成银行，那就没有资金来源了，孟加拉国那里的援助款已经停了。目前的中国小额信贷发展促进网络，是100多个机构组成的协会性质的松散合作体,希望国家出台政策,让这样的符合一定条件的小额信贷机构合法化,给予它们适宜的地位、融资的渠道、优惠的政策。我们也希望银监会、人民银行、财政部、扶贫办和国家的其他有关机构,共同推动这一事情。

原文载于(《亚洲周刊》2007年第12期)

国外村基金项目的经验教训是什么

我国的村级资金互助社（以下简称"村基金"）形式的小额信贷项目近几年来有了一定程度的发展。这里说的"村基金"从资金来往上分，大体分为三类或两大类：以外国援助机构的捐赠资金为主，以政府捐助资金为主，以自有资金入股为主。前两者实际上都是以外援资金为主，可视为一大类。而第三种则以自有资金为主，可视为另一大类。它们有的已是银监会批准的、在工商管理局注册的金融机构，有的则在政府的支持下在当地民政局注了册的社团法人，还有一些是没有注册的民间借贷机构。尤其是国务院扶贫办和财政部主导的贫困村资金互助社（村基金）项目试点现已在贫困地区几千个村推行，而且有快速推广试点的势头。根据笔者所进行的调研和看到的资料，发现我国的各类村基金项目有不少需要改进之处，特别在实际的内部治理结构、民主管理、财务制度、内外部监督等方面更有待改善，它们的可持续发展面临极大的挑战。

本文重点介绍和分析一些国外与我国的村级资金互助社相似的"村基金"小额信贷组织的情况。这些组织从资金来源上看，也分为外援资金（来自政府和国际援助）和村民自有储蓄为主的两种机构。此外，还有两种介于这两者间的形式，一种被称为"自助小组"（SHG）的项目或机构，另一种被称为"村银行"（Village Bank）的组织。在这一方面，国外村基金的经验教训，对我国的村基金的健康发展会有重要的借鉴作用。我们应掌握客观规律，扬长避短或扬长补短，积极慎重地推广村基金项目试点。

一 村基金项目的优劣势

对这些国内外案例的研究表明,与专业化的小额信贷机构开展的小额信贷活动相比,村基金项目的优势在于:它更适于在银行金融机构服务缺乏的偏远农村地区开展活动;它的运作成本低廉,它实行成员自助,无须工资(只有补贴)支出,大幅降低了专业小额信贷机构的运营成本;它所需的借贷资金量更少;成员间相互了解,信息更对称,道德风险相应较低;受外部影响小,在发生政治或经济危机或不稳定时,也可能较好地运营;可能开展其他非金融性活动,例如教育、卫生、合作经营和小型基础设施建设等各类发展活动;相对于只贷不存的小额信贷机构,它可在成员内部存、贷款,利率高低灵活(因为收益归村基金自己所有),且可分红。

村基金的相对劣势在于:覆盖的范围和规模有限;非专业化的管理运作,成员有失去存款或资金损失的风险;需要有社区内的凝聚力;工作人员报酬低,需要有奉献意识和行动;大额资金的管理难度大,而单笔贷款的额度有限;不如专业化小额信贷机构稳定;较难提供系列多样化金融服务,例如相对银行小额信贷项目,难有多样化的贷款和存款产品或灵活的还贷方式和不能提供资金的汇转服务等。

二 外援资金为主的村基金可持续发展难

笔者发现,国外的经验表明,在外援资金为主的村基金中可持续发展的案例很低,而以村民自有资金为基础的村基金,则有较多的机构实现了可持续发展。国内的情况也有相似之处。这说明:项目或机构的成功与否与资金来自外部还是内部有很大的关系,主要的原因就是资金来自外部的村基金的道德风险更大。

这两类村基金的性质是不同的,外援资金为主的村基金是供给推动型,而自有资金为主的村基金是需求驱动型,相对于前者,后者往往有内在的动力去使之成功。从村民的角度看,两者与自己的经济社会利益有很大的不同。这两类村基金的主要区别是一般村民认为对本村村民储蓄为主的村基金的贷款如不还,在村里会没面子,不好做人或无法见人,而且,拖欠贷款就像偷了邻居的钱,因此一般都会认真地对待还贷问题。此外,在以村民储蓄为主的村基金中,村民的自身经济利益更紧密地与村基金捆绑在一起，更易调动村民的主动参与意识和行为。而外援的村基金如无抵押担保（可抵押担保对针对穷人的小额信贷并不适用），则还贷问题并不被认真对待，而且人们常常从过去的经验中认为外来资金还不还并不重要，还贷率从来就都很低，自己不还贷对自己并没有什么害处，甚至认为还了钱的是"傻子"，不还钱的是"聪明人"。特别当这样的村基金项目的运行和财务制度和管理薄弱及簿记报告不健全时，更是如此。有些以外援为主的村基金项目虽然也有要求成员存款的，但从成员来看，这些存款只是为自己得到贷款而必须克服的障碍而不是有价值的服务。这种状况对鼓励成员养成良好的储蓄习惯几乎没有什么效果。

研究资料表明，另一个影响成败的因素是否有持续的外部有质量的支持（指非资金的支持），而不只是在项目初期这样做。这些外部支持包括推动、组织、培训、簿记、网络组织、流动性管理和对运营的监管等。以上这些经验对我国发展村基金项目有十分现实的理论和实践意义。

世界银行"扶贫协商小组"（CGAP）的资料研究了在1990—2005年由23个机构负责支持在27个国家开展的60个村基金项目（见表1）。研究者将这60个项目的相关资料和报告是否具有完整性作为评判项目好坏的基本条件，结果只有大约一半的项目有评判成败必须具备的较为完整的资料和报告。在分析了这些资料和报告后，可以发现在42个外援资金项目中，有22个没有相关完整资料，应视为不成功，而有完整资料的另外20个项目中只有一个是成功的。因此，从总体上看，外援资金的村基金的成功率为2.4%。而在18个村民自有资金项目中，有7个没有相关资料，应视为不成功，而有资料的11个则全部是成功的。这11个项目中的7个状况良好，另外4个略差一些。因此，从总体上看，村民自有资金的村基金的成功率为61.1%。两者相比，差距实在太大了（见表2）。

表1　　　　评定的60个村基金项目的类型和数量

	外援资金项目	村民储蓄基础项目	总计
有评判成败资格的项目	20	11	31
无评判成败资格的项目	22	7	29
总计	42	18	60

表2　　　　评定的60个不同类型村基金项目的成败情况

	外援资金项目	村民储蓄基础项目	总计
成功的项目	1	11	12
失败的项目	41	7	48
成功率（%）	2.4	61.1	20.0

三　国外另两种类型的村基金

在上述两种不同类型的村基金外，还有两种类型的"村基金"，本文只做简介，不做深入探讨。一种被称为"自助小组"（SHG）的村基金模式。这种模式实际上可视为介于上述两类不同村基金之间的一种特殊类型。绝大多数SHG首先收集小组成员的存款，并利用此存款在成员间进行借贷。经过一段时间的运行，为解决资金不足的问题，一些符合条件的SHG再从银行借贷，然后转贷给成员，当然从银行借来的额度往往远大于成员自身的存款。这就是所谓"自助小组与银行联结"项目，这种项目在印度十分流行，其他一些国家也在效仿。在印度大约2/3的SHG最终可从银行获得"集体客户"贷款。这些SHG之所以能从银行获贷，与印度政府要求银行要向农村和弱势群体提供一定比例的贷款的政策有关。

根据印度的一个有声望和有支持SHG经验、名为APMAS的机构对数以百计的SHG的评估意见，大多数的SHG运营质量不佳，但也有一些SHG，包括一些大型项目做得相当不错。这些项目之所以成功，首先，有外部非资金的支持和指导，包括开发标准化的产品和程序、开展各种培训、协助SHG进行客户的识别和减少流失、加强簿记和管理，有的外部机构还对项目运行进行直接监管。其次，成员认识到来自银行的资金与自己的存款和利益是捆绑在一起的，SHG需要认真地对待银行贷款的归还问题，否则不仅可能得不到后继更大额度的贷款，还会失去自己的存款。最后，由于首先已用自己的存款进行借贷活动而积累了一定的经验、诚信度和能力，因此形成了有更高纪律性的小组。也就是说，他们已有一定的领导和管理能力；具备了成员间的信任和凝聚力、发放和回收贷款的方法、财务报告制度等方面的基础。

此外，还有一种被称为"村银行"的小额信贷运作模式，也与上述"村基金"的各种方式既相似又不同。它在外部机构的支持和监督下开展活动，由外部贷款做引导，调动村民储蓄的积极性，并最终成为由村民拥有和管理、服务于自己的村级小额信贷的一种运营方式。"村银行"模式是国际规范零售类小额信贷三种类型（小组借贷、个人借贷和村银行）中的一种。

它的大体方式是：外部机构与愿意开展此项目的村民（应达到本村全体村民的一定比例才行）达成协议，外部机构贷款给由村民组成的"储蓄贷款组织"，同时，村民必须在该组织内储蓄，而且，参与该组织的村民需逐次（或逐年）不断增加对该组织的储蓄额度。这样，外部的贷款和村民的储蓄共同形成村民借贷的循环周转资金（例如，该村设定的借贷循环周转资金总额为20万元，初始时，这两部分资金比例为15∶5，以后，村民的储蓄随借贷的轮次的增加而相应递增，这样，村民储蓄的比例在村循环周转资金总额20万元中的份额就会逐渐增大）。村民按共同制定的规则开展借贷活动。同时规定，在若干年内，随着村民储蓄额不断增加，外部贷款逐年收回，最终使村循环周转的借贷资金全部由加入组织的村民自己的储蓄替代外部贷款，成为村民拥有自己资本金的"村银行"。而外部机构收回的贷款则按此方法帮助其他村开展这种"村银行"式的小额信贷活动。

四 村基金成功的标准

在这里需要说明一下，成功的标准主要是指以下几点：一是村基金能保持真正的良性的借贷和还贷的循环，并维持若干年，最好是长久的可持续发展。二是成员的还贷率能长期保持在95%以上。三是大多数小组在若干年内能保持稳定不解散。四是村里的权势者没有"多吃多占"。五是对小组成员经济社会生活有积极的影响。以上成功标准的前三点可以有量化的标准，而对第四点的衡量则有些复杂，且成本高，费时费力。对此，国际上多数人的共识是，对金融服务需求者和其家庭而言，能持续而非一两次地获得合理有效的金融服务的供给，则可证明有积极的正面影响。因此，能否保证还贷率和持续获得自愿和所需的贷款，是衡量村基金对其成员是否有正面影响的一个替代指标。

五　基本结论

根据国内外的相关经验教训，我们再用几句话概括一下村级互助资金组织或村基金成功可持续发展的基本条件。笔者认为，它们至少是：当地有一定的市场经济交易活动；村社区内有一定凝聚力；有至少一位服众的具有一定德才水平、愿意为公众服务的人物；内部有实际制衡作用的民主运营和管理机制；社员必须入股；有效管理和周转（操作和财务管理制度简洁健全）；外部有效的政策和技术支持以及监管；等等。当然，村基金要达到这些条件自身有一个不断完善的过程，但是只有尽快缩短这个过程，才能保证村基金的健康可持续发展。

（原文载于《农村金融研究》2009 年第 8 期）

参考文献

Jessica Murray, Richard Rosenberg, "Community-managed Loan Funds: Which Ones Work?", *Focus Note*, No.36, May 2006, CGAP, World Bank.

印度尼西亚的经验表明：小额信贷能经受金融危机的考验

——在"中国农村改革的新起点：基本公共服务均等化与城乡一体化"国际论坛上的演讲

建立城乡经济发展一体化的制度，为农民建立均等化的公共服务，使城乡居民能够享受均等的基本公共服务，现在这个目标大家都在谈，是不是可以制定一个时间表，包括刚才赵司长也谈到这个问题，有没有可能首先落实中央的决定。第一，城市有的农民也应该有；第二，怎么能够缩小两者的差距；第三，能够真正实现均等化。这个时间表能不能在2020年实现，大家翘首以待。

关于财政和金融的功能问题，按笔者的理解，两者都具有公共产品、公共服务的性质，又都具有不同的特点。目前，财政和金融对农村的支持是比较差的，但是现在已经到了工业"反哺"农业、城市带动农村的历史发展阶段，筹划城乡统筹一体化的发展，贯彻财政的公共服务的性质，应该真正得以实现。农业仍然是目前我国国民经济中最薄弱的环节，加强农业基础，确保农产品的供给和农民增收与保持经济稳定和社会和谐面临的突出任务，要推进城乡基本公共服务均等化进程，提高农村公共产品的供给水平，切实加大"三农"投资的力度，首先是财政投入的力度。农村金融在我国整个金融体系中是最薄弱的环节，加快农村金融的改革和发展，强化金融支农力度刻不容缓。刚才韩俊先生已经阐述了这个问题，现在普惠金融体系的理论和实践已经被更多地提及、关注，越来越多的人在倡导和实践普惠金融，普惠金融强调的是金融服务的公平正义，服务对象的普惠和包容，要求无论是穷人、一般人还是富人都应该得到公正的金融服务的享用权。在农村，尤其是中部、西部农村是弱势地区，农业是弱势的产业，农民尤其是中低收入和贫困农户是弱势群体，弱势的"三农"理应得到均等化，甚至是更优惠的服务。财政和金融都具有不同意义上的公共特性，都具备服务均等化的要求，然而，在现实中，长期以来，"三农"则是财政和金融服务汇集少的弱点和短板；另外，财政与金融相比，一般财政服务的公共性和外部性更强，更多的是无偿服务，财政手段还有效引导指向功能，金融服务要求服务的有偿性，具有准公共性到非公共性的更宽领域。因此，应该按照财政服务和金融服务的不同特点，以及不同金融服务的特点，在不同领域的不同要求下来统筹兼顾，协调一致地分别提供相应的、适宜的供给服务。

下面笔者想讲财政支农效应的问题。第一，财政的直接支农作用。我们现在完全可以充分利用世贸组织关于不受限制的政策，进一步加大对农村、农业基础设施，农村的公共设施，农业的科研和技术推广，农民的培训，农产品质量检测，农业结构调整，环境保护，粮食安全准备补贴和贫困农户补贴的投入力度，还要加大民生和改善农民生活设施、教育、医疗卫生等社会保障方面的投入，这是财政直接的支农作用。从财政的杠杆导向作用来说，它还可以起到一个撬动金融机构和社会资本投入农村的杠杆和引导作用。当前，我国财政支农的投入渠道很多，据统计多达十几个部门，效益不高，缺乏与信贷的有机结合，各级政府可以整合资金提高使用效果，还可以设立政策性支农风险或担保基金，政策性保险基金可以提供政策性保险的补贴，对支农机构应提供财税优惠，来调动金融机构支农的积极性。现在财政部和国务院扶贫办在贫困地区的贫困村实行由财政资金与农户资金结合的农民资金互助社试点，有的省份也在做类似的项目，总的来说取得了较好的成效，这也是财政扶贫资金有偿使用，使无偿资金增值，获取"多赢"局面的一种尝试，这一方面银行不愿意做或者不能做。当前可以由政府和民间创造条件来弥补，不过应该注意在不破坏市场公平的基础上，同时不可以操之过急，盲目乐观地大规模推广，要有利于微观主体市场地位的强化，保证项目的可持续发展。这个问题上有不同的意见，笔者的感觉是可以支持，适当扩展，但是要注意节奏，注意可持续。

第二,金融支农的效益问题。从笔者对农村金融体系改革的理解,总的目标框架应该是建立和满足农村多层次金融需求,功能齐备,分工合理,产权明晰,管理科学,服务高效,优势互补,竞争适度,监管有效,普惠性的、可持续发展的完整农村金融体系。目前,这个体系的现状是:金融市场不完善,主要的只有银行市场,而资本市场和保险市场严重缺乏,金融基础设施和机构的覆盖率低,甚至是空白,相当多的金融机构的资产质量不高,供给严重不足,竞争不充分,金融服务效率差,今后农村金融改革和发展的目标是形成完整的金融市场,使信贷市场、资本市场、保险市场逐步有利的统一,均衡健全,并构建多元化的金融机构,实现多层次广覆盖,可持续的发展。完善农村金融体系就是建立政策性、商业性、合作性金融机构的合理布局,分工合理,功能互补,又要鼓励适度竞争,有些政策性业务和项目可以用招投标的方式由各类不同的机构来经营。此外,还应大力引导和规范民间金融,注意扬长避短、优势互补,并尽快出台管理条例等政策法规,尽快推动存款保险制度,建立不良银行退出制度,以利于银行的竞争。

有三个问题值得探讨。其一,农村的金融体系和城市的金融体系应该是一种什么样的关系,是独立的还是统一的,这个问题的争论很大,可以分为两到三类,一种意见是应形成城乡统一的金融模式,这种观点更多强调的是利用市场经济的手段来运用农村资金,对运用财政补贴运作的方法要慎之又慎,切不可歪曲农村市场的运作秩序。强调学习有些国家的经验,但是很少强调财政对金融的支持作用。其二,认为农村是一个特殊的领域,应该学习日本、南朝鲜等那套经验,它们的最大特点是农村金融和正规金融是完全独立的不同金融体系,政府应当为农村金融体系提供大量的优惠政策。其三,就是讲城乡统筹的金融体系,又要讲农村金融的特殊性,加大政府政策的支持,两者要进行平衡。实际上我们要值得探讨的是,到底应该怎么做。这是一个问题,笔者比较偏向于第三个观点。

第三,对于公益性的扶贫类的小额信贷机构应该采取什么政策。目前为止,国家还没有明确的政策,笔者的观点是,现在这样的机构我们已经有100多个,已经有五年到十几年的历史,这一点在金融、财政两个方面都是有很大缺陷的一个方面,因此一个具体的想法就是完全可以在国开行现在正在筹办的计划基金的基础上，由国家财政拨出 1 亿元左右的资金作为基金，专门对符合条件的这类机构进行支持，如果搞得好还可以再扩大，如果搞不好也可以停止。

第四，现在有一种观点认为，美国的次贷危机是由于对不具备贷款条件的人放贷，因此普惠金融的这种理念是不对的，对穷人的支持要慎之又慎，笔者认为这和实施不是一回事，印度尼西亚的经验能够充分证明小额信贷比其他金融业务更能经受住危机的考验，并且在危机期间对缓解贫困的作用非常大。大家可以看一下介绍，小额信贷是由印度尼西亚的国有商业银行运作，不仅弥补了它在大企业、海外企业的亏损，因为金融危机造成大量亏损，可是小额信贷把这个银行救了，在危机前、危机后都一样，所以它把这个银行挽救了，这个经验非常值得我们研究。

国际金融危机目前对整个小额信贷来讲，实际上小额信贷现在可能是一个考验，但是更好的是一个机会，也就是现在流动性降低了，可能会使扩充受到影响，但是鼓励它们可以更好地改善自己的运作，确保自己的风险管理系统、内控系统，管理能力的加强，因此有利于小额信贷的机构夯实基础，提升水平，以适应将来扩展的需要。

（原文载于《中国改革论坛》2009 年第 10 期）

中国小额信贷之父杜晓山：
打造中国的格莱珉银行

1994年，"中国小额信贷之父"、中国社会科学院农村发展研究所副所长杜晓山向尤努斯教授借得第一笔经费，成立"扶贫经济合作社"，将孟加拉国的小额信贷模式引进中国乡村试点实验。2006年，尤努斯教授获得了诺贝尔和平奖，孟加拉国模式也成为我国公益性小额信贷的主要模式。

作为我国新农村建设的核心内容，农村金融在支持我国城乡统筹发展、推进"三农"的过程中发挥着巨大的作用，重要性不言而喻。但发展农村金融，眼光不能仅仅局限于"金融"二字，应该要跳出金融看金融。这就意味着，中国农村金融的发展，必须和中国的农村扶贫工作紧密结合，要站在推动农村经济、社会全面发展的更高角度来看待农村金融。农村金融的发展，必须和中国农村的现实情况紧密结合，不能脱离实际。在这种情况下，以服务广大农村低收入群体为主的"小额信贷"，无疑成为联系农村金融创新与农村社会发展两者之间的桥梁和纽带。2010年9月15—18日，在由友成企业家扶贫基金会和NPI公益组织发展中心联合主办的"新公益论坛"上，与会嘉宾也把目光聚焦在了小额信贷与中国农村金融的发展上，就此话题展开讨论。努力发展小额信贷，不仅是农村金融创新的手段，更是带动我国农村全方位发展的重要助推器。

一 完善政策扶持小额信贷

2004年至今，每年的中央一号文件都提到要鼓励小额信贷发展。如2010年中央一号文件提出"有序发展小额信贷组织，引导社会资金投资设立适应'三农'需要的各类新型金融组织",显示出中央的关心与重视。2010年5月19日,中国人民银行、银监会、证监会、保监会下发《关于全面推进农村金融产品和服务方式创新的指导意见》,决定在全国范围内推进农村金融产品和服务方式创新工作,并大力推广普及农户小额信用贷款和农户联保贷款等在实践中已被证明是行之有效的金融产品。

中国的小额信贷起步于20世纪90年代初,开始是由非政府组织和社会团体在中国农村进行小范围的试验。在之后的辉煌时期,出现过超过300家的小额信贷机构,但现已逐步走向凋零,仅存不到100家,且多依赖20世纪90年代和21世纪初期国际援助机构留下的资金维持。其中,能可持续发展的约有50余家。

更遗憾的是,迄今为止,中国的小额信贷领域仍然没有形成统一规范的行业标准,各小额信贷机构信息不透明,缺少有效的监督机制,经营风险较高。大部分的小额信贷机构是依靠补贴来维持运营,缺乏完善的信贷管理制度和专业的信贷管理人员,经营效率普遍较低,也很难达到大面积的覆盖率。可以说,目前国内小额信贷机构自身的运营经验难以有效推广,是一种不可持续的发展模式。为何会出现这样的状况?相关政策法规不及时、不完善是问题的核心所在。尽管我国的小额信贷在20世纪末就已经初露端倪,但一直到2005年,我国才逐步开始有了针对小额信贷的政策法规。毫无疑问,没有及时、完善的政策支持,我国小额信贷的前进步伐自然不会那么顺畅。

杜晓山认为,中国小额信贷的政策法规在制定上存在滞后性,尽管现在有提速的趋势,但短期内依然跟不上小额信贷的需求。此外,我国一直比较重视商业性的小额信贷,忽视了公益性的小额信贷。迄今为止,我国的小额信贷法规都是针对正规的商业性银行机构和新型金融机构的,没有任何具体的关于公益性小额信贷业务或机构的规范性法律文件。而在农村金融发展中,恰恰以服务低收入者为主的公益性小额信贷才是真正意义上的"和谐先锋""创新先锋"。中国人民银行研究局副局长汪小亚也同样认为,小额信贷相关的配套和扶持政策不到位,使得农村的金融服务能力受到了限制,影响了金融支农作用的发挥。在未来建立多元化的农村金融机构体系过程中,公益性的小额信贷是必不可少的组成部分。因而，政府部门应该尽快出台相应的政策法规对小额信贷加以扶持、管理，确保其走上健康、有序的规模化发展道路。

杜晓山给出的建议是，第一，国家应该从财政或专项扶贫资金中拨出一定的资金，作为扶贫小额信贷机构的垫底循环基金，以此吸引国内外各类其他基金。还要设立专门的机构，或委托国家政策性银行管理此基金，按照一定的标准，支持符合条件的公益性小额信贷机构，以彻底解决具有可持续发展潜力的扶贫小额信贷组织的资金瓶颈问题。第二，如果政府财政不能拿出较多资金，替代方案就是让那些愿意承担社会责任的银行为这些公益性扶贫小额信贷机构提供批发贷款资金，政府则为这些银行提供配套的贴息资金，以此解决目前一些合格的公益性小额信贷机构严重缺少融资来源的问题。第三，对于那些有一定规模和实力、经验历史达到一定年限，并有优良业绩的小额信贷机构，政府应该给予一定金融业务的合法经营权，并在中国人民银行和银监会的指导下，通过行业自律的方式加以监管。第四，政府还应给予这类扶贫小额信贷机构一些特殊的财税支持、能力建设等优惠政策。

二 打造中国的格莱珉银行

就全球范围来看，小额信贷最先是在孟加拉国开展起来的，经过几十年的发展已经非常成功。私人性质的发展组织是孟加拉国小额信贷的主要参与者，例如 BRAC、格莱珉银行、社会发展联合会等。这些机构在孟加拉国资助了几千万的穷人，其中有 95% 的小额信贷客户是贫困妇女。

以格莱珉银行为例，它颠覆了银行业的传统模式。在贷款中，格莱珉银行不要求抵押，而是创立了一套基于互信、责任、参与以及创造力的银行制度。格莱珉银行向孟加拉国乡村地区的最贫穷人士提供贷款，且不要求抵押。在此之前，这些穷苦人民一直以来都被银行拒之门外。格莱珉银行创始人尤努斯教授提出："若穷苦阶层能在合适、合理的条件下享用到金融资源，这些数以百万计的小人物和他们数以百万计的小事业加起来就能创造出最伟大的发展奇迹。"截至 2009 年 7 月，格莱珉银行共为 794 万人提供贷款，其中 97% 为女性。目前，格莱珉银行为 8 万多个乡村提供服务，已覆盖孟加拉国全部的乡村地区。

根据中国国际扶贫中心首席技术顾问 Ahmed 博士的介绍，孟加拉国小额信贷的成功主要来自两个方面。一是小额信贷的提供机构都是非常专业化的小额信贷组织。小额信贷的服务对象——农村的贫困妇女。自19世纪70年代开始，私人性质的发展组织就开始到农村与贫困百姓互动，进行小额信贷的试点。经过多年的努力，穷人们给出了反馈，私人性质的组织变得更加有系统性、组织性。与此同时，政府也给予了这些小额信贷机构很多操作空间，并推动其运作。不可否认，尽管中国是第二大经济体，但中国的小额信贷要做到孟加拉国这个程度，还有很多需要学习。Ahmed博士认为，首先，小额信贷机构要融入农村那些低收入的人群中，坐在他们旁边向他们学习，评估他们的需求。小额信贷机构要真正了解当地人的需求和期望，他们到底需要什么样的金融服务。在此基础上，通过不断地互相交流，确定可以在当地加以推广的金融服务，同时确保低收入者参与获得小额信贷的全过程。除此之外，还要不断与低收入者展开互动，在他们中间发展小型团体，提供培训，讨论长远的经济需求，向他们解释信贷机构的目标和方案等。在孟加拉国，小额信贷无须提供担保，因此充分地与低收入者进行沟通交流，了解他们的需求，是彼此建立信任和友谊的最佳方式。

二是发放贷款。贷款时，小额信贷机构必须向用户解释整个体系的各项步骤，比如如何放贷、如何还贷、利率是多少、每周或每月的分期付款、违约罚金、时间管理等，这些都是非常重要的。同时，作为专业性的信贷机构，必须建立一个完善的监督系统，这也很重要。中国在技术方面具备很强的实力，完全具备做好小额信贷的能力。当然，一个高效的管理团队对于小额信贷机构来说也是非常重要的。小额信贷的项目，说起来容易，做起来也是非常困难的，必须要有一个非常专业的团队作为支撑。

因此，无论是中国或是其他任何一个国家都应该认识到，小额信贷并不能解决所有的社会贫困问题。贫穷并非简单的收入问题，不能够通过微型金融来解决所有问题。金融，只是一个有效的工具，但贫困实际上是因为缺乏教育、健康、管理等众多社会原因造成的。因而，解决贫困是一个需要综合处理的问题，扶贫是一项复杂的系统工程。

(原文载于《解放日报》2010年9月25日)

孟加拉国农村就业支持基金会（PKSF）及对我国小额信贷发展的启示[*]

摘要： 融资是制约小额信贷机构发展的"瓶颈"。孟加拉国农村就业支持基金会（PKSF）的自主性批发贷款模式对于这一问题的解决进行了十分有益的尝试并积累了比较成熟的经验。目前，这样类似的机构在我国还没有出现。本文对孟加拉国农村就业支持基金会的自主批发贷款模式进行了较为详细的介绍，并在此基础上提炼其经验，提出了符合我国实际情况的可参考的建议。

关键词： 孟加拉国农村就业支持基金会（PKSF）

一 扶贫小额信贷在中国发展的基本情况

近几年来，中央先后出台了一系列政策，旨在加快农村金融体制改革，支持社会主义新农村建设。在鼓励农村已有金融机构加大服务"三农"的同时，放宽政策，推动建立许多新的金融组织形式。一个多种所有制、多种形式，为多样化需求服务的农村金融体系正在形成。这些措施对缓解农村融资难、加快新农村建设发挥了并将继续发挥积极的作用。近年来，国家为了缓解贫困地区农户贷款难问题，在几千个贫困村还开展了互助资金项目。

与此同时，需要注意的是，上述农村金融新政策并未涵盖公益性扶贫小额信贷组织，这类组织仍然得不到政策扶持。它们绝大多数设在国家和省重点扶贫开发县，现有100多家，多借鉴孟加拉国乡村银行模

---

[*] 本文与滕超合作。

式,均有五年到十几年的历史。一般由社团组织、社会组织(不少依托政府机构)建立,它们利用社会筹资,专门向中低收入群体和贫困户(多数为妇女)提供小额信贷服务,只发放几千元至一两万元的贷款,且只发放贷款不吸收社会存款。它们扶贫的社会效益显著,每个县的项目已覆盖了几千到几万户次不等的低收入农户。它们中的多数也在探索可持续发展之路。而且,其中的不少机构已基本具备了既扶贫又达到财务上的可持续发展(保本微利)的水平。它们与贫困村互助资金项目一样扶贫,而且经历了时间考验,且服务更专业,规模更大。

目前,中低收入和贫困农户普遍缺乏贷款服务,扶贫贷款成本高、风险大,农信社等金融机构(包括近两年被银监会和中国人民银行批准新设的新型农村金融机构)由于以盈利为导向,一般解决不了这方面的问题,而这些公益性小额信贷组织和贫困村互助资金项目可以弥补这方面的缺陷。它们的存在和发展,有利于推动农村农户信贷服务市场竞争局面的形成,还能抑制民间高利贷活动。而且,扶贫小额信贷对于改变传统金融观念、建立普惠性金融体系和落实科学发展观、实现社会公平、促进共同富裕都有着重要的现实意义。

但是这类小额信贷机构的发展面临许多困难,除了其自身业务水平和能力制约以外,最重要的是政策环境有待改善。当前阻碍公益性小额信贷健康发展的政策环境主要是机构缺乏合法身份,以及缺乏资金来源和融资渠道,因此很难扩大规模和可持续发展。

二 PKSF模式——一种有益的借鉴

孟加拉国小额信贷扶贫活动在世界上是首屈一指的,就其人口比例而言,小额信贷覆盖的贫困人口属世界之最,而且它拥有一批像格莱珉银行(GB)、农村进步委员会(BRAC)、社会进步协会(ASA)这样世界知名的小额信贷机构,它们的发展为世界小额信贷产业提供了丰富的科研素材、经验教训,并能发挥实践借鉴作用。这里我们再介绍一个区别于零售式小额信贷机构的名为PKSF的孟加拉国批发式小额信贷机构。它独具特色,是一个成功的自主性批发小额信贷机构,受到了国际小额信贷产业界的广泛关注和推崇。笔者认为,PKSF模式的扶贫小额信贷对我国扶贫小额信贷产业有直接的借鉴意义,可以设想,在我国现有的正规金融机构中专门成立类似的一个机构,或在已有的小额信贷机构中酝酿组建这样一个机构，是有可行性的。这将有利于进一步推动我国小额信贷事业规范、健康地成长。

（一）PKSF 的目标

Palli Karma Sahayak 基金（以下简称 PKSF）由孟加拉国政府于 1990 年建立。PKSF 成立之初衷是帮助贫穷、丧失土地或没有资产的人群能够获得从事生产、工作或提高生活质量的各类资源。PKSF 的具体目标如下：①以非政府组织、半官方机构、政府机构、志愿组织或团体、地方政府部门、机构，以及个人组成的团体作为合作机构，利用包括财务、制度、咨询和培训等多种形式和方式协助他们，帮助无土地或无资产的贫民增加收入或就业机会，从而达到扶贫的目的。②支持、促进、发展并识别穷人（无土地者和无资产者）的就业机会，为他们提供贷款以及包括提高其技能所必需的教育和培训在内的其他援助。③帮助合作机构建设并增强机构能力，从而加强他们为穷人提供资源方面的能力。④支持、促进、资助创新项目和工程，这样可以使人们意识到穷人生活质量会得到改善，并且他们在不断创造就业机会的过程中能够实现自力更生。⑤帮助穷人加强并发展多种谋生途径，巩固他们的生活保障，给予他们获得资产和权利的途径，通过为他们提供选择权和自主权来增强其自尊心。⑥成为创新思想和方法的促进者和推动者，鼓励、促进并协助那些着眼于增加就业和发展生产的扶贫新技术、新思想的举措。⑦发起、实施并推动以减轻贫困和创造就业为目标的研究活动；支持并建立研究和培训机构；为这类研究活动提供资助，组织研讨会、讲习班、学术会议，并承担各种能推进 PKSF 目标的报告、专著、简报、杂志、书籍的出版工作。⑧建立有效的管理信息系统（MIS），从而对 PKSF 所支持的合作机构的扶贫活动进行有序而适当的监测和评估。⑨建立并维护与合作机构、其他机构、孟加拉国内外的社团组织，包括相关国际机构、追求相似目标的联合国分支机构等的联系与合作，并与这些机构、团体和组织合作来共同推进 PKSF 的目标。⑩承担、资助、支持或辅助任何能实现 PKSF 目标的教育、社会、商业、农业或者工业活动。⑪其他有助于及或易于推动 PKSF 发展和目标实现的合法事项。

PKSF 自身并不向贫困者直接提供贷款，而是通过其上述合作伙伴来帮助穷人。它也在这一过程中帮助提高它的合作伙伴的能力和素质，但它并不偏向于某一种具体的小额信贷操作模式,而是鼓励创新和多模式的共同发展。它的合作伙伴包括孟加拉国一些最大的小额信贷机构,例如 BRAC、Proshika、ASA、TMSS 等。

从法律地位上讲,PKSF 以非营利公司的身份,根据孟加拉国《1913/1994 公司法案》注册。这一法律地位使 PKSF 有权在全国范围内灵活地开展各类有关项目活动。PKSF 有资格从本国或国外获得赠款和贷款,也可提供赠款和贷款。

(二)组织结构和资金来源

1. PKSF 的组织结构

PKSF 的最高决策层包括两部分:理事会和管理委员会。

(1)决策机构(理事会)。人数最多时为 25 人,其中政府指定的成员不超过 15 人,他们来自政府机构、志愿者组织和个人。其余 10 人来自合作伙伴或其他方面人士。理事会通常一年开一次会,决定 PKSF 的政策和讨论批准由管理委员会提交的年度预算方案。目前,PKSF 由该国国内有名望的 15 人组成。

(2)管理机构(管委会)。管理委员会是具体执行机构,根据理事会的决策实现其经营目标。管委会的组成人员最多不得超过 7 人,包括:由政府指定的、非政府公职人员的主席一名;由理事会与孟加拉国政府共同商讨任命的管理委员会主任一名;由政府任命的、在扶贫方面有显著成就的成员两名;由理事会选举产生的、在地区发展中有卓越贡献的成员三名。

(3)领导成员。2010 年 3 月,PKSF 的管理委员会共有 6 名成员。其中,管委会主席 Qazi Kholiquzzaman Ahmad 博士在孟加拉国有很高的威望,他最卓越的贡献在气候变化的研究领域,他是联合国政府间气候变化专家小组(IPCC)的成员。同时他还是一位著名的经济学家,是孟加拉国经济同盟会(Bangladesh Economic Association)的创立者。管理委员会主任 Quazi Mesbahuddin Ahmed 博士,负责 PKSF 的日常运营和管理。他同时也是理事会的成员,这使他在政策制定和日常执行过程中,起到了很好的桥梁作用。

管委会设三个部门:一是贷款部。它又分为两部分,一部分负责大型合作伙伴,另一部分负责中小型合作伙伴。二是行政管理和财会部。

三是审计部。审计部直接向执行主任负责。此外，它还有一个精干的研究和培训部。它负责研究贫困问题，并且向合作伙伴组织提供培训。

2010年6月，PKSF的管理团队共计291人。其中，核心成员为208人，项目员工为78人，还有4名短期项目员工。

2. PKSF的资金来源

至今，来自各种渠道的资金有：①赠款：政府2160万美元，世界银行500万美元，美国国际开发署1270万美元。②贷款：政府1000万美元，世界银行1亿美元，亚洲开发银行1800万美元，其他方面60万美元。两项总计共1.679亿美元。

（三）PKSF实施的项目

PKSF的项目主要由相互补充和关联的四部分组成：一是贷款计划。通过合作伙伴，向农村无地无资产的贫困者提供贷款。二是机构发展计划。PKSF向合作机构提供培训和咨询服务。三是研究计划。PKSF很重视针对机构发展所进行的研究。研究计划旨在加强和支持PKSF及其合作机构的小额信贷计划。四是培训计划。为其自身和合作机构培训工作人员。PKSF贷款项目的管理程序由八部分组成。

1. 贷款项目的申请

PKSF接受要求贷款的机构提交的具有统一格式的申请，申请的内容包括机构、计划进行的项目、财务金融等方面的细节情况。

2. 初步评估

对于有管理信贷扶贫项目经历的申请机构，PKSF将进行现场考察。PKSF判断申请机构是否符合贷款条件的衡量标准是：从事小额信贷工作的年限、已发放贷款的额度、成员和借贷者人数、还贷率、符合条件的工作人员的数量和质量，以及申请机构的捐助者对其的评价。

3. 实地考察

一旦申请机构被确定可以进行实地考察，PKSF将派官员访问该机构。如考察结果令人满意，则该机构可推荐为合作伙伴。如果有些不够满意之处，PKSF将对其保持观察并对其运作的改进提出建议。如果对申请机构的考察结果是否定的，则该机构的申请将被否决。一般来说，否决的原因是金融管理水平不佳或申请时提供的信息与从考察中得出的信息结果不相符。

4. 管委会的批准

接受申请机构作为提供贷款的合作伙伴的最终权力在管委会。如果有关领导认为申请机构合格，则向管委员提交附有该机构详细情况、考察报告和 CEO 的推荐信在内的建议文件。管委会将对申请机构能否被接受或其他处理意见做出裁决。

5. 贷款协议的签署

对新确认的合作伙伴发放贷款的最终步骤是双方签署标准化的贷款协议。贷款协议包括贷款条件，例如收取的服务费（利率）、贷款发放地区、发放和回收期的数量等。贷款是无须抵押的。除了贷款协议，合作伙伴的代表还要签署保证书。贷款协议由 PKSF 的 CEO 和合作伙伴的 CEO 签字，有时要求 CEO 和主席两人共同签字。

6. 贷款使用的核实

第一笔贷款发放后，合作伙伴应立即发放贷款并向 PKSF 提供借贷者的名单。PKSF 将派官员考察核实贷款的发放和客户对贷款的使用情况。一般来说，PKSF 的官员每三个月访问合作伙伴一次。

7. 后续贷款的批准

批准后续贷款决定于几个因素：①上笔贷款的使用令人满意；②基层运营保持高还贷率（98%）；③向 PKSF 提交定期报告；④贷款项目有潜力扩大；⑤能按期向 PKSF 还贷。额度不超过 250 万塔卡（46425 美元）的后续贷款的申请由贷款委员会批准，该委员会由 PKSF 的管委会设立，CEO 作为其负责人，其他成员由其他高级官员担任。这样有利于某些授权和分权化管理的实施。每笔贷款的拨付都要签署类似的协议。超过 250 万塔卡（46425 美元）的贷款，则由管委会批准。

8. 监督

PKSF 监督合作伙伴的上层和基层的活动，而合作伙伴则要监督自身机构基层的活动。由于 PKSF 向合作伙伴提供的是无抵押贷款，PKSF 减少风险的唯一方法就是对项目进行定期监督。对于合作伙伴的活动，尤其贷款项目和资金管理的监督采用了一些综合性的措施，简言之，监督制度大体为：

（1）收集项目信息。PKSF 每月使用标准报表收集借贷者、储蓄、贷款发放和回收变化的信息。

（2）财务状况。合作伙伴提交累计和每月的收支和现金流量，可了解其财务健康状况。

（3）合作伙伴定期向 PKSF 发送借贷者的名册，包括新贷款和再循环贷款在内。

（4）现场考察。这是监督合作伙伴的支柱，也是极为重要的一个环节。一般来说，PKSF 官员每三个月考察一次，不过对大的合作伙伴和经营多样化的营业所，则由一个考察组前往。在考察期间，将核实合作伙伴原已提交的信息和资料，并提出工作改进意见。现场考察有助于了解合作伙伴的实际和机构工作的改进。

（5）内部审计。PKSF 对每个合作伙伴每年都进行审计，审计报告将直接交送 PKSF 的 CEO。

（6）外部审计。作为 PKSF 年度财务审计的一部分，由外部审计公司对选定的合作伙伴进行外部审计，核实内部审计的结果。

（四）PKSF 取得的成绩

PKSF 自 1990 年建立后每年都吸收零售式小额信贷机构作为合作伙伴。由第一年的 23 个机构发展到 2009 年 4 月的 231 个机构。它的合作伙伴覆盖了全国 64 个大区。PKSF 已拨付了 714.01 亿塔卡（合 68.78 亿元人民币）的贷款给其合作伙伴，而合作伙伴拨付到贫困客户的贷款已有 4397.30 亿塔卡（合 423.57 亿元人民币）。PKSF 向合作伙伴进一步提供贷款的潜力仍然很大。PKSF 的还贷率也很高。在过去的 6 年中，它的合作伙伴对它的还贷率接近 98%，而且它的合作伙伴服务的贫困客户对合作伙伴的还贷率达 99%。

PKSF 的主要成绩之一是对合作伙伴机构发展方面的贡献。它的绝大多数合作伙伴只从 PKSF 借贷，以进行零售小额信贷扶贫业务，而且它们能够成功地以信贷服务收入覆盖经营成本，并且其中不少已达到金融自负盈亏。除此之外，由于获得 PKSF 的培训、咨询服务和机构发展建设服务，例如各类培训、财会制度和管理信息系统的开发、对改善管理的跟踪的建议，PKSF 合作伙伴的管理能力正在不断获得提高。PKSF 为合作伙伴的负责人举办了若干次研讨会，目的在于向合作伙伴介绍统一的运作和管理制度。PKSF 为自己和不同水平的合作伙伴的工作人员准备了 22 种类型的培训，包括为会计和信贷工作人员提供的财会和管理信息系统的培训班。培训人员的有效方法之一是 PKSF 的官员在常规视察每个合作伙伴时，对当地工作人员予以实地培训。在考察时，与各层次工作人员一起讨论，发现和分析问题，提供解决问题的方法。

到目前为止，PKSF 已进行几项有关信贷项目对贫困客户影响的研究，也已完成了由国内外作者撰写的几份研究报告。近年来，PKSF 已委托孟加拉国有名望的研究机构——发展研究所（BIDS）开展了一项持续数年的影响研究计划。各类研究成果已显示小额信贷对农村贫困群体生活水平有正面的影响。现在提出了进一步研究影响问题的一套指标系统的建议。

（五）合作伙伴的可持续性和 PKSF 的作用

1. 合作伙伴的可持续性

从机构可持续性的角度看，很多合作伙伴在运营成功的农村信贷项目方面的基本政策是正确的和到位的。这一政策考虑到客户的选择、存贷款政策、业务管理、财务控制、监督和评估等领域。

至今，许多合作伙伴以其有限的能力努力地试图招聘有才能的工作人员，但是它们缺乏足够的财力招聘高学历和高才能的人士。许多合作伙伴由其机构的创建者管理，并计划继续在较长时间内保持这种局面。在机构发展的早期由现有负责人领导对于机构的发展和可持续是重要的，许多机构现在已有像办公楼和土地这样的有形资产，或者已购买了建办公场所和培训中心的土地。

从金融角度看可持续性，也就是分析是否能将机构的收入（主要是提供贷款服务的利息收入）覆盖其运营成本。在这方面，很多合作伙伴已做得相当成功，它们能逐步实现这一目标并已能获利，可以预期，所有的 PKSF 的合作伙伴都能提高盈利水平。根据世行 1999 年对抽样的 21 个机构（客户数在 1701 户至 72000 户不等）1997—1998 财政年度的调查和分析，除了一个最小的（1701 个客户）的机构，其他合作伙伴都已达到操作自负盈亏。而且，其中的 18 个机构已达到金融自负盈亏。也就是说，扣除了操作成本和金融成本，包括客户 6% 的年存款利息、借 PKSF 3%—4.5% 的贷款利息和坏账准备金。没有做到金融自负盈亏的另外 3 个机构是客户数在 1701—3613 户的小机构。

2. PKSF 的作用

合作伙伴认为，PKSF 对它们发展的贡献主要表现在：①为合作伙伴提供资金以帮助它们扩展和实现可持续发展。②协助开发信贷管理、管理信息系统和财务制度。③定期提供咨询服务，有助于合作伙伴逐步提高管理能力。合作伙伴还希望 PKSF 将来除了继续在这些方面做贡献和发挥作用外，还应加强研究方面的工作，这种研究不仅在小额信贷方面，而且还应在其他相关的扶贫领域方面。PKSF 已决定在对城市贫民和对极贫者提供信贷服务方面开展试验项目。

（六）PKSF 的可持续性

从机构可持续性的角度看，PKSF 有一个有才能和有活力的管委会，指导管理、调整政策和引入项目。在运营信贷项目和各方面管理方面有健全透明的政策，通过发展合作伙伴的方法逐步增加其规模和挖掘项目深度。它有能力动员资金为自身业务活动的大规模扩展服务。从金融可持续性的角度看，PKSF 从它开始运作起，每年都有盈余，而且正在不断地提高这方面的能力和水平。它能通过合理的服务收费、增加贷款发放额、不断降低操作费用、通过保持高还贷率而降低坏账损失等方式使收入不仅覆盖成本，还不断增加盈利。在此，摘录 PKSF 截至 2009 年 6 月底的一些金融指标：资产与负债比率为 1.17∶1；累计还贷率为 98.16%；储备金比率（贷款损失储备/贷款余额）为 1.19%；操作费用/当年贷款发放额为 2.55%；操作自负盈亏率为 213.46%；全部支出占总收入的比例为 27.80%。

三 PKSF 模式的可借鉴之处

PKSF 的组织结构、活动和管理方式是独特的。以下因素使它取得如此显著的成就：

PKSF 是由政府资助并组建起来的，但是它一直作为独立于政府行政系统以外的一个自主组织机构。这种体制安排可使 PKSF 决定自己的工作政策和发展适合于自己的业务和方法。

管理委员会成员的杰出素质对指导管理和形成及必要地调整政策起最重要的作用。聘用具有规定素质以上的管理人员的政策对 PKSF 的发展和健康运营作用很大。PKSF 已成功地运用了当地非政府组织服务于穷人的能力，开发合作伙伴向穷人提供金融服务的能力。选择适当的合作伙伴是 PKSF 能取得成功的最重要的因素。

PKSF 在以下两个方面工作颇有成效：保持合作伙伴的可持续发展，这是其资金来源的可靠保证；努力提高实际管理水平，这可以支持人力资源的改善。

由 PKSF 提供各类资源支持非政府组织金融中介的实践已证明是有效地服务于穷人的方法，在这个过程中，PKSF 和其合作伙伴也都能成为可持续发展的机构。

农村中的贫困和极贫群体已证明有能力管理资金和提高自己的收入。同样，PKSF 的合作伙伴也证明有能力挑选自己适宜的目标服务群体和提供目标群体所需要的服务。

PKSF 最需要关注的领域之一是提高其合作伙伴的能力，这可以通过为合作伙伴人力资源开发更多的投资方法予以实现。

PKSF 这种自主性批发式的双层经营结构的金融服务模式显示了可以模仿或借鉴的潜力。一些类似的成功批发式小额信贷机构在其他国家也已产生了，例如于 1997 年在阿根廷政府的支持下建立的 FONCAP（社会资金开发基金）和 1996 年由波斯尼亚—黑塞哥维那政府支持建立的 LIDS（地方创新部项目）。近年来，在巴基斯坦成立的 PPAF（巴基斯坦扶贫基金会）和尼泊尔成立的 RMDC（农村小额信贷发展中心）也都是类似的机构。

孟加拉国 PKSF 和小额信贷扶贫活动的实践证明，如果政府决心推动扶贫小额信贷的发展，那么创建像 PKSF 这样的自主性批发式小额信贷机构的成本并不高，效益却是十分明显的。孟加拉国政府很长一段时间以来一直在支持小额信贷产业的发展，否则孟加拉国的小额信贷不可能发展到今天这样在世界独占鳌头的局面。近来，政府对 PKSF 还实施了免税政策，这样有利于 PKSF 快速地增加自己的资本金，也更有利于本国扶贫小额信贷事业的发展。

四 政策建议

PKSF 模式作为一个扶贫小额信贷零售机构的贷款批发和支持小额信贷零售机构能力建设的中介机构，对解决众多小额信贷机构的融资问题，具有相当的借鉴意义。我国小额信贷事业的发展，正面临这样的问题，如果可以参考 PKSF 模式的现有经验，并结合我国的实际国情，总结出一套适合在我国运行和发展的贷款批发中介规律，进而建立一个这样的组织，对于我国小额信贷的发展、农村金融体制的改革以及满足贫困人口的金融需求，必定是一个有意义的举措。为此，我们提出如下建议：

第一，从国家财政或专项财政扶贫资金中拨出一定的资金，作为扶贫小额信贷机构的垫底循环基金，委托正规金融机构管理。以此吸引国内外各类其他资金，设立专门的扶贫小额信贷批发基金，以解决扶贫小额信贷组织的资金"瓶颈"问题。或者以上述财政资金作为贴息和担保资金，鼓励愿意承担社会责任的商业银行为这些扶贫小额信贷机构提供批发贷款资金，以解决目前一些合格的公益性小额信贷机构严重缺少融资来源的问题。可以选择若干具备条件的扶贫小额信贷机构先进行试验。

第二，受托管理批发基金的金融机构与"中国小额信贷联盟"合作，使这个批发基金组织在基金的运营和管理方面更加专业。"小额信贷联盟"原名"小额信贷网络"，是目前唯一的全国性小额信贷自律组织，已设立运行5年，现有70多个开展小额信贷活动的金融和准金融机构成员，该联盟为我国小额信贷的健康发展做出了一定贡献。可以借鉴PKSF模式中的组织管理结构，具体包括：理事会和管理委员会。其中，理事会负责决定组织的政策、性质和目标等，其成员按照一定的比例由来自政府机构、合作伙伴、志愿者组织及社会其他方面的相关人员构成。管理委员会包括：由政府指定的主席，由管委会任命的执行主任，由政府指定的两名成员，由理事会选举的三名成员。

第三，这个批发基金组织成立的目标是对那些有一定年限和规模、业绩优良的扶贫小额信贷机构，开拓其融资渠道，解决其在发展过程中融资难的问题。并且提供相关的培训，也在一定程度上为小额信贷机构的能力建设助力，以期推动扶贫小额信贷机构健康发展。

当然，并不是所有的零售小额信贷机构都有资格申请批发贷款，申请批发贷款权的小额信贷机构应该至少具备以下基本条件：①该小额信贷机构的经营目标必须是扶贫的，其贷款目标客户必须是当地的贫困户。其提供的单笔贷款额度不高于3万元，远期单笔贷款额度不高于5万元。②该小额信贷机构必须已经持续、良好地存在和发展5年以上。

其经营状况良好,有可持续发展的能力。③该小额信贷机构拥有专职、专业、合格的从业人员。④该小额信贷机构有独立的专门机构和固定的经营场所。⑤该小额信贷机构的治理结构基本合理。

(原文载于《农村金融研究》2010年第11期)

参考文献

Dr. Salehuddin Ahmed, Creating Autonomous National and Sub-Regional Microcredit Funds, 2001, 1.

PKSF Annual Report 2009.

印度小额信贷危机及对我国的启示

2010年10月以来发生在印度安德拉邦的小额信贷危机给印度全国以及世界上其他地区的小额信贷机构都敲响了警钟,已成为当前世界小额信贷最热点问题之一。安德拉邦的事态还在发展,本文阐述此事件的背景和基本情况及分析此事件对我国小额信贷发展的启示。

一 印度金融覆盖概况

印度拥有12亿人口,其中只有不到1/4的人可以享受到正式金融部门的基本金融服务。为了更好地服务农村地区,印度在20世纪70年代成立了地方性农村银行。20世纪80年代,印度与东南亚一些国家一样,出现了"自助小组+银行"模式,由此商业银行开始放贷给10—20名妇女组成的自助小组。目前,印度全国共有约450万自助小组的5800万成员获得贷款。

"自助小组"运动获得了国家农业农村发展银行的政策支持。这种模式成功瞄准了穷人,但是就组织的可持续性而言,不同机构间差异很大。这种组织承担的生活和赋权服务超过了其金融服务。自助小组还进一步联合起来组成社区联盟,联盟有多种功能和作用,包括帮助会员生计和其产品价值升值的功能。

二 小额信贷机构的成长

20世纪90年代印度出现了私人小额信贷机构。这种机构建立的初衷是非营利性的,但是其中不少很快转变成了营利性的非银行金融机构。近几年的主导实践形式是:直接成立非银行金融机构的小额信贷机构。

作为支持小企业的一项任务，国家小产业发展银行（SIDBI）持续地增加对小额信贷机构的贷款。同时，小额信贷机构还优先享有商业银行贷款配额。近几年来，小额信贷机构从专门的小额信贷投资机构（MIVs）获得资本融资。最近，私人股权资本的进入也愈加增多。

截至 2010 年，这种新型小额信贷机构以每年 80%的速度扩张，印度登记有超过 3000 家小额信贷机构，贷款总额近 50 亿美元，借款客户达 2800 万人，较 2009 年增长了 105%。印度的小额信贷机构呈现出两极分化的格局。有 10 家机构的资产过亿，也有 9 家公司的资产不到 100 万美元，其中资产过亿的机构平均股权回报率（ROE）为 30.57%，远高于本国银行的平均 ROE（约 11%），而资产不到 100 万美元的机构 ROE 平均值为-17.68%。股权回报率最高的公司 ROE 达到 147.03%，而最低为-190.16%。

据印度央行在 1999 年出台的小额信贷法规，允许经营小额信贷的三种机构包括：非营利性小额信贷机构、互惠互利的小额信贷机构，以及营利性小额信贷机构。最后一种需要获得非银行金融机构的牌照，受到公司法的规范。

营利性小额信贷机构的贷款利率通常在 18%—33%，介于银行利率（12%—14%）和民间贷款的利率（36%—60%）。小额信贷机构和自助小组都受到印度央行优先贷款部门条例的资助。

三　印度小额信贷中心：安德拉邦

安德拉邦位于印度东南部，是印度 28 个邦中的第五人口大邦，有 7500 多万常住人口。

在安德拉邦，自助小组有比其他地区更长久、更重要的影响。在这里，总共有约 147 万个小组，1710 万组员。政府的"消除贫困社区"计划支持的"自助小组+银行"项目之所以可以提供大额贷款给农户，是源于安德拉邦政府三年前启动的"金融全覆盖"项目（total financial inclusion program）。传统的自助小组贷款基于会员存款，并且规定自助小组经过 3—4 次存款之后才可以获得银行贷款，贷款额度也限制在 10 万卢比以内。然而，在新的项目中，贷款额度提高至 50 万卢比。一些贷款的还款周期由 1 年增加到 5 年，如没有拖欠，小组成员的高于 3%的银行贷款利率由政府给予补贴。

20世纪90年代末，印度第一批商业性小额信贷机构开始在安德拉邦运营。现在，印度最大的5家非银行金融机构小额信贷组织的总部都设在这里。在过去的5年里，安德拉邦获得了来自专门的小额信贷投资机构和私人股权投资者的青睐。承担社会责任的小额信贷机构仍然是大部分（非营利性小额信贷机构为主），不过，一些商业性机构收取不合理的高利率和高回报，并且方式仍然不透明，这些加剧了对小额信贷的负面看法。

有着国家支持、资金支撑的大规模的自助小组项目和5家印度最大，同时也是发展最迅速的小额信贷机构，在安德拉邦的业务迅速发展，导致这一地区贷款规模的激增和借款人多来源的借款。借款者的负债水平比较高，平均每户的贷款余额为6.5万卢比，而全国范围内的贫困农户的平均贷款余额为7700卢比。很多借款者甚至同一时间从不同渠道获得4种贷款。截至2010年11月，政府的自助小组项目共向1710万名成员发放了1170亿卢比的贷款。私人小额信贷机构共向970万名借款者发放720亿卢比的贷款。

以上情况也表明印度小额信贷的发展较快，但仍然很不平衡，安德拉邦的小额信贷份额已下降至占全印度的30%，另外两个邦约占20%。这3个邦就占印度28个邦的50%。安德拉邦的小额信贷可能已形成过度竞争的局面。

四 2010年10月：危机凸显

2005—2006年，安德拉邦23个县区（district）中的一个县区出现危机。地区政府关闭了4家小额信贷机构的50家分支机构，主要理由是这些机构实施非道义收债、非法经营（如吸储）、管理不善与追逐高额利润。此次事件的冲突最终得以平息。

然而，自此之后，小额信贷机构模式与自助小组模式之间的竞争造成的抗衡不断升级。小额信贷机构与自助小组模式常常在同一个村庄同时出现，存在明显的竞争。

2010年6月营利性小额信贷公司SKS首次公募引发了媒体的关注。2010年夏季媒体的进一步报道，将小额信贷机构的经营与安德拉邦的某些自杀事件联系了起来。这种情形导致10月初安德拉邦管理当局通过了《安德拉邦保护妇女自助组织免遭小额信贷机构剥削条例》。该条例普遍地营造一种阻碍小额信贷机构的基层经营的环境，使安德拉邦小额信贷机构的贷款回收受到了显著影响。

由于贷款回收率降低，安德拉邦小额信贷机构面临着更大的风险，从而难以从商业银行来筹措贷款资金，也难以进行股权融资。小额信贷机构难以有效获得资金，会面临流动性短缺与清偿能力不足。甚至一些小额信贷机构，虽然资本金充足，资产在安德拉邦分散配置的，也不得不消化安德拉邦的巨额损失，而影响了机构在其他地区的增长。很可能一些小额信贷机构不得不倒闭，或者显著减小在安德拉邦的业务规模。结果是，这些穷人需要的信贷服务却不得不消失。

由于邦级政客抓住机会大肆煽动，客户不还款现象愈演愈烈，而小额信贷机构的员工仍然害怕和观望，在安德拉邦的很多地区无法继续正常的经营。这种氛围对小额信贷机构与自助小组的还款率而言，都造成了潜在的长期恶果。SKS股票价格已直线下跌。

近年来，小额信贷的盈利水平与私人收益率已经引发了政治关注，也引发了产业的声誉管理问题——小额信贷产业的存在正是通过服务穷人来造福社会。小额信贷机构的发起人以及投资者获得高额回报的潜力，利率水平长期以来一直是政治焦点以及公共关系的焦点。

作为与邦政府对话的一部分，小额信贷机构决定降低贷款利率，重新安排债务结构。发放了多数贷款的几家最大贷款机构说，它们将把利率控制在24%左右，并成立一只基金来帮助困难借款人重新制定还款时间表。协商使小额信贷机构得以继续开展部分放贷以及收款业务，但是在很大程度上，信贷人员仍然不能开展正常的贷款清收活动。此次危机的影响深重，而且是长期的，目前很难判断那些遭受损失的机构有多少能恢复过来。

五　印度安德拉邦小额信贷危机发生的因素

印度，尤其是安德拉邦小额信贷危机的出现，概括地说，是在行业、操作和政治三个层面的因素的结合所形成的后果。就行业层面而言，出现的问题是：①安德拉邦等地小额信贷所处的是一个缺少有效监督和规制，又是一个高度竞争（甚至有人认为是过度竞争）的环境，导致小额信贷机构出现了过度强调规模的增长和追求短期利润的冲动和行为。②资本市场和投资者期待其投资的高回报率，导致小额信贷机构产生追求短期利润的压力,它们均忽略了小额信贷应有的社会责任和使命。

就小额信贷机构的操作层面而言,出现的问题是:①仅以简单化的方法和少量的标准化产品运作,使产品和服务不能完全符合客户的需求。②追求高生产率(信贷员负责过多的借贷客户),导致机构员工和客户间应有的密切接触大幅减少,也形成信息的不对称。③由于只能开展贷款业务,不能吸储,商业化的小额信贷机构只能依靠资本市场等方法融资,融资成本高,且与客户的关系不稳定不密切。④客户多元化(多机构)的借贷导致过度负债。⑤严厉苛刻和不适当的收贷行为造成客户难以承受的压力。⑥能力建设跟不上规模增长的速度,小额信贷机构管理制度和风险控制能力松弛或不健全。

就政治层面因素而言,出现的问题是:①选票政治的作用。政党间的竞争和政客自身的利益,驱使他们为拉拢选民、争取选票而不惜牺牲小额信贷机构的正当利益,实际上也损害了低收入和贫困群体的利益和小额信贷市场的健康发育。②一些媒体对所发生事件的不当渲染和不实信息的传播有意无意地起着推波助澜的作用。

六 对我国小额信贷发展的思考和启示

十多年前,小额信贷产业的核心问题之一是寻求一种模式:既向低收入人口大量开展金融服务,又能实现金融可持续。今天,这一目标取得了很大的进展。在全球范围内,包括印度和中国,小额信贷运动已经证明:可以向农村贫困人口提供大规模的金融服务,而不依赖任何补贴。因此,今天数百万贫困家庭获得了贷款、储蓄、保险与汇兑等金融服务。然而,在全世界范围内仍然有二三十亿人无法获得正规金融服务,仍然需要优先确保没有获得金融服务的低收入人口获得这些服务。

印度安德拉邦小额信贷的发展,彰显了近年来在世界其他地方高速增长的小额信贷市场中也已出现的一些问题。如玻利维亚(1999年)以及2004—2008年尼加拉瓜、摩洛哥、波黑、巴基斯坦这四国是相应各大洲(地区)的重要小额信贷市场,它们先于印度出现了目前印度正在出现的问题。这些案例对我们均有重要的研究和借鉴意义。小额信贷在我国起步较晚,目前也正在探索中前行,印度和这些国家小额信贷的成熟度高于我国,值得借鉴。然而同时,它们的小额信贷之殇给我国同行带来的也有警示和教训。

这些问题涉及更大的话题：如何向更多的中低收入和贫困群体开展高质量的服务，同时又能对消费者提供恰当的保护，还能保障机构的可持续发展？真正服务于贫困客户需要的普惠金融，一个重要的理念是：责任不仅存在金融服务提供者身上，同样存在于政策制定者、捐赠者与投资者以及小额信贷界，以确保各个层面恰当的治理政策、经营政策与激励结构；也存在于恰当的消费者保护上，以提供高质量的服务。

近期，印度小额信贷，尤其在其发展最兴旺的安德拉邦出现的重大危机最大的动因是非政府组织转型成商业化小额信贷机构或直接成立的商业性小额信贷机构一味追求股东、投资者和管理层的高回报，实行高利率高利润率做法，损害弱势借款人的权益并造成较严重的后果，政府和外部强行不当干预，形成"多输"的局面。印度安德拉邦的小额信贷集中度太高，客户过度负债，不当讨追债行为，贷款利率偏高，股东和管理层和投资人收益偏高，外部环境的负面压力大，机构的风险防控和能力建设有意无意地跟不上贷款规模扩展的速度等，都是出问题的原因。对印度小额信贷危机，我们应该继续进行跟踪了解和分析，以正确总结出经验教训。

目前，我国部分省份的有些小额信贷机构也已经出现了和印度类似的苗头，过分追求高利率和高利润率，甚至出现变相集资等违规违法行为。对这样的情况必须引起警惕。而且，我国对小额信贷机构的监管水平和方法，各地差异很大。我们不应反对商业性制度主义的小额信贷，但是反对其大赚穷人钱的意图和行为。赚钱可以，但是不要去多赚穷人的钱，因为他们太弱势了。我们应清醒地认识到，导致印度小额信贷危机的因素是各国各类小额信贷都可能要面对的。国际上有一种观点，可持续发展的制度主义小额信贷的利率不应高于本国商业贷款利率的10个百分点，这个经验数据可能是比较合理的。

在中国，按照机构类型，开展小额信贷零售业务的机构可以大致分为以下四大类，它们分别是：国际和国内资金支持的非政府组织或社会组织、资金互助或信贷合作联盟、专门的商业小额信贷机构和金融服务中介，以及正规银行。这种情况与印度在一定程度上相似。从性质上，小额信贷又分可分为商业性（制度主义）小额信贷和公益性小额信贷（又分成补贴式和制度式两类），而形成印度小额信贷危机的主体主要是前者，即商业性小额信贷。不过，印度商业性小额信贷机构与我国商业性小额信贷机构的不同之处，其中之一是它们的单笔贷款额度不高，一般不超过1000美元，比我国的商业小额信贷机构更名副其实。

这就像我们所认同的，目前在我国，真正意义上的小额信贷的主体是各种机构发放的单笔和单户低于10万元的贷款和公益性制度主义的小额信贷（包括合作金融性质的资金互助社）。因为大多数商业性制度主义的小额信贷目的是追求利润，所以笔者看到的是，在我国，大部分信贷机构热衷于中小企业的贷款，而不是农户贷款。可以放几百万元的不放几十万元的贷款，可以放几十万元的不放几万元的贷款，这是现状。当然，这也很需要，但这不是小额信贷，而是小企业贷款。

我国的小额信贷的前途和方向与印度一样，虽然此行业不会消失，但接下来是增长还是萎缩以及向什么方向发展，主要取决于政府和监管层的态度和举措。印度央行在本次危机发生后成立了小组委员会，对微型金融行业信贷问题进行调查，包括重新审查是否应该继续将小额信贷机构视为印度商业银行优先提供贷款的对象。但印度央行的决策和邦政府的政策将最终决定印度小额信贷的方向。

从中国目前的情况看，政府和监管部门应该在现有政策基础上，一方面继续坚定不移地推动小额信贷发展，对商业性小额信贷和公益性小额信贷都需要鼓励发展，防止出现对小额信贷的误解和健康发展势头的逆转。另一方面注意发展的节奏，突出"稳步"和"健康"的原则，注意行业发展的健康和监管的有效。对于小额信贷，应注意防止两个倾向，即一方面不要神化小额信贷，另一方面也不要妖魔化小额信贷。要防止一种倾向掩盖另一种倾向，一种极端走向另一种极端。

当前，我们特别应注意小额信贷发展的"两个"均衡性。一要均衡发展商业性小额信贷和公益性小额信贷，加大对公益性制度主义小额信贷这一"短板"的支持力度，以利推动普惠金融体系的健全发展。二要均衡注意小额信贷机构的财务绩效和社会绩效。也就是说，衡量和评价任何一个小额信贷机构，必须有两个底线，即财务绩效和社会绩效两个标准。印度现在的危机，从宏观上看，与监管部门对小额信贷过度商业化和运营机构不注意社会绩效的行为缺乏有效监管有关。

小额信贷机构诞生的初衷是扶助穷人，对监管层来说，监管小额信贷机构的财务虽然非常重要，但监督小额信贷机构的服务才是最重要的，因为小额信贷不同于其他金融活动之处是它本身所具有的经济活动和社会活动并重的双重属性。因此，从政策监管的层面，还应注意运用各种政策法规手段平衡分配和引导资源，提高小额信贷发展薄弱地区的资源配置水平；有关部门应加强认识和工作上的沟通和协调一致；对不同机构实行差异化的监管；正确引导和发挥媒体舆论的作用；进行金融教育培训；培养良好的信用环境，建立健全征信系统和信息管理系统；加强金融消费者权益保护；从整体上考虑建设小额信贷这个行业，包括小额信贷发展所需的中观层面基础设施建设和大量的服务中介提供者的建设，例如评级机构、培训和能力建设机构、管理信息系统和信息技术提供者、行业协会；等等。

在印度，各类小额信贷机构和以妇女为主的自助小组都受到印度央行优先部门贷款条例规定所享受的资助。这也是印度现代小额信贷虽然起步仅比我国早了几年，而现在其发展的规模比我国要大得多的原因之一。这是我国相关政府部门应认真思考借鉴之处。

我们认为，各种类型的小额信贷都应支持，并同时关注解决它们的财务绩效和社会绩效问题，这才是我国小额信贷的正确发展方向。真正愿意服务于中低收入和贫困群体客户的小额信贷是公益性制度主义小额信贷机构，应该给予更多的支持和鼓励。因为迄今为止，相对于福利主义小额信贷和商业性制度主义小额信贷，它仍然没有得到政府具体的政策法规的支持，它缺少合法地位，没有稳定的制度性融资来源，也缺乏能力建设的培训支援。当然，从另一方面说，公益性制度主义小额信贷机构自身一定要争气、要做到名副其实，即自身的财务绩效和社会绩效都经得起检验。

在实际业务中，融资难是目前我国绝大多数公益性小额信贷机构生存和发展所面临的最大问题之一。目前解决这一问题的最有效途径之一就是学习国外先进经验，以政府为主导，成立公益性小额信贷批发基金，以帮助那些真正愿意为帮扶"弱势"、支持"三农"又有良好实践表现的公益性小额信贷机构解决后顾之忧。

（原文载于《中国农村金融》2011年第10期）

参考文献

范璟：《杜晓山答记者问：谈小额信贷几个问题》，《21世纪经济报道》2010年12月1日。

范璟：《股权回报高达40%印度微型金融的赚钱神话》，《21世纪经济报道》2010年11月11日。

范璟：《尤努斯模式：印度之困》，《21世纪经济报道》2010年11月4日。

潘小波：《案例一：印度小产业发展银行》，未发表报告，2011年3月6日。

CGAP, Andhra Pradesh 2010: Global Implications of the Crisis in Indian Microfinance, No. 67, *Focus Note*, Nov. 2010.

Eric Bellman、Arlene Chang：《印度小额信贷出现大危机》，华尔街日报中文网，2010年11月3日。

Justin Oliver, *Who's the Culprit? Accessing Finance in Andhra Pradesh*, November 11, 2010.

Philip Mader, Börsen-Zeitung, *India's Microfinance Sector Careens into Crisis*, November 4, 2010.

Scott Gaul, *How Has the Growth of Indian Microfinance Been Funded?*, December 2010.

海南省农村信用社联合社考察报告[*]

摘要： 海南省农村信用社联合社成功地将孟加拉国格莱珉银行的小额信贷模式移植到海南岛，其间开发出一系列满足当地居民需求的贷款产品，摸索出一套行之有效的小额信贷业务流程、员工和客户的激励机制，取得了良好的经济效益和社会效益。然而，基于服务低端客户存在的困难，海南省农村信用社联合社在实践过程中仍面临着一些挑战，如小额信贷团队与各县社的整合、小额信贷团队的能力建设以及如何更好地服务低端客户等，本文对此提出了一些具体建议。

关键词： 海南省农村信用社联合社　小额信贷　挑战与对策

海南省农村信用社联合社（以下简称省联社）是中国小额信贷联盟的理事会成员，也是国内最早试点孟加拉国格莱珉模式并在省内成功实现本土化创新的农信联社。省联社经过认真探索、践行，通过农户小额信用贷款和联保贷款的方式服务农民，在创新农信社小额信贷运行模式、探求农户小额信贷体制机制和培养农户小额信贷骨干队伍，以及推动农村金融改革和发展等方面取得了十分可喜的业绩。

2011年3月，中国小额信贷联盟课题组考察了省联社小额信贷总部屯昌县、白沙县、昌江县、东方县和三亚市农信社的小额信贷项目部，了解省联社自2008年开始在全省范围内开展的小额信贷业务，在联盟内部介绍推广其成功经验，供其他会员机构借鉴。

---

[*] 本文与王丹合作。

一 省联社概况

省联社是经海南省政府同意，中国银行业监督管理委员会（以下简称银监会）批准，由海口、三亚等19家市（县）农村信用社联合社共同发起设立的，具有独立企业法人资格的，省政府领导的唯一地方性金融机构。省联社于2007年8月10日揭牌成立，经省政府授权，省联社承担对辖内农村信用社的管理、指导、协调和服务职能。

省联社及辖属396个营业网点，在岗从业人员近4000人。截至2010年年末存款余额313亿元，贷款余额180亿元。分布在海口、三亚等18个市县的205个乡镇。网点机构约占海南省银行业营业网点总数的40%，是全省营业网点最多的金融机构。省联社大力发展小额信用贷款为主的金融系列产品，努力实现地方经济与地方金融良性互动；以制度建设为切入点，建立健全制度体系，为稳健经营提供保障。目前，其市场份额逐步扩大，经营水平迅速提高，支农服务功能明显增强。2010年年末，其涉农贷款余额117.8亿元，占全省各家金融机构涉农贷款总额的65.4%，已成为地方金融的重要组成部分，在地方农业经济发展中扮演着越来越重要的角色。

省联社目前主推的金融系列产品有大海借记卡、抵（质）押贷款、个人"一抵通"贷款、个人工资担保贷款、农垦职工"安居乐"住房贷款、农户联保贷款、琼中小额信贷项目、格莱珉模式小额信贷项目等。其主要经营范围包括：组织农村信用社之间的资金调剂；参加资金市场，为农村信用社融通资金；办理或代理农村信用社的资金清算和结算业务；提供信息咨询服务；以及经银监会批准的其他业务。

省联社按照省政府领导提出的"抓清收、堵黑洞、止亏损、练内功"的工作要求，深化改革，强化管理，实现"改革到位，激发农村信用社的活力；管理到位，增强农村信用社的实力；服务到位，彰显农村信用社的魅力"，把海南省农村信用社办成名副其实的"海南农民自己的银行"和农民致富的"贴心人"、农业增产的"及时雨"。

二 省联社的小额信贷实践

（一）海南省小额信贷起源

2007年4月海南博鳌亚洲论坛年会期间，海南省政府与孟加拉国格莱珉银行创始人尤努斯教授达成协议，邀请孟加拉国格莱珉银行帮助海南省农信社试点孟加拉国小额信贷模式；2007年7月，海南省政府与尤努斯教授签署战略合作协议；2007年12月，在中国（海南）农村小额信贷国际论坛上，尤努斯教授被聘为海南省政府顾问，并发表了《海口宣言》，倡导"人人享有平等的融资权"的小额信贷发展理念。从此，海南省农信社与孟加拉格莱珉银行尤努斯教授的合作拉开了序幕，也为小额信贷在中国海南这片土地上的本土化创新播下了火种。

（二）海南省小额信贷试点

2008年孟加拉国格莱珉信托基金作为孟加拉国格莱珉银行的姊妹机构，致力于在全球推广格莱珉模式，并特意委派专家前往省联社协助开展工作，于2008年12月首先在琼中和屯昌两个县试点孟加拉国小额信贷模式。试点参照孟加拉国格莱珉银行的业务运作特点，只针对妇女放贷，采用"五户联保"模式，每两周还款一次，等额本息分25次还清，单笔贷款额度不超过5000元，整个贷款流程从客户申请到贷款发放不超过7天。然而，截至2009年3月，这一模式在琼中县和屯昌县的运作进展较为缓慢，有效客户数只有不到200个。原因之一是孟加拉国专家寻找的客户对象要求必须是贫困户。于是，省联社参与试点工作的人员根据海南省信贷市场和潜在客户的特点，调整了客户对象范围，充分考虑客户所从事产业的周期性和现金流状况，对放贷模式进行了本土化创新，将每两周还本付息改为按月还息，到期还本，并将最高单笔贷款额度从5000元提高到2万—3万元。之后，再次招聘200名信贷员，经过集中培训后分别派驻海南省中部5个县即琼中、白沙、保亭、屯昌、五指山试点新模式。同时，省联社还不断地改进员工激励机制，充分调动信贷员的工作积极性，降低操作风险。2010年，小额信贷技术员队伍扩充到500人，每个乡镇设立小额信贷服务站，配备2—3名小额信贷技术员。省联社成立3年来，利用新模式开展小额信贷业务，累计发放贷款39.5亿元，惠及40万户农户，未出现过超过30天的不良贷款。

这一试点彻底改变了传统的放贷方法和理念，将信贷服务从铁栅栏后的柜台送到农户的田间地头，也逐步化解了人们多年来对于农信社放贷"吃拿卡要"恶习的成见。海南省联社小额信贷部取得的可喜成绩印证了孟加拉国格莱珉银行模式在中国的成功复制。

（三）海南省小额信贷架构

省联社专门成立了省、市县、乡镇三级小额信贷服务网络，省联社最早将小额信贷总部设在琼中县农信社，在各市县基层农信社单独设立小额信贷部，各乡镇成立小额信贷服务站。2009年8月，为了便于工作协调，除琼中县农信社仍承担小额信贷总部的人事职能外，将总部从琼中搬到了海口，与小额信贷处合并，负责全省的小额信贷技术和信贷员的绩效管理。如此一来，基层农信社只为小额信贷部的信贷员提供办公场所和住宿，不负责业务指导和薪酬发放。而且，在贷款业务上彼此也不发生交叉，小额信贷部负责5万元以下的贷款，基层农信社则主要负责5万元以上的贷款。

每个县市农信社的小额信贷部平均配备20—30名信贷员，小额信贷总部任命管理客户数最多的信贷员为队长，再选拔一些业务优秀的信贷员为副队长，队长和副队长负责团队建设和业务拓展。

（四）海南省小额信贷业务流程

省联社专门为农户设计了九种贷款品种（见表1），凡四有（有本地户口、有固定居所、有生产项目、有正常的劳动和智力能力）四无（无赌博、无吸毒、无违法犯罪、无不良诚信记录）人员，只要自愿组成5户联保小组和接受7天客户培训，就可以获得2万元以下的贷款；对于有3年以上经营经验的商户，可以组成3户联保小组，一次性可贷2万元贷款；对于诚信客户，贷款额度可逐年增加；对于按时偿还贷款的客户，省联社可帮助申请省政府的财政扶贫贴息，培育良好的信用环境。组成联保小组后，信贷员对其进行培训，并查询其征信记录。

表1　　　　　　　海南省主要小额信贷产品介绍

产品名称	产品特点	贷款对象	贷款额度	贷款期限	还款方式
格莱珉模式	无抵押担保，"五户联保"	20—55周岁有信誉且有生产能力的妇女	500—5000元，正常还贷后逐笔提高额度	1年	12次按月还本付息
"一小通"	无抵押担保，"五户联保"	20—55周岁有信誉且有生产能力的妇女	最高不超过2万元	3个月—10年	按月还息，到期还本

续表

产品名称	产品特点	贷款对象	贷款额度	贷款期限	还款方式
大海卡	一次核定，余额控制，随借随还	农户	2万—3万元	1年，最长不超过2年	
"一抵通"	一次核定，随用随贷，余额控制	能提供房产或其他抵押物的借款人	根据抵押物的金额确定		
党员"双带致富"	"五户联保"或单户担保	农村党员（农户）、农村"两委"干部、村组干部、村后备干部及大学生村干部	2万—3万元		按月还息，到期还本
农村诚信青年创业	"五户联保"或担保	45周岁以下的诚信城乡青年	1万—3万元		
林权抵押	林权证和林地林木资源作为抵押物	拥有合法抵押物的农户	最高不超过3万元	最长不超过2年	
农民专业合作社	同一合作社的5名社员构成联保小组，合作社提供担保	依法登记、规范运行、合法合规、正常经营的合作社社员、无不良记录	最高不超过5万元		
"惠民一卡通"	方便快捷	拥有"惠民一卡通"的农户	最高不超过2万元	3个月—10年	按月还息，到期还本

贷款审批采用"鱼咬尾"监督审核制度，这也是省联社的创新，能够有效地防范操作风险。每笔贷款都要经过三人审批，发放贷款的信贷员、直接审核人和间接审核人（一般为副队长）分别按照70%、20%、10%的比例与绩效和责任挂钩。如果一个基层社只配备了2名信贷员，相邻地区的信贷员可以作为直接或间接审核人。当贷款出现风险时，三者按以上比例赔偿，利息收入也按照上述比例分享。三者的责任比例是：7（A）∶2（B）∶1（C），B监督A，C监督B，A监督C，但不能反向监督。一旦A离开工作岗位，则B是第一顺序接收人，如果A和B都离开，C就是接收人，这样可以缓解由于信贷员因各种原因离职而造成的大量客户流失现象。

一名信贷员一般管理200名客户,最多不能超过680名。信贷员需定期走访客户,随时掌握客户的贷款使用情况,从而确保客户能够按时还款。通过与客户频繁、密切的交流,在赢得客户信任的同时培养客户的信用意识,将贷款风险控制在最前端,大大提高了小额信用贷款的还款率。省联社还与海南省科技厅、中华职业教育社合作,开展科技特派员和农民培训辅导员入村活动,由信贷员持科技特派员证(协助协调科技人员支持)和农民培训辅导员证,为其客户提供信贷以外的服务。

(五)海南省小额信贷人员管理

1. 人员培训

省联社在全国范围内招聘刚毕业的专科和本科大学生,将初审面试合格的人员下派到各基层农信社,开始3个月的见习期。见习期间,采用师傅带徒弟的方法进行现场培训,每名见习生必须发展50名客户,如果3个月内无法完成任务,可适当延长至6个月。见习期结束后,进行笔试,对笔试通过者开展为期两周的军事化业务与素质培训,让新员工在实践的基础上提升理论水平,强化其业务素质。

省联社招聘的500名信贷员都是刚毕业的大学生,所学专业涵盖各行各业,包括计算机、新闻、旅游、贸易、会计、制药、物流、装潢等,省联社通过严格的素质考核和在职培训提高员工的专业知识、综合素质和精神面貌,还鼓励信贷员进行自学,要求大家阅读《穷人的银行》《责任胜于能力》《自信加西亚》《国富论》《道德情操论》等书籍。此外,业绩优秀的信贷员还可以在基层农信社挂职,担任主任助理、副主任等职位,除信贷业务外,还帮助完成基层农信社的工作,协调各部门关系,在实践中提升公关和沟通能力。

省联社的小额信贷业务得到了当地政府机构的大力支持,通过与各县委组织部合作开展"双挂",让村干部担任小额信贷信息员,同时让信贷员兼任村干部。这样既为信贷员创造了提高自身修养和责任感的机会,又对村干部进行了小额信贷操作理念的培训,从而避免腐败行为的滋生。这也是作为农村基层组织建设的一种尝试。

2. 员工激励机制

小额信贷总部自我创新了一套专门针对信贷员的激励机制,在充分调动信贷员工作积极性的同时,也降低了信贷业务的操作风险。

信贷员的月工资由基本工资、工龄工资、绩效工资以及职位补贴（如果在基层农信社挂职，由基层农信社发放）四部分构成。其中，用信贷员回收利息的20%按照7：2：1的比例发放绩效工资，每月只兑现绩效工资的一半，另一半作为风险金，风险金的30%在年底予以返还，其余70%永久留存，同时也是该员工的长期风险保证金，存为定期，如该信贷员工作表现正常，并收回所管理的贷款，在离开单位或退休后一并返还（相当于企业年金）。队长和副队长除绩效工资外，将各自管理的所有信贷员回收利息的1%作为其额外绩效工资。如果出现拖欠现象，信贷员、直接审核人、副队长按照7：2：1的比例等额扣除没有收回的利息，待回收后的次月返还。此外，队长和副队长分别按照所管辖的信贷员未回收利息的25%和50%扣除其绩效工资，待全部回收后予以返还。此激励机制通过利息收入而不是贷款余额来兼顾贷款业务的质与量，可以避免信贷员一味只发放贷款而不管理贷款回收的现象，且绩效工资留存一半作为风险金和年金，也利于鼓励员工长期服务于农信社。另外，通过清晰的职责权利设置，让队长和副队长充分发挥监督管理职能，在有效控制风险的情况下实现业务的稳步增长。除了工资外，小额信贷总部为每名信贷员提供自行车，并向信贷员提供4年每月100元的补贴，用于其购买笔记本电脑，录入客户数据、随时对客户信息进行管理。基层农信社对那些管理客户数达到一定数量后在基层农信社进行挂职的信贷员发放职位补贴，小额信贷总部向队长发放200元职位津贴。

每名信贷员原则上需要每月发放12笔贷款，但不是强制要求。目前实行的激励机制让信贷员可以根据目标市场的成熟程度自行决定放贷进度，因为即便发放了贷款，收不回来也没有绩效工资。此外，省联社还根据覆盖面对信贷员进行各种评比，给予奖励。

3. 客户激励机制

省联社的贷款产品独创"诚信奖励金"制度，确定不同的贷款利率和"诚信奖励金"额度。农户每月按时还息，到期还本，每月诚信奖励金一次性归还农户；若一次利息逾期，则全部诚信奖励金转化为利息，不再返还。信用等级越高，利率越低，诚信奖励金额度越大；反之，利率越高，诚信奖励金额度越小，从而培养农户的诚信意识。此外,省联社还向财政部申请了贴息贷款,帮助按时还款的妇女客户申请全额贴息,从而鼓励客户累积良好的信用记录。

三 省联社的创新与面临的挑战

(一) 省联社小额信贷创新

海南省提出"三社(农信社、中华职业教育社、农民专业合作社)帮一村(社会主义新农村)"的口号,在全省范围内全面推动"三农"扶贫工作,这对省联社小额信贷业务的成功运作起到了关键作用。

省联社小额信贷部的信贷员践行的企业文化六条原则也是一种对于小额信贷业务的本土化创新:行为准则——不喝客户一口水、不抽客户一支烟、不拿客户一分钱;精神——走千山万水、访千家万户、道千言万语、理千头万绪、吃千辛万苦;工作态度——争先赶超拼业绩、不等不靠凭自己;工作方法——给农民放款、教农民技术、帮农民经营、促农民增收、保农民还款;信念——农民最讲诚信;风险控制原则——坚持"五人联保"、坚持贷款给妇女、坚持培训不低于五天、坚持整贷零还、坚持小额度广覆盖。六条原则结合客户与员工激励机制从根本上防范了信贷业务的操作风险,营造了良好的信用环境。

(二) 省联社小额信贷面临的挑战

第一,省联社每月 20 日统一从客户在农信社开设的账户中进行系统扣款,然而由于各种原因,客户总是不能提前将利息存入指定账户,省联社的管理信息系统中总是显示大量逾期贷款。而通过信贷员的催款,所有客户都能陆续在 30 日前把利息还上。为此,调查组建议向客户发放一张挂历,将 20 日留作空白,再印刷一张"笑脸"不干贴,每个月向信贷员发放,让他们贴到客户家的挂历上,每月的"笑脸"颜色不同,避免信贷员提前贴上。通过这种方式提醒客户,让客户产生荣誉感,也可以对信贷员走访客户的频率进行验证。年底每张贴满不同颜色"笑脸"的挂历还能作为评选优秀客户或信贷员的凭证。

第二,个别信贷员主观能动性没有被调动起来,他们不积极发展客户,只满足于领取基本工资,成为"混日子"一族,影响整体士气。调查组也建议,采用末位淘汰制,根据每月的业绩表现,对于连续几个月位居末位的信贷员进行留职查看，经过教育培训，业绩还是没有改善，则可以考虑辞退。

四 若干值得进一步思索的问题

（一）问题表现

1. 制度的调整与执行力有待进一步加强

省联社为有效推行农户小额信贷，已在探索建立一整套相关制度和一支有活力的年轻运营队伍方面取得创新性成效。但值得注意的是，在实际贯彻执行中，由于没有切实落实到位，个别基层工作人员违规运营，贷款的发放和回收出了一些问题。

2. 关于政府对农户小额信贷是否应予贴息

国内外小额信贷活动从性质上看，基本上分成三大类：福利性（补贴型）、公益性制度主义（同时要求机构的扶贫宗旨和自身的可持续发展）和商业性小额信贷。每一种模式都有其适用性及利弊。省联社现在执行的小额信贷模式是在借鉴孟加拉国格莱珉银行（GB）模式的基础上创新发展形成的，GB 模式是公益性制度主义小额信贷的典范，强调的是扶贫宗旨和机构自身的可持续发展。而海南省政府为了给农户贷款更优惠的待遇，决定用部分或全部贴息的方式运行小额信贷，问题是如此一来，海南农信社的目标是哪类性质的小额信贷？

3. 总部直管的专营小额信贷团队与各县社的整合问题

目前，为有效推动小额信贷的发展，采用由总部组建和直接管理专业小额信贷队伍的举措。事实证明此举行之有效，但从长远看，如何防止形成这支队伍与县社"两张皮"，将它们有机整合形成一体，有待进一步探讨。这也是一个体制上的纵向和横向管理的契合性问题。

4. 专营小额信贷团队的能力建设

目前，省联社这支 500 人的小额信贷团队从整体上说是一支有基础、有战斗力、生气勃勃的战斗队。但由于团队比较年轻，无论从金融知识和管理，还是对小额信贷活动的认识，均存在很大的提高空间。此外，队伍中约一半为年轻的女员工，她们将很快面临结婚生育问题，如何保障她们的权益，同时又不对小额信贷工作形成大的冲击，是未来的一个挑战。

5. 如何更关注低收入农户的金融服务

考察中看到，第一批发展的借贷客户中有十分富有的人员（拿政府工资、有丰盈的资产、租有大量的土地）。如何在客户动员和选择上更关注和惠及弱势农户是一个值得思考的问题，也是农信社高管人员和运营团队在观念上和实践中有待思考解决的问题。

（二）可能的解决思路

1. 加强制度的执行力

在实践中应对现有的规章制度进一步审视和检验，不妥当的要及时修改调整；即使对现在适宜的制度，当形势和情况发生变化时，也应做符合实际的调整。另外，对行之有效的制度一定要切实贯彻落实，即加强实际的执行力，否则只是"花架子"，纸上谈兵而于事无补，甚至还会出大问题。在出现问题时，要吸取教训，并举一反三，使风险防控切实有效。

2. 鼓励公益性制度主义小额信贷的发展

海南省政府和农信社对贷款实行减免利息和补贴，从主观愿望看是好的，但从普遍意义和可持续发展的角度看，这一政策值得深入反省。因此，从国家宏观层面考虑，三种类型的小额信贷都应在政策和法规上予以鼓励发展，以扬长避短、相互支持、形成合力。当然，公益性制度主义小额信贷目前在我国是"短板"，更应鼓励发展，适当的财税支持也是必要的，但机构性质不能变。海南农信社追求何种小额信贷，完全有权自己决定。

3. 小额信贷专营团队是否应最终实现事业部制

总部直管的专营小额信贷团队与各县社的整合，从中长期看，可能实行事业部制是一种较优的选择方案。如同中国农业银行内部各级实行的"三农"事业部制一样，有纵向和横向的机构、人员、机制等。

4. 加强小额信贷团队的能力建设

对于省联社这支年轻的队伍而言，前面的路还很长，德才素质（德能勤绩）各方面都需进一步锤炼提高，要不断地实践、学习、培训，总结经验教训和提高员工素质。此外，要及早谋划解决专业小额信贷团队中女性员工的生育和工作的矛盾，对人员接替和安排要有预见性、前瞻性、灵活性和针对性，未雨绸缪。

5. 更关注低收入农户的金融服务

一切涉农金融机构都面临服务"三农"和商业运作的矛盾。农信社是农户金融服务的主力军，更应认真解决好为普惠金融和小额信贷服务的问题。为更好地服务中低收入和贫困农户，要从机构人员的理念、文化、体制、机制等各方面进行综合考虑。

(原文载于《农村金融研究》2011年第11期)

执着地服务穷人：格莱珉银行的普惠金融实践及对我们的启示[*]

——兼与《格莱珉银行变形记："从普惠金融到普通金融"》商榷

孟加拉国格莱珉银行（Grameen Bank，缩写为 GB，有时也翻译为孟加拉国乡村银行，因为 Grameen 在孟加拉语中的意思是乡村）在小额信贷、金融扶贫和普惠金融领域享有很高的国际知名度，我国也有不少业内人士、科研人员和金融监管部门的领导对它进行过实地考察。但是我们对它的认识是否准确、全面，没有偏差？根据我们的了解调研，包括笔者在内，也还有一些认识误区和偏差。认识、了解和研究格莱珉银行及国际上其他相关案例，首先要做到事实准确，防止误导，目的是为了"洋为中用"，结合我国在该领域的理论和实际，更好地推动我国小额信贷、金融扶贫和普惠金融事业的发展。

一 对格莱珉银行的质疑

2016 年 11 月 20 日"第一财经资讯"刊登了北京大学两位学者陆佳仪和唐涯的文章《变味的"穷人银行"》，从获悉的微信看，此文的题目又标为《格莱珉银行变形记："从普惠金融到普通金融"》。文章的基本观点是孟加拉国的格莱珉银行（GB）已从过去的普惠金融演变为普通金融了。她们认为，"穷人不再是银行（GB）主要服务的对象"。她们说：在第二代格莱珉银行模式下，无论新产品的设计与对投资行为的引导，还是对资金规模和利润的追求，都使格莱珉银行越来越

---

[*] 本文与张睿、王丹合作。

多地服务于那些非贫困或稍贫困人群。格莱珉银行单笔贷款规模不断上升、贷款资金用于投资额度更高、回收周期更长以及利润更高的项目（如扩大生产或房屋建造）成为一个大趋势。虽然第二代格莱珉银行也推出了乞丐贷款项目，但该项目加入的客户，相比于孟加拉国众多的极端贫困人口杯水车薪。格莱珉银行从普惠金融转变成普通金融。文章提到，第二代格莱珉项目在产品的革新中全部转为个人账户贷款，弃用了第一代格莱珉小组贷款方案。第一代格莱珉小组对其成员的个人贷款负责并提供担保，形成一种共同责任制。在产品革新和体系转型的过程中，格莱珉银行已经主动融入了"正式金融体系"，悄悄褪去"普惠金融"的光芒，回归到"普通金融"的轨道上。

1976年尤努斯教授的团队在孟加拉国的贫困村庄的小额信贷实践，开启了格莱珉银行服务于贫困人口，尤其是贫困妇女的伟大征程。小组模式放贷、多种固定期限、每周分期等额还款、中心会议、持续后续贷款等，是格莱珉一代模式的核心特征（金融持续服务穷人和自身可持续发展）的服务手段的表现。2000年，此模式成功覆盖了240万贫困的借款人，还贷率达98%。然而，1998年孟加拉国经历了巨大的洪涝灾害，给格莱珉银行和数百万*客户带来沉重损失。格莱珉银行没有被压倒，开始反思如何进一步改进、创新和完善自身规则与制度，并于2000年着手进行变革，将格莱珉一代模式，即格莱珉经典体系（Grameen Classic System）做了改变，从更加便利于客户的角度出发，经过历时多年的反复实践、纠错、创新，形成了格莱珉二代模式，即格莱珉广义体系（Grameen Generalized System），一个更加灵活、方便客户、个性化产品的体系，现在的格莱珉二代已经走过了十几年的路程。截至2016年年底，格莱珉银行拥有2568个支行、142087个中心、1370930个小组、8901610名会员（有效贷款客户），其中8593877名为妇女会员，77582名为乞丐会员；覆盖了81395个村庄，约占全国村庄总数的93.16%。累计贷款发放额超过200亿美元；累计贷款回收额超过180亿美元；贷款余额18亿1108万美元，其中基本贷款13亿9136万美元、灵活贷款7506万美元、住房贷款274万美元、教育贷款3303

---

* 表示所引用的数据都来自于格莱珉银行官网及年报。下同。

万美元、乞丐贷款 262 万美元。

变革后格莱珉银行的存款额、贷款额、会员数量、银行利润等指标都有了巨大的增长，有些人质疑"穷人的银行"发生了使命漂移，由"普惠金融"变为"普通金融"了。我们不同意这样的观点，我们认为格莱珉银行仍然以服务穷人为机构的使命，不断践行以"让更多的人在有需求的时候能够以合适的价格、方便快捷并有尊严地享受金融服务"为原则的普惠金融。

二 格莱珉一代模式向格莱珉二代模式的创新转变

（一）由"小组模式"转变为"个人贷款"

1998 年孟加拉国遭遇的罕见的洪涝灾害给格莱珉银行带来巨大损失，出现会员死亡或者逃离住所、小组和中心会议无法组织、贷款坏账增多等现象。面对严重的危机，格莱珉银行一方面成立了单独的部门来应对，同时内部深刻反思自身规则、制度的缺陷，经过激烈的讨论和反复验证，格莱珉银行决意从 2000 年开始实行格莱珉二代。此前格莱珉一代的核心内容：一年期和季节性固定分期贷款、小组基金、小组贷款和强制储蓄等都发生了变化，格莱珉二代改变了格莱珉一代整齐划一的贷款产品和僵化的运作模式，引入了"基本贷款"产品和"灵活贷款"措施，取消小组基金改为个人储蓄账户，"小组贷款"改为"个人贷款"，会员储蓄的规则也重新设计。格莱珉二代使还款记录良好、经营能力强的会员越来越发展强大；而遭遇到困难的会员可以灵活调整自己的贷款额度、还款频次、数量，不至于因为拖欠而离开格莱珉银行。格莱珉二代相对于格莱珉一代是一种针对贫困群体客户更友好、更灵活、更简洁、量体裁衣的新模式。

值得注意和澄清的是，无论是格莱珉一代还是格莱珉二代，格莱珉银行从来没有要求会员彼此之间承担"担保责任"，每人都是为自己的贷款负责。我们最近也才从格莱珉银行信托基金处了解确认此点。所谓的"小组互保""信用捆绑"，可能在别的小额信贷组织中存在，对格莱珉银行从不存在，"小组贷款"并非法律意义上的"连带责任"，格莱珉银行从不起诉借款人。小组模式形成隐性的"道义"压力，并且由于贷款额度很小，小组成员相互帮助，也可能会替其他组员先偿还贷款。即使贷款被核销，格莱珉银行仍保持跟踪还贷并且有的借款人多年以后还自动找到格莱珉银行还款。格莱珉银行相信穷人有诚信的品质，具备企业家潜能，拥有改变命运的强烈愿望。当格莱珉银行的规则、制度符合客户的需求时，放贷人的理念与借款人的努力相互碰撞和配合产生出令人瞩目的成就——格莱珉银行的还款率：2015 年 98.47%、2016 年 99.06%。

格莱珉二代将小组贷款改为个人贷款，五人小组依然存在，但是每个组员根据自己的情况获得贷款，贷款的额度、期限、还款方式都不再相同，格莱珉二代设计了更加符合客户需求、个性化的产品，采取了灵活的方式应对会员的需要。格莱珉银行的改革是贷款产品的创新，经历了洪水灾害以后，格莱珉银行深入分析了贫穷会员的处境，他们收入的波动性更大，生存的境况更加脆弱，需要得到差异化的金融服务和更多保障。这是银行创新的出发点。五人小组仍然存在，小组和中心会议的模式起着为会员建立社会资本的重要作用，为贫困的会员搭建了相互支撑网络。穷人创业需要支持，包括人脉、培训、知识储备等，小组的功能是让会员彼此帮助，共享信息。每周举行的中心会议对格莱珉银行和借款人都是一个重要的平台，分期付款和储蓄存款的款项都当众收讫，确保金融交易的透明度，而且还有诸多的非金融服务活动和交流。在格莱珉体系中，自尊、自信、自我发现、自力更生、团结、遵守纪律是很重要的原则。自格莱珉银行变革伊始，小组的数量每年都在增长，2000 年小组数量为 503001 个，完成变革的 2005 年拥有小组 877142 个，到 2015 年年底，小组的数量达到 1356113 个。

（二）格莱珉二代模式的新产品

新体系开发设计的初衷是简化内容，让客户更方便，更加适合每一个客户的需求。在新的体系中只有五类贷款产品：基本贷款、住房贷款、高等教育贷款、微小企业贷款和乞丐贷款。灵活贷款不是单独的产品，它只是基本贷款的暂时处置手段，当客户还贷遇到困难时采取的一种应对措施。到 2015 年年底，有 7% 的借款人被安排了灵活贷款项目。

格莱珉银行对创收贷款收取 20% 的贷款利息（格莱珉银行的最高存款利息为 12%）。特别需要指出的是，格莱珉一代模式的小组模式使普通借款人往往不愿意与一文不名的人为伍，使得最贫穷的人加入格莱珉银行有难度，而格莱珉二代模式的灵活贷款条件和宽松的存款提取制

执着地服务穷人：格莱珉银行的普惠金融实践及对我们的启示

度可以使最贫困的人群加入进来。格莱珉银行的工作人员分析了最穷的人离开银行的原因，一是没有固定的收入来定期还贷，二是同组的其他人蔑视他。格莱珉二代设立个人贷款和借款人自定还款期限和额度，来解决这两类问题。

格莱珉银行在设计储蓄产品时深入分析了穷人的生存状况和需求，为了给穷人提供更多的保障，它推出了养老金储蓄账户，要求每个借款8000塔卡以上的客户每个月储蓄至少50塔卡，十年后客户可以取出相当于120个月存款额两倍的资金。这个产品出乎意料地受到极大的欢迎，有些会员每月的储蓄额超过500塔卡。新体系强制储蓄机制的设计是，银行扣除每笔贷款额的5%存入会员个人账户，其中的2.5%存入可供支取的账户，另外2.5%存入特别储蓄账户。如果借款人有一笔银行贷款，必须每周向其个人账户存入一笔有最低限额的款项，贷款额低于15000塔卡每周需储蓄5塔卡，贷款额10万塔卡或更多，每周储蓄50塔卡。客户可以随意支取这些存款，而特别账户中的存款在最初的三年不能支取。① 但是，储蓄并非获得贷款的前提。成为格莱珉银行的会员没有门槛，发给所有员工的培训手册明确指出最贫困的群体应该在获取银行会员的资格中享有优先权。为了服务于穷人中最贫困的群体，银行开发了"乞丐贷款"。乞丐会员可以豁免银行的规定，贷款免息，借款人自己选择如何分期还款，不必参加小组，不要求存款等。乞丐会员的平均贷款额是500—1000塔卡，可以在13周后再借款，而普通会员需要等待26周。格莱珉银行自设立起就是"穷人的银行"，它具有服务穷人的传统，在其发展经历中曾经尝试过各种方法瞄准最贫困的群体，如共同养羊；出租农用设备；还提供无息贷款资助能产生较快回报的项目，让借款人能够按时还款，同时增加自信。格莱珉银行的工作人员建立数据库记录最贫困的借款人在一个贷款周期结束后资产的变化情况，以便找出更加有效的方式来帮助他们。在格莱珉二代模式时期，格莱珉银行开始实施乞丐贷款项目，明确小组和中心负有帮助乞丐会员的责任。

---

① 阿西夫·道拉、迪帕尔·巴鲁阿：《穷人的诚信——第二代格莱珉银行的故事》，中信出版社2007年版。

有人认为，对于 1.6 亿人口的孟加拉国的 3760 万贫困人口或 2064 万极端贫困人口来说，格莱珉银行的现有 77582 个乞丐会员数量微乎其微，不足以说明其扶贫的作用和效果。事实上，根据 2016 年格莱珉银行的数据显示，格莱珉银行的 800 多万客户都属于贫困弱势群体，其中 267 万客户都在孟加拉国的贫困线以下。格莱珉银行运用微小额度的资金，促使极贫困的人改变了生存状况，增加了穷人的自信，取得了举世瞩目的成就。格莱珉银行始终将自己的服务宗旨定位于服务穷人，尤其是穷人中的穷人。请注意，乞丐比极端贫困人口还特殊，为乞丐提供贷款，在人们看来，似乎匪夷所思。格莱珉银行自 1976 年试验和 1983 年正式设立以来，迄今为止，只在孟加拉国农村地区提供针对穷人，包括格莱珉二代模式开始后针对农村地区的乞丐提供金融服务，而大部分在城市地区的乞丐不是格莱珉银行的服务对象。截至 2015 年年底，在农村已有超过 109000 名乞丐获得格莱珉银行的贷款服务。16905 名乞丐转变为挨家挨户售卖小商品的人，9029 名乞丐加入了小组成为银行的常规借款人。截至 2016 年年底，有贷款余额的乞丐会员 77582 名，贷款 262 万美元，已偿还贷款 219 万美元，存款 12 万美元。而且，在格莱珉银行的示范作用下，该国的其他小额信贷机构也开始开展对乞丐的金融服务了。

（三）贷款规模

批评格莱珉银行的学者指出："随着格莱珉银行的发展与新产品的引入，格莱珉银行单笔贷款规模不断上升，贷款资金用于投资额度更高、回收期更长以及利润更高的项目（例如扩大生产或者房屋建造）成为了一个大趋势。"实际情况是，随着时间的推移，格莱珉银行的客户发生了分化，有的客户使用一轮又一轮的贷款不仅脱离了贫困线，而且发展了自己的生意，成为小微企业主，而还有的客户也许经营状况不很顺利。格莱珉一代模式时就已经有"微小企业贷款"产品，尤努斯教授说，我们希望会员将贫困线远远地抛在身后。针对那些经过几轮贷款成功脱贫，并且生意越做越好的会员，格莱珉银行乐于继续支持。格莱珉二代规定借贷客户可以获得"黄金成员"的身份，这是一个很受尊敬的位置。条件是借贷者连续 7 年保持 100% 的还贷水平。黄金成员有资格快速提升贷款额度，同时他还可获得特别的荣誉和其他优惠。

微小企业贷款没有上限，平均贷款额度为 439 美元，迄今为止最高贷款额 51606 美元，用于鱼类和家禽养殖业等。截至 2016 年年底，小企业贷款发放 8716982 笔，累计放款 40 亿 5688 万美元，已偿还 35 亿 9707 万美元，占全部贷款投放额的 1/5。"房屋贷款"也是格莱珉一代模式就有的产品，穷人是否拥有住房是格莱珉银行自定的脱贫指标之一，银行认为，住房不仅是会员的栖身之所，同时也是他们从事生产的场所，许多产品是在会员自己的家里生产出来的。所以，格莱珉银行以低于其他商业银行的利率为会员提供房屋贷款，格莱珉银行的房屋贷款利率是 8%，而客户从其他渠道，如住房建设融资公司获得贷款修建住房则需要付 15% 的利息成本。住房贷款的最大额度是 15000 塔卡，平均额度为 13065 塔卡（169 美元）。截至 2016 年年底，使用贷款建立起 702730 所住房。值得注意的是，格莱珉银行的住房贷款只提供给妇女，并且要求建房所用的土地必须在妇女名下。这样做是为了保护客户避免因婚姻破裂而流落街头，使贫困妇女的权益得到保障。虽然格莱珉银行的贷款资金被用于修建住房、购买农业设备、移动电话等，但是平均单笔贷款额度 2015 年只有 230 美元，2016 年为 296 美元。

按照 MIX 网站（世界银行"扶贫协商小组"的兄弟单位）的标准，单笔额度不超过地区人均 GDP/GNI 的 2.5 倍为小额信贷。孟加拉国 2015 年人均 GNI 为 3550 美元，人均 GDP 为 1309 美元，而 2016 年人均 GDP 为 1403 美元，与之相对应，格莱珉银行 2015 年单笔贷款额度为 18241 塔卡（230 美元），占 2015 年度人均 GNI 的 6.5%，人均 GDP 的 17.5%，而 2016 年单笔贷款额度为 23429 塔卡（295 美元），占 2016 年度人均 GDP 的 21%。考虑到通胀的影响以及会员生意的需要，年度增长的数量非常小。从平均单笔贷款额度可以看出格莱珉银行从未偏离服务穷人的轨道。而且，这也证明格莱珉银行的客户服务深度（贫困程度）是很深的。格莱珉二代模式既适应了分化的会员们的不同需求，又成功地使贫困会员留在格莱珉银行，帮助穷人使用贷款资金脱离暂时的困境，获得改变命运的机会。

（四）瞄准穷人和最贫困群体的社会企业

尤努斯教授将社会企业分为两种类型：第一种类型是为解决社会问题而成立的不亏损、不分红的公司，公司的投资人将所有的利润再投入公司业务的扩展与提升。第二种类型是由穷人直接所有或间接通过信托基金所有的营利性公司，致力于同一社会目标的实现。根据这一分类，格莱珉银行属于第二种类型的社会企业。格莱珉银行自定了衣食住行、教育、医疗、资产等十项指标评估会员是否脱贫，并且对借款人进行全面调查和统计。在格莱珉一代模式时期1997年、1998年、1999年三个年度，会员脱贫的比例分别是15.1%、20.4%、24.1%；自2000年开始变革进入格莱珉二代模式时期，当年会员的脱贫比例达到40%，以后逐年上升，到2005年所有支行都完成变革实行了格莱珉二代体系，会员的脱贫比例达到了58.4%。[①] 目前，格莱珉银行的会员（贷款客户）的70%已超过了脱贫十项指标。

格莱珉银行在选拔和培训员工时，非常注重员工的情怀和使命特质——"不仅了解贫穷，而且愿意用努力来改变贫穷"。经过严格的选拔、培训和淘汰，新入职的员工需进行为期12个月的高强度培训，其中有6个月在支行工作，无法忍受每天访贫问苦繁重工作的人被淘汰，高达35%的新招聘员工无法通过培训阶段的考验。格莱珉银行留下了真正自愿在艰苦环境中工作、与贫困抗争的员工。他们目睹了自己的工作改变了穷人的生活，更加激发了努力工作的热情，格莱珉银行形成了不畏艰苦工作的企业文化，在格莱珉银行工作比在一般的商业银行工作更有意义，乃至社会共识。格莱珉银行运用对借款人贫困状况的调查来评估员工和支行的业绩，并以此制定奖励机制。格莱珉二代建立了五类星级评价制度，其中的红星员工，代表一个员工负责的所有客户都按照银行制定的十项指标脱贫了，支行获得红星则意味着它完成了银行这方面的使命，至2015年，有71个支行获得了红星。这项评判是由银行委托独立的研究机构做出的。借款人脱贫与员工的激励机制挂钩，让所有的员工认识到他们工作的终极目标是减轻会员的贫困。

早期格莱珉银行为促进儿童教育曾经资助建立学校，1999年推出奖学金工程（一种非金融服务方式）。成为会员一年以上并持有银行股份，上一年归还了全部分期付款的借款人可以成为受益者。奖学金设立

[①] 阿西夫·道拉、迪帕尔·巴鲁阿：《穷人的诚信——第二代格莱珉银行的故事》，中信出版社2007年版。

不同等级来奖励中学阶段成绩优秀的学生。另外设立特别奖项鼓励具有特长的学生。奖学金的一半用于女生，另一半由男女生竞争获得。格莱珉银行的支行、地区行、大区行、总行都有各自的权限发放一种以上的奖项。为了让会员的子女进一步深造，1997年推出教育贷款，所有在格莱珉有借款并且作为会员一年以上的借款人的子女都有资格获得贷款。教育贷款发放的对象是接受高等教育的学生，在医药、工程、农业和师范类专业就读，贷款可以覆盖从入学到修完所有课程的费用。教育贷款3—5年免息，随后的利息是5%，低于商业贷款的利率，也低于格莱珉典型的贷款利率，银行对这项贷款给予了补贴。教育贷款的目的是为了会员的子女学有所成，让会员感受到作为格莱珉银行的所有者得到了回报，大而言之，为了改善人力资本市场。格莱珉银行实实在在关心穷人的福利和命运，即使是灵活贷款的会员也有资格申请教育贷款，无论他们的资信状况如何，教育贷款改变了穷人子女接受高等教育的不平等状况。奖学金和教育贷款已经惠及穷人及其子女。截至2016年年底，格莱珉银行发放奖学金591万美元，其中350万授予女生；总共资助244205名学生，其中144950名是女生。高等教育贷款发放5113万美元，资助了53645名学生。

格莱珉一代时期新设立的分支机构从总行以12%的利率筹借资金，格莱珉二代让新分支机构吸储以实现存、贷款的自求平衡，格莱珉二代开发新储蓄产品的目的是通过自筹资金满足信贷需求。格莱珉二代积极动员非会员储蓄，依据《1983年格莱珉银行条例》，格莱珉银行可以从社会公众吸收储蓄，这是它与孟加拉国微贷市场上其他做小额信贷的NGO组织的不同之处，其他组织只能从会员吸储。在孟加拉国乡村发放小额信贷的组织很多，竞争极为激烈，据统计，每个乡村平均有四五十家机构在发放贷款。格莱珉银行支付的利息根据储蓄产品而不同，最低8.5%，最高12%，高于市场平均水平。截至2016年年底，格莱珉银行储蓄存款25亿4007万美元，其中16亿4037万美元为会员存款。存款占贷款余额的比例为169%，加上银行自筹的其他资金，这个比例达到183%，有2146个支行的存款超过了贷款。格莱珉银行已经解决了信贷资金的来源问题。

格莱珉银行是以人为本的银行，它尊重每一位会员和员工。除格莱珉一代就已经有的养老基金外,格莱珉二代还开发了贷款保险和生命保险项目。孟加拉国是一个灾害频发的国家,格莱珉银行的会员因自然灾害死亡的情况时有发生,格莱珉银行则用借款人年度储蓄的利息建立了贷款保险基金,在借款人亡故的情形下,其所有未偿付的贷款都由保险基金付清,借款人的家属不仅不需要承担偿还贷款的负担,还可以全额得到借款人生前在此项保险基金中的储蓄。截至2016年年底,贷款保险项目的存款数额为100004946万美元,有416695位借款人亡故,基金偿还本息为7287万美元。借款人认为,此项保障非常有益,要求将保险扩展到她们的丈夫,格莱珉银行同意会员的配偶得到保险的益处,要求会员在基金中储蓄双倍的数额。另外,格莱珉银行每年还会为亡故的借款人家属支付生命保险赔付金,金额依据借款人成为会员的时间长短而不同,作为格莱珉银行股东的借款人不必为此项生命保险支付保险金。截至2016年年底,共有184940位借款人故去,格莱珉银行累计支付了568万美元生命保险赔付金。此外,格莱珉银行在168万8956个乡村设立了电话,截至2015年年底,163万名电话女士使用了20多亿塔卡的贷款。提供电信服务的"电话女士"因经营电话业务获得了收入,生活状况发生了较大的改善。格莱珉银行注重员工的福利,它实行"退休即付"的政策,在银行服务满10年或以上的员工都可以退休,在退休后的一个月内就可以收到一笔现金福利,人均约9925美元。

1983年政府颁布《格莱珉银行条例》,2013年11月10日颁布了《格莱珉银行法》,取代了《条例》。据格莱珉银行2015年报披露,截至2015年年底,银行的会员(借款人)持有76.01%的股份,而且,每个会员的股份都是相同的100塔卡,其他23.99%的股份分别由孟加拉国政府、Sonali银行和Krishi银行持有。所有的员工,包括尤努斯教授在内,都不是股东,不持有股份,只是雇员。董事会成员13名,1名为总经理,3名由孟加拉政府提名的人选担任,9名由会员选举产生,即贫困妇女的代表。2016年,格莱珉银行的现金分红比例是政府2383500塔卡,会员股东190594290塔卡。

格莱珉银行自创立起就坚持为无地的贫民或者家庭全部财产不超过一英亩土地市价的穷人提供无担保的信贷服务。它的会员主要从事农业、家庭手工业等生产经营活动,据银行2015年报披露,贷款用途按比例顺序排列前五位：28.17%用于农业和林业，20.93%用于加工和制造业，17.65%用于家禽养殖和渔业，17.63%用于贸易，12.35%用于运营小商店。具体的贷款使用额度从高到低排列，前五位依次为：养育奶牛、运营杂货店、水稻田交易、养牛和水稻种植。格莱珉银行持续努力扩大服务范围，2000年其分支机构覆盖了40225个村庄，2005年达到59912个，现在几乎已经在全国所有8000多个村庄为穷人提供金融服务。截至2015年年底，银行的2568个支行中1750个盈利，804个未盈利，14个支行没有运营。

从格莱珉银行创立、变革到如今的发展，我们看到，它从来没有偏离为穷人服务的使命，实现了既扶贫又机构可持续发展的目标，是一个实践金融普惠的典范。孟加拉国乡村银行没有从"普惠金融"走向"普通金融"。它服务的产品（存款、贷款、保险等）的多样性、服务群体从普惠金融的最低端（极端贫困群体）到高端（由穷人客户发展成为小微企业）的全覆盖，说明它在普惠金融的广度（规模）和深度（贫困程度）方面都是十分杰出的。它没有放弃和背叛它的宗旨和追求，恰恰相反，它原来是小额信贷、扶贫金融和普惠金融的先锋、引路人和旗帜，现在它还在不断创新改革，它仍然是小额信贷、扶贫金融和普惠金融的灯塔和标杆。

三　格莱珉银行的启示

以上我们详细地分析了为什么说孟加拉国格莱珉银行是小额信贷、扶贫金融和普惠金融的典范，而非"普通金融"或一般性的传统银行。格莱珉银行普惠金融种种表现所凸显出的一些本质特征有哪些？对我国倡导推进普惠金融理论和实践有何启示？以笔者的认识，至少有以下几点：

（一）倡导发展社会企业是推动普惠金融发展的需要

格莱珉银行是金融领域践行社会企业理念的模范。目前在国际上对社会企业的理解和界定还没有完全一致的定义，但总的认识和方向大体相似。笔者的认识是：社会企业就是用市场化的手段创新性地解决社会问题。它的基本特征是：公益性的宗旨目标，商业性/市场化的运作手段（为了机构和财务的可持续），而且企业利润主要或全部用于公益和扩大再生产。也就是说，虽然企业的股东和管理人员经营盈利，但是并不以盈利为目的,经营目的在于解决社会问题,盈利主要是作为长期从事社会事业的手段。尤努斯教授指出:"我们必须将经济理论中的单维度人(赚钱)换成多维度的人,即同时具有自私和无私特质的个体。当我们这样做之后,商界的景象会立即为之一变。我们会看到社会需要两类企业:一类为了私利,另一类则致力于帮助他人。……我把基于人性无私这种特质的第二类企业称为'社会企业',这正是我们的经济理论所缺失的。"

在我国,公益性制度主义小额信贷组织和规范性农村资金互助组织(含贫困村资金互助社)是金融类社会企业,他们是最真心实意愿意并践行服务弱小和贫困群体的普惠金融的机构。这些机构在我国已存在多年,为扶弱扶贫做出了应有贡献,其中佼佼者在规模和供求双方的效益上均已获得突出成就。

中国政府高度重视推动普惠金融的发展,但是遗憾的是从宏观政策法规层面如何重视发现和发展这些社会企业性质的金融或类金融机构,以解决普惠金融服务深度的短板问题仍少有实质性的举措。

(二)不忘初心,创新前进

格莱珉银行之所以能取得举世公认的成就就是因为它几十年如一日,一如既往地不忘初心并且创新前进。它自始至终服务于农村贫困群体和极贫困群体,在服务穷人以及从穷人发展成长起来的小微企业的同时也在发展自己,以更好更持续地服务弱势客户。而且它不墨守成规,不断创新服务理念、产品和手段,从模式一发展到模式二,而且还在继续探索创新。

其实,在我国农村,农信社系统成立时的宗旨目标也是合作金融,追求社员权益的保障,服务于弱势和贫困群体社员,也有与格莱珉银行相似的金融产品和服务方式。然而,在后来的发展过程中,农信社系统中的大多数变味了,越来越商业化了,越来越远离弱势和贫困群体,从一家人变成了两家人,从利他利己、义利的统一变成了逐利为主,不谈或少谈弘义。它们中的多数由普惠金融变成了普通金融。至于其他商业银行就更难在实践中贯彻助贫助弱情怀和公平正义价值观了。我国的涉农金融机构,包括公益性小额信贷组织和新型合作金融机构都应时时反省反思,如何在内心和实践中真正做到坚持扶弱扶贫,不忘初心,并不断创新前进。

（三）普惠金融特征之一是要实现保本微利的可持续发展

普惠金融的目的是使传统金融不愿意或不能够服务的小微企业和弱势及贫困群体能平等公正地获得便捷、价格合理、安全有效的金融服务。而金融服务的供给方则应实现保本微利的可持续发展。以我们的认识，普惠金融不同于特惠金融（或政策性金融），也不同于商业金融。它既反对依赖外部资助补贴生存，也反对追求利润的最大化。格莱珉银行经常受到来自两方面的批评或攻击，一方面的批评是它对穷人收取的贷款利率过高，另一方面的批评是它服务穷人的做法，银行不可学，成本高、风险大、收益低。尤努斯教授的回应是，格莱珉银行是社会企业，它既不是做慈善，也不是要赚穷人的钱，它实现保本微利的目的是可持续地更多更好地服务于穷人，使她们摆脱贫困。格莱珉银行实行的是有利于穷人的低利率政策，它的资本收益率（ROE）每年不等，2014年的ROE为4.15%。有一个说法，小额信贷的利润率应在10%以内，这是合适的，是绿灯区；如利润率超过10%，是黄灯区，要警惕了；如超过15%，则是红灯区，是在剥削穷人。

其实，中国人民银行负责人已把普惠金融的这一特征讲得一清二楚。潘功胜副行长说，微型金融、普惠金融要在政府政策支持的基础上进行市场化操作，走保本微利的可持续发展之路。问题是是否同意这种观点？以及在实践中如何贯彻落实这一指导原则还有很多工作要做。

（四）普惠金融需要政府发挥正确的作用

孟加拉国格莱珉银行和其他诸多公益性小额信贷组织的发展离不开政府的支持。1976年尤努斯团队开始扶贫小额信贷试点，1983年政府批准成立专门的穷人银行——格莱珉银行，而且政府是银行的大股东，并在董事会中委派了政府方代表。后来贫困贷款客户的股份越来越多，政府股份占降到很低的比例。2013年政府颁布《格莱珉银行法》后，政府的股份约占25%，借贷客户约占75%的股份，而且每个借贷客户的股份是相同的（属合作金融性质）。

另外，孟加拉国还有数量众多的中小扶贫小额信贷机构，这些机构只能有限地吸收借贷客户的存款。为了解决这些中小扶贫小额信贷机构的融资来源，孟加拉国政府在1990年又批准设立了专对这些零售小额信贷组织的批发基金机构PKSF，政府提供种子基金和吸收来自国内外的各类资金,并提名专业人士担任相应的领导职务。

目前,我国政府也在鼓励规范发展各类中小微履行普惠金融理念的金融和类金融机构,如何借鉴孟加拉国和其他国家成功的经验为我所用是值得思考和尝试的。我们是否也应考虑设立由政府牵头,各方参与的另类的民营银行穷人银行呢?是否也应设立由政府牵头,各方参与的小额信贷批发基金机构呢?其实要真正想做,这是完全可行的,也是完全做得到的。

(五)普惠金融要下苦功解决服务深度不足问题

格莱珉银行经过几十年在小额信贷和普惠金融领域的深耕细作和创新发展,取得了服务广度(覆盖规模和贫困群体及成长起来的小微企业各类客户)和深度(一般贫困到极端贫困客户)均十分突出的成绩。但区别于其他公益性金融机构的最大特点还是它在服务深度上的表现:既到达了极端贫困群体,又尽可能多地服务于这类群体。

我国的普惠金融发展在一些方面达到了国际中上水平,但仍存在诸多的"短板",最大的"短板"还在于服务深度的不足。我国目前主要是用特惠金融的手段来弥补普惠金融这方面的缺陷。在特定的空间时间,针对特定的政策目标和群体,运用特惠金融的方式是必要的、可行的,但它本身有固有的缺陷,例如财政压力大、效益低、不可持续、易目标偏移、易"寻租"腐败等。普惠金融的运作机制恰恰可以避免这些缺陷,但真正能做好普惠金融服务深度的工作,却绝非易事,需要从宏观、中观、微观三个层面统筹协调地系统地解决相关问题。不过,格莱珉银行的经验是我们可以借鉴的一个榜样。笔者认为,我们这样的社会主义制度国家,完全应该诞生出我们自己的"格莱珉银行",更好地以金融服务于扶贫脱贫攻坚重任,为共享经济、共同富裕作出贡献。

(原文载于《南方金融》2017年第3期)

参考文献

阿西夫·道拉、迪帕尔·巴鲁阿:《穷人的诚信——第二代格莱珉银行的故事》,中信出版社2007年版。

杜晓山：《孟加拉乡村银行的创新与新发展》，《小额信贷扶贫》2002年第6期。

杜晓山、滕超：《孟加拉农村就业支持基金会（PKSF）及对我国小额信贷发展的启示》《农村金融研究》2010年第11期。

Grameen Bank Annual Report 2015，格莱珉银行官网，http://grameen.com/.

穆罕默德·尤努斯：《穷人的银行家》吴士宏译，生活·读书·新知三联书店2012年版。

专访杜晓山：普惠金融需要"可持续"，格莱珉银行理念值得借鉴

当前，金融监管部门正在制定"十四五"时期的普惠金融规划，成本可负担、商业可持续预计将是规划考虑重点因素。

"普惠金融的特性之一就是发展的可持续性，而运用特惠金融的手段则不具有可持续性。"近日，中国社会科学院农村发展研究所研究员、中国小额信贷联盟理事长杜晓山接受《21世纪经济报道》（以下简称《21世纪》）记者专访时表示。

所谓"特惠金融"，其不同于普惠金融，特惠金融主要依赖于长期的外部补贴，如政府贴息等，二者的共同点是贯彻执行政府特定的战略意图和政策目标而开展的金融业务。杜晓山表示，我国以前和目前主要是用依赖补贴式的特惠金融手段，来弥补普惠金融最底端客户即贫困群体金融服务不足的缺陷，在特定的空间、时间，针对特定的政策目标和服务群体，例如脱贫攻坚战，是必要的、可行的。

"但特惠金融本身有固有的缺陷，例如财政压力大，效率效益低，不可持续，易扭曲金融市场规律，易产生穷人的'等、靠、要'，易造成目标群体偏移，易引发寻租腐败等。"杜晓山称。

中国人民银行日前发布的数据显示，截至2021年第三季度末，普惠金融领域贷款余额为25.81万亿元，同比增长23.1%，增速比上季末低2.4个百分点，已经是连续两个季度环比下降。对于普惠金融贷款增速拐点的看法，杜晓山认为，近几年来，普惠金融政策一直聚焦在对中小微企业发展的支持方面，后续增长情况如何还值得进一步观察。

"我倾向今后不必再继续下达每年30%的增速指标，可根据实际情

况，增加灵活性，尤其是对小微贷款占比已经很高的国有大行。对其他有相似情况的银行也应有一定的灵活度。"杜晓山表示。

而对于部分学者所称诺贝尔奖获得者尤努斯创立的格莱珉银行不是普惠金融的观点，杜晓山予以反驳称，该说法不妥，格莱珉银行要求自身在为贫困群体提供可持续的金融和非金融服务的同时，自己要实现保本微利和可持续发展，而且事实上也实现了商业可持续的金融服务。

一 建议不再给大行下达普惠贷款30%增速目标

《21世纪》（李愿）：2015年国务院印发的《推进普惠金融发展规划（2016—2020年）》，你受邀参与了规划制定时的意见征求和制定后的宣传推广。目前，规划已经执行完成，你怎么评价过去5年来我国普惠金融发展的成果？

杜晓山：我个人完全赞同近期中国人民银行发布的《中国普惠金融指标分析报告（2020年）》中的结论。

同时，我认为，我国普惠金融服务不充分、不平衡发展问题仍有待解决和缩小。不充分主要表现在欠发达农村地区和弱势群体，不平衡表现在地区、城乡、不同群体间的差异，需要进一步高度注意。

当前和今后要助力实现巩固拓展脱贫攻坚成果同乡村振兴的有效衔接，补齐老年群体普惠金融服务短板，"数字鸿沟"问题需要进一步重视解决；注意提升低收入群体和欠发达农村地区金融服务水平；推进小微企业全生命周期融资服务体系，助力专精特新企业发展壮大；健全完善多层次直接融资服务体系，稳妥降低小微企业融资门槛，持续探索投资与信贷、保险等的有机联动；推进数字普惠金融健康有序发展，强化线上线下服务协调发展；进一步加强国民金融教育和消费者权益保护；建立起统一标准的普惠金融评价体系来评估政策的执行效果。

另外，我特别关注的《推进普惠金融发展规划（2016—2020年）》提出的"通过法律法规明确从事扶贫小额信贷业务的组织或机构的定位"的要求，至今没有完成，以及"积极探索新型农村合作金融发展的有效途径，稳妥开展农民合作社内部资金互助试点"的工作，进展不甚理想，希望今后能予以切实解决（今后"扶贫小额信贷业务"应相应改为"低收入群体小额信贷业务"）。

《21世纪》：过去几年，我国普惠金融领域贷款在高速增长下余额不断增长，截至 2021 年第三季度末普惠小微贷款余额为 18.6 万亿元，同比增长 27.4%，增速出现了连续两个季度环比下降。你认为有哪些因素影响了我国普惠金融贷款增速继续保持高增长，增速是否到了拐点？

杜晓山：影响我国普惠金融贷款增速继续保持高增长的因素主要有多个方面：

一是普惠金融贷款在连续多年的高速增长后，基数越高维持高速增长也越难。一些银行也有这样的看法和意见，希望增加灵活性。

二是监管部门加强了数据治理，过去的报告有些数据不准确、不符合标准，进行了调整剔除。

三是近两年受新冠肺炎疫情冲击，2020 年普惠金融贷款增速高，而后疫情时期，疫情对小微企业运行的冲击仍在延续，2021 年继续维持高速增长确实比较难。

四是当前小微企业的发展过程中也面临一些困难和问题，如原材料价格上涨、供应链不完整或中断，疫情演变的不确定性和前期各地自然灾害等各种因素的叠加，这些对普惠金融的发展，特别是对银行的资产质量也带来了一定的影响。

五是导致传统小微企业贷款难的原有问题依然存在，如信息不对称、成本高、收益低、风险大、抵押担保难、小微企业生命周期短等。

六是体制机制问题，风控、激励约束、尽职免责等不到位。

对于普惠贷款增速是否到了拐点的看法，我有不同意见。近几年来，普惠金融政策一直聚焦在对中小微企业发展的支持方面，后续增长情况如何还值得进一步观察。但各家银行，尤其国有大行站在讲政治的高度，会千方百计完成政策下达的任务。目前来看，大型商业银行有望完成 2021 年政府工作报告确定的大型商业银行普惠小微企业贷款增长 30% 以上的目标。

另外，我倾向于今后不必再继续下达年增 30% 的指标，可根据实际情况，应有灵活性，尤其对小微贷款占比已经很高的银行。

《21 世纪》：发展普惠金融，"可持续"是一个始终被重点关注的问题，2021 年有国有大行表示在高增长基数、贷款利率持续下行等因素影响下未来普惠金融发展面临可持续的难题，你怎么看"可持续"？

杜晓山：在我看来，发展普惠金融既不同于过去那些追求高利润率的金融模式，也不同于慈善捐赠"输血"或者依赖外部资金补贴的金融业务模式。

普惠金融应秉持保本微利和可持续发展的理念、理论和实践，也可以说自身服务成本可承受、可负担和风险可控。不过，我也听到过一些不同意我观点的看法，主要是不同意我说的应"保本微利"的提法。

中国人民银行易纲行长也曾说过，长远来看，发展普惠金融必须考虑其商业的可持续性。普惠金融不能过度依赖财政的补贴和行政命令，其发展主要应该发挥市场主体的力量，寻求商业上可持续的模式，这是一个基本的原则，如果依赖政府的补助，就是不可持续的，躺在中国人民银行身上，也是不可持续的。

对于银行而言，"可持续"与高增长基数、贷款利率持续下行等因素的确有关，需要考虑发展与风险的平衡关系。高增长基数下对不符合条件的客户对象放贷，或造成客户的过度负债都会造成不良率上升、资产质量下滑；要求贷款利率持续不断下行则不妥，适当让利是应该的，目前我国金融业的利润率远高于实体经济，金融服务大中小微实体经济的发展是我国经济社会目前和中长期可持续发展的根本要求。

应遵照市场经济规律，坚持合理的市场化风险定价，应形成普惠金融供给方保本微利、可持续发展，需求方也能保证在正常还贷的基础上有收入、有利润的"双赢"局面。

二 格莱珉银行理念值得中国借鉴

《21世纪》：你将孟加拉国乡村银行模式带到了中国，并用近20年的时间证明其模式在中国是可行的，2015年这份使命交给了中和农信。能否介绍一下这个实践的主要过程和结论，中和农信继承这份使命后的发展情况如何？

杜晓山：中国社会科学院农村发展研究所"扶贫经济合作社"课题组由一批从事贫困问题和农村发展的研究人员组成，在长期的调查和研究中，课题组的学者发现，尽管中国政府自20世纪80年代开始开展大规模扶贫工作以来，从政策、制度与组织形式上进行了卓有成效的工作，取得了重大成就。

但在1994年，扶贫工作中以下问题仍很突出：以区域发展为主要目标,以项目(经济实体或能人)带穷人的贴息贷款政策,从实践效果看,与实现 2000 年基本解决我国农村贫困人群温饱问题的要求不相适应,有必要在扶贫方针和资金使用方向上做必要调整,加大扶贫资金直接到户的力度。

"扶贫经济合作社"小额信贷扶贫项目是中国社会科学院农村发展研究所在 1993 年开始实施的一项"行动—研究计划"。1993—1994 年为项目筹备阶段,1994 年 5 月正式向第一批 30 户先后发放了贷款。

课题组首次在中国正式引进和使用小额信贷这一概念,借鉴孟加拉国"乡村银行"或称"格莱珉银行"小额信贷扶贫项目的成功经验,并按照与国际接轨的模式运作,试图探索解决中国扶贫工作(扶贫资金使用)中的现实难题,可归纳为三个目标的实现:即探索解决贫困农户获贷难、还款难和运作扶贫贷款机构自身独立生存难的困境。

1994 年初至 1995 年 11 月,项目先后与多地政府达成协议,分别在河北省的易县和河南省的虞城县及南召县民政局注册为社团组织,建立起三个县级扶贫社,使项目快速且有效率地运作起来。后来还把试点和合作项目扩展到陕西丹凤县、河北涞水县、四川金堂县等地。

到 1997 年年底,项目已经按时或提前实现了 1994 年项目初期的目标。3 个县的扶贫社分别都发展了 1500 名以上的客户,且实现了操作自负盈亏,1998 年扶贫社开始扩展项目规模。1999 年扶贫社项目制定了新目标,进一步巩固已有成果并提高机构素质和扩大项目规模。

从 1999 年起,中国社会科学院向国务院提交报告,国务院、中国人民银行和国务院扶贫办批准中国社会科学院贫困问题研究中心开展小额信贷扶贫试验。2004 年,经北京市民政局批准成立北京市农发扶贫基金会,代替中国社会科学院贫困问题研究中心开展小额信贷扶贫试验。

总体来看,项目中除了转交给陕西省丹凤县政府部门管理的项目几年后停办了外,基本都实现了项目试点的目标:服务于贫困地区农村中低收入和贫困群体并实现机构自身的保本微利和可持续发展。然而,由于后续发展中存在资本金不足、管理制度不健全、监管缺失等诸多问题,为了扶贫社的长期可持续发展,又由于社科院农发所课题组和中和农信双方对小额信贷理念的理解以及宗旨的一致性,课题组决定与中和农信合作,在2013年前后商讨将原来由其直接管理的部分"扶贫经济合作社"交由中和农信管理,发挥中和农信在经营管理、资金规模等方面的优势,以更好地促进扶贫社的可持续发展。对其他不愿意转交到中和农信管理的基层县项目机构则按中国人民银行总行要求,交由当地政府相关部门监管。

我们实现的交给中和农信河北涞水和河南南召两个县的小额信贷项目现在的发展状况良好,已经从2015年的每个县每年几百万元的贷款余额,发展到现在的几千万元的贷款余额,仍然保持和拓展了原来服务当地农村中低收入群体的社会企业性质的本色。

中和农信是一家专注服务农村小微客户的综合助农机构,由中和农信项目管理有限公司和旗下的小微金融机构及农村服务企业构成。截至2021年9月末,中和农信小额信贷业务累计放款5136484笔、90151009881元,2021年以来放款85.62万笔,放款金额164.6亿元,贷款余额13964770831元,在贷客户423464人,户均贷款余额仅3.29万元,30天以上风险贷款率1.57%。

《21世纪》:你怎么看"尤努斯陷阱"的说法,有学者认为,尤努斯创立的格莱珉银行"并不是我们传统理解的普惠金融,而是公益伙伴,帮助大家改善生活、改善生产,不以营利为目的。我们现在讲的在普遍意义上大规模推进普惠金融,应该是在市场化基础上的商业可持续的金融服务,这个时候能不能长期来看坚持合理的市场化风险定价,变得非常重要"。

杜晓山:我认为这种说法不妥。就我所知,格莱珉银行要求自身在为贫困群体提供可持续的金融和非金融服务的同时,银行自己要实现保本微利和可持续发展。它要求每个新设立的基层网点应有计划和实施方案争取三年内实现自负盈亏,并有相应的激励约束机制。

格莱珉银行的理念、理论和实践就是与上述"在普遍意义上大规模推进普惠金融,应该是在市场化基础上的商业可持续的金融服务"相一致的,而且,格莱珉银行也已经实现了商业可持续的金融服务。

格莱珉银行是该国政府于1982年批准设立的穷人银行,之前尤努斯团队对穷人,主要是贫困妇女小额信贷的实验始于1976年。银行设立初期,它有赠款、低息贷款等融资来源,从20世纪90年代中期起,它不再接受赠款和低息贷款，融资来源主要依靠自身的存款储蓄和外部的商业性贷款。它可以吸收来自社会各方面的存款储蓄，平均年化利率为 16%，但它只对农村贫困群体发放贷款，平均年化利率为 20%。它的存贷利率差为 4 个百分点，现在它吸收的存款额已经足够用于发放贷款了，它坚持合理的市场化风险定价并实现了保本微利和可持续发展。

格莱珉银行建立至今已有 40 年，实现了格莱珉银行金融服务穷人的农村地区全覆盖与银行自身保本微利和可持续发展的目标，但它仍然是秉持金融扶贫缓贫和社会企业的宗旨使命不改，仍然是小额信贷类金融机构的标杆运营模式以及为普惠金融的发展奠定坚实的基础。

同时，尤努斯反对小额信贷业内其中一派的主张，即对穷人也要实行高利率，追求尽可能多的利润，以争取和吸引外部投资人的资金投入和融资方便。尤努斯认为这种主张不应运用在穷人身上，这对穷人不公正，变成了一种"剥削"。

另外，我还不赞成上述学者所说的"在市场上并不意味着不可以持续降低融资成本，尤其是对普惠客户。实际上，还有很多市场化的做法，比如宽松货币政策，更精准控制信贷风险，增加在各个市场上的竞争，甚至是政府贴息"的观点。

我认为，这个观点中的"政府贴息"不应称为普惠金融的做法，而应称为特惠金融的做法。普惠金融和特惠金融，这两种金融的共同点是都为贯彻执行政府的特定的战略意图和政策目标而开展的金融业务，例如，政府为实现粮食自给，为实现脱贫攻坚等。而不同点是特惠金融依赖于外部的长期补贴，普惠金融则强调供给方以市场化运作的商业可持续的金融服务，实现保本微利可持续的发展。

普惠金融的特性之一是发展的可持续性，而运用特惠金融的手段不具可持续性。

我国以前和目前主要是用依赖补贴式的特惠金融的手段来弥补普惠金融最底端客户即贫困群体金融服务不足的缺陷。在特定的空间、时间，针对特定的政策目标和服务群体，例如脱贫攻坚战，运用特惠金融的方式是必要的、可行的。但特惠金融本身存在固有的缺陷，例如财政压力大，效率效益低，不可持续，易扭曲金融市场规律，易产生穷人的"等、靠、要"，易造成目标群体偏移，易引发"寻租"腐败等。

普惠金融的运作机制恰恰可以避免这些缺陷，但真正能做好普惠金融服务深度的工作，却绝非易事，需要从宏观、中观、微观三个层面统筹协调地、系统地解决相关问题。格莱珉银行的经验是我们可以借鉴的一个榜样。

我国是社会主义制度国家，在共同富裕目标下，在普惠金融领域，完全应该诞生出我们自己的"乡村银行"，更好地以金融服务于扶贫脱贫攻坚后的解决相对贫困和乡村振兴重任，而且从长远的视角，为共享经济、共同富裕做贡献。

比如说，金融性质的社会企业类组织，即规范的合作性金融和非营利性金融组织的工作宗旨和目标不追求高利润，而是保本微利和可持续地为社员的权益服务以及为中低收入群体和农户提供金融服务。从体制、制度和"道"（信念、信仰、宗旨、情怀）的层面，相对于商业金融机构，它们开展普惠金融是有优势的，有特殊作用的，而一般商业金融在这方面是有缺陷的。

尤努斯和格莱珉银行践行的社会企业理念、理论和实践与欧洲一些西方国家的社会企业理念、理论和实践有同异处，在我国现在也正在对社会企业逐渐进行探索、讨论和实践，已经有深圳、北京、成都等几个地方政府发文规范培育发展社会企业。

所以，我主张金融供给侧结构性改革，应包括金融机构类型的多样性和多元化发展。而我们这方面的多元化还没有很好实现，政府更需要出台政策，鼓励和支持有"道"的人或机构更积极地参与到普惠金融的推动工作中来。

综上所述，我认为尤努斯和格莱珉银行的精神、理念、追求和实践是崇高的，是值得敬佩和学习借鉴的。

三 大量小额信贷机构不符合普惠金融"惠"的理念

《21世纪》：你被称为"中国小额信贷之父"，小额信贷也是普惠金融的重要组成部分。不过，2020年最高人民法院公布了新的民间借贷利率司法保护上限后，不少业内人士认为大量小额信贷机构将退出市场。目前来看，这项政策对小额信贷行业产生了多大影响？这是否也意味着大量小额信贷机构的贷款利率很高，不符合普惠金融中"惠"的理念？

杜晓山： 应该说，大批小额信贷公司退出市场是在 2020 年最高人民法院公布了新的民间借贷利率司法保护上限之前就发生了，当然，高法关于利率问题文件公布后进一步加剧了小额信贷公司的退出。

我认为，今后仍然会有大批小额信贷公司将退出市场。从 2005 年开始小额信贷公司试点至今，据业内人士研判，优秀的小额信贷公司占比不超过 30%。2014 年开始，小额信贷公司数量增速放缓，陷入发展"瓶颈"期，并逐渐暴露出越来越多的问题，同时随着我国宏观经济发展下行、银行业务下沉、同业竞争加剧以及一段较长时间 P2P 网贷平台对优质客户的争夺，商业小额信贷公司自身治理和运营水平的局限，使其经营举步维艰。

从整体上看，小额信贷公司随着发展不良贷款率和坏账明显增加、借贷纠纷案件数量剧增，部分小额信贷公司无心经营，选择了退出。中国人民银行最新发布的数据显示，截至第三季度末，全国小额信贷公司数量为 6566 家，较 2015 年八九千家大幅下降，贷款余额 9352.52 亿元。

当然，小额信贷公司还是有发展潜力和前景的，但必须有正确的支农支小的市场定位、小额分散的经营原则，不投机唯利，立足长远，苦练内功，保持特色才行。

民间借贷利率司法保护上限这件事，后来，最高人民法院和金融监管部门均做了解释，称此文件是针对民间借贷利率的规定，不适用于小额信贷公司和持牌金融机构，小额信贷公司利率上限仍遵循年化费息率 24% 和 36% 两条线的规定。

不过，现实情况是不少小额信贷公司实际费息率已经高于这两条线，加上近几年小额信贷公司面对的内外部较严峻的形势，小额信贷公司的分化现在和今后会依然突出。的确，这也意味着大量小额信贷机构的贷款利率过高，不符合普惠金融中"惠"的理念。

我认为，普惠金融中"惠"的理念，除了对需求方适宜的趋低的利率和有效的服务，也包含供给方的"保本微利和可持续发展"。小额信贷公司的贷款利率高，可以从理念、融资成本、操作成本和风险、利润率高低等角度分析。

《21 世纪》： 近年来，不少金融科技企业将科技运用到贷款业务中，使得普惠金融业务广度和深度不断拓展，这对于传统的小额信贷业务产生了多大影响，相关机构可以采取哪些措施来应对冲击？

杜晓山：数字技术在金融和普惠金融领域的应用，使普惠金融业务取得了更为良好的效果，例如移动支付与科技信贷，使过去较难获得金融服务的弱势群体所面临的支付难、贷款难问题得到了较好改善。

数字工具在金融领域的应用，扩大了传统金融机构的覆盖范围，而且成本低、效率高、精准度较高、风险更可控。数字化转变慢的传统金融机构小额信贷以及小型地方性银行业机构业务受到冲击，竞争加剧，优秀小微企业多易被大中银行"掐尖"而流失。

对于中小微型金融机构来说，只有加快数字化普惠金融业务的转型步伐，同时利用自身的地缘、人缘优势，更下沉服务客户对象，保持和扩大及下沉客户对象规模和范围。运用各种途径和渠道建设和完善金融科技业务，同时，运用好"线上+线下"业务技术结合的优势和特点。

可以考虑与金融科技公司合作、中小银行抱团合作、大小行合作、运用发起行、省联社数字技术服务优势，这些方面有不少案例。金融监管部门提出大行帮助中小银行或与它们合作拓展普惠金融业务，例如，政策性银行、大行批发转贷给小行，再由小行贷款给终端小微客户，大行帮助小微银行建立和完善所需的金融科学技术。

（原文载于《21世纪经济报道》2021年11月17日）